Psychophysiologie der Angst

Herausgegeben von
Prof. Dr. Niels Birbaumer

Psychologisches Institut der Universität Tübingen
(Klinische Psychologie)

Zweite, veränderte und überarbeitete
Auflage von „Neuropsychologie der Angst“

75 Abbildungen

Urban & Schwarzenberg · München–Wien–Baltimore 1977

Anschriften der Herausgeber:

Prof. Dr. Jarg B. Bergold, Psychologisches Institut, Fachbereich 11, Grunewaldstraße 35, 1000 Berlin 41

Prof. Dr. Niels Birbaumer, Psychologisches Institut der Universität Tübingen, Pfleghof 2 A, 7400 Tübingen

Prof. Dr. Irmela Florin, Psychologisches Institut der Universität Tübingen, Pfleghof 2 A, 7400 Tübingen

Dr. Dieter Kallinke, Forschungszentrum für Rehabilitation und Prävention, Bonhoefferstraße, 6900 Heidelberg 1

Prof. Dr. Dietmar Schulte, Psychologisches Institut der Ruhr-Universität Bochum, Universitätsstraße 150, 4630 Bochum-Querenburg

Prof. Dr. Wolfgang Tunner, Psychologisches Institut der Universität München, Abteilung für Klinische Psychologie, Kaulbachstraße 93, 8000 München 40

CIP-Kurztitelaufnahme der Deutschen Bibliothek

Psychophysiologie der Angst / hrsg. von Niels Birbaumer. – 2., veränd. u. überarb. Aufl. von „Neuropsychologie der Angst". – München, Wien, Baltimore : Urban und Schwarzenberg, 1977.
(Fortschritte der klinischen Psychologie ; 3)
1. Aufl. u. d. T.: Neuropsychologie der Angst.
ISBN 3-541-05962-1
NE: Birbaumer, Niels [Hrsg.]

Satz und Druck: Buch- und Offsetdruckerei Georg Wagner, Nördlingen. Printed in Germany.

Die *Stiftung Volkswagenwerk* finanzierte das psychophysiologische Laboratorium, in dem die hier berichteten Experimente des Herausgebers und seiner Mitarbeiter durchgeführt wurden. Wir danken der Stiftung an dieser Stelle für diese Unterstützung, ohne die unsere Arbeiten nicht realisiert worden wären.

Die *Deutsche Forschungsgemeinschaft* (DFG) unterstützte uns mit Personalmitteln und Finanzierung von Geräten. Beides war eine wesentliche Voraussetzung für das Gelingen unserer Vorhaben.

Vorwort zur ersten Auflage

Wenn man einen Fortschritt postuliert, so sollte man im allgemeinen auch das Ziel dieses Fortschritts kennen. Daß die Wissenschaften – besonders die Naturwissenschaften, zu denen auch die Klinische Psychologie zählt – fortschreiten, daran zweifelt wohl niemand. Über Richtung und Ziel besteht aber völlige Uneinigkeit, meistens auch Unklarheit. Es mehrt sich aber die Zahl derer, die an dem scheinbar positiven derzeitigen Fortschritt zweifeln und die in den Fortschritten enthaltenen Rückschritte sehen. („Überhaupt hat der Fortschritt das an sich, daß er viel größer ausschaut, als er wirklich ist". Johann Nestroy) Vielen ist bereits klar geworden, daß ein – von einigen Wenigen gesteuerter – sich sinnlos perpetuierender wirtschaftlicher und wissenschaftlicher „Fortschritt" durch Fortschritte im sozialen, zwischenmenschlichen Bereich begleitet und ergänzt werden muß. Nur im Rahmen eines solchen Fortschrittes wollen wir dieses Buch und auch die anderen Werke dieser Reihe sehen. Für die potentiellen Katalysatoren dieses Fortschrittes, besonders die Studenten, ist diese Zusammenstellung bestimmt.

Eine effektive Richtungsänderung des gegenwärtigen „Fortschrittes" ist nur möglich, wenn wir genaue Informationen über die Determinanten menschlichen Verhaltens besitzen. Der zwischenmenschliche Kontakt wird zu einem großen Teil von Angst und den damit im allgemeinen verbundenen Angstbewältigungsmechanismen bestimmt. Auch in einer erhofften zukünftigen angstfreieren Welt wird man besonders den Bewältigungsstrategien viel Aufmerksamkeit widmen müssen. Es können immer wieder soziale Bedingungen entstehen, die zu extremen – nicht zu bewältigenden – Ängsten führen. Eine Reduktion solcher „unerwünschter" Angstreaktionen wird ohne Kenntnis der psychophysiologischen Basismechanismen nicht möglich sein. Gemeinsam mit der Analyse der sozialen Bedingungen sollten sie die Grundlage der Angstbehandlung, der Modifikation ängstlichen Verhaltens bilden. Die lernpsychologisch fundierte Verhaltensmodifikation hat die Notwendigkeit des Einbeziehens physiologischer Prozesse stets betont und praktiziert. Es überrascht daher, daß bisher keine zusammenfassende Darstellung über diesen fast selbstverständlichen Ansatz existiert. Wir stellen hier einen ersten Versuch dazu vor.

In der Einleitung werden nach einer kurzen wissenschaftstheoretischen Vorbemerkung die lernpsychologischen und verhaltenstherapeutischen Grundbegriffe erläutert. Die hier gebrauchten Termini werden im Text wieder auftauchen und müssen daher vorher verstanden sein. Schließlich wird der Beitrag der Neuropsychologie zur Modifikation der Angst kurz umrissen.

Das Kapitel über die methodischen Grundlagen wird von einem Artikel *Peter Langs* gebildet. *Lang* gibt einen umfassenden Überblick über die psychologischen Techniken und deren Einsatzmöglichkeiten in der Verhaltensmodifikation. An einer Vielzahl von Beispielen werden der Wert und die Notwendigkeit psychophysiologischer Methoden für die klinische Praxis illustriert.

Danach folgt eine Übersicht der gegenwärtigen Vorstellungen über die physiologischen Grundlagen von Angst- und Angstbewältigung. Der Schwerpunkt liegt dabei auf der Desensibilisierungsmethode, die in der Einleitung des Herausgebers zu diesem Kapitel beschrieben wird. Aktivierung, Habituation und Extinktion sind die wichtigsten Stichworte zu den Basismechanismen der Angstreduktion. Auf die Einleitung folgen drei theoretische Modelle zu den physiologischen Mechanismen der Angstreduktion. Trotz unterschiedlicher Schwerpunkte in den drei Modellvorstellungen wird der Leser unschwer die Gemeinsamkeiten und zunehmende Konvergenz der Ansichten erkennen. Obwohl wir viele der physiologischen Prozesse bei der Reduktion von Angst noch nicht kennen, verfügen wir heute über ein grobes Interaktionsschema, das wichtige Folgerungen für die Praxis der Verhaltensmodifikation nach sich zieht.

Der vierte Teil führt uns schließlich in den schwierigsten und unklarsten Bereich der Angstbewältigung. Die Rolle bewußter kognitiver Prozesse und ihr Zusammenhang mit physiologischen Veränderungen wird hier diskutiert. In der Einleitung werden wieder die kognitiv-psychologischen und sozialpsychologischen Grundbegriffe erörtert und die wichtigsten Theorien zur Angstbewältigung dargestellt. Alle diese kognitiven Hypothesen beziehen physiologische Ergebnisse in die Modellvorstellungen ein. Die praktische Verhaltenstherapie kann am kognitiven Geschehen, das beim Menschen entscheidend in Angstentstehung und -bewältigung eingreift, nicht vorbeigehen.

Abschließend wird am Beispiel der Biofeedbackmethode eine faszinierende Anwendungsmöglichkeit psychophysiologischer Techniken zur Reduktion von Ängsten erläutert. Hier wird unmittelbar auf praktische Konsequenzen eingegangen.

Die ganze Zusammenstellung soll neben den theoretischen Erörterungen vor allem für den Praktiker relevant sein, wenngleich nicht immer explizit auf die praktischen Folgerungen eingegangen wird. Die praktische klinische Psychologie wird die hier behandelten Verfahren und Vorstellungen zunehmend in ihr Methodeninventar aufnehmen müssen, wenn sie weiter gesellschaftsrelevant wirken will.

Obwohl die einzelnen Beiträge von unterschiedlichen Autoren stammen, soll dieser Versuch doch den Charakter eines einführenden Lehrbuchs haben. Potentielle inhaltliche Bruchstellen sollten durch die verbindenden Zwischentexte des Herausgebers vermieden werden. Das Buch sollte auch ohne besondere neuropsychologische und experimentalpsychologische Vorkenntnisse für jeden Interessierten aus verwandten Fachgebieten verständlich sein (Psychologen, Biologen, Mediziner, Soziologen und Pädagogen).

Die Übersetzungen gestalteten sich außerordentlich schwierig, da ein beachtlicher Teil der englischen Fachtermini bisher keine einheitlichen deutschen Gegenstücke aufwies. Wir bitten daher, gewisse „Unebenheiten“ der Übersetzungen zu entschuldigen. Sämtliche Übertragungen stammen von Studenten der klinischen Psychologie aus den Münchner Seminaren des Herausgebers. Ihnen und allen anderen Studenten, die durch ihre Kritik und Verbesserungsvorschläge zur Fertigstellung dieses Buches beigetragen haben, sei hier gedankt. Ohne die Diskussion und die Zusammenarbeit mit meinem Freund *Wolfgang Tunner* wäre diese Arbeit nicht entstanden. Herr Prof. Dr. *A. Görres* unterstützte in allen Phasen das Zustandekommen dieses Buches;

dafür sei ihm herzlich gedankt. Frau Dipl.-Soz. *Regina Bootz* und dem Verlag danke ich an dieser Stelle für ihre Unterstützung. Frau *M. Schillinger* danke ich für ihre aufopfernde Schreibarbeit an den oft kaum lesbaren Manuskripten.

Dieses Buch widme ich meiner Frau Veronika und meinen Eltern.

München, Juni 1972 *Niels Birbaumer*

Vorwort zur zweiten Auflage

Die vorliegende Zusammenstellung hat seit Erscheinen der ersten Auflage eine Reihe von z. T. wesentlichen Veränderungen erfahren.

Die erste Auflage vereinte sowohl neuropsychologische als auch psychophysiologische Aspekte der Angstentstehung und -bewältigung. Der damals von mir als „neuropsychologisch“ bezeichnete Ansatz behandelt das Problem von den neurophysiologischen und neuroanatomischen Grundlagen des Verhaltens her. Das Versuchsobjekt ist häufig der tierische Organismus. Als unabhängige Variable fungiert die Aktivität des Zentralnervensystems (ZNS) als abhängige Variable das Verhalten. In der Psychophysiologie wird ein bestimmtes Verhalten als unabhängige Variable variiert (z. B. „Angst“) und autonome und zentralnervöse Änderungen als abhängige Variablen gemessen. Der Begriff „Neuropsychologie“ wird im deutschen Sprachraum häufig als Synonym für den großen Bereich der Physiologischen Psychologie verwendet. Ich habe diese terminologische Ungenauigkeit in die erste Auflage übernommen. In der Neuropsychologie wird zwar auch das ZNS als unabhängige Größe variiert, wie wir oben definiert haben, als Versuchs„objekt“ wird aber meist der hirnorganisch gestörte Mensch herangezogen. In diesem Sinne bezeichnet unsere obige Definition mit dem Tier als dominantem Versuchsobjekt eher den Bereich der Physiologischen Psychologie; Physiologische Psychologie schließt den Bereich der Neuropsychologie mit ein; beide Disziplinen untersuchen das ZNS als unabhängige Größe, Unterschiede bestehen in der Wahl des Versuchs„objektes“ und damit in der Wahl der Methode: in der Physiologischen Psychologie wird vor allem Reizung und Zerstörung der nervösen Substanz im Tierversuch angewandt (zusätzlich zur Registrierung von nervösen Änderungen). In der Neuropsychologie wird die Information primär vom neurologisch gestörten Menschen erhoben.

Die erste Auflage versuchte Aspekte der Physiologischen Psychologie (damals als Neuropsychologie bezeichnet) und der Psychophysiologie zu integrieren. Der enorme Wissenszuwachs beider Disziplinen macht diesen Integrationsversuch obsolet. Die Arbeiten von *Gray* über zentralnervöse Grundlagen von Angst und eine eigene Arbeit über physiologische Grundlagen der Desensibilisierung wurden daher aus der zweiten Auflage entfernt. Dies erschien uns auch deshalb sinnvoll, da in dem seither erschienenen Buch des Herausgebers über „Physiologische Psychologie“[1]) diese Themen ausführlich dargestellt werden. Die hier vorliegende zweite Auflage beschränkt sich auf psychophysiologische Aspekte. Die Physiologische Psychologie stellt für den Psychophysiologen natürlich eine wesentliche Grundlage seiner Arbeit dar und ging daher auch in diese Neuauflage ein.

---

[1]) *N. Birbaumer:* Physiologische Psychologie. Springer-Verlag, Berlin, Heidelberg, New York 1975.

Die Verlagerung des Schwerpunktes machte sowohl die Änderung des Titels als auch des inhaltlichen Aufbaues notwendig. Die Einführungen und Zwischentexte des Herausgebers wurden erweitert und dem neuen Literaturstand angepaßt. Die Anwendung psychophysiologischer Methoden in der Verhaltensmodifikation wurden ausführlicher behandelt, Ungenauigkeiten – soweit möglich – präzisiert.

Der Artikel von *P. J. Lang* bildet weiter das Kapitel über Methodische Grundlagen. Die seit Fertigstellung dieser vorbildlichen Arbeit erschienenen wichtigen neuen Ergebnisse werden an anderen Stellen des Buches berücksichtigt.

Teil III (Modelle von Aufbau und Reduktion ängstlichen Verhaltens) wurde weitgehend neu gestaltet. Schwerpunkte bilden Habituation, psychophysiologische Änderungen bei Verhaltensstörungen und Fragen der psychophysiologischen Therapiekontrolle. Die in der ersten Auflage umfangreich dargestellten theoretischen Überlegungen zur Desensibilisierung werden gekürzt wiedergegeben.

Entstehung, Beibehalten und Wiederauftreten von Vermeidungsverhalten (Grundlage vieler Angststörungen) werden an einem Experiment aus unserem Laboratorium illustriert. Definitionsversuche und die Bedeutung von *Hilflosigkeit* und *Unvorhersagbarkeit* für Angst und Depression bilden den Abschluß von Teil III.

Teil IV wurde nicht verändert. Die Arbeiten von *Lazarus, Averill* und *Opton* und von *Epstein* haben nichts von ihrer Aktualität und Bedeutung verloren. Unebenheiten der Übersetzungen wurden soweit möglich korrigiert.

Teil V wurde fast völlig neu gestaltet und erweitert. Dafür waren zwei Gründe maßgebend: 1. Die Entwicklung der Forschung und Anwendung von Biofeedback in den letzten Jahren und 2. die wachsende Bedeutung experimentalpsychologisch fundierter Modelle von Entstehung und Behandlung psychosomatischer (besser: psychophysiologischer) Störungen. Forschung und Anwendung in der Psychosomatik kann nur durch Kooperation mehrerer Disziplinen (vor allem Medizin, Psychologie und Soziologie) zu Fortschritten führen. Experimentalpsychologie und Psychophysiologie gewinnen zunehmend an Bedeutung und ersetzen spekulativ-psychologische Globalkonzepte von „Psycho-somatik“.

In diesem Band wurden die Ergebnisse von Experimenten, die seit 1972 gemeinsam mit meinen Freunden und Mitarbeitern in unserem Laboratorium durchgeführt wurden, ausführlich berücksichtigt. Fortschritte in Theorie und Praxis der Klinischen Psychologie sind unauflöslich mit der eigenen experimentellen Arbeit ihrer Vertreter verbunden. Die Güte der Lehre dieses Faches an den Universitäten hängt wesentlich von der Forschungstätigkeit der Lehrenden ab. Die Entwicklung des Faches Klinische Psychologie und die Ausbildung der Studenten leiden in zunehmendem Maße unter der Einschränkung der Forschung durch die verordnete Zunahme von Lehr- und Verwaltungstätigkeit der Mitglieder der Universitäten. Kurzfristige „Beruhigung“ der Notsituation des Faches Psychologie wird durch die zunehmende fachliche Inkompetenz der Lehrenden zu langfristigen Schäden aller Betroffenen führen. Wir hoffen, daß die hier und an anderen Stellen berichteten Arbeiten nicht das letzte Lebenszeichen unserer wissenschaftlichen Bemühungen darstellen.

Die Arbeiten der letzten Jahre sind auf eine – trotz aller äußeren Schwierigkeiten – fruchtbare Kooperation von Klinischen Psychologen, Medizinern und Naturwissenschaftlern zurückzuführen. Ohne *Thomas Elbert, Maria Limbourg, Wolfgang Larbig,*

Werner Lutzenberger, Carmen Oelkers, Brigitte Rockstroh, Rainer Schandry, Peter Schlottke, Wolfgang Tunner und Christina Wildgruber wären die beschriebenen Experimente nicht durchgeführt worden. *Angelika Maier* hat wesentlich dazu beigetragen, daß unser aller Kooperation so erfreulich verlief; die Neugestaltung dieses Buches wäre ohne ihre vorbildliche Schreibarbeit nicht so schnell druckreif geworden. Meinem Vater danke ich für seine Mühe, Teile des Buches in ein besseres Deutsch zu bringen.

Die zweite Auflage geht auf eine Anregung von Frau Dipl. Soz. *Regina John* (geb. Bootz) zurück. Der frühe Tod von Frau John, der Entstehen und Erfolg der Reihe „Fortschritte der Klinischen Psychologie" zu verdanken ist, stellt einen unersetzlichen Verlust für die Herausgeber dar.

Tübingen, November 1976 *Niels Birbaumer*

Inhalt

I. EINLEITUNG

Angst als Forschungsgegenstand der experimentellen Psychologie

Niels Birbaumer

Zur wissenschaftstheoretischen Position

Wie in allen Bereichen der Humanwissenschaften lassen sich auch beim Studium des Phänomens „Angst" mehrere Betrachtungs- und Wirkebenen unterscheiden; die einzelnen Stufen dieser Organisationsebenen beeinflussen sich gegenseitig und sind so angeordnet, daß die Existenz und die Struktureigenheiten jeder einzelnen Ebene an das Vorhandensein der anderen Ebenen gebunden ist. Die Prozesse und Funktionseigenheiten innerhalb und zwischen diesen Teilsystemen menschlichen Verhaltens sind außerordentlich verschieden und die Prinzipien der gegenseitigen Einflußnahme sind zum großen Teil nicht bekannt. In dem uns interessierenden Teilbereich des menschlichen Verhaltens können unschwer einige solcher Organisationsstufen beschrieben werden: ein Teilbereich ist der sozial-politische Bereich, die gesamtgesellschaftlichen Interaktionsmechanismen. Sie beeinflussen den Bereich zwischenmenschlicher Beziehungen, das Verhalten des einzelnen Menschen innerhalb der sozialen und physikalischen Umwelt (mikrosozialen Bereich, Gegenstand der Sozialpsychologie, Lernpsychologie, Wahrnehmungspsychologie, usw.) und werden von diesem Bereich selbst wiederum bestimmt. Diese externen Einflußfaktoren determinieren die Abläufe in der dritten Organisationsstufe, die organischen und neurophysiologischen Vorgänge, soweit deren Funktionsgrenzen nicht genetisch festgelegt sind. Wir haben hier den individualpsychologischen Bereich subjektiven Erlebens (wie ihn etwa *Pickenhain,* 1968, annimmt) nicht als eigene Organisationsstufe angenommen, da die Gesetzmäßigkeiten dieses Bereiches vollkommen an die neurophysiologischen Vorgänge gebunden sind, aus denen sie hervorgehen (siehe dazu auch *Rohracher,* 1967). Das heißt natürlich nicht, daß die Untersuchung psychischer Veränderungen mit psychologischen Forschungsmethoden zum jetzigen Zeitpunkt nicht berechtigt wäre und zu interpretierbaren Ergebnissen führen kann, sondern diese letzte Feststellung betont nur die völlige Abhängigkeit des Verhaltens von den Vorgängen im Gehirn.

Auf jeder dieser Organisationsstufen herrschen zwar andere Gesetzmäßigkeiten, aber die Gesetze der höheren Stufe stecken jeweils den Rahmen, innerhalb dessen die Prozesse der nächst niederen Ebene laufen. Erläutern wir dies am Beispiel des Ausmaßes von Angst, das von einer Einzelperson empfunden werden kann. Dies wird natürlich auch von der Gesellschaft, der Kultur, dem politischen System abhängen, in dem diese Person lebt. Repressive Systeme werden mehr Angstquellen enthalten als nichtrepressive Systeme. Die Struktur des entsprechenden Gesellschaftssystems, innerhalb dessen eine Person lebt, wird nun weiter bestimmen, wieviel Angstauslöser in der unmittelbaren Umwelt der Person aufgebaut werden und damit das aktuelle ängstliche Verhalten steuern. Die Notwendigkeit vieler Vermeidungs- und Fluchtreaktionen wird nun wiederum die entsprechenden neurophysiologischen Abläufe bestimmen.

Andrerseits besteht aber kein Zweifel, daß etwa die Bau- und Funktionsprinzipien der niedersten Stufe (hier des Zentralnervensystems, ZNS) die Voraussetzung für alle möglichen Verhaltensreaktionen darstellen und diese wiederum die möglichen gesellschaftlichen Prozesse bestimmen. Man sieht also, daß jede einzelne Verhaltensweise von der Interaktion aller Organisationsstufen und deren Gesetzen abhängt und die isolierte Betrachtung einer Ebene stets ein verzerrtes oder falsches Bild des untersuchten Phänomens ergeben muß. Trotzdem kann es unter Umständen nützlich sein, „für kurze Zeit" die Gesetze einer einzelnen Organisationsstufe zu untersuchen, um sie danach wieder in die „Einheit des Gesamtsystems Mensch als Glied der Gesellschaft" (*Pickenhain*, 1968) einzuordnen.

In der vorliegenden Zusammenstellung wollen wir uns primär den Zusammenhängen zwischen der neurophysiologischen Ebene und der Verhaltensebene bzw. der Ebene des subjektiven Erlebens widmen, ohne dabei das „Gesamtsystem" aus den Augen zu verlieren.

Die hier besprochenen klinisch-psychologischen Ansätze legen ihren Schwerpunkt auf die Erforschung und die Modifikation individuellen Verhaltens, d. h. auf die Änderung der Interaktion des Individuums mit seiner Umwelt. Diese Ansätze bedürfen daher der Ergänzung durch Maßnahmen sozialer Modifikation wie auch die Maßnahmen der Modifikation der sozialen Gegebenheiten auf die Mechanismen der Änderung individuellen Verhaltens abgestimmt sein müssen. Das Verhalten einer Person ist zwar stets ein Ensemble der Umweltbedingungen, das individuelle Verhalten formt aber auch die Umgebung, die Lebensbedingungen der Person. Klinische Psychologie, die empirisch-experimentelle Prüfung zur conditio sine qua non ihres Vorgehens macht, sieht den Menschen im Gegensatz zum klassischen Behaviorismus nicht als mechanistisch, passiv von seiner Umgebung determiniertes Wesen, sondern versucht besonders im Rahmen des Selbstkontrollkonzeptes (siehe Teil IV dieses Buches) eine stärkere Unabhängigkeit des Einzelnen von seiner unmittelbaren Umgebung zu fördern, ohne dabei die Wirksamkeit der Lerngesetze und damit die Abhängigkeit des Individuums von seiner Umwelt zu leugnen, sondern sie für dieses Ziel zu benutzen. Wie die übrige Psychologie trägt auch die Klinische Psychologie bei ihren Bemühungen um eine empirische Fundierung die Bürde ihrer historischen Verbindung mit der Philosophie, Theologie und dem Common Sense.

Methodische Vorbemerkungen

Bevor wir näher auf Versuche zur Definition des Angstphänomens eingehen, wollen wir einige methodische Überlegungen in den Vordergrund stellen, da Untersuchungsmethoden den Untersuchungsgegenstand wesentlich mitbedingen.

Wir gehen vorerst von einer Grundtatsache aus, die für die meisten psychologischen Variablen, besonders im Bereich der Emotions- und Motivationspsychologie, Gültigkeit hat. Fassen wir *Angst als Reaktion* auf bestimmte externe oder interne Reize auf, so können wir diese Reaktion beim Menschen auf prinzipiell drei Ebenen messen und quantifizieren:

1. *Auf der verbal-subjektiven Ebene:* z. B. durch psychologische Tests, psychophysische Skalierungsverfahren, standardisierte Befragungen, Inhaltsanalysen verbaler Reaktionen u. a.
2. *Auf der motorischen, nicht-verbalen Ebene* (Verhaltensebene); z. B. durch Erfassung von Vermeidungs- oder Fluchtreaktionen, Ausdrucksverhalten, einfache motorische Abläufe (konditionierte Unterdrückung, Mikro- und Makrotremor) u. ä.
3. *Auf der physiologischen Ebene* durch Messung von zentralen und/oder peripheren physiologischen Größen (Elektroenzephalogramm EEG, evozierte Potentiale, kortikale Gleichspannungsverschiebungen als zentrale und Hautwiderstandsänderungen [psychogalvanischer Hautreflex, PGR], Herzfrequenz [Elektrokardiogramm, EKG], Blutdruck, Atemfrequenz als peripher-autonome Größen). Die physiologischen Meßdaten werden durch biochemisch-endokrinologische Befunde ergänzt (17-OH-Kortikosteroid, Katecholaminausscheidung u. ä.).

Eine Angstreaktion stellt daher ein bestimmtes Reaktionsmuster auf jeder dieser Meßebenen dar und ist durch die Summe der Veränderungen auf allen drei Meßebenen in einer umschriebenen Reizsituation (meist sozialer Natur) *definiert.*

Es ist äußerst unwahrscheinlich, daß sich ein einheitliches „Angstmuster" unabhängig von der gegebenen Situation und Person identifizieren läßt. Von einer Umgebung zur anderen und von einer Person zur anderen werden unterschiedliche Reaktionsmuster auf den drei Ebenen auftreten. Aufgabe der wissenschaftlichen experimentellen Psychologie ist die Beschreibung der möglichen Veränderungen und die Identifikation eines oder einer kleinen Menge von Reaktionsmustern, die allen Angstreaktionen gemeinsam sind. Aus der Definition der Abhängigkeit von Angstreaktionen von bestimmten Veränderungen der Umgebung und des Individuums sollen präzisere Vorhersagen über das Auftreten dieser Angstreaktionen gewonnen werden.

Wir brauchen nicht hervorzuheben, daß dieses Ziel bis heute noch nicht annähernd erreicht wurde. Die Ergebnisse scheinen eher entmutigend und erlauben kein gültiges Urteil über Ursache und Ablauf ängstlichen Verhaltens. Ein wesentlicher Grund für den unbefriedigenden Erklärungswert der meisten Theorien ist die in vielen Experimenten berichtete mangelnde Korrelation zwischen und auch innerhalb den Meßgrößen der drei möglichen Meßebenen. Wir erwarten von einer Person, die berichtet, starke Angst zu empfinden, im allgemeinen auch *gleichzeitig* eine entsprechende Reaktion im organisch-physiologischen Bereich und in ihrem motorischen Verhalten. Experimente, in denen die Variablen der einzelnen Meßgrößen linear, also zum selben Zeitpunkt miteinander korreliert wurden, zeigten aber sehr geringe oder keine Kovarianz zwischen den beobachteten Veränderlichen der drei Meßebenen. Dies ist aber nun keineswegs darauf zurückzuführen, daß es keine einheitlichen, replizierbaren „Angstmuster" gibt, sondern auf die sehr differierenden zeitlichen Latenzen der verrechneten Verläufe: peripher physiologische Größen haben Latenzen im Sekunden- bis Minutenbereich (das PGR zeigt erst ca. 1″ nach einem aversiven Reiz eine

Veränderung), die hirnelektrischen Maße variieren im Bereich weniger Millisekunden (msec), biochemische Größen im Minuten-, Stunden- und Tagesbereich; Verhaltensänderungen erfolgen ebenfalls zu vollkommen verschiedenen Zeiten: Änderungen der Grobmotorik benötigen oft Minutenintervalle, feinmotorische Reaktionen erfolgen nach Zehntelsekunden; subjektive, bewußt wahrgenommene Variationen zeigen ebenfalls Einsatzzeiten von Zehntelsekunden bis Stunden. Es ist daher keineswegs erstaunlich, daß mit den bisher meist angewandten Mitteln linearer Korrelationsstatistik, bei der nur simultan variierende Datenverläufe erfaßt werden, keine stabilen Muster ängstlicher Reaktionen erfaßt werden konnten. Erst nach Beachtung der Zeitverschobenheit der einzelnen Meßgrößen können befriedigende Resultate erzielt werden. Als mathematisch-statistische Verfahren bieten sich hier besonders Auto- und Krosskovarianzanalysen an (s. dazu *Birbaumer,* 1971; 1975).

Eine weitere Ursache für den mangelnden Erfolg der bisherigen Bemühungen scheint uns in der ausschließlichen Verwendung einer oder weniger Meßgrößen zu liegen. Im allgemeinen werden nur auf einer der drei möglichen Ebenen quantitativ Daten erfaßt. Die Größen der einzelnen Ebenen beeinflussen sich aber laufend gegenseitig: eine wahrgenommene Schweißabsonderung führt z. B. zu subjektiv erlebter Spannung und entsprechenden hirnelektrischen Veränderungen. Erst aus der Analyse der Verläufe und der wechselseitigen Beeinflussung einer Vielzahl von Variablen können sich konsistente *Verlaufsmuster* von Angstreaktionen ergeben. Die Frage des intraindividuellen Verlaufes wurde in der bisherigen Forschung zugunsten des interindividuellen Vergleichs stark vernachlässigt. Die Aussagekraft von Variationen innerhalb einer Person ist aber meist weit höher zu veranschlagen (*Fahrenberg,* 1969).

Das Problem der mangelnden Kovariation zwischen *und* innerhalb der drei Ebenen stellt das grundlegende Problem der Angstforschung und der klinisch-psychologischen Angstbehandlung dar. Grundsätzlich gilt bei Angstreaktionen, daß hier die Kovariation zwischen den Ebenen um so höher sein wird, je stärker die emotionale Aktivierung ist. Wenn eine Reaktion schwach ist, wird auch die Diskordanz größer sein (*Hodgson* und *Rachman,* 1974). Da im Laboratorium im allgemeinen nur mittelstarke Erregung (verglichen mit realen, etwa existenzbedrohenden Streßreizen) erzeugt werden kann, unterschätzt die experimentelle Literatur wohl meist die Zusammenhänge. Trotzdem muß gerade dem Klinischen Psychologen klar sein, daß „Angst" in vielen Fällen eine extrem diskordante Reaktion sein kann: z. B. geht eine Person mit Zwangshandlungen ihren Vermeidungsritualen häufig ohne starke autonome Erregung nach, die erst entsteht, wenn wir die Person am Vermeiden hindern. Das Beispiel einer hypochondrischen Reaktion demonstriert „Angst" nur auf der verbalen Ebene ohne kovariierende autonome Erregung, usw.

Wenn wir hier von Kovariation sprechen, meinen wir immer den Zusammenhang der einzelnen Maße und Ebenen in einer *konkreten aversiven Situation.* Die präzise Beschreibung der auslösenden Situation ist die Voraussetzung für die korrekte Interpretation der Reaktionsverläufe. Eine Situation, in der eine Person eine aktive Bewältigung eines Angstreizes nach einem Warnsignal vorbereitet, wird völlig andere Interaktionsmuster aufweisen als passive, hilflose Hinnahme desselben Reizes (s. *Seligman,* 1975).

Wir müssen bei der Interpretation speziell der physiologischen Angstmaße besonders drei miteinander interagierende Prinzipien beachten (die noch genauer in dem Artikel von *Lang* diskutiert werden):

a) Reaktionsstereotypie (*Lacey,* 1967)
b) Situationsstereotypie
c) allgemeine, unspezifische Aktivierung (*Lindsley,* 1960) oder in psychophysiologischer Terminologie: autonom-somatische Integration (*Obrist,* 1976)

Unter Reaktionsstereotypie verstehen wir die Tatsache, daß *innerhalb eines Individuums* das *Muster* der autonomen Sreßreaktion *über verschiedene Situationen* konstant bleibt. Eine Person reagiert z. B. bevorzugt intensiv mit dem Magen-Darmtrakt, eine andere mit Anstieg des Blutdrucks u. ä. Personen mit ausgeprägten Reaktionsstereotypien sind wahrscheinlich für psychosomatische Störungen besonders anfällig.

Situationsstereotypie meint die Konstanz eines emotionalen Erregungsmusters innerhalb einer bestimmten Situation *über verschiedene Personen.*

Darüber hinaus ist jede Reaktion durch ein bestimmtes Ausmaß autonomer und zentralnervöser Erregung in *vielen Maßen in dieselbe Richtung* (Aktivierung oder Desaktivierung) ausgezeichnet. Vor allem die Aktivität der Formatio reticularis im Hirnstamm bestimmt diese allgemeine Erregung in Abhängigkeit von der Intensität der gegebenen äußeren und inneren Reize (siehe genauer dazu *Birbaumer,* 1975). Entsprechend den Umweltanforderungen steuern die zentralnervösen Zentren *integrierte* Reaktionen von Muskel-, Eingeweide- und Drüsensystemen. Desto intensiver der auslösende Angstreiz, um so stärker wird die Reaktion der beteiligten Systeme sein und um so mehr Systeme werden reagieren, wodurch sich die Kovariation der Systeme natürlich erhöht. Die Arbeit *Epsteins* in diesem Buch demonstriert dies besonders deutlich.

Diese drei „Prinzipien" interagieren in jeder Angstreaktion in einer bisher schwer verständlichen Form. Dieses Buch kann als Versuch betrachtet werden, einige Aspekte dieses schwierigen Problems deutlich zu machen.

Einige grundlegende Begriffe: Angst und Lernen[1])

In der Persönlichkeitspsychologie unterscheidet man im allgemeinen zwei Arten von Angst: eine allgemeine Ängstlichkeit als Persönlichkeitseigenschaft (trait anxiety) und Angst als kurzfristig bestehender Zustand (state anxiety). Implizit geht in die Klassifizierung der Ängstlichkeit als lange Zeit stabil bestehende Persönlichkeitseigenschaft die Annahme ein, daß es sich dabei um ein konstitutionelles, und/oder angeborenes Merkmal eines Menschen handelt. Personen, die in trait anxiety Tests (z. B. Manifeste Angstskala von *Taylor,* 1953) hohe Werte aufweisen, neigen auch in verstärktem Ausmaß zur Entwicklung „neurotischen" (d. h. überängstlichen) Verhaltens.

---

[1]) Dieser Abschnitt kann übergangen werden, wenn Kenntnisse der Lerntheorien und Verhaltensmodifikation vorliegen.

Nun besteht tatsächlich heute kein Zweifel mehr, daß die Disposition zu ängstlichen Reaktionen vererbbar ist. Dazu existiert eine Reihe beweisender Arbeiten (siehe Zusammenfassung bei *Gray,* 1971). Alle Arbeiten zeigen aber auch, daß selbst konstitutionell ängstliche Lebewesen diese Ängstlichkeit wieder durch entsprechende Modifikationsmaßnahmen reduzieren bzw. verlieren können. In einem Experiment von *Denenberg* (1963) genügten z. B. einige wenige elektrische Streßreize in frühen Entwicklungsstadien angeboren ängstlicher Tiere, um diese für ihr späteres Leben streßresistent zu machen. Beim Menschen ist der Einfluß von Umweltvariablen bereits so bestimmend, daß „rein" angeborenes Verhalten oft nur in den frühesten Entwicklungsphasen erkennbar ist (die analogen Schlußfolgerungen vieler vergleichender Verhaltensforscher von tierischen Verhaltensweisen auf den Menschen stellen meist unzulässige Verallgemeinerungen dar).

Für den Klinischen Psychologen steht natürlich die Frage der Veränderbarkeit von starken Angstreaktionen im Vordergrund. Meist interessieren den praktisch arbeitenden Psychologen vor allem Methoden des Abbaues störenden Verhaltens. Reduktionsverfahren können allerdings nicht ohne Kenntnis der Gesetze der Aneignung, des Lernens solch störender Reaktionen angewandt werden.

Die experimentelle Lernpsychologie hat im Laufe ihrer nun fast hundertjährigen Bemühungen die Bedingungen für effiziente Lernvorgänge analysiert und zu einem übersichtlichen System zusammengefaßt. Man kennt heute die dem Lernen zugrundeliegenden Prozesse kaum besser als vor 50 Jahren, die Lernpsychologie hat aber nach einer großen Zahl von Lernexperimenten die wichtigsten Umweltbedingungen (Reiz-Reaktionsbeziehungen) für die Modifikation menschlichen und tierischen Verhaltens geklärt.

Die Lernpsychologie betrachtet Angst als eine subjektive (emotionale), physiologische und motorische Reaktion auf einen „bestrafenden", aversiven Reiz (S^-). Ein aversiver Reiz wird operational als Bedingung definiert, der ein Lebewesen zu entkommen versucht, als eine Bedingung, die es zu beenden oder zu vermeiden versucht. Wir werden uns also bei der Frage des Erwerbs ängstlichen Verhaltens primär mit Vermeidungs- oder Fluchtlernen zu beschäftigen haben (s. Teil III).

Diese Definition erscheint auf den ersten Blick als eine Zirkeldefinition. Sie bleibt dies auch, wenn nicht jene Reizklassen eindeutig definiert sind, die Vermeidungs- oder Fluchtverhalten auslösen. Unkonditionierte aversive Reize sind relativ einfach aufzufinden; dazu gehören vor allem Schmerzreize, extrem intensive Reize, motorische Restriktion (Einschränkung der Bewegungsfreiheit) und Deprivation biologischer Triebe. Neurophysiologisch werden aversive Reize häufig als Reizklassen definiert, die die sogenannten Bestrafungszentren im Gehirn (vor allem das periventrikuläre System von *Olds,* siehe *Birbaumer,* 1975) aktivieren. Die obige Definition macht keinen Unterschied zwischen verschiedenen aversiven Zuständen wie etwa Angst, Furcht, Ekel, Ärger und anderen, da wir annehmen, daß der Entstehung und Beseitigung dieser Zustände dieselben Lernprinzipien zugrundeliegen. Die Problematik der genannten Definition besteht auch darin, daß eine Angstreaktion nicht immer gleichzeitig auf subjektiver, physiologischer und motorischer Ebene ablaufen muß, sondern isoliert in einer oder zwei der beiden Verhaltensebenen ablaufen kann. Diese lernpsychologische Definition läßt auch außer acht, daß intensive Angstreaktionen, und mit solchen haben wir es im klinisch-psychologischen Bereich meist zu tun, im allgemeinen *durch ein erhöhtes unspezifisches zentralnervöses und/oder autonomes Aktivierungsniveau ausgezeichnet sind.*

Angstreaktionen (immer auf allen drei Meßebenen) können wie jedes andere Verhalten auch auf prinzipiell zwei Arten gelernt werden: durch klassisches oder operantes Konditionieren.

Im ersten Fall, beim klassischen Konditionierungsprozeß genügt die einmalige oder wiederholte zeitliche Paarung eines früher neutralen Reizes (konditionaler Stimulus, CS) mit einem aversiven Reiz (unkonditionaler Stimulus, UCS), bis schließlich der vorher völlig neutrale CS die Reaktion auslöst (konditionierte Reaktion, CR), wie vordem der aversive UCS (unkonditionierte Reaktion, UCR). Der CS muß dabei dem UCS kurze Zeit vorausgehen (0,2–1 Sekunde sind die optimalen Zeitspannen). Ein Kind, das stottert (CS), wird von einer Person dafür gescholten (UCS) und reagiert darauf mit Angst (UCR) und Unbehagen. Schließlich bekommt das Kind bereits Angst (CR), wenn es sein eigenes Stottern hört, auch ohne Darbietung des UCS. Gelernt wird hier durch die enge zeitliche Verknüpfung zwischen CS und UCS, durch zeitliche Kontiguität.

Das Kind wird nicht nur ängstliche Reaktionen auf CS und UCS aufweisen, sondern auch auf ähnliche Reize, die während des Konditionierungsvorgangs präsent waren. Diese Ausbreitung einer gelernten Reaktion (der Angst) auf ähnliche Stimuli nennt man Generalisation. Je ähnlicher eine Situation der ursprünglich aversiven Situation und je stärker die dabei ausgelöste Angst ist, um so stärker wird auf die neue Bedingung generalisiert.

Das Generalisationsprinzip ist sowohl für den Aufbau als auch die Abbautechniken ängstlichen Verhaltens entscheidend. Je steiler der Generalisationsgradient ist, also je weniger ähnliche Reihe ebenfalls angstauslösende Wirkung haben, um so leichter kann die Reaktion abgebaut werden und um so besser ist daher die Therapieprognose. Bietet man den CS oftmals hintereinander ohne nachfolgenden UCS, so wird die CR allmählich verschwinden, bzw. durch eine mit der ursprünglichen Reaktion unvereinbare Reaktion ersetzt; diesen Mechanismus nennt man Extinktion oder Löschung. Auf Extinktion basiert ein Großteil der therapeutischen Maßnahmen zur Beseitigung ängstlicher Reaktionen.

Nun können Angstreaktionen nicht nur nach den Prinzipien des klassischen, sondern auch nach denen des operanten Konditionierens gelernt und verlernt werden. Ob es sich bei diesen beiden unterschiedlichen Lernparadigmen auch um verschiedene nervöse Prozesse handelt oder ob prinzipiell dieselben Mechanismen ablaufen, konnte bis heute nicht entschieden werden.

Beim operanten Lernen bestimmt die unmittelbar auf ein Verhalten folgende Konsequenz den Lerneffekt (siehe Tabelle 1).

Wird eine Angstreaktion in Gegenwart einer bestimmten Situation belohnt, in einer andern nicht belohnt, so wird die Reaktion bevorzugt in der ersten belohnten Situation auftreten. Der Organismus hat gelernt, zwischen zwei oder mehreren Situationen zu unterscheiden; dieses Paradigma heißt Diskrimination. Reize, in deren Gegenwart verstärkt wird, nennt man diskriminative Reize (S^D). S^Δ (S-delta) ist ein Reiz, in dessen Gegenwart nicht verstärkt wird (also weder belohnt, noch bestraft).

Ein Reiz, in dessen Gegenwart stets eine spezifische Reaktion ausgeführt wird, nicht dagegen in Gegenwart eines anderen Reizes, ein solcher Reiz hat Stimuluskontrolle über die Reaktion erlangt. Andere Stimuli, die dem ursprünglichen S^D ähnlich sind, werden ebenfalls Stimuluskontrolle über dieselbe Reaktion erlangen (= Stimulusgeneralisation).

Wir haben Angst oben als Reaktion definiert, die in Gegenwart aversiver Reize auftritt. Welche Reaktionen können nun in solchen aversiven Situationen potentiell auftreten? Das Lebewesen hat prinzipiell zwei Möglichkeiten: es kann versuchen, die Situation zu vermeiden, indem es ihr ausweicht oder sich nicht annähert (aktives und passives Vermeiden); oder es kommt zu einer Konfrontation mit dem aversiven Reiz, die durch Flucht beendet wird. Illustrieren wir die dabei ablaufenden Lernprozesse an Beispielen.

Ein Kind möchte mit einem heißen Gegenstand spielen, wird aber für jede Annäherung durch Verbrennung bestraft. Das Kind wird lernen, den Gegenstand nicht mehr zu berühren; dieses Verhalten wird durch Bestrafung aufrechterhalten, d. h. durch die Reaktion der Nicht-Annäherung wird ein aversiver Stimulus vermieden. In dieser passiven Vermeidungssituation erhält das Kind gleichsam die Warnung „Tu das nicht, sonst . . .“. In der passiven Vermeidung kommt es also zur Abnahme eines Verhaltens zugunsten einer Reaktionsunterlassung.

Anders beim aktiven Vermeiden: im klassischen aktiven Vermeidungsversuch weicht das Versuchstier in seinem Käfig einem elektrischen Schlag aus, indem es zur andern Seite des Käfigs läuft. Das Tier erhält gewissermaßen die Warnung: „Tu das, sonst . . .“.

Fassen wir das Gesagte zusammen. Angst kann also durch klassisches aversives Konditionieren und operantes Konditionieren erworben werden. Innerhalb des operanten Konditionierens bieten sich mehrere Möglichkeiten an, Angstreaktionen zu lernen bzw. aufrecht zu erhalten. In der folgenden Tabelle sind die vier Variationen zusammengefaßt (Tabelle 1).

Tabelle 1.

	Darbietung	Beseitigung
positiver Verstärker (belohnender Reiz)	positive Verstärkung Zunahme von Reaktionen	Extinktion Abnahme
negativer Verstärker (aversiver Reiz)	Bestrafung Abnahme passives Vermeiden	negative Verstärkung Zunahme aktives Vermeiden

Alle angeführten Lehrprinzipien können auch durch Beobachtung an einem entsprechenden Modell gelernt werden (Modellernen oder Beobachtungslernen, siehe *Bandura*, 1969). Es ist also nicht notwendig, daß die angeführten Reiz-Reaktionssequenzen direkt im Individuum ablaufen, sondern wenn ein Individuum ein geeignetes Modell bei der Durchführung dieser Lernleistungen beobachtet, so können unter bestimmten Bedingungen dieselben Reaktionen mehr oder weniger bewußt auch von dem beobachtenden Individuum erworben werden.

Ein bisher ungelöstes Problem in der Theorie des Vermeidungsverhaltens ist die Tatsache, daß aktives und passives Vermeiden bestehen bleibt, auch wenn keine positive oder negative Verstärkung mehr erfolgt. Phobisches oder zwangsneurotisches Verhalten bleibt über Jahre hinweg stabil, auch wenn die Person mit ihrem Verhalten keinerlei Angst reduziert und damit auch nicht mehr negativ verstärkt wird. Bestimmte Zwangsrituale werden z. B. ohne jedes Anzeichen von ängstlicher Erregung »automatisiert« weitergeführt, ohne daß erkennbare positive oder negative Verstärkung damit erzielt wird. Wir werden auf dieses Problem noch etwas detaillierter in Kapitel III eingehen.

Das Thema dieses Buches soll primär dem Abbau ängstlichen Verhaltens gewidmet sein. Wir haben bisher nur die Extinktion als Methode zur Lösung bedingter Reflexketten kennengelernt. Im klassischen Konditionierungsschema wird Löschung durch wiederholtes Darbieten des CS ohne UCS erreicht. Beim operanten Konditionieren kommt es zu Extinktion, wenn auf die gelernte Reaktion kein positiver oder negativer Verstärker mehr folgt. Neben dem Extinktionsprinzip führt die Lerntheorie ein zweites Paradigma zur Hemmung von Angst an, das Prinzip der Gegenkonditionierung. Wir werden in den folgenden Kapiteln zu zeigen versuchen, daß ähnlich wie beim klassischen und operanten Konditionieren auch zwischen Extinktion und Gegenkonditionierung kein kausal bedingter Unterschied besteht, sondern daß es sich beim Gegenkonditionierungsprinzip um eine forcierte Extinktion unter optimalen Extinktionsbedingungen handelt.

Der Gegenkonditionierung liegt nach einer Theorie von *Wolpe* (1958) der Mechanismus der reziproken Hemmung zugrunde. Wird in Gegenwart eines angstauslösenden Reizes eine angstinkompatible Reaktion evoziert, so wird die assoziative Verbindung zwischen Reiz und Reaktion gelockert, die Angst wird gehemmt. Mit Angst unvereinbar, inkompatibel sind alle Reaktionen, die nicht gleichzeitig mit Angst auftreten können. In Kapitel III werden wir zeigen, daß ein niederes bis mittleres zentralnervöses Aktivierungsniveau als effektiver Angsthemmer angesehen werden kann. Positives operantes Konditionieren der inkompatiblen Reaktion scheint allerdings ein notwendiges Element des Gegenkonditionierungsvorganges und auch der Extinktion zu sein. Aus dem Gegenkonditionierungsprinzip wurde die wirksamste psychologische Angsttherapie, die systematische Desensibilisierung abgeleitet.

Die Bestrafung ist zur Hemmung ängstlichen Verhaltens völlig ungeeignet. Die Hemmung von Angst beruht primär auf dem Neuerwerb angsthemmender Reaktionen. Ein solcher positiver Lernprozeß kann nicht durch Bestrafung erzielt werden.

Die Bestrafung von Vermeidungsverhalten führt im Tierversuch zu einem weiteren Ansteigen der Löschungsresistenz dieses Verhaltens, d. h. die Stabilität der Vermeidungsreaktion wird durch Bestrafung nicht reduziert, sondern steigt weiter. Zusätzlich zu dieser Erhöhung der Löschungsresistenz kommt es im Tierversuch zu organischen Störungen nach der Bestrafung von Vermeidungsreaktionen (vor allem des Magen-Darm-Trakts, siehe *Weiss*, 1971, der durch Bestrafung von Vermeidungsverhalten weit ausgedehnte Magengeschwüre bei Ratten produzierte) (siehe *Hodgson* und *Rachman*, 1974).

Eine detaillierte Darstellung der lernpsychologischen Grundlagen von Angstverhalten findet sich in dem Buch von *Rachman* und *Bergold*, 1976 und dem Buch von *Florin* und *Tunner*, 1975, beide in dieser Reihe.

Die Rolle der Neuropsychologie und Psychophysiologie bei der Modifikation der Angst

Wir wollen in den folgenden Kapiteln den Beweis dafür erbringen, daß es notwendig ist, zur Klärung der Natur und Wirkungsweisen angsthemmender Prozesse, neurophysiologische und psychophysiologische Ergebnisse heranzuziehen. Noch vor wenigen Jahren wäre ein solcher Versuch zum Scheitern verurteilt gewesen. Dies nicht nur aus Mangel an Kenntnissen und elektronischen Geräten, sondern auch aufgrund inadäquater Forschungsstrategien.

Die meisten Experimente der Neuropsychologie und Psychophysiologie wurden und werden im Rahmen eines überholten und starren Denkmodells unternommen, das unter der Bezeichnung „medizinisches Modell“ in die Literatur eingegangen ist (*Bandura*, 1969; *Keupp*, 1972). Die Ursachen angepaßten oder unangepaßten, erwünschten oder unerwünschten, „normalen“ oder „pathologischen“ Verhaltens werden von den Vertretern dieser Denkrichtung in den individuellen Organismus oder in die individuelle „Psyche“ oder „Persönlichkeit“ verlegt. Abweichendes oder störendes Verhalten wird als „Symptom“ einer zugrunde liegenden „psychischen“ oder organischen „Krankheit“ gedeutet. Die determinierende Rolle sozialer und gesellschaftlicher Faktoren als unabhängige Variablen wurde meist übersehen oder ignoriert. Besonders Vertreter tiefenpsychologischer oder psychoanalytischer Schulen neigen zur Annahme „unbewußter Kräfte“ im Individium, die ein bestimmtes Verhalten „verursachen“. Da solche internen „Kräfte“ der experimentellen Variation und naturwissenschaftlicher Beweisführung generell nicht zugänglich sind, können sie weder bestätigt noch verworfen werden.

Es ist wohl der bedeutendste Verdienst der Lernpsychologie, die entscheidenden Umweltvariationen analysiert und manipulierbar gemacht zu haben. Ängstliches oder „neurotisches“ Verhalten ist nicht die Folge einer innerorganismischen psychischen Pathologie, sondern das Resultat ganz bestimmter, zeitlich begrenzter Umwelteinflüsse. Die Gesetze des Aufbaus solcher Reaktionen bestimmen auch wieder die Abbaumethoden.

Die Neuropsychologie fügt dieser Betrachtungsweise einen neuen wesentlichen Bestandteil hinzu. Ihre Aufgabe besteht darin, die den Umwelt-Organismus-Interaktionen zugrunde liegenden nervösen Prozesse zu analysieren. Auch hier entsteht sehr leicht die Gefahr, dem „medizinischen Modell“ zum Opfer zu fallen: ein großer Teil der neuropsychologischen Forschung versucht die organische Basis der internen psychischen „Eigenschaften“ sichtbar zu machen, obwohl diese auch auf sozialer Interaktion beruhen und nur in Abhängigkeit davon verständlich sind. Die meisten Arbeiten über die physiologische Basis der Intelligenz, der Angst, der Extraversion, Psychopathie, Schizophrenie usw. sind Beispiele für gescheiterte neuropsychologische „Grundlagenforschung“. In der sogenannten „psychosomatischen Medizin“ werden ebenfalls in vielen Fällen vage „psychische Prozesse, die auf das organische Geschehen wirken“ für Magengeschwüre, chronischen Kopfschmerz, Herzrhythmusstörungen u. v. a. verantwortlich gemacht. Erst die genaue Analyse der Umweltbedingungen führte schließlich zu prüfbaren Hypothesen über die verursachenden Variablen (*Weiss*, 1971; *Brady*, 1958).

Im Gegensatz zur ersten Auflage dieses Buches wollen wir uns hier primär jenen psychophysiologischen Prozessen widmen, die bei der Entstehung und Bewältigung von Angstreaktionen eine Rolle spielen. Psychophysiologie und Neuropsychologie unterscheiden sich sowohl in der verwendeten Methodik als auch in ihrem unmittelbaren Forschungsziel. Trotzdem sind diese beiden jungen Teildisziplinen der experimentellen Psychologie in hohem Maße voneinander abhängig. In der psychophysiologischen Forschung wird als unabhängige Variable ein bestimmtes Verhalten (Angstreaktionen, Schlafverhalten, Annäherungsverhalten, Aufmerksamkeit, usw.) und als abhängige Variable der physiologische Vorgang untersucht. Dabei werden im allgemeinen nur jene physiologischen Prozesse analysiert, die ohne medizinischen Eingriff in das Individuum von der Körperoberfläche abgeleitet werden können. Das Versuchsobjekt der Psychophysiologie ist primär der Mensch und weniger das Tier wie in der Physiologischen Psychologie. Es sollen daher in diesem Buch ausschließlich Versuche am Menschen berichtet werden, da der Analogieschluß vom animalischen auf das menschliche Verhalten keine kausalen Bedingungen aufzeigen kann. Trotzdem ist der Tierversuch für den Fortschritt der Humanwissenschaften unerläßlich. Die Ergebnisse aus Tierversuchen können aber im allgemeinen nicht mehr als prüfbare Hypothesen für den Humanbereich erbringen. Biochemische und hormonelle Faktoren des Angstverhaltens, die mit Sicherheit eine entscheidende Rolle sowohl bei Entstehung als auch bei der Reduktion von Angst und Streß spielen, werden hier nicht ausführlich behandelt. In diesem Bereich ist man fast ausschließlich auf das Tierexperiment angewiesen.

Vorerst werden in Kapitel II in einem Artikel von *Lang* (1971) die methodischen Grundlagen erörtert werden. Dieser Teil ist besonders für den Praktiker der Verhaltensmodifikation relevant: es muß heute als notwendige Bedingung angesehen werden, daß physiologische Größen sowohl in der Experimentation als auch in der konkreten Praxis der Verhaltensmodifikation registriert werden. Diese Notwendigkeit ergibt sich aus mehreren Überlegungen:

Physiologische Meßwerte haben sich sowohl im diagnostischen Prozeß (Verhaltensanalyse, -beobachtung), als auch in der Therapieverlaufs- und erfolgskontrolle der Verhaltensmodifikation als wesentlicher Bestandteil erwiesen. Bereits sehr simple Maße wie etwa die spontane Fluktuation des Hautwiderstandes erlauben wertvolle diagnostische und prognostische Schlüsse: je stärker die Spontanfluktuation, um so flacher sind die Generalisationsgradienten der Angstreize, um so langsamer die Habituationsgeschwindigkeiten auf wiederholte Reizdarbietung, und um so schlechter die Behandlungsprognose (*Lader*, 1969). In Abb. 1 sind einzelne Störungen in ein Koordinatensystem aus Spontanfluktuation und Habituationsrate eingefügt.

Die Erhebung der Spontanfluktuation des Hautwiderstandes und der Habituationsrate auf einfache akustische Reize sollte zum Standardverfahren bei Angsttherapien werden. In Kapitel III werden die Reizbedingungen für ein solches Standardexperiment beschrieben. Die Spontanfluktuation sollte dabei sowohl unter Ruhebedin-

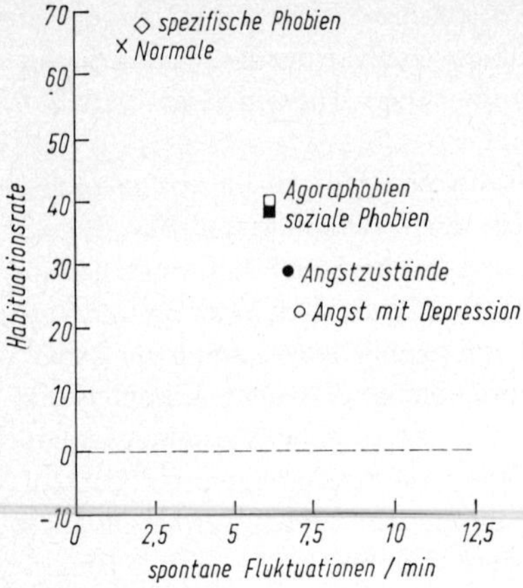

Abb. 1. Zusammenhang zwischen spontaner Fluktuation des PGR, der Habituationsrate auf laute Töne und einzelnen Verhaltensstörungen. Je stärker die Spontanfluktuation und je langsamer die Habituationsrate um so schlechter die Prognose für die Desensibilisierung.

gungen mehrmals über einige Minuten registriert werden, als auch in einer aversiven Erwartungssituation, in der die Versuchsperson nach einem bestimmten Zeitabstand (im allgemeinen mehrere Minuten) ein aversives Ereignis erwartet (z. B. eine Rede halten muß, oder mit einem phobischen Reiz konfrontiert wird, usw.). Bei der Anwendung dieses Maßes ist natürlich zu bedenken, daß Hautwiderstandsreaktionen (spontan oder evoziert) außerordentlich schnell habituieren und dies auch ohne jede Therapie. Unabhängig davon, ob überhaupt eine Therapie durchgeführt wird und unabhängig davon, welche Therapie erfolgt, es wird in fast jedem Fall nach der Therapie zu einem Absinken der Fluktuationsrate und auch der evozierten Hautwiderstandsreaktionen auf Angstreize kommen. Im Einzelfall gibt es keine völlig verläßliche Methode zur Ausschaltung dieses Habituationseffektes. Zwei Versuchsanordnungen können diesen störenden Effekt reduzieren. In mehreren Sitzungen vor Beginn der Behandlung wird die Versuchsperson mit derselben Versuchsanordnung konfrontiert, so daß nach zwei bis drei Wiederholungen die Hautwiderstandsreaktionen maximal habituiert sind. Die zweite Möglichkeit, die gemeinsam mit dieser ersten beschritten werden sollte, ist die Darbietung ähnlicher, aber für die Versuchsperson nicht angstauslösender Reize unter denselben Versuchsbedingungen. Die Reaktionen auf diese ähnlichen, aber neutralen Reize können dann vor und nach der Therapie miteinander verglichen werden; nach der Behandlung sollte der Unterschied zwischen neutralen und aversiven Reizen verschwunden sein. – Das Problem der allgemeinen Adaptation an die mehrmalige Messung ist natürlich nicht nur für den Hautwiderstand, sondern in mehr oder weniger starkem Ausmaß auch für alle anderen psychophysiologischen Maße relevant.

Die Validierung von Angsthierarchien in der Desensibilisierung ist ebenfalls an physiologische Indikatoren gebunden. Die Vp wird instruiert, sich die Reize ihrer Angsthierarchie vorzustellen, physiologische Variablen werden dabei registriert.

Im Modifikationsprozeß sollte laufend auf allen drei Meßebenen registriert werden. Jede Ebene soll mindestens durch 2–3 Maße repräsentiert sein. Die Beurteilung des Therapieverlaufes und -erfolges aufgrund eines Maßes kann zu folgenschweren Fehlbeurteilungen führen. Die einzelnen Variablen zeigen sowohl innerhalb einer als auch zwischen den drei Meßebenen äußerst unterschiedliche Akquisitions- und Extinktionszeiten (*Birbaumer* et al., 1973). Selbst nach völliger Löschung einer Vermeidungsreaktion kann das Weiterbestehen einer vegetativen Reaktivität zum Wiederaufbau (Rückfall) der Verhaltensstörung führen. Analoges gilt auch für die subjektiv-verbale Ebene (siehe Kapitel IV).

In den meisten Arbeiten zur Verhaltenstherapie von Angststörungen zeigte sich, daß die subjektive Befindlichkeit, also die in einer bestimmten Situation empfundene Angst außerordentlich schnell verschwindet, während die autonomen Reaktionen, besonders die Herzrate sehr viel länger bestehen bleiben und therapieresistenter sind. (*Borkovec*, 1974; *Florin* und *Tunner*, 1975). Im Gegensatz zur subjektiven Befindlichkeit, die sich sehr schnell durch jede Art von Psychotherapie verändert, bleiben Einstellungen und Werthaltungen eines Individuums in bestimmten Angstsituationen ähnlich wie die physiologischen Reaktionen sehr stabil.

Nach Erörterung des methodischen Hintergrundes durch *Lang*, wenden wir uns den kausalen psychophysiologischen Prozessen zu. In Kapitel III wollen wir versuchen, jene psychophysiologischen Vorgänge zu beschreiben, die bei Aufbau und Reduktion von Angstreaktionen ablaufen (wenn wir hier – wie in dem ganzen Buch von Angst sprechen, meinen wir nicht nur die Fälle überstarker, statistisch »pathologischer« Ängste, sondern auch die Bewältigung von »nützlichen« Angstreaktionen, deren biologische Zweckmäßigkeit nicht diskutiert zu werden braucht). Aus den in Kapitel III zusammengestellten Artikeln geht hervor, daß ein Teil der lernpsychologischen Begriffe auf bestimmte psychophysiologische Vorgänge rückführbar ist, obwohl auch hier einschränkend betont werden muß, daß wir erst am Anfang eines langwierigen und schwierigen Forschungsprozesses stehen. Ein Teil von lerntheoretischen, neuropsychologischen und psychophysiologischen Differenzierungen (z. B. Extinktion versus Habituation, positive Verstärkung versus Aktivierungsniveau und anderes) lassen sich z. T. ineinander überführen. Es soll kein neurologischer Reduktionismus von Verhaltensgrößen auf nervöses Geschehen, sondern die vor, während und nach Umwelteinflüssen ablaufenden organischen Mechanismen im Sinne unserer oben skizzierten theoretischen Überlegungen analysiert werden.

Kapitel IV stellt uns vor die schwierigsten Probleme einer Theorie angsthemmender Prozesse. Die verbal-kognitiven Abläufe stellen an die Meßmethoden des Experimentalpsychologen die höchsten Anforderungen. Die Komplexität kognitiver Prozesse stellt zwar nur eine isomorphe Abbildung des neurophysiologischen Geschehens dar, ist aber quantitativer Beobachtung weit schlechter zugänglich. Die Gefahr unkontrollierbarer Intuitiv-Überlegungen ist dabei besonders groß. Die hier berichteten Arbeiten zeigen aber, wie präzise und konsequent kognitiv-psychologische Überlegungen sein können und wie gut sich solche Befunde mit psychophysiologischem Denken integrieren lassen.

Kapitel V faßt schließlich eine Möglichkeit der Anwendung physiologischer Messung als Modellfall heraus. Die Möglichkeiten der Manipulation des biologischen Substrates psychischen Erlebens selbst sind einer der faszinierendsten Anwendungsgesichtspunkte der experimentellen Psychologie. Die „psychophysiologische“ Verhaltensmodifikation ist abgesehen davon ein positives Beispiel für die Effektivität der Zusammenarbeit von Lernpsychologie und Psychophysiologie.

Kapitel V widmet sich zusätzlich der Entstehung und Behandlung psychosomatischer Störungen aus klinisch-psychologischer Sicht.

Literatur

Bandura, A.: Principles of Behavior Modification. Holt, New York 1969.

Birbaumer, N.: Das EEG bei Blindgeborenen. In: *M. Haider*: Neuropsychologie. Huber, Bern 1971.

Birbaumer, N., W. Tunner, R. Hölzl, L. Mittelstaedt: Ein Gerät zur kontinuierlichen Messung subjektiver Veränderungen. Z. exp. u. angew. Psychol., Bd. XX, Heft 2 (1973), 173–181.

Birbaumer, N.: Physiologische Psychologie. Springer-Verlag, Berlin, Heidelberg, New York 1975.

Borkovec, T. D.: The role of expectancy and physiological feedback in fear research: A review with special reference to subject characteristics. In: *N. E. Miller* et al. (Eds.): Biofeedback & Self-Control 1973, Aldine, Chicago 1974.

Brady, J. V.: Ulcers in „executive“ monkeys. Scientific American 425, 1958.

Denenberg, V. H.: Early experience and emotional development. Scientific American 478, 1963.

Fahrenberg, J.: Die Bedeutung individueller Unterschiede für die Methodik der Aktivierungsforschung. In: *W. Schönpflug*: Methoden der Aktivierungsforschung. Huber, Bern 1969.

Florin, I., W. Tunner: Therapie der Angst. Fortschritte der Klinischen Psychologie, Bd. 8. Urban & Schwarzenberg, München 1975.

Gray, J. A.: Angst und Steß. Kindler Universitätsbibliothek, München 1971.

Hodgson, R., S. Rachman: II. Desynchrony in measures of fear. Behaviour Research & Therapy 12 (1974), 319–326.

Keupp, H.: Der Krankheitsmythos in der Psychopathologie. Fortschritte der Klinischen Psychologie. Bd. 2. Urban & Schwarzenberg, München 1972.

Lacey, J. I.: Somatic response patterning and stress: Some revisions of activation theory. In: *M. H. Appley, R. Trumbull* (Eds.): Psychological Stress: Issues in Research. Appleton Century Crofts, New York 1967.

Lader, M. H.: Psychophysiology of anxiety. In: *M. H. Lader*: Studies of Anxiety. Brit. J. Psychiat., Spec. Publ. Nr. 3, Headley, Ashford 1969.

Lindsley, D. B.: Attention, consciousness, sleep and wakefulness In: *Fields, J.* (Ed.): Handbook of Physiology, Washington D. C. 1960.

Obrist, P.: The cariovascular-behavioral interaction – as it appears today. Psychophysiology 13 (1976), 95–107.

Pickenhain, L.: Methodologische Probleme der Untersuchung biologischer Faktoren bei psychiatrischen Erkrankungen. In: *Pikkenhain, L., A. Thom*: Beiträge zu einer allgemeinen Theorie der Psychiatrie. VEB Fischer, Jena 1968.

Rachman, S., J. B. Bergold: Verhaltenstherapie bei Phobien. Fortschritte der Klinischen Psychologie, Bd. 1. Urban & Schwarzenberg, München 1976.

Rohracher, H.: Die Arbeitsweise des Gehirns und die psychischen Vorgänge. Barth, München 1967.

Seligman, M. E. P.: Helplessness. Freeman, San Francisco 1975.

Taylor, J. A.: A personality scale of manifest anxiety. J. abnorm soc. Psychol. 48 (1953), 285–290.

Weiss, J. M.: Effects of coping behavior in different warning signal conditions on stress pathology in rats. J. comp. physiol. Psychol. 77 (1971), 1–22.

Wolpe, J.: Psychotherapy by Reciprocal Inhibition. Stanford Univ. Press, Stanford 1958.

Die Anwendung psychophysiologischer Methoden in Psychotherapie und Verhaltensmodifikation[1])

Peter J. Lang

Psychophysiologie ist eine junge Disziplin, die sich von dem umfassenden Gebiet der physiologischen Psychologie durch die Art der manipulierten Variablen unterscheidet (*Stern*, 1964). Im allgemeinen werden in der Psychophysiologie nicht die klassischen Methoden der animalischen physiologischen Psychologie verwendet: Eingriff in einen Organismus (z. B. durch eine Hirnläsion oder Stimulation), an den sich eine Beurteilung des Verhaltens und der möglichen histologischen Folgen anschließt. Im Gegensatz dazu studiert der Psychophysiologe im allgemeinen den intakten Organismus. Die Wirkungen einer bestimmten Reizsituation bzw. einer bestimmten Aufgabe werden untersucht oder es interessieren Persönlichkeitseigenschaften oder andere stabile Merkmale des Organismus. Es handelt sich dabei um physiologische Untersuchungen, da gleichzeitig organische Veränderungen als abhängige Variablen registriert werden. Die Experimentatoren in diesem Forschungsbereich studierten physiologische Veränderungen bei Depressionen, Träumen, visueller Stimulation, Streß, Problemlösen und einer Reihe anderer ähnlicher Bedingungen am Menschen. Das Ziel dieser Forschungsrichtung ist die Definition der Beziehungen zwischen der psychologischen und physiologischen Meßebene; oder etwas präziser ausgedrückt, die physiologischen Konsequenzen der Reizaufnahme und mögliche Beziehungen zwischen Reaktionsmustern (verbalen, sichtbar motorischen und physiologischen) zu erforschen, die uns helfen, das Verhalten adäquater zu erklären.

Die Untersuchung der Emotionen war eines der Hauptthemen der Psychophysiologie. Dies hat seine Ursache teilweise in der allgemeinen Übereinstimmung zwischen Theoretikern, daß bei Emotionen physiologische Ereignisse mehr als nur Begleiterscheinungen des Verhaltens darstellen, sondern einen wesentlichen Bestandteil der emotionalen Reaktion bilden. Der Phyiologie *Lange* (*Lange*, 1922; *Wenger*; 1950) verteidigte die extreme Auffassung, daß kardiovaskuläre Ereignisse selbst die Emotionen darstellen und daß verbale und verhaltensmäßige Manifestationen nur sekundäre Konsequenzen seien. Die Psychoanalytiker meinen, daß bei Blockierung bestimmter Wege der Impulsentladung organische Reaktionen zwangsläufig auftreten

[1]) *A. E. Bergin u. S. L. Garfield:* Handbook of Psychotherapy and Behavior Change: An Empirical Analysis. Wiley, New York 1971. Übersetzt vom Herausgeber unter Mitarbeit von *Rosmarie Bartsch* und *David Schein.*

und daß die Muster dieser organischen Reaktionen, durch die psychologische Vergangenheit des Individuums determiniert sind (*Alexander*, 1950). Diese Ansicht bestimmte zu einem großen Teil die Entwicklung der psychosomatischen Medizin. In neuerer Zeit haben *Schachter* und *Singer* (1962) eine Interaktionstheorie vorgeschlagen, bei der emotionales Verhalten durch physiologische Aktivation und gleichzeitige kognitive Prozesse bestimmt wird. Trotz erheblichen Differenzen in theoretischen Details stimmen alle darin überein, daß ein gerötetes Gesicht, ein schneller Puls und irreguläre Atmung unter Streß genau so eine emotionale Reaktion darstellen wie ärgerliche Worte oder drohend erhobene Fäuste.

Psychotherapie ist primär eine Technik zur Modifikation oder Eliminierung sog. pathologischen Verhaltens. Die Pathologie bezieht sich dabei in der Hauptsache auf das Bestehen aversiver emotionaler Zustände und die Bemühungen des Therapeuten konzentrieren sich im allgemeinen auf diese Reaktionen. Es ist daher angebracht, das Einbeziehen psychophysiologischer Methoden in das Studium von Therapiemethoden zu fordern und es ist überraschend, daß das Ausmaß an relevanten Daten so klein ist. Dies mag vor allem daran liegen, daß psychophysiologische Methoden einen erheblichen technischen Aufwand erfordern, der zu dem bereits bestehenden Methodeninventar der Psychotherapie hinzugefügt werden muß.

Der Psychophysiologe benötigt gute Kenntnisse in allgemeiner Physiologie (nicht nur des Zentralnervensystems) und Kenntnisse der allgemeinen Psychologie und er kommt mit einigem Wissen in Elektronik und Computertechnik bequemer voran. Die hochentwickelten technischen Hilfsmittel und die Menge und Komplexität der erhobenen Daten erfordern solche Kenntnisse. Da im allgemeinen kontinuierlich registriert wird, übersteigt die Anzahl der gemessenen Ereignisse weit die anfallenden Datenmengen anderer Forschungsrichtungen. Zusätzlich sind die beobachtbaren körperlichen Veränderungen während Emotionen sehr schwach, wenn man sie etwa mit verbalen Berichten oder Hebeldruckreaktionen vergleicht. Zur Sichtbarmachung sind elektronische Verstärker und hochempfindliche Registriergeräte notwendig. Die psychophysiologische Forschung benützt im allgemeinen den Polygraphen als die zentrale Einheit; bei dem folgenden Bericht wird daher das Schwergewicht auf Studien liegen, die eine solche Instrumentation verwandten.

Der Polygraph (ein Mehrkanal-Verstärker und -Schreiber) wird deshalb benützt, weil die Anzahl potentiell relevanter Reaktionen im Körper sehr groß ist und die bisherige Forschung zeigt, daß das Kovariationsmuster vieler Reaktionen genau so wichtig ist wie die Reaktion eines einzelnen Systems. Das Bild wird weiter durch die Tatsache kompliziert, daß psychologisch bedeutsame Reaktionen keineswegs auch intuitiv einsichtig sein müssen. Die Herzaktivität z. B. schließt eine ganze Serie meßbarer Ereignisse ein – elektrochemische, akustische, mechanische –, und sie laufen kontinuierlich ab und variieren in Frequenz, Amplitude und Polarität. Der Großteil dieser Aktivität ist eine Reaktion auf vegetative Notwendigkeiten und ist für psychologische Fragestellungen irrelevant. Der Untersucher steht fast immer einem sehr hohen Signal-Rausch-Verhältnis gegenüber, und es ist nicht überraschend, daß sich ein Großteil der psychophysiologischen Forschung direkt oder indirekt mit der Definition von psychologisch bedeutsamen Reaktionen beschäftigt. Für den Psychotherapieforscher bedeutet dies oft, daß die grundlegende Definition der Parameter in seinem Interessengebiet bisher nicht durchgeführt wurde oder widersprechend ist, und er muß sich selbst um seinen methodischen „Haushalt" kümmern.

Trotzdem sind die potentiellen positiven Verstärker für dieses Unternehmen relativ groß. Die erhobenen Daten haben den Vorteil direkter Quantifizierung auf präzisen physikalischen Dimensionen. Für den Psychotherapeuten stellt die kontinuierliche Registrierung emotionaler Ereignisse bei minimaler Beeinträchtigung des Patienten durch Fragen oder Meßanordnungen ein extrem attraktives Ziel dar. Die Informationen über bestehende organische Zustände erlauben ihm, Veränderungen im therapeutischen Geschehen zu antizipieren. Nicht zuletzt repräsentieren physiologische Messungen eine wichtige Ergänzung zu den verbalen oder motorischen Komponenten einer emotionalen Reaktion und stellen die einzige Möglichkeit dar, über kontinuierliche Veränderungen des affektiven Zustandes des Patienten Informationen zu erhalten, wenn die verbale oder motorische Komponente nicht meßbar ist. Wahrscheinlich von größter Bedeutung ist die Tatsache, daß interozeptives oder exterozeptives Feedback von autonomen Ereignissen psychische und motorische emotionale Reaktionen direkt modulieren kann. Die Verhaltenskontrolle über diese physiologischen Prozesse kann ein zentrales Ziel der therapeutischen Bemühungen werden.

Der erste Teil dieses Artikels ist als eine Einführung in die psychophysiologischen Methoden gedacht. Er ist notwendigerweise kurz und der Anfänger wird zur kompletten Information die Originalliteratur studieren müssen. Techniken und Geräte zur Registrierung bioelektrischer oder umgeformter machanischer Veränderungen werden besprochen, Probleme der Experimentiersituation, spezielle Versuchspersonengruppen und Ursachen von Registrierungsartefakten werden behandelt. Danach wird die zentrale und periphere Physiologie der Emotion kurz dargestellt und die Funktion des autonomen Nervensystems, der Neurohormone und der entsprechenden inneren Organe beschrieben. Allgemeine Probleme bei der Definition psychologisch bedeutsamer Ereignisse werden besprochen, wie etwa der Effekt von Anfangswerten und von homöostatischen Mechanismen auf die Reaktionsstärke. Die Konzepte von Aktivierung und Reaktionsspezifität werden im Kontext neuerer Forschung untersucht. Schließlich wird eine systematische Analyse aversiver emotionaler Reaktionen versucht und eine Strategie für deren Modifikation beschrieben. Das Kapitel schließt mit einer Diskussion neuerer psychphysiologischer Studien in Psychotherapie und Verhaltensmodifikation und der praktisch-klinischen Verwendung physiologischer Registriermethoden.

Physiologische Registriermethoden[1])

Bioelektrische Signale

In den letzten Jahren wurde es möglich, eine große Anzahl physiologischer Prozesse am intakten Menschen zu registrieren. Dazu gehören Reaktionen von

[1]) Der mit psychophysiologischen Methoden vertraute Leser kann dieses Kapitel übergehen. Leser, die genaue Informationen über Registrierprobleme wünschen, mögen folgende Texte studieren (*Vernables* and *Martin*, 1967; *Brown*, 1967; *Greenfield* and *Sternbach*, 1972).

nahezu allen Organsystemen des Körpers, einschließlich des kardiovaskulären, kortikalen, respiratorischen und gastrointestinalen Systems, der Schweißdrüsen und der somatischen Muskulatur. Alle diese Organe produzieren bioelektrische Signale. Bei Stimulation ändern die Membranen der neuronalen und muskulären Zellen selektiv ihre Permeabilität. Die resultierende Neuverteilung von Ionen an den beiden Seiten einer Membran bestimmt das Auftreten einer Erregung in dieser Zelle, das Feuern der Zelle, und äußert sich elektrisch als Veränderung der Polarität einer Spannung. Diese Depolarisation wird innerhalb der aktiven Struktur von Zelle zu Zelle übertragen und breitet sich als eine elektro-chemische Sequenz über das ganze relativ gut leitende Medium des entsprechenden Körpergewebes aus. Die bioelektrische Aktivität einer organischen Struktur kann also dadurch festgestellt werden, daß man Elektroden an der Körperoberfläche anbringt, die darin übertragene Spannungsänderung verstärkt und das Resultat auf einem Schreiber aufzeichnet.

Die Wellenform in Abb. 2 wird leicht als die Spannungsveränderung erkannt, die mit der pumpenden Aktivität (Systole) des Herzens auftritt. Dieses Elektrokardiogramm (EKG) wurde von Elektroden am rechten Handgelenk und linken Knöchel registriert; es stellt die Spannungsänderungen an diesen Elektroden bei der sukzessiven Kontraktion der Herzmuskelzellen dar. Die P-Welle tritt bei Beginn der Systole im rechten Vorhof (der ersten Herzkammer) auf. Der QRS-Komplex zeigt die bioelektrische Depolarisation bei der Ventrikulär-Systole an, der primären Pumpaktivität, die das Blut durch Lungen und Extremitäten des Körpers treibt. Die abschließende T-Welle ist mit der Repolarisation des ventrikulären Muskelgewebes assoziiert, welche das Herz für seinen nächsten Aktivitätszyklus vorbereitet (eine detaillierte Beschreibung der kardiovaskulären Physiologie kann bei *Best* und *Taylor*, 1966, oder *Keele* und *Neil*, 1965, im Deutschen bei *Ganong*, Medizinische Physiologie, 3. Auflage. Springer, Berlin 1974 gefunden werden).

Das EKG ist ein intensives elektrisches Ereignis und kann von einem Elektrodenpaar an den verschiedensten Stellen des Körpers registriert werden, solange sich diese an beiden Seiten des Herzens befinden. Unterschiedliche Elektrodenanordnungen werden unterschiedliche Ebenen der elektrischen Aktivität teilen und in Amplitudenveränderungen der verschiedenen Wellenanteile resultieren – eine Tatsache von höchster Wichtigkeit für die klinische Elektrokardiographie (*Goldman*, 1960). Der Psychologe ist im allgemeinen nur an einer Frequenzmessung interessiert und wählt daher eine Anordnung, bei der die R-Welle gut sichtbar wird (vom oberen rechten Quadranten zum linken unteren Quadranten der Körperhälfte). Da nur eine R-Welle pro Pumpzyklus auftritt, kann man die Anzahl der Systolen pro Zeiteinheit oder die Zeit zwischen einem Systolenpaar leicht zählen. Die psychologische Bedeutung dieses Maßes werden wir etwas später in diesem Kapitel behandeln.

Das EKG kann auch als Artefakt in jeder bioelektrischen Registrierung auftreten. Diese Störung kann aber umgangen werden, wenn die Elektroden eng beieinander liegen und das Herz nicht einschließen. Unter solchen Bedingungen wird das Potential an einem Elektrodenpaar primär von den aktiven Strukturen beeinflußt, die unmittelbar unter ihnen liegen. Abb. 3 zeigt Spannungsveränderungen, die man von einem wenige cm auseinanderliegenden Elektrodenpaar an der Hautoberfläche über den Flexoren des Armes erhält. Die Muskeln wurden im ersten Teil der Abbildung

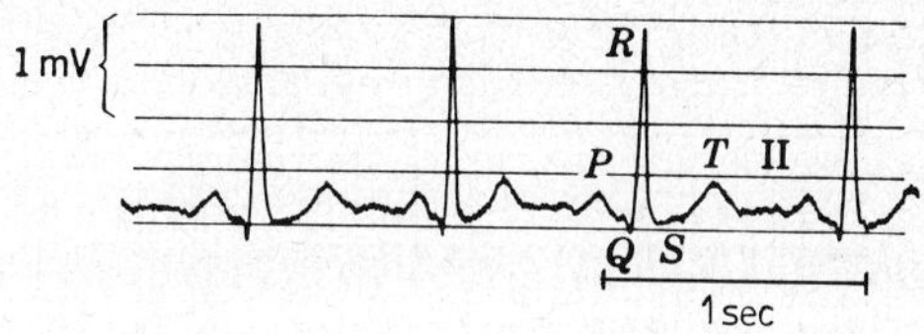

Abb. 2. Das normale Elektrokardiogramm des Menschen (*Keele* und *Neil*, 1965). Die Elektroden liegen an den rechten und linken Extremitäten (Standardableitung II).

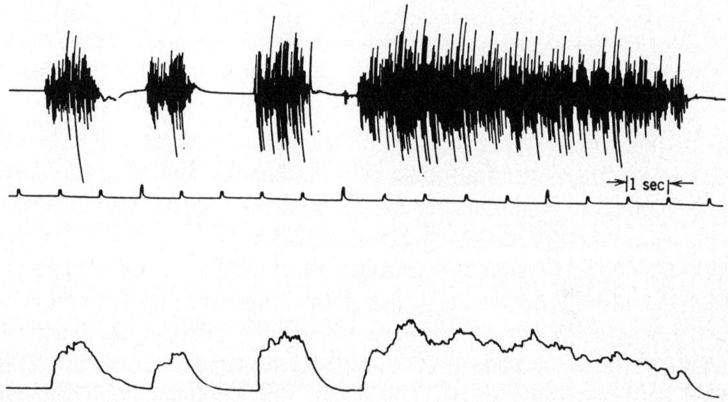

Abb. 3. Elektromyographische Ableitung während Muskelanspannung. Der obere Kanal stellt die „Roh-"Aktivität dar. Der unterste Kanal zeigt eine RC-Integration desselben Signals. Die unterste Kurve stellt in etwa eine Einhüllende der gleichgerichteten Spannungsänderungen dar (mit Erlaubnis von Grass Instrument Co.).

abwechselnd angespannt und entspannt und im zweiten Teil kontinuierlich kontrahiert. Sehr schnelle Spannungsänderungen begleiten die Muskelaktivität. Im Gegensatz zu der geordneten, sequentiellen Depolarisation der Zellen bei der Pumpaktivität des Herzens stellt dieses Elektromyogramm (EMG) eine zufällige Verteilung von Depolarisationen dar; viele Muskelzellen feuern wiederholt bei einer solchen länger anhaltenden Kontraktion. Die Einhüllende dieser Aktivität ist in etwa proportional zur aufgewendeten Kraft (*Davis*, 1952), und das Zeit-Spannungs-Integral des Elektromyogramms zeigt eine lineare Beziehung zur willentlichen Kontraktion (*Lippold*, 1967). Wenn viele Elektrodenpaare über verschiedene Muskeln des Körpers verteilt sind und die gesamte Aktivität integriert wird, erhält man eine gute Schätzung des gesamten Spannungsniveaus.

1875 zeigte *Caton*, daß Elektroden, die an der Schädeldecke eines Kaninchens angebracht waren, charakteristische elektrische Signale übertrugen, die von der neuronalen Aktivität des Gehirns produziert wurden. Im dritten Jahrzehnt des 20. Jahrhunderts beschrieb *Hans Berger* (1929) ein ähnliches Phänomen am Menschen und initiierte damit die experimentelle und klinische Erforschung der Elektroenzephalographie (eine kurze Geschichte der elektroenzephalographischen Forschung kann man bei *Brazier*, 1958, finden). Die Methoden zur Registrierung der

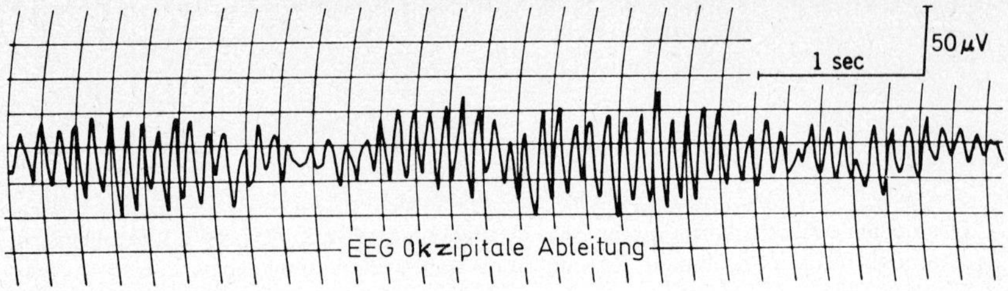

Abb. 4. EEG Ableitung von Elektroden über dem okzipitalen Hirnareal. Alpha-Wellen von 10 Schwankungen pro Sek. dominieren; dies zeigt, daß sich die Vp in einem wachen, entspannten Zustand mit geschlossenen Augen befand (mit Erlaubnis von Grass Instrument Co.).

Aktivität von Nervenzellen sind prinzipiell die gleichen wie bei Spannungsänderungen in der quergestreiften- oder Herzmuskulatur. Kortikale Signale haben allerdings eine niedrigere Amplitude als die des Herzens oder der Muskel an den Extremitäten. Die Spannungsdifferenz zwischen den Elektroden beträgt im Durchschnitt ungefähr 50 Mikrovolt (µV) und überschreitet selten 200µV. Zu einer klaren Darstellung muß der Verstärkungsfaktor des Registrierinstruments erheblich erhöht werden.

Abb. 4 zeigt ein Elektroenzephalogramm (EEG) von einem Elektrodenpaar, ähnlich wie wir es beim EKG und EMG verwendet haben. In diesem Fall befinden sich die Elektroden an der Oberfläche der Kopfhaut über dem Hinterhaupt. Das EEG zeigt ein geordnetes Muster von Spannungsänderungen, das mit dem Hirnareal, der Art der Stimulation und dem Zustand des Organismus variiert. Die bioelektrischen Potentialverschiebungen zwischen den Elektroden bewegen sich in einem Frequenzbereich von 0,5 bis zu etwa 30 Hz (Hertz = Schwankungen pro Sekunde). Es können allerdings gleichzeitig 4–5 Frequenzen auftreten, was natürlich die Interpretation des EEGs schwierig gestaltet. Am leichtesten sind die Alpha-Wellen zu erkennen, die sich in einem Frequenzbereich von 8–12 Hz bewegen und besonders deutlich über der okzipitalen Region des Gehirns sichtbar sind. Alpha-Wellen erhält man am leichtesten, wenn die Vp im Wachzustand entspannt mit geschlossenen Augen ruhig liegt. Die Alpha-Wellen verschwinden sofort, wenn die Vp auf einen Reiz achtet, und werden durch höhere Frequenzen niedriger Spannung ersetzt. Diese Alpha-Blockade wurde als Maß der Aktivierung oder Orientierung verwendet.

Elektroden. Viele kommerzielle Unternehmen produzieren bioelektrische Registriereinheiten. Die Anlage besteht aus drei Hauptkomponenten: den Elektroden, den Verstärkern und der Aufzeichnungseinheit. Wie wir vorher besprochen haben, variieren bei der Registrierung von verschiedenen physiologischen Systemen vor allem die Ableitungsorte. Der Elektrodendurchmesser kann auch zu einem wichtigen Faktor werden, wenn man die Größe des Ableitungsortes begrenzen will. Kleine Elektroden sind zur Ableitung eng benachbarter Hirnareale notwendig. Größere Abstände erleichtern die Ableitung von tieferen Strukturen, aber erhöhen die Anzahl von Einstreuungen anderer Signale. Es muß guter Kontakt zwischen Elektroden und Gewebe bestehen und die Elektroden sollten keine eigenen Spannungsdifferenzen generieren. Das letzte Problem wird durch die Herstellung von Elektroden aus bestimmten, relativ wertvollen Metallen umgangen. Guter Kontakt kann am besten dadurch hergestellt werden, daß man die Elektroden unter der Hautoberfläche anbringt; dazu verwendet man Nadelektroden. Da das Einstechen dieser Elektroden von den Vpn häufig unangenehm empfunden wird und da man die Elektroden stets unter sterilen Bedingungen aufbewahren muß, werden sie selten für psychotherapeutische Forschungszwecke verwendet. Im allgemeinen werden Blättchen-Elektroden verwendet, an deren Unterseite eine gut leitende Paste angebracht wird. Bei guter Reinigung der Haut können niedrige Übergangswiderstände (500 Ohm oder weniger) erzielt werden. Hohe Übergangswiderstände (im allgemeinen das Resultat schlechter Elektrodenapplikation) sind zu vermeiden, weniger wegen der Amplitudenreduktion des bioelektrischen Signals als wegen des Antenneneffektes solcher hohen Kontaktwiderstände; elektrische Artefakte werden dadurch dem Verstärker zugeleitet.

Verstärkung[1]). Elektronische Verstärker werden dazu verwendet, die Stärke eines bioelektrischen Signales so zu erhöhen, daß es sichtbar wird und quantifiziert werden kann. Moderne Verstärker erreichen dies durch halbleitende Materialien, sog. Transistoren. Ein Transistor ist eine Art elektronisches Sandwich, bei dem Halbleiter eines bestimmten Typs (negativ oder positiv) an einer Seite der zentralen Füllung einem Halbleiter des entgegengesetzten Typs an der anderen Seite gegenüberstehen. Das Zentrum wird die Basis genannt und die beiden äußeren Schichten nennt man Kollektor und Emitter. Spannungsänderungen an der Basis können den Stromfluß zwischen den beiden äußeren Teilen modulieren, ohne daß die beiden Elemente die Basis selbst besonders beeinflussen. Wenn die Basis daher Teil eines Stromkreises ist, der das bioelektrische Signal trägt, so werden Veränderungen des bioelektrischen Signals parallele Änderungen in dem viel höher gespannten Kollektor – Emitterstromkreis hervorrufen (siehe Abb. 5). Kleine Signale im Bereich weniger Mikrovolt können auf viele Hundert Volt verstärkt werden, indem man mehrere Transistoren zusammenschaltet, von denen jeder das Spannungsniveau etwas erhöht.

Die meisten Verstärker für bioelektrische Registrierung bestehen aus zwei Hauptstufen, die viele Transistoren oder Röhren und andere elektronische Komponenten enthalten. Die erste Stufe, der Vorverstärker, ermöglicht eine erste Steuerung und Regulierung des Signals. Die zweite Stufe wird oft „driver“ genannt und ermöglicht ein Anheben des Spannungsniveaus bis zu dem Punkt, an dem damit ein Registriergerät wie etwa ein Galvanometer oder ein Servomotor gesteuert werden kann. Die Art der Zusammenschaltung der einzelnen Verstärkungsstufen bestimmt jene Signalfrequenz, die ohne Veränderung bzw. Verzerrung durch den Verstärker geleitet werden kann. Wenn die Verbindung der einzelnen Verstärkerstufen durch ein Netzwerk von Kondensatoren und Widerständen gebildet wird, so werden zwar Spannungsänderungen aber keine Gleichspannungsverschiebungen übertragen. Der verstärkte Fre-

---

[1]) Detaillierte Beschreibungen elektronischer Verstärkungstechniken im Kontext bioelektrischer Registrierung und anderer Forschungsbereiche können bei *Yanof* (1965) oder *Phillips* (1966) gefunden werden.

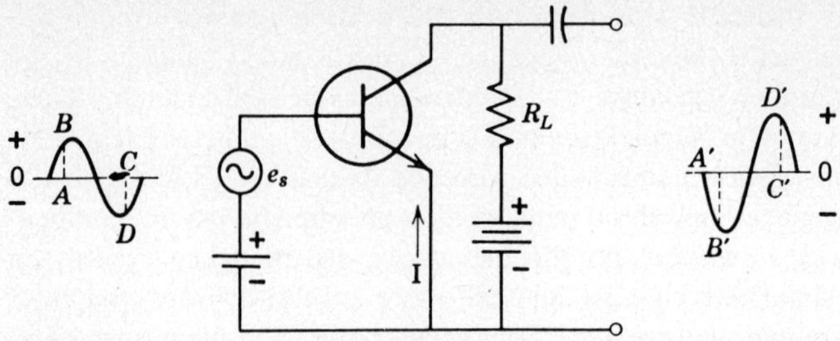

Abb. 5. Ein einfacher, Ein-Transistorverstärker. Das Eingangssignal von der Vp liegt an e_s, das verstärkte Ausgangssignal geht von den beiden Endpunkten an der rechten Seite zum Aufzeichnungsgerät. I gibt die Richtung des Stromes zum Emittor des Transistors an, R_L ist ein Lastwiderstand. Man beachte, daß das Ausgabesignal des Verstärkers (A'B' C'D') 180° außer Phase mit dem Eingabesignal (A–B, C–D) ist. Aus *Yanof,* 1965 (mit Erlaubnis von Radio Corporation of America, Harrison, New Jersey).

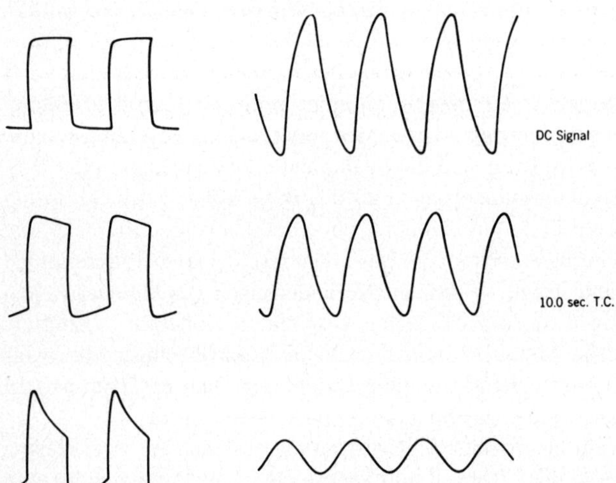

Abb. 6. Polygraphische Aufzeichnung eines Rechteck- und eines Sinuswellen-Eingabesignals, registriert mit derselben Verstärkung, aber unterschiedlichen Zeitkonstanten. Die leichte Verzerrung des Gleichspannungssignals geht oben auf Kosten kurvilinearer Aufzeichnung und Federverzerrung. Man beachte die Abschwächung der langsamen Frequenzen und die Phasenverschiebung bei der kurzen (.03) Zeitkonstante (T.C. time constant).

quenzbereich hängt von den Eigenschaften des Kondensator-Widerstand-Stromkreises ab; diese Charakteristik wird Zeitkonstante genannt. Technisch gesprochen ist die Zeitkonstante jener Zeitbetrag, der verstreichen muß, bis eine angelegte Spannung auf 36,2% ihres Anfangswertes abgesunken ist. Abb. 6 zeigt, wie solche Kondensatorschaltungen mit verschiedenen Zeitkonstanten die Wellenformen der Eingangssignale verändern können.

Alle bisher besprochenen bioelektrischen Erscheinungen (EKG, EMG, EEG) sind durch relativ schnelle Spannungsänderungen gekennzeichnet, und sie können mit Widerstands-Kondensator-, sog. R–C gekoppelten Verstärkern sichtbar gemacht werden. Kondensatorgekoppelte Verstärker werden auch AC-(alternating current) Verstärker genannt, da sie Spannungsänderungen und keine DC-(direct current) Gleichspannungsverschiebungen passieren lassen. EKG und EMG haben eine schnelle Anstiegsflanke, daher reichen kurze Zeitkonstanten (0,1 sec) für eine verzerrungsfreie Aufzeichnung aus. Es soll nochmals daran erinnert werden, daß der Frequenzbereich des EEGs niedriger ist, und Zeitkonstanten von mindestens 1,0 sec für verzerrungsfreie Aufzeichnungen notwendig sind. Manche Forscher sind allerdings an noch langsameren Phänomenen interessiert, die sich bereits dem Punkt der Gleichspannungsverschiebungen annähern. Kürzlich zeigte der englische Neuropsychologe *W. Grey Walter* (1964), daß sich eine langsame negative Welle im EEG bildet, wenn ein Reiz ein für die Vp wichtiges Ereignis ankündigt. Ein Beispiel einer solchen Wellenform ist in Abb. 7 zu sehen, begleitet von einer Aufzeichnung desselben Signals mit einem R–C Verstärker. Da die meisten Elektroenzephalographen nur mit R–C Verstärkern ausgestattet sind, wurde dieses Wellenphänomen bisher übersehen.

Signale mit Frequenzen unter 1,0 Hz werden ohne Verzerrung durch direkt gekoppelte Verstärker (DC) bewältigt. Dies kann durch direkte Verbindung des

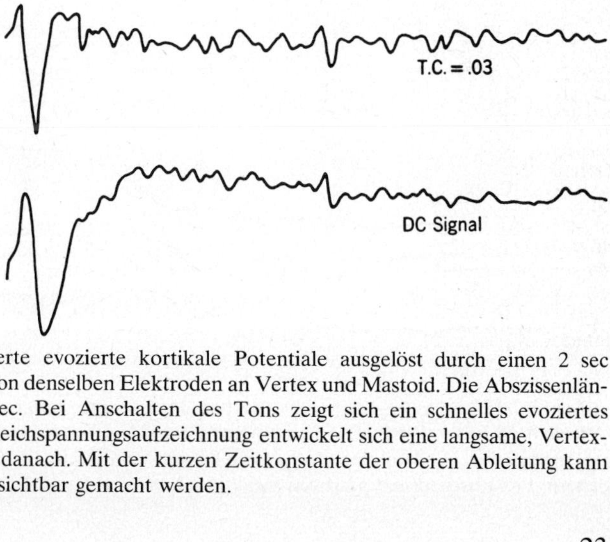

Abb. 7. Gemittelte summierte evozierte kortikale Potentiale ausgelöst durch einen 2 sec dauernden Ton; registriert von denselben Elektroden an Vertex und Mastoid. Die Abszissenlänge des Signals beträgt 4 sec. Bei Anschalten des Tons zeigt sich ein schnelles evoziertes Potential. In der unteren Gleichspannungsaufzeichnung entwickelt sich eine langsame, Vertexnegative Welle unmittelbar danach. Mit der kurzen Zeitkonstante der oberen Ableitung kann diese langsame Welle nicht sichtbar gemacht werden.

vorausgegangenen Kollektorkreises mit der Basis des folgenden Transistors, ohne dazwischengeschalteten Kondensator erreicht werden. In der Praxis erweist sich diese Anordnung allerdings manchmal als ungeeignet. Das dadurch übertragene hohe positive Potential reduziert die Effizienz der nächsten Verstärkerstufe. Zusätzlich können ohne Kondensatorkoppelungen langsame Driften des Eingangssignales durch Verstärkerinstabilitäten entstehen, ein Artefakt, das schwer von einem echten bioelektrischen Ereignis zu unterscheiden ist.

Das Gleichspannungssignal in Abb. 7 wurde mit einem sog. Chopper-Verstärker aufgezeichnet. In diesem Fall wird das Gleichspannungssignal in eine amplitudenmodulierte Frequenz „zerhackt". Diese Frequenz kann dann natürlich durch ein R–C Netzwerk übertragen werden. In der nächsten Stufe wird das zerhackte Signal demoduliert, gefiltert und in der Form des ursprünglichen Eingangssignals ausgeschrieben. Langsame Aktivität oder Spannungsverschiebungen werden zur Zeit im allgemeinen auf diesem Wege verstärkt. Der Nachteil dieses Systems besteht darin, daß unter bestimmten Bedingungen die Chopper-Frequenz selbst in dem verstärkten Signal sichtbar werden kann. In den meisten Aufzeichnungssituationen ist dies allerdings keine besondere Schwierigkeit. Die Endlösung dieser Verstärkungsprobleme liegt allerdings in der Entwicklung billiger, hochstabiler direkt gekoppelter Verstärker.

DC-Verstärker werden auch zur Aufzeichnung der Hauptpotentialänderung (skin potential response, SPR) verwendet. Diese Reaktion wird hauptsächlich durch die Schweißdrüsenaktivität ausgelöst, allerdings sind auch Änderungen der Polarisation der Oberhautmembranen daran beteiligt (*Edelberg,* 1967). Das SPR kann fast an der ganzen Körperoberfläche registriert werden, die größten Potentiale werden aber von der Haut der Fußsohlen erhalten, an der die meisten Schweißdrüsen konzentriert sind. Bei der Anbringung der Elektroden muß darauf geachtet werden, daß die Hautoberfläche nicht abgerieben oder verletzt wird, da in diesem Falle die Haut selbst das zu messende Organsystem darstellt. Zusätzlich müssen die Elektroden eine niedere und stabile Spannungsdifferenz aufweisen. Jede Eigenspannung („Polarisa-

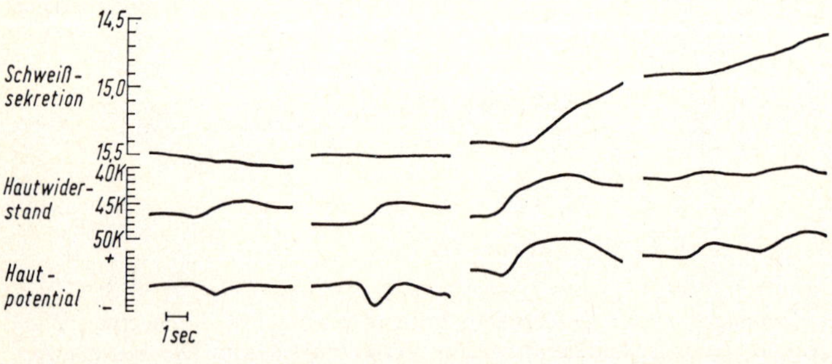

Abb. 8. Gleichzeitige Registrierung des Hautpotentials, des Hautwiderstandes und der Schweißsekretion (*Darrow,* 1964). Die Hautpotentialkurve (unterste Ableitung) kann aus monophasischen negativen Wellen, diphasischen oder positiven Reaktionen bestehen. Eine gewisse Tendenz zu diphasischen und positiven Reaktionen tritt bei hoher Schweißsekretion auf.

tion", Anm. d. Hrsg.), die durch die Elektroden selbst generiert wird, würde die Wellenform des Hautpotentials entscheidend verändern. Ein Beispiel für eine Hautpotentialänderung zeigt Abb. 8. Die Wellenform kann negativ, manchmal positiv und in den meisten Fällen multiphasisch sein. Die Hautpotentialänderung wurde weniger intensiv studiert als der Hautwiderstand, möglicherweise wegen der Instabilität dieses Maßes und der Unsicherheit über die Datenreduktionsmethoden (*Holmquest* und *Edelberg,* 1964). Trotzdem wurde diese Reaktion mit Erfolg bei schizophrenen Populationen (*Venables,* 1960) und bei Arbeiten zur autonomen Kontrolle (*Crider, Shapiro* und *Tursky,* 1966) untersucht.

Die Messung des Hautwiderstandes

1888 entdeckte der französische Physiologe *Féré,* daß charakteristische Veränderungen im Hautwiderstand einer Vp auftreten, wenn man einen schwachen Strom durch die Haut sendet. Diese Hautwiderstandsänderungen traten teilweise in Gegenwart emotionaler Reize auf. Das früher als psychogalvanische Reaktion bezeichnete Phänomen wird nun im allgemeinen galvanische Hautreaktion (galvanic skin response, GSR, oder Hautwiderstandsänderungen (skin resistance response, SRR) genannt und stellt das in der Psychologie am häufigsten untersuchte physiologische Ereignis dar.

Die Messung des Hautwiderstandes unterscheidet sich von allen bisher besprochenen Maßen (EKG, EMG, EEG und SPR), da hier nicht einfach eine von der Vp selbst generierte biologische Spannung erhoben wird; die Vp wird hier mit einer externen Stromquelle verbunden. Im allgemeinen werden dabei zwei Elektroden an der Haut der Vp angebracht und ein schwacher konstanter Strom zwischen die beiden Elektroden geschickt; die Intensität des Stromes liegt unter der Empfindungsschwelle der Vp und verursacht keine Gewebeschäden (10–20 $\mu A/cm^2$). Der Widerstand liegt primär in der Haut selbst, vor allem der Hornhaut, die die gut leitenden Strukturen der darunterliegenden Organe und Flüssigkeiten bedeckt. Wie bei der Messung des Hautpotentials darf die Haut unter der Elektrode nicht verletzt werden, da sonst der Widerstand gegen Null geht und keine Veränderungen mehr beobachtet werden können. In den meisten Geräten zur Registrierung des Hautwiderstandes wird eine Brückenschaltung zwischen die Vp und den Registrierverstärker gebracht. Die Vp bildet selbst einen Arm dieser Brücke (siehe Abb. 9). Ein variabler Widerstand im angrenzenden Brückenarm wird zur jeweiligen Stabilisierung der Spannung um einen Nullpunkt verwendet, so daß die Widerstandsänderungen der Vp von einer Registriereinheit abgelesen werden können.

Die Biophysik dieses Prozesses ist bis heute nicht ganz klar. Die Frequenz der Widerstandsänderungen und das allgemeine Aktivitätsniveau stehen allerdings in einem hohen Zusammenhang mit der Verteilung der aktiven Schweißdrüsen im Körper (*Venables* und *Martin,* 1967); *Thomas* und *Korr* (1957) fanden Korrelationen von 0,4 bis 0,9 zwischen der Anzahl der aktiven Schweißdrüsen und den Widerstandswerten. Es scheint also wahrscheinlich, daß wie beim Hauptpotential die Schweißdrüsenaktivität primär verantwortlich ist. Bei Verwendung einer Elektrolysezelle zur kontinuierlichen Messung der Schweißabsonderung fanden aber *Wilcott* und

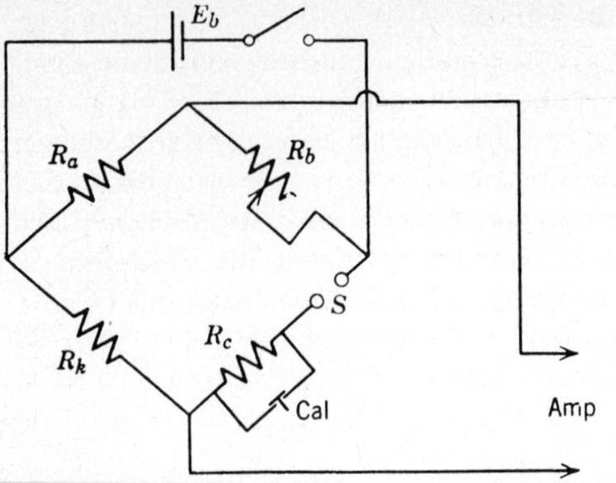

Abb. 9. Eine Brückenschaltung (Konstantstrom), die 8 μA auf 1 cm^2 Elektroden bringt. Die Vp befindet sich bei S, die Brückenangleichung kann bei R_b erfolgen. Die Spannungsquelle bei E^b = 90 V; R^a und R^k = 11,25 MOhm; R^b = 500 kOhm; R^c = 1 k Ohm (*Edelberg,* 1967).

Bennken (1961), daß sehr niedere, wenngleich häufig signifikante Korrelationen zwischen Schweißmenge und Hautwiderstand bestehen. Zusätzlich treten sowohl die Hautpotentialänderung als auch die Widerstandsänderungen eine Sekunde vor jeder Schweißaktivität auf und beide Reaktionen können auch bei Nichtvorhandensein von Schweißabsonderung registriert werden (*Darrow,* 1964). Diese Ergebnisse zeigen, daß die Aktivität der Schweißdrüsen für diese Prozesse notwendig ist, aber das Vorhandensein von Schweiß selbst keine notwendige Voraussetzung ist. Es darf auf der anderen Seite aber nicht übersehen werden, daß Messung der Schweißaktivität nur teilweise gefüllte Poren und Kanäle nicht berücksichtigt und daß diese sehr wohl auch zu den Spannungsänderungen beitragen können. Das Auftreten von Schweiß in den einzelnen Kanälen scheint auch die Form der Hautpotentialänderung zu beeinflussen und Erhöhungen der Hautleitfähigkeit zu bewirken (*Darrow,* 1964). Chemische Substanzen, wie z. B. Atropin, die die cholinerge Übertragung blockieren (den Mechanismus der nervösen Schweißdrüseninnervation), hemmen auch Hautpotentialänderungen und erhöhen den Hautwiderstand (*Martin* und *Venables,* 1966). Die Aktivität der Schweißdrüsen scheint also primär für die beobachteten bioelektrischen Reaktionen verantwortlich zu sein. Es wurde häufig angenommen, daß auch Elemente ohne Schweißdrüsen zu dieser Reaktion beitragen (*Edelberg,* 1967; *Willcott,* 1967). Bei Experimenten, in denen Widerstandsänderungen von drüsenreichen und drüsenarmen Hautgegenden verglichen wurden, stellten *Edelberg* und *Wright* (1964) fest, daß Variationen der Permeabilität der Epidermis eine eigene Komponente der Hautwiderstandsänderung darstellen. Die Schweißdrüsen und die Epidermis scheinen auf unterschiedliche Reizbedeutungen verschieden zu reagieren (z. B. wenn ein Reiz ein Wecksignal darstellt oder die Ausführung einer Handlung signalisiert).

Eines der größten praktischen Probleme bei der Registrierung von Widerstandsänderungen stellt der große Bereich möglicher Grundwiderstände der Haut dar. Bei Elektroden mit wenigen Quadratmillimetern Oberfläche reichen die Widerstände zwischen Vpn von 10 000 bis zu 500 000 Ohm. Die interessierenden Hautwiderstandsänderungen bewegen sich dagegen häufig in Bereichen kleiner als 300 Ohm. Daraus ist leicht zu ersehen, daß bei einer gesamten Schreibbreite von 40 mm in den üblichen Polygraphen (oder der 3 V-Eingabe eines Bandspeichers) keine adäquate Lösung für die beobachteten Reaktionen gefunden werden kann. Die einzige Lösung für dieses Problem besteht in der Einengung des Streuungsbereiches des Signals auf das zur Zeit bestehende Ausgangsniveau der Person. Der Experimentator müßte den Brückenwiderstand während des Experimentes ununterbrochen verstellen und es könnten dadurch leicht Fehler bei der Schätzung des bestehenden Widerstandes auftreten. Der „Polizeipolygraph" löst dieses Problem durch eine automatische Rückstellvorrichtung. Bei dieser Methode geht allerdings die gesamte Information über den Grundwiderstand der Haut verloren. Eine bessere Lösung ermöglicht die Verwendung von Vorverstärkern mit automatischer Bereichsänderung (Yellow Springs Instrument Co.). Diese Anlage stellt jede Federbewegung, die über die gegenwärtig benützte Skala hinausgeht, fest und schaltet auf einen angrenzenden Meßbereich mit vergleichbarer Empfindlichkeit. Auf diese Art werden sowohl der Grundwiderstand als auch die einzelnen Reaktionen erhalten. Ein weniger kompliziertes System wurde von *Edelberg* (1967) vorgeschlagen. Widerstandsänderungen werden simultan sowohl durch einen DC-Verstärker als auch einen R–C gekoppelten Verstärker registriert. Der Verstärkungsfaktor differiert aber für die beiden Registrierungen: der DC-Kanal wird auf niedere Empfindlichkeit gestellt und erfaßt damit den Gesamtbereich möglicher Basiswiderstände (= Grundwiderstand); der Grundwiderstand der Vp kann dadurch leicht erhoben werden; der R-C Kanal ist empfindlicher und registriert die feinen abgestuften Reaktionen. Da der letztgenannte Verstärker kapazitätsgekoppelt ist, wird er nur auf relativ schnelle Ereignisse reagieren und bei langsamer Aktivitätsänderung nicht aus dem Skalenbereich verschwinden. Werden nur einzelne Reaktionen erwartet, so kann eine kurze Zeitkonstante empfohlen werden. Eine Zeitkonstante von 0,05 liefert eine Ausgangsleistung, die sehr eng an die erste Ableitung der Hautwiderstandswelle herankommt. Die erste Ableitung steht wiederum in linearer Beziehung zur Spitzenamplitude (*Edelberg,* 1967). Dies ist ein gutes Beispiel dafür, wie spezifische Vorverstärker für die Aufbereitung von Signalen verwendet werden können, so daß die Datenreduktion und Interpretation vereinfacht werden können.

Obwohl die meisten Geräte Widerstand messen, werden die experimentellen Resultate im allgemeinen in Einheiten des Reziprokwertes des Widerstandes, also der Leitfähigkeit ausgedrückt[1]). Dies wird vor allem deshalb betan, weil die Leitfähigkeitsänderung der Haut (skin conductance response, SCR) eher normal verteilt verläuft als die Widerstandsänderungen (*Lacey* und *Siegel,* 1949) und weil die Änderung der Leitfähigkeit enger mit dem Ausmaß der Schweißproduktion zu korrlieren scheint als die Widerstandsänderungen (*Darrow,* 1964). Weiterhin wird

[1]) Es gibt viele Lösungen des Problems exosomatischer Messung. *Lykken* (1968) befürwortet die Verwendung eines Stromkreises mit konstanter Spannung, wodurch eine direkte Messung der Leitfähigkeit ermöglicht wird. Die Firma Beckman hat kürzlich einen Vorverstärkerkoppler vorgestellt, der sowohl für konstante Stromstärken als auch konstante Spannungsregistrierung eingestellt werden kann und auch DC oder R–C Verstärkung ermöglicht. Zusätzlich kann die Wellenform der Einzelreaktion mit dem Basisniveau auf einer einzelnen Aufzeichnung kombiniert werden.

angeregt (*Montagu* und *Coles,* 1966), daß die Leitfähigkeitsmaße in logarithmischer Form ausgedrückt werden sollen, da „biologische Systeme logarithmischen Gesetzen zu gehorchen scheinen" (Seite 264). Neuere Ansichten über Probleme des Ausgangswertes und des Effektes von Reaktionsbreiten werden später diskutiert werden, wenn wir uns mit dem allgemeinen Problem der Definition psychologisch relevanter physiologischer Reaktionen beschäftigen werden.

Auf eine letzte Vorsichtsmaßnahme soll noch im Zusammenhang mit hautelektrischen Prozessen hingewiesen werden. Die Größe und Zusammensetzung der Elektroden und der Elektrodenpaste bestimmen zu einem großen Teil die verstärkten Werte. Während man bei AC-Registrierung im allgemeinen nur guten Kontakt herstellen soll, bilden die Elektrode und die Paste bei der Messung der Hautleitfähigkeit einen äußerst empfindlichen Widerstandsaufnehmer. Bei jeder neuen Ableitung wird diese Einheit neu aufgebaut. Elektroden verschiedener Größe werden verschiedene Stromdichten und daher auch verschiedene Widerstandswerte ergeben. Wenn die Paste unterschiedlich schnell trocknet oder bei schlechter Applikation der Elektrode die Paste über die Elektrode hinaus gerät, so werden diese Effekte entscheidend zu den Widerstandsänderungen beitragen und damit die Error-Varianz im Experiment erhöhen. Einige Metalle und Pasten erzeugen zusätzlich Batterieeffekte. Dadurch werden die Elektroden einseitig belastet und eine langsame Veränderung des Hautwiderstandes generiert, die nichts mit biologischen und noch weniger mit psychologischen Prozessen zu tun hat. Wenn ein Strom stets in einer Richtung durch die Elektroden fließt, so werden gleichgerichtete Elektronenverschiebungen diesen Effekt während eines Experiments zunehmend verstärken (Polarisation). Dieses Problem kann durch die Auswahl geeigneten Elektrodenmaterials reduziert werden (*Edelberg,* 1967; *Martin* und *Venables,* 1966). Wenn die Stromrichtung periodisch umgekehrt wird, so wird dieser Effekt ebenfalls reduziert (wenn ein schnell wechselnder Strom verwendet wird, mißt man allerdings eher Impedanz als Widerstand). Aber auch dabei bleiben die Probleme für brauchbare Aufzeichnungen bestehen und die Interpretation kleiner experimenteller Differenzen sollte mit höchster Vorsicht durchgeführt werden.

Biologische Wandler

In vielen Fällen werden die interessierenden Körperfunktionen weniger effektiv als bioelektrische Ereignisse übertragen, sondern mechanische Veränderungen, Volumenveränderungen oder Druckvariationen bilden das Endresultat der körperlichen Aktivität. Um diese Parameter zu registrieren, muß ein Wandler verwendet werden, der mechanische Energie in elektrische Signale umwandeln kann, die dann schließlich für den Polygraphen meßbar sind (*Yanof,* 1965). Bei der Atmungsmessung z. B. ist der Psychophysiologe im allgemeinen mehr an der Atemfrequenz oder der Einatmungstiefe interessiert als an den zugrunde liegenden chemo-elektrischen Phänomenen dieser mechanischen Aktivität. Verschiedenste Anlagen wurden für diesen Zwecke entwickelt. Eine Methode benötigt ein kleines temperaturempfindliches Gerät, genannt Thermistor, der in einem Nasengang angebracht wird. Die Temperaturdifferenzen zwischen eingeatmeter und ausgeatmeter Luft steuern die Ausgabe des Thermistors, und das graphische Bild der Atmung kann verstärkt und am Registriergerät ausgeschrieben werden. Am häufigsten wird ein luftgefüllter Schlauch um die Brust angebracht, der mit einem Wandler für Volumenänderungen verbunden wird. Der Meßwandler enthält ein dielektrisches Material, das bei Verformungen unterschiedlich leitfähig wird. Druckänderungen aus dem Gummischlauch (hervorgerufen durch Änderungen des Brustumfanges) verändern daher isomorph den Stromfluß. Der variierende Stromfluß wird verstärkt und am Polygraphen ausgeschrieben. Andere Atmungswandler bestehen aus einem dünnen Quecksilberrohr um die Brust, dessen Widerstände bei Dehnung variieren, und ähnlichen Dehnungsmeßstreifen aus anderen leitfähigen Materialien.

Das kardiovaskuläre System stellt prinzipiell eine Kraftpumpe dar, die in einem geschlossenen hydraulischen System arbeitet. Während das EKG viel über die Herzaktivität aussagt, müssen wichtige Druck- und Volumenveränderungen mit entsprechenden Wandlern aufgenommen werden. Der arterielle Blutdruck ist wahrscheinlich die am meisten interessierende kardiovaskuläre Variable. Eine Kanüle wird direkt in eine der größeren Arterien eingeführt; das Blut fließt von dort in ein Gefäß, das eine bewegliche Scheidewand enthält; die Auslenkung der Scheidewand ergibt dann einen druckproportionalen Wert. Diese Methode ist natürlich eher im Tierlaboratorium als in der Psychotherapieforschung anwendbar. Bedauerlicherweise gibt es keine indirekte Methode, mit der ebenso genau und kontinuierlich der Blutdruck gemessen werden könnte. Annehmbare Approximationen an die echten Werte können allerdings erzielt werden.

In der ärztlichen Praxis wird der arterielle Blutdruck durch die indirekte auskultatorische Methode gemessen. Eine Manschette wird so lange aufgeblasen, bis sie die Arteria brachialis des Armes abschließt. Dann wird der Manschettendruck langsam reduziert, während der Arzt mit dem Stethoskop auf den ersten Laut des Herzens hört. Der erste hörbare Pulsschlag definiert den systolischen Druck in der Arterie (abgelesen in mm einer Quecksilbersäule, die mit der Manschette verbunden ist). Dies stellt den maximalen Druck bei der Kontraktion der Herzkammern dar. Die Luft wird nun weiter aus der Manschette abgelassen und die mit dem letzten hörbaren Herzton zusammenfallende Ablesung ergibt den diastolischen Blutdruck der Vp, als den Punkt minimalen Druckes zwischen den ventrikulären Systolen. Diese Technik wurde auch in der psychologischen Forschung verwendet (*Hokanson, Burgess* and *Cohen,* 1963); die Methode hat natürlich den Nachteil eines diskontinuierlichen Maßes und ist zusätzlich von den akustischen Urteilen des Untersuchers abhängig. Es wurden verschiedene Versuche unternommen, diese Technik in eine kontinuierliche Registrierung umzuwandeln und reliablere Schätzungen der Herztöne zu erhalten (*Lywood,* 1967; *Shapiro, Tursky, Gershon* und *Stern,* 1969). Zum Beispiel kann die Manschette automatisch nach wenigen Sekunden wieder aufgeblasen werden. Ein Mikrofon kann über der Menschette an der Arterie angebracht werden und die Herztöne damit übertragen werden. Die elektrisch übertragenen akustischen Signale zeigen dem Gerät an, wann der Manschettendruck registriert werden soll. Alle Methoden sind jedoch an das Abdrücken wichtiger Blutgefäße gebunden, auch dann, wenn das System auf die zarteren Arterien der Finger übertragen wird. Wenn die Manschette länger aufgeblasen bleibt, so kann dies zu schweren Gewebsschädigungen führen. Das Ausmaß des Druckes von der Manschette ändert die Reaktionsweise des

Systems, das wir zu messen versuchen, und ändert auch andere simultan erfaßte Maße. Der Experimentator muß diese Artefakte sorgfältig beachten und in jedem Experiment entscheiden, ob diese seine Ergebnisse wesentlich verändern können.

Die Untersuchungen russischer Forscher wie etwa *Sokolov* (1963) stimulierten das Interesse für die Registrierung peripherer vasomotorischer Prozesse. Er behauptet, daß aversive Stimuli eine unterschiedliche Verteilung des Blutes im Körper auslösen, verglichen mit Reizen, die von der VP nur aufmerksam beachtet werden. Intensive aversive Reize lösen eine Vasokonstriktion in den Blutgefäßen der Kopfgegend und der Finger aus, während weniger intensive Reize Fingerkonstriktion und Vasodilatation der Kopfgefäße bedingen. Die relevanten Daten zu diesem Thema wurden mit dem Plethysmograph erhoben.

Der Plethysmograph ist ein Gerät zur Messung von Volumenänderungen in bestimmten Körperteilen. Im allgemeinen repräsentieren solche Änderungen Verschiebungen des Blutvolumens durch Konstriktion und Dilatation der Arterien. Die Messung kann auf verschiedenste Art und Weise erfolgen; die einfachste Art besteht darin, den interessierenden Körperteil in einen luftdichten Behälter einzuschließen, der mit einem Druckwandler verbunden ist, ähnlich wie er für die Atmungsmessung benützt wird. Photoelektrische Meßwandler werden für solche Zwecke auch verwendet (*Weinmann,* 1967), speziell dann, wenn das interessierende Areal nicht eingeschlossen werden kann (z. B. der Kopf). In diesem Fall wird das Licht durch die Haut auf einen lichtempfindlichen Widerstand projiziert. Änderungen des Blutflusses erzeugen parallele Veränderungen der Durchsichtigkeit, die nach entsprechender Aufzeichnung den Ergebnissen eines Volumenmeßsystems sehr nahe kommen.

Mit der hier angeführten Beschreibung ist die Liste verfügbarer biologischer Meßwandler keineswegs erschöpft. Zur Aufzeichnung von Magenbewegungen wurden entsprechende Wandler geschluckt (*Wenger,* 1957). Andere Umformer sprechen auf chemische Prozesse an (wie z. B. ph-Werte). Eine Reihe von Impedanzmeßanordnungen oder thermoelektrischen Geräten könnten die Listen ergänzen, der nur durch die Bedürfnisse des Forschers und durch den Erfindungsreichtum des Ingenieurs Grenzen gesetzt sind.

Ein allgemeines Registrierungssystem

Ein modernes physiologisches Registrierungssystem ist als Blockdiagramm in Abb. 10 abgebildet. Es enthält Elektroden mit einem Hauptwählschalter, einer Reihe von Wandlern, kapazitätsgekoppelte und DC-Vorverstärker und Ausgabeeinheiten. Die wesentliche Ausgabeeinheit ist das Oszilloskop. Spannungen von physiologischen Verstärkern lenken einen Elektronenstrahl innerhalb der Oszillographenröhre ab. Die Aufzeichnung der Aktivität erscheint als ein bewegter, praktisch trägheitsloser Lichtpunkt. Der Vorteil dieses Gerätes besteht darin, daß keine mechanische Komponente die physiologische Aufzeichnung verändern kann. Mit einer Kamera kann der Schirm des Oszilloskops photographiert und damit eine dauerhafte Aufzeichnung der Ereignisse erreicht werden.

Es ist allerdings im allgemeinen günstiger, eine kontinuierliche on-line Aufzeichnung eines Experiments zu machen; der Mehrkanalschreiber ist die klassische Ausga-

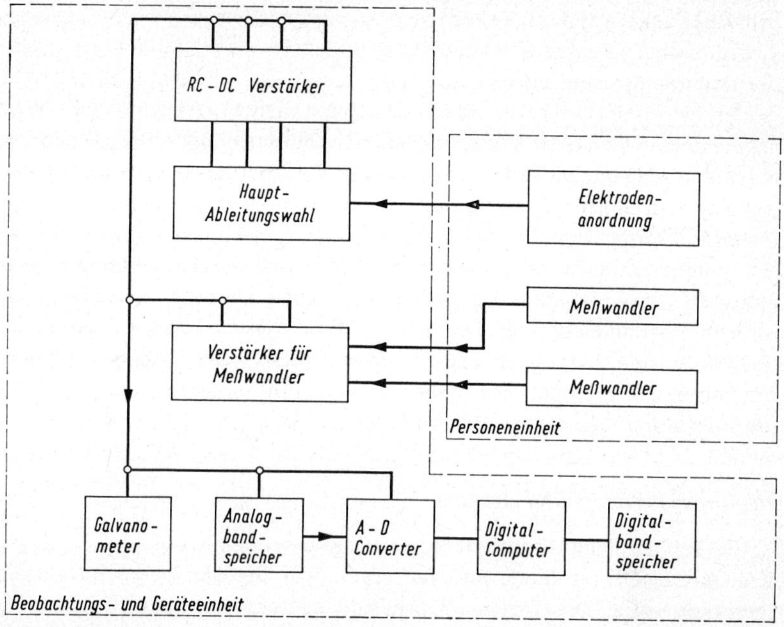

Abb. 10. Ein Mehrzwecksystem zur physiologischen Registrierung. Die verstärkten Signale können über den analog zu digital-(A-D) Konverter zur on-line Analyse an den Computer weitergegeben werden. Als Alternative kann das analoge Signal am FM Bandgerät für spätere Computeranalysen gespeichert werden. Die Speicherung von teilweise verarbeiteten Daten kann auch auf dem Digitalbandgerät erfolgen.

beeinheit für diesen Zweck. Die Wellenformen auf den Abbildungen 2, 3, 4, 6 und 8 stammen alle von einem solchen Polygraphen. Die Y-Achse wird für jede Feder durch den Verstärkungsfaktor bestimmt, die X-Achse ist von der Geschwindigkeit, mit der das Papier unter der Feder vorbeigezogen wird, determiniert. Da die Federn parallel angeordnet sind, können Beziehungen zwischen verschiedenen physiologischen Systemen, Reizbedingungen oder motorischen Reaktionen sofort beobachtet und interpretiert werden. Die Untersuchung des beschriebenen Papiers stellt allerdings die oberflächlichste Analyse der Daten dar. Eine gründliche Auswertung hängt von der Umwandlung der graphischen Welle in numerische Form ab. Die Analog-zu-Digitalkonversion kann im einfachsten Fall durch Ausmessen der Polygraphenaufzeichnung mit einem Lineal durchgeführt werden. Dieselbe Aufgabe kann schneller durch ein optisches Lesegerät erfüllt werden.

In letzter Zeit verwendet man in zunehmendem Ausmaß den Bandspeicher zur Registrierung und Speicherung bioelektrischer Informationen. Um eine unverzerrte Aufzeichnung aller Frequenzen vom Gleichspannungsniveau bis in den EMG-Bereich zu erreichen, muß der Prozeß zur Speicherung am Bandgerät vorerst in ein frequenzmoduliertes (FM)Trägersignal konvertiert werden. Beim Abrufen der Information wird das Signal demoduliert und kann in seiner ursprünglichen Form auf den

Schreiber oder das Oszilloskop gespielt werden. Das Signal kann auch an einen elektronischen Analog-zu-Digitialwandler (A-D Wandler) weitergegeben werden, der es automatisch in numerische Werte umwandelt, die dann auf einem Sichtgerät, auf Lochstreifen oder Lochkarten oder einem digitalen Magnetband für die Weitergabe an einen Computer verfügbar sind. Die Zeitersparnis bei der Datenreduktion ist bei einem Magnetbandsystem außerordentlich groß; mit der manuellen Auswertung des Papierstreifens ist eine derartige Datenreduktion unmöglich (siehe *Ax,* 1967; *Zimmer,* 1966).

Die effizienteste (und auch teuerste) Methode der Behandlung physiologischer Daten ist die Weitergabe des verstärkten Signals „on-line" an einen A-D Wandler und von dort an einen Digitalcomputer. Dieses System hat den Vorteil, daß Fehlerquellen bei einer dazwischengeschalteten Datenspeicherung ausgeschaltet werden und ist für Experimente unerläßlich, in denen die eingegebenen Daten unmittelbar die Reizdarbietung steuern sollen (*Lang,* 1969).

Registrierumgebung und Artefakte

Ein Teil der Schwierigkeiten bei der Registrierung physiologischer Prozesse ist das Ergebnis der Einstreuung anderer vegetativer Signale in das interessierende, zu messende Signal. Die einzelnen Körperorgane liegen eng benachbart und überlappen sich zum Teil. Das EKG wird zu einem Artefakt, wenn wir die Muskelaktivität zu registrieren versuchen und die Muskelaktivität stört unser Bemühen, die Herzaktivität aufzuzeichnen. Wenn es uns nicht gelingt, einen niederen Elektrodenübergangswiderstand herzustellen, so werden vom Hautpotential schwer unterscheidbare langsame Wellen in das EEG einstreuen oder der arterielle Puls erzeugt eine artifizielle Frequenz in der Geschwindigkeit des Herzschlages. *Walters* langsame kortikale Erwartungswelle ist sehr schwer von Spannungsänderungen zu unterscheiden, die durch langsame Bewegungen des Auges entstehen (*Connor* und *Lang,* 1969). Sorgfältige technische Anordnung und Vertrautheit mit den einzelnen Charakteristiken unterschiedlicher physiologischer Signale werden diese Probleme zwar reduzieren, aber keineswegs aufheben.

Davis und seine Mitarbeiter (1955) verglichen die Vielzahl der körperlichen Reaktionen mit einem riesigen somatischen See mit Wellen, Gezeiten und alles verbindenden tiefen Strömungen. Wenn man dem Verlauf eines spezifischen Ereignisses folgen will, muß sich der See vor der Beobachtung so weit wie möglich beruhigen. Es scheint zwar häufig attraktiv, die aktive Vp in realen Lebenssituationen zu beobachten, dies wird aber in der Praxis selten möglich sein. Dabei bestehen für ein solches Anliegen keine technischen Probleme, da telemetrische Anlagen für weit entfernte Registrierung und Signalübertragung verfügbar sind. Wenn sich die Vp frei bewegt, so versinkt aber unsere psychologische Nußschale im Wellengang erhöhter Energieanforderungen. Glücklicherweise sind im psychotherapeutischen Kontext im allgemeinen keine großen Körperbewegungen notwendig und daher kontinuierliche Registrierung möglich.

Die Reizgabe sollte auf jene Signale beschränkt sein, die wir untersuchen wollen. Der Versuchsraum soll schalldicht abgeschlossen sein. Ein „schmutziges Wort" und eine zugeschlagene Tür im Vorraum lösen dieselbe Änderung der Hautleitfähigkeit aus. Physiologische Reaktionen werden laufend durch eine Vielzahl von Umgebungsparametern ausgelöst, die wir im allgemeinen ignorieren, außer sie treten in extremer Form auf. Temperatur, Lichtverhältnisse und Feuchtigkeitsgehalt sollten genau kontrolliert sein (*Wenger,* 1962). Jeder Aspekt dieser Idealbedingungen, der der Zweckmäßigkeit und praktischen Durchführbarkeit geopfert wird, erhöht die Error-Varianz der experimentellen Daten.

Da bei der bioelektrischen Registrierung sehr niedere Spannungen über hochohmige Kontakte laufen, stellt das elektrische Artefakt ein dauerndes Problem dar. Die regelmäßige 50 Hz Netzspannung (oder eine ihrer Harmonischen) streut häufig in die polygraphische Aufzeichnung ein. Wenn das Laboratorium in der Nähe von Aufzugsmotoren, Diathermiegeräten, Relais mit Kurzschlußkontakten oder anderen elektrischen Geräten lokalisiert ist, so werden diese Aktivitäten in die bioelektrischen Prozesse eingehen und möglicherweise überdecken. Diese Probleme können durch elektrische Abschirmung reduziert werden, indem man die Vp in einen Faradayschen Käfig setzt (der aus engmaschigem Kupfernetz konstruiert wird) und diesen mit einer gut erdenden Masse verbindet. Im günstigsten Fall sollte die Abschirmung in die Wände eingebaut werden, so daß sie auf die Vp nicht störend wirkt.

Wenn wir über Artefakte sprechen, dürfen wir die Fehlerquellen innerhalb der Vp nicht vergessen. Für den Kliniker ist im allgemeinen klar, daß die Vp Zeit und Gelegenheit haben muß, sich an die Registrierumgebung zu gewöhnen. Je weniger die Versuchssituation von der üblichen Wohnzimmeratmosphäre der Therapiesituation abweicht, um so kürzere Gewöhnungszeiten sind notwendig. Aus Sicherheitsgründen und auch aus psychologischen Überlegungen sollte die Registriereinheit nicht im Versuchsraum mit der Vp aufgestellt sein. Es kann ein oder zwei Sitzungen dauern, bis sich die Vp hinreichend an die Elektroden gewöhnt hat. Der elektrische Stuhl ist eine der ersten Assoziationen in diesem Zusammenhang, obwohl in letzter Zeit die Verbindung mit der freundlicheren Astronautencouch zunimmt. Schwer gestörte Patienten und Kinder stellen besondere Probleme dar, die die ganze klinische Einfühlungsgabe des Experimentators verlangen. Es soll nicht vergessen werden, daß die physiologische Registrierung selbst einen Streß-Reiz darstellt und daß dessen Effekte nicht mit den interessierenden Prozessen verwechselt werden sollten. Im allgemeinen wird bei gestörten Vpn längere Habituationszeit notwendig sein, und es sollte viel Aufmerksamkeit darauf verwendet werden, entspanntes Verhalten als den notwendigen psychologischen Hintergrund auszubilden.

Der Tag-Nacht-Zyklus der Vp (und der Menstruationszyklus bei weiblichen Personen), die Aktivitäten kurz vor der Sitzung, Diätvorschriften, die gegenwärtige Gesundheit und die Krankengeschichte, der Gebrauch von Alkohol, Drogen und Tabak sollten genau beachtet und kontrolliert werden. Man sollte immer an das *Grapefruit-Phänomen* denken: in verschiedenen Untersuchungen wurden große biochemische Differenzen zwischen Patientengruppen und Normalen gefunden, die auf die Tatsache zurückzuführen waren, daß alle Patienten Grapefruit zum Frühstück gegessen hatten. Während in großen Gruppen viele dieser Bedingungen als zufällige Variation behandelt und daher ignoriert werden können, müssen in den kleineren Stichproben des Psychotherapieforschers all diese Kontingenzen voll beachtet werden.

Das autonome Nervensystem[1])

Bevor wir weiter Meßprobleme besprechen, scheint es sinnvoll, die Neurophysiologie der interessierenden Reaktionen zu untersuchen. Mit Ausnahme des EEGs und der Messungen am quergestreiften Muskel werden alle bisher besprochenen Strukturen durch das autonome Nervensystem (ANS) innerviert. Dieses System, manchmal auch vegetatives oder viszerales System genannt, moduliert die Aktivitäten des Herzens und der Blutgefäße, der inneren Organe und Drüsen und aller glatten Muskeln des Körpers. Obwohl das autonome Nervensystem notwendigerweise mit dem Zentralnervensystem (ZNS) zusammenarbeitet, ist die Kontrolle der inneren Organe durch das autonome System bis zu einem gewissen Grade davon unabhängig. Der Grund für diese Unabhängigkeit ist sowohl anatomisch als auch funktionell gegeben. In erster Linie unterscheiden sich autonome Reflexbögen von somatischen Reflexen dadurch, daß die Zellkörper der Motoneurone außerhalb des ZNS lokalisiert sind. Es besteht also immer eine synaptische Übertragung zwischen dem zentralen System und dem inneren Organ. Zusätzlich können diese externen Ganglien selbst miteinander in Verbindung sein, wodurch gegenseitige Beeinflussung und Kontrolle außerhalb des zentralen Systems möglich wird. Weiterhin schließt dieses System die Fähigkeit zu peripherer oder neuroeffektorischer Hemmung ein. Bei nichtautonomen (somatischen) Reflexbögen ist der Ort der Inhibition stets zentral. Die Muskeln werden durch die Aktivität einer Neuronenverbindung innerhalb des ZNS entspannt. Die postganglionären effektorischen Fasern des autonomen Nervensystems können das Erfolgsorgan direkt inhibieren. Das beste Beispiel für dieses Phänomen ist die Verlangsamung der Herzrate, ausgelöst von Impulsen des Vagus-Nervs (*Best* und *Taylor,* 1966).

Die charakteristischen Eigenschaften der inneren Organe selbst bewirken eine gewisse Unabhängigkeit von der zentralen Kontrolle. Die spezifischen chemoelektrischen oder mechanischen Effekte der autonomen Innervation scheinen im Erfolgsorgan längere Zeit nach dem erregenden Impuls bestehen zu bleiben als im Falle der somatischen Innervation. Zusätzlich zeigen viele innere Organe spontane rhythmische Aktivität, die von der neuronalen Innervation unabhängig ist (z. B. Herz und Darm). Die strengen anatomischen Unterschiede, die wir bisher skizziert haben, betreffen die motorischen Komponenten der viszero-neuronalen Verbindungen. Viszerale Afferenzen laufen im allgemeinen auf einem direkten Weg zum zentralen System, genau so wie die somato-sensorischen Neurone. Es ist für die Psychologie der Emotion von großer Bedeutung, daß die Information über die inneren Organe sowohl von internen als auch peripheren Rezeptoren sehr schnell zentral rückgemeldet wird, während die aktive Kontrolle neurophysiologisch verzögert wird. Man ist versucht, in diesen neuro-anatomischen Verbindungen eine Analogie zu unserer phänomenologischen Beobachtung zu sehen: wir erleben viszerale Veränderungen, aber es scheint

---

[1]) Eine genauere Beschreibung des autonomen Nervensystems kann in jedem physiologischen Textbuch gefunden werden (z. B. *Best* und *Taylor,* 1966; *Keele* und *Neil,* 1965). *Netter* (1957) stellt eine ausgezeichnet illustrierte Anatomie dar. Ein Überblick über die neurohormonellen Überträgerprozesse im autonomen Nervensystem kann bei *Goodman* und *Gilman* (1966) nachgelesen werden.

uns die bewußte Kontrolle über die Aktivität der inneren Organe zu fehlen. Weder ein Gefühl, noch eine damit verbundene Tachykardie, Schwitzen oder Übelkeit kann ohne Schwierigkeiten unterdrückt werden.

Autonome Verbindungen mit dem zentralen Nervensystem bestehen an drei voneinander getrennten Orten: über spezifische Hirnnerven (III, VII, IX und X), entlang der Brust- und der ersten zwei Lendensegmente des Rückenmarks und am zweiten und dritten Kreuzbeinsegment des Markes. Aus funktionellen Überlegungen werden die kranialen und sakralen Komponenten zusammen als das parasympathische System bezeichnet, während die dazwischen liegenden thorakalen-lumbalen Verbindungen sympathisches Nervensystem genannt werden. Diese beiden autonomen Subsysteme hemmen sich normalerweise gegenseitig. Fast alle Organe haben sowohl sympathische als auch parasympathische Verbindungen; das eine System erhöht die Aktivität, während das andere hemmend wirkt. Impulse des Vagus-Nervs (parasympathisch) reduzieren die Herzrate, während sympathische Innervation die Herzaktivität erhöht (*Ruch* et al., 1965).

Allgemein gesprochen stellt das autonome Nervensystem einen Regulationsmechanismus dar, welcher ein konstantes internes Milieu angesichts laufender Umgebungsveränderungen und variierender Stoffwechselbedingungen aufrecht erhält. Die anatomischen Charakteristiken des sympathischen und des parasympathischen Systems entsprechen dabei deren Rollen bei dieser Aufgabe. Die parasympathischen Synapsen sind oft weit vom Rückenmark entfernt durch wenige Zwischenverbindungen unterbrochen. Die Innervation ist in diesem System spezifischer und lokalisierter, wie es für die Steuerung gut differenzierbarer vegetativer Funktionen notwendig ist. Das parasympathische System dominiert in Zeiten niederer Belastung und kontrolliert Verdauungsprozesse und andere körperliche Routineprozesse. Die sympathischen Ganglien unterscheiden sich vom parasympathischen System durch ihre engen Zwischenverbindungen entlang dem Rückenmark (Grenzstrang). Das sympathische System tendiert zu eher diffuser Funktionsweise. Es dominiert in Zeiten hoher Belastung, hemmt die Verdauungsprozesse (z. B. die Peristaltik und Enzymsekretion), erhöht die Pumpaktivität des Herzens, verengt die Blutgefäße an der Körperperipherie. Sympathische Innervation ist grob mit aktivem Verhalten und mit elektrokortikaler Aktivation korreliert.

Die reziproke Beziehung dieser beiden autonomen Subsysteme führte zu einer Reihe psychophysiologischer Theorien, die sich mit individuellen Differenzen der relativen Dominanz der beiden Systeme beschäftigen. Kurz nach der Jahrhundertwende wurden einige Versuche unternommen, Patienten auf der Basis ihrer Reaktionen auf bestimmte Drogen danach zu klassifizieren, ob sie einen eher sympathischen Tonus oder einen parasympathischen Tonus (Vagotonie) aufweisen (*Eppinger* und *Hess,* 1915). *Wenger* (1941, 1947) entwickelte das Konzept einer autonomen Balance als ein normal verteiltes Merkmal. Er unterzog eine Reihe von Tests zur Messung der autonomen Aktivitäten einer Faktorenanalyse. Dies ermöglichte die Gruppierung der Maße entsprechend ihrer gemeinsamen Varianz und die Gewichtung der Variablen entsprechend ihrer faktoriellen Relevanz. Für jedes einzelne Individuum kann eine Kennziffer des autonomen Gleichgewichtes erhoben werden. *Wenger* berichtet, daß Vpn am sympathischen Ende der Skala emotional erregbar, weniger duldsam und auch unordentlicher sind als Vpn am parasympathischen Ende der Skala. *Gellhorn* (1967) betonte die Rolle des Hypothalamus als neuronales Substrat zur Regulation dieses Gleichgewichts. Er nimmt an, daß das Gleichgewicht zwischen beiden Systemen von der Stimulation des vorderen bzw. hinteren Hypothalamus abhängt. D. h. ein Organismus wird eher sympathisch oder parasympathisch erregt sein und dies wiederum wird die Richtung und die Intensität der Reaktionen einer Vp auf Streßreize selektiv modulieren.

Während die meisten inneren Organe von beiden autonomen Subsystemen innerviert werden, scheinen die Nebenniere, die Schweißdrüsen und möglicherweise auch die peripheren Arteriolen nur sympathische Verbindungen aufzuweisen. In dem Ausmaß, in dem periphere Vasokonstriktion und Schweißaktivität als Einheit funktionieren, stellen sie einen ausgezeichneten Indikator der allgemeinen sympathischen Aktivierung dar, unverzerrt von reflektorischen parasympathischen Effekten. Die Messung des letzteren Phänomens ist besonders nützlich, da die Aktivation der Schweißdrüsen ausschließlich neuronal erfolgt und die Innervationswege bis zu großen exzitatorischen Zentren im vorderen Hypothalamus verfolgt werden können und inhibitorische Zentren in der retikulären Formation liegen (*Wang,* 1964). Zusätzlich gibt es keine homöostatischen hormonellen oder mechanischen Modulatoren, wie im Falle des kardiovaskulären Systems. Wir stehen daher bei der Beurteilung der psychophysiologischen Relevanz der Änderungen der Schweißdrüsenaktivität (und dem damit verbundenen bioelektrischen Phänomen der Leitfähigkeit der Haut) in gewisser Weise auf einer sicheren Basis als bei der Abschätzung anderer viszeraler Ereignisse.

Neben ihren anatomischen und funktionellen Differenzen unterscheiden sich das sympathische und parasympathische System auch in ihrer Innervationspharmakologie. Im sympathischen System ist der chemische Transmitter an der Synapse zwischen postganglionärer Faser und Effektor Noradrenalin (auch Norepinephrin genannt). Im Falle der parasympathischen Endstellen dient Acetylcholin als Transmitter. Es gibt allerdings auch einige Ausnahmen von diesem Schema; die wichtigste Ausnahme stellt die sympathische Innervation der Schweißdrüsen dar, welche cholinerg aktiviert werden. Trotz der Vorteile der Hautleitfähigkeitsänderungen als eines Indikators allgemeiner sympathischer Aktivität (worauf wir bereits hingewiesen haben), kompliziert diese pharmakologische Anomalie seine Interpretation. Tatsächlich scheinen Messungen der Schweißdrüsenaktivität wie etwa die Hautleitfähigkeit häufig empfindlicher bei niederen Aktivierungsniveaus zu reagieren als wenn sie im Kontext starker Emotionen erhoben werden. Dies könnte einen Dämpfungseffekt cholinerger Strukturen bei hohen adrenergen Aktivitätsniveaus darstellen.

Da sie in den meisten psychophysiologischen Theorien der Emotion eine bedeutende Rolle spielen, müssen wir nun unsere Aufmerksamkeit auf die zirkulierenden Hormone lenken, die mit sympathischen Arousal assoziiert sind. Allgemeine sympathische Aktivierung schließt die Innervation des Nebennierenmarks ein. Dies bewirkt die direkte Ausschüttung der Katecholamine Adrenalin und Noradrenalin in den Blutstrom. Die Verhältnisse dieser Substanzen variieren von Spezies zu Spezies, beim Menschen wird primär Adrenalin ausgeschüttet. Adrenalin beeinflußt alle jene Organe, die im allgemeinen vom sympathischen System innerviert werden, es erhöht und verlängert die üblichen neuronalen Reaktionen. Zirkulierendes Adrenalin erhöht die Herzrate und den systolischen Blutdruck, es verengt die peripheren Gefäße und erweitert die Pupille. Es erhöht auch die Stoffwechselrate von Zellen, die keine direkten sympathischen Verbindungen aufweisen. Es wirkt auf die Skelettmuskulatur mit einer Erhöhung der Kontraktionsstärke und es scheint auch zentrale Effekte aufzuweisen, besonders die Aktivierung des aufsteigenden retikulären Systems. Bei Streß oder starken Emotionen bestimmt die Sekretion von Adrenalin zusätzlich die Intensität und Persistenz solcher Zustände und stellt ein weiteres Beispiel für die Unabhängigkeit von schneller neuronaler inhibitorischer Kontrolle dar (*Keele* und *Neil,* 1965).

Die beiden Katecholamine scheinen unterschiedliche Wirkungen zu haben und einige Untersucher haben dies mit Differenzen zwischen emotionalen Reaktionen in Verbindung gebracht. Norepinephrin (Noradrenalin), das hauptsächlich von adrenergen Synapsen ausgeschüttet wird, ist ein stärkerer Aktivator für das kardiovaskuläre System als das Adrenalin. Es kontrahiert sowohl periphere Blutgefäße als auch Gefäße der Skelettmuskulatur, während Adrenalin die Arterien der Muskeln erweitert. Noradrenalin-Dominanz erhöht sowohl systolischen als auch diastolischen Blutdruck, während durch Adrenalin nur der systolische Blutdruck angehoben wird. Auch in ihrem Einfluß auf die Sauerstoffaufnahme, den Blutzucker und den muskulären Tremor unterscheiden sich die beiden Katecholamine.

Die Versuche, die unterschiedlichen Wirkungen der beiden Katecholamine zu erklären, führten zur Theorie von zwei Arten chemisch sensitiver Zellen an den Effektoren, den Alpha- und Beta-Rezeptoren. Diese Rezeptoren werden für die Tatsache verantwortlich gemacht, daß spezifische chemische Antagonisten die Funktionen einiger adrenerger Strukturen blockieren, während sie andere unbeeinflußt lassen. Norepinephrin scheint nur Alpha-Rezeptoren zu beeinflussen, während Epinephrin sowohl Alpha- als auch Beta-Rezeptoren beeinflußt. Zusätzlich fand man synthetisch Katecholamine, welche spezifisch auf Alpha- oder Beta-Rezeptoren wirken. Sowohl Alpha- als auch Beta-Rezeptoren sind mit der Erregung und Hemmung der Funktionen eng verbunden. Relaxation der Eingeweide und Vasokonstriktion werden durch Alpha-Rezeptoren vermittelt; Herzbeschleunigung und bronchiale Entspannung sind Effekte von Beta-Rezeptoren (*Goodman* und *Gillman,* 1966).

Die relative Dominanz eines Hormons über das andere sollte unterschiedliche Aktivitätsmuster der inneren Organe und möglicherweise auch des übrigen Körpers und des Kortex auslösen. Es wurden einige Versuche unternommen, diese psychophysiologischen Muster emotionalen Zuständen zuzuordnen, die für den Psychotherapeuten von Interesse sind. Die klassische Studie dazu wurde von *Ax* (1953) durchgeführt und von *J. Schachter* (1957) erweitert. Beide Untersucher fanden signifikante Unterschiede zwischen den physiologischen Reaktionen von Vpn in Situationen, die Furcht bzw. Ärger auslösen sollten. Obwohl die Ergebnisse nicht völlig eindeutig sind, wird dadurch nahegelegt, daß in Ärgersituationen physiologische Muster auftreten können, wie sie auch bei Gabe von Norepinephrin ausgelöst werden können (*Wenger* et al., 1960), während bei Furchtreaktionen Epinephrinähnliche Effekte dominieren. Sowohl in der Studie von *Ax* als auch bei *Schachter* steigt der diastolische und systolische Blutdruck in der Ärger-Situation stark an, während – konsistent mit dem Epinephrineffekt – der diastolische Anstieg in der furchtauslösenden Situation weniger ausgeprägt war. *Funkenstein, Greenblatt* und *Solomon* (1951) und *Funkenstein, King* und *Drolette* (1954) zeigten ähnliche Phänomene bei psychiatrischen Patienten.

Silverman und *Cohen* (1960) erhielten ähnliche Ergebnisse bei der Analyse von Katecholaminen im Urin nach Situationen, die Ärger bzw. Furcht induzierend wirkten. Andere Untersuchungen, bei denen die Zusammensetzung des Blutes oder des Urins die abhängige Variable darstellte, ergeben ein weniger einfaches Bild. *Mason* et al. (1961) fanden bei Rhesus-Affen, daß Epinephrin relativ zu Norepinephrin erhöht war, wenn die aversiven Reize in einem mehrdeutigen und schlecht vorhersagbaren Kontext dargeboten wurden. *Euler* und *Lundberg* (1954) berichteten, daß Epinephrin sowohl für die Passagiere als auch die Piloten während eines äußerst belastenden Luftkampfes anstieg, Norepinephrin aber nur bei den Piloten angestiegen war. Diese und ähnliche Daten führten schließlich *Schildkraut* und *Kety* (1967, S. 23) zu folgendem Schluß:

„Erhöhte Epinephrinausscheidung scheint bei Angstzuständen oder in bedrohlichen Situationen mit unsicherem oder unvorhersagbarem Charakter aufzutreten, Situationen, in denen ein aktives Bewältigungsverhalten benötigt wird, aber nicht erreicht wurde. Im Gegensatz dazu tritt erhöhte Norepinephrinausscheidung bei Zuständen des Ärgers oder der Aggression auf oder in Situationen, die zwar bedrohlich aber vorhersagbar sind und aktive und angepaßte Reaktionen auf die Bedrohung erlauben.“

Bei der Interpretation solcher Daten müssen wir uns besonders dem Problem der Kontrolle der relativen Intensität emotionaler Reize und des ausgelösten Verhaltens widmen. Die unterschiedlichen Aufgaben, welche die Vpn in diesen Studien durchzuführen hatten, könnten auch unterschiedliche Energieanforderungen auslösen. Die muskuläre Aktivität und die damit verbundene kardiovaskuläre Veränderung bei aktivem bewältigendem Verhalten kann erhöhte Norepinephrinsekretion erfordern, während diese Art der physiologischen Mobilisierung bei passiver Hilflosigkeit in Furchtsituationen nicht notwendig scheint. *Diese Überlegungen zeigen, daß spezifische Neurohormone nicht direkt von spezifischen emotionalen Reizen oder Zuständen ausgelöst werden, sondern eher mit der Art und dem Ausmaß der darauffolgenden Aktivität variieren* (Hervorhebung durch Hrsg.). Diese Fragen machen eine Untersuchung der Interaktion zwischen physiologischen, verbal-kognitiven und verhaltensmäßigen Reaktionen notwendig.

Die Diskussion war bisher auf jene Neurohormone konzentriert, die direkt mit dem autonomen Nervensystem interagieren. Emotionale Reaktionen schließen allerdings breitere endokrinologische Effekte ein. Während die Katecholamine vom Nebennierenmark ausgeschüttet werden, produziert die äußere Rinde dieser Drüse eine große Anzahl anderer Hormone. Diese adrenokortikalen Steroide beteiligen sich an der Reaktion des Organismus auf Streß, indem sie die Stoffwechselrate beeinflussen und vaskuläre und zelluläre Reaktionen bei Verletzungen modulieren.

Ungleich dem Mark wird die Nebennierenrinde nicht neuronal innerviert, sondern durch die Ausschüttung des adrenokortikotropen Hormons (ACTH) des Hypophysenvorderlappens kontrolliert. Beide Teile der Drüse werden allerdings vom selben

Hirnareal beeinflußt. Die Hypophyse schüttet ACTH aus, wenn sie chemisch vom Hypothalamus innerviert wird – dieselbe Hirnregion spielt eine entscheidende Rolle bei autonomen Aktivitäten.

Während der „Alarmreaktion" (*Selye,* 1956) scheinen die Katecholamine durch ihre neuronale Innervation eine eher unmittelbare Konsequenz für die Defensivreaktionen des Organismus zu haben. Die Aktivierung der Nebennierenrinde verläuft viel langsamer, entsprechend der Abhängigkeit von chemischen Überträgern; für länger anhaltende Energiemobilisierung und Heilungsprozesse scheint dies aber notwendig zu sein; die Kortikosteroide sind absolut lebensnotwendig.

Eine Reihe psychophysiologischer Arbeiten untersucht daher auch die Konzentration von Kortikoiden und ihren Metaboliten (Hydroxykortikoide, 17-Ketosteroide) im Blut oder im Urin als abhängige Variable. Einen ausgezeichneten Überblick über diese Arbeiten gibt *Mason* (1968). Die Gewinnung und Messung der Kortikoid-Konzentration ist allerdings eine äußerst schwierige Aufgabe. Diese Tatsache und die Schwierigkeiten, kontinuierliche oder häufige Stichproben von Katecholaminen oder kortikalen Hormonen zu erheben, beschränken ihren Wert für psychophysiologische Probleme der Psychotherapie.

Die psychophysiologische Reaktion und Probleme ihrer Messung

Der Vorteil der polygraphischen Messung gegenüber anderen Methoden der physiologischen Datenerhebung liegt in der kontinuierlichen Aufnahme der Daten und der Vielzahl von simultan registrierten Funktionen. Dem Anfänger erscheinen diese Vorteile allerdings häufig wie ein Phyrrus-Sieg über die Ignoranz, wenn er nach einem einzigen Experiment mit Kilometern von Papier oder Magnetband konfrontiert wird. Natürlich ist nicht die gesamte Information für die untersuchte Reizsituation oder den interessierenden psychischen Zustand relevant. Wie wir bereits festgestellt haben, sind peripher physiologische Veränderungen, die mit psychologischen Prozessen korrelieren, relativ subtil und erklären nur einen kleinen Anteil der gesamten Varianz des Systems. Das erste Problem der psychophysiologischen Forschung besteht daher in der Definition der Reaktionen; in dieser Richtung wurde bereits beträchtlicher Aufwand getrieben.

Skinner schlug vor (1959), als Reaktionen jene Teile des Gesamtverhaltens eines Organismus zu bezeichnen, die gesetzmäßig korrelative Beziehungen zum Reizinput aufweisen. Unser Interesse an der Hebeldruckreaktion oder dem Wortassoziationstest hängt von dieser Beziehung ab; in psychophysiologischen Untersuchungen bestehen ähnliche Definitionskriterien. Von großer Bedeutung sind allerdings auch korrelative Zusammenhänge zwischen den Reaktionen; viele Untersuchungen beschäftigen sich mit physiologischen Reaktionen, die grobmotorischen Reaktionen (Vermeidungs- oder Annäherungsverhalten) und verbalen Berichten (z. B. der Feststellung „Ich bin niedergeschlagen") vorausgehen oder gleichzeitig mit solchen Reaktionen auftreten. Während das gesamte Verhalten eines lebenden Organismus als Teil eines kontinuierlichen Prozesses aufgefaßt werden kann, wird diese Tatsache dem Untersucher physiologischer Vorgänge durch seine Daten mit besonderer Eindringlichkeit klargemacht. Das Herz, das Hirn und die Lungen müssen mehr oder weniger stereotyp kontinuierlich arbeiten, wenn der Organismus überleben will. Der Untersucher wählt daher immer einige Reaktionen aus einem sich stets wiederholenden Ablauf von Ereignissen. Häufig stellt dieser Fluß von Ereignissen nur Hintergrundrauschen dar, das so definiert und aus der Messung partialisiert werden muß, daß auch kleine Änderungen eines Signals klar erkannt werden können. Zu anderen Zeitpunkten stellen die relativ stabilen Charakteristiken der Hintergrundsaktivität selbst den Fokus der Aufmerksamkeit dar. Vom zeitlichen Aspekt her betrachtet, kann man physiologische Daten in tonische und phasische Aktivitäten teilen. Das erste bezieht sich auf Ereignisse, die relativ lang dauernde Kontinuität aufweisen – stabile Zustände des Organismus oder Einflüsse extrem intensiver oder persistenter Stimulation. Phasische Reaktionen stellen schnelle Änderungen dar, häufig als Konsequenz diskreter Reizvorgabe. Obwohl diese Unterscheidung in gewisser Weise arbiträr ist und keine absolute zeitliche Definition darstellt, können damit physiologische Daten und ihre Beziehungen zu psychologischen Phänomenen einfach zugeordnet werden.

Das tonische Aktivitätsniveau der inneren Organe ist bei der Untersuchung von organismischen Zuständen von Interesse. Wir postulieren eine gewisse Funktionskontinuität während Entspannung, Übung, wiederholtem physikalischen Streß, geistiger Arbeit und einer Reihe anderer Bedingungen persistierender Stimulation oder länger dauernder Aktivität. Wenn sich das Phänomen als Frequenz darstellt (z. B. die Herzrate), zählen wir einfach die Ausschläge und dividieren sie durch die Zeit. Signale mit Amplitudenvariation (z. B. Hautleitfähigkeit) müssen periodisch erhoben werden und die Stichproben gemittelt werden. Die Häufigkeit der Erhebung hängt von der Varianz des untersuchten Phänomens ab. Wenn wir eine Vp während 15 Min. Inaktivität untersuchen, werden wir unsere Erhebung nicht auf die ersten 5 Min. beschränken, da weitere Adaptation eintreten kann. Wenn das System periodische Fluktuation aufweist (z. B. die Sinusarhythmie der Pulsrate), werden wir die Stichprobe nicht auf einen Teil der Zyklusperiode beschränken. Zusammenfassend kann man sagen, daß tonische Aktivität häufig durch einen Mittelwert beschrieben wird; die Anzahl der dafür erhobenen Stichproben ist größer als die Periode des Phänomens (wobei der sorgfältige Untersucher auch Indikatoren der damit verbundenen Varianz erhebt). Diese Statistik repräsentiert das Funktionsniveau des untersuchten Systems.

Unterschiede in der tonischen Aktivität werden in einer Vielzahl sehr unterschiedlicher Untersuchungen behandelt. Wir können z. B. die Museklspannungsniveaus von untrainierten Vpn mit der Muskelaktivität von Vpn vergleichen, die gelernt haben, ihre Muskulatur zu entspannen. Der Vergleich der durchschnittlichen Herzrate oder des Blutdrucks während verschiedener therapeutischer Sitzungen gehört auch zum Studium tonischer Niveaudifferenzen. Solche Vergleiche innerhalb einer Vp werfen eine Reihe von Meßproblemen auf.

Genauso wie die externen physikalischen Charakteristiken einer Vp variieren, variieren auch die Funktionsweisen der internen Organsysteme (*Williams,* 1963). Von besonderem Interesse ist hier das Ausmaß von tonischen Differenzen, die eine Organstruktur bei verschiedenen Zuständen und Reizbedingungen aufweisen kann. Manche Vpn zeigen innerhalb eines Organsystems sehr kleine Streubreiten, während andere extreme Labilität aufweisen. *Lykken, Rose, Luther* und *Maley* (1966) legten nahe, daß physiologische Reaktionsmaße entsprechend ihrer Streuung korrigiert werden sollten – d. h. jede Schätzung bestimmter Reaktionen sollte in Prozent der potentiellen Streubreite der Reaktionen einer Vp ausgedrückt werden. Vpn, deren tonische Herzrate für eine Vielzahl von Bedingungen von 40–120 bzw. 80–120 Schlägen pro Minute variiert, erhalten denselben Aktivitätsskore, wenn in einer bestimmten Stimulusbedingung Werte von 80 bzw. 100 Schlägen pro Minute für diese beiden Personen erzielt werden. *Lykken* und seine Mitarbeiter zeigten, daß mit dieser Methode in pathologischen Populationen Errorvarianz reduziert werden kann.

Die Streuungskorrektur scheint intuitiv berechtigt, wenn Vergleiche innerhalb einer Vp durchgeführt werden. Beim Studium individueller Differenzen von physiologischen Maßen ist diese Methode allerdings nicht ädaquat. Im letzteren Fall sind die absoluten Differenzen unter bestimmten Reizbedingungen und die Streuungsunterschiede über ein definiertes Aufgabenspektrum nicht Artefakt, sondern zentraler Untersuchungsgegenstand. Zusätzlich beinhaltet die Streuungskorrektur eine Reihe technischer Schwierigkeiten. Wir haben selten Information über Vpn in extremen Stimulationsbedingungen. *Lykken* et al. (1966) meinten, daß wir im Falle der Hautleitfähigkeit maximale Aktivität des Systems erreichen, wenn wir die Vp einen Luftballon bis zum Platzen aufblasen lassen. Eine derartige Untersuchungsmethode wird allerdings nicht allgemein akzeptierbar sein. Im idealen Fall sollte das Aktivitätsniveau einer Vp innerhalb des experimentellen Kontextes relativ zur eigenen, individuellen Skore-Verteilung über einige Standard-Situationen, die nach ihrer Intensität geordnet wurden, festgestellt werden. Die Forschungs- und Therapiepraxis zeigt allerdings, daß eine solche Präzisierung routinemäßig kaum erreicht werden kann.

Häufig sind wir an Änderungen des Tonus innerhalb eines Systems interessiert, z. B. können Unterschiede der peripheren Vasokonstriktion (plethysmographische Messung) während kurzer Ruheperioden und darauffolgenden vergleichbaren Übungsperioden innerhalb einer Vp studiert werden. In einem solchen Fall müßte der Untersucher den absoluten Ruheskore kennen, um die Übungsveränderungen bzw. die Veränderungen bei geistiger Arbeit interpretieren zu können. Jedes Organsystem arbeitet nur innerhalb definierter Grenzen, daher sind alle Reaktionen notwendigerweise dann extrem beschränkt, wenn die Anfangswerte bereits über oberen Extremwerten liegen. Zusätzlich verfügen die meisten viszeralen Systeme über eine Reihe von dämpfenden homöostatischen Rückkoppelungsmechanismen, die zu einem Absinken der Reaktionsamplituden über dem gesamten Funktionsbereich führen, z. B. führt erhöhter Blutdruck zum Karotissinusreflex, der wiederum zur Reduktion der Herzaktivität durch Vagusbeeinflussung führt und diese Reaktion bewirkt schließlich wiederum eine Reduktion des Blutdruckes. Bis zu einem gewissen Grade ist das Reaktionsniveau stets eine korrelierte Funktion des Ausgangsniveaus. *Wilder,* 1967, S. VIII, beschreibt dieses Phänomen als das *Gesetz der Anfangswerte:*

„Bei einem gegebenen Standardreiz und einer bestimmten Zeitspanne hängt das Ausmaß und die Richtung einer physiologischen Reaktion zu einem großen Teil von den Anfangsniveaus (präexperimentellen Aktivitätsebenen) ab. Je höher der Anfangswert, um so kleiner wird die Reaktion bei Funktionsanstieg, um so größer wird die Reaktion aber bei funktionsreduzierenden Reizen. Außerhalb eines bestimmten

Mittelbereichs der Anfangswerte besteht eine Tendenz zu paradoxen (umgekehrten) Reaktionen, wobei diese Tendenz mit zunehmend extremen Anfangswerten steigt." Aus dieser Sicht sind alle Reize in Wirklichkeit „sekundäre Reize", die eine primäre Reaktion überlagern. Die Interpretation der untersuchten Reiz-Reaktionsbeziehungen hängt von der Methode ab, mit der die störende, stets vorhandene Aktivität dieser „primären" Reaktion partialisiert wird.

Mehrere Untersucher versuchten dieses Problem statistisch zu lösen. 1956 postulierte *Lacey,* daß alle physiologischen Reaktionen als autonome Labilitätsskores ausgedrückt werden sollten. Dieser Skore drückt das Ausmaß der Reaktion einer Vp als Abweichung von jenem Skore aus, der durch die Korrelation zwischen Basisniveau und reizgebundenen Werten vorhergesagt wird. Die Population der Prä- und Post-Stimuluswerte kann innerhalb einer Person während vieler Versuchsdurchgänge erhoben werden (dies wären die Idealverhältnisse) oder von den gruppierten Einzeldurchgängen aller Vpn erschlossen werden. Diese Anforderungen erfüllt im Prinzip die Technik der Kovarianzanalyse (*Benjamin,* 1963, 1967); wenn die Annahmen für diese Methode erfüllt sind, dann stellt sie eine einfache Lösung für derart komplexe Probleme dar. Einige Umstände sprechen allerdings gegen die Verwendung der Kovarianzanalyse. Man kann nicht erwarten, daß durch die Kovarianz systematische Differenzen in den Anfangswerten von zwei Gruppen aufgefunden werden, wenn diese Differenzen durch die experimentelle Bedingung selbst erzeugt worden sind (*Evans* und *Anastasio,* 1968); z. B. ein Experiment zur Prüfung der reduzierenden Wirkung von Tranquilizern auf die Hautleitfähigkeitsänderung bei Darbietung von Angstreizen hätte folgende Form: Ein Tranquilizer wird einer Gruppe verabreicht und ein Palcebopräparat der anderen Gruppe. Nach einer bestimmten Zeit werden die Angstreize beiden Gruppen dargeboten; Veränderungen des Basisniveaus der Hautleitfähigkeit werden gemessen. Wenn nun der Tranzquilizer die Basishautleitfähigkeit bereits reduziert hätte, dann bestehen systematische Differenzen zwischen den beiden Gruppen in unserer experimentellen Variable, bevor wir die Angstreize dargeboten hätten. Das Gesetz der Anfangswerte würde vorhersagen, daß die beruhigte Gruppe die größten Reaktionen aufweisen würde (genau das Gegenteil der Therapievorhersage!).

Es führt kein allgemein praktikabler Weg aus diesem Dilemma. Es handelt sich hier weniger um ein statistisches Problem, sondern um die psychologische Bedeutung, die – oft arbiträr – den physiologischen Ereignissen zugeschrieben wird. Es kann auch das absolute tonische Post-Stimulusniveau einer Vp ein sinnvolleres Maß des Einflusses eines Streßreizes auf das System sein als die momentane Veränderung. Der niedrige Anfangswert kann zwar in der beruhigten Gruppe stärkere Veränderungen hervorrufen, das absolute Basisniveau allerdings unterscheidet sich in der Gruppe mit der Medikamentengabe trotzdem von der unbehandelten Kontrollgruppe. Analoge Probleme entstehen, wenn wir versuchen, die Amplitude physiologischer Reaktionen von psychiatrischen Gruppen zu vergleichen (z. B. Schizophrene und Normale) oder wenn wir unterschiedliche Entwicklungsniveaus untersuchen, deren autonome Basisaktivität differiert (*Heath* und *Oken,* 1965; *Lord,* 1969). In einem solchen Kontext muß der Untersucher die physiologischen und auch die psychologischen Determinanten seiner Reaktionsmaße äußerst sorgfältig prüfen.

Vom Standpunkt der experimentellen Planung sollten diese Anfangswertdifferenzen vorerst nicht existieren. Obwohl solche Schwierigkeiten bei Versuchsplänen, wie wir sie eben beschrieben haben, kaum vermieden werden können, lassen sie sich in eben so vielen Fällen signifikant reduzieren oder eliminieren. Korrekte Verteilung der Versuchsdurchgänge stellt eine wirksame Hilfe bei der Vermeidung dieses Problems innerhalb der Vp dar. Im allgemeinen muß mindestens eine Minute vergehen, bis die meisten autonomen Funktionen zu ihren ursprünglichen Basiswerten nach mittelstarker Stimulation zurückkehren. Bei intensiven Streßreizen kann dies auch länger dauern. Versuche, das Experiment zu beschleunigen, um mehr Durchgänge pro Stunde unterzubringen, zerstören im allgemeinen die Übersichtlichkeit der Daten. Man sollte die Erholungsrate der Reaktionen (die selbst ein interessantes Maß darstellt), auf bestimmte Reize genau untersuchen und das Experiment danach planen.

Differenzen der Anfangswerte können im allgemeinen reduziert werden, wenn man dafür sorgt, daß Variablen wie z. B. die Dauer des Experiments, die Temperatur, die Nahrungszusammenstellung der Vpn und ähnliches kontrolliert sind; vor allem sollten zwischen den Vpn-Gruppen keine Differenzen in diesen Dimensionen bestehen. Manchmal kann man die Vpn entsprechend ihren Anfangswerten parallelisieren und damit das Problem vor der Reizdarbietung beseitigen.

Es gibt keine allgemeinen Regeln zur Anwendung der Streuungskorrektur oder der Korrektur von Anfangswerten. Ähnlich wie die statistischen Transformationen der Hautleitfähigkeit (den Reziprokwert, die Quadratwurzel oder den Logarithmus) normalisieren solche Korrekturen die Skores und reduzieren die Errorvarianz. Jede neue Transformation oder Korrektur bewegt den Beobachter allerdings einen weiteren Schritt von seinen ursprünglichen Daten weg und erhöht damit die Interpretationsprobleme. Zusätzlich sind psychologisch relevante Ereignisse häufig nicht mit tonischen Änderungen korreliert. *Keen, Chase* und *Graham* (1965) zeigten z. B., daß die Latenz der maximalen Beschleunigung beim Studium der Herzratenveränderung bei Kindern frei von solchen störenden Ausgangsproblemen ist. Der Untersucher muß daher seine Entscheidung für statistische Korrekturen an seine spezifischen Daten anpassen und nicht blind alle erhaltenen physiologischen Skores transformieren.

Phasische Aktivität

Wir haben uns in der vorausgegangenen Diskussion mit den durchschnittlichen Funktionswerten einzelner Strukturen oder Änderungen im tonischen Aktivitätsniveau beschäftigt. Solche Reaktionen stellen entweder einen Durchschnittswert vieler Stichproben dar oder eine einzige Stichprobe, die für ein länger dauerndes Funktionsniveau repräsentativ sein soll. Ein solches Vorgehen ist für Probleme der tonischen Aktivität angebracht, führt aber unter Umständen zu Fehleinschätzungen bei phasischen Ereignissen. Die Form dieser kürzeren Reaktionen ist häufig für ein bestimmtes körperliches System spezifisch und zeigt äußerst komplexe Variationen bei Änderungen der Reizbedingungen. Phasisische Reaktionen sind nicht immer langsame Abfälle von einem flachen Plateau in ein ebenso flaches Tal oder ein

Anstieg von einer Talsohle auf ein umgebendes Hochplateau. Phasische Reaktionen besitzen häufig komplizierte Wellenformen, die in der kontinuierlichen Abfolge vegetativer Aktivität schwer zu erkennen sind.

Bis vor kurzem war nicht klar, welche Herzratenveränderungen auf einfache Reize im Unterschied zu Veränderungen während des CS-UCS Intervalls beim klassischen Konditionieren existieren. Manche Untersucher sprachen von einer Beschleunigung (*Dykman* et al., 1960), manche von Verzögerung (*Davis* et al., 1955), oder es wurden zwei Typen von Vpn gefunden: Personen, die bei Reizen einen Anstieg und eine andere Gruppe, welche abfallende Pulsraten aufwies (*Beir,* 1940; *Gantt,* 1958). Die meisten Untersucher berichten ihre Ergebnisse in Durchschnittsraten oder in Differenzen der Durchschnittsraten vor und nach der Reizdarbietung (*Shearn,* 1961). Die Post-Stimulus-Maße wurden manchmal unmittelbar nach dem CS erhoben oder kurz vor dem UCS oder stellen einen Durchschnitt der gesamten CS-UCS Periode dar. Wenige Untersucher stellten diese Hypothese, daß die Reaktion nur in einer Richtung verläuft, ähnlich wie eine tonische Veränderung, in Frage. In Wirklichkeit folgt die Herzratenänderung der auf Abb. 11 dargestellten Funktion. Man kann dabei leicht sehen, wie diese triphasische Form die Untersucher der Herzratenkonditionierung irregeführt hat. Zusätzlich können bei konstanten Meßpunkten (Post-Stimulus-Meßpunkten) und bei Beachtung individueller Differenzen auf der Zeitskala dieser Reaktion wohl einige Vpn als Beschleuniger und andere als Verlangsamer eingestuft werden.

Obwohl diese grundlegende Wellenform von einer Reihe von Untersuchern (*Davis* et al., 1955; *Zeaman* et al., 1954; *Lang* und *Hnatiow,* 1962) beschrieben wurden, führten die dabei auftauchenden Meßprobleme zur Nichtbeachtung dieses Ergebnisses. Unglücklicherweise kann man diese Wellenform sehr selten innerhalb eines einzigen Versuchsdurchgangs erkennen. Vom Standpunkt der psychologischen Relevanz ist das kardiovaskuläre System derart „verrauscht", daß viele Durchgänge summiert und gemittelt werden müssen, bevor man die Reaktion klar sehen kann.

Diese phasische Herzratenreaktion wird zur Zeit in einer Reihe von Laboratorien intensiv untersucht, und es wurde einiger Erfolg bei der Dekodierung der physiologischen und psychologischen Relevanz der Subkomponenten erzielt. Die anfängliche Beschleunigung kann durch Muskelspannung oder zeitsynchrone Einatmung erhöht werden, ebenso durch intensive Stimulation und Vorbereitung auf Energieabgabe, allerdings erklärt keiner dieser Faktoren völlig die Gegenwart dieser Komponente (*Obrist,* 1967, 1968; *Connor* und *Lang,* 1969; *Chase, Graham* und *Graham,* 1968). Der zweite absteigende Ast wird durch Habitutationsdruchgänge abgeschwächt, durch Konditionierung wieder hergestellt (*Geer,* 1964). *Graham* und *Clifton* (1966) brachten die einzelnen Komponenten dieser Reaktion zu *Sokolovs* Theorie der Orientierung und Abwehr in Beziehung und postulierten, daß die Verlangsamung mit Aufmerksamkeitszuwendung bei mittelstarken Reizen assoziiert, während Herzratenbeschleunigung das Bestehen einer Abwehrreaktion (defensive reflex) indiziert (eine Reizabwehrhaltung). Andere Experimente zeigen, daß die Verlangsamung mit der Sicherheit in einer Beurteilungsaufgabe korreliert (*Bull* und *Lang,* 1970) und mit der Androhung eines aversiven Reizes (*Geer* und *Klein,* 1969).

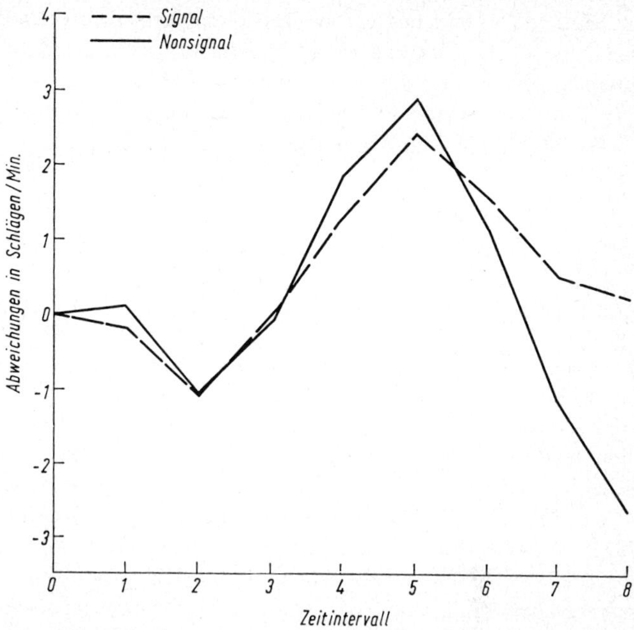

Abb. 11. Gemittelte Herzratenreaktion auf einen 2 sec Ton. Der Ton beginnt kurz vor der ersten Sekunde. Nur bei der Signalserie war der erste Ton nach der 8. Sekunde durch einen zweiten Ton gefolgt. Die Vp mußte bei dem zweiten Ton eine Reaktionszeittaste drücken.

Die Technik zur Darstellung der Wellenform der Herzrate ist prinzipiell dieselbe wie sie bei der Analyse der evozierten Hirnpotentiale verwendet wird. Im letzteren Fall wird die EEG Aktivität zeitsynchron auf einen wiederholt dargebotenen Reiz über mehrere Durchgänge gemittelt. Einander nicht wiederholende Wellenformen innerhalb eines Durchgangs (und daher zufällig variierende) gehen gegen Null, während jene Wellenformen, die reliabel mit dem Stimulus assoziiert sind, zurückbleiben und zunehmend stärker mit der Addition einzelner Durchgänge hervortreten.

Es scheint sinnvoll, hier die Grenzen und potentiellen Fehlerquellen der Mittelungstechnik hervorzuheben. Wie *Brazier* (1967) zeigte, werden die Ergebnisse verfälscht, wenn die Zeitachse, auf der die Reaktionen laufen, variiert, also ausgedehnt oder eingeengt wird oder einzelne Komponenten wegfallen oder dazukommen. Der Untersucher kann solche unerwünschten Metamorphosen durch ein Ansteigen der Varianz um bestimmte Punkte der gemittelten Kurve bemerken. Wenn es sich um einen generellen Effekt auf die Varianz handelt, würde eine polynomische Analyse der Kurve keine signifikanten Komponenten ergeben. Durch Mittelung kleiner Stichproben von Durchgängen zu verschiedenen Zeiten des Experiments kann dieses Problem experimentell gelöst werden. Als Alternative können einzelne Versuchsdurchgänge über die Vpn gemittelt werden, wenn die Welle innerhalb der getesteten Stichprobe von Vpn eine reliable Form aufweist.

Aufgrund der bisherigen Diskussion phasischer Reaktionen könnte der Leser glauben, daß es sich dabei immer um Phänomene handelt, die an spezifische Reizbedingungen gebunden sind. Dies ist nicht der Fall, es besteht höchstes Interesse an der sog. spontanen Aktivität. *Lacey* und *Lacey* (1958a) lenkten die Aufmerksamkeit auf diese Tatsache spontaner autonomer Aktivität im Zusammenhang mit ihren Studien von Temperamentsunterschieden zwischen Vpn. Obwohl die Ergebnisse keineswegs konsistent waren, fanden *Barratt* (1963) sowie *Levy* und *Lang* (1966) signifikante Zusammenhänge zwischen der Variabilität der Herzrate und sensorischen, psychomotorischen und fragebogenmäßig erhobenen Indikatoren der Impulsivität. Die Frequenz spontaner Schwankungen der Hautleitfähigkeit wurde mit dem Aktivierungsniveau in Verbindung gebracht (*Lader,* 1967a). Die Untersuchung spontanen phasischen Verhaltens ist keineswegs auf autonome Systeme beschränkt. Der spontane „K-Komplex" (eine langsame Vertexwelle, die von schneller Aktivität gefolgt ist und spontan während des Schlafes entstehen kann; *Hill* und *Parr,* 1963) ist für Untersucher von EEG-Verläufen von großem Interesse; auch die häufigen Phasen schneller Augenbewegungen (REM) gehören in diesen Bereich.

Am Schluß dieser Überlegungen soll noch einmal darauf hingewiesen werden, daß die Unterscheidung zwischen phasischer und tonischer Aktivität mehr konventionell als real verstanden werden soll und eine Dimension ohne klare Trennung in die andere übergeht. Ebenso schwierig sind die spontane phasische Aktivität und biologische Rhythmen (*Wieland* und *Mefferd,* 1969) voneinander zu unterscheiden. Im Kontext des S-R Konzeptes sind phasische Reaktionen weniger von Anfangswerten abhängig als tonische Veränderungen. *Hord, Johnson* und *Lubin* (1964) fanden keinen Zusammenhang zwischen der Basisherzrate und dem *Lang-Hnatiow*-Maß phasischer Reaktionen; *Geer* (1964) fand dagegen eine niedrige, allerdings signifikante Korrelation. Solche Zusammenhänge sollten für jedes einzelne untersuchte Maß festgestellt werden.

Zusätzlich sollten phasische Reaktionen in einzelnen Fällen für ihre Amplitudenstreuungen korrigiert werden, wie dies die Arbeit von *Lykken* nahelegt, bei anderen Untersuchungen sollten die Maße bezüglich der Frequenz ihrer Spontanaktivität korrigiert werden. *Geer* (1966) fand eine positive Korrelation zwischen der Anzahl spontaner Änderungen der Hautleitfähigkeit mit der Anzahl diskreter Reaktionen auf wiederholte Reize, und *Lader* und *Wing* (1966) berichteten eine ähnliche Beziehung bei dem Verlauf von Habituationskurven auf einfache intensive Töne. Zusammenfassend können wir feststellen, daß individuelle Reaktionsmaße gut interpretiert werden können, wenn sie zur spontanen Frequenz dieser Maße innerhalb einer Vpn und dem tonischen Niveau der untersuchten körperlichen Funktionen in Beziehung gebracht und darauf relativiert werden; eine Interpretation ist weiterhin sinnvoll, wenn die Maße auf ihre Streubreiten und auf die Verteilungen der Reaktionslatenzen oder -amplituden von ähnlichen Reizen relativiert werden.

Reaktionsspezifität und mehrdimensionale Messung

Ursprünglich hofften die meisten Untersucher, daß einzelne autonome Maße eine einfache Beziehung zu den in Frage stehenden psychologischen Konstrukten aufweisen würden. Es wurde sehr bald klar, daß ein Ansteigen der Hautleitfähigkeit z. B. nicht mit „Angst“ oder „Antrieb“ gleichzusetzen war, noch war die Beziehung zu diesen Konstrukten einfach oder stabil. In Wirklichkeit ruft eine große Anzahl von Situationen und Ereignissen Änderungen der Hautleitfähigkeit hervor, beginnend vom Schließen einer Tür bis zum Klang einer freundlichen Stimme und die ganze Reihe möglicher emotionaler und physiologischer Streßreize. Nahezu jede physiologische Reaktion kann durch viele interne und externe Reize ausgelöst werden, und es scheint unwahrscheinlich, daß irgendein physiologisches Ereignis als ein exakter, substituierbarer Index für ein bestimmtes psychologisches Phänomen verwendet werden kann. D. h. wenn wir physiologische Reaktionen eines Organismus beobachten, können wir nicht auf die Reizsituation oder den psychologischen Zustand, der die physiologische Reaktion ausgelöst hat, rückschließen.

Die Annahme solcher reziproker Beziehungen stellt den klassischen „Indikations-Trugschluß“ dar. Derselbe Trugschluß verführt den Verdächtigten dazu, bei Konfrontation mit dem Lügendetektor zu gestehen. Ein Polygraph entdeckt keine Lügen. Eine Lüge stellt ein komplexes psychosoziales Ereignis ohne bestimmte unterscheidbare Physiologie dar und kann im wesentlichen nur innerhalb ihrer eigenen Ausdrucksdimension verstanden werden. Ein Polygraph ist nicht imstande, bestimmte Vermutungen über die Absichten oder emotionalen Reaktionen einer menschlichen Person zu validieren (ausgenommen im Sinne einer Konstruktvalidität). Wie *Lacey* (1959) in seiner Übersicht über psychophysiologische Forschung in der Psychotherapie hervorhob, müssen physiologische Daten in einem transaktionalen Kontext interpretiert werden. Die Interpretationen hängen vom Verständnis des Reizkontextes der gemessenen Größen ab, weiterhin von der Kenntnis der Physiologie des gemessenen Systems und der Registrierung anderer, simultan auftretender Reaktionen.

Mit zunehmender Information über diese drei Faktoren wird die Bedeutung einer gegebenen somatischen oder autonomen Reaktion spezifischer. D. h. wir erhalten zunehmend Klarheit über die Beziehung der Reaktion zu einer bestimmten psychologischen Variable oder einem psychologischen Konstrukt.

Selbst wenn wir viel über die Umgebungsveränderungen wissen, können physiologische Ereignisse nicht eindeutig interpretiert werden, wenn sie allein, unabhängig von anderen gleichzeitig ablaufenden Reaktionen betrachtet werden. Die Hautleitfähigkeit z. B. stellt eine ungerichtete Reaktion dar und ist daher auf eine „mehr oder weniger“-Dimension beschränkt. Reizung bewirkt zwar eine ansteigende Leitfähigkeit, bei mittleren Reizstärken bewirkt aber Intensitätserhöhung sehr viel größere Reaktionen. Aber auch jenseits dieser Intensitätsbeziehungen ist eine solche Reaktion zu einfach, um besonders viel Information zu übertragen. Die Herzrate auf der anderen Seite verläuft in zwei Richtungen, wie wir gesehen haben, ihre phasische Reaktion allerdings kann potentiell eine größere Anzahl psychologischer Variablen entschlüsseln. Manche dieser Veränderungen können aber auch Artefakte aufgrund von Variationen in anderen physiologischen Maßen sein; unser Vertrauen in die psychologische Bedeutung der Herzratenveränderung wird allerdings erhöht, wenn wir durch simultane Messung anderer physiologischer Größen diese Varianzanteile ausgesondert haben. Es wurde für die psychophysiologischen Untersucher zur Routine, eine Vielzahl physiologischer Systeme simultan zu registrieren, diese Praxis führte bald zur Suche nach psychologisch relevanten Mustern und auch nach entsprechenden Einzelmaßvariationen.

Die Korrelation zwischen physiologischen Maßen, Variationsskores oder tonischen Niveauveränderungen unter Ruhe- oder Streßbedingungen sind meist relativ gering. Im allgemeinen kann eine physiologische Variable kaum mehr als 10% der Varianz bei der Vorhersage von Reaktionen in anderen Systemen aufklären. Teilweise können diese schwachen Beziehungen auf die Verwendung inadäquater Maße zurückgeführt werden oder durch die Interkorrelation formal verschiedener Maße erklärt werden (z. B. phasische mit tonischen Reaktionen; Daten der Basislinie mit Änderungsskores). Aber auch wenn all diese Fehlerquellen berücksichtigt werden, so beeindruckt doch der außerordentliche Mangel an hohen Korrelationen. Für den naiven Untersucher ist dieser Mangel an einfacher Konkordanz zwischen den peripher physiologischen Maßen außerordentlich entmutigend. Es gibt keine physiologische Reaktion, die nicht durch eine Reihe anderer Maße ersetzt werden könnte. Für den Physiologen ist dies allerdings kaum verwunderlich. Er ist sich darüber im klaren, daß unterschiedliche Systeme unterschiedliche Funktionen haben und daß unter jeder Bedingung, bei der Mobilisierung für eine Reaktion oder bei der Konzentration auf vegetative Funktionen einzelne Strukturen aktiv werden, andere ihre Aktivität reduzieren und wiederum andere Systeme kaum beeinflußt werden. Zusätzlich weiß er, daß enorme individuelle Differenzen im Ausmaß und Muster dieser Effekte bestehen werden.

In ihrem 1958 erschienenen Artikel über Meßprobleme dokumentierten *Lacey* und *Lacey* (1958b) eindrucksvoll die große Variabilität zwischen einzelnen physiologischen Reaktionsmustern, die durch denselben Streßreiz ausgelöst wurden. Obwohl viele Personen gleichlaufenden Herzraten- und Hautleitfähigkeitsanstieg zeigten, kam es bei anderen Vpn nur zu Aktivitätsanstieg innerhalb eines Systems. *Lacey* spricht von Intra-Stressor-Stereotypie, wenn eine reliable Wiederholbarkeit solcher individueller Reaktionsmuster im selben oder einem ähnlichen Reizkontext *über* die Personen besteht. Solche individuellen Reaktionsmuster können auch zwischen verschiedenen Reizsituationen sehr konstant bleiben. D. h. manche Vpn zeigen ein typisches Muster, das relativ unabhängig von dem dargebotenen Streßreiz ist. Dieses Phänomen wird Inter-Stressor-Stereotypie genannt. Beide Begriffe sind eng mit *Malmos* Konzept der „Symptom-Spezifität“ verwandt. Die letztere Bezeichnung bezieht sich auf die Tatsache, daß bei psychiatrischen Patienten Streßreize extreme Reaktionen in jenen physiologischen Systemen auslösen, die mit den somatischen Beschwerden assoziiert sind. *Malmo* und seine Mitarbeiter (1949, 1950) berichten z. B., daß belastende Interviews unterschiedlich starke Muskelspannung der Nackenmuskulatur bei einem Kopfschmerzpatienten auslösten und daß die Verteilung der Muskelspannung über den Körper mit dem Inhalt des Gespräches reliabel variierte.

Sowohl Inter- als auch Intra-Stressor-Stereotypien erklären einen Teil der Varianz der experimentellen Situation (*Engel,* 1960; *Schnore,* 1959). Das Ausmaß der

Konkordanz physiologischer Streßreaktionen kann für das Verständnis psychosomatischer Störungen äußerst wichtig sein. Es wurde postuliert, daß Patienten mit hoher Konkordanz dazu neigen, gewisse Systeme zu überanspruchen, was dann zu höherer Empfindlichkeit für systeminterne oder infektiöse Erkrankungen führt. Es wurde weiter gezeigt, daß bei Kindern solche Muster weniger fixiert als bei normalen Erwachsenen sind (*Elliott,* 1964). Weiter wurde behauptet, daß extreme Diskonkordanz ein Charakteristikum für allgemeine Desorganisation oder Persönlichkeit wie etwa bei Psychosen sein könnte (*Reynolds,* 1961).

Individuelle Musterdifferenzen können schwer in jenen Studien erhoben werden, bei denen Streßreaktionen verschiedener Gruppen verglichen werden. Es gibt heute keine statistischen Verfahren zur Durchführung multipler Profilanalysen und zur Abtestung von Profildifferenzen. Als eine vorläufige Lösung schlug *Lacey* (1969) vor, daß die maximal mögliche Aktivierung einer Vp als ein Maß für den generellen autonomen Aktivitätsgrad verwendet werden sollte. Alle physiologischen Reaktionen der Vp werden zu T-Skores transformiert und der maximale T-Skore repräsentiert den autonomen Reaktionsskore für die Vp, unabhängig von dem physiologischen System, in dem dieser Skore erhoben wurde. Die Herzrate einer Vp könnte mit der Hautleitfähigkeit oder der Magenmotilität einer andern Vp gemittelt werden. Obwohl mit dieser Methode signifikante Korrelationen zwischen einzelnen Stressoren und signifikante Differenzen zwischen experimentellen Gruppen gefunden wurden, sollten sie mit großer Vorsicht angewendet werden. Es ist durchaus möglich, daß sich ein für eine bestimmte Situation bedeutsames Reaktionsmuster mit der Reizintensität und dem Ausmaß der „psychologischen" Reaktion der Vp verändert. Es ist weiter möglich, daß bestimmte Systeme, die bei niedrigen Stimulusintensitäten schwache Änderungen der Reizsituation anzeigen, bei intensiver Reizung unansprechbar bleiben. In ähnlicher Weise können andere Reaktionssysteme erst ab einer bestimmten Reizintensität anspringen. Komplexere Beziehungen zwischen den Variablen sind nicht nur möglich, sondern höchst wahrscheinlich und die Methode der maximalen Aktivierung würde diese Zusammenhänge verschleiern. Es besteht bisher keine allgemein akzeptierte Methode der Gewichtung verschiedener Maße, da weder Übereinstimmung bezüglich des psychologischen Konstrukts der Aktivierung besteht, noch adäquate Information über die physiologischen Indikatoren existieren. Es scheint sinnvoll, die Daten in einer solchen Situation nicht durch einen „Aktivierungsgipfel" zu beschränken.

Situations-Stereotypien

Die „maximale Aktivierungsmethode" setzt voraus, daß alle peripheren physiologischen Maße nur eine Art von Information repräsentieren. Sie variieren entlang einer einfachen Aktivierungs- oder Arousal-Dimension. Sensitivitätsdifferenzen auf diesem Kontinuum innerhalb eines Organsystems werden als Kennzeichen der individuellen Variabilität angesehen. Ein unterschiedlicher Standpunkt wird von jenen eingenommen, die behaupten, daß spezifischen psychologischen Merkmalen ebenso spezifische physiologische Charakteristiken zuzuordnen sind. Dieses Phänomen wird Situations-Stereotypie genannt und bildete ein zentrales Anliegen der psychophysiologischen Forschung. Wir haben bereits die Arbeiten von *Ax* (1953), *Schachter* (1957) und *Funkenstein* et al. (1951, 1954) berichtet, die physiologische Differenzen zwischen Furcht- und Ärgerreizen fanden. Die frühen Arbeiten von *R. C. Davis* sind in diesem Zusammenhang auch von großer Bedeutung. *Davis* (1957) fand, daß erhebliche Differenzen zwischen physiologischen Mustern bestehen, wenn Aufgaben dargeboten wurden, die einfache motorische Reaktionen, thermische Stimulation oder Aufmerksamkeit auf emotional getönte Diapositive verlangten. Von besonderem Interesse war die Tatsache, daß trotz der aktivierenden Eigenschaften einiger Reize, nicht alle Systeme in sympathischer Richtung reagierten; z. B. zeigten männliche Vpn, die Diapositive von nackten Frauen sahen, Hautleitfähigkeitsanstieg und Abfall der Herzrate. *Lacey* et al. (1963) hat seither solche *„richtungsgebundene Fraktionierung"* in einer Reihe anderer Situationen nachgewiesen und eine Theorie vorgeschlagen, in der bestimmte autonome Reaktionsmuster mit der Qualität der Umweltbewältigung eines Organismus in Beziehung gebracht werden. Er meint, daß unter Bedingungen der Umweltrezeption (z. B. visuelle Aufmerksamkeit oder aufmerksames Hören) sowohl Herzrate als auch Blutdruck relativ niedrig sein werden, während eine ablehnende Haltung zur Umwelt (ausgelöst durch aversive Stimulation oder internalisiertes Problemlösen) von steigender kardiovaskulärer Aktivität begleitet ist. *Lacey* (1967) glaubt, daß kognitive und verhaltensmäßig gegebene Aufgaben, die mit solchen Einstellungen assoziiert sind, durch Rückkoppelung vom autonomen System angeregt werden, das damit direkt in die psychologische Abläufe eingreift. Obwohl solche Feedback-Mechanismen im neurophysiologischen Laboratorium nachgewiesen wurden (*Bonvallet, Dell* und *Hiebel,* 1954) konnte gezeigt werden, daß nach pharmakologischer Ausschaltung wichtiger autonomer Rückkoppelungswege die Reaktion keineswegs beeinträchtigt wird (*Obrist, Wood* und *Perez-Reyes,* 1965).

Elliot (1969), *Campos* und *Johnson* (1966), *Obrist, Webb* und *Sutterer* (1969) schrieben solche kardiovaskulären Muster den unterschiedlichen Energieanforderungen der verwendeten Aufgaben und der variierenden Beteiligung der somatischen Muskulatur zu. *Obrist* und Mitarbeiter fanden, daß in Situationen mit „aufnehmender" Einstellung (z. B. Erwartungsperiode bei Reaktionszeitaufgaben) phasische Reduktion der Herzrate von einer Reduktion der Atmung und Muskelspannung begleitet ist. *Elliot* (1969) berichtete Arbeiten zur Motivationsforschung, bei denen autonome Aktivität registriert wurde. Er stellte fest, daß ungleich der Hautleitfähigkeit, die tonische Herzratenbeschleunigung im allgemeinen eher mit einer Einstellung „zur Reaktion" oder der aktuellen motorischen Reaktionen assoziiert ist.

Trotz dieser ungelösten theoretischen Differenzen gibt es viele experimentelle Hinweise dafür, daß unterschiedliche Reizkonfigurationen charakteristische und reliable autonome Reaktionsmuster auslösen können. Diese Hinweise für eine Situations-Stereotypie sollten nicht als Beweis für die Existenz exakter physiologischer Indikatoren für bestimmte subjektive Erlebnisse, Gefühle u. ä. angesehen werden (siehe S. 47). Es konnte bisher nur gezeigt werden, daß Vpn ein ähnliches physiologisches Muster aufweisen, wenn sie in einem ähnlichen Reizkontext untersucht wurden. Dies impliziert aber nicht, daß bestimmte physiologische Reaktionen eines Individuums nur in dieser Situation und keiner anderen evoziert werden können. Es ist durchaus möglich, daß solche eindeutige Vorhersagen für sehr eng gefaßte

Reiz-Reaktions-Beziehungen durchführbar sind, auf der Ebene klinisch bedeutsamer Aussagen allerdings ist weder die gegenwärtige Präzision psychologischer Beschreibungen, noch der Stand der psychophysiologischen Methodologie einer solchen Aufgabe gewachsen.

Zur Psychophysiologie der Emotion

Es ist bereits Tradition geworden, bei Überlegungen zur Emotion mit den theoretischen Spekulationen von *William James* (1884, 1890) zu beginnen. Der große Philosoph und Psychologe Neu-Englands behandelte dieses Problem im Kontext der Introspektionspsychologie seiner Zeit. Er bezweifelte niemals die substantielle Realität von Gefühlszuständen, versuchte diese aber aus den physiologischen Begleiterscheinungen zu erklären. *James* hebt sich damit erheblich von dem Physiologen *Lange* ab, mit dem er häufig gemeinsam genannt wird. *Langes* Ansatz (1885) war sehr viel strenger biologisch gefaßt, die physiologische Aktivität wurde als direkte Determinante der Emotionen angesehen. *James* unterscheidet sich von der allgemeinen Emotionsauffassung, indem er annimmt, daß Gefühle durch die Wahrnehmung physiologischer Veränderungen entstehen. Mit anderen Worten, *James* dreht die populäre Annahme um, daß psychisches Erleben den physiologischen Veränderungen vorausgeht. Er meinte, daß die physiologischen Reaktionen unmittelbar durch affektive Reize ausgelöst werden und die phänomenale Erfahrung erst nach der Wahrnehmung und Einschätzung der eigenen körperlichen Prozesse durch die Person erfolgt. *James* größter Gegner war der Physiologe *W. B. Cannon* (1927, 1931). Er kritisierte den Ansatz von *James,* indem er zu zeigen versuchte, daß das periphere autonome System für emotionale Reaktionen nicht notwendig ist. *Cannon* brachte eine Reihe von logischen und experimentellen Befunden, die seine Ansicht stützten. Gegen die Theorie von *James* schien besonders die Tatsache zu sprechen, daß die chirurgische Trennung der inneren Organe vom Zentralnervensystem emotionales Verhalten keineswegs eliminierte. Obwohl weder *Sherringtons* (1900), noch *Cannons* (1927) Operationstechnik alle Verbindungen vollkommen unterbrach, war die Operation doch hinreichend extrem (vollkommene Durchschneidung des Rückenmarks und Entfernung des Grenzstranges); der gleichbleibende emotionale Ausdruck stellt daher die Relevanz der viszeralen Rückkoppelungstheorie in Frage. *Cannon* postulierte eine thalamische Emotionstheorie als Ersatz für die *James*sche Theorie. Aus Studien an dekortisierten Tieren schloß *Cannon,* daß im Thalamus sensorische Impulse emotionale Qualität erlangen. Die Impulsfolgen laufen von den Sinnesorganen in dieses subkortikale Zentrum ein und erregen über den Hypothalamus sowohl die inneren Organe als auch den Kortex. Der Kortex soll einen inhibitorischen Einfluß auf die thalamischen Zentren ausüben und damit die unkontrollierte Äußerung von Affekten verhindern; bei extrem intensiven Reizen verliert diese Hemmung allerdings ihre Wirkung.

Als Resultat der Arbeiten *Cannons* und der Ausarbeitung seiner Theorie durch *Bard* (1934a, 1934b) verschob sich das Zentrum der Aufmerksamkeit der physiologischen Psychologie auf das Gehirn bei gleichzeitiger Vernachlässigung der mit der Hirnvorgängen assoziierten viszeralen Phänomene. Der nächste Schritt von *Papez*

(1937, 1939) war der Versuch, spezifische kortikale Mechanismen der Regulation emotionalen Verhaltens zu identifizieren. *Papez* behauptete, daß der Gyrus cinguli Impulse aus tiefer gelegenen Hirnzentren aufnimmt und daß die Impulsverteilung von dieser Struktur anderen kortikalen Prozessen eine gewisse emotionale Tönung verleiht. *MacLean* (1949) betonte die Wichtigkeit des Kortex bei der Differenzierung verschiedener Gefühlszustände, lenkte aber die Aufmerksamkeit auf den Hippokampus und die Amygdalae des limbischen Systems (bei primitiven Organismen als Riechhirn ausgebildet) und die Bedeutung dieser Strukturen für die Kontrolle der inneren Organe und des emotionalen Verhaltens. Er postulierte, daß die Amygdalae primär parasympathische Wirkung habe und an der Regulation eher entspannender, beruhigender vegetativer Prozesse teilnehme. Er meinte, daß der Hippokampus eher sympathisch wirke und daher bei emotionaler Aktivierung aktiv sei. Der Fortschritt der chemischen und elektrischen Hirnstimulationstechniken und die Möglichkeit, elektrische Veränderungen aus tieferen Hirnstrukturen zu registrieren, schufen die Voraussetzung zur Erforschung und Überprüfung dieser Theorie und ihrer Schlußfolgerung im Tierversuch. Obwohl die Implikationen einer solchen Arbeit für die Psychologie der menschlichen Emotionen potentiell enorm bedeutsam wären, ergibt eine Anwendung dieser Daten auf das menschliche Verhalten bisher keine Klarheit.

Die genaue Untersuchung der Formatio reticularis und ihre Beziehungen zum EEG waren aber auf der anderen Seite für die Interpretation von Verhaltensstudien und psychophysiologischen Untersuchungen am Menschen von großem Wert. 1949 fanden *Moruzzi* und *Magoun,* daß es bei Stimulation der retikulären Formation des Hirnstammes der Katze zu starkem Anstieg der kortikalen EEG-Frequenz kam, gemeinsam mit autonomen und muskulären Reaktionen, die wiederum mit bestimmten emotionalen Zuständen gekoppelt waren. Wenig später formulierte *Lindsley* (1951) seine Aktivierungstheorie der Emotion, die emotionale und motivationale Intensität vom Ausmaß der kortikalen Aktivierung abhängig macht. Das niederste Aktivitätsniveau, der Schlaf, war durch langsame Frequenzen von relativ großer Amplitude charakterisiert. Inaktiver Wachzustand ist von Alpha-Wellen (8–13 Hz) begleitet, die durch aufmerksamkeits- oder interesseerregende Reize blockiert werden. Ein weiterer Anstieg der Emotions- oder Motivationsintensität ist mit einer schnelleren kortikalen Aktivität verbunden, extreme Wut schließlich führt zu desynchronisierter, niederamplitudiger, hochfrequenter kortikaler Aktivität. Nach *Lindsley* (1957) existiert zu den klassischen oder spezifischen sensorischen Bahnen zum Kortex noch ein zweites unspezifisches sensorisches System, das in der retikulären Formation des unteren Hirnstammes lokalisiert ist. Afferenzen aus dem Körperinneren und den Sinnesorganen laufen durch dieses retikuläre Projektionssystem, das eine hypothalamische Stimulation von Weckzentren im Dienzephalon einschließt und schließlich über den Thalamus zu einer allgemeinen Aktivierung des Kortex führt.

Verhaltenstheoretiker und Kliniker eigneten sich die Aktivierungstheorie (und das retikuläre System) als physiologische Analogie zu den eindimensionalen „Trieb"- und „Angst"-Theorien des emotionalen und pathologischen Verhaltens an (*Malmo,* 1958, 1966). Damit allerdings entstanden für die Aktivierungstheorie dieselben Interpretationsprobleme wie für diese anderen Ansätze. Wenn Aktivierung nur entlang einem Intensitätskontinuum variiert, wie können dann die entscheidenden qualitativen Unterschiede zwischen emotionalen Reaktionen und die damit verbundenen unterschiedlichen verhaltensmäßigen Konsequenzen erklärt werden? *Hebb* (1955) beantwortete diese Frage, indem er postulierte, daß motivationale und emotionale Reaktionen aus zwei Elementen aufgebaut sind, einer aktivierenden oder energieversorgenden Funktion und einer Hinweisfunktion, welche die Richtung des Verhaltens bestimmt (cue function). Gefühle wie Furcht zeigen hohe Aktivierung mit zusätzlichen vermittelnden Prozessen (kortikalen Ursprungs), die Vermeidung oder Flucht bewirken. Ähnliche Ansätze wurden von *Duffy* (1962) und *Pribram* (1967) vorgeschlagen, wobei *Pribram* das Schwergewicht auf die planende und organisierende Funktion des Kortex bei emotionalem Verhalten in den Vordergrund stellte.

Im sozialpsychologischen Kontext entwickelte *Schachter* seine Zwei-Faktoren-Theorie, die weitreichende Konsequenzen für die Emotionsforschung hatte (*Schachter,* 1964). Wie *Cannon* argumentiert er, daß Emotionen ununterscheidbare autonome Muster aufweisen. Statt der Suche nach Hirnmechanismen für unterschiedliche emotionale Zustände oder Verhaltensweisen zeigte er, daß kognitive Zusammenhänge die Charakteristiken einer emotionalen Reaktion determinieren.

„... gegeben sei eine physiologische Aktivierung, für die ein Individuum keine unmittelbare Erklärung hat, so wird es diesen Zustand „etikettieren" und seine Gefühle in der Sprache der verfügbaren Kognitionen beschreiben. Da kognitive Faktoren die entscheidenden Determinanten emotionaler Reaktionen sind, kann ein und derselbe physiologische Aktivierungszustand sowohl als „Freude" als auch „Wut" oder mit irgend einer anderen emotionalen Bezeichnung etikettiert werden, wobei diese Bezeichnung (label) von den kognitiven Aspekten der momentanen Situation abhängt (S. 53)."

Schachter wurde durch frühere Arbeiten über die Effekte von injiziertem Epinephrin bei menschlichen Vpn zu diesen Spekulationen geführt (*Marañon,* 1924; *Wenger,* 1960). Die Personen berichten in diesen Studien, daß sie zwar ihre physiologische Aktivierung wahrnehmen, aber selten eine ausgeprägte Emotion registrieren, außer wenn bestimmte Erinnerungen oder Umgebungsumstände Gefühle auslösten (z. B. Diskussion über ein emotional geladenes Thema).

In einer Reihe klassischer Experimente studierte *Schachter* die Interaktion zwischen subkutan injiziertem Epinephrin und bestimmten Manipulationen von Instruktionen oder sozialem Verhalten (*Schachter* und *Singer,* 1962; *Schachter* und *Wheeler,* 1962). Wenn die Vpn über die Effekte des Epinephrins mißinformiert waren und mit emotional erregenden Situationen konfrontiert wurden, neigten sie dazu, verbales und motorisches Verhalten zu zeigen, das mit dem gegebenen emotionalen Kontext in Übereinstimmung stand. Diese Vpn fanden z. B. humorvolle Filme lustiger als Kontrollgruppen; sie „imitierten" die gehässigen, verbalen Bemerkungen eines Mitarbeiters des Versuchsleiters über das Experiment; oder sie wurden zu hypomanischen, spielerischen Verhaltensweisen durch die Äußerungen eines anderen Mitarbeiters des Versuchsleiters provoziert. In der Placebobedingung, also ohne Epinephrin waren die emotionalen Reaktionen der Teilnehmer weniger ausgeprägt oder auch, wenn die Effekte der Epinephrin-Injektion den Vpn vorher erklärt wurden, ungerichtet und weniger intensiv.

Schachter schließt daraus, daß zwei Faktoren zur Entstehung emotionaler Reaktionen notwendig sind: erstens, ein undifferenzierter Aktivierungszustand, zweitens, die Gegenwart kognitiver Prozesse, die dem Aktivierungszustand eine bestimmte Richtung verleihen und emotionale Reaktionen auslösen. Wenn einer der beiden Faktoren fehlt, so fehlt dem Verhalten jeder affektive Charakter. *Schachter* und seine Schüler haben diese Hypothese weitergeführt und daraus resultierende Implikationen für die Aufrechterhaltung der Fettleibigkeit (*Schachter,* 1967) und der Psychopathie (*Schater* und *Latane,* 1964) aufgezeigt und führten diese Theorie auch als Erklärung für die Effekte der systematischen Desensibilisierung an (*Valins* und *Ray,* 1967).

Schachters Theorie ist aus einer Reihe von Gründen für den Psychophysiologen attraktiv. Das Zentrum der Aufmerksamkeit liegt nicht auf Hirnmechanismen unter Ausschaltung der verbalen (kognitiven) und autonomen Reaktionen. Sie kann im Laboratorium experimentell untersucht werden. Zusätzlich ist sie interaktiv; d. h. es wird keine einseitige Beeinflussung angenommen, bei der entweder die Rückmeldung von den inneren Organen oder die höheren Hirnzentren das gesamte Verhalten des Organismus bestimmen. Auf der anderen Seite können mit dieser Konzeption ein Großteil der relevanten Ergebnisse nicht erklärt werden und eine Reihe kritischer Punkte zu den Experimenten angeführt werden. Der Einfluß der physiologischen Aktivierung wird ausschließlich in exterozeptiver Terminologie beschrieben. Die Wahrnehmung der körperlichen Aktivität durch das Individuum soll zu „Bewertungsbedürfnissen" führen, die darauf folgende Suche nach einer adäquaten Erklärung wird durch eine Emotion gelöst, wenn der Reizkontext ein solches Verhalten begünstigt. Es besteht Grund zur Annahme, daß Rückmeldungen aus dem Körperinneren zentrale kortikale Aktivitäten beeinflussen können, ohne diesen von *Schachter* postulierten bewußten internen Dialog zu benötigen. *Bonvallet, Dell* und *Hiebel* (1954) zeigten, daß eine Dehnung des Sinus der Karotis zu einer Abnahme der kortikalen EEG-Frequenz führt. *Lacey* (1967) zeigte, daß Blutdruckänderungen im intakten Organismus das kortikale Aktivitätsniveau, motorische Reaktionen und auch Temperamentscharakteristiken der Personen modulieren können. Ein solches Feedback würde um vieles schneller zu entsprechenden Änderungen führen als dies einem „kognitiv-bewertenden" System von *Schachter* möglich wäre; z. B. fanden sowohl *Birren* et al. (1963) und *Calloway* (1965), daß die Latenz der Reaktionszeit vom momentanen Zyklus des kardiovaskulären Systems bei der Stimulusdarbietung abhängt. Emotionale Reaktionen können sehr schnell einsetzen. Plötzliche Gefühlsänderungen sind eher durch direkte interozeptive Rückmeldekreise determiniert als durch langsame kognitiv-exterozeptive Systeme.

Schachters Theorie impliziert, daß eine konkurrierende kognitive Einstellung den „emotionalen Impetus" der physiologischen Aktivierung leicht aufheben kann; wenn einen Vp weiß, daß sie eine Adrenalin-Injektion erhalten hat, so interpretiert sie die auftretenden körperlichen Veränderungen in diesem Lichte und zeigt kein emotionales Verhalten. Eine Reihe klinischer Beispiele zeigt aber, daß dies ein sehr kurzzeitiger inhibitorischer Effekt sein kann, der durch die relativ niedrige Epinephrin-Dosierung und die kurzdauernde experimentelle Situation in *Schachters* Experimenten überschätzt wurde. Länger anhaltende physiologische Veränderungen durch chronische Drogeneinnahme (*Jaffe,* 1966), den Menstruationszyklus (*Ivey* und *Bardwick,* 1968) oder physische Erkrankung (*Frohlich* et al., 1969) können intensive, reliable und stabile emotionale Korrelate aufweisen, obwohl die Person eine ausgezeichnete Erklärung für die physiologischen Effekte des Stressors erhalten hat. Psychotherapeuten werden darin eine Analogie zu den Interpretationsfehlern sehen, die manchmal während einer Psychoanalyse auftreten. Der Analytiker nimmt an, daß dies nur dann auftritt, wenn seine Erklärung nicht stimmt (oder der Pat. sie nicht akzeptiert), vom Standpunkt der emotionalen Kontrolle ist aber durchaus möglich, daß die primär physiologischen Ursachen eines bestimmten emotionalen Verhaltens die kognitiven Elemente überflüssig machen.

Bei Überlegungen zur experimentellen Stützung der *Schachter*schen Ansicht, muß eine Frage bezüglich der physiologischen Manipulation aufgeworfen werden: erzeugt die subkutane Injektion von Adrenalin das normale physiologische Substrat einer Emotion? Wie wir bereits bemerkt haben, zeigen verschiedene Katecholamine unterschiedliche autonome Effekte, und es werden unterschiedliche Emotionen mit ihren Wirkungen assoziiert. Zusätzlich ergeben sich äußerst unterschiedliche Konsequenzen für das kardiovskuläre System, wenn Adrenalin schnell oder langsam in die Vene eingeführt wird (*Keele* und *Neil,* 1965). *Schachter* setzt ein eher einfaches, eindimensionales Arousal-Kontinuum für das gesamte autonome System voraus. Seine Experimente verwenden im allgemeinen auch nur ein einziges autonomes Maß. *Lacey* (1967) hat aber eindeutig gezeigt, daß autonome Subsysteme fraktioniert arbeiten – da nicht alle autonomen Reaktionen unter aktivierenden Umständen in die sympathische Richtung laufen und daß unterschiedliche Aktivierungsbedingungen einander völlig entgegenlaufende Veränderungen innerhalb desselben Systems (z. B. die Herzrate) hervorrufen können.

Ein anderes relevantes Ergebnis dazu ist eine Studie von *Hohmann* (1966) bei Patienten mit Läsionen des Rückenmarks. Übereinstimmend mit *Schachter* (1964) berichten Patienten mit höher gelegenen Läsionen (und damit potentiell größerem Verlust autonomen Feedbacks) schwächere Emotionen als Personen mit tiefer gelegenen Läsionen. Allerdings affizieren spezifische Läsionen unterschiedlich die Qualität ganz bestimmter, umschriebener Gefühle. Fast alle Patienten mit Läsionen des sakralen Marks berichten reduzierte sexuelle Emotionen, aber drei von fünf berichten ein Ansteigen von Furcht. *Hohmann* stellt die Hypothese auf, daß dies auf verschiedene Unfälle zurückzuführen ist, die die Patienten nach ihrer Verletzung und infolge dieser erleiden mußten. Es könnte dies aber auch den Verlust des sakralen-parasympathischen Feedbacks bedeuten, das dominante sympathische emotionale Reaktionen eher dämpft als anregt.

Ein präzise ausgearbeitetes Modell ist notwendig, bevor die Ergebnisse der Psychophysiologie des emotionalen Verhaltens erklärt werden können. Obwohl kaum jemand bezweifeln wird, daß man die Aktivierungsdimension sowohl auf Verhaltensebene als auch auf kortikalem, subkortikalem und autonomem Niveau spezifizieren kann, scheint es sehr unwahrscheinlich, daß dies die einzig relevante Dimension in all diesen Systemen darstellt. Aktivationstheoretiker (*Malmo* und *Belanger,* 1967) haben erkannt, daß die Aktivierungstheorie im Lichte neuer und einander widersprechender Ergebnisse revidiert und neu erarbeitet werden muß (*Lacey,* 1967). Wie wir bereits angedeutet haben, wurden große Fortschritte in der Beschreibung von Hirnarealen erzielt, die sowohl allgemein aktivierend als auch spezifisch motivierend wirken. *Routtenberg* (1968) stellte kürzlich eine Zwei-Faktoren Theorie der Aktivierung vor, bei der die Formatio reticularis primär für die Aufrechterhaltung des tonischen Wachheitsgrades und die Orientierungsreaktionen des Organismus bei ankommenden Reizen wichtig ist, während das limbische System für spezifische, reizabhängige positive und negative Verstärkungseffekte verantwortlich ist.

Es scheint sinnvoll, anzunehmen, daß mit zunehmend tieferen Hirnstrukturen und schließlich bei Analyse des autonomen Systems (oder der vom autonomen System innervierten Organe) die Differenzierung weniger ausgeprägt und subtil werden muß. Trotzdem legt eine Fülle von Daten, zusammengefaßt von *Gellhorn* (1967) nahe, daß aktive Inhibitions- und Erregungsprozesse in die Kontrolle der körperlichen Funktionen eingreifen. Die Annahme, daß viszerale Reaktionen nur ein einziges Verhaltenskontinuum repräsentieren oder daß autonome Rückkoppelung die kortikale Aktivität nur anregen kann, ist mit den verfügbaren Daten nicht vereinbar.

Ein Konzept der emotionalen Reaktion und ihrer Modifikation

Sowohl für den Therapeuten, als auch für den Forscher ist es sinnvoll, die emotionale Reaktion als einen zusammengesetzten Komplex aus drei Meßsystemen aufzufassen: der verbal-kognitiven, der sichtbar-motorischen und der physiologischen Ebene (autonom innervierte Strukturen und tonische Muskelaktivität). Alle Systeme werden von neuronalen Zentren innerhalb des Gehirns gesteuert, aber überraschenderweise sind die Korrelationen zwischen den drei Ebenen niedrig. Empirisch gesehen, sind die drei Ebenen teilweise voneinander unabhängig. Trotzdem beeinflussen sich diese drei Systeme gegenseitig, sie regen sich gegenseitig an, sie halten eine gemeinsame Aktivität aufrecht oder schwächen einander gegenseitig in einer Art und Weise, die wir erst zu verstehen beginnen.

System-Interaktion. Die Experimente von *Schachter* und seinen Mitarbeitern illustrieren einige wichtige Aspekte der gegenseitigen Beeinflussung. Bestimmte, durch Instruktion ausgelöste Einstellungen (Informationen, die der Vp erlauben, ihre exterozeptiv wahrgenommenen autonomen Veränderungen zu interpretieren) können eine emotionale Reaktion blockieren, die aus dem gemeinsamen Auftreten eines geeigneten externen Reizes und der sympathischen Aktivierung resultiert hätte. *Lazarus* und seine Mitarbeiter (*Lazarus* und *Opton,* 1966; *Lazarus, Speisman, Mordkoff* und *Davison,* 1962) zeigten ähnliche Effekte, wenn externe emotionale Reize ohne Katecholamingabe dargeboten wurden. In ihren Untersuchungen wurden autonome Reaktionen registriert, während die Vpn einen belastenden Film betrachteten (ein Film über die Beschneidungsriten australischer Ureinwohner). Sie fanden, daß die tonische autonome Aktivtät bei Vpn reduziert war, die ermutigt wurden, die schmerzhaften Umstände der Operation zu intellektualisieren oder zu leugnen.

Andererseits wird eine intensivere Reaktion erfolgen, wenn die Einstellung ärgerlich oder furchtsam ist. Unter geeigneten Umständen kann die Instruktion allein zu physiologisch und verhaltensmäßig gegebenen Emotionen führen. *Graham* und seine Mitarbeiter *(Graham, Kabler* und *Graham,* 1962) suggerierten normalen Vpn im Wachzustand oder unter Hypnose bestimmte emotionale Einstellungen, die sie vorher bei spezifischen psychosomatischen Syndromen gefunden hatten. Sie fanden, daß die physiologischen Veränderungen bei ihren Vpn in denselben körperlichen Systemen auftraten wie in der entsprechenden Patientengruppe. *Sternbach* (1964) zeigte bei einer kleinen Gruppe von Vpn, daß die Motilität des Magens (gemessen durch die Bewegungen eines eingenommenen Magneten) mit den Instruktionen über eine vorher eingenommene Pille variierte. Jene Vpn, denen mitgeteilt wurde, sie würden ihren Magen entspannen, zeigten eine Reduktion der Aktivität relativ zu einer uninformierten Gruppe, während Vpn, denen gesagt wurde, sie erhielten ein Magenstimulans, zeigten einen signifikanten Anstieg der Motilität. In unserem Laboratorium fand *Melamed* (1969), daß die durch Instruktion gesetzte Einstellung den physiologischen Tonus und die Habituationsrate auf filmisch dargebotene Angstreize erheblich verändert und daß diese Veränderungen mit den darauf folgenden verbalen Aussagen über die Angstreduktion der Vpn korreliert. Vpn, die instruiert wurden, ihr emotionales Erleben zu intensivieren, zeigten die größte autonome Aktivität und keine Veränderungen ihrer Furcht nach dem Experiment; Vpn, die muskulär entspannt wurden, zeigten niedere Aktivierungsniveaus und stärkere Furchtreduktion.

Aus klinischen Ergebnissen wissen wir auch, daß einander gegenseitig aufschaukelnde Feedback-Schleifen zwischen den Systemen entstehen können. Ein Patient, der Streßreaktionen erwartet, wird über autonomes Feedback (z. B. Ansteigen der Herzrate) seine Kognition bestätigt finden. Ein schneller Puls kann auf diese Weise zu einem diskriminativen Reiz für weitere Angstkognitionen werden. Tachykardie erzeugt wieder Tachykardie. Eine Studie von *Lang, Sroufe* und *Hastings* (1967) zeigt, daß solche Feedback-Effekte nicht bewußt sein müssen. Die Vpn beobachteten ein Anzeigegerät und drückten einen Knopf, wenn der Zeiger eine bestimmte Zahl überschritten hatte. Es war den Vpn nicht bewußt, daß die Zeigerbewegungen von ihrer eigenen Herzrate gesteuert wurden. Die Vpn zeigten einen signifikanten Anstieg der Herzvariabilität verglichen mit einer gleichzeitig untersuchten „yoked" Kontrollgruppe. Die Kontrollgruppe arbeitete mit derselben Anordnung, das Anzeigegerät wurde aber durch die Herzaktivität einer zugeordneten („yoked") Parallelperson und nicht von ihrer eigenen Herzrate gesteuert. Das Experiment zeigt klar, daß die autonome Reaktion eine direkte Funktion der Beteiligung der Vp (nicht bewußt) an einem solchen exterozeptiv vermittelten Feedback-Kreis ist. Man kann annehmen, daß sich solche Interaktionen spontan entwickeln können und wichtige Konsequenzen für die Entwicklung und Aufrechterhaltung emotionalen Verhaltens haben können.

Wir haben bereits zu neurophysiologischen Daten Stellung genommen, die zeigen, daß interozeptiv rückgemeldete autonome Aktivität die quergestreifte Muskulatur und die kortikale Aktivität beeinflussen kann. Solche Rückmeldekreise können potentiell zu Störungen führen, bei Emotionen können z. B. inadäquate motorische Reaktionen erfolgen oder motorische Abläufe blockiert werden. Zusätzlich werden dann die psychomotorischen Störungen exterozeptiv wahrgenommen und die negative Valenz dieser Wahrnehmungen kann zu einem *circulus vitiosus* (Anm. des Herausgebers) von verbaler, verhaltensmäßiger und autonomer Aktivierung und Desorganisation führen.

Affektiv erregende Reize führen mit geringerer Wahrscheinlichkeit zu allgemeiner, desorganisierender Emotion, wenn die psychomotorischen Reaktionen nicht beeinträchtigt sind. Wenn eine Handlung gut gelernt ist, wird das Individuum weiter gute motorische Kontrolle behalten, trotz der Gegenwart extremen autonomen Arousals oder ängstlicher Kognitionen. Wiederholte Erfolge effizientes Verhalten in Gegenwart solcher angstprovozierender Reize aufrecht zu erhalten, unterbrechen schließlich die Verbindungen zwischen den einander gegenseitig aufschaukelnden Systemen. Unter solchen Bedingungen wird es möglich, schädigende emotionale Selbstinstruktionen und die damit verbundenen physiologischen Aktivitäten zu verlernen und zu eliminieren. Sportler, Schauspieler, Musiker und Studenten benützen das Prinzip des Überlernens seit langer Zeit, um die störenden Auswirkungen von Streßreizen zu reduzieren oder zu verhindern. Seit kurzem ist diese Methode ein explizit formulierter Teil der psychotherapeutischen Behandlung (*Wolpe* und *Lazarus,* 1966). Soziales Verhalten wird mit dem Therapeuten geübt und „überlernt". Nach diesen Rollenspielen führt der Patient einige überwachte Versuche in der natürlichen Umgebung durch, indem er nach einem systematischen Plan von wenig angstauslösenden zu stark angstauslösenden Situationen fortschreitet.

Jacobson (1938), *Gellhorn* (1964), *Wolpe* (1958) und *Schultz* und *Luthe* (1959) haben alle ein „Umlernen" des peripher physiologischen Systems als die beste Methode zur Unterbrechung solcher emotionaler Reaktionskreise empfohlen. Es wird angenommen, daß die Rückmeldung autonomer Funktionen ein integraler Bestandteil der Emotion ist und daß die Reduktion dieser Reizung motorische und kognitive Reaktionen günstig beeinflussen kann.

Jacobson und *Wolpe* betonen die Rolle der Muskelentspannung als ein effektives Mittel zur Modifikation. Vorerst soll Kontrolle über die quergestreifte Muskulatur entsprechend den Instruktionen des Therapeuten erreicht und dies schließlich dann dazu benützt werden, um den gesamten Körpertonus zu reduzieren. Es wird dabei angenommen, daß somato-autonome Verbindungen das sympathische Aktivitätsniveau des Körpers reduzieren. *Schultz* und *Luthes* Methode ähnelt eher der Hypnose, indem durch Suggestionen die Aktivität spezifischer Körperteile reduziert wird. In letzter Zeit wurden Techniken zum direkten Training autonomer Reaktionen über die Verwendung von exterozeptiven Feedback-Schleifen und operanten Verhaltensformungstechniken entwickelt. *Shearn* (1962) zeigte als erster operante Konditionierung der Herzratenbeschleunigung, darauf folgende Untersuchungen erreichten auch die Verhaltensformung (shaping) von tonischer Verlangsamung des Herzrhythmus (*Brener,* 1966; *Engel* und *Hanson,* 1966). Andere Experimente zeigen, daß Blutdruck (*Hnatiow,* 1968; *Shapiro* et al., 1969), Aktivität der Schweißdrüsen (*Crider, Shapiro* und *Tursky,* 1966) und Blut-Volumen (*Lisina,* 1958) auf dieselbe Art und Weise gesteuert werden können.

In unserem Laboratorium wurden exterozeptive Feedback-Systeme zum Training der Reduktion der Sinusarrhythmie und der Herzratenstabilisierung innerhalb eng definierter Grenzen bei menschlichen Vpn verwendet (*Hnatiow* und *Lang,* 1965; *Lang, Sroufe* und *Hastings,* 1967). In diesen Experimenten beobachteten die Vpn ein Meßgerät, das parallel zu einem Kardiotachometer geschaltet war (Punkt-zu-Punkt-Bewegungen des Meßgerätes zeigten Änderungen der Herzrate an). Die Vpn sollten erreichen, daß der Zeiger des Meßgerätes innerhalb eines Areals von sechs Schlägen pro Minute bleibt; es zeigte sich ein signifikanter Anstieg der Zeit, in der die Herzrate der Vp innerhalb der gewünschten Frequenzen lag. Zusätzlich zeigten die Vpn eine signifikante Reduktion der Standardabweichung der Herzrate im Vergleich zu uninstruierten Personen oder einer Kontrollgruppe ohne Feedback.

Neuere Untersuchungen aus unserem Laboratorium zeigen, daß man dieselben Effekte auch durch experimentelle Kontrolle der Atmung erreichen kann (*Sroufe,* 1969). Zusätzlich sind systematische Veränderungen des P-R Intervalls der EKG-Wellenform mit gelernter Stabilisierung korreliert (*Hnatiow,* 1968). Dies würde bedeuten, daß eine solche Herzratenkontrolle neuronal erfolgt (also durch Veränderung der inhibitorischen Impulse über den Vagus zum Herzen) und möglicherweise unabhängig von der Vermittlung der quergestreiften Muskulatur ist. Tierexperimente von *Miller* und seinen Mitarbeitern (*Miller* und *DiCara,* 1967; *Miller,* 1969) unterstützen diese Hypothese. In ihren Arbeiten wurden Ratten kurarisiert und künstlich beatmet. Positive Hirnstimulation wurde zur Verstärkung des Anstiegs oder Abfalls der Herzrate verwendet. Die erzielten Veränderungen zeigten signifikante Effekte der Versuchsgruppe gegenüber den Kontrolltieren. Diese Forschergruppe berichtete auch Änderungen der P-Welle im EKG bei experimenteller Modifikation der Herzrate.

Obwohl der autonome Feedback-Effekt nicht von der Vermittlung der Muskulatur oder der Atmung abhängt, zeigte *Lisina* (1958), daß durch willentliche Kontrolle der Muskulatur eine Lernbeschleunigung erzielt werden kann und daß diese somatischen Reaktionen schließlich bei guter Kontrolle der gelernten Reaktionen wegfallen. In einem kürzlich beendeten Experiment unterstützten wir *Lisinas* erste Hypothese; Vpn, die explizit über den Einsatz bestimmter Atmungsmuster instruiert worden waren, erreichten schnelle Herzratenkontrolle, die auch auf andere Situationen ohne Feedback generalisierte (*Sroufe, Hnatiow* and *Lang,* 1967). *Stoyva* (1968) erzielte Zustände genereller psychophysiologischer Entspannung durch Verwendung elektromyographischer Feedback-Techniken von quergestreiften Muskeln. Die Interaktion zwischen somatischen und autonomen Systemen sollte im Zusammenhang gelernter physiologischer Kontrolle weiter untersucht werden.

In letzter Zeit wurden einige Untersuchungen zum operanten Feedback-Lernen der EEG Frequenz durchgeführt. In diesen Arbeiten werden Bandpaß-Filter verwendet, um die „gewünschte Frequenz" aus dem gesamten kortikalen Prozeß zu filtern. Wird eine vorher festgelegte Amplitudenhöhe innerhalb dieser Frequenz erreicht, so triggert das Signal einen akustischen Reiz. Die Vpn werden instruiert, diesen Reiz (ein angenehmer Ton) so lange wie möglich aufrecht zu erhalten. *Kamiya* (1962, 1968) zeigte, daß das Alpha-EEG mit dieser Methode signifikant erhöht werden kann. Der von dem Alpha-Anstieg begleitete psychophysiologische Zustand führt zu Reduktion des gesamten tonischen autonomen Niveaus, zu verbalen Berichten reduzierter Angst und einem Anstieg allgemeinen Wohlgefühls.

Es müssen noch viele Experimente durchgeführt werden, bevor der Mechanismus und der klinische Wert der operanten Feedback-Methoden physiologischer Maße klar nachgewiesen werden können. Mit diesen Techniken besteht aber erstmals die Möglichkeit, das physiologische Substrat von Gefühlen zu modifizieren. Bisher wurden zu diesem Zweck im allgemeinen Drogen verwendet; die Effektivität solcher

Präparate ist durch den Mangel an Spezifität, durch unerwünschte Nebeneffekte und dem Nicht-Vorhandensein eines positiven Transfers auf Situationen ohne Medikation äußerst beschränkt. Selbst wenn das Bestehenbleiben emotionaler Reaktionen nur teilweise von physiologischer Rückmeldung abhängt, könnte das Training der kritischen körperlichen Systeme in Richtung auf reduzierte sympathische Aktivität zu einem entscheidenden therapeutischen Eingriff werden.

System-Unabhängigkeit. Wir postulierten, daß emotionales Verhalten Reaktionen innerhalb mehrerer Systeme darstellt – verbal-kognitive, motorische und physiologische Reaktionen, die über interozeptive (neuronale oder hormonale) und exterozeptive Kommunikationskanäle interagieren. Jedes System wird von Hirnmechanismen gesteuert, aber auch hier variiert die Lage der wichtigen Zentren (kortikal oder subkortikal, limbisch oder Hirnstamm), und wie die resultierenden Verhaltensweisen sind diese Strukturen teilweise voneinander unabhängig. Durch diese mangelhafte Koppelung ist es möglich, ja sogar üblich, daß emotionale Kognitionen ohne autonome Aktivierung, aggressives Verhalten ohne entsprechendes feindseliges Motiv oder autonome Furchtreaktionen und Vermeidungsverhalten ohne Einsicht entstehen können.

Gleichlaufende Aktivitäten in mehr als einem dieser Systeme können wir sicher als Emotion bezeichnen, intensive Affekte sind auch durch weitgestreute Reaktionen charakterisiert. Die besten Beispiele für System-Unabhängigkeit sind abgeschwächte oder gedämpfte Emotionen. *Mit der Intensitätsreduktion schwächen sich die einzelnen Systeme häufig ungleichmäßig ab, Arousal kann aus dem einen System verschwinden und im anderen bestehen bleiben* (Hervorhebung vom Hrsg.). Sogenannte ruhige Gefühle bestehen im allgemeinen nur aus der entsprechenden verbalen Äußerung und wir werden wenig spezifische Aktivität im autonomen System oder auf der Verhaltensebene finden. Dies zeigt deutlich die Tatsache, daß die Sensitivität und die Abgestuftheit der Reaktionen dieser Systeme stark differieren. Das verbale Verhalten eines Menschen kann feinste Abstufungen seiner Affekte vermitteln, für die das grobe autonome System völlig unempfindlich ist (*Lang, Geer* und *Hnatiow,* 1963).

Eine Vielzahl empirischer Daten (*Eriksen,* 1958; *Lang,* 1968; *Mischel,* 1968) stützen die Hypothese, daß die einzelnen beschriebenen Verhaltenssysteme teilweise voneinander unabhängig sind. In unseren eigenen Arbeiten zur Desensibilisierung von Phobien (*Lang* und *Lazovik,* 1963) fanden wir wiederholt, daß manche Vpn schnelle Verhaltensänderungen zeigten, z. B. weniger Vermeidungstendenz vor dem phobischen Objekt, aber anfänglich keinerlei Furchtreaktion in Fragebögen oder Interviews aufwiesen. Später folgte dann das verbale System verzögert nach. Andererseits berichten manche Vpn Furchtreduktion, zeigen aber weiter Verhaltensdefizite. Es existiert eine Vielzahl von Arbeiten, die niedrige Korrelationen zwischen physiologischen und verhaltensmäßigen Daten fanden (*Lacey,* 1959; *Martin,* 1961; *Martin* und *Sroufe,* im Druck). Obwohl natürlich die Möglichkeit besteht, daß die schwachen Zusammenhänge auf inadäquaten Meßmethoden beruhen, traten sie zu oft auf, um sie nicht als reales Phänomen zu studieren. Aus dieser Perspektive legen die meisten Untersuchungen nahe, daß Verhaltenssysteme bis zu einem gewissen Grade unabhängige Veränderungen zeigen können.

Was die Entwicklung der normalen und „pathologischen" Emotionen betrifft, so besagt dieser theoretische Ansatz, daß die meisten Affekte nicht auf einmal, sozusagen „in einem Stück" entstehen – etwa beim Anblick der Urszene (*Freud,* 1938) oder beim Hören lauter Geräusche in Gegenwart kleiner Tiere (*Watson* und *Rayner,* 1920). Es wird vielmehr angenommen, daß sich emotionale Reaktionen im Laufe der Entwicklung Stück für Stück, Element für Element aufbauen. Wir haben bereits die operanten Feedback-Trainingsmethoden autonomer und nervöser Prozesse beschrieben. Ähnliche Effekte, wie sie im Laboratorium gezeigt wurden, können auch in Wirklichkeit entstehen. Allgemeine oder organspezifische sympathische Aktivität kann durch zufälliges Auftreten negativer oder positiver Verstärker in der Umwelt während besonders empfindlicher Entwicklungsphasen entstehen. Es könnte z. B. eine systematische Verzögerung der Nahrungsgabe und der Aufmerksamkeitszuwendung bis zum Eintritt einer Herzfrequenzerhöhung und einem Anstieg der Blutdruckschwankungen ein chronisch hyperaktives kardiovaskuläres System zur Folge haben. Wie *Miller* (1969) bereits behauptete, könnten solche unbeabsichtigten, aber doch spezifischen operanten Pläne die Entwicklung psychosomatischer Erkrankungen entscheidend beeinflussen. Russische Arbeiten zum interozeptiven Konditionieren zeigen, daß konditionierte Reize auf autonom innervierte Strukturen (z. B. die Darmwand) wirken können und bei zeitlicher Kontiguität mit einem aversiven Ereignis zu ausgedehnten autonomen Veränderungen führen können (*Razran,* 1961). In solchen Fällen braucht ein bestimmtes verbales Verhalten oder motorische Reaktionen kaum mit den Reiz-Reaktionssequenzen assoziiert sein. Die Stimulation des Darmes allein erzeugt eine aversive psychophysiologische Reaktion. Durch weitere Konditionierung können zwar später sprachliche Komponenten dieser Sequenz angefügt werden oder als eine Funktion verhaltensmäßiger oder semantischer Generalisation aus anderen emotionalen Lernsituationen hinzutreten.

Andererseits kann das Individuum auch emotionale Reaktionen aus verbalen Lernerfahrungen entwickeln. Eltern können z. B. die Feststellung „Ich fürchte mich" in spezifischen Reizzusammenhängen verstärken. Das Kind äußert dann schließlich diese sprachliche Reaktion mit höherer Wahrscheinlichkeit. Ob ein solches verbales Verhalten aber mit bestimmten Verhaltensweisen oder autonomer Aktivität assoziiert wird, hängt von anderen Lernerfahrungen ab. Umgekehrt ist es durchaus möglich, daß Emotionen von offenen aggressiven Handlungen oder von Vermeidungsverhalten ausgelöst werden und die sprachliche und autonome Aktivität erst später hinzukommt.

Es ist klar, daß das Sprachsystem die Aufgabe hat, Verhalten zu „katalogisieren" und bis zu einem gewissen Grade Verhalten zu kontrollieren und zu lenken (obwohl die dabei verwendeten Methoden nicht klar sind). Es wird jedenfalls dabei ein beträchtliches Ausmaß an Unabhängigkeit aufrechterhalten. Emotionen sind fast definitionsgemäß von der Sprachkontrolle unabhängig (also bewußten Motiven oder Absichten). Die Intensität einer verbalen emotionalen Reaktion kann beträchtlich von den Charakteristiken derselben Dimension in einem anderen Reaktionssystem abweichen. Manche Vpn haben z. B. gelernt, extreme Angst anzuzeigen, wenn nur minimale sympathische Aktivierung oder leichte Verhaltensdesorganisation gemessen werden kann. In solchen Fällen sollte die Behandlung vor allem die verbalen

Anpassungsreaktionen des Individuums modifizieren und das Individuum sollte lernen, kleine Unannehmlichkeiten als Teil seines täglichen Lebens zu ertragen. Auf der anderen Seite sind manche Patienten nicht imstande, die Folgen extremer Streßreaktionen wahrzunehmen, obwohl es zu starken Beeinträchtigungen des Verhaltens und zu physiologischer Desorganisation kommt. Solche Personen benötigen das Gegenteil, eine Sensibilisierungstherapie, damit sie früher mit den emotionsauslösenden Faktoren konfrontiert werden.

Aus dieser Analyse geht hervor, daß es höchst unwahrscheinlich ist, im autonomen Nervensystem eine isomorphe Abbildung verbaler Reaktionen oder Gefühle oder auch nur einigermaßen zuverlässige Vorläufer emotionaler Reaktionen aufzufinden, Es wird dadurch weiter nahegelegt, daß das menschliche Verhalten nicht so wohlgeordnet integriert abläuft, wie wir aus der introspektiven Analyse häufig abzuleiten versuchen. Wenn wir darauf bestehen, daß im Kortex des Menschen ein steuernder Homunculus sitzt, so müssen wir auch die Grenzen dieses Steuermannes kennen. Viele wichtige Verhaltensweisen werden ihm nicht bewußt – viele Lernprozesse und Verlernen findet auch ohne ihn, trotz seiner Gegenwart statt. Es scheint nicht sehr vernünftig, das Problem dadurch lösen zu wollen, daß man einen anderen Homunculus erfindet (das Unbewußte), und uns damit abzufinden, daß sensible Gespräche am Krankenbett allein einen inneren Dialog anregen können. Wir müssen uns auf meßbares Verhalten in allen angeführten Systemen beschränken und die Gesetze erarbeiten, die deren Interaktion determinieren. Die Ergebnisse legen nahe, daß jedes Verhaltenssystem seine eigene Terminologie hat. Behandlungsprogramme müssen auf jedes einzelne Verhalten zugeschnitten werden und auf unser Wissen von der Veränderbarkeit dieser Verhaltensweisen abgestimmt sein. Ein Patient, der starke Angst berichtet, der unfähig ist, unter Streß geordnetes Verhalten zu zeigen und extrem starke autonome Reaktionen zeigt, benötigt für jede einzelne dieser Störungen eine Behandlung. Er sollte eine Behandlung erhalten, in der simultan das verbale Verhalten geformt wird, z. B. die Anzahl der verbal geäußerten Ängste in mehreren Situationen reduzieren; man sollte dem Patienten dabei helfen, effektive Bewältigungsreaktionen aufzubauen und diese im passenden Kontext einzusetzen und schließlich ein Programm entwerfen, das zu einer Reduktion der autonomen Aktivierung und des exzessiven Muskeltonus führt; Ziel der am Schluß genannten Maßnahme soll eine Reduktion der Ablenkung und Interferenz von peripheren physiologischen Rückmeldesystemen sein. Kurz gesagt, sollte Psychotherapie ein wirksames „Mehrfachsystem"-Trainingsprogramm sein, das auf die individuelle Verhaltenstopographie des Patienten zugeschnitten ist. Glücklicherweise kommt es nicht selten vor, daß nach erfolgreicher Steuerung eines Systems weittragende Veränderungen im gesamten Verhaltensrepertoir auftreten. Dies kann durch eine Einstellungsänderung („Einsicht") oder durch Beseitigung aversiven autonomen Feedbacks oder auch durch die Entstehung neuer, aktiver Bewältigungsreaktionen vermittelt werden. All diese Dinge werden benötigt, um eine dauernde Besserung zu erzielen. Zur Zeit wissen wir zu wenig über die Wechselbeziehungen zwischen den einzelnen Reaktionssystemen, so daß wir auf Generalisierungen von relativ eng gefaßten therapeutischen Programmen angewiesen sind.

Psychophysiologische Analyse der Psychotherapie

Die traditionelle Psychotherapie findet im Kontext eines unstrukturierten Zwiegesprächs statt. Dem Leser wird inzwischen klar geworden sein, daß im Verhältnis zu den üblichen Maßnahmen im psychophysiologischen Experiment, dies eine schlecht kontrollierte Situation darstellt. Trotzdem versuchte eine Reihe von Forschern den therapeutischen Prozeß physiologisch zu analysieren. *Laceys* (1959) ausgezeichnete Arbeit beleuchtet die Forschungsarbeiten der frühen und mittleren 50er Jahre sehr kritisch. Er beschrieb eine Reihe von Arbeiten zum Interwiev, in denen Korrelationen zwischen autonomen oder somatischen Reaktionen von Patienten und spezifischen Inhalten des Interviews (*Malmo, Shagass* und *Davis,* 1950), der subjektiv eingeschätzten Wichtigkeit oder emotionalen Intensität der therapeutischen Sitzung (*Mowrer, Light, Luria* und *Seleny,* 1953) und den physiologischen Veränderungen des Therapeuten selbst (*Coleman, Greenblatt* und *Solomon,* 1956) gefunden wurden.

Später durchgeführte Experimente fanden ähnliche Zusammenhänge zwischen dem Interviewgeschehen und autonomen Prozessen (meist wurden als physiologische Variablen der Hautwiderstand und manchmal auch die Herzrate verwendet). *Dibner* (1958) untersuchte 40 Patienten einer neuropsychiatrischen Klinik während Interviews, in denen der Therapeut die Diskussion entweder auf Konfliktstoffe lenkte oder Gespräche, in denen dies nicht möglich war. Es wurde ein positiver Zusammenhang (an der Signifikanzgrenze) zwischen Widerstandsabnahme und dem Ausmaß der Ambiguität des Interviews gefunden. *Auld, Dreyer* und *Dollard* (1958) registrierten auch den Hautwiderstand während therapeutischer Interviews und berichteten einen positiven Zusammenhang zwischen dem emotionalen Inhalt und der Hautwiderstandsabnahme.

In einem systematischen Experiment hypnotisierten *Gordon, Martin* und *Lundy* (1959) zehn Frauen und instruierten sie, Elternkonflikte zu erzählen. Der Effekt von drei posthypnostischen Aufträgen auf das folgende Interview wurde geprüft. Die Aufträge waren: 1. Verdrängung – Vpn wurden angewiesen, über diese Konflikte nicht nachzudenken; 2. Unterdrückung – sie sollten zwar über die Konflikte nachdenken, aber die einzelnen Konfliktthemen nicht diskutieren; und 3. Verbalisierung – sie wurden instruiert, dem Gesprächspartner über die Konflikte zu erzählen. Die Skalierung der Tondbandaufzeichnungen zeigte, daß die Vpn den Instruktionen folgten. Bei allen Gruppen stieg die Hautleitfähigkeit während des Interviews an, aber es wurde kein Unterschied zwischen der Verdrängungs- und der Unterdrückungsbedingung gefunden. Es wurde allerdings ein steilerer Anstieg der Hautleitfähigkeit für die Unterdrückungsgruppe gegenüber den Sitzungen gefunden, in denen die Vpn ihre Konflikte verbalisieren sollten.

Panek und *Martin* (1959) studierten den Zusammenhang zwischen Hautwiderstand und den Sprachstörungen während des Interviews bei vier Patienten. *Mahls* (1956) Sprachstörungskategorien (Anzahl der „ah"s und Wiederholungen) wurden in 30 Sek. Intervallen vom Tonband geskort. Die elektrische Hautaktivität wurde mit den Tonbandaufzeichnungen synchronisiert und die Untersucher suchten jene Stellen in den Interwievs heraus, bei denen große Änderungen des Hautwiderstandes auftraten. Trendanalysen bestätigten den Zusammenhang zwischen Widerstandsabfall und zunehmender Sprechstörung.

In einem dritten Experiment untersuchten *Martin, Lundy* und *Lewin* (1960) den Zusammenhang zwischen Hautwiderstandsänderungen und drei verschiedenen Stufen der Gesprächigkeit des Therapeuten. 26 Vpn sprachen über ihr Privatleben 1. mit einem Therapeuten, der verbal reagierte oder 2. mit einem Therapeuten, der nur mit Kopfnicken oder interessiertem Gesichtsausdruck reagierte oder 3. mit einem Tonbandgerät ohne Gegenwart eines Therapeuten. Der Grad der Annäherung und Vermeidung bei emotional wichtigen Inhalten wurde beurteilt. Die Gruppe ohne Therapeuten zeigte eine Abnahme des emotionalen Inhaltes und der Hautwiderstandsänderungen über die Sitzungen. Vpn, die zu dem „stummen" Therapeuten sprachen, zeigten wenig Widerstandsänderung und keinen Anstieg der inhaltlichen Kategorien. Die Gruppe mit dem sprechenden Therapeuten zeigte anfänglich einen Anstieg und dann einen Abfall des Hautwiderstandes, während emotional getönte Inhalte über alle Sitzungen anstiegen. Die Autoren meinen, daß das Hautwiderstandsmuster der Gruppe mit sprechendem Therapeuten zeigt, daß die Personen in den ersten Sitzungen Angst vor emotional getönten Diskussionen hatten, sich aber gegen Ende der Behandlung zunehmend wohler fühlten und aus sich herausgingen (dies kann nicht ganz stimmen, da in einem solchen Fall der Hautwiderstand zuerst abfallen und dann ansteigen müßte, Anmerkung des Herausgebers).

Gendlin und *Berlin* (1961) untersuchten den zunehmenden Hautwiderstand bei Vpn, die instruiert wurden, sich in verschiedene Erlebnisse „hineinzudenken". Die Vpn sollten z. B. über Probleme nachdenken oder laut sprechen oder sich auf bestimmte Objekte im Raum konzentrieren. Erwartungsgemäß kam es zu linearem Ansteigen des Widerstandes während Perioden der Stille im Vergleich zu den Zeiten lauten Sprechens. Die Autoren behaupten weiter, daß Schweigeperioden weniger Widerstandszunahme aufwiesen, wenn die Vp selbst unterbrach oder sich auf äußere Dinge konzentrierte, als wenn die Vp einfach ein Problem „durchlebte".

Kaplan (1963) untersuchte Hautwiderstandsänderungen in 37 Sitzungen von Gruppentherapien. Zwei schizophrene Patienten und eine Ko-Therapeutin nahmen an den Sitzungen teil. Die einzelnen Behandlungssitzungen wurden beobachtet und nach 11 sozialen Kategorien aufgeschlüsselt. Signifikante Korrelationen wurden zwischen der Frequenz und der Amplitude der Hautwiderstandsänderungen und den sozialen Reaktionen, den geäußerten Einstellungen und der Gruppenposition gefunden. *Kaplan* (1967) verwendete ein ähnliches Verfahren bei der Untersuchung bestimmter Affekte in kleinen, nicht-psychiatrischen Gruppen. Auch hier wurde wiederum eine Reihe von Zusammenhängen zwischen Hautwiderstand und der Beurteilung der sozialen Interaktion beobachtet.

Einige Forscher untersuchten in stärkerem Ausmaß die kardiovaskuläre Aktivität während Interviews. *Murray* (1963) registrierte die Reaktionen von Studenten, die an einem Streitgespräch über die Lebensphilosophie der Vpn mit einem Rechtsanwalt teilnahmen. Die tonische Herzaktivität begleitete in gesetzmäßiger Weise die einzelnen Phasen der Diskussion. Die durchschnittliche Herzrate war im allgemeinen höher, wenn die Vpn den Rechtsanwalt kritisierten, als wenn sie selbst kritisiert wurden. Es bestand aber kein Unterschied in der durchschnittlichen Herzrate, wenn die Vpn angegriffen wurden, im Vergleich zu Situationen, in denen die interpersonelle Atmosphäre eher freundlich war. Im allgemeinen korrelierte die Herzrate positiv mit Variablen wie der vokal-verbalen Intensität und der Beteiligung, zeigte aber keine signifikante Korrelation mit der subjektiv skalierten Angst.

Weiner (1962) fand ebenso Beziehungen zwischen aktiver Reaktionsweise und kardiovaskulären Veränderungen beim Studium von TAT Darbietungen. Wenn die Vpn angewiesen wurden, sich eine Geschichte auszudenken, aber sie nicht erzählen mußten, zeigten sie keinen merkbaren Anstieg in Blutdruck oder Herzrate. Wenn die Vpn die Geschichte allerdings nach einer gewissen Wartezeit erzählen sollten, so stiegen die Herzrate und der Blutdruck während dieser Erwartungsperiode an. Diese Ergebnisse sind mit den Daten von *Campos* und *Johnson* (1966) konsistent. Die Autoren zeigten, daß die tonische Herzrate während Reizdarbietung nur dann anstieg, wenn die Vpn danach eine verbale Reaktion auszuführen hatten.

Es ist schwierig, die bisher berichteten Arbeiten zusammenzufassen. Es scheint klar zu sein, daß Hautwiderstandsänderungen mit einer Vielzahl von Ereignissen im therapeutischen Prozeß verbunden sind. Das Ausmaß der Unsicherheit über mögliche Reaktionen des Therapeuten, Sprechstörungen, Phasen längeren Schweigens, Angst, und anderes spielen hier eine Rolle. Unglücklicherweise sind viele dieser Variablen mit kovariierenden Veränderungen der Reizstärke oder der Energieanforderungen der Aufgabeninhalte vermischt. So können wir z. B. erwarten, daß Schweigen weniger Aktivitätsänderungen der Hautleitfähigkeit auslösen wird als Sprechen; *Auld* et al. (1958) berichten: „Typischerweise kommt es zu keinen PGRs, wenn sich ein Patient regressiven Gedanken hingibt und entspannt ist“ (S. 14). Wie *Lacey* (1957) bereits in seiner Untersuchung über die bisherige Literatur angedeutet hat, liegt das Problem in der meist angehängten Interpretation (in diesem Fall dem „Hingeben an regressive Gedanken“), die häufig einfach post hoc angeführt werden und für die selten Belege existieren. Obwohl in vielen dieser Experimente die Hypothese vertreten wird, daß sich Angst oder sozialer Konflikt in den beobachteten PGR-Änderungen abbilden, so haben andere Interpretationen bei der hier gegebenen Komplexität des Interviewzusammenhanges häufig genau den selben Anspruch auf Validität. Die Vielzahl der möglichen Zusammenhänge zwischen unterschiedlichen Verhaltensweisen und PGR entwerten diese Korrelationen vor allem dann, wenn nur ein einziges Maß der autonomen Aktivität verwendet wurde.

Bis zu einem gewissen Grad haben tonische kardiovaskuläre Veränderungen eine beschränktere psychologische Relevanz als die Hautwiderstandsreaktion. Die Herzrate stieg während der Interviews meist dann an, wenn die Vpn motorische Reaktionen zeigte oder solche vorbereitete; einfache Beziehungen mit Beurteilungen der Angst oder des Unbehagens wurden weniger häufig gefunden. Dies soll aber nicht heißen, daß die kardiovaskuläre Aktivität mit Furcht oder Angstreizen nicht kovariiert, wenn die Vp kein aktives Verhalten zeigt. *Lang, Melamed* und *Hart* (1970) zeigten eine enge Beziehung zwischen der Rangposition hierarchisch geordneter Furchtreize, der Angstbeurteilung und der Herzrate. Die Vpn lernten allerdings vorher systematische Muskelentspannung und waren während der Untersuchung in einem entspannten Zustand. Es ist ohne weiteres möglich, daß subtile Beziehungen zwischen Herzrate und emotionalen Inhalten durch muskuläre Aktivität maskiert werden (die einen großen Sauerstoffbedarf aufweist). *Taylor* und *Epstein* (1967) boten eine ähnliche Erklärung für die Variation zwischen verschiedenen autonomen Maßen in emotionalen Zuständen an.

Der Leser wird bemerkt haben, daß wir uns wieder mit Problemen der Situationsstereotypie beschäftigen, die auch im nicht-klinischen Laboratorium weit von einer Lösung entfernt sind. In fast allen Interview-Untersuchungen versuchen wir, das Verhalten und den körperlichen Zustand des Organismus durch ein äußerst beschränktes physiologisches Fenster zu sehen. Eine einzige Variable (Hautleitfähigkeit oder Herzrate) ist alles, was wir haben. Zusätzlich untersuchen wir häufig Behandlungsverfahren, die mit extrem subjektiven oder introspektiven Begriffen arbeiten, d. h. wir stehen vor dem großen Problem, Variablen zu interpretieren, die selten die operationalen Kriterien eines wissenschaftlichen Experiments erfüllen.

Sieht man von dieser „philosophischen Nörgelei" ab, so ist die relativ ungezwungene Zwei-Personen-Interaktion der klassischen Psychotherapie sicher nicht der ideale Kontext, in dem wir die Physiologie emotionaler Veränderungen studieren sollen. Die Spontaneität, die unkontrollierte und häufig unbekannte zeitliche, physikalische und psychologische Wirkung der Reize, die gesamte Interviewsituation sind häufig unmöglich zu spezifizieren. Affektive verbale Kommunikation ist äußerst komplex (*Ostwald,* 1963) und ein Zwiegespräch beinhaltet nouverbale Komponenten genauso wie sprachliche (*Ekman* und *Friesen,* 1968). Das Resultat ist daher immer eine Interaktion aller drei Verhaltenssysteme. Es existieren einige Versuche, diese Beziehungen zu untersuchen: ein kürzlich veröffentlichtes Experiment untersucht die Zusammenhänge zwischen affektiven Äußerungen der Vpn und damit einhergehende Veränderungen des respiratorischen Apparates (*Heim, Knapp, Vachon, Globus* und *Memtz,* 1968). *Dittmann* und *Llewellyn* (1969) untersuchten Beziehungen zwischen Sprachrhythmus und Körperbewegungen. Andere Untersucher beschäftigen sich mit den Reizqualitäten unterschiedlicher Stimmen und den Wirkungen auf physiologische Veränderungen (*Gaviria,* 1967). Viele Untersuchungen über das Interview laden den Leser zu einfachen Interpretationen der Hautleitfähigkeit oder der Herzrate ein, ohne daß auch nur ein Wort über mögliche Körperbewegungen verloren wird. Möglicherweise das größte Problem bei psychophysiologischen Untersuchungen ist die Tatsache, daß der Inhalt häufig nur durch das Urteil des Therapeuten oder eines anderen Beurteilers spezifiziert ist. Wir werden eher mit einem allgemeinen Eindruck als mit einer Liste spezifischer Reize konfrontiert. Obwohl solche Beschreibungsebenen für Voruntersuchungen ohne weiteres angebracht sein mögen, stellen sie keine Basis für eine experimentelle Replikation dar. Dies heißt nicht, daß die physiologische Untersuchung von Interviewsituationen völlig wertlos sei. *Malmos* Forschungen zum Interviewinhalt und der Verteilung myographischer Reaktionen führten zu der nützlichen Hypothese der „Symptom-Spezifität" (*Malmo* et al., 1949, 1950). Der technologische Fortschritt erlaubt uns, komplexe Interaktionen on-line psychophysiologisch zu analysieren. Zur Zeit ist das Interview allerdings eine schwache Testbasis, auch für solche Hypothesen, die für das Interview-Verhalten relevant sind.

Wenn auch eine breite Analyse des Interviewgeschehens zur Zeit nicht möglich ist, scheint es uns aber durchaus sinnvoll, die Entwicklung und das Ergebnis der Therapie in zusätzlichen Sitzungen zu verfolgen, in denen ein einfacher, kontrollierter Experimenteller Kontext eine systematische physiologische Analyse erlaubt. Eine sehr vielversprechende Technik für diesen Zweck stellt die Habituation der Orientierungsreaktion auf einfache Reize dar.

Lader und *Wing* (1966) zeigten, daß die Reaktionen einer Vp auf einfache Stimuli signifikante Zusammenhänge mit eher allgemeinen Reaktionsmustern aufweisen, die für die Entwicklung einer Verhaltensstörung von größter Wichtigkeit sind. Sie postulierten „eine Interaktion zwischen Reizintensität, Reizdauer und Habituationsrate (S. 143)". Der Habituationsprozeß ist ein fundamentaler Bestandteil jeder Umweltauseinandersetzung (*Sokolov,* 1963). Neue Reize führen zu aufmerksamer Zuwendung durch den Organismus (sie lösen eine Orientierungsreaktion aus), regelmäßige, nicht-kontingente Wiederholung ein und desselben Reizes ist von sinkender Reaktivität sowohl auf physiologischer als auch auf Verhaltensebene begleitet. Das Habituationsphänomen ist offensichtlich ein nützliches und notwendiges Charakteristikum jedes Organismus; ohne Habituation befände sich der Organismus in einem dauernden Zustand höchster Aufmerksamkeit, er wäre bald das aufmerksame Opfer jedes irrelevanten Reizes. *Lader* glaubt, daß zum Teil genetisch determinierte individuelle Differenzen in den Habituationsraten bestehen. Vpn mit Verhaltensstörungen (z. B. Angstneurotiker, Psychotiker) hätten Habituationsstörungen und zeigten physiologische Hyperaktivierung, die wiederum zu Angstzuständen führte.

Bestimmte Reizcharakteristiken ändern die Habituationsrate. Intensivere Reize zeigen langsamere Habituation. Wenn vorausgegangene Reize das allgemeine Aktivierungsniveau angehoben haben, so werden neue Reize weniger schnell habituieren, als wenn sie einem weniger aktivierten Organismus dargeboten werden. *Lader* postulierte eine positive Feedback-Schleife bei Vpn mit langsamen Habituationsraten, bei denen wiederholte Stimulation zunehmend steigende physiologische Aktivierung hervorruft. Dies kann einem langsamen Erholungszyklus zugeschrieben werden (*Freeman,* 1948), der zu einem stufenweisen Ansteigen der autonomen und somatischen Reaktionen führt. Ein ähnlicher Mechanismus wurde von *Mednick* (1958) als Erklärung für die psychischen Störungen bei Schizophrenien vorgeschlagen.

In *Laders* Laboratorium wurde die physiologische Ruheaktivität in einer kontrollierten Situation geprüft und schließlich die Hautwiderstandsänderungen auf mehrere Serien von 20 identischen akustischen Reizen (100 db Intensität, 1000 Hz) untersucht. Die Anzahl der spontanen Hautleitfähigkeitsänderungen wird ausgezählt und die Habituationsrate auf die akustischen Reize durch eine Regressionsanalyse quantifiziert.

Neuere Experimente zeigen, daß bei normalen Vpn die Habituationsraten schneller und die Hintergrundaktivität schwächer ist als bei Neurotikern (*Lader,* 1967a). Zusätzlich konnte gezeigt werden, daß innerhalb der gestörten Population zunehmend pathologische Reaktionen mit dieser Methode vorhergesagt werden können (z. B. von Monophobien bis zu generalisierten Angstneurosen). Beruhigungsmittel reduzieren die Hintergrundaktivität und beschleunigen die Habituationrate (*Lader* und *Wing,* 1966). Die Präparate sind bei der Behandlung von Depressiven mit hoher spontaner Schwankung der Hautleitfähigkeit wirksamer als bei Depressiven, die niedere Aktivitätsniveaus aufweisen. *Lader, Gelder* und *Marks* (1967) machten wahrscheinlich, daß die Habituationsrate den Erfolg der Desensibilisierungstherapie gut vorhersagen kann; Personen mit schneller Habituation haben die beste Prognose.

Die Habituationssituation ist daher sowohl für das Ausmaß der Störung als auch für einzelne Therapieverfahren ein sensitiver Indikator. Es wäre durchaus möglich, in regelmäßigen Abständen während der Therapie solche Versuche durchzuführen und damit eintretende Veränderungen zu quantifizieren. Es scheint uns sinnvoll, andere Reize als einfache Töne, mehr spezifische, therapierelevante Inhalte in der Habituation darzubiten. *Melamed* (1969) fand ähnliche Habituationsraten auf akustische Reize und kurze Filmausschnitte (10 sec) von relevanten Furchtobjekten bei phobischen Vpn. Dieses Ergebnis scheint uns genauere Untersuchungen als potentiell nützliches Diagnosehilfsmittel zu verdienen.

Obwohl Habituation ein vielversprechender Kontext für solche Zusatzsitzungen darstellt, können andere Aufgaben möglicherweise ähnliche Zwecke erfüllen. *Fenz* und *Steffy* (1968) untersuchten gemeinsam in einem intensiven Behandlungsprogramm die Veränderungen der Hautleitfähigkeit von regredierten weiblichen Schizophrenen auf verschiedene physikalische Reize in einer kontrollierten sozialen Situation. Sie fanden ein Ansteigen der Hautleitfähigkeit besonders auf soziale Reize und in Zeiten der Reizantizipation; diese Veränderungen gingen mit Verhaltensmaßen zunehmender Ansprechbarkeit einher.

Paul (1966) untersuchte die Effektivität einer dynamischen Therapie, der Desensibilisierung und einer Placebo-Therapie bei der Behandlung von Sprechängsten. Er registrierte verbale Berichte, das objektiv feststellbare Verhalten und physiologische Maße (Pulsrate und Schweißaktivität). Registriert wurde, während die Vp kurz vor einer Rede wartete. Obwohl die Registriertechnik der Verhaltensweisen weniger perfekt entwickelt als die polygraphische Registrierung war, beeinträchtigte die Meßprozedur die Vpn wenig. Man konnte zwischen den verschiedenen Therapien gut unterscheiden – die Desensibilisierung zeigte die größte Reduktion autonomer Veränderungen.

Wenn psychophysiologische Meßverfahren als Indikator für den Therapieerfolg herangezogen werden, so hängt die ganze Vorhersage an der Validität der experimentellen Situation. Im Falle der Reizhabituation wird die Nützlichkeit dieser Anordnungen durch die empirischen Beziehungen zu anderen Kriterien festgelegt.

Pauls Aufgaben (1966) besitzen hohe „face"-Validität, da sie sich direkt auf das therapeutische Ziel bezogen. Aber auch hier dürfen die physiologischen Ergebnisse nicht überinterpretiert werden. Sie sind in dem Ausmaß von Bedeutung, in dem sie mit Verhaltensmaßen und verbalen Kriterien in Beziehung gebracht werden. Isoliert festgestellte physiologische Veränderungen können zu bedeutsamen Fehlschlüssen führen. *Lacey* (1959) lieferte ein gutes Beispiel für reduzierte Hautleitfähigkeitsreaktionen auf emotional geladene Worte nach kurzen Psychotherapien (*Cohen* et al., 1956). Eine genaue Untersuchung der Ergebnisse zeigte allerdings, daß der Effekt für die verwendeten Worte und diese experimentelle Situation spezifisch war. Änderungen in anderen emotionalen Reaktionen konnten nicht nachgewiesen werden, nur eine allgemeine Änderung spezifischer sprachlicher Äußerungen.

Die Validität einer emotionalen Reaktion wird letztlich durch ihre Reliabilität über die Situationen und die Generalität innerhalb des Reaktionsrepertoires der Vp bestimmt. Eine verbale emotionale Reaktion wird kaum falsch oder verzerrt sein, wenn sie konsistent in einer Vielzahl von situationalen Zusammenhängen in derselben Art und Weise auftritt; d. h. wir können eine Reaktion nur dann interpretieren, wenn die Vp dieselben verbalen Äußerungen bei Personen des gleichen oder des anderen Geschlechts macht, bei Vorgesetzten und Untergebenen, unabhängig davon, wie die Frage und wie oft die Frage gestellt wurde. Je konsistenter eine Reaktion ist, um so eher werden wir sie als emotional beurteilen. Dieselben Überlegungen können auf die Bewertung physiologischer Reaktionen angewendet werden. Man tut gut daran, in einer Vielzahl von Situationen auf allen Meßebenen zu erheben und den sozialpsychologischen Kontext jeder Situation genau zu beachten.

Die Modifikation von Gefühlen im Laboratorium. Die Komplexität sozialer Interaktionen hat viele Untersucher ermutigt, diese in Laboratoriumsanalogien zu untersuchen, bei denen ein oder zwei Elemente aus der gesamten Interaktion für die Untersuchung in einer kontrollierten Umgebung abstrahiert werden. Ergebnisse aus solchen Studien müssen mit höchster Vorsicht interpretiert werden. Simplifizierung führt notwendigerweise zu Verzerrung, und das Forschungsergebnis muß sich nicht unbedingt auf das zur Diskussion stehende Phänomen beziehen. Trotzdem erbrachte diese Methode für die Persönlichkeitstheorie eine Reihe von nützlichen Ergebnissen, und es ist eher wahrscheinlich, daß sie auch in der Psychotherapieforschung zunehmend angewandt wird.

In einigen Arbeiten wurden die physiologischen Reaktionen von Vpn auf induzierte Aggression überprüft und Änderungen in „kathartischen Situationen" untersucht. Mit dem Sphygmomanometer des praktischen Arztes zeigten *Hokanson* und seine Mitarbeiter (1961, 1962), daß der systolische Blutdruck anstieg, wenn die Vpn attackiert wurden. Männliche Vpn zeigten einen schnellen Abfall des systolischen Blutdrucks, wenn sie „zurückschlagen" durften. Im Gegensatz dazu zeigten sich keine Änderungen des systolischen Blutdrucks, wenn Aggression nur in der Phantasie (TAT Geschichten) möglich war und wenn die Aggression auslösende Person einen hohen sozialen Status besaß (*Hokanson* und *Burgess,* 1962; *Baker* und *Schaie,* 1969). Diese Ergebnisse stimmen mit der Katharsis-Hypothese (*Dollard, Doob, Miller, Mowrer* und *Sears,* 1939) überein, die vorhersagt, daß eine angegriffene Vpn ihren Aktivierungsanstieg nur durch Aggression reduzieren kann. *Stone* und *Hokanson* (1969, S. 72) argumentieren richtig, wenn sie meinen

„... daß die aktivierungsreduzierende Eigenschaft der Gegenaggression nur ein spezieller Fall eines allgemeineren autonom-verhaltensmäßig gegebenen Lernprozesses ist. In diesem größeren Zusammenhang kann jede soziale Reaktion als Arousal reduzierend angesehen werden, wenn diese Reaktion vorher instrumentell zur Beendigung oder Vermeidung der Aggression anderer führte."

Zur Stützung ihrer Hypothese wiesen sie darauf hin, daß weibliche Studenten keine Reduktion des systolischen Blutdrucks bei Gegenaggression zeigten, sondern einen schnellen Rückgang auf die präexperimentell vorhandenen autonomen Basisaktivitäten aufweisen, wenn sie eine freundliche Reaktion durchgeführt hatten (*Hokanson, Willers* und *Koropsak,* 1968). Möglicherweise werden Frauen in unserer Kultur für dieses Verhalten und nicht für Aggression belohnt.

Stone und *Hokanson* (1969) überprüften ihre instrumentelle Interpretation, indem sie ein kontrolliertes Zwei-Personen-Interaktionsparadigma verwendeten. Sie prüften die Hypothese, daß bei Verstärkung von selbstbestrafendem Verhalten mit Schockvermeidung ein Anstieg der Rate der Selbstbestrafung zu verzeichnen sei. Mit einem Anstieg des selbstbestrafenden Verhaltens sagten sie eine Reduktion der sympathisch innervierten vaskulären Aktivität voraus. An dem Experiment nahm neben der Vp ein „Vertrauter" des Versuchsleiters teil, der sich wie ein naiver Versuchsteilnehmer verhielt. Der Vp wurde mitgeteilt, daß sie sich in einer realitätsnahen sozialen Situation befinde, daß sie Reizen ausgesetzt werden würde und die zweite Person genau so behandeln soll, wie sie es in echten Lebenssituationen tue. Die Vp konnte der Koperson einen schmerzhaften elektrischen Schlag verabreichen, sie konnte freundlich sein, indem sie der zweiten Person Punkte zuteilte oder sie konnte sich selbst elektrische Schläge geben. Die Reizgabe war in der Konditionierungsperiode so programmiert, daß in 90% der Durchgänge auf eine Verabreichung des Schocks oder eine Belohnungsgabe durch die Vp ein elektrischer Schlag von der eingeweihten Vp erfolgte. Für jeden Selbstschock erhielt die Vp aber einen Pluspunkt als Belohnung (das Schockniveau war ¾ der Schmerzschwelle). Auf diese Art und Weise lernte die Vp, Selbstschocks zu geben, und es zeigte sich, daß die Latenz der Erholung von der Vasokonstriktion beim selbstverabreichten Schock kürzer war, als beim extrapunitiven Schock. Dies kann als karthartischer Effekt des intropunitiven Verhaltens interpretiert werden und kann ein mögliches Paradigma für die Entwicklung masochistischer Reaktionen darstellen.

Ein kürzlich durchgeführtes Experiment von *Gambaro* und *Rabin* (1969) untersuchte die Beziehung zwischen einer Persönlichkeitscharakteristik zu ähnlichen postaggressiven vaskulären Veränderungen. Die Vpn waren in eine Gruppe mit hohen Schuldskores und eine Gruppe mit niedrigen Schuldskores entsprechend dem Mosher Satzergänzungstest aufgeteilt. Wenn die Vpn eine andere Person, von der sie vorher frustriert wurden, schocken durften, so kam es zu Blutdruckreduktion, wobei Vpn mit niedrigen Schuldskores einen größeren Abfall zeigten als Personen mit hohen Skores. Bei der Aggression gegen eine relativ neutrale Partei, zeigten nur die Vpn mit niederen Schuldskores eine Blutdruckreduktion; Vp mit hohen Skores zeigten einen leichten Anstieg.

Diese Ergebnisse erinnern an *Funkensteins* Arbeiten zu Blutdruckänderungen bei sog. „Ärger-ein" und „Ärger-aus" Patienten. *Funkenstein* et al. (1954) glauben, daß die Aggressionstendenz gegen andere mit einer Änderung des Blutdrucks durch die Wirkung von Norepinephrin assoziiert ist, während intrapunitive Patienten eine Epinephrin vermittelte Reaktion zeigen. *Silverman* und *Cohen* (1960) berichteten eine ähnliche Beziehung zwischen relativ hohem Norepinephrin-Gehalt im Urin bei Aggression und einem stärkeren Epinephrin-Gehalt bei Furcht und niedrigerer Streßtoleranz. Wir haben bereits angedeutet, daß die Psychophysiologie spezifischer Gefühle ein höchst problematisches Gebiet darstellt; engere Analogien zu sozialen Interaktionen könnten aber zu einem erheblichen Fortschritt in diesen schwierigen Fragen führen.

Obwohl der psychologische Kontext, der von den Forschern aufgebaut wurde, höchst sophistiziert ist, ist die physiologische Messung meist mangelhaft. Die neuen Katharsisexperimente leiden an starken Einschränkungen der zur Verfügung stehenden physiologischen Maße. *Hokanson* berichtet z. B. von Blutdruckmessung, sagt aber nichts über grobe Körperbewegungen oder Änderung der Muskelspannung – alles Verhaltensweisen, die starke Blutdruckänderungen auslösen können. Eine kürzlich veröffentlichte Arbeit von *Baker* und *Schaie* (1969) zeigt, daß der Katharsiseffekt für den Blutdruck spezifisch ist (es wurden keine gleichlaufenden Veränderungen der Atmung oder der Pulsrate gefunden); aber auch hier wurde nichts über Muskelaktivität berichtet. Das früher berichtete Experiment von *Gambaro* und *Rabin* wirft ein zusätzlich verwirrendes Element auf das physiologische Ergebnis. Sie maßen eher diastolischen als systolischen Blutdruck. Die Verwendung mechanischer Wandler zur Registrierung des Blutdrucks unterschied sich von der manuellen Methode von *Hokanson* und *Burgess* (1962). Die diskrepanten Resultate könnten auf Reliabilitätsunterschiede dieser beiden Methoden zurückzuführen sein. Da keine anderen physiologischen Maße registriert wurden, sind die Unterschiede der Ergebnisse zwischen den beiden Experimenten nicht leicht zu verstehen.

In dem kürzlich publizierten Experiment der *Hokanson*-Gruppe (*Stone* und *Hokanson,* 1969) wurden keine Blutdruckdaten berichtet und die plethysmographische Reaktion wurde als austauschbares Äquivalent angenommen. Blutvolumen und arterieller Druck unterscheiden sich allerdings als Reaktionen auf interne oder externe Reize sowohl hinsichtlich ihrer funktionellen Änderungen als auch der zugrunde liegenden neurochemischen Innervationsprozesse. Die Verteilung von Alpha- und Beta-Rezeptoren ist derart, daß Epinephrin und Norepinephrin äußerst unterschiedliche Folgen für diese Systeme haben können (*Goodman* und *Gilman,* 1965). *Davis* et al. (1957) zeigten, daß die Vasokonstriktion der Finger eine relativ konsistente Reaktion auf eine große Anzahl verschiedener Reize darstellt (Diapositive nackter Frauen, intensive akustische Töne, rhythmisches Klopfen und somästhetische Stimulation). Für all diese Reize variierte der Druck der Arteria brachialis (ein Durchschnitt des systolischen und diastolischen Drucks) von einfachem Anstieg oder Abfall bis zu zweiphasischen Reaktionen. Der digitale Plethysmograph und der Blutdruck der Hauptarterie stellen also keineswegs äquivalente Phänomene dar. Die Emotionsforschung könnte sehr profitieren, wenn solche Äquivalenzen nicht a priori angenommen werden und die Untersucher ein breiteres Spektrum physiologischer Prozesse registrieren würden.

Laboratoriumsanalogien psychologischer Behandlungsmethoden. Obwohl Analogien von sozialen Interaktionen eine gewisse Einsicht in den therapeutischen Prozeß bringen können, hängt die Erhebung von Veränderungen über die Sitzungen und die Untersuchung der Beziehung zwischen Therapieprozeß und Therapieerfolg von der Entwicklung komplexer Laboratoriumstherapien ab. In den letzten Jahren wurde in diesem Bereich ein gewisser Fortschritt erzielt, der auf eine zukunftsträchtige Entwicklung schließen läßt.

Klinische Behandlungsverfahren, die man in der Terminologie der Verhaltenswissenschaften beschreiben kann, eignen sich besser zur Laboratoriumsuntersuchung als dynamische Formulierungen. Wir haben in unserem Laboratorium eine Reihe von Desensibilisierungsbehandlungen entwickelt, die zwar erhebliche Routine und automatische Kontrolle beinhalten, aber trotzdem effiziente Hilfen bei der Reduktion menschlicher Ängste darstellen (*Lazovik* und *Lang,* 1960; *Lang* und *Lazovik,* 1963;

Lang, Lazovik und *Reynolds,* 1965). Derselbe Ansatz wurde auch von anderen erfolgreich realisiert (*Paul,* 1966; *Davison,* 1968); der Wert solcher komplexer Laboratoriumsanalogien für die Untersuchung der Verhaltensmodifikation scheint uns klar bewiesen.

In letzter Zeit führte unser spezifisches Interesse an psychophysiologischen Veränderungen bei Angstreduktion zur Entwicklung eines elektromechanischen Gerätes für die Densibilisierungsbehandlung (*Lang, Melamed* und *Hart,* 1970). Dieses Gerät zur automatischen Desensibilisierung (DAD) besteht aus einem Zweikanal-Tonbandsystem mit einem einfachen Suchautomatismus. Alle Instruktionen für die Vp, die Item-Hierarchie und Zwischenbemerkungen zur Erhöhung der Realitätsnähe der Angstszenen wurden am zweiten Kanal aufgenommen. Eine fest verdrahtete Logik programmiert die Darbietung dieses Materials und modifiziert die Darbietungssequenz entsprechend den Reaktionen der Vp auf einer Schalterkonsole. Der Apparat erlaubt uns also eine genaue Kontrolle der Umgebungsbedingungen und klare Spezifizierung der Reize, wie dies für ein psychophysiologisches Experiment notwendig ist und ermöglicht zusätzlich eine lebendige therapeutische Interaktion. Die verbalen Reize unterscheiden sich wenig voneinander und haben konsistente physikalische Eigenschaften, die zeitlichen Kontingenzen sind genau bekannt. Die Instruktionen des „Therapeuten" und die Reaktionen der Vp konnten daher leicht den parallel laufenden physiologischen Maßen zugeordnet werden.

In unserem ersten Experiment studierten wir Schlangenphobien. Herzrate, Hautleitfähigkeit und Atmung wurde während elf Sitzungen registriert. Eine Reihe wichtiger Hypothesen wurden bestätigt. Die Angstanzeige der Vp bei der Vorstellung einer Szene war mit einem signifikanten Anstieg der sympathischen Aktivität während der Vorstellung verbunden. Wiederholte Darbietung des Angstreizes im Desensibilisierungskontext war von einer Reduktion der sympathischen physiologischen Aktivität begleitet. Wie die Theorie vorhersagt, erzeugen stark angstauslösende Szenen vom oberen Ende der Hierarchie keine stärkeren sympathischen Reaktionen als niedrige Hierarchie-Items während der Desensibilisierung. Ein davon unabhängiges Experiment (mit sozialen Ängsten und Spinnenphobien) zeigte, daß die sympathische Aktivität linear mit der Höhe der Hierarchieposition eines Items ansteigt, ebenso die verbalen Furchtäußerungen der Person, dies aber nur, wenn die einzelnen Szenen in zufälliger Reihenfolge dargeboten werden.

Die Ergebnisse unseres automatischen Desensibilisierungsexperimentes zeigen auch eine interessante Beziehung zwischen den physiologischen Veränderungen während der Therapie und der Angstreduktion nach der Therapie (unabhängige Messung durch verbale Berichte und Vermeidungstest). In dieser Stichprobe zeigten jene Vpn die größte Angstreduktion, die die höchsten Herzraten während der vorgestellten furchtauslösenden Szenen hatten. Dieselben Vpn zeigten auch die ausgeprägtesten Herzratenhabituationsgradienten mit Wiederholung der Szene. *Konsonanz zwischen den verbalen Aussagen und der autonomen Aktivität charakterisierte jene Personen, die von der Therapie profitierten.* Während jenen Sitzungen, in denen Furcht auftrat, zeigten sich höhere Basisherzraten. Diese Ereignisse unterstützten die klinischen Befunde, daß eine Verhaltensänderung mit einer emotionalen Reaktion in der therapeutischen Sitzung assoziiert ist und daß die weniger emotional reagierende

Person, die die „richtigen“ Dinge zur „richtigen“ Zeit sagt, selten von der Therapie profitiert.

Der Erfolg der automatischen Desensibilisierung veranlaßte uns, einen raffinierteren automatischen Therapeuten um einen kleinen Digitalcomputer aufzubauen (*Lang*, 1969). Diese Anlage reagiert flexibler auf die Reaktionen der Person und enthält eine große Bibliothek von furchtauslösenden Inhalten; zusätzlich enthält dieses neue System eine digitale Uhr auf mehreren Kanälen, wodurch physiologische Daten „on-line“ ohne jede Unterbrechung des therapeutischen Prozesses aufgenommen und verarbeitet werden.

Mit dieser Anlage sollen Hypothesen über die Zusammenhänge zwischen physiologischen Änderungen, Verhaltensänderungen und Modifikationen der verbalen Furchtreaktionen untersucht werden. Unter der Annahme, daß die Desensibilisierung am besten bei niederem autonomen Arousal funktioniert, wird die Darbietung spezifischer Furchtreize so lange verzögert, bis der Computer feststellt, daß nun die notwendigen Bedingungen für die Vp existieren. Ebenso kann die Beendigung oder das Bestehenbleiben der Reize nicht durch die Reaktion der Vpn determiniert werden, sondern durch die physiologischen Größen. Wenn z. B. ein bestimmtes autonomes Muster in der Vergangenheit mit Furchtanzeigen assoziiert war, ändert der Computer die zukünftige Reizdarbietung entsprechend den veränderten Bedingungen. Die Effizienz dieser Behandlung kann mit unserer früheren Prozedur verglichen werden.

Bisher wurde der Computer zum Training der eigenen autonomen Aktivität der Personen verwendet. Gegenüber früheren Anlagen wie z. B. Anzeigegeräten oder akustischen Signalen hat der Computer den Vorteil, daß er sehr komplexe Zusammenhänge in einem einzigen, relativ simplen Bild zusammenfassen kann. Die Ausgabe des Oszillokopschirms des LINC-8-Computers wurde dazu verwendet, während kontinuierlicher Rückmeldung die Herzrate kontrollieren zu lernen. In einem Programm erzeugt jede R-Welle eine Linie am Schirm des Oszillographen; die nächste R-Welle schneidet die erste Linie an einem bestimmten Schnittpunkt ab. Eine vom Computer kontrollierte vertikale Linie stellt das Ziel dar. Nehmen wir an, daß die Aufgabe in einer Verlangsamung besteht, so soll die Vp das R-R-Intervall über die Ziellinie hinaus ausdehnen. Nach jedem Puls registriert ein alphanumerischer Zähler am Oszillographenschirm die Treffer und Fehler. In bestimmten Intervallen kann ein Frequenzhistogramm der bisher erzielten Leistung dargeboten werden. Autonome Feedback-Trainingsverfahren können zu der automatischen Desensibilisierungsmethode hinzugefügt werden, um die wenig spezifischen Entspannungsinstruktionen zu ersetzen (wenn die zukünftige Forschung die Effektivität dieses Vorgehens unterstützt; *Lang* 1969, S. 238).

Während unsere Arbeit mit dem Computer/Mensch-Interface bisher auf die Desensibilisierung konzentriert war, sind die Möglichkeiten dieser Anlage keineswegs auf Therapieuntersuchungen beschränkt. Die Kombination aus Rigidität und Flexibilität einer Computer-kontrollierten Situation kann zur Untersuchung jeder therapeutischen Methode herangezogen werden, wenn diese operational beschrieben werden kann. So kann schließlich vielleicht sogar der unstandardisierte Interviewzusammenhang der psychophysiologischen Analyse zugänglich gemacht werden.

Eine Maschine, die sehr schnell komplexe Information aufnehmen kann (mit ungleich größerer Aufnahmekapazität als der menschliche Experimentator), die Entscheidungen im Lichte vorausgegangener Instruktionen durchführt und ihre Reaktionen an das laufend wechselnde Verhalten von Vpn anpaßt, stellt wohl ein einzigartig geeignetes Mittel zur Untersuchung von Behandlungsproblemen und psychopathologischen Prozessen dar (*Lang,* 1969, S. 239).

Anwendungsmöglichkeiten psychophysiologischer Methoden in der psychologischen Behandlung

Während bisher das Schwergewicht unserer Untersuchung auf experimentellen Überlegungen zur Psychotherapie lag, scheint es sinnvoll, die potentielle Nützlichkeit psychophysiologischer Techniken als Hilfsmittel in der aktuellen Diagnose und Behandlung zu überdenken. Kürzlich behandelten *Lang* und *Melamed* (1969) ein 9 Monate altes Kind mit schwerem chronischen Erbrechen. Das Erbrechen nach den Mahlzeiten bestand bereits seit über 4 Monaten und führte zu einem schwer unterernährten Zustand (Körpergewicht weniger als 6 kg); bei unverändertem Zustand bestünde absolute Lebensgefahr. Da andere Behandlungsverfahren keinerlei Erfolg erzielt hatten, wurde beschlossen, daß die Vermeidung des Erbrechens durch einen aversiven Reiz (elektrischen Schlag) kontigent auf das Erbrechen konditioniert werden sollte. Dazu war vorerst eine genaue Analyse des Würgevorganges selbst notwendig, damit die Verstärker prompt und spezifisch eingesetzt werden konnten. Das Kind wurde 2 Tage während des Erbrechens mit einem Elektromyographen untersucht. Mehrere Paare von EMG-Elektroden wurden den Ösophagus entlang vom Kinn bis zum oberen Brustansatz geklebt. Dies erlaubte uns, die erste peristaltische Welle zu registrieren und das Erbrechen von dem extern ähnlich ablaufenden Kauen und Saugen abzugrenzen. Während des Konditionierungsprozesses wurden die polygraphischen Aufzeichnungen gemeinsam mit den Verhaltensbeobachtungen dazu verwendet, den Zeitablauf des Vermeidungsplanes genau festzulegen. Bereits nach einigen wenigen Konditionierungssitzungen war das Erbrechen gehemmt, das Körpergewicht stieg an und das Kind konnte nach Hause entlassen werden. Es kam zu keinem Wiederauftreten der Symptome und das Kind entwickelte sich völlig normal, wie Nachuntersuchungen nach 6 Monaten, 1 Jahr und 2 Jahren zeigten.

Dies ist einer der wenigen in der Literatur beschriebenen Fälle, bei dem die psychophysiologische Messung eine entscheidende Rolle bei der Verhaltensdiagnose des pathologischen Verhaltens und dem Ablauf der Therapie spielte. Dieser Mangel ist nicht überraschend, da bei den meisten klinischen Fällen die physiologische Information nicht ausreichend wäre, um die hohen Kosten und den technischen Aufwand zu rechtfertigen.

Mit zunehmender Kenntnis der psychosomatischen Interaktion kann aber die physiologische Erhebung in größerem Ausmaß wichtig werden. Es ist durchaus möglich, daß die Modifikation von Phobien und Angstzuständen auf Computerbasis, wie wir sie bereits beschrieben haben, in eine praktisch anwendbare Therapie übergeführt werden könnte. Auch die Behandlung anderer aversiver Gefühle (wie z. B. Depression und unterdrückte Wut oder Ärger) kann durch die „on-line“

Analyse der physiologischen Prozesse des Patienten sinnvoll unterstützt werden. Schließlich treten die neuen Methoden zur Selbstkontrolle autonomer und kortikaler Prozesse zunehmend in den Vordergrund. Die Verwendung exterozeptiver Feedback-Schleifen gemeinsam mit operanten Verhaltensformungsplänen ermöglichen eine direkte Modifikation des physiologischen Substrats der aversiven Emotionen. Ob eine solche Kontrolle auch in Gegenwart der aktuellen Stressoren erhalten bleibt und ob der im Laboratorium erzielte Erfolg auch auf die Realität generalisieren kann, bleibt abzuwarten. Die Möglichkeiten eines solchen therapeutischen Vorgehens sind jedenfalls außerordentlich faszinierend.

Neben der Verwendung dieser Techniken bei der Behandlung von Ängsten können auch medizinische Anwendungsmöglichkeiten diskutiert werden. *Forster* und seine Mitarbeiter (1965, 1966) führten erfolgreiche Gegenkonditionierungsbehandlungen mit Hilfe des EEGs bei Patienten mit sensorisch evozierten epileptischen Anfällen durch. Die kritischen Reize wurden vorerst unter der Anfallsschwelle dargeboten und dann langsam ihre Intensität erhöht. Bei den ersten EEG Zeichen eines beginnenden Anfalls wird die Reizdarbietung beendet und ein Reiz dargeboten, der keinen Anfall auslöst (z. B. wurden akustische Klicks dazu verwendet, die Anfallsmuster nach stroboskopischer Reizung zu unterbrechen). In einem anderen Fall wurde ein Computer programmiert, die Anfallsmuster zu erkennen und automatisch die Stimulation zu beenden, wenn der entsprechende EEG Komplex vorhanden war (*Forster, Booker* und *Ansell,* 1966). Ähnliche Behandlungen auf EEG Basis könnten bei einer Reihe anderer pathologischer Bedingungen erprobt werden. *Miller* (1969) meinte z. B., daß Schlaflosigkeit durch positive Verstärkung langsamer und hochamplitudiger EEG-Wellen beseitigt werden könnte.

Die Tatsache, daß normale Vpn ihre Herzrate kontrollieren können, weist uns darauf hin, daß auch Patienten mit Angina oder anderen kardialen Syndromen einschließlich der Tachykardie von solchen Trainingsverfahren profitieren würden. *Engel* (1969) reduzierte durch operante Feedback-Programme pathologische Herzarrhythmien bei klinischen Fällen. Ähnlich kann die Selbstkontrolle des Blutdrucks im Laboratorium einen Ansatz zur Behandlung erhöhten Blutdrucks bilden (*Shapiro* et al., 1969; *Hnatiow,* 1968). Traditionsgemäß kann der Therapeut bei fortgeschrittenen psychosomatischen Störungen im allgemeinen nur alte Konflikte wieder untersuchen, die möglicherweise vor langer Zeit auslösend wirkten, aber nun für die physiologisch autonom ablaufende Störung irrelevant geworden sind. Operante Verfahren scheinen eine sinnvolle psychologische Therapie darzustellen.

Am Abschluß seines 1959 verfaßten Berichtes über Psychophysiologie und Psychotherapie, diskutierte *Lacey* seine eigenen Untersuchungen, bei denen „das autonome Nervensystem nicht nur als Ursprung bestimmter Indikatoren, sondern als Teil der gesamten Determination des Verhaltens betrachtet wird (S. 205).“ Die vielversprechende Entwicklung des letzten Jahrzehnts scheint diese Ansicht bestätigt zu haben. Die Suche nach biologischen Korrelaten traditioneller psychotherapeutischer Konstrukte zeigte wenig Fortschritt. Auf der anderen Seite führte die Forschung über die Manipulation und funktionelle Analyse der physiologischen Ereignisse selbst zu neuen Behandlungsformen und möglicherweise zu neuen Einsichten in pathologische Organisationsformen. Allgemeine intervenierende Variablen wie „Angst“ oder „Aktivierung" scheinen ihren Erklärungswert verloren zu haben. Unsere Kenntnis der Physiologie spezifischer Auseinandersetzungen mit der Umwelt (wie z. B. Orientierung, Konditionierung) und die Kenntnisse über die Interaktion zwischen kognitiven Prozessen und autonomen Funktionsweisen sind erheblich gestiegen. Für Laboratoriumsuntersuchungen stellt die Psychotherapie einen außerordentlich komplexen Gegenstand dar, der für den Experimentator bei der Analyse der physiologischen Prozesse eine hohe technologische Belastung mit sich bringt. Meßprobleme und Probleme der Reaktionsdefinition werden die Forscher weiterhin verfolgen. Die Entwicklung neuer Hilfsmittel wie des on-line Computers, der simultan komplexe Daten aufnehmen und diese in einem interaktiven Kontext kontrollieren kann, die Entwicklung neuer Techniken zur Modifikation der physiologischen Reaktionen des intakten Organismus und vor allem anderen der zunehmende Trend nach einer Formulierung der Therapie in Verhaltensterminologie lassen darauf schließen, daß die Psychophysiologie einen zunehmend wachsenden Beitrag zur psychotherapeutischen Behandlung leisten wird.

Literatur

Alexander, F.: Psychosomatic medicine: Its principles and applications. Norton, New York 1950.

Auld, F., Jr., H. W. Dreyer, J. Dollard: Measurement of electrical skin resistance during interviews. Psychol. Rev. 4 (1958), 11–15.

Ax, A. F.: The physiological differentiation between fear and anger in humans. Psychosom. Med. 15 61953), 433–442.

Ax, A. F.: Electronic Storage and computer analysis. In: *P. H. Veables, J. Martin* (Eds.): Manual of psychophysiological methods. North-Holland Publ. Comp. Amsterdam 1967.

Baker, J. W., K. W. Schaie: Effects of aggression „alone" or „with another" on physiological and psychological arousal. J. Personality and Social Psychology 12 (1969), 80–86.

Bard, P.: Emotion I. The neuro-humoral basis of emotional reactions. In: *C. Murchison* (Ed.): Handbook of general experimental psychology. Clark University Press, Worcester, Mass. 1934 (a).

Bard, P.: On emotional expression after decortication with some remarks on certain theoretical views. Parts I and II. Psychol. Rev. 41 (1934), 309–329, 424–449 (b).

Barratt, E. S.: Intra-individual variability of performance: ANS and psychometric correlates. Tex. Rep. 4 (1963), 496–504.

Beier, C. D.: Conditioned cardiovascular response and suggestions for treatment of cardiac responses. J. exp. Psychol. 26 (1940), 311–321.

Benjamin, L. S.: Successive sampling of continuous psychological change. Paper presented at a conference entitled „Innovations in Clinical Reserarch and Treatment." Central Wisconsin Colony, Madison, April 1967.

Berg, W. K.: Vasomotor and heart rate response to non-signal auditory stimuli. Unpublished M. A. thesis, University of Wisconsin 1968.

Berger, H.: Über das Elektrenkephalogramm des Menschen. Arch. f. Psychiat. 87 (1929), 527–570.

Best, C. H., N. B. Taylor (Eds.): The physiological bais of medical practice. Williams and Wilkins, Baltimore, Maryland 1966.

Birren, J. E., P. V. Cardon Jr., S. L. Phillips: Reaction time as a function of the cardiac cycle in young adults. Science 140 (1963), 195–196.

Bonvallet, M., P. Dell, G. Hiebel: Tonus sympathique et activité electrique corticale. Electrenceph. clin. Neurophysiol. 6 (1954), 119–144.

Brazier, M. A. B.: The electrical activity of the nervous system. Macmillan, New York 1958.

Brazier, M. A. B.: Novelty and information theory. Brain potential signs of informational control. In: *I. R. Nedecký, L. Cigánek, V. Zikmund, E. Kellerová* (Eds.): Mechanism of orienting reaction in man. Publishing House of Slovak Academy of Sciences, Bratislava 1967.

Brener, J.: Heart rate as an avoidance response, Psychol. Rec. 16 (1966), 329–336.

Brown, C. C. (Ed.): Methods in psychophysiology. Williams & Wilkins, Baltimore 1967.

Bull, K., P. J. Lang: Intensity, certainty, and physiological response amplitude. 1970, in preparation.

Buss, H.: The psychology of aggression. Wiley, New York 1961.

Calloway, E.: Response speed, the EEG alpha cycly, and the autonomic cardiovascular cycle. In: *A. T. Welford, J. E. Birren* (Eds.): Behavior, aging, and the nervous system. Charles C. Thomas, Springfield, Ill. 1965.

Campos, J. J., H. J. Johnson: The effects of verbalization instructions and visual attention on heart rate and skin conductance, Psychophysiology 2 (1966), 305–310.

Cannon, W. B.: The James-Lange theory of emotions: A critical examination and an alternative theory. Amer. J. Psychol. 39 (1927), 106–124.

Cannon, W. B.: Again the James-Lange and the thalamic theories of emotion. Psychol. Rev. 38 (1931), 281–295.

Caton, R.: Interim report on investigation of the electric currents of the brain. Brit. med. J. Supp. Vol. 1, 1877, 62–65.

Chase, W. G., F. K. Graham, D. T. Graham: Components of HR response in anticipation of reaction time and exercise tasks. J. exp. Psychol. 76 (1968), 642–648.

Cohen, S. J., A. J. Silverman, N. R. Burch: A technique for the assessment of affect change. J. nerv. ment. Disorders 124 (1956), 352–360.

Coleman, R., M. Greenblatt, H. C. Solomon: Physiological evidence of rapport, during psychotherapeutic interviews. Dis. nerv. Syst. 17 (1956), 2–8.

Connor, W. H., P. J. Lange: Cortical slow wave and cadiac rate responses in stimulus orientation and reaction time conditions. J. exp. Psychol. 82 (1969), 310–320.

Crider, A., D. Shapira, B. Tursky: Reinforcement of spontaneous electrodermal activity. J. cemp. physiol. Psychol. 61 (1966), 20–27.

Darrow, C. W.: The rationale for treating the change in galvanic skin response as a change in conductance. Psychophysiology 1 (1964), 31–38.

Davis, J. F.: Manual of surface electromyography. Laboratory for Psychological studies, Allan Memoiral Institute of Psychiatry, Montreal 1952.

Davis, R. C.: Response patterns. Trans. N. Y. Acad. Sci. 19 (1957), 731–739.

Davis, R. C., A. M. Buchwald: An exploration of somatic response patterns: Stimulation and sex differences. J. comp. physiol. Psychol. 50 (1957), 44–52.

Davis, R. C. A. M. Buchwald, R. W. Frankmann: Autonomic and muscular responses, and their relation to simple stimuli. Psychol. Monographs 69 (1955), 620, Whole No. 405).

Davis, R. C., A. Lundervold, J. D. Miller: The pattern of somatic response during a repetitive motor task and its modification by visual stimuli. J. comp. physiol. Psychol. 50 (1957), 53–60.

Davison, G.: Systematic desensitization as a counterconditioning process. J. abnorm. Psychol. 73 (1968), 91–99.

Dibner, A. S.: Ambiguity and anxiety. J. abnorm, soc. Psychol. 56 (1958), 165–174.

Dittmann, A. T., I. Llewellyn: Body movement and speech rhythm in social conversation. J. pers. soc. Psychol. 11 (1969), 98–106.

Dollard, J., L. W. Doob, N. E. Miller, O. H. Mowrer, R. P. Sears: Frustration and aggression. Yale University Press, New Haven 1939.

Duffy, E.: Activation and behavior. Wiley, New York 1962.

Dykman, R. A., W. G. Reese, C. R. Galbrecht: A method for studying psychophysiological adaptation to novel signals. Psychiat. Res. Rep. 12 (1960), 53–64.

Edelberg, R.: Electrical properties of the skin. In: *C. C. Brown* (Ed.): Methods in psychophysiology. Williams & Wilkins, Baltimore 1967.

Edelberg, R., D. J. Wright: Two galvanic skin response effector organs and their stimulus specificity. Psychophysiology 1 (1964), 39–497.

Ekman, P., W. V. Friesen: Nonverbal behavior in psychotherapy reserach. In: *J. Shlien* (Ed.): Research in psychotherapy. Vol. III. American Psychological Association, Washington 1968.

Elliot, R.: Psychological activity and performance: A comparsion of kindergarden children with young adults. Psychol. Monograph 78 (1964), No. 10.

Elliot, R.: Tonic heart rate: Experiments on the effects collative variables lead to an hypothesis about its motivational significance. J. pers. soc. Psychol. 12 (1969), 211–228.

Engel, B. T.: Stimulus-response and individual-response specificity. AMA Arch. General Psych. 2 (1960), 305–313.

Engel, B. T.: Personal communication, 1969.

Engel, B. T., S. P. Hanson: Operant conditioning of heart rate slowing. Psychophysiology 3 (1966), 176–187.

Eppinger, H., L. Hess: Vagotonia. Ment. nerv. Disorders Monograph 1915, No. 20.

Eriksen, C. W.: Unconscious processes. In: *M. R. Jones* (Ed.): Nebraska Symposium on Motivation. University of Nebraska. Press, Lincoln 1958.

Euler, U. S. V., U. Lundberg: Effect of flying on the epinephrine excretion in Air Force personnel. J. appl. Physiol. 6 (1954), 551–555.

Evans, S. H., E. J. Anatosios: Misuse of analysis of covariance when treatment effect and covariate are confounded. Psychol. Rev. 69 (1968), 225–234.

Fenz, W. D., R. A. Steffy: Electrodermal arousal of chronically ill psychiatric patients undergoing intensive behavioral treatment. Psychosom. Med. 30 (1968), 423–436.

Féré, C.: Note sur les modifications de la résistance électrique sous l'influence des excitations sensorielles et des émotions. C. R. Soc. Biol. Mem. 40 (1888), 217–219.

Forster, F. M., H. E. Booker, S. Ansell: Computer automation of the conditioning therapy of stroboscopic induces seizures. Trans. Amer. neurol. Ass. 1966.

Forster, F. M. G. B. Campos: Conditioning factors in stroboscopic induced seizures. Epilepsia 5 (1964), 156–165.

Forster, F. M., H. Klove, W. G. Peterson, A. R. Bengzon: Modification of musicogenic epilepsy by extinction technique. Trans. Amer. neurol. Ass. 1965.

Freeman, G. L.: The energetics of human behavior. Cornell University Press, Ithaca 1948.

Freud, S.: The basic writing of *Sigmund Freud. A. A. Brill* (Ed.). Modern Library, New York 1938.

Frohlich, E. D., R. C. Tarazi, H. P. Dustan: Hyperdynamic beta-adrenergic circulatory state. Arch. intern. Med. 123 (1969), 1–7.

Funkenstein, D. H., M. Greenblatt, H. C. Solomon: Autonomic changes paralleling psychological changes in mentally ill patients. J. nerv. ment. Dis. 114 (1951), 1–18.

Funkenstein, D., S. H. King, M. Drolette: The direction of anger during a laboratory stress-inducing situation. Psychosom. Med. 16 (1954), 404–413.

Gambaro, S., A. I. Rabin: Diastolic blood pressure responses following direct and displaced aggression after anger arousal in high- and low guilt patients. J. pers. soc. Psychol. 12 (1969), 87–94.

Gantt, W. H. (Ed.): Physiological Basis of Psychiatry. Charles C. Thomas, Springfield, Ill. 1958.

Gaviria, B.: Autonomic reaction magnitude and habituation to different voices. Psychosom. Med. 29 (1967), 598–605.

Geer, H. J.: Measurement of the conditioned cardiac response. J. comp. physiol. Psychol. 57 (1964), 426–433.

Geer, J. H.: Effect of interstimulus intervals and rest-period length upon habituation of the orienting response. J. exp. Psychol. 72 (1966), 617–619.

Geer, J. H., K. Klein: Effects of two independent stresses upon autonomic responding. J. abnorm. Psychol. 74 (1969), 237–241.

Gellhorn, E.: Motion and emotion: The role of proprioception in the physiology and pathology of the emotions. Psychol. Rev. 71 (1964), 457–472.

Gellhorn, E.: Principles of autonomic-somatic integration; physiological basis and psychological and clinical implications. University of Minnesota Press, Minneapolis 1967.

Gendlin, E. T., J. I. Berlin: Galvanic skin response correlates of different modes of experiencing. J. clin. Psychol. 17 (1961), 73–77.

Goldman, M. J.: Principles of Clinical Electrocardiography. Lange Medical Publication, Los Altos, Calif. 1960.

Goodman, L. S., A. Gilman: The pharmacological basis of therapeutics. The Macmillan Comp., New York 1965.

Gordon, J. E., B. Martin, R. M. Lundy: GSRs during repression, suppression, and verbalization. J. cons. Psychol. 23 (1959), 243–251.

Graham, D. T., J. D. Kabler, F. K. Graham: Psychological response to the suggestion of attitudes specific for hives and hypertension. Psychosom. Med. 24 (1962), 159–169.

Graham, F. K., R. K. Clifton: Heart rate changes as a component of the orienting response. Psychol. Bull. 65 (1966), 305–320.

Greenfield, N., R. Sternbach (Eds.): Handbook of Psychophysiolgy. Holt, Rinehart & Winston, New York 1972.

Heath, H. A., D. Oken: The quantification of „responce" to experimental stimuli. Psychosom. Med. 28 (1965), 457–471.

Hebb, D. O.: Drives and the C. N. S. (conceptual nervous system). Psychol. Rev. 62 (1955), 243–254.

Heim, E., P. H. Knapp, L. Vachon, G. Globus, S. J. Nemetz: Emotion, breathing and speech. J. psychosom. Res. 12 (1968), 261–274.

Hill, J. D. N., G. Parr (Eds.): Electronencephalography. The Macmillan Comp., New York 1963.

Hnatiow, M.: Learned control of heart rate and blood pressure. Unpublished doctoral dissertation. University of Pittsburgh 1968.

Hnatiow, M., P. L. Lang: Learned stabilization of cardiac rate. Psychophysiology 1 (1965), 330–336.

Hohmann, G. W.: Some effects of spinal cord lesions on experienced emotional feelings. Psychophysiology 3 (1966), 143–156.

Hokanson, J. E., M. M. Burgess: The effects of status, type of frustration and aggression on vascular processes. J. abnorm. soc. Psychol. 65 (1962), 232–237.

Hokanson, J. E., M. M. Burgess, M. Cohen: The effects of displaced aggression on systolic blood pressure. J. abnorm. soc. Psychol. 67 (1963), 214–218.

Hokanson, J. E., E. Edelman: The effects of three social responses on vascular processes. J. pers. soc. Psychol. 3 (1966), 442–447.

Hokanson, J. E., S. Shelter: The effects of overt aggression on physiological arousal level. J. abnorm. soc. Psychol. 63 (1961), 446–448.

Hokanson, J. E., K. R. Willers, E. Koropsak: Modification of autonomic responses during aggressive interchange. J. pers. soc. Psychol. 36 (1968), 386–404.

Holmquest, D., R. Edelberg: Problems in the analysis of the endosomatic galvanic skin responce. Psychophysiology 1 (1964), 48–54.

Hord, D. J., L. C. Johnson, A. Lubin: Differential affects of the law of initial values (LIV) an autonomic variables. Psychophysiology 1 (1964), 79–87.

Ivey, M. E., J. M. Bardwick: Patterns of affective fluctuations in the menstrual cycle. Psychosom. Med. 30 (1968), 336–345.

Jacobson, E.: Progressive Relaxation. University of Chicago Press, Chicago 1938.

Jaffe, J. H.: Drug addiction and drug abuse. In: *I. S. Goodman, A. Gilman* (Eds.): The pharmacological basis of therapeutics. Macmillan, New York 1966.

James, W.: What is emotion. Mind 19 (1884), 188–205.

James, W.: Principles of psychology. Holt, Rinehart & Winston, New York 1890, 2 vols.

Kamiya, J.: Conditioned discrimination of the EEG alpha rhythm in humans. Paper presented at the Western Psychological Association Meeting, San Francisco, April 1962.

Kamiya, J.: Conscious control of brain waves. Psychology Today 1 (1968), 57–60.

Kaplan, H. B.: Social interaction and GSR activity during group psychotherapy. Psychosom. Med. 25 (1963), 141–145.

Kaplan, H. B.: Psychological correlates (GSR) of affect in small groups. J. psychosom. Res. 11 (1967), 173–179.

Keele, C., E. Neil: Samson-Wright's Applied Physiology. Oxford University Press, New York 1965.

Keen, R. E., H. H. Chase, F. K. Graham: 24 hour retention by neonates of an habituated heart rate response. Psychonomic Science 2 (1965), 265–266.

Lacey, J. I.: The evaluation of automatic responses: Toward a general solution. Ann. N. Y. Acad. Sci. 67 (1956), 123–164.

Lacey, J. I.: Psychophysiological approaches to the evaluation of psychotherapeutic process and outcome. In: *E. A. Rubinstein, M. B. Parloff* (Eds.): Research in psychotherapy. Vol. 1. American Psycholog. Association, Washington D. C. 1959.

Lacey, J. I.: Somatic response patterning and stress: Some revisions of activation theory. In: *M. H. Appley, R. Trumbull* (Eds.): Psychological stress: Issues in research. Appleton-Century-Crofts. New York 1967.

Lacey, J. I., J. Kagan, B. C. Lacey, H. A. Moss: The visceral level: Situational determinants and behavioral correlates of autonomic response patterns. In: *P. H. Knapp* (Ed.): Symposium on expression of the emotions in man. International Universities Press, New York 1963.

Lacey, J. I., B. C. Lacey: The relationship of resting autonomic activity to motor impulsivity. In: *H. Solomon, S. Cobb, W. Penfield* (Eds.): The brain and human behavior. Williams & Wilkins, Baltimore 1958 (a).

Lacey, J. I. B. C. Lacey: Verification and extension of the principle of autonomic response-stereotypy. Amer. J. Psychol. 71 (1958), 51–73 (b).

Lacey, O. L., P. S. Siegel: An analysis of the unit of measurement of the galvanic skin response. J. exp. Psychol. 39 (1949), 122–127.

Lader, M. H.: Palmar skin conductance measures in anxiety and phobis states. J. psychosom res. 11 (1967) 271–281 (a).

Lader, M. H.: Pneumatic plethysmography. In: *P. H. Venables, I. Martin* (Eds.): Manual of psychophysiological methods. North Holland Publ. Comp. Amsterdam 1967 (b).

Lader, M. H., M. G. Gelder, I. M. Marks: Palmar skin conductance measures as predictors of responce to desensitization. J. psychosom. Res. 11 (1967), 283–290.

Lader, M. H., L. Wing: Physiological measures, sedative drugs, and morbid anxiety. Oxford University Press, London 1966.

Lang, P. J.: Fear reduction and fear behavior: Problems in treating a construct. In: *I. M. Shlieu* (Ed.): Research in Psychotherapy. Vol. III. American Psychological Association, Washington 1968.

Lang, P. J.: The one-line computer in behavior therapy research. Amer. Psychologist 24 (1969), 236–239.

Lang, P. J., J. Geer, H. M. Hnatiow: Semantic generalization of conditioned autonomic responses. J. exp. Psychol. 65 (1963), 552–558.

Lang, P. J., M. H. Hnatiow: Stimulus repetition and the heart rate response. J. comp. physiol. Psychol. 55 (1962), 781–785.

Lang, P. J., A. D. Lazovik: Experimental desensitization of a phobia. J. abnorm. soc. Psychol. 66 (1963), 519–525.

Lang, P. J., A. D. Lazovik, D. J. Reynolds: Desensitization, suggestibility, and pseudotherapy, J. abnorm. Psychol 70 (1965), 395–402.

Lang, P. J., B. G. Melamed: Case report: Avoidance conditioning therapy of an infant with chronic ruminative vomiting. J. abnorm. Psychol. 74 (1969) 1–8.

Lang, P. J., B. G. Melamed, J. A. Hart: A psychophysiological analysis of fear modification using an automated desensitization procedure. J. abnorm Psychol. 1970, in press.

Lang, P. J., L. A. Sroufe, J. E. Hastings: Effects of feedback and instructional set on the control of cardiac rate variability. J. exp. Psychol. 75 (1967), 425–431.

Lange, C. G.: On Sindsbevaegelser et psyko. fysiolog. studie. Kronar, Copenhagen 1885.

Lange, C. G.: The emotions (Denmark, 1885). Translated by *I. Haupt.* In: *K. Dunlop* (Ed.): The emotions, Williams & Wilkins, Baltimore 1922.

Lazarus, R. S., E. M. Opton: The study of psychological stress: A summery of theoretical formulations and experimental finding. In: *C. D. Spielberger* (Ed.): Anxiety and behavior. Academic Press, New York 1966.

Lazarus, R. S., J. C. Speisman, A. M. Mordkoff, L. A. Davison: A laboratory study of psychological stress produced by a motion picture film. Psychological Monographs 76 (1962), (Whole No. 553).

Lazovik, A. D., P. J. Lang: A laboratory demonstration of systematic desensitization psychotherapy. J. psychol. Studies 11 (1960), 238–247.

Levy, P., P. J. Lang: Actication, control, and the spiral aftermovement. J. pers. soc. Psychol. 3 (1966), 105–112.

Lindsley, D. B.: Emotions. In: *S. S. Stevens* (Ed.): Handbook of experimental psychology. Wiley, New York 1951.

Lindsley, D. B.: Psychophysiology and emotion. In: *M. R. Jones* (Ed.): Nebraska Symposium on Motivation. University of Nebraska Press, Lincoln 1957.

Lippold, O. C. J.: Electromyography. In: *P. H. Venables, I. Martin* (Eds.): Manual of psycho-physiological methods. North-Holland Publ. Comp. Amsterdam 1967.

Lisina, M. I.: The role of orienting in the conversion of involutary into voluntary reactions. In: *L. G. Voronin* et al. (Eds.): The orienting reflex and exploratory behavior. Acad. Pedag. Sci., Moscow 1958.

Lord, F. M.: Statistical adjustments when comparing preexisting groups. Psychol. Bull. 72 (1969), 336–337.

Lykken, D. T.: Neuropsychology and psychphysiology in personality research. In: *E. F-. Borgotta, W. W. Lambert* (Eds.): Handbook of personality theory and research. Rand McNally, Chicago 1968.

Lykken, D. T., R. Rose, B. Luther, M. Maley: Correcting psychophysiological measures for individual differences in range. Psychol. Bull. 66 (1966), 481–484.

Lywood, D. W.: Blood pressure. In: *P. H. Venables, I. Martin* (Eds.): Manual of psycho-physiological methods. North-Holland Publ. Comp. Amsterdam 1967.

MacLean, P. D.: Psychosomatic disease and the „visceral brain" Psychosom. Med. 11 (1949), 338–353.

Mahl, G. F.: Disturbances and silences in the patient's speech in psychotherapy. J. abnorm. soc. Psychol. 53 (1956), 1–15.

Malmo, R. B.: Measurement of drive: An unsolved problem in psychology. In: *M. R. Jones* (Ed.): Nebraska symposium on motivation. University of Nebraska Press, Lincoln 1958.

Malmo, R. B.: Studies of anxiety: Some clinical origins of the activation concept. In: *C. D. Spielberger* (Ed.): Anxiety and behavior. Academic Press, New York 1966.

Malmo, R. B., D. Belanger: Related psychological and behavioral changes: What are their determinants? Ass. Res. nerv. ment. Dis. 45 (1967), 288–318.

Malmo, R. B., C. Shagass: Physiologic study of symptom mechanism in psychiatric patients under stress. Psychosom. Med. 11 (1949), 25–29.

Malmo, R. B., C. Shagass, F. H. Davis: Symptoms specificity and bodily reactions during psychiatric interview. Psychosom. Med. 12. (1950), 362–376.

Marañon, G.: Contribution à l'étude de l'action emotive de l'adrénaline. Rev. franç. Endocr. 2 (1924), 301–325.

Martin, B.: The assessment of anxiety by physiological-behavioral measures. Psyschol. Bull. 58 (1961), 234–255.

Martin, B., R. M. Lundy, M. H. Lewin: Verbal and GSR responses in experimantal interviews as a function of three degrees of „therapist" communication. J. abnorm. soc. Psychol. 60 (1960), 234–240.

Martin, B., L. A. Sroufe: Anxiety. In: *C. G. Costello* (Ed.): Symptoms of Psychopathology. Wiley, New Yrok, 1970.

Martin, I., P. H. Venables: Mechanisms of palmar skin resistance and skin potential Psychol. Bull. 65 (1966), 347–357.

Mason, J. W.: A review of psychoendocrine research on the pituitary-adrenal cortical system. Psychosom. Med. 30 (1968), 576–607.

Mason, J. W., G. Mangan, J. V. Brady, D. Conrad, D. Rioch: Concurrent plasma epinephrine, norepinephrine and 17-hydroxycorticosteroid levels during conditioned emotional disturbances in monkeys. Psychosom. Med. 23 (1961), 344–353.

Mednick, S. A.: A learning theory approach to research in schizophrenia. Psychol. Bull. 55 (1958), 316–327.

Melamed, B. G.: The habituation of psychophysiological responses to tones, and to filmed fear stimuli under varying conditions of instructional set. Unpublished doctoral dissertation, University of Wisconsin 1969.

Miller, N. E.: Learning of visceral and glandular resp. Science 163 (1969), 434–445.

Miller, N. E., L. V. DiCara: Instrumental learning of heart rate changes in curarized rats: Shaping and specificity to discriminative stimulus. J. comp. physiol. Psychol. 63 (1967), 12–19.

Mischel, W.: Personality and assessment. Wiley, New York 1968.

Montagu, J. D., E. M. Coles: Mechanism and measurement of the galvanic skin response. Psychol. Bull. 65 (1966), 261–279.

Moos, R. H., B. S. Kopell, F. T. Melges, I. D. Yalom, D. T. Lunde, R. B. Clayton, D. A. Hamburg: Fluctuations in symptoms and moods during the memstrual cycle J. psychosom. Res. 13 (1969), 37–44.

Moruzzi, G., H. W. Magoun: Brain stem reticular formation and activation of EEG. Electroenceph. clin. Neurophysiol. 1 (1949), 455–473.

Mowrer, O. H., D. H. Light, Z. Luria, M. P. Seleny: Tension changes during psychotherapy. In: *O. H. Mowrer* (Ed.): Psychotherapy: Theory and research. Ronald Press, New York 1953.

Murray, H. A.: Studies of stressful interpersonal disputations. American Psychologist 18 (1963), 28–36.

Netter, F. H.: The CIBA collection of medical illustrations. Vol. 1, Nervous system. CIBA, New York 1957.

Obrist, P. A.: Heart rate during classical conditioning in humans and dogs: Significance for psychological processes, In: *I. R. Nedecký, L. Cigánek, V. Zimund, E. Kellerová* (Eds.): Mechanisms of orienting reactions in man. Publishing House of Slovak Academy of Sciences, Bratislava 1967.

Obrist, P. A.: Heart rate and somatic-motor coupling during classical aversive conditioning in humas. J. exp. Psychol. 77 (1968), 180–193.

Obrist, P. A., R. A. Webb, J. A. Sutterer: Heart rate and somatic changes during aversive conditioning and a simple reaction time test. Psychophysiology 5 (1969), 696 –723.

Obrist, P. A., D. M. Wood, M. Perez-Reyes: Heart rate during conditioning in humans: Effects of UCS intensity, vagal blockage, and adrenergic block of vasomotor activity. J. exp. Psychol. 70 (1965), 32–40.

Ostwald, P. F.: Soundmaking – the acoustic communication of emotion. Charles C. Thomas, Springfield 1963.

Paneck, D. M., B. Martin: The relationship between GSR and speech disturbances in psychotherapy. J. abnorm. soc. Psychol. 58 (1959), 402–405.

Papez, J. W.: A proposed mechanism of emotion. Arch. Neurol. Psychiat. (Chicago) 38, (1937), 725–743.

Papez, J. W.: Cerebral mechanism. Res. Publ. Ass. nerv. ment. Dis. 89 (1939), 145–159.

Paul, G. L.: Insight versus desensitization in psychotherapy. Stanford University Press, Stanford 1966.

Phillips, L. F.: Electronics for experimenters in chemistry, physics and biology. Wiley, New York 1966.

Pitts, F. N.: The biochemistry of anciety. Scientific American 220 (1969), 69–75.

Pitts, F. N., J. N. McClure: Lactate metabolism in anxiety neurosis. New Engl. J. Med. 277 (1967), 1329–1336.

Pribram, K. H.: The new neurology and the biology of emotion: A structural approach. Amer. Psychologist 22 (1967), 830–838.

Razran, G.: The observable unconscious and inferable conscious in current Soviet psychophysiology: Interoceptive conditioning, semantic conditioning, and the orienting reflex. Psychol. Rev. 68 (1961), 81–147.

Reynolds, D. J.: An investigation of the somatic response system in chronic schizophrenia. Unpublished doctoral dissertation, University of Pittsburgh 1961.

Routtenberg, A.: The two-arousal hypothesis: Reticular formation and limbic system. Psychol. Rev. 75 (1968), 51–80.

Ruch, T. C., H. D. Patton, J. W. Woodbury, A. L. Towe: Neurophysiology. *W. B. Saunders* Co., Philadelphia 1965.

Schachter, J.: Pain, fear, and anger in hypertensives and normotensives. Psychosom. Med. 19 (1957), 17–29.

Schachter, S.: The interaction of cognitive and physiological determinants of emotional state. In: *L. Berkowitz* (Ed.): Advances in experimental social psychology. Vol. I. Academic Press, New York 1964.

Schachter, S.: Cognitive eflects on bodily functioning: Studies of obesity and eating. In: *D. C. Glass* (Ed.): Neurophysiology and emotion. Rockefeller University Press, New York 1967.

Schachter, S., B. Latané: Crime, cognition and the automatic nervous system. In: *D. Levine* (Ed.): Nebraska symposium on motivation. University of Nebraska Press, Lincoln 1964.

Schachter, S., J. E. Singer: Cognitive, social, and physiological determinants of emotional state. Psychol. Rev. 69 (1962), 379–399.

Schachter, S., L. Wheeler: Epinephrine, chlorpromazine, and amusement, J. abnorm. soc. Psychol. 65 (1962), 121–128.

Schildkraut, J. J., S. S. Kety: Biogenic amines and emotion. Science 156 (1967), 21–30.

Schnore, M. M.: Individual patterns of physiological activity as a function to task differences and degree of arousal. J. exp. Psychol. 58 (1959), 117–128.

Schultz, J. H., W. Luthe: Autogenic training: A psycho-physiological approach in psychotherapy. Grune and Stratton, New York 1959.

Selyé, H.: The stress of life. McGraw-Hill, New York 1956.

Shapiro, D., B. Tursky, E. Gershorn, M. Stern: Effects of feedback and reinforcement on the control of human systolic blood pressure. Science 163 (1969), 588–590.

Shearn, D. W.: Does the heart learn? Psychol. Bull. 58 (1961), 452–458.

Shearn, D. W.: Operant conditioning of heart rate. Science 137 (1962), 530–531.

Sherrington, C. S.: Experiments on the value of vascular and visceral factors for the genesis of emotion. Proc. roy. Soc. (London), B, 66 (1900), 390–403.

Silverman, A. J., S. I. Cohen: Affect and vascular correlates to catecholamines. In: *L. J. West, M. Greenblatt* (Eds.): Explorations in the physiology of emotions. Psychiatric Research Reports of the American Psychiatric Association, No. 12, Washington D. C. January 1960.

Skinner, B. F.: Cumulative Record, Appleton-Century-Crofts, New York 1959.

Sokolov, E. N.: Perception and the conditioned reflex. Pergamon Press, New York 1963.

Sroufe, L. A.: Learned stabilization of cardiac rate with respiration experimentally controlled. J. exp. Physchol. 81 (1969), 391–393.

Sroufe, L. A., M. H. Hnatiow, P. J. Lang: Determinants of learned cardiovascular control. Paper presented at the 7th annual meeting of the Society for Psychophysiological Research, San Diego, Calif., October 1967.

Stern, J. A.: Toward a definition of psychophysiology. Psychophysiology 1 (1964), 90–91.

Sternbach, R. A.: The effects of instructional sets on autonomic responsivity. Psychophysiology (1, 1964), 67)72.

Stone, L. J., J. E. Hokanson: Arousal reduction via self-punitive behavior. J. pers. soc. Psychol. 12 (1969), 72–79.

Stoyva, J.: Skinnerian Zen: Or control of physiological responses through information feedback. Paper read at Denver University Symposium on Behavior Modification. 1968.

Taylor, S. P., S. Epstein: The measurement of autonomic arousal. Psychosom. Med. 29 (1967), 514–525.

Thomas, P. E., I. M. Korr: Relationship between sweat gland activity and electrical resistance of the skin. J. appl. Physiol. 10 (1957), 505–510.

Valins, S., A. A. Ray: Effects of cognitive desensitization on avoidance behavior. J. pers. soc. Psychol. 7 (1967), 345–350.

Venables, P. H.: The effect of auditory and visual stimulation on the skin potential responses of schizophrenics. Brain 83 (1960), 77–92.

Venables, P. H., I. Martin: Skin resistance and skin potential. In: *P. H. Venables, I. Martin* (Eds.): Manual of pschophysiological methods. North-Holland Publ. Comp. Amsterdam 1967.

Venables, P. H., L. Martin (Eds.): Manual of psycho-physiological methods. North-Holland Publ. Comp. Amsterdam 1967.

Walter, W. G.: Slow potential waves in the human brain associated with expectancy, attention, and decision. Arch. Psychiat. Nervenkr. 206 (1964), 309–322.

Wang, G. H.: The neural control of sweating. The University of Wisconsin Press, Madison 1964.

Watson, J. B., R. Rayner: Conditioned emotional reactions. J. exp. Psychol. 3 (1920), 1–14.

Weiner, H.: Some psychological factors related to cardiovascular responses: A logical and empirical analysis. In: *R. Roessler, N. S. Greenfield* (Eds.): Physiological correlates of psychological disorder. University of Wisconsins Press, Madison 1962.

Weinman, J.: Photoplethysmography. In: *P. H. Venables, I. Martin* (Eds.): Manual of psycho-physiological methods. North-Holland Publ. Comp. Amsterdam 1967.

Wenger, M. A.: The measurement of individual differences in autonomic balance. Psychosom. Med. 3 (1941), 427–434.

Wenger, M. A.: Preliminary study of the significance of measures of autonomic balance. Psychosom. Med. 9 (1947), 301–309.

Wenger, M. A.: Emotion as visceral action: An extension of Lange's theory. In: *M. L. Reymert* (Ed.): Feelings and emotions. McGraw-Hill, New York 1950.

Wenger, M. A.: Some problems in psychophysiological research. In: *R. Roessler, N. S. Greenfield* (Eds.): Physiological correlates of psychological discorders. University of Wisconsin Press, Madison 1962.

Wenger, M. A., T. L. Clemens, M. L. Darsie, B. T. Engel, F. M. Estess, R. R. Sonnenschein: Autonomic response patterns during intravenous infusion of epinephrine and nor-epinephrine. Psychosom. Med. 22 (1960), 294–307.

Wenger, M. A., E. B. Henderson, J. S. Dinngin: Magnetometer method for recording gastric motility. Science 125 (1957), 990–991.

Wieland, B., R. B. Mefferd: Identification of periodic components in physiological measurements. Psychophysiology 6 (1969), 160–165.

Wilcott, R. C.: Arousal, sweating and electrodermal phenomena. Psychol. Bull. 67 (1967), 58–72.

Wilcott, R. C., H. G. Bennken: The continous measurement of palmar sweating. Amer. J. Psychol. 74 (1961), 619–624.

Wilder, J.: Stimulus and response: the law of initial value. John Wright and Sons Ltd., Bristol 1967.

Williams, R. T.: Bochemical individuality. Wiley, New York 1963.

Wolpe, J.: Psychotherapy by reciprocal inhibition. Stanford University Press, California 1958.

Wolpe, J., A. A. Lazarus: Behavior therapy techniques. Pergamon Press, New York 1966.

Yanof, H. M.: Biomedical Electronics. F. A. Davies Co., Philadelphia 1965.

Zeamen, D., G. Deane, N. Wegner: Amplitude and latency characteristics of the conditioned heart response. J. Psychol. 38 (1954), 235–250.

Zimmer, H.: Computers in psychophysiology. Thomas, New York 1966.

III. MODELLE VON AUFBAU UND REDUKTION ÄNGSTLICHEN VERHALTENS

Die Bewältigung von Angst: Gewöhnung oder Hemmung?

Niels Birbaumer

Die Anwendung psychophysiologischer Messung in der Angstbehandlung (am Beispiel der Desensibilisierung)

Das Auftreten von aktuellen Angstreaktionen ist im allgemeinen an extrem steilen Erregungsanstieg und/oder hohe tonische Aktivierungsniveaus gebunden. Wir dürfen aber im folgenden nicht vergessen, daß bei einem Großteil der „neurotischen" Störungen bereits fest ausgebildete Vermeidungsreaktionen vorliegen und damit die Quellen der Angst, die auslösenden Stimuli oder Vorstellungen beseitigt sind und keine aktuelle Angst auftritt. Ein gutes Beispiel dafür sind die sogenannten „Zwangs-"verhaltensweisen (*Meyer,* 1966; *Rachman* et al., 1971). Zwangsreaktionen stellen meist außerordentlich gut gelernte Vermeidungsreaktionen dar, die durch „erfolgreiches" Umgehen aversiv empfundener Situationen angstreduzierend wirken und dadurch laufend negativ verstärkt werden. Angst tritt erst auf, wenn man die Personen mit den aversiven Stimuli (S_i^-) konfrontiert oder sie am Ausüben des Vermeidungsverhaltens hindert (Extinktion durch Reaktionsbehinderung). In jedem Fall kann eine Löschung von negativ verstärktem Verhalten nur durch die wiederholte Konfrontation mit den aversiven Situationen ohne Auftreten der gefürchteten Konsequenzen gelingen. Die Extinktionsrate kann beschleunigt werden, wenn man die Aversivität der Reize sukzessive erhöht und zusätzlich simultan eine inkompatible Reaktion zur Verfügung stellt. Diese von *Wolpe* (1958) entwickelte Methode der systematischen Desensibilisierung stellt heute die nachgewiesen effektivste Angstbeseitigung dar (*Bandura,* 1969). Verbindet man die Desensibilisierungsprozedur mit einem Modellernparadigma, bei dem eine geeignete Modellperson die gefürchteten Reaktionen vorher ohne Schaden zu nehmen ausführt, so kann die Effizienz der Methode erhöht werden.

Die systematische Desensibilisierung wird heute zum Teil auch als kognitive *Selbstkontrollmethode* interpretiert (s. *Florin* und *Tunner,* 1975). Man nimmt dabei an, daß die Vp lernt, ihre autonome Angsterregung bewußt zu diskriminieren und mit verbalen Selbstinstruktionen („ich bin ruhig", „ich schaffe es" u. ä.) ihre Erregung reduziert (siehe dazu Kapitel V und *Meichenbaum,* 1975).

Vor dem Beginn der systematischen Desensibilisierung werden also die Angstsituationen von der Person in eine möglichst stufenlose Rangreihe (Angsthierarchie) gebracht. Bereits hier sollen psychophysiologische Daten die subjektive Reihung der Person ergänzen; etwa reale Darbietung oder Vorstellung der aversiven Reize und gleichzeitige Ableitung von PGR, Pulsrate und EEG. Als Kontrolle müssen natürlich andere, für die Störung weniger relevante und neutrale Reize dargeboten werden. Es ergeben sich dabei oft wesentliche Differenzen zwischen den subjektiven Angaben der Person und den objektiven physiologischen Daten (*Mathews,* 1971). Das Auftreten starker Sprünge innerhalb der Aversivität der Items könnte durch physiologische Messung verhindert werden. Zur Therapiekontrolle sollten immer vorher alle Verhaltenstests, – meist Vermeidungstests – durch physiologische Messung ergänzt werden. Nach Aufstellung der Angsthierarchie lernt die Vp als inkompatible Reaktion im allgemeinen tiefe muskuläre und mentale Entspannung. Hier wird die kontinuierliche Registrierung verschiedener Indikatoren zur notwendigen Bedingung. Es sollten mindestens je ein muskulärer (EMG, Mikrovibration), ein peripher-autonomer (PGR, EKG, Durchblutung) und ein zentraler Wert (Spontan-EEG, kortikale Gleichspannung) erhoben werden. Wenig PGR-Spontanfluktuation, niedere EMG-Frequenz und Amplitude (besonders der Stirnmuskel, siehe den Artikel von *Budzynski* und *Stoyva* in diesem Buch, Alpha-EEG, Theta-EEG und niedere Herzrate (HR) sind z. B. als „Angsthemmer" anzusehen (*Birbaumer* und *Tunner,* 1971). Die physiologischen Daten sollen den Erregungsgrad nicht nur nach oben hin begrenzen, sondern auch anzeigen, ob das Aktivierungsniveau zu niedrig wird, da dies auch einer effektiven Angsthemmung entgegenwirkt. Hypnotische oder dösige Zustände sind zu verhindern.

Schließlich werden während der Darbietung der hierarchisch geordneten S_i^- in Entspannung wieder physiologische Indikatoren benötigt. Die Angstanzeige der Vp allein ist kein verläßlicher Meßwert. Oft ruft ein Reiz auch nach Beseitigung seiner subjektiven Angstvalenz noch deutliche vegetative Reaktionen hervor. Er ist dann nicht als extingiert zu betrachten und es kann jederzeit zu einer neuen Angstkonditionierung kommen. Die Wahrnehmung der bestehenden physiologischen Erregung allein kann bereits zu Rekonditionierung führen. Manchmal extingieren einzelne autonome Werte schneller, manchmal langsamer als die subjektiven Größen (*Tunner* et al., 1972). Die meisten Arbeiten weisen jedoch auf besonders träge Extinktion autonomer Reaktionen hin (*Borkovec,* 1974).

Das Tempo der Reizdarbietung kann nur in Übereinstimmung mit „entspannten" physiologischen Variablen erfolgen. Zu schnelles Vorgehen wird zu Anhebung des Aktivierungsniveaus führen und weitere Angstreduktion verhindern. Falls die Desensibilisierung nicht in vivo, also durch Konfrontation mit den realen Auslösern, sondern in der Vorstellung durchgeführt wurde, muß mit Hilfe physiologischer Kontrollen die Generalisation der Angstreduktion auf die Realität überprüft werden. Auch der Transfer auf andere, nicht in der Hierarchie gebotene Reize kann auf diese Art und Weise erhoben werden.

Die Therapiekontrollen werden schließlich in derselben Form wie vor der Behandlung durchgeführt (siehe *Paul,* 1969; *Lang* 1969).

Eine detaillierte Einführung in die Anwendung psychophysiologischer Maße in der Psychotherapie gibt *Birbaumer* (1974, 1975). Wir wollen hier nur einige zentrale Punkte wiederholen.

Im Einzelfall wird natürlich nur in seltenen Fällen eine exakte *Kontrolle unspezifischer Einflüsse* auf die Therapie möglich sein. D. h. auch psychophysiologische Maße können sich im Laufe einer Behandlung in Richtung der Therapieerwartung ändern

– und tun das auch meist – ohne daß diese Änderung auf die spezifische Therapiemethode zurückgeführt werden können. Placeboeffekte, Spontanremission, Erwartung von Patient und Therapeut, Adaptation und Habituation an die Meßsituation können für eine Reduktion der Intensität der Meßwerte verantwortlich sein. Die kontrollierte Studie mit Kontrollgruppen ist auch hier nicht zu ersetzen. Die *prä-post Messung* schließt aber immerhin Ansteigen oder Gleichbleiben des Erregungsniveaus aus, auch wenn sie damit nicht den Erfolg der *spezifisch* angewandten Methode belegt.

Die psychophysiologische Registrierung des *Verlaufes* der Behandlung erlaubt in fast allen Fällen spezifischere Aussagen über die angstauslösenden und angstreduzierenden Reize. Aber auch im Einzelfall sind gewisse Verschärfungen möglich.

1. Je häufiger identische Messungen vor der Behandlung vorgenommen werden, um so reliabler wird die Interpretation von Änderungen. In manchen Fällen stellt die wiederholte Konfrontation mit den Angstreizen ohne jede Behandlung bereits den gewünschten Therapieerfolg dar. Zwischen erster und zweiter Testung (meist in-vivo Konfrontation mit der Angstsituation) findet der bedeutsamste Abfall der meisten Kontrollmaße statt. Zwei Messungen vor der Behandlung stellen daher das Minimum dar (s. *Borkovec,* 1974). Viele Personen erkennen nach der ersten Konfrontation, daß ihre autonome Angsterregung keineswegs das erwartete Ausmaß erreicht.
2. Ein Vergleich aversiver Reize mit ähnlichen und unähnlichen neutralen und aversiven Reizen (sogenanntes multiples Grundkurvendesign): Eine gewisse Kontrolle unspezifischer Effekte auch innerhalb des Einzelfalles ergibt sich bei Darbietung der relevanten Angstreize (in der Vorstellung, Dias oder in der Realität) im Vergleich mit möglichst ähnlichen von der Person als neutral eingestuften Reizen und eventuell auch vom Vl eingeführten Situationen. Die Darbietung neutral versus aversiv sollte dabei mehrmals in zufälliger Reihenfolge wiederholt werden. Bei diesem Prüfverfahren können generell die subjektiven Angaben eines Patienten über die Angstsituationen auf ihre „autonome Richtigkeit" überprüft werden. Man geht dabei ähnlich wie bei sogenannten „Lügendetektoren" vor (s. dazu *Orne* et al., 1972). Häufig erweisen sich die Angaben der Person als physiologisch nicht validierbar. Dies bedeutet nicht immer eine Invalidierung der verbalen Äußerung, stellt aber in jedem Fall ein wesentliches Diagnostikum dar. Zeigt sich keine physiologische Reaktion auf einen Angstreiz, so kann dies mehrere Ursachen haben: z. B. a) das erhobene Maß ist irrelevant für die Angstreaktion (daher stets mehrere Systeme erfassen!); b) die Person weist „Angst" nur auf subjektiver Ebene auf, sie hat gelernt, auch ohne autonome Erregung in bestimmten Situationen „Angst" anzugeben (soziopathische, hypochondrische Personen, oder aber die Person hat nur bestimmte Einstellungen gegenüber bestimmten Situationen u. ä.); c) die Laborsituation löst nicht die „reale" Angst aus. Die Person diskriminiert zwischen Realität und Experiment; d) die Aussage der Person ist Teil eines mehr oder weniger klar bewußten Abwehr- und Bewältigungsvorganges; e) die Person lügt; f) der Angstreiz ist nicht der „entscheidende", andere Situationen sind die wesentlichen Auslöser; g) die Person verfügt über extrem gute Selbstkontrolle ihrer autonomen Vorgänge. Genauso wertvoll kann der umgekehrte Fall einer „Fraktionierung" der Ebenen sein: ein Patient zeigt auf einen als neutral

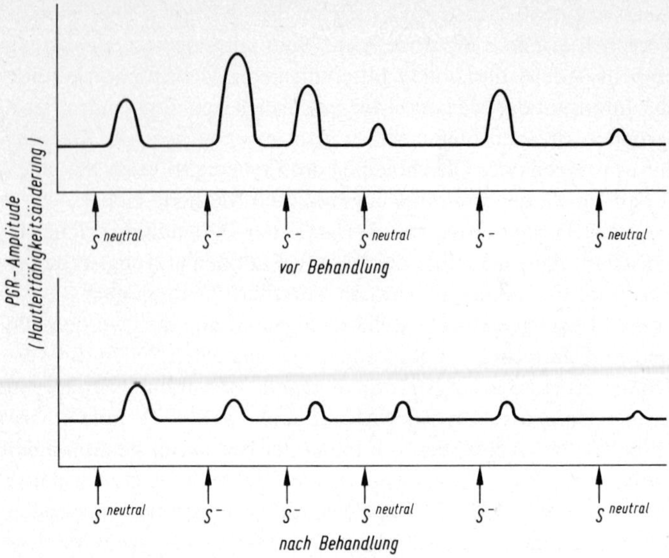

Abb. 12. Stilisiert dargestellte Änderungen der Hautleitfähigkeit auf aversive Reize (z. B. Vorstellung einer gefürchteten sozialen Situation) und auf ähnliche neutrale Reize (z. B. Vorstellung einer ähnlichen Situation ohne aversives „Element") vor und nach der Behandlung. Der erste Reiz ruft eine deutliche Orientierungsreaktion aufgrund seiner Position hervor. Nach der Behandlung müßte die Differenz zwischen neutralen und aversiven Reizen aufgehoben sein.

angegebenen Reiz extreme autonome Reaktionen. Auch hier muß die Ursache sorgfältig erforscht werden, die sehr ähnlich den oben angeführten Problemen sein kann.

Abb. 12 gibt ein Beispiel dieses Vorhabens bei einem Patienten vor und nach der Behandlung.

Von größter Wichtigkeit ist bei diesen Erhebungen grundsätzlich die Messung der *tonischen Aktivierung* in den verschiedenen Maßen und Situationen. Dazu eignet sich die Registrierung der Spontanfluktuation des Hautwiderstands besonders gut. Aber auch wiederholte Blutdruck- und Hauttemperaturmessungen und vor allem EMG von verschiedenen Muskelgruppen (Stirn, Arm, Nacken) können darüber Auskunft geben (zur Technik siehe *Greenfield* und *Sternbach,* 1972; *Thompson* und *Patterson,* 1974). Nach der Messung tonischer Erregung in Ruhe und Aktivierung (z. B. kontinuierlichem Lärm, o. ä.) sollte vor allem die *Geschwindigkeit des Absinkens* der Erregung genau beobachtet werden. Besonders bei psychosomatischen Störungen lassen sich daraus Hinweise auf eventuelle Reaktionsstereotypien ableiten (siehe auch Kapitel V). Darüberhinaus muß natürlich die Intensität der *phasischen Erregung* auf die Angstreize und die „neutralen" Reize erhoben werden. Dafür wird weniger der Hautwiderstand als mehr die HR, Plethysmogramm und kleine Änderungen der EMG-Amplituden nützlich sein.

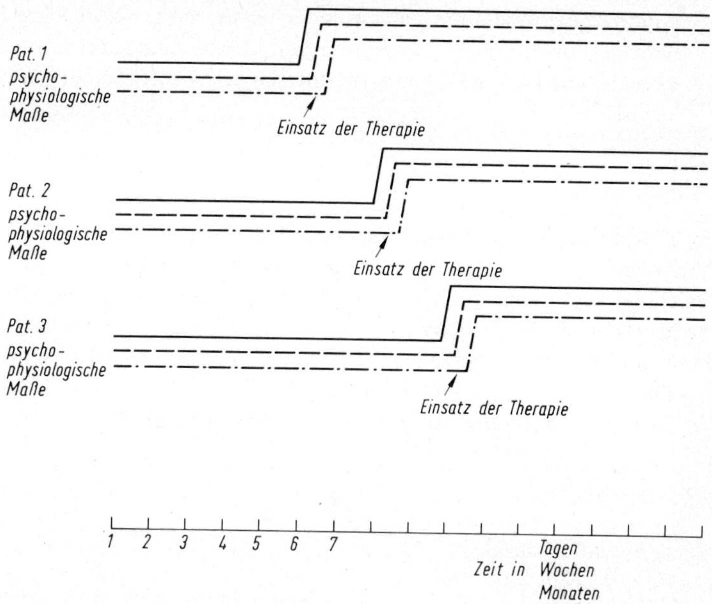

Abb. 13. Erläuterungen siehe Text.

3. ABAB-Design: Vor Einsatz der Behandlung wird mehrmals im Sinne von Punkt 1 und 2 gemessen (A). Danach wird nach einiger Zeit der Behandlung vor deren Abschluß wieder gemessen (B). Danach werden die spezifischen Behandlungseinflüsse entfernt und nach demselben Zeitraum wieder gemessen (A) usw. Dieser Plan wird in der Praxis nur selten realisierbar sein, da die Therapieeffekte nach Aussetzen der Therapie nicht immer rückläufig oder gleichbleibend, sondern weiter fortschreiten werden, was auch erwünscht ist und in vielen Fällen ein solches Aussetzen der therapeutischen Intervention nicht verantwortbar ist. Eine psychophysiologische Anwendung findet sich z. B. in *Sterman* (1976) bei epileptischen Patienten.
4. „Verzögertes" multiples Grundkurvendesign: stehen andere (minimal 3) Patienten mit demselben Problem zur Verfügung, die nicht gleichzeitig behandelt werden können, so empfiehlt sich diese Anordnung, auf Abb. 13 symbolisiert.
   Die Maße werden hinreichend lange vor der Behandlung bei allen Klienten ab demselben Zeitpunkt und auch mehr oder weniger kontinuierlich nach Einsatz der Behandlung erhoben. Der Beginn der Behandlung erfolgt zu verschiedenen Zeitpunkten. Dieses Design erlaubt bereits gesicherte Aussagen über den Effekt von Spontanremissionen und macht spezifische Therapie- oder Therapeuteneffekte sehr wahrscheinlich. Behandeln verschiedene Therapeuten, oder bei automatischer Behandlung (siehe den Artikel von *Lang* in diesem Buch) läßt sich damit auch der Therapeuteneffekt – wenn gewünscht – kontrollieren.

5. Kontrollgruppendesigns unterschiedlicher Qualität, wie sie sonst in der psychologischen Forschung verwendet werden. Diese brauchen hier nicht ausgeführt werden. Im Idealfall ist ein varianzanalytisch aufgebauter Doppelblindversuch anzustreben, was natürlich selten realisierbar ist. (Siehe dazu *Winer,* 1962).

Angsthemmung und Aktivierung

Es kann heute kein Zweifel bestehen, daß es sich beim Problem der Angst bzw. der Angsthemmung um ein „Aktivierungsproblem" handelt. Angst und Unbehagen zeichnen sich primär durch extrem hohe physiologische und subjektive Erregungsniveaus aus. Aufgabe der Angstreduktionsmethoden ist die Wiederherstellung mittlerer Aktivierungsgrade. Handelt es sich um eher diffuse Ängste, muß das allgemeine Aktivierungsniveau gesenkt werden; d. h., daß viele autonome und zentrale Systeme in Richtung überhöhte Aktivität (meist sympathische Erregungsänderungen) ver-

Schlaf-Wach-Regulierung

Generelle, tonische Aktivierung und Desaktivierung

Lokalisierte, phasische Aktivierung und Desaktivierung

Differentielle, selektive Aktivierung und Desaktivierung

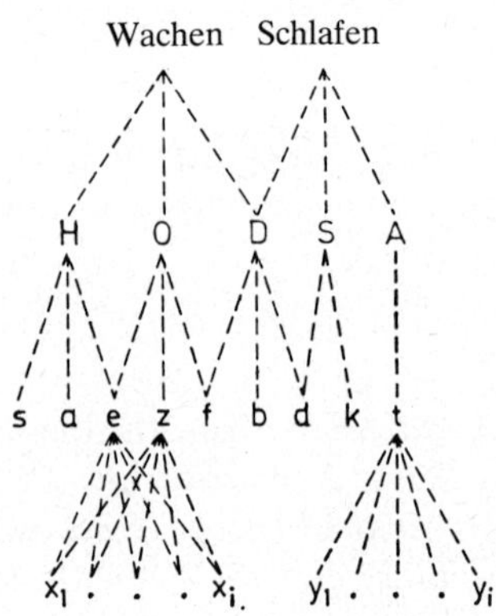

H = Hyperaktivierung
O = Optimale Aktivierung
D = Desaktivierung
S = Synchronisierter Schlaf
A = Aktivierter Schlaf

s = Schreckreaktion
a = Ablenkung
e = Erwartung
z = Zuwendung
f = Fluktuation
b = Blockierung
d = Dämmern
k = K-Komplexe
t = Träumen

x_1........x_i Selektive Akte der Aufmerksamkeit
y_1........y_1 Selektive Akte des Traumerlebens

Abb. 14 a. Hierarchisches Schema der Aktivierungsvorgänge von *M. Haider.*
4 Stufen der Aktivierung: 1. Psychophysiologische Mechanismen der Wach- und Schlafregulierung, welche bereits sehr komplizierte physiologische Regulationsmechanismen einschließen. 2. Generalisierte, tonische Aktivierungs- und Desaktivierungsvorgänge, in deren Verlauf es zu relativ langsamen Niveauverschiebungen der Aktiviertheit kommt. 3. Lokalisierte, phasische Aktivierungs- und Desaktivierungsvorgänge, welche nicht mehr so ausgebreitet sind, rascher auftreten und vergehen. 4. Differenzierte, selektive Aktivierungsvorgänge. Hier bleibt das allgemeine Aktivierungsniveau oft weitgehend unverändert, aber trotzdem sind die Bedingungen für Aufnahme und Verarbeitung von bestimmten Reizen sehr unterschiedlich. (Aus: *W. Schönpflug* (Hrsg.): Methoden der Aktivierungsforschung Bern–Stuttgart–Wien 1969).

schoben sind; sind die Ängste auf isolierte phobische Reize beschränkt, soll die Vp lernen, auf solche Reize mit mittleren Erregungsniveaus zu reagieren. Besonders im Zusammenhang der letzten Gruppe von Personen (spezifische Phobien) werden wir mit der Frage konfrontiert, welche physiologischen Indikatoren am geeignetsten als Maß für die Aktivierung erscheinen. In Abb. 14a und 14b wird die Spezifität von Aktivierungsvariablen an einem hierarchischen Modell von *Haider* (1969) erläutert.

Bei unspezifischen Ängsten werden generelle Indikatoren bevorzugt verwendet (z. B. PGR, Temperatur), bei umschriebenen Phobien spezifische Größen.

Unabhängig davon, ob wir das generelle Aktivierungsniveau oder nur einen spezifischen Aktivierungsindikator betrachten, sollen hohe oder extrem niedere Werte vermieden werden. Extreme Werte in einer der beiden Richtungen blockieren Lernprozesse und damit die Effizienz der Umweltsbewältigung erheblich. Für die meisten Leistungsvariablen gilt eine umgekehrte U-Funktion zwischen Aktivierung und Leistung (*Malmo,* 1962), d. h., daß mittleres Erregungsniveau optimale Leistung ermöglicht.

In letzter Zeit wurde auch klar, daß die Beeinträchtigung von Lernprozessen während extremer Arousalwerte auf einer engen Beziehung – oder möglicherweise sogar Identität – von Verstärkungs- und Aktivierungsmechanismen beruht. Vor allem die Arbeiten von *Olds* (1970) und *Berlyne* (1969) trugen zur Klärung dieser Abhängigkeiten bei.

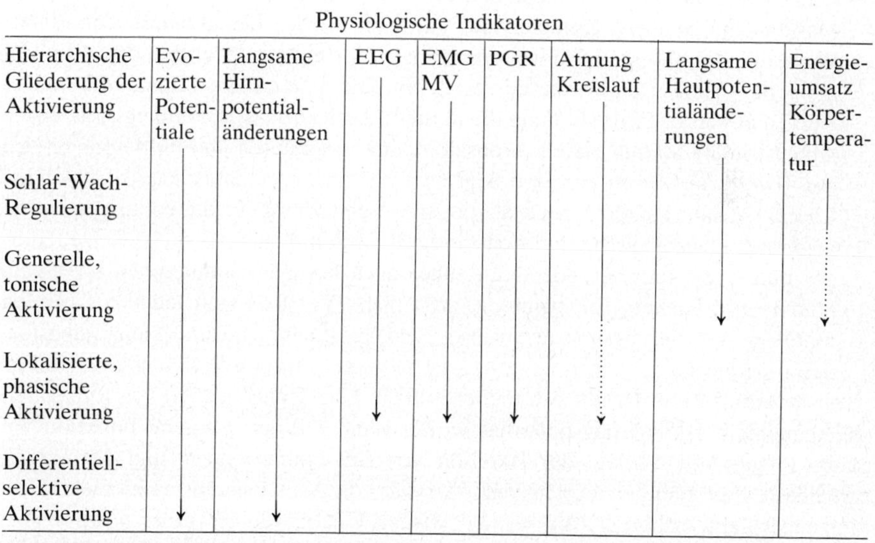

Abb. 14 b. Generalität der Aktivierungsänderungen, gekennzeichnet durch Zahl der mitvariierenden Indikatoren (Aus *M. Haider,* 1969. Mit freundlicher Genehmigung des Huber-Verlages, Bern).

Olds konnte durch seine berühmten Selbststimulationsexperimente zeigen, daß bestimmte Hirnteile, besonders Teile des limbischen Systems als das neurologische Substrat von positiver Verstärkung (Belohnung) anzusehen sind. Elektrische Stimulation dieser Areale wirkt als positive Verstärkung vorausgegangener Reaktionen. *Routtenberg* (1968) konnte wahrscheinlich machen, daß die Aktivität positiver Verstärkerstrukturen auf tiefer liegende Aversions„zentren“ (Angstvermittler) hemmend einwirkt und vice versa. Diesen Beziehungen zwischen den Verstärkerstrukturen entsprechen ganz bestimmte Aktivierungswerte, die man kurz folgend zusammenfassen kann (*Berlyne,* 1969):

1. Der Belohnungswert von Reizen hängt von dem ausgelösten Aktivierungsanstieg oder -abfall ab.
2. Unter manchen Bedingungen wird ein belohnender Reiz Arousal (Aktivierung) reduzieren, unter anderen Bedingungen wird ein Arousalanstieg bereits belohnend wirken, unabhängig von einem darauf folgenden Arousalabfall. Nicht nur Triebreduktion, sondern auch Triebinduktion kann Belohnung bedeuten.
3. Mäßiger Arousalanstieg wirkt belohnend, starker Anstieg wirkt aversiv. Angst führt immer zu extremen Arousalhöhen, daher werden stark aktivierende Hirnstrukturen (Formatio reticularis und dorsales Mittlhirn und Teile des Thalamus) bei effektiver Angstreaktion gehemmt werden müssen.
4. Es gibt ein Belohnungs- und ein Aversionssystem im Gehirn, deren Aktivität vom Arousalwert eines Reizes abhängt. Das Aversionssystem hat eine höhere Schwelle als das Belohnungssystem. In Abb. 15 ist diese Beziehung illustriert. Die Aktivität der beiden Systeme hängt vom Arousalpotential der Reize ab. Das Arousalpotential bildet die Summe aus den psychophysischen (Intensität, Farbe usw.), ökologischen (Assoziation mit biologisch nützlichen Ereignissen z. B.) und kollativen Merkmalen (Neuheit, Komplexität, Variabilität usw.) der aktivierenden Reize. Wenn die Stimulusintensität weiter erhöht wird, steigt die Intensität der aversiven Aktivation stärker an als die der positiven. Die algebraische Summe der beiden Kurven aus Abb. 15 ergibt dann die aktuelle Aktivierungs-Belohnungsfunktion in Abb. 16. Alle Stimuli, deren Arousalpotential im unteren und mittleren Bereich der *Wundt-Berlyne*schen Kurve liegt (Abb. 17), werden daher angsthemmenden Charakter haben und zugleich als positive Verstärkung für die vorausgegangene kognitive, physiologische und motorische Reaktion dienen. Sexuelle Reize, Hunger und Durst reduzierende Reize, aber auch komplexe Situationen wie Spiel, Humor und Lachen, Entspannung, erfreuliche Vorstellungen jeder Art werden mittleres Aktivierungsniveau auslösen und angsthemmend und einprägungsfördernd wirken!

Nach Abb. 15 und 16 läßt sich theoretisch die Lust-Unlustqualität von Reizen mit zunehmendem Aktivierungspotential vorhersagen. Die ausgezogene Funktion auf Abb. 15 gibt den Verlauf der Aktivität von Belohnungszentren und die untere, strichlierte Funktion den Verlauf der Aktivität von Aversionszentren im Gehirn mit steigender „unspezifischer Aktivierung“ wieder. Unkonditional werden positive Verstärkersysteme durch erogene Riezung, bestimmte Geschmacksreize (z. B. süß), Reize mittleren Aktivierungspotentials bei sensorischer Restriktion, bzw. Aktivierung reduzierende Reize bei exzessivem Reizangebot (z. B. Schaukeln des Kleinkin-

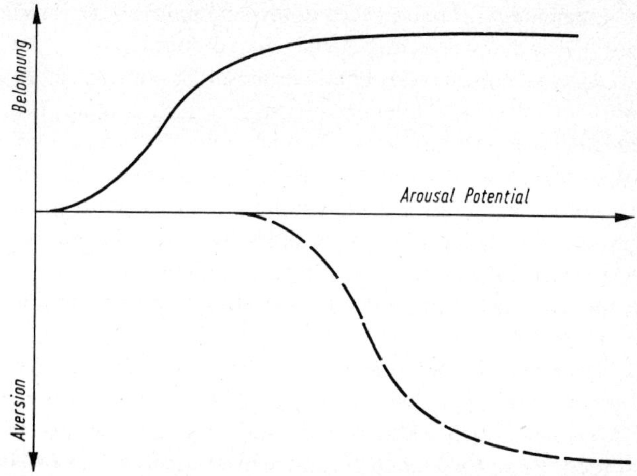

Abb. 15. Hypothetischer Verlauf der Aktivierung eines Belohnungssystems und eines Aversionssystems im Gehirn bei zunehmendem Arousalpotential der Reize. (Erläuterungen siehe Text. Aus *Berlyne,* 1969. Mit freundlicher Genehmigung von Academic Press, New York).

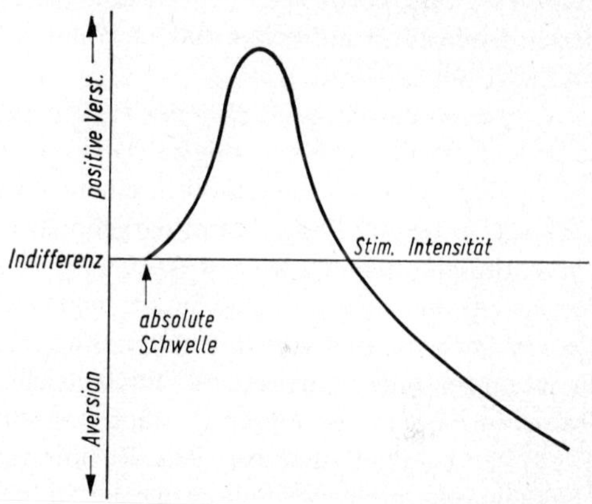

Abb. 16. Abhängigkeit des Belohnungswertes vom Arousalpotential. Optimaler Verstärkerwert bei mittlerem Aktivierungsniveau. (Aus *Berlyne,* 1969, mit freundlicher Genehmigung von Academic Press, New York.)

des nach Lärm, o. ä.), Unterbrechung aversiver Reizbedingungen (negative Verstärkung) und Beendigung muskulärer Restriktion erregt.

Aversionssysteme werden unkonditional durch Schmerzreize, Geschmacksreize (z. B. bitter), exzessiver Aktivierung, defiziente Reizung (sensorische Deprivation), Unterbrechung bestehender Reizung der positiven Verstärkersysteme und Restriktion von Bewegungsabläufen erregt. Verfolgen wir die algebraische Summe beider Funktionen auf Abb. 16 in Abhängigkeit von den beiden Verläufen in Abb. 15, so zeigt sich, daß Reize mit niederem bis mittlerem Aktivierungspotential (bis zum Maximum der Wundt-Berlynschen Kurve) zunehmend positiv verstärkend („lustvoll") wirken, ab dem Kurvenmaximum diese positive Verstärkerqualität durch

„Beimengung" aversiver Qualitäten abnimmt bis sie indifferent wird (Gleichgültigkeit?), um dann eindeutig aversiv zu werden.

Das entscheidende Problem bei dieser Hypothese ist die Definition des optimalen mittleren Wertes (Kurvenmaximum), der nach *Berlyne* (1969) innerhalb einer Person konstant ist. (Diese Kurve ist nicht mit der umgekehrten U-Funktion zwischen Aktivierung und Leistung identisch, wenngleich sie bei vielen Leistungsvariablen mit ihr koinzidieren dürfte.) Der optimale Kurvenpunkt ist im Tierversuch im Prinzip bestimmbar, indem wir die elektrische Aktivität der beteiligten Verstärker- und Aktivierungsstrukturen registrieren. Im Humanbereich wird die Definition eines optimalen Mittelwertes nur durch multiple psychophysiologische Messung möglich sein.

Wir haben in der ersten Ausgabe dieses Buches ein spekulatives Modell der Desensibilisierung formuliert (*Birbaumer,* 1973a, b), das wir später etwas erweiterten (*Birbaumer,* 1975). Das Modell soll hier nicht wieder vollständig wiedergegeben werden, da es im Humanbereich schwer prüfbar ist und einige Annahmen über die physiologische und psychologische Bedeutung des Alpha-Rhytmus und der kortikalen Gleichspannungsverschiebungen enthält, die wir aufgrund der eigenen Forschungsarbeit der letzten Jahre (*Birbaumer,* 1976; 1977; *Lutzenberger* et al., 1977; *Elbert* et al., 1977) und der Arbeiten von *P. J. Lang* und seinen Mitarbeitern (*Öhman* et al., 1977) zur kortikalen Gleichspannungsverschiebung nicht in der damals formulierten Einfachheit aufrecht erhalten können. Die Grundgedanken unseres Modells sind aber unverändert:

Wir gingen davon aus, daß in der systematischen Desensibilisierung (und wohl in jeder anderen Angstbehandlung auch), die aversiven Reize in der Vorstellung oder in der Realität (in-vivo) wiederholt in einem Zustand optimaler Aktivierung (positiver Teil der Berlyneschen Funktion) dargeboten werden, siehe Abb. 17.

Als Beispiel nehmen wir auf Abb. 17 eine sechsstufige Angsthierarchie an, z. B. sechs steigend aversive soziale Situationen eines Agoraphobikers (S_i^- 1, 2 . . . 6). Die Person befindet sich durch Entspannungsinstruktion im positiven Abschnitt der Funktion (mittlere Aktivierung). Durch gleichzeitige Darbietung des ersten aversiven Reizes in einem entspannten Zustand kommt es zu *reziproker Hemmung* (*Wolpe,* 1958) von positiven und aversiven Reaktionen. (Neurophysiologisch könnte dieser Hemmung die nachgewiesene reziproke Hemmung positiver und negativer Verstärkerareale im limbischen System zugrundeliegen.) Die erfolgreiche Angsthemmung von Reiz 1 generalisiert auf Reiz 2, der nun wieder mit positiven Reizen („Entspannung") gepaart wird, usw. *Es ist dabei völlig gleichgültig, auf welche Weise die Person in den optimalen Aktivierungsbereich kommt: Entspannung, Wirkung eines angstfreien Modells, Erschöpfung (in der Reizüberflutungsmethode), kognitive Einflüsse (Bewertung und Neubewertung, Attribution, Selbstinstruktionen, u. a. siehe Kapitel IV und V), positive motorische Ausdrucksäußerungen in Mimik, Gestik, usw. (s. Argyle 1975; Clynes, 1975) und unkonditionierte primäre Verstärker (Lachen und Humor, Sex, Nahrungsaufnahme).* Habituation im Sinne der Arbeit von *Lader* und *Mathews* auf S. 125 spielt dabei als unkonditionierter Vorgang wahrscheinlich eine bedeutsame Rolle. *Denn die conditio sine qua non jeder Angstreduktion ist die wiederholte folgenlose Konfrontation mit den Angstreizen.* Damit sinkt der subjektive Informa-

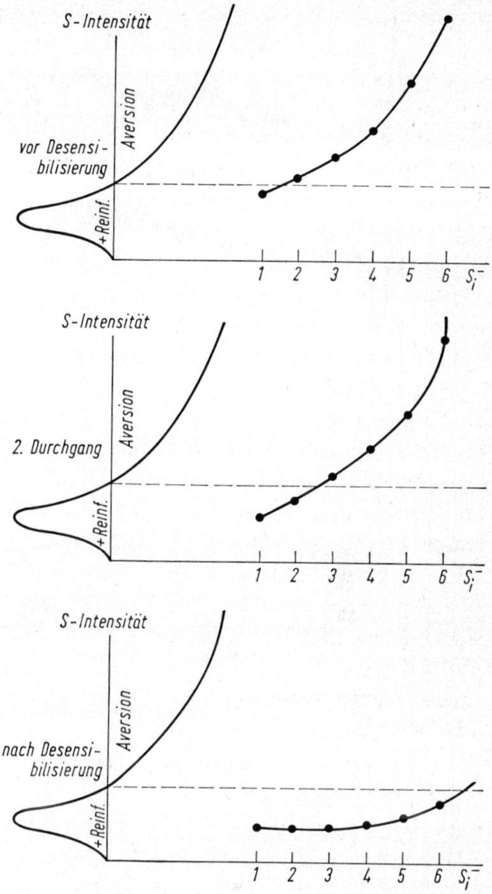

Abb. 17. Hypothetischer Ablauf einer Desensibilisierung mit einer sechsstufigen Angsthierarchie. Auf der Ordinate Höhe des Arousal-Potentials der aversiven Reize und Verlauf des Verstärkungswertes in Abhängigkeit von Aktiviertheitsniveau. Erläuterungen im Text.

tionsgehalt und es braucht keine Energie zur Vermeidung mobilisiert werden. *Als Indikator für das Absinken kortikaler Mobilisierung zur Vermeidung haben wir die negative kortikale Gleichspannungsverschiebungen vor Darbietung des Angstreizes,* während die Person den Reiz erwartet, postuliert. Abb. 18 gibt das Ergebnis einer Untersuchung an Personen mit starken Prüfungsängsten wider. Die Vpn mußten vor und nach der Behandlung auf einen akustischen Warnreiz (Click) nach 1 sec ein Diapositiv mit der Aufschrift „Prüfung" betrachten und sich die Situation vorstellen. Abb. 18 zeigt, daß durch die Behandlung eine Reduktion der Negativität („Erwartungspotential") zwischen Warnreiz und aversiven Reiz erfolgte; die Kontrollgruppe wies diese Veränderung nicht auf (*Birbaumer* und *Tunner,* 1971).

Ein weiteres Ergebnis dieser Untersuchung war die Tatsache, daß im Laufe der wiederholten Darbietung der Angstreize, die Dauer der Alpha-Blockaden nach den Reizen abnimmt (Abb. 19), bis der aversive Reiz keinen Einfluß auf die verstärkte Synchronisation mehr ausübt. Die Geschwindigkeit der „Alpha-Habituation" korre-

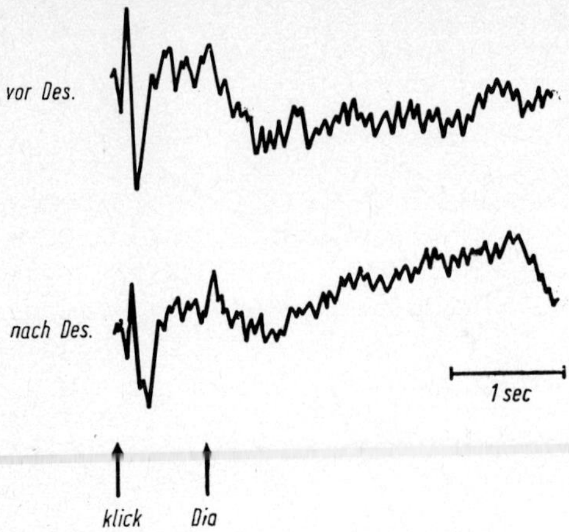

Abb. 18. Erwartungspotential (CNV) einer Versuchsperson vor und nach Desensibilisierung. 800 msec nach einem Warnreiz wurde ein (aversives) Dia mit der Aufschrift „Prüfung" dargeboten. Versuchspersonen waren Studenten mit starker Prüfungsangst. Die Negativität zwischen Warnreiz und S^- ist nach der Desensibilisierung stark reduziert. (Aus *Birbaumer* und *Tunner*, 1971, mit freundlicher Genehmigung vom Arch. Psychol.).

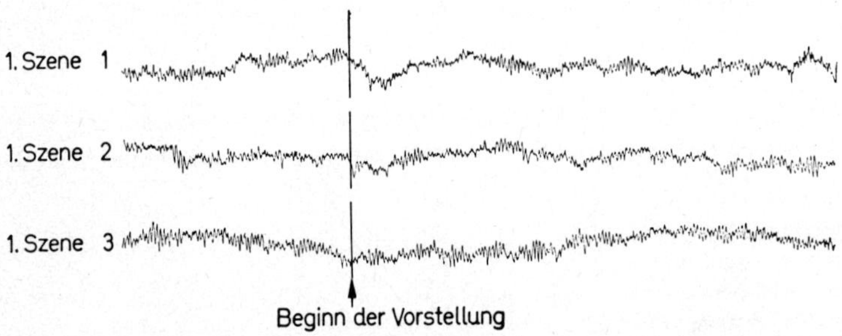

Abb. 19. Zunehmende EEG-Synchronisation bei wiederholter identischer Darbietung (Vorstellung) eines aversiven Reizes in Entspannung. (Aus *Birbaumer* und *Tunner,* 1971, mit freundlicher Genehmigung vom Archiv für Psychologie.)

lierte signifikant mit der subjektiven Angstabnahme. Dieses Ergebnis konnte von *Benjamin* (1976) repliziert werden. Wir haben aus dieser Tatsache und anderen Ergebnissen die Hypothese abgeleitet, daß mittlere kortikale und subkortikale Synchronisation Voraussetzung für Angsthemmung *und* Konsolidierung (Einprägen) der Bewältigungsreaktion sei. Diese Hypothese leiteten wir aus Ergebnissen der neurophysiologischen Gedächtnisforschung ab, vor allem den Arbeiten *R. Johns* (1967), der wahrscheinlich machte, daß mit zunehmender Kohärenz (Synchronizität) der Zellentladungen in vielen kortikalen und subkortikalen Systemen die Konsolidierungsleistung (Überführung von Kurz- in Langzeitspeicher) ansteigt. Extreme Kohärenz – wie sie im Schlafstadium 3 und 4 und im epileptischen Anfall auftritt – stört die Konsolidierung. Als Maß für die Kohärenz elektrischer Aktivität verwendet *John* kortikale und subkortikale Synchronisation (Alpha, Theta, Spindeln) und summierte evozierte Potentiale, deren Amplitude mit zunehmender Kohärenz (d. h. gleichzeitiger Entladung der Zellen mit gleichen Phasenverhältnissen) steigt. Diesen Ansatz – in der Tradition von *Lashleys* (1950) und *Hebbs* (1969) Erregungskreistheorie des

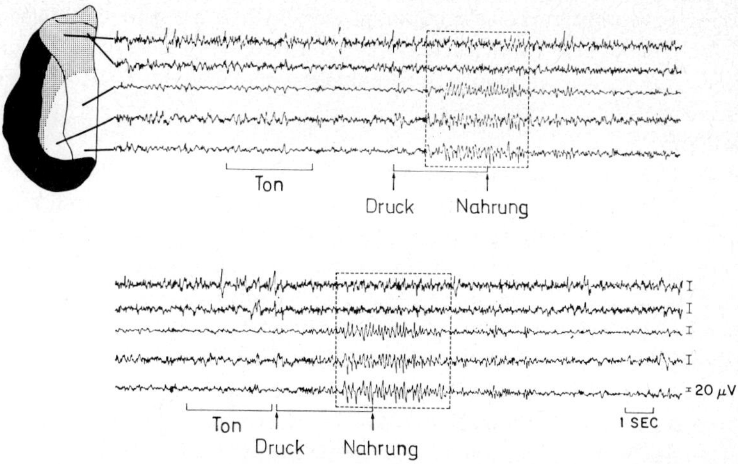

Abb. 20. EEG-Aktivität von verschiedenen Punkten des Kortex der Katze. Postreinforcement synchronization (PRS) besonders in den drei unteren Ableitungskanälen. (Aus *Roth, S. R.,* et al.: 1967, mit freundlicher Genehmigung von Electroenceph. clin. Neurophysiol., Elsevier Publishing Company, Amsterdam.)

Gedächtnisses – integrierten wir in *Berlynes* (1969) und *Olds* (1956) Konzept optimaler Aktivierung und positiver Verstärkung: *Angsthemmung ist danach physiologisch identisch mit Konsolidierung (zelluläre Synchronisation), positiver Verstärkung und „optimaler" Aktivierung.* Als Maß für optimale Aktivierung sahen wir u. a. den Alpha-Rhythmus an. Diese Annahme mußten wir aufgeben, da Alpha-Aktivität psychologisch und wahrscheinlich auch physiologisch kein Indikator von positiver Verstärkung („Belohnung") ist. Kontrollierte Arbeiten zum Biofeedback von Alpha (*Plotkin,* 1976) zeigen, daß Alpha als Korrelat okulomotorischer Prozesse bei selektiver Aufmerksamkeit aufzufassen ist (*Mulholland,* 1973) und damit nicht klar ist, inwieweit die Aktivität subkortikaler Verstärkerstrukturen damit korreliert ist. Vpn bezeichnen den „Alpha-Zustand" nicht – wie von *Brown* (1971) behauptet – als „pleasure" „relaxation", sondern als „boring" (langweilig) und „indifferent". Unsere Hypothese ist damit nicht invalidiert, nur kann kortikaler Alpha-Rhythmus nicht zwangsläufig mit „optimaler" Aktivierung gleichgesetzt werden, wie wir das 1973 behauptet haben. Als weiteren Indikator von Konsolidierung, optimaler Aktivierung und positiver Verstärkung sahen wir die von *Roth* et al. (1967) und *Marczynski* (1972) bei Katzen beschriebene „post-reinforcement-synchronization (PRS)" (s. Abb. 20) bei positiver Verstärkung (z. B. Milchlecken) an. Unsere Annahme wurde durch die Tatsache weiter gestützt, daß *PRS mit Positivierung kortikaler Gleichspannung einhergeht* (*Marczynski,* 1972). Wir gingen dabei davon aus, daß PRS beim Menschen möglicherweise mit dem von *Sterman* (1976) beschriebenen und bei Epileptikern konditionierten sensomotorischen Rhythmus (SMR) am motorischen Areal (prä- und postzentrale Rinde) identisch ist. Der SMR entspricht wahrscheinlich der im Schlafstadium 1 und 2 auftretenden Spindelaktivität von 12–15 Hz mit einer Amplitude kleiner als der Alpha-Rhythmus und dürfte mit zentralmotorischer Hemmung des gammamotorischen Systems einhergehen. *Sterman* nimmt aber auch positiv verstärkende Qualitäten dieses Rhythmus an. Angesichts der vielen ungelösten Fragen über die physiologische Funktion von PRS und SMR erscheinen uns die früher geäußerten Hypothesen zwar weiter als plausibel, aber schwer am Menschen prüfbar.

Zusammenfassend nahmen wir an, daß in der systematischen Desensibilisierung vor Darbietung des Angstreizes durch die Entspannungsinstruktion ein optimaler mittlerer Aktivierungszustand besteht (Indikatoren am Kortex Alpha, Spindeln oder Theta), der subkortikal mit überwiegender Aktivität positiver Verstärkerstrukturen einhergeht. Bei Darbietung des Angstreizes kommt es zu kurzzeitiger Aktivierung in den rechten Teil der Berlyneschen Funktion (Aktivität subkortikaler „Bestrafungssysteme"), durch die hierarchische Anordnung der Angstsituationen ist diese Aktivierung aber relativ schwach, wodurch sie rasch durch neuerliche Entspannung in den optimalen Bereich zurückkehren kann. (Subkortikal hemmen sich danach positive Verstärkersysteme und Aversionssysteme reziprok.)

Nach der Konfrontation mit dem Angstreiz tritt elektrokortikale Synchronisation auf: dies interpretierten wir als Indikator für das Übergewicht positiver Verstärkung und gleichzeitig als Indikator eines zentralnervösen Konsolidierungsprozesses. Eingeprägt wird dabei das Unterlassen der Vermeidungsreaktion (Angstreaktion) und jene (kognitive) Bewältigungsreaktion, die der Hemmung des Vermeidungsverhaltens unmittelbar vorausging. Diese kognitive Bewältigungsreaktion besteht in einer *Neueinschätzung* des wiederholt als folgenlos erlebten Angstreizes *zwischen* den Reizdarbietungen. Durch diese Neueinschätzung zwischen der Reizdarbietung wird die *Erwartungsspannung* vor Darbietung des Angstreizes (als Indikator dafür sehen wir die kortikale Negativität an, siehe Abb. 18) reduziert. Wenn eine Person den Angstreiz wiederholt als folgenlos erlebt, sinkt sein subjektiver Informationsgehalt, es braucht keine „Energie" zu seiner Vermeidung mobilisiert werden.

Die kortikale Negativierung ist ein Abbild des sinkenden Reaktionspotentials (*Hull*, 1951) für die motorische Vermeidungsreaktion. Die kortikale Negativierung geht mit einer triphasischen Herzratenreaktion einher, die wir im nächsten Abschnitt (s. S. 161) detailliert beschreiben. *Habituation* fassen wir hier nicht als passives unkonditioniertes Absinken der Reaktionsintensität der aversiven Reize auf, sondern als Folge der Neueinschätzung dieser Reize. Wir nahmen weiters an, daß die Neueinschätzung der Angstreize u. a. aus dem Aufbau kognitiver Konsistenz (Abbau aversiver kognitiver Dissonanz, s. S. 176) zwischen der erwarteten „Katastrophe" bei Darbietung des Reizes und dem Ausbleiben dieser „Katastrophe" besteht.

Mit der Wahl der Vermeidung hat die Vp (z. B. der Phobiker) den effektivsten und energiesparendsten Weg eingeschlagen. Vermeidung von Inkonsistenz geschieht meist durch Gedankenstoppen, Unterdrückung, Leugnung, Entstellung, Rationalisierung, Verkleinern[1]). Vermeidung wird dann gewählt, wenn die Inkonsistenz bedrohlich ist, da die Versuchsperson hier *kurzzeitig* eine defensive Reaktion benötigt. In dem Ausmaß, in dem Inkonsistenz das Erreichen von Kurzzeitzielen behindert, werden Vermeidungsreaktionen benützt werden. Dies ist der Nachteil der meisten

---

[1]) (Alles Information *abwehrende* Prozesse).

Vermeidungsreaktionen, daß sie zwar kurzzeitig Konsistenz herstellen, aber immer wieder Inkonsistenz auftreten wird, da keine länger wirkenden Methoden zur Bewältigung von dauernd vorhandenen Inkonsistenzen aufgebaut werden. Die Versuchsperson verbaut sich damit sozusagen selbst die Möglichkeit für zukünftige Handlungen Bewältigungsmechanismen aufzubauen, dazu müßte sie Inkonsistenzreduktion für die *Konfrontation mit Inkonsistenz* aufbauen: Einstellungsänderung, Reaktionsmodus-Wechsel, Änderung ihrer Standards oder der sozialen Umgebung[1]) – solche Inkonsistenzreduktionsprozesse sollte sie in der Desensibilisierung lernen.

Auf die Bedeutung „kognitiver“ Prozesse gehen wir noch ausführlicher in Kapitel IV ein.

Habituation und Extinktion

Ein positiver Reiz, der angsthemmend wirkt, muß also den Arousalwert des aversiven Reizes mindestens kompensieren bzw. das Arousalpotential des positiven Reizes soll das Arousalpotential des aversiven Reizes so weit unterschreiten, daß die Differenz kleiner wird und mittlere Aktivierung im Belohnungsbereich resultiert. Man kann nun diesen Hemmungseffekt dadurch beschleunigen, daß man durch Entfernung Aktivierung-induzierender Elemente des aversiven Reizes das Arousalpotential sukzessive erniedrigt. Ein solches Element ist z. B. die Neuheit des Reizes, die durch folgenlose wiederholte Darbietung reduziert wird. Solange aber das generelle Aktivierungsniveau sehr hoch ist oder das Arousalpotential der aversiven Reize durch stark bedrohliche Elemente hoch gehalten wird, kann es zu keiner Aktivierungsreduktion (z. B. in der Desensibilisierung) kommen und das Lebewesen wird nicht lernen, angstverstärkende Vermeidungsreaktionen zu unterlassen. Im Falle generell erhöhten Aktivierungsniveaus muß es daher z. B. durch Entspannungsinstruktion gesenkt werden. Dies ist keine notwendige Bedingung, wie der Erfolg sogenannter Reizüberflutungstechniken (Flooding) zeigt, aber auch für diese Methoden gilt das oben Gesagte, denn auch bei Flooding wird das Unterlassen der Vermeidungsreaktion von starker Arousalreduktion gefolgt.

Erzielen wir unseren gewünschten Erregungsabfall durch Reduktion des Informationsgehaltes bei Reizwiederholung, so spricht man von Habituation oder Gewöhnung. Nun wird der Terminus Gewöhnung im allgemeinen für das allmähliche Verschwinden der Orientierungsreaktion (*Sokolow,* 1963) bei wiederholten Reizen verwendet und nicht für den Abbau konditionierter Reaktionen wie etwa von Angstreaktionen; dafür wurde der lerntheoretische Terminus der Extinktion vorbehalten. Beide Begriffe müssen wir streng von dem sinnesphysiologischen Phänomen der Adaptation (z. B. Dunkeladaptation der Retina des Auges) trennen. Adaptation meint das Absinken der Reaktivität eines Rezeptors auf ununterbrochen bestehende Stimulation. (In der Verhaltensforschung kann der Begriff „Adaptation“ aber auch auf jeden Homöostaseprozeß als allgemeine physiologische oder verhaltensmäßige Anpassung verwendet werden.)

---

[1]) (Alles Information *aufnehmende* Prozesse).

Habituation meint das Absinken der Reaktionswahrscheinlichkeit zentralnervöser und peripherer Strukturen bei wiederholter Reizdarbietung. Obwohl Habituation bereits auf Rückenmarksniveau ablaufen kann (*Thompson,* 1967), sind bei komplexeren Reizen (Angstauslösern) immer zentrale, meist kortikale Regionen beteiligt. Die biologische Funktion von Adaptation und Habituation scheint ähnlich: beide verhindern, daß Aufmerksamkeit auf irrelevant gewordene Reize konzentriert wird und ermöglicht damit Fokusierung der Aufmerksamkeit auf neue Stimulation. – Als ein Ziel des Desensibilisierungsprozesses könnte man auch die *Ablenkung* der Person von den aversiven Reizen oder Vorstellungen und die Hinwendung der Aufmerksamkeit auf neue Situationen auffassen. Die Voraussetzung dafür ist natürlich eine Habituation der S_i^- (aversiven Reize). Obwohl das Gewöhnungsparadigma operational von Extinktion abgrenzbar ist, wird in neuerer Zeit zunehmend die Ähnlichkeit, wenn nicht Identität, beider Prozesse betont. In jedem Fall *lernt* der Organismus, auf uninformativ gewordene Reize nicht mehr oder schwächer zu reagieren. Operational scheint es weiter sinnvoll, die Begriffe zu trennen: im klassischen Konditionierungsschema besteht die Extinktion aus der wiederholten Darbietung des CS ohne UCS. Im operanten Modell wird auf motorischer Ebene extingiert: wiederholt unverstärkt ausgeführte Reaktionen extingieren. Habituation ist vorerst allgemein als Absinken der Reaktionswahrscheinlichkeit auf wiederholte Stimulation zu verstehen, unabhängig, ob es sich um gelernte oder „angeborene" Reaktionen handelt.

Zur Bestätigung der Hypothese relativer Identität von Extinktion und Habituation müßten wir nachweisen, daß die Eigenschaften der einen Prozedur mit denen der anderen austauschbar sind. Dies ist zur Zeit noch nicht möglich und Untersuchungen, die einen korrekten Vergleich ermöglichen, sind selten (*Kling* und *Stevenson,* 1970).

Welche allgemeinen Charakteristiken lassen sich für Habituation anführen (*Thompson* und *Spencer,* 1966; *Mackworth,* 1969)?

1. Habituation hängt von der Wiederholung eines Reizes oder einer Serie von Reizen ab.
   Habituation beeinträchtigt die Leistung in jeder Situation, in der Reaktionen auf einfache wiederholte Reize verlangt werden. Keine oder verringerte Beeinträchtigung wird erfolgen, wenn nach längerer entspannter Desaktivation eine Reaktion auf einen Reiz verlangt wird, oder wenn die Aufgabe von Gedächtnis- und/oder Denkfunktionen bewältigt werden kann. Reaktionsabnahme durch Habituation kann durch Lernen maskiert und kompensiert werden.
2. Habituation ist eine Funktion der Neuheit der Reize oder des Erwartungsmangels auf die Stimuli.
3. Die Abnahme der Reaktionsrate bei Habituation folgt im allgemeinen einer Exponentialfunktion der Reizdarbietungsrate.
4. Wenn ein Reiz Signalqualität erlangt, wird der Orientierungsreflex wieder hergestellt.
5. Die Habituationsrate hängt von der Regelmäßigkeit der Stimulusdarbietung ab. Mit zunehmender Regularität steigt die Habituationsrate.
6. Die Änderungsrate ist eine Funktion der Auftrittsrate: je schneller die Darbietungsrate, um so schneller habituiert die entsprechende Reaktion. Wahrscheinlich gilt dies nicht linear über das gesamte Kontinuum möglicher Auftrittsraten.

7. Wenn der Reiz eine Diskrimination, eine Reaktion oder Entscheidung verlangt, ist die Habituationsrate der Orientierungsreaktion reduziert, je schwieriger die Diskrimination, Reaktion oder Entscheidung ist.
8. Die Darbietung eines unterschiedlichen Reizes während der Habituation führt zur Wiederherstellung der habituierten Reaktion. Verstärkung, Feedback oder irrelevante Reize erhöhen die Leistung in einer Vigilanzsituation.
9. Es bestehen große interindividuelle Unterschiede in den Habituationsraten.
10. Die Habituationsrate wird durch stimulierende Drogen verlangsamt und durch dämpfende Drogen beschleunigt.
11. Zustände extrem hoher oder gesenkter Aktivierung hemmen oder verhindern Habituation. Im allgemeinen wird auf Reize hoher Intensität langsamer habituiert.
12. Jede (überschwellige) Änderung des Musters der wiederholten Stimulation führt zur Dishabituation. Ruhepausen, leichte Änderungen der Reizintensität, der Hintergrundsituation u. ä. bedingen diesen Effekt.
13. Nach Schlafverlust erfolgt beschleunigte Habituation.
14. Erhöhte Reiz- oder Reaktionskomplexität führt zu Verlangsamung der Habituation.
15. Habituation auf eine bestimmte Reizart kann auf andere Reize generalisieren.

In dieser Aufzählung fehlt eine Reihe von Merkmalen des Extinktionsgeschehens: der Einfluß der früher erworbenen Erfahrung mit dem Reiz scheint nicht auf. Die Anzahl vorher gegebener Verstärkungen und die Sequenz, in der diese Verstärkungen gegeben wurden (Verstärkungspläne, schedules of reinforcement). Je größer die Ähnlichkeit zwischen Trainings- und Extinktionssituation, um so schwerer ist das Auftreten eines relevanten Reizes vorherzusagen und um so langsamer wird extingiert. Ja selbst der für uns wesentliche Faktor der Höhe des Aktivierungsniveaus kann nur mit Vorsicht auf die Extinktion angewandt werden. Allerdings sprechen die meisten Experimente dafür, daß Vermeidungsreaktionen bei erhöhtem Aktivierungsniveau der Vp auch schlechter extingieren (siehe den folgenden Artikel von *Lader* und *Mathews* in diesem Band).

Gregory Razran charakterisiert Habituation in seinem bedeutenden Buch „Mind in Evolution" (1971) als die primitivste Form der Verhaltensmodifikation: nur nonassoziative und angeborene Reaktionen sind daran beteiligt. Extinktion ist nicht nur physiologisch komplexer, sondern steht auf einer ungleich höheren Stufe der Evolution. Neurone von spinalen Tieren (ohne ZNS) habituieren nach ähnlichen Verlaufseigenheiten wie komplexe Reize. Einzeller *(Protozoa)* habituieren auf wiederholte taktile Reize; die Habituation ist spezifisch für bestimmte Reize und umgekehrt proportional der Reizintensität. Neurone der spinalen Katze zeigen Habituation, Dishabituation bei Änderung der Reizfrequenz und Sensibilisierung bei hohen Intensitäten (*Groves* und *Thompson,* 1970). Neugeborene Menschen habituieren am schnellsten auf olfaktorische Reize und am schwächsten auf akustische Reize. Hydrocephale und Neugeborene mit Geburtstraumen weisen verzögerte Habituation auf. Dies ist wieder ein Hinweis auf die potentielle Brauchbarkeit der Habituationsgeschwindigkeit als frühzeitiges Diagnostikum für spätere Verhaltensstörungen (s. die Längsschnittuntersuchungen von *Mednick* und *Schulsinger,* 1973 zur Schizophrenie).

Razrans Auffassung von Habituation als der elementarsten Form der Verhaltensmodifikation heißt nicht, daß wir Habituation als Lernvorgang auffassen sollten. Coelenterata (Hohltiere) und alle in der Evolution davor entstandenen Lebewesen und spinale Säuger können nicht konditioniert werden, habituieren aber. Bei Habituation lernen wir nur, nicht mehr zu reagieren, wir lernen nichts „Neues" („For one thing, it is only learning what *not* to do, and not learning what to do and how to do it better, the core of the category of learning". *Razran,* 1971, S. 44). Ein weiteres Argument für die phylogenetische „Primitivität" von Habituation ist die Identität der Habituationsverläufe und -Charakteristiken in der Evolution. *Razran* findet keine evolutionäre Entwicklung von einfachen Lebewesen zum Säuger und Menschen. Bezogen auf Kurzzeithabituation habituieren fast alle Reize nach 3 bis 30 Reizen einer negativen Exponentialfunktion folgend. Dies gilt aber nur für extorozeptiv ausgelöste Reaktionen (auf Licht, Ton und Farben), *nicht* für interozeptiv applizierte Reize (Organdehnungen, elektrische Stimulation innerer Organe) unabhängig von der Reizintensität. Das interne Milieu habituiert nicht oder nur sehr langsam. Reaktionen der Skelettmuskulatur habituieren im allgemeinen schneller als autonome Reaktionen. Dies gilt aber nur für bestimmte Reizintensitäten und Variablen (besonders langsam habituieren Atmung, schwache Hautwiderstandänderungen (kleiner 1% des Basiswiderstandes) und kortikal evozierte Potentiale. Dies scheint uns für die Interpretation von Habituation als Angstreduktionsmechanismus bedeutsam zu sein. Die Habituationsrate ist primär durch Organ- und Funktionseigenheiten bestimmt und weniger durch den evolutionären Status des Organismus (*Razran,* 1971, S. 47).

Die Anzahl von Reaktionssystemen, die nicht habituieren, steigt im Laufe der Evolution: die natürliche Selektion wird u. a. durch zunehmende Anzahl von nicht-habituierenden Reaktionssystemen determiniert (besonders in primären Kortexarealen im Gegensatz zu subkortikalen und spinalen Systemen, die leicht habituieren). Beim einfachen klassischen Konditionieren werden habituierbare Reaktionen zu Orientierungsrekationen (OR) und unhabituierbare Reaktionen spielen die „unkonditionierte Rolle". Die langsam habituierenden Annäherungsreaktionen werden im allgemeinen beim instrumentellen Lernen verstärkt.

Sensibilisierung, dessen physiologische Basis möglicherweise die „posttetanische Potenzierung" darstellt, steht bereits auf einem höheren Niveau der Evolution, existiert aber auch bei der spinalen Katze. Posttetanische Potentierung besteht in lang anhaltendem (meist über Minuten) Anstieg der synaptischen Erregungsvorgänge und führt zu erniedrigter Entladungsschwelle für ankommende Impulse. *Ukhtiomsky* (1962 zit. nach *John,* 1962) meint, daß der US (meist ein intensiver Reiz) einen dominanten Erregungskern (Fokus, im Sinne *Pawlows*) im primären Kortexareal bildet, die Basis dafür sei Sensibilisierung durch posttetanische Potenzierung. Bei adäquaten afferenten Impulsen (CS) kommt es zu massiver Entladung des erregten Areals. Wiederholte Paarung von CS und US führt schließlich zur Stabilisierung des dominanten Erregungsfokus' und dessen Auslösbarkeit durch spätere CS.

Nach dieser evolutionistischen Auffassung stellt Habituation einen elementaren Anpassungsmechanismus dar, der in Interaktion mit einem Sensibilisierungsmechanismus (Anstieg der Reaktionsintensität bei Wiederholung) interagiert und damit auch die Basis für einfache Konditionierungsvorgänge darstellt. – Der Leser wird sich verwundert fragen, was solche elementaren Gesetzlichkeiten bei der mit Sicherheit komplexen Extinktion von Angstreaktionen zu suchen haben. Wir glauben auch nicht, daß lang anhaltende Reduktion von Angstreaktion mit Habituation erklärt werden können. *Die hier dargestellten Arbeiten und Ergebnisse weisen aber darauf hin, daß Kurzzeithabituation bei wiederholter Darbietung der aversiven Reize (z. B. innerhalb von Minuten in der Desensibilisierung) die Voraussetzung für die Entwicklung komplexerer Lernprozesse darstellt, die dann die Langzeitreduktion der Angstreaktionen determinieren.* Dies veranlaßt uns, das Phänomen genauer zu analysieren und mögliche Konsequenzen für effizientere Angstbehandlung daraus abzuleiten.

Theoretisch wurde Habituation vor allem von *Thompson* in den USA und *Sokolow* in der Sowjetunion beschrieben. Die beiden Modelle divergieren z. T. erheblich, die Vorhersagen aus den beiden Theorien sind aber häufig ähnlich und für das Verständnis von Angstreduktion von großer Bedeutung. Wir wollen vorerst die amerikanische Auffassung darstellen, die sehr viel „molekularer" argumentiert als die „kognitivistische" Theorie *Sokolows. Thompsons* Modell (*Thompson* und *Spencer,* 1966; *Groves* und *Thompson,* 1970) wurde an der spinalen Katze entwickelt, während *Sokolov* sowohl am intakten Lebewesen als auch an isolierten Zellanhäufungen arbeitete.

Groves und *Thompson* nehmen folgende Basismechanismen an:

An der Habituation seien zwei unabhängige Prozesse und neuronale Systeme beteiligt, die miteinander interagieren und den Nettoreaktionseffekt bei wiederholter Reizung bestimmen. Habituation geschieht im direkten S-R-Weg (Reiz-Reaktions-System) zwischen afferenten und efferenten Neuronen bzw. spezifischen neuronalen Systemen.

Der zweite Prozeß, Sensibilisierung, läuft in jenen Systemen ab, die das unspezifische Aktivierungsniveau des Organismus bestimmen. Jeder Stimulus, der ein Verhalten auslöst, hat zwei Eigenschaften: er löst die Reaktion aus und beeinflußt den Aktivierungsgrad des Organismus. Wiederholung eines Reizes führt zu einem neuronalen Abschwächungsprozeß im S-R-System, der direkt proportional zur Reizfrequenz und umgekehrt proportional zur Stimulusintensität ist. Frequenz hat einen starken, Intensität einen schwachen Einfluß auf die Habituationsrate im S-R-System. Gleichzeitig aber führt die Darbietung des Reizes zu einem Aktivierungsanstieg in unspezifischen Systemen, einer Sensibilisierung. Am Beginn des Habituationstrainings steigt die Sensibilisierung vorerst an, fällt aber bald ab. Das Ausmaß der Sensibilisierung ist direkt proportional zur Stimulusintensität. Bei hohen Intensitäten ist die Sensibilisierung auch direkt proportional der Reizfrequenz, bei niederen Intensitäten ist sie schwach oder nicht vorhanden. Bei häufiger Reizwiederholung habituiert schließlich auch das Aktivierungssystem durch Interaktion mit habituierenden neuronalen Elementen. Die Stärke des Verhaltens auf einen wiederholten Reiz ist das Nettoresultat beider Prozesse, der Habituation und Sensibilisierung. In Abb. 21 sind die Effekte der beiden hypothetischen Prozesse aufgezeichnet. Die dick gezeichnete Linie entspricht dem sichtbaren Resultat, der Reaktionsintensität, S und H symbolisieren den Verlauf der beiden determinierenden Prozesse, deren Summe die aktuelle Reaktion bestimmt. In A führt niedere Reizintensität zu schneller Habituation, da die Aktivierungssysteme kaum angeregt werden. Die Reizfrequenz

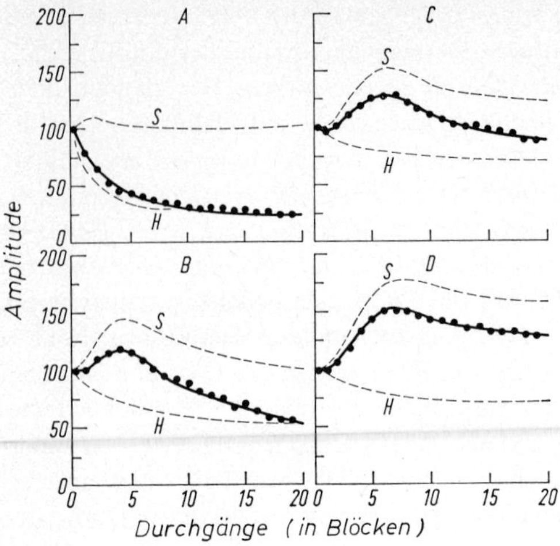

Abb. 21. Zwei-Prozeß-Theorie der Habituation. S = Sensibilisierung. H = Habituation. (Abszisse: Durchgänge in Blöcken; Ordinate: Reaktionsintensität in Prozent der Kontrollintensität).
Es handelt sich hier um Hinterpfoten-Flexion in der akuten spinalen Katze (Aus *Groves* und *Thompson,* 1970).

ist dabei hoch. In D kommt es zu starker Sensibilisierung bei hoher Reizintensität und langsamer Frequenz. B und C stellen Mittelstufen dar, bei denen die Intensität zunehmend erhöht wird. Erhöht man die Stimulusintensität graduell, so erzielt man den besten Effekt, da der Habituationsprozeß nur für schwache Reize eingesetzt werden muß und daher stets die Sensibilisierung kompensiert. Diesen Effekt macht man sich auch in der Desensibilisierung zunutze, indem man Hierarchien der angstauslösenden Situationen bildet. Das Modell von *Groves* und *Thompson* erklärt auch den während der meisten Desensibilisierungsprozeduren auftretenden Sensibilisierungseffekt am Beginn der Therapie, wenn man es auf Langzeithabituation ausdehnen kann, was bei der kurzen Zeitdauer der postulierten Synapsenprozesse problematisch erscheint: im Laufe der ersten Sitzungen berichten viele Personen ein Ansteigen der Ängste über das Ausgangsniveau.

Nach Angaben der Autoren soll das Modell auf allen Ebenen des Zentralnervensystems Gültigkeit haben: der Kratzreflex der spinalen oder dekortisierten Katze habituiert nach prinzipiell gleichen Gesetzen wie das langsame Absinken von Vermeidungsreaktionen auf komplexe aversive Reize. Der Unterschied besteht nur in der Anzahl der beteiligten Nervenzellverbände. In jedem Fall, sowohl bei komplexen als auch einfachen Reizen, laufen Sensibilisierung und Habituation in einem Verband von Interneuronen zwischen afferenten und efferenten Fasern ab. Die Autoren postulieren drei Arten von exzitatorisch-synaptischen Prozessen im ZNS:

a) nicht-plastische Synapsen, deren Aktivation auch bei Wiederholung konstant bleibt,
b) habituierende Synapsen, deren Aktivität mit Wiederholung sinkt und
c) sensitivierende Synapsen, deren Aktivität mit Wiederholung steigt.

Welche neurochemischen oder elektrischen Prozesse diese Differenzen bestimmen, ist nicht bekannt. Aus der Interaktion der drei Typen von synaptischen Prozessen ergibt sich der Sensibilisierungs-Habituationseffekt. Abb. 22 symbolisiert die möglichen neuronalen Substrate für Habituation und Sensibilisierung.

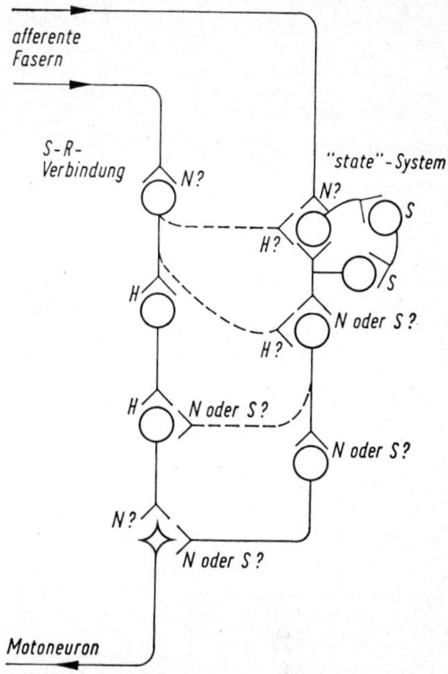

Abb. 22. Schema der hypothetischen neuronalen Substrate für Habituation und Sensibilisierung. (N = nicht-plastische Synapsen. H = habituierende Synapsen. S = sensitivierende Synapsen). H-Synapsen sind primär im direkten S-R-System lokalisiert, S-Synapsen im „state-System". Die Synapsen der ersten und letzten Neurone werden als nicht-plastisch angenommen. Mögliche Interaktionen zwischen beiden Systemen sind strichliert gezeichnet. H-Synapsen aus dem S-R-System können auch eine Abschwächung im „state-System" bewirken. Es genügen aber jeweils eine H-Synapse und eine S-Synapse, um die Ergebnisse zu erklären. Dieses Schema gilt vorerst nur für das Rückenmark, kann aber durch Einfügen weiterer Interneurone beliebig hoch im ZNS weitergeführt werden. Das S-R-System bestünde aus den sensorischen Systemen, dem Kortex, mehreren kortikal-subkortikalen Feedback-Schleifen und den motorischen Systemen. Das „state-System" setzt sich aus den verschiedenen Aktivierungssystemen (Formatio), dem Hypothalamus, limbischen System u. ä. Regionen zusammen. Ein schwacher bis mittlerer Reiz aktiviert H-Synapsen, stärkere Reize aktivieren zusätzlich S-Synapsen (aus *Groves* und *Thompson,* 1970 mit freundlicher Genehmigung der American Psychological Association).

Der Artikel von *Lader* und *Mathews* stützt die Hypothese von *Groves* und *Thompson* auf einem etwas höheren Niveau der Reizkomplexität. Hohe Aktivität des Sensibilisierungssystems (unspezifische Aktivierungssysteme) verzögert oder verhindert Habituation bzw. Anpassung an aversive Reize. Ob das System erst durch die hohe Reizintensität oder bereits a priori eine erhöhte Entladungsbereitschaft aufweist („neurotische Tendenz"), spielt dabei keine Rolle. In jedem Fall wird die Desensibilisierung verzögert.

Weder bei *Groves* und *Thompson* noch bei *Lader* und *Mathews* werden lernpsychologische Überlegungen besonders beachtet. Die Beseitigung von Angst besteht aber wesentlich aus dem Verlernen von Vermeidungsreaktionen. Eine neuropsychologische Hypothese zum Desensibilisierungseffekt muß daher hirnphysiologische

A

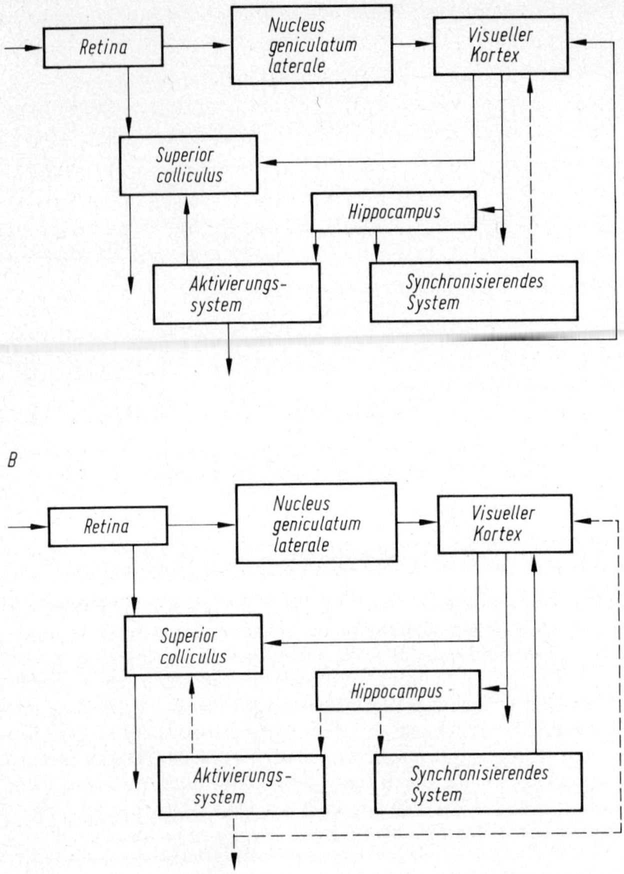

B

Abb. 23. Schema der beteiligten Hirnstrukturen bei Reaktionen auf neue (A) und habituierte (B) Reize. Das Signal aus der Retina gelangt über den Nucleus geniculatum laterale des Thalamus in den visuellen Kortex, wo die visuellen Signale fein analysiert werden. Die festgestellten Reizcharakteristiken gelangen in die Neuheitsdetektoren des Hippocampus und erregen aktivierende Neurone und hemmen die Hintergrundaktivität hemmender Neurone. Die Neuheitsdetektoren, die durch den Reiz erregt wurden, erregen den Aktivierungsmechanismus des Retikulärsystems, das selbst wiederum den visuellen Kortex beeinflußt und seine Aktivität modifiziert. Die hemmenden Neurone des Hippocampus halten die Aktivität des synchronisierenden Systems im Hirnstamm chronisch aufrecht. Während der Darbietung und Verarbeitung eines neuen Reizes wird die spontane Aktivität dieser inhibitorischen Neurone gehemmt. Dies hemmt das synchronisierende System, wodurch die Einflüsse dieses Systems auf den Kortex reduziert werden. Dadurch löst der neue Reiz den Orientierungsreflex aus und erregt den Kortex sowohl durch einen Anstieg der Erregung aus dem Aktivierungssystem als auch durch eine Abnahme der Aktivität des synchronisierenden Mechanismus. Zusätzlich lösen die aktivierenden Einflüsse, die von Neuheitsdetektoren ausgelöst wurden, einige spezifische Reflexe über die Aktivität von Neuronen des Colliculus superior ab (Abb. 23 A). Mit Wiederholung des Reizes ändert sich die Verarbeitung und Auflösung des Signals im spezifischen System nicht. Die Neuheitsdetektoren werden aber nicht mehr erregt, während die inhibitorischen Neurone ihre Aktivität aufrechterhalten. Dadurch verschwinden die aktivierenden Einflüsse auf den Kortex,

Befunde zum Lernen mit der Habituationsforschung integrieren. *Sokolows* (1960, 1963, 1975) Theorie der Orientierungsreaktion ist *Thompsons* Modell zum Teil sehr ähnlich, entspricht aber sehr viel mehr den Anforderungen eines „konzeptuellen Nervensystems" (*Hebb,* 1949) für komplexe Verhaltensänderungen. Das ursprünglich wenig operationalisierte Konzept wurde in den letzten Jahren am Psychologischen Institut der Universität Moskau von *Sokolow* und seinen Mitarbeitern durch Experimente am intakten Kaninchen präzisiert (1975). Nach wie vor ist die Übertragung auf den Humanbereich auf Analogschlüsse angewiesen, viele im Tierversuch analysierten Phänomene können aber auch am Menschen nachvollzogen werden, viele entziehen sich dem Humanexperiment.

Der Grundgedanke *Sokolows* ist ebenso einfach wie bestechend: jeder ankommende Reiz wird in eine Erregungsfolge umgesetzt und erreicht innerhalb weniger Millisekunden über die spezifischen afferenten Bahnen den Kortex. Bereits auf peripherer Ebene (z. B. Retina, spezifischer Thalamus) erfolgt eine Aufbereitung der Information durch Detektormechanismen in rezeptiven Feldern wie *Hubel* und *Wiesel* (1965) und deren Nachuntersucher nachgewiesen haben. Die für Orientierung und Habituation entscheidenden Vorgänge gehen aber aus der Interaktion zwischen *kortikalen* mit den unspezifischen subkortikalen Aktivierungs- und Hemmungsregionen (unspezifischer Thalamus, Hippocampus, retikuläre Formation) hervor! Abb. 23 skizziert die Interaktion dieser Strukturen bei Orientierung und Habituation am Beispiel visueller Reize. Abb. 23 A symbolisiert die Aktivität bei einem neuen Reiz („Orientierung"), Abb. 23 B bei einem habituierten Reiz. Ausgezogene Linien symbolisieren aktivierte Verbindungen, punktierte Linien gehemmte Verbindungen. In Abb. 23 A werden die Charakteristiken (Intensität, Rhythmus, Farbe, usw.) des neuen Reizes im N. geniculatum und dem visuellen Kortex analysiert. Die analysierten Charakteristiken (immer spezifische Impulsmuster, die aus den zu rezeptiven Feldern verschalteten Detektornetzen hervorgehen) aktivieren „Neuheitsdetektoren" im Hippocampus, die wiederum das unspezifische Aktivierungssystem der Formatio reticularis erregen, letztere aktiviert den Kortex und modifiziert (desynchronisiert) dessen Aktivierung. Dabei spielt der Thalamus und limbische Strukturen eine bedeutsame Rolle, die von *Sokolow* hier als „synchronisierendes" System zusammengefaßt werden (siehe genauer *Birbaumer,* 1975). Normalerweise dominiert das Synchronisationssystem durch den Einfluß inhibitorischer Neurone des Hippocampus. Der neue Reiz unterbricht diesen Einfluß, wodurch der Kortex aktiviert wird und die Bildung eines *„neuronalen Modells"* des neuen Reizes ermöglicht wird. Gleichzeitig mit der kortikalen Orientierungsreaktion werden über den Colliculus superior andere Reflexe aktiviert (über die Formatio werden auch die autonomen

Abb. 23. Fortsetzung der Legende.
während die synchronisierenden Einflüsse nicht nur bestehen bleiben, sondern sogar intensiver werden, wodurch langsame Wellen am Kortex entstehen (Abb. 23 B).
————— symbolisieren Verbindungen in der gegebenen Reizsituation.
– – – – – – – sind Verbindungen, die bei der gegebenen Reaktion nicht involviert sind.
A: Aktivität bei einem neuen Reiz;
B: Aktivität bei einem habituierten Reiz.

Orientierungsreaktionen gesteuert, siehe dazu genauer *Birbaumer* und *Lutzenberger,* 1976; *Weil,* 1974). Bei Wiederholung des Reizes (Abb. 23 B) bleibt die Signalfolge im primären afferenten System unverändert, „Neuheitsdetektoren" im Hippocampus werden aber nicht mehr aktiviert, die hemmenden Neurone halten ihre tonische, synchronisierende Aktivität aufrecht. Als Resultat verschwinden die aktivierenden Einflüsse und Synchronisation dominiert im Kortex.

Der Aufbau (Verschaltung) und die Funktion der Detektormechanismen wurden von *Sokolow* (1975) eingehend beschrieben. – Ein neuronales Modell ist eine Anhäufung kortikaler Zellen, in denen Information über Intensität, Dauer, Darbietungsfolge, usw. früherer Erregungsmuster enthalten ist. Stimmen die Paramter der angekommenen Erregungsfolge nicht mit dem neuronalen Modell vergangener Reize desselben Zellsystems überein, so wird die Orientierungsreaktion (OR) durch die kortikofugale Erregung subkortikaler Aktivierungsstrukturen ausgelöst. Stimmen neuronales Modell und die angekommenen Impulsmuster überin, unterbleibt die kortikofugale Aktivierung und limbische Systeme übernehmen die Aktivierungsfunktion und hemmen die medullären und mesenzephalen Anteile der Aktivierungssysteme (*Routtenberg,* 1968; *Birbaumer,* 1975). Es kommt dann zu keiner oder einer abgeschwächten OR (Habituation), zu Konsolidierung und damit zu weiterer Präzisierung des neuronalen Modells.

Neben dem Konzept der Orientierungsreaktion führt *Sokolow* (1960) den Verteidigungsreflex (defensive reflex, DR) ein. Ab einer bestimmten Intensitätsschwelle und bei Aktivierung von „Gefahr- und Aversionssystemen" kommt es nicht zu Habituation, sondern „Sensibilisierung", d. h. Anstieg der Reaktionsintensität. Die neurophysiologische Basis dieses DR wird von *Sokolow* nur unzureichend beschrieben, während sie im Sensibilisierungssystem *Thompsons* integriert ist. In beiden Modellen fehlt die explizite Integration von positiven und negativen Verstärkerzentren (*Olds,* 1973) in die Mechanismen der Entstehung von OR und DR, wie dies bei *Berlyne* (1973) und im Anschluß daran von *Birbaumer* (1975) versucht wird. Die Aktivität von Aversionsstrukturen hemmen die Synchronisationsstrukturen und positiven Verstärkerzentren und verhindern damit Habituation. Zusätzlich führen sie zu peripheren Änderungen (Einengung der Aufmerksamkeit, Anstieg der HR durch Vorbereitung oder Ausführung von Kampf/Fluchtreaktionen, bzw. „Einfrieren" der Reaktion bei Hilflosigkeit), die unvereinbar mit Orientierungsverhalten sind.

Aus den beiden Modellen ergeben sich einige unterschiedliche Vorhersagen, die empirisch prüfbar sind: nach *Sokolow* müssen wir annehmen, daß schwellennahe schwache Reize stärkere OR und langsamere Habituation auslösen, da das neuronale Modell „unpräzise" ist und daher Neuheitsimpulse auch bei wiederholter Reizung entstehen. Nach *Groves* und *Thompson* müßte bei schwachen Reizen schnelle Habituation erfolgen. *Sokolow* prognostiziert daher einen umgekehrt U-förmigen Verlauf zwischen Intensität und Habituation. Weiters würde man nach *Thompsons* Vorstellungen ein graduelles Anwachsen der Sensibilisierung mit der Reizintensität annehmen, nach *Sokolow* eher eine Stufenfunktion, d. h. ab einer bestimmten Intensität tritt Sensibilisierung (d. h. Anstieg der Reaktionsintensität auf). Beide Modelle weisen aber eine Reihe von Gemeinsamkeiten auf, die für die Beschreibung der aktuellen Habituationskurven bedeutsamer als ihre Unterschiede sind.

Habituation in verschiedenen physiologischen Maßen

Die zunehmende Verwendung der Habituationsrate als Diagnostikum und Prognostikum in Klinischer Psychologie und Psychiatrie erfordert eindeutige „Standardverläufe", die zur Vorhersage bestimmter Verhaltensstörungen geeignet sind. Je elementarer eine Verhaltenskategorie ist, um so weniger Varianz erwarten wir und um so weniger sind testtheoretische Prüfverfahren (wie etwa bei psychologichen Tests) notwendig. Trotzdem müssen wir unsere empirisch gewonnenen Habituationsverläufe mit „Normverläufen" vergleichen können, die wiederum von Maß zu Maß, Reiz zu Reiz und von Population zu Population stark variieren. Lineare Korrelationen zwischen Habituationsverläufen verschiedener Maße sind schwach oder nicht vorhanden, was uns aber angesichts der unterschiedlichen metabolischen und physiologischen Aufgaben der einzelnen Systeme nicht überrascht. Die Ursachen dieser Mangelkorrelation sind oft gegenseitige Einflüsse der verschiedenen Systeme aufeinander, die uns wertvolle Aufschlüsse über die Bedeutung eines physiologischen Maßes für bestimmte Verhaltensabweichungen geben.

In mehreren Untersuchungen haben wir in unserem Laboratorium die Habituation von EEG, evozierten Potentialen, PGR, HR und Pulswellengeschwindigkeit (als Blutdruckäquivalent) untersucht (*Schandry* et al., 1976, 1977a, b). Wir gingen bei unseren Untersuchungen von der empirischen Tatsache aus, daß bei individuellen Habituationsverläufen drei Typen von „Habituierern" gefunden werden (*Hölzl* et al., 1974): „Habituierer" mit exponentiell fallendem Verlauf, „anfängliche Sensibilisierer" und „Sensibilisierer". Abb. 24 gibt drei typische Kurven von 3 Vpn aus unseren Daten wieder. Kurven dieser Art fanden wir vor allem bei Leitfähigkeitsänderungen der Haut und evozierten Potentialen, weniger bei der HR.

Bei „normalen" Vpn ist natürlich die Habituationskurve ganz links am häufigsten. bei Reizen mittlerer Intensität (Töne von 300 msec Dauer, 1 kHz, 50–70 db) sinkt die Reaktion des Hautwiderstandes nach maximal 10 Reizen auf mindestens $^2/_3$ der ersten beiden Reaktionen ab. Kurven mit Sensibilisierung (ganz links) sind für extrem aktivierte Personen typisch. Um die drei möglichen Kurventypen hinreichend mathematisch beschreiben zu können, gingen wir von der theoretischen Annahme aus, daß jede Habituationskurve das multiplikative Resultat eines (hypothetischen) Habituations- und Sensibilisierungsprozesses ist. Den Habituationsprozeß beschreiben wir mit der negativen Exponentialfunktion

$$H = a''.e^{-hx}$$

h beschreibt die Habituationskomponente, a″ ist eine Konstante, die die absolute Höhe der Kurve bestimmt, x die aktuelle Reaktionshöhe.

Den Sensibilisierungsprozeß beschreiben wir dagegen mit einer positiv beschleunigten Exponentialgleichung

$$S = a'.(1-be^{-sx})$$

wobei s den Beitrag der Sensibilisierungskomponente, a und b sind Konstanten der jeweiligen Kurve. Die aktuelle Funktion lautet danach

$$y = a(1-be^{-sx})e^{-hx}$$

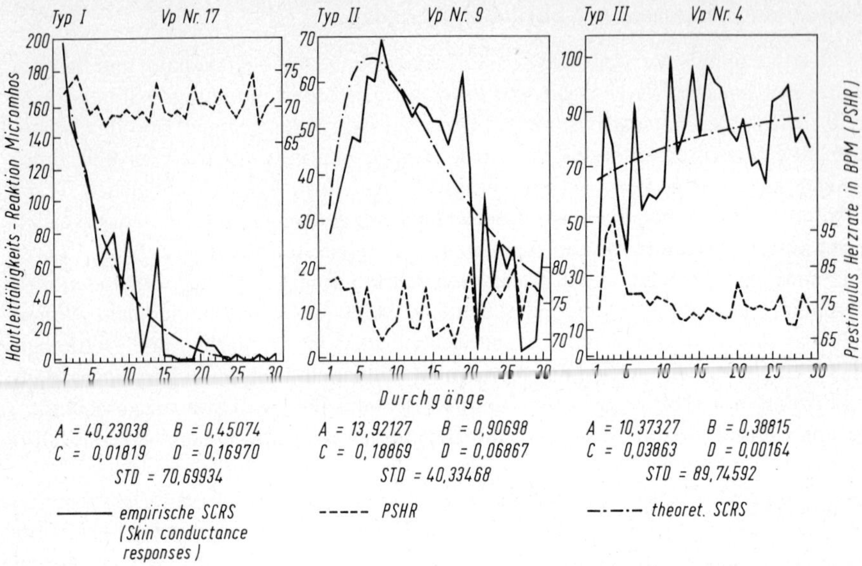

Abb. 24. Empirisch gewonnene (————————) und theoretisch vorhergesagte (–.–.–) Hautleitfähigkeitsreaktionen auf 30 akustische Reize. Links eine Person vom Typ „Habituierer", Mitte „Sensibilisierer-Habituierer", rechts „Sensibilisierer". Die Herzrate vor jedem Reiz (– – – – – –) ist stabil, spontane Aktivierungs-„schübe" als Auslöser der Reaktion sind daher unwahrscheinlich. Unten die berechneten Werte der oben angeschriebenen Modellfunktion (aus *Hölzl* et al., 1974).

In einem Anpassungsverfahren werden die Parameter a, b, s, h systematisch so lange variiert bis die Abweichungsquadrate der Rohdaten von der angepaßten Funktion minimal sind. Damit lassen sich für jede Kurve der Anteil von „Habituation" und „Sensibilisierung" (Defense bei *Sokolow*) quantitativ angeben. Die obige Gleichung eignet sich für alle verwendeten physiologischen Maße und auch für die subjektiv erlebte Reaktionsintensität. Unser Modell macht keine Voranahmen über die Gültigkeit einer der beiden dominierenden Habituationstheorien. Wir halten nur einen kontinuierlichen Beitrag der Defensivreaktion (bei *Sokolow*) oder Sensibilisierung (im Sinne *Thompsons*) mit steigender Intentität für wahrscheinlicher als eine absolute Schwelle. In diesem Sinne vereint das Modell beide Theorien und erlaubt vergleichbare Beschreibungen der beiden determinierenden Anteile. – Die empirischen Ergebnisse unserer Untersuchungen und auch der meisten übrigen Arbeiten am Menschen (zusammengefaßt von *Graham*, 1973) sprechen eindeutig für *Sokolows* Theorie, da bei Reizen schwacher Intensität reliabel eine Verlangsamung der Habituation auftritt.

Obwohl man in Diagnostik und Therapie von Verhaltensstörungen häufig die „relevanten" Angstreize der jeweiligen Person verwenden will, soll die Habituationskurve an „sinnlosen" Reizen (am besten neutrale akustische Reize, siehe unten) erfolgen, um Vergleiche zwischen Personen und bisherigen Arbeiten zu ermöglichen. Man kann wohl meist davon ausgehen, daß die Habituationskurve auf einfache Reize

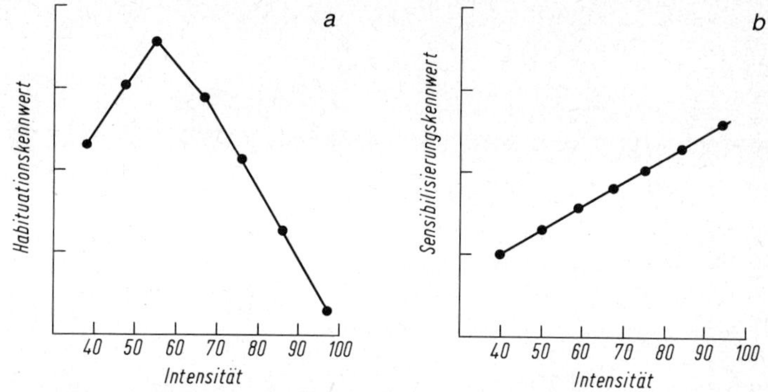

Abb. 25 a und b. Abhängigkeit des Habituationskennwertes von der Reizintensität (a). Abhängigkeit des Sensibilisierungskennwertes von der Reizintensität (b).

ein elementares Verhaltenscharakteristikum der Person darstellt, das auch auf Reize mit höherem Informationsgehalt generalisierbar ist (siehe auch die Arbeit von *Lader* und *Mathews* in diesem Buch).

In unseren Untersuchungen boten wir 30 Reize von 300 msec Dauer in 7 verschiedenen Intensitäten dar (reine Sinustöne, 1000 Hz, 25 msec An-Abfallzeit, 40, 50, 60, 70, 80, 90, 100 db, Interstimulusintervall (ISI) pseudozufällig von 15 bis 20 sec, Reiz immer am selben Punkt des Atmungszyklus). Wir können hier nur einige Aspekte der Resultate darstellen (Zusammenfassung bei *Schandry,* 1977).

Hautleitfähigkeit

Nach 10 Reizen ist im Durchschnitt die Reaktion auf ein konstantes Niveau habituiert. Die Habituationsgeschwindigkeit ist deutlich nach einer umgekehrten U-Funktion intensitätsabhängig, was *Sokolows* Theorie für den Hautwiderstand stützt (Abb. 25a, b). Der Sensibilisierungskennwert steigt monoton mit der Intensität. Die Intensität der Habituationsgeschwindigkeit korreliert zu –0,7 mit der Anzahl der Spontanfluktuation, die ein ausgezeichnetes Maß der tonischen Aktivierungshöhe darstellen. Je höher die tonische Aktivierung um so langsamer erfolgt die Habituation.

Die Hautwiderstandkurve stellt den psychologisch bedeutsamsten psychophysiologischen Parameter dar. Wir dürfen dieses Maß (bei korrekter Registrierung und Auswertung) als den zuverlässigsten Indikator zentralnervös gesteuerter, sympathischer Aktivierung ansehen.

Die Häufigkeit der Spontanfluktuationen gibt die tonische ZNS-Aktivierung wieder, die Höhe der phasischen Reaktion ist ein Abbild der „kognitiven" und emotionalen Bewertungsintensität eines angekommenen Reizes, wobei besonders die Abfallzeit (Recovery-function) der Leitfähigkeitskurve Speicherprozesse wiederzugeben scheint (Johnson, 1973; Epstein et al., 1975). Im Gegensatz dazu ist die HR weniger Abbild sensorischer (afferenter) Vorgänge (Bewerten, Speichern, usw.) wie das PGR, sondern Korrelat motorischer (efferenter) Vorbereitung und Handlung.

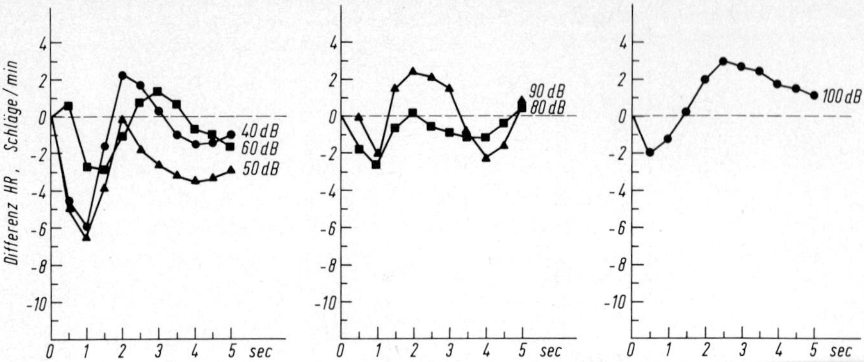

Abb. 26. s. Text.

Herzrate (HR)

Die Herzratenreaktion auf einfache Reize besteht – wie bereits *Lang* in seinem Artikel ausführte – aus einer anfänglichen Verlangsamung (bereits innerhalb einer halben Sekunde), die unterschiedlich lang, selten jedoch mehr als 2 sec anhält, einer nachfolgenden Beschleunigung (2–5 sec) und darauf folgenden Verlangsamung, die stärker ausgeprägt ist, wenn die Person einen zweiten Reiz erwartet oder sich auf eine Reaktion nach einem zweiten Reiz vorbereitet. *Die anfängliche Dezeleration wird als Orientierungsreaktion aufgefaßt, die Reizaufnahme und Lernen erleichtert, die Akzeleration als Teil eines Defensivsystems, das den Organismus zwar mobilisiert, aber die Reizaufnahme hemmt. Lacey und Lacey (1970) zeigten, daß Aufgaben, die interne kognitive Bearbeitung (z. B. Problemlösen) oder aversive Reizung beinhalten starke Akzeleration und Streuungserhöhung bedingen, während Aufgaben, die mit einfacher »Aufnahme der Umgebung« einhergehen, Dezeleration bewirken.* Mit der Stärke der Dezeleration korreliert auch die Höhe der kortikalen Gleichspannungsverschiebung in Erwartungssituationen, ein Ergebnis, das wir in mehreren Arbeiten bestätigen konnten (*Birbaumer* et al., 1975).

Abb. 26 zeigt den gemittelten Verlauf der HR auf Töne mit unterschiedlicher Intensität. Unsere Ergebnisse bestätigen sowohl *Sokolows* Theorie als auch die oben besprochene Interpretation der Herzrate: die anfängliche Dezeleration sinkt mit zunehmender Intensität, die Akzeleration steigt. Die Habituation der ersten Dezeleration ist sehr schnell und im allgemeinen nach fünf Reizen abgeschlossen, die deutlichste Habituation erfolgt, wie auch in allen anderen Maßen vom ersten auf den zweiten Reiz. Die Abhängigkeit der Habituation der Dezeleration von der Reizintensität ist umgekehrt u-förmig wie im Hautwiderstand. Mittlere Intensitäten (60, 70, 80 db) lösen relativ schnelle Habituation (bei hohen Reaktionen) aus, niedere Intensitäten langsame Habituation (ebenfalls bei deutlichen Dezelerationen), hohe Intensitäten keine Habituation, bei Verschwinden der Dezeleration und steigender Akzeleration. Die HR-Reaktion habituiert auch im Schlaf (im Schlafstadium 2), während im Schlaf keine Hautwiderstandsreaktion erfolgen kann (bei oft starken Spontanfluktuationen, sogen. „Leitfähigkeitsstürmen". Siehe *Johnson* et al., 1975).

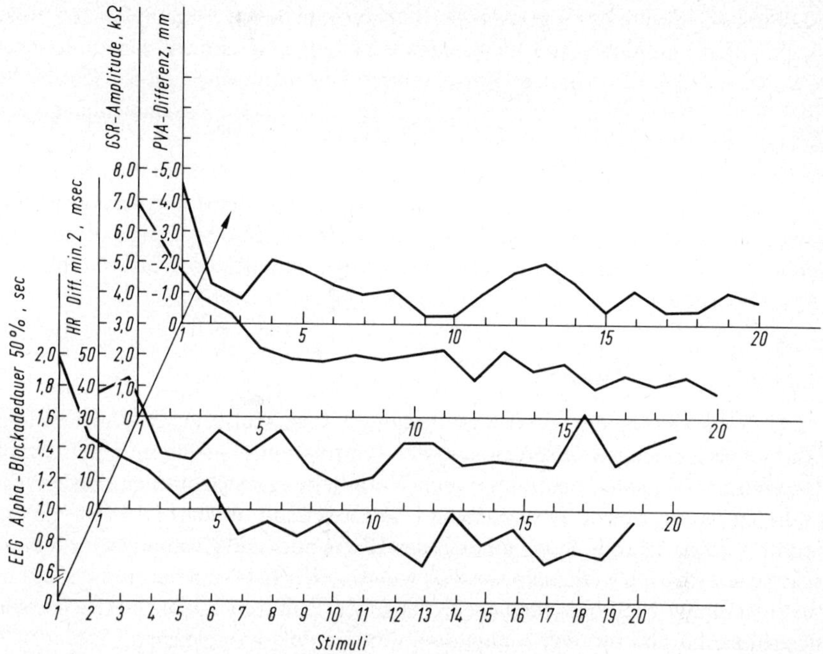

Abb. 27. Habituationskurven von vier physiologischen Parametern (aus *Schröder,* 1976).

EEG

Beim Menschen ist die Blockade der Alpha-Wellen primär von der Aktivität des okulomotorischen Systems abhängig (*Mulholland*, 1973). Bei visuellen Reizen ohne Informationsgehalt (Blitz) habituiert die Alpha-Blockade nach fünf bis zehn Reizen auf etwa die Hälfte der Dauer des ersten Reizes (*Schröder*, 1976) und bleibt dann relativ konstant. Bei den ersten Reizen ist die Desynchronisation über weite Hirnareale registrierbar, später bleibt sie zunehmend auf das primäre Projektionsareal beschränkt. Bei akustischen Reizen, die visuelle Aufmerksamkeit weniger involvieren, verläuft die Habituation schneller. Abb. 27 zeigt die Habituation auf Lichtreize (Blitze) von Fingerplethysmogramm (PVA), PGR, HR und Alpha-Blockade. Die Abbildung zeigt deutlich, daß die kardiovaskulären Parameter nach einem bis zwei Reizen habituiert sind, während PGR und EEG erst nach zehn Reizen wenig Änderung mehr zeigen. Aufmerksame „sensorische" Orientierung affiziert zentralnervöse Strukturen, während das kardiovaskuläre System kaum aktiviert wird, da keine motorische Bereitschaft notwendig ist. Diese Korrelationsverhältnisse konnten in mehreren Arbeiten gefunden werden und gelten im allgemeinen auch im psychopathologischen Bereich (siehe unten). *Berlyne* (1965) fand auch zunehmende Blockadendauer und PGR-Amplitude mit zunehmender Komplexität, Unsicherheit und Konfliktträchtigkeit des Reizes. In unserem Laboratorium fand *Eiband* (1974) eine deutliche Korrelation zwischen Habituation im PGR und der subjektiv erlebten

Habituation (s. unten). Angesichts der klar verschiedenen psychologischen und physiologischen Funktionen der beobachteten Systeme, ist es nicht verwunderlich, daß *Schröder* (1976) keine lineare Korrelationen fand. Ähnliches gilt für Korrelationen über Vpn, wo extreme intraindividuelle Differenzen hohe Zusammenhänge verhindern. Wenig ist bisher über die intraindividuelle zeitliche Konstanz von Habituationsverläufen bekannt, wir dürfen aber hier – auch im psychopathologischen Bereich – bei unverändertem Funktionszustand der einzelnen Systeme und der Verhaltensstörung höhere Konstanz als zwischen Personen annehmen. Die Langzeitstudien *Mednicks, Schulsingers* und ihrer Mitarbeiter (siehe unten) zur Schizophrenie stützen diese Annahme.

Kortikal evozierte Potentiale

Die Registrierung der von den wiederholten Reizen ausgelösten evozierten Potentiale in verschiedenen Hirnregionen gibt Information über die unmittelbar auf die Darbietung folgenden zentralnervösen Verarbeitungsmechanismen. Bisher konnte Habituation evozierter Potentiale nur unzureichend studiert werden, da immer mehrere reizsynchrone Summationen des EEGs notwendig waren, bevor die extrem schwachen (5–10 μV) Signale sichtbar wurden. Wir haben in unseren Arbeiten eine mathematische Methode entwickelt, die uns erlaubt, auch einzelne Reaktionen zu quantifizieren und mit den summierten Antworten zu vergleichen (*Schandry* et al., 1976).

Abb. 28 zeigt ein typisches summiertes evoziertes Potential auf einen 7odb, 300msec, 1000Hz Sinuston, 30 Reize summiert. Die Negativität um 100 msec (N_1) wird von einer Positivität um 200 msec (P_2) gefolgt, auf die um 300 msec die P_{300} folgt.

Grundsätzlich habituieren alle Komponenten des evozierten Potentials (bis 350 msec nach dem Reiz) *sehr viel langsamer* als alle bisher besprochenen Maße. Die frühen „primären" Komponenten (vor 100 msec) als Korrelat der ersten Reizverarbeitung in den primären Projektionsarealen bleiben auch nach vielen hundert Reizen konstant (*Callaway*, 1975). Die primären kortikalen Systeme vergleichen jeden ankommenden Reiz mit dem „neuronalen Modell" ähnlicher und vorausgegangener

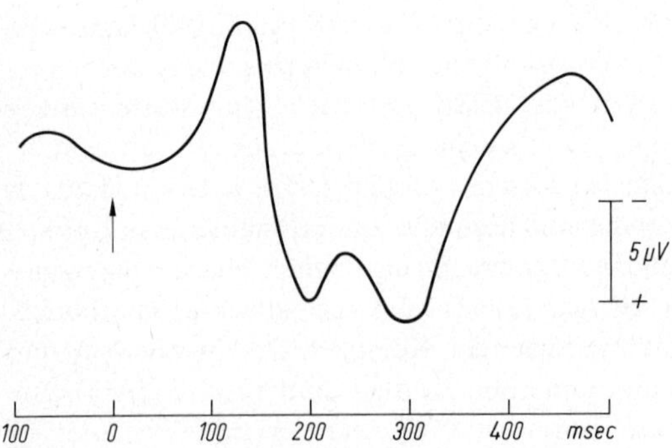

Abb. 28. s. Text.

Reize, wie dies aus *Sokolows* Theorie hervorgeht. Die negative Komponente um 100 msec (N_1 bei akustischen Reizen) habituiert nach etwa 80 Reizen auf $^1/_3$ ihrer ursprünglichen Größe (*Frühstorfer* et al., 1970), dies aber bei extrem kurzen, regelmäßigen ISIs. Wir fanden bei unregelmäßigen ISIs von 15–25 sec nach 30 Reizen praktisch keine Habituation der frühen Komponenten (*Schandry* et al., 1977a). Bei der anschließenden Komponente (N_1P_2, d. h. von der negativen Welle um 150–100 msec bis zum Maximum der positiven Welle um 150–200 msec) habituieren nur Reize niederer Intensität (40 und 50 db) in Abhängigkeit von der Intensität (je niedriger Intensität umso ausgeprägtere Habituation). Dieses Maß verhält sich also eher in Einklang mit *Thompsons* Theorie der Habituation, was darauf hinweist, daß der Aktivierungsanstieg bei schwellennahen, schwachen Reizen erst die Konsequenz zeitlich danach liegender zentralnervöser Vergleichsprozesse ist. Die Änderungen um 100–200 msec dürften nur einfache Reizcharakteristiken, vor allem deren Intensität direkt abbilden. Die positive Welle um 300 msec (P_{300}) dagegen ist bereits Teil der kortikalen Orientierungsreaktion, wenngleich auch diese Komponente keine Habituationsverlangsamung bei schwellennahen Reizen zeigt. Die P_{300} habituiert in allen von uns verwendeten Reizintensitäten *unabhängig* von der Intensität. Die Habituationsgeschwindigkeit ist aber auch bei der P_{300} erheblich langsamer als in den übrigen physiologischen Größen. Die Amplitudenhöhe der P_{300} ist nicht mehr Abbild objektiver Reizcharakteristiken, sondern Abbild subjektiver „Unsicherheit", „Bedeutung", „Entscheidung" und „Orientierung" (*Callaway*, 1975). Angesichts der „Bedeutungslosigkeit" aller Reizintensitäten ist nicht verwunderlich, daß sich wenig Habituationsunterschiede zeigen.

Habituation als Diagnostikum bei Verhaltensstörungen

Wie wir bereits an anderer Stelle vorgeschlagen haben (*Birbaumer*, 1974) sollten folgende psychophysiologische Erhebungen vor, während und nach Verhaltensmodifikation erhoben werden:

1. *Ruhewerte*
2. *Adaptation an Laborumgebung*
3. *Habituation auf einfache Reize*
4. *Erwartung einer für die Person „relevanten" Streßsituation, in der sie reagieren muß (kein passiver Streß) über mindestens 3 min.*
5. *„Beruhigung" nach Streßsituation, d. h. Geschwindigkeit, in der die Werte auf das Ausgangsniveau absinken.*
6. *Verbale „Kontrolle" der physiologischen Maße durch Vorstellung aversiver und nicht aversiver Reize.*

Die Realisierung einer klassischen Konditionierungsanordnung in Kombination mit einem Flucht- oder Vermeidungsparadigma, wie wir es in Kapitel III S. 144 darstellen, wird in den meisten Fällen zu aufwendig sein, obwohl von einer derartigen Versuchssituation besonders wertvolle diagnostische Aufschlüsse zu erwarten sind.

Wir wollen uns hier vor allem mit der Habituationsrate als Diagnostikum bei den wichtigsten psychopathologischen Gruppen befassen, aber auch Ergebnisse der anderen eben genannten vier Bedingungen – soweit vorhanden – einbeziehen.

a) Angststörungen (Hyperaktivierung)

Laders Ergebnis (siehe Kapitel I S. 12) deutlich verlangsamter Habituation des Hautwiderstandes und erhöhter Spontanfluktuation in Ruhe (nicht unter Aktivierung!) bei Angst wurde mehrmals bestätigt (siehe auch *Lader,* 1975). An Spinnenphobikern konnten wir zeigen (*Eiband,* 1974), daß mit verlangsamter Habituation im Hautwiderstand die subjektive Habituation einherging: die Klienten skalierten jede Reizdarbietung (Dia mit Spinne) mit der von uns entwickelten Fingerspannenskalierung (*Birbaumer* et al., 1973). Mit zunehmender Aversivität des Reizes sank die Habituationsrate in beiden Ebenen und stieg der Sensibilisierungsanteil. Extrem intensive Reize führten zu einem Anstieg der subjektiven und autonomen Erregung mit Reizwiederholung. Je weiter die Angststörung auf viele soziale Situationen generalisiert ist, um so deutlicher ist die oben genannte Beziehung zwischen Habituation und Fluktuationsrate und um so schlechter ist die Behandlungsprognose. Der Basiswiderstand ist bei Angststörungen oft deutlich erniedrigt, was zu einem »Plafondeffekt« (Anfangswertgesetz) der Hautwiderstandsreaktionen führen kann! Die Basiswerte sind daher sorgfältig zu erheben und u. U. als Korrektur der evozierten Schwankungen zu verwenden (siehe dazu den Artikel von *Lang*).

Für fast alle psychophysiologischen und biochemischen Maße gilt die Tatsache, daß bei Angststörungen (einschließlich psychosomatischer Störungen in deren betroffenen Reaktionssystem) die Aktivierung nach Streßreizen *langsamer* auf das Ausgangsniveau absinkt! Wir verwenden besonders diese Differenz als wesentlichen Indikator bereits erzielter „Selbstkontrolle" autonomer Erregungen.

Die HR wird nur dann ein reliabler Indikator für Angstreaktionen sein, wenn die Meßsituation eine motorische Mobilisierung vor oder während einer aversiven Situation einschließt. Diese Mobilisierung muß nicht zu tatsächlichen motorischen Reaktionen führen, sie kann auch covert (verdeckt) z. B. im Rahmen von Vorstellungen oder Filmen („ideomotorische Aktivierung") evoziert werden. Als Maß der Habituationsrate ist die HR wenig geeignet.

Das Elektroenzephalogramm eignet sich wegen der aufwendigen Registriertechnik weniger zur praktischen Verwendung im klinischen Kontext. Aber auch hier wurde deutlich verlängerte Habituation der Alpha-Blockade (*Birbaumer* und *Tunner,* 1971) und erniedrigte kortikale Gleichspannung (CNV) in Erwartungssituationen mit *ablenkenden Reizen* gefunden (*McCallum* und *Walter,* 1968), beides dürfte sich als Diagnostikum vorzüglich eignen.

Mit Ausnahme der Ruhewerte, wo inkonstistente Resultate vorliegen (*Lader,* 1975) wird in allen übrigen Testsituationen deutlich erhöhte Aktivität des gemessenen Systems vorliegen. Schwierig ist dabei aber vor allem die Messung der „verbalen" Kontrolle. *Lang* et al., 1970 (siehe seinen Artikel) zeigten, daß bei hoher Korrelation zwischen Vorstellungsintensität und Herzratenbeschleunigung (Konkordanz) die Angstreduktion stabiler bleibt. *Hinweise auf Diskordanz zwischen den Ebenen stellen ein bedeutsames Diagnostikum dar.* Schwierig ist dabei natürlich die Definition von „Diskordanz" im Einzelfall (siehe dazu das letzte Kapitel dieses Buches, S. 271 und *Birbaumer,* 1977).

b) „Psychopathie" (Hypoaktivierung)

Die Klassifikation der „antisozialen Persönlichkeit" hat sich heute weitgehend von den vagen und wertenden Definitionen der klassischen Schneiderschen Psychiatrie entfernt. Dieser Begriff ist an die psychophysiologische und lernpsychologische Theorie der Soziopathie, wie sie von *Schachter* (1971) und anderen Experimentalpsychologen (*Hare,* 1975) formuliert wurde, gebunden und entsprechend experimentell operationalisierbar. Die klinischen Kriterien des „Psychopathen" (normal intelligent, kein „Verantwortungssinn", kein „Wahrheitssinn", keine Angstzeichen, keine Reue nach antisozialem Verhalten, Egozentrismus, Affektarmut u. a.) beziehen sich bei ihrer psychophysiologischen Operationalisierung nicht nur auf den „erfolglosen" Gefängnisinsassen, sondern auch den erfolgreichen Soziopathen, der nicht mit sanktionierenden Institutionen in Berührung kommt.

Kernpunkt jeder modernen Theorie der Psychopathie ist

1. herabgesetztes tonisches Aktivierungsniveau und
2. gestörtes Vermeidungslernen

wobei der zweite Aspekt zum Teil vom ersten abhängt (siehe *Berlynes* Modell auf S. 92). Aversive Reize aktivieren das ZNS des „Soziopathen" nur unzureichend. Häufige EEG Anomalien (Verlangsamung) über den Temporalregionen, die eng mit limbischen „Straf- und Belohnungszentren" verbunden sind, weisen ebenfalls in diese Richtung.

Die detaillierte Analyse von Hautwiderstand und Herzrate in den oben genannten fünf „Elementarsituationen" durch *Hare* (1975) weist den Soziopathen als extrem gut konditionierbar in der Herzrate und extrem schlecht konditionierbar im Hautwiderstand aus. Die tonische Leitfähigkeit ist signifikant erniedrigt, der Soziopath adaptiert sehr schnell an die experimentelle Situation, besonders im Hautwiderstand. Unter Streß und in Erwartung einer aversiven Situation weisen Soziopathen fast keine Reaktion im Hautwiderstand auf. Die reduzierte Spontanfluktuation im Hautwiderstand spiegelt nach *Hare* die gestörte subkortikal-kortikale Regulation und die *chronische Hypoaktivierung,* die möglicherweise eine Konsequenz der autonomen Störung ist. Der „Psychopath" verhält sich wie ein ständig schläfriger Mensch und braucht sehr viel mehr Stimulation, um ein optimales mittleres Aktivierungsniveau aufrecht zu erhalten.

Die Ergebnisse aus den Habituationsstudien sind inkonsistent. *Hare* geht davon aus, daß Soziopathen zwar niedrigere Reaktionen im Hautwiderstand aufweisen, aber langsamer habituieren. Besonders die Recovery-Zeit im PGR soll verlangsamt sein, was auch auf ernidrigte Aktivierung und verlangsamte Konsolidierung der Reizsequenz weist. In *Sokolows* Terminologie würden wir von einer verlangsamten Bildung eines neuronalen Modells sprechen. Die Verlangsamung der Recoveryzeit ist nicht generell festgestellt worden, sondern tritt besonders auf neue Reize nach Habituation auf.

Interessant ist die bisher berichtete phasische Reaktion der Herzrate (alle Ergebnisse sind äußerst vorläufig und replikationsbedürftig!): Soziopathen (meist Gefängnisinsassen mit widerholter Rückfälligkeit bei Vergehen, wo eine Ergreifung evident war) „brauchen" sehr viel intensivere Reize, um aus der OR (Dezeleration unmittelbar nach Reiz) eine DR (defensiv-Reaktion, Akzeleration) zu machen. 100 db Töne bewirken – wie wir oben ausführten – nur Akzeleration der HR, bei Soziopathen *nur* Dezeleration.

In Paradigmen mit Vermeidungs- oder Fluchtlernen, oder bei Antizipation aversiver Ereignisse zeigt sich eine deutliche *Dissoziation von HR und PGR!* Es tritt keine antizipatorische PGR-Reaktion auf, während die HR-Reaktion sehr viel ausgeprägter ist (Anstieg und Abfall vor UCS oder Vermeidungsreaktion). Wenn wir – wie oben dargestellt – davon ausgehen, daß die HR-Reaktion im Gegensatz zum PGR wenig mit *emotionaler* Aktivierung, sondern mehr mit Modulation des sensorischen Inputs und motorischer Mobilisierung zu tun hat, so könnte man beim Soziopathen eine extrem gut funktionierende „Bewältigung" des erwarteten Stressors voraussagen. Soziopathen entwickeln die HR-Reaktion bereits nach Instruktion der Kontingenz, während „Normale" mindestens eine Erfahrung damit benötigen. Im Hautwiderstand ist das Ergebnis genau umgekehrt (*Hare,* 1975).

Daraus würde man auch vorhersagen, daß „Psychopathen" in Aufgaben gut abschneiden, wo Furcht und Angst normalerweise leistungshemmend sind, während ihre Leistung fällt, wenn ein gewisses Angstausmaß leistungsfördernd wirkt.

Hare entwickelt aufgrund der Ergebnisse der Konditionierungsexperimente die Hypothese, daß durch die mangelnde emotionale antizipatorische Konditionierung bzw. Erwartung von Bestrafung (und Belohnung?) die limbischen Verstärkerstrukturen nicht hinreichend aktiviert werden, wodurch zielgerichtetes Vermeidungsverhalten nicht konsolidiert werden kann.

c) Schizophrenie

Wir können hier nicht auf die gesamte Problematik von Genese und Klassifikation dieser Störungsformen eingehen, sondern glauben, daß besonders die psychophysiologischen Untersuchungen mehr Klarheit in die Klassifikation dieser Störung bringen können. Hier wollen wir – vereinfacht – zwischen aktivierten und zurückgezogenen, desaktivierten Formen unterscheiden (*Venables,* 1975). Diese Klassifikation überlappt sich z. T. mit guter versus schlechter praemorbider Anpassung bzw. der Dichotomie Prozeß – versus reaktiv ausgelöste Schizophrenien.

Die Arbeiten von *Venables* (1975) haben im Laufe der letzten 20 Jahre unsere Kenntnis über eine entscheidende Variable in der Entstehung der Schizophrenie beträchtlich erweitert. Die Längsschnittuntersuchungen von *Mednick* und *Schulsinger* (1973) und deren Mitarbeiter (*Bell* et al., 1975) stützen Venables Theorie eines zentralen Aufmerksamkeitsdefizits bei Schizophrenen. Die psychophysiologische Theorie der Schizophrenie steht nicht im Gegensatz zu einer sozialen Lerntheorie (*Ullmann* und *Krasner,* 1969; *Mednick* und *Schulsinger,* 1973) oder genetisch biochemischen Modellen (*Warburton,* 1975), sondern ergänzt deren Annahmen. Im Gegensatz zu den populären, aber durch methodisch inadäquate Fallberichte gestützte Auffassungen „kritischer" Theoretiker (*Laing,* 1961) oder der von Anthropologen vorgebrachten „double-bind"-Spekulationen (*Bateson* et al., 1956), erlauben diese biologisch-psychologischen Konzepte experimentell prüfbare und zunehmend einander sinnvoll ergänzende Vorhersagen. Wir wollen uns hier nicht mit den verschiedenen Konzepten befassen, sondern uns auf die psychophysiologische Analyse der Störung beschränken. Verallgemeinernd formuliert, weisen psychophysiologische Daten darauf hin, *daß der Schizophrene mit sensorischer Information „überflutet" wird, während der Psychopath sensorisch depriviert ist.* Die neurophysiologische Basis beider Störungen könnte eine gestörte Balance zwischen dem „hemmenden" Hippocampus und der „erregenden" Amygdala des limbischen Systems bei der Orientierungsreaktion sein (siehe *Sokolows* Theorie). Als Ort der Störung sind wahrscheinlich die Synapsen und deren adrenerge und/oder cholinerge Überträgermechanismen dieser limbischen Systeme anzusehen (*Warburton,* 1975). Bei den verschiedenen Formen der Schizophrenie spielen genetische Faktoren, Geburtskomplikationen und aversive Umweltreize eine schwer zu analysierende und wahrscheinlich unterschiedlich wichtige Verursacherrolle.

Venables, Mednick und deren Mitarbeiter fanden bei Schizophrenen eine *verkürzte Recoveryzeit der Hautleitfähigkeit* (als Recoveryzeit wird hier jene Zeit definiert, in der die Reaktion auf 50% des prä-Stimulus-Niveaus abgesunken ist, rec t/2). *Mednick* und Mitarbeiter begannen 1962 mit einer Längsschnittstudie an Kindern mit hohem Risiko für spätere Schizophrenie („high-risk study"). 207 15jährige Kinder von schizophrenen Müttern und 104 Kontrollkinder mit normalen Müttern wurden untersucht und Daten über Geburt, Schulbildung, Verhalten und psychophysiologische Daten gesammelt. Die Kinder waren bezüglich Geschlecht, Alter, Beruf des Vaters, Stadt-Land-Wohnung, Schulbildung und Erziehung in Familie versus Heim parallelisiert. Zentraler Teil der Untersuchung war das psychophysiologische Experiment: ein einfacher klassischer Konditionierungsversuch (neutraler Ton mit 96 db Lärm als US) mit Generalisation und Habituation. 1968 waren 20 Kinder psychiatrisch auffällig geworden und deren Daten wurden nun mit parallelisierten high-risk und low-risk Kindern verglichen. Die Habituationsgeschwindigkeit im Hautwiderstand war *vor* Ausbruch der Störung deutlich verlangsamt (fast nur Sensibilisierung), die Recoveryzeit beschleunigt (Normale 8–10 sec, Schizophrene 4–7 sec auf neutrale Reize). Alle Kinder mit beschleunigter Recoveryzeit wiesen Geburts- oder Schwangerschaftskomplikationen im Bericht der Hebamme auf. Eine Reihe anderer Daten wurden alalysiert und erbrachten Differenzen, Recoveryzeit und Geburtskomplikation erwiesen sich als die am besten trennenden Variablen. *Mednick* interpretierte dieses Ergebnis als Indikator für häufigere, schnellere und effizientere Verstärkung prä-schizophrener Kinder für Vermeidungsreaktionen. Gemeinsam mit chronisch erhöhter Aktivierung und streßreicher Umgebung werden diese Kinder schneller Vermeidungsreaktionen auch im Denken entwickeln. – Eine Longitudinalstudie an 100 dreijährigen Kindern und 100 Kontrollkindern mit schneller, langsamer und normaler Recoveryzeit wurde 1972 auf der Insel Mauritius von *Bell* et al. (1975) begonnen.

Die Kinder wurden aus 1800 Kindern aufgrund der Recoverydaten ausgewählt und 100 „high-risk" Kinder erhalten seither intensive Betreuung, 100 parallelisierte Kontrollkinder verbleiben in ihrer Umgebung. Die ersten Daten werden in den späten 80er Jahren vorliegen, jenem Zeitpunkt, an dem high-risk Kinder erstmals auffällig werden müßten.

Die beschleunigte Recoveryzeit wurde von *Edelberg* (1972) als Indikator steigender Informationsaufnahme (ähnlich wie Verlangsamung der HR) interpretiert. Wenn das Individuum aversive Reizung vermeiden will, wird die Recovery langsamer. Konsolidierung ist ebenfalls positiv mit Recoveryzeit korreliert. Läsion des Hippocampus führt zur Verkürzung und Läsion der Amygdala zu Verlängerung der Recoveryzeit (*Patterson,* 1976). Auch die Reaktion der HR auf Töne zeigt in einigen Arbeiten bei Schizophrenen (bei solchen, die überhaupt reagieren, „Responders", eine ausgeprägtere Verlangsamung nach dem Reiz, was nach *Laceys* Theorie ebenfalls auf abnorme „Offenheit" des Schizophrenen gegenüber seiner Umgebung weist. Als Konsequenz der „Reizüberflutung" versucht der Schizophrene häufig Information zu blockieren (während der Psychopath Information „sucht"). Dies würde auch die enorme Variablilität schizophrener Reaktionen erklären und die Tatsache, daß 30–50% als „schizophren" Diagnostizierter überhaupt keine Hautleitfähigkeitsreaktion zeigen („Non Responders"). Gestörte Hemmung afferenter Information durch pathologischen Abbau an cholinergen Synapsen und/oder des Hippocampus kann extreme Schwankungen zwischen aufgehobener und übernormaler Hemmung bedeuten. Dies um so mehr als nicht strukturelle Läsionen, sondern auch umweltabhängige gestörte Funktionsmechanismen des Transmitterstoffwechsels denkbar sind. *Patterson* (1976) fand eine signifikant verlängerte Pupillenkonstriktion aus dem maximal erweiterten Zustand bei Schizophrenen; dieses Phänomen geht mit schneller Recoveryzeit einher. Gleichzeitig erweitert sich die Pupille mit schneller Recoveryzeit schneller. Die adrenerg vermittelte Erweiterung wird nur unzureichend von der (defekten?) cholinergen Konstriktion gedämpft, lautet *Pattersons* Interpretation dieses interessanten Resultats, das in Übereinstimmung mit *Venables'* Aufmerksamkeitstheorie steht.

Die EEG Analysen schizophrener Patienten zeigen ebenfalls extrem hohe oder erniedrigte Aktivierung. Auch die evozierten Potentiale zeigen extreme Variabilität, besonders aktustisch evozierte Potentiale (*Callaway,* 1975). Mit zunehmender Schwere der Erkrankung werden die Latenzen der N_1 und P_2-Komponenten kürzer, die Amplitude kleiner und die Variabilität größer. Patienten, die auf Therapie ansprachen, zeigten Verkürzung der Latenzen.

Standardisierung eines Habituationsparadigmas

Aus den oben zitierten Arbeiten geht die Bedeutsamkeit des Habituationsparadigmas für diagnostische Zwecke in der Psychopathologie hervor. Die Arbeiten zu diesem Thema sind schwer vergleichbar, da meist divergierende Paradigmen verwendet werden. Auf der Jahrestagung „psychophysiologische Methodik", Wien 1976, einigte man sich auf eine Anordnung, die sowohl für die Forschung als auch für diagnostische Zwecke geeignet ist. Es ist zu hoffen, daß zumindest im mitteleuropäischen Bereich möglichst viele Laboratorien diese Anordnung übernehmen. Damit wäre eine erhebliche Verbesserung der wissenschaftlichen Kommunikation und Replikation erzielt. Wir drucken an dieser Stelle die getroffenen Vereinbarungen aus dem Protokoll dieser Tagung ab:

Zum Habituationsparadigma wurde über folgende Punkte Consensus erreicht:

1. Einfache akustische Reize mit geringem Informationsgehalt.
2. *Eine* Reizserie.
3. Intensität: 70 db
4. Verwendung von geschlossenen Kopfhörern,
   Bestimmung mit künstlichem Ohr unerläßlich,
   Grundrauschen im Labor um 40 db.
5. Reizdauer: 400 msec
   Flanken des Reizes (Anstieg und Abfall gleich): 10 msec
   Form der Flanke: rampenförmig
6. Frequenz des Reizes: 1 kHz, reiner Sinuston.
7. Interstimulusintervall:
   variabel
   Mittelwert: 25 sec
   Variationsbreite: 20 bis 30 sec
8. Anzahl der Reize: 20
9. Vpn 1–3 Tage vor dem Versuch in die Laborräume bringen,
   unmittelbar vor dem Versuch 10 min Gewöhnung an das Labor (= 10 min ab Zeitpunkt: Patient sitzt ruhig mit Kopfhörer und Elektroden bereits geklebt).
10. Triggerung des Reizes in Abhängigkeit von der Atmungskurve versus zufällig (wenn HR registriert wird): Einigkeit besteht darin, *daß* eine Korrektur notwendig ist. Je nach Verfahren:

atmungssynchron (eher Triggerung an Inspirationsmaximum) oder
zufallsverteilt bei aufwendigerem Korrekturverfahren.

Literatur

Argyle, M.: Bodily Communication. Methuen & Co., London 1975.

Bandura, A.: Principles of Behavior Modification. Holt, New York 1969.

Bateson, G., D. D. Jackson, J. Haley, J. Weakland: Toward a theory of schicophrenia. Behavioral Science 1 (1956), 251–264.

Bell, B., S. A. Mednick, A. C. Ramon, F. Schulsinger, B. Sutton-Smith, P. H. Venables: A longitudinal psychophysiological study of three-year-old Mauritian children: preliminary report. Develop. Child Neurol. 17 (1975), 320–324.

Benjamin, J. K.: The effectiveness of alpha feedback training and muscle relaxation procedures in systematic desensitization. Proceedings of the Biofeedback Research Society, 7th Annual Meeting, Colorado Springs 1976.

Berlyne, D. E.: Structure and Direction of Thinking. Wiley, New York 1965.

Berlyne, D. E.: The reward value of indifferent stimulation. In: *I. T. Tapp* (Ed.): Reinforcement and Behavior. Academic Press, New York 1969.

Berlyne, D. E.: The vicissitudes of aplopathematic and thelematoscopic pneumatology (or the hydrography of hedonism). In: *D. E. Berlyne, K. B. Madsen* (Eds.): Pleasure, Reward, Preference. Academic Press, New York 1973.

Birbaumer, N.: Überlegungen zu einer psychophysiologischen Theorie der Desensibilisierung. In: *J. C. Brengelmann, W. Tunner* (Eds.): Behaviour Therapy. Urban & Schwarzenberg, München 1973a.

Birbaumer, N.: Überlegungen zu einer psychophysiologischen Theorie der Desensibilisierung. In: *Birbaumer, N.* (Ed.): Neuropsychologie der Angst. Urban & Schwarzenberg, München 1973b.

Birbaumer, N.: Die Anwendung psychophysiologischer Methoden in der Verhaltenstherapie. In: *Kraiker, Ch.* (Ed.): Handbuch der Verhaltenstherapie. Kindler, München 1974.

Birbaumer, N.: Physiologische Psychologie. Springer-Verlag, Berlin-Heidelberg-New York 1975.

Birbaumer, N.: Operant control of EEG theta activity: aspiration and reality. In: *Beatty, J.* (Ed.): Biofeedback and Behavior. A Nato Symposium. Preliminary Proceedings. Max Planck-Institut für Psychiatrie. München 1976. Erscheint 1976 bei Plenum Press New York.

Birbaumer, N.: Biofeedback. In: *Pongratz, L.* (Hrsg.): Handbuch der Klinischen Psychologie. Bd. 2. Hogrefe-Verlag, Göttingen 1977 (im Druck).

Birbaumer, N., W. Lutzenberger: Neurophysiologische Grundlagen der Klinischen Psychologie. In: *Pongratz, L.* (Hrsg.): Handbuch der Klinischen Psychologie, Bd. 1. Hogrefe-Verlag, Göttingen 1976.

Birbaumer, N., W. Tunner, R. Hölzl, L. Mittelstädt: Ein Gerät zur kontinuierlichen Messung subjektiver Veränderungen. Z. exp. u. angew. Psychologie 2 (1973), 173–181.

Birbaumer, N., W. Tunner: EEG, evozierte Potentiale und Desensibilisierung. Arch. Psychol. 123 (1971), 225–234.

Birbaumer, N., W. Tunner, W. Lutzenberger, H. Bauer: Psychophysiologische Verläufe bei Vermeidungsverhalten. In: *Tack, W.* (Ed.): Bericht über den Kongreß der Deutschen Gesellschaft für Psychologie. Hogrefe, Göttingen 1975.

Borkovec, T. D.: The role of expectancy and physiological feedback in fear research. In: *N. E. Miller* et al. (Eds.): Biofeedback and Self-Control. Aldine, Chicago1974.

Brown, B. B.: Awareness of EEG subjective activity relationships detected within a closed feedback system. Psychophysiol. 7 (1971), 451–464.

Callaway, E.: Brain Electrical Potentials and Individual Psychological Differences. Grune Stratton, New York 1975.

Clynes, M.: Communication and generation of emotion through essentic form. In: *Levi, L.* (Ed.): Emotions. Raven Press, New York 1975.

Edelberg, R.: Electrodermal recovery rate, goal orientation and aversion. Psychophysiology 6 (1972), 512–520.

Eiband, H.: Eine methodische Untersuchung der Fingerspannenskalierung bei Verwendung aversiver Reize. Unveröffentl. Diplomarbeit, München 1974.

Elbert, Th., W. Lutzenberger, B. Rockstroh, N. Birbaumer: The effects of response requirement and anticipated aversion on cortical slow potentials, heart rate, and skin conductance. (in press) 1977.

Epstein, S., L. Boudrean, S. Kling: Magnitude of the heart rate and electrodermal response as a function of stimulus input, motor output and their interaction. Psychophysiology 12 (1975), 15–24.

Florin, I., W. Tunner (Hrsg.): Therapie der Angst. Fortschritte d. Klin. Psychologie, Bd. 8. Urban & Schwarzenberg, München 1975.

Fruhstorfer, H., P. Saveri, T. Järvilekto: Short term habituation of the auditory evoked response in man. Electroenceph. clin. Neurophysiol. 28 (1970), 153–161.

Graham, F. K.: Habituation and dishabituation of responses innervated by the autonomic nervous system. In: *Peeke, H. V., J. Herz,* (Eds.): Habituation, voe. 1. Academic Press, New York 1973.

Greenfield, N. S., R. A. Sternbach (Eds.): Handbook of Psychophysiology. Holt, New York 1973.

Groves, P. M., R. F. Thompson: Habituation: A dual process theory. Psychol Rev. 77 (1970), 419–450.

Haider, M.: Elektrophysiologische Indikatoren der Aktiviertheit. In: *W. Schönpflug:* Methoden der Aktivierungsforschung. Huber, Bern 1969.

Hare, R. D.: Psychopathy. In: *Venbales, P. H., M. S. Christie* (Eds.): Research in Psychophysiology. Wiley, New York 1975.

Hebb, D. O.: The Organization of Behavior. Wiley, New York 1949.

Hölzl, R., H. Wilhelm, W. Lutzenberger, R. Schandry: Galvanic skin response: some methodological considerations on measurement, habituation, and classical conditioning. Archiv f. Psychologie 127 (1974), 1–22.

Hubel, D. H., T. N. Wiesel: Receptive fields and functional architecture in two nonstriate visual areas (18 and 19) of the cat. J. Neurophysiol. 28 (1965) 229–289.

Hull, C. L.: Essentials of Behavior. Yale University Press. New Haven, Connecticut 1951.

John, E. R.: Some speculations on the psychophysiology of mind. In: *J. M. Scher* (Ed.): Theories of the mind. Free Press of Glencoe, New York 1962.

John, E. R.: Mechanisms of Memory. Academic Press. New York 1967.

Johnson, L. C.: Complementary electrophysiological techniques and methods for evaluation of the central nervous system. (together with *Barlow, J. S., van Lith, G. H. M.*). In: *Remond, A.* (Ed.): Handbook of Electroencephalography and Clinical Neurophysiology. Vol. 8, Part B. Elsevier, Amsterdam 1973.

Johnson, L. C., R. E. Townsend, M. R. Wilson: Habituation during sleeping and waking. Psychophysiology 12 (1975) 574–584.

Kling, J. W., J. G. Stevenson: Habituation and extinction. In: *Horn, G., R. A. Hinde* (Eds.): Short Term Changes in Neural Activity and Behavior. Cambridge Univ. Press, Cambridge 1970.

Lacey, J. I., B. C. Lacey: Some autonomic-central nervous system interrelationships. In: *P. Black* (Ed.): Physiological Correlates of Emotion. Academic Press, New York 1970.

Lader, M.: The Psychophysiology of Mental Illness. Routledge & Kegan Paul, London 1975.

Laing, R.: Das geteilte Selbst. Kiepenheuer & Witsch, Köln 1961.

Lang, P. J.: The mechanics of desensitization and the laboratory study of human fear. In: *C. M. Franks* (Ed.): Behavior Therapy. McGraw Hill, New York 1969.

Lashley, K. S.: In search of the engram. Symp. Soc. Exptl. Biol. 4, (1950), 454–482.

Lutzenberger, W., N. Birbaumer, P. Steinmetz: Simultaneous biofeedback of heart rate and frontalis EMG as a pretraining for the biofeedback of EEG theta activity. Biofeedback & Self Regulation 1977 (in press).

Mackworth, J. F.: Vigilance and Habituation. Penguin Books, London 1969.

Malmo, R. B.: Activation. In: *A. J. Bachrach* (Ed.): Experimental Foundations of Clinical Psychology. Basic Books, New York 1962.

Marczynski, T. J.: Electrophysiological correlates of positive reinforcement: port-reinforcement-synchronization, modulation of sensory input and steady potentials. In: *A. G. Karczmar, J. C. Eccles* (Eds.): Brain and Human Behavior. Springer, Berlin-Heidelberg-New York 1972.

Mathews, A. M.: Psychophysiological approaches to the investigation of desensitization. Psychol. Bull. 76 (1971), 73–91.

McCallum, W. C., W. G. Walter: The effects of attention and distraction on the contingent negative variation in normal and neurotic subjects. Electroenceph. clin. Neurophysiol. 25 (1968), 319–329.

Mednick, S. A., F. Schulsinger: A learning theory of schizophrenia: thirteen years later. In: *Hammer, M.* et al. (Eds.): Psychopathology. Wiley, New York 1973.

Meichenbaum, D.: A self-instructional approach to stress management. In: *Ch. Spielberger, I. G. Sarason* (Eds.): Stress and auxiety, Vol. I. Wiley, New York 1975.

Meyer, V.: Modification of expectancies in cases with obsessional rituals. Behav. Res. Ther. 4 (1966), 273–280.

Mulholland, T.: Objective EEG methods for studying covert shifts of visual attention. In: *McGuigan, F. J., Schoonover, R. A.* (Eds.): The Psychophysiology of Thinking. Academic Press, New York 1973.

Öhman, A., R. Simons, P. S. Lang: The effects of response reguirement and anticipadet aversion on cortical slow potentials, heart rate and skin conductance. In press (1977).

Olds, J.: Pleasure centures in the brain. Scient. Americ. Okt. 1956.

Olds, J.: The behavior of hippocampal neurous during conditioning experiments. In: *R. E. Whalen* et al. (Eds.): The Neural Control of Behavior. Academic Press, New York 1070.

Olds, J.: Brain mechanisms of reinforcement learning. In: *Berlyne, D. E., K. B. Madsen* (Eds.): Pleasure, Reward, Preference. Academic Press, New York 1973.

Orne, M. T., R. I. Thackray, D. A. Paskewitz: On the detection of deception: A modell for the study of the physiological effects of psychological stimuli. In: *N. S. Greenfield, R. A. Sternbach* (Eds.): Handbook of Psychophysiology. Holt, New York 1972.

Patterson, T.: Skin conductance recovery and pupillometrics in chronic schizophrenia. Psychophysiology 13 (1976), 189–195.

Paul, G. L.: Behavior modification research: Design and tactics. In: *C. M. Franks* (Ed.): Behavior Therapy. McGraw Hill, New York 1969.

Plotkin, W. B.: On the social psychology of experimental states associated with EEG alpha biofeedback training. In: *Beatty, J.* (Ed.): Biofeedback and Behavior. A Nato Symposium. Preliminary Proceedings. Max-Planck-Institut für Psychiatrie, München 1976; erscheint 1976 bei Plenum Press New York.

Rachman, S., R. Hodgson, J. M. Marks: The treatment of chronic obsessive compulsive neurosis. Behav. Res. and Therapy 9 (1971), 273–348.

Razran, G.: Mind in Evolution. Haughton Mifflin, Boston 1971.

Roth, S. R., M. B. Sterman, C. D. Clemente: Comparison of EEG correlates of reinforcement, internal inhibition and sleep. Electroenceph. clin. Neurophysiol. 23 (1967), 509–520.

Routtenberg, A.: The two-arousal hypothesis: Reticular formation and limbic system. Psychol. Rev. 75 (1968), 51–80.

Schachter, St.: Emotion, Obesity and Crime. Academic Press. New York 1971.

Schandry, R.: Habituation psychophysiologischer Größen auf Reize mit unterschiedlicher Intensität. Unveröff. Diss. am Psychologischen Institut der Universität Tübingen 1977.

Schandry, R., W. Lutzenberger, N. Birbaumer: Analysis of habituation of the components of the AEP to stimuli of different intensities. 1977a (in press).

Schandry, R., W. Lutzenberger, N. Birbaumer: Die phasische Reaktion der Herzrate und deren Habituation auf Töne verschiedener Intensität. 1977b Psycholog. Beiträge (im Druck).

Schandry, R., W. Lutzenberger, N. Birbaumer: An analysis of habituation based on the hypothesis of two interacting exponential processes. Preliminary Report. Institute of Psychology, University of Tübingen, Germany 1976.

Schröder, J.: A study of the consistency of the orienting reaction and its habituation. 1976 (in press).

Sokolow, E. N.: Neuronal models and the orienting reflex. In: *M. A. B. Brazier* (Ed.): The Central Nervous System and Behavior. J. Marcey Jr. Found., New York 1960.

Sokolow, E. N.: Perception and the Conditioned Reflex. Pergamon Press, Oxford 1963.

Sokolow, E. N.: The neuronal mechanisms of the orienting reflex. In: *Skolow, E. N., Vinogradova, O. S.* (Eds.): Neuronal Mechanisms ot the Orienting Reflex. Lawrence Erlbaum, Ass. New Jersey. Distributed by Wiley, New York 1975.

Sterman, M. B.: Effects of sensorimotor EEG feedback training on sleep and epilepsy. In: J. Beatty (Ed.): Biofeedback and Behavior. A Nato Symposium. Preliminary Preceedings. Max-Planck-Institut für Psychiatrie, München 1976. Erscheint 1976 bei Plenum Press New York.

Thompson, R. F.: Foundations of Physiological Psychology. Harper, Tokio 1967.

Thompson, R. F., W. A. Spencer: Habituation: A model phenomenon for the study of neuronal substrates of behavior. Psychol. Rev. 73 (1966), 16–43.

Thompson, R. F., M. M. Patterson (Eds.): Bioelectric Recording Techniques. Vol. I, II, III. Academic Press, New York 1974.

Tunner, W.: Analyse des Vermeidens. Unveröffentl. Habil.-Schrift. München 1975.

Ullmann, L. P., L. A. Krasner: A Psychological Approach to Abnormal Behavior. Prentice-Hall, Englewood Cliffs, New York 1969.

Venables, P. M.: Psychophysiological studies of schizophrenic pathology. In: *Venables, P. H., M. J. Christie* (Eds.): Research in Psychophysiology. Wiley, New York 1975.

Warburton, D. M.: Brain, Drugs and Behavior. Wiley, London 1975.

Weil, J. L.: A Neurophysiological Model of Emotional and Intentional Behavior. Charles Thomas, Springfield 1974.

Winer, B. J.: Statistical Principles in Experimental Design. McGraw Hill, New York 1962.

Wolpe, J.: Psychotherapy be Reciprocal Inhibition. Stanford Univ. Press, Stanford, Cal. 1958.

Ein physiologisches Modell der phobischen Angst und der Desensibilisierung[1])

Malcom H. Lader, Andrew M. Mathews

Einleitung

Im letzten Jahrzehnt ist der Anwendung von Behandlungsformen, die auf lerntheoretischen Prinzipien beruhen, erhöhte Bedeutung zugekommen. Bei Anwendung lerntheoretischer Modelle ist die Hypothese impliziert, daß neurotisches Verhalten aus einem Konditionierungsprozeß resultiert: in der einfachsten Form wird angenommen, daß eine neurotische Reaktion entsteht, wenn ein bislang neutraler Reiz wiederholt und u. U. zufällig mit unkonditionierten Reizen gepaart wird, die heftige emotionale Reaktionen auslösen (*Eysenck* und *Rachman,* 1965). Daher basiert eine effektive Behandlung zur Reduktion neurotischer Ängste auf Löschung und reziproker Hemmung (*Wolpe,* 1958).

In der klinischen Praxis ist die systematische Desensibilisierung die am weitesten verbreitete verhaltenstherapeutische Technik zur Behandlung phobischer Ängste. Sie war in den letzten Jahren Gegenstand zahlreicher Untersuchungen (*Rachman,* 1967). Die Desensibilisierung besteht aus der graduellen Darbietung phobischer Reize (meist in der Vorstellung) während der Patient völlig entspannt ist.

In der vorliegenden Arbeit soll ein Alternativmodell der Entstehung phobischer Angst entwickelt werden, das auf experimentellen Arbeiten mit Messung psychophysiologischer Aktivierung beruht; daraus soll ein Desensibilisierungsmodell abgeleitet werden, das sich von dem *Wolpe*schen Modell in mancher Hinsicht unterscheidet. Die von uns vorgeschlagenen Mechanismen beanspruchen keine Vollständigkeit, da im Interesse der Vereinfachung die Relevanz symbolischer und kognitiver Prozesse, sozialen Lernens und interpersonaler Beziehungen nicht in Betracht gezogen wurden.

Die Beziehung zwischen „Aktivierung" und phobischer Angst

Im Kontext dieser Arbeit wird das Aktivierungs-Konzept nicht theoretisch aufgefaßt. Wir beziehen uns hier nur auf einen ganz bestimmten Aspekt physiologischer Aktivität, nämlich auf die Hautleitfähigkeit und die Rate ihrer spontanen Fluktuationen. Wir wollen aber versuchen, unsere Interpretation auf Verhalten zu erweitern, und stützen uns dabei auf experimentelle Arbeiten zu spontanen Schwankungen der Hautleitfähigkeit (*Lacey* und *Lacey,* 1958; *Burch* und *Greiner,* 1960).

Über den Zusammenhang zwischen physiologischer Aktivierung und Angst sind schon verschiedene zusammenfassende Arbeiten erschienen (z. B. *Malmo,* 1957; *Martin,* 1961; *Lader,* 1968). Nur selten ist bisher der Versuch gemacht worden,

---

[1]) Aus Behav. Res. Ther. 6 (1968), 411–421. Übersetzt von Frau *L. Mittelstaedt.*

Aktivierungsmaßnahme zur Verhaltenstherapie in Beziehung zu setzen. Dieser Mangel ist den verwirrenden und widersprechenden Ergebnissen der einzelnen Arbeiten zuzuschreiben, da die Untersucher verschiedene Meßmethoden und unterschiedliche klinische Gruppen verwendet haben. In einer neueren Arbeit (*Martin,* 1960) wird vorgeschlagen, relativ homogene klinische Gruppen zu untersuchen, um konsistentere Ergebnisse zu erhalten; z. B. soll man „ängstliche Patienten“ in zwei getrennte Gruppen teilen: „Angstzustände“ und „spezifische Phobien“.

Lader und *Wing* (1966) berichten in einer Arbeit, daß Patienten mit Angstzuständen stärkere spontane Fluktuationen der Hautleitfähigkeit zeigen als normale Vpn (nach Alter und Geschlecht parallelisiert). Die PGR (psycho-galvanische Reaktion) habituiert bei ängstlichen Patienten sehr viel langsamer an eine Serie von akustischen Reizen. Neuere Untersuchungen (*Lader,* 1967) ergaben, daß Patienten mit Agoraphobie und sozialen Ängsten nur wenig geringere spontane Fluktuationen zeigen als Patienten mit diffusen Angstzuständen, während Patienten mit speziellen Phobien (vor Tieren oder bestimmten Objekten) zwar mehrere Fluktuationen zeigen als Normale, aber weit unter dem Niveau der anderen phobischen Gruppen liegen. Eine vollständige Zusammenstellung der untersuchten Gruppen gibt Tabelle 1.

Tabelle 1.

Klinische Gruppe	N	Spontanfluktuationen/min	Habituationsrate*)
Angstzustand	16	6.8	29
Agoraphobie	19	6.0	39
Soziale Ängste	18	6.2	39
Spez. Phobien	19	2.8	68
Normale	75	1.5	72

*) Je höher der angegebene Wert desto schneller die Habituationsrate.

Die experimentellen Befunde ergaben eine inverse Beziehung der PGR-Habituationsrate zur Anzahl der spontanen Fluktuationen (Aktivierungsniveau). Es wurde postuliert, daß bei niedrigem Aktivierungsniveau (zu einem beliebigen Zeitpunkt) ein wiederholter oder ein kontinuierlicher Reiz nur vorübergehend einen Anstieg des Aktivierungsniveaus bewirken werde und daß die nachfolgende Habituation rasch erfolge. Dies ist im unteren Teil der graphischen Darstellung (Abb. 29) gezeigt. Wenn das momentane Aktivierungsniveau aber hoch ist, müßte die Habituation langsam sein, ganz besonders zu Anfang (oberer Teil von Abb. 29).

An diesem Modell kann ersehen werden, daß ab einem kritischen Aktivierungsniveau keine Habituation auf einen wiederholten Reiz mehr erfolgt. Stattdessen müßte jeder neue Reiz das Aktivierungsniveau weiter anheben, also einen positiven Feedbackmechanismus in Gang setzen, was zur Folge hat, daß schon ein minimaler Reiz (wenn er wiederholt wird) eine Reihe von Reaktionen hervorruft, die die Übererregung aufrecht erhalten (Abb. 30). Das individuelle Aktivierungsniveau ist zum Zwecke der besseren Darstellung der Zahl der spontanen Fluktuationen des PGR im Ruhezustand gleichgesetzt. Das „kritische Niveau“ für das Individuum ist durch

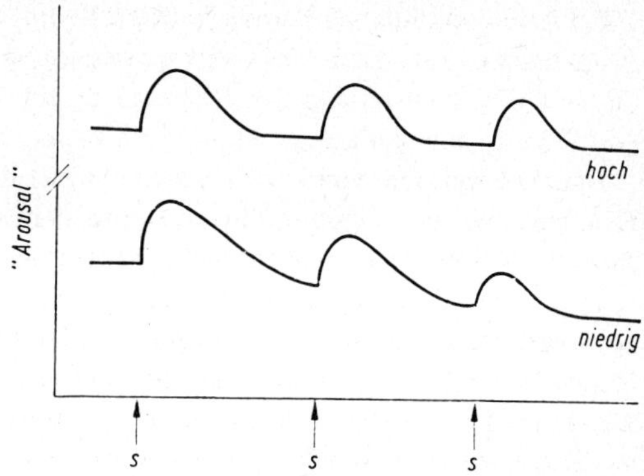

Abb.29. Graphische Darstellung der Beziehung des Aktivierungsniveaus (gemessen an den Spontanfluktuationen der Hautleitfähigkeit) zur Habituation an wiederholte Reize (S). Der obere Teil zeigt die Reaktionen einer stark erregten Person, der untere Teil die Reaktionen bei niedrigem Aktivierungsniveau.

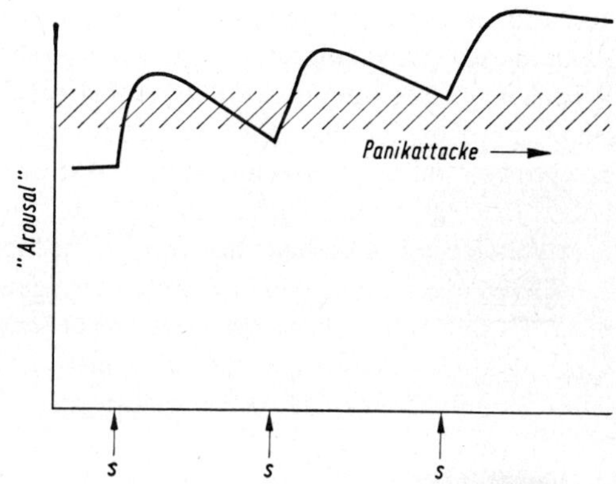

Abb. 30. Graphische Darstellung der postulierten Entstehung einer Panikattacke durch wiederholte Stimulierung einer stark erregten Person.

Strichelung hervorgehoben. Über diesem Niveau ist die Habituation langsam oder kommt überhaupt nicht mehr zustande, was wiederum von der subjektiven Intensität des experimentellen Reizes abhängt.

Ähnlich diesem letzten Beispiel stellen wir uns die Reaktionen eines Patienten vor, der an Angstzuständen leidet, bei dem bereits eine schwache wiederholte Reizung genügt, um ein pathologisch hohes Aktivierungsniveau, das als Angst erlebt wird, aufrecht zu erhalten oder weiter anzuheben.

Obwohl Reaktionen pathologischer Angst auf Umgebungs- und Vorstellungsreize eine weit hergeholte Extrapolation der verzögerten Habituation auf akustische Stimuli zu sein scheinen, schlagen wir vor, die Orientierungs-, Abwehr- (*Lynn,* 1966) und die Panikreaktion als auf einem einzigen Kontinuum liegend anzusehen, jedenfalls bezüglich ihrer physiologischen und ihrer Verhaltenskomponenten. Welche Reaktion auftritt, hängt also nicht nur von der Reizintensität, sondern auch vom Aktivierungsniveau vor der Reizung ab. *Schultz* (1964) hat die Panikreaktion als desorganisierten, ungeordneten Versuch zur Reduktion des Erregungsniveaus beschrieben.

Selbstverständlich kann unter solchen Bedingungen jeder Reiz eine konditionierte Angstreaktion auslösen. Das hier verwendete Modell sagt voraus, daß jede Besserung durch Desensibilisierung der Reize ohne eine relativ permanente Reduktion der Aktivierung nur von kurzer Dauer sein kann.

Bei Agoraphobie (und bei sozialer Angst) liegt der Durchschnitt der spontanen Fluktuationen der Hautleitfähigkeit, und daher vermutlich auch das Aktivierungsniveau, nur wenig tiefer als bei Angstzuständen, was mit der gegenwärtigen Hypothese nicht im Einklang zu stehen scheint, da Agoraphobiker keine generalisierte Angst aufweisen. Diese Schwierigkeit könnte gelöst werden, wenn man annimmt, daß das Ruheaktivierungsniveau bei Agoraphobikern nahe bei, aber doch noch unter einem kritischen Niveau liegt; auch die unterschiedlich aktivierenden Eigenschaften einzelner Reize sollte man in Betracht ziehen.

Daraus würde folgen, daß Reize mit geringem Aktivierungspotential, z. B. mit geringer Intensität, die Erregung nicht über das kritische Niveau anheben können, daß aber bereits Reize von mittlerem Aktivierungspotential dies tun werden. Wenn Reize dieser Art häufig auftreten, erhöht sich die Wahrscheinlichkeit für positives Feedback, und es kommt zu einer Panikattacke. Unter diesen Bedingungen wird sich ein Agoraphobiker genau so verhalten, wie es oben für diffuse Angstzustände beschrieben wurde. Reize mit hohem Aktivierungspotential haben im allgemeinen hohe Intensität, Komplexität, Neuheit, etc. (*Berlyne,* 1960). Reize dieser Art, findet man vorwiegend außerhalb des Hauses, in Menschenansammlungen, Kaufhäusern, auf Reisen und an jedem ungewohnten Ort; genau davor fürchtet sich der Agoraphobiker. Es soll damit selbstverständlich nicht behauptet werden, daß dies eine vollständige Erklärung der agoraphobischen Symptome ist, denn auch verdeckte oder symbolische Stimuli können das Aktivierungsniveau determinieren. Wir können mit diesem Modell zum Beispiel nicht erklären, warum Agoraphobiker solche Situationen oft besser ertragen können, wenn sie von einer anderen Person begleitet werden oder wenn sie fahren. Das Modell kann aber wohl erklären, daß die charakteristische Häufung solcher Vermeidungssituationen bei Patienten mit Tierphobien nicht auftritt. Man kann annehmen, daß die Wiederholung solcher Bedingungen schnelles Lernen und Generalisation auf relativ schwache Stimuli zur Folge hat und daß solche Lerneffekte durch eine Verhaltenstherapie verringert werden können. Dieses Modell würde andererseits auch vorhersagen, daß eine Besserung unter Streßbedingungen leicht zusammenbricht, was zu häufigen Rückfällen führen muß.

Patienten mit spezifischen Ängsten haben die niedrigste Ruherate spontaner Fluktuationen der Hautleitfähigkeit. Sie ist von normalen Vpn nicht signifikant verschieden, und die Habituation an akustische Stimuli verläuft auch nach normalem Muster. Diese Patienten scheinen dadurch charakterisiert zu sein, daß sie nur auf eine genau definierte Art von Reizen abnorm phobische oder defensive Reaktionen zeigen, die wahrscheinlich die Folge eines Konditionierungsprozesses sind. *Marks* und *Gelder* (1966) konnten zeigen, daß sich diese Patienten von anderen Phobikern dadurch unterscheiden, daß ihre Ängste einen einheitlich frühen Beginn haben (mittleres Alter 5 Jahre). Man kann also spezifische Ängste auch als „normale" Kinderängste ansehen, die mit zunehmendem Alter nicht verschwunden sind. Eine mögliche Hypothese für dieses Problem ist in Abb. 31 dargestellt. Ein Streßreiz (z. B.

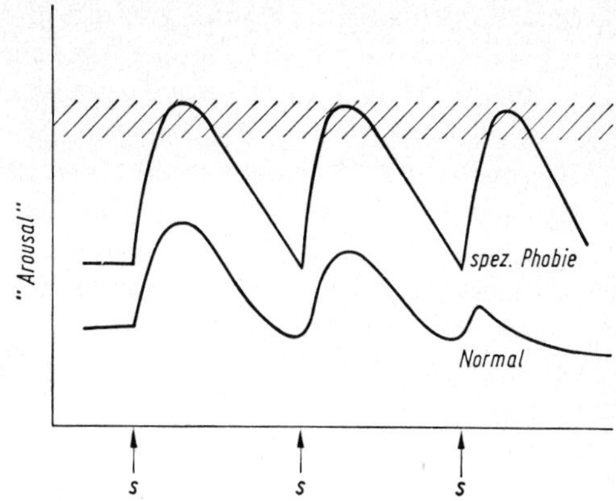

Abb. 31. Graphische Darstellung des postulierten Mechanismus für das Fortdauern spezifischer Ängste.

das gefürchtete Objekt) löst einen Aktivierungsanstieg aus, der das kritische Niveau überschreitet. Die Habituation an diesen spezifischen Reiz ist verlangsamt oder bleibt aus, während bei anderen Individuen die Anfangsreaktion den kritischen Wert nicht übersteigt und auch den normalen Habituationsprozeß nicht behindert. Dieser Unterschied könnte entweder durch eine relativ hohe Anfangsreaktion (angeboren oder erlernt) oder durch individuelle Variation des kritischen und des Ruheniveaus der Aktivierung zustande kommen. Anders als bei den oben diskutierten Fällen sollte man bei spezifischen Phobikern erwarten, daß eine Verhaltensmodifikation erfolgreich ist, wenn das Auftreten eines phobischen Reizes keinen abnormen Anstieg des Aktivierungsniveaus mehr zur Folge hat und die Habituation normal verläuft. Natürlich ist – auch nach erfolgreicher Behandlung – auf neuerliche Darbietung phobischer Reize eine Orientierungsreaktion zu erwarten, dies sollte aber nicht zu Rückfällen führen, solange das kritische Niveau nicht überschritten wird. Diese Erwartung scheint mit den wenigen Versuchen konsistent, bei denen die Hautleitfähigkeit in die Beurteilung der Desensibilisierung einbezogen wurde (z. B. *Hoenig* und *Reed,* 1966).

Zusammenfassend kann man sagen, daß eine bestimmte phobische Reaktion von der Interaktion zwischen Erregungsniveau und Konditionierung abhängt. Die primäre Abnormität bei Agoraphobikern und Patienten mit sozialen Ängsten besteht aus einem Zustand chronischer Übererregung, bei dem die Angstkonditionierung auf Umgebungsreize nur eine geringe Rolle spielt. Bei den monosymptomatischen Ängsten vor bestimmten Objekten oder Situationen dagegen wird der Konditionierung oder dem Fehlen einer Löschung der Angst relativ mehr Bedeutung zukommen als einem konstant überhöhten Erregungszustand. Dieser Unterschied bestimmt auch die unterschiedliche Reaktion der beiden Gruppen auf Verhaltensmodifikation.

Wolpes Theorie der systematischen Desensibilisierung

Wolpe (1958) behauptet, daß die Desensibilisierungsmethode durch Hemmung unangepaßter Angst erfolgreich ist. Denn, „wenn in Gegenwart angsterzeugender Stimuli eine Angst-antagonistische Reaktion auftritt, so daß sie eine vollständige oder teilweise Hemmung der Angstreaktion erzielt, wird die Verbindung zwischen diesen

Reizen und den Angstreaktionen geschwächt". Er postuliert weiter, daß die Darbietung jedes Items der Vorstellungshierarchie eine schwache Angstreaktion auslöst, die durch die Entspannung des Probanden gehemmt wird. Diesen Antagonismus nennt er unglücklicherweise analog zu *Sherrington*, „reziproke Hemmung".

Sherrington (1947) charakterisiert damit zwar auch Hemmungsvorgänge, die simultan mit Erregungen auftreten, aber lokalisiert sie in andere Teile des ZNS, nämlich in das Rückenmark. Zum Beispiel führt ein Reiz, der die Beugung eines Beines auslöst, gleichzeitig auch zu einer Hemmung der Strecker, so daß eine stufenlose Beinbewegung zustande kommt. *Wolpe* meint dagegen bei der Verwendung dieses Ausdruckes die Unterdrückung einer Reaktion durch eine überlagerte, mit ihr unvereinbare Reaktion. Außerdem nimmt er an, daß reziproke Hemmung – oder mit anderen Worten die Stärke des „negativen Habits", nicht ängstlich zu reagieren – mit Wiederholung zunimmt und schließlich in einer Intensitätsabnahme der phobischen Reaktion resultiert.

Angst und Entspannung sieht *Wolpe* als wechselseitig unvereinbare Zustände an. Das scheint eine vernünftige Annahme zu sein, durch die Überbetonung der muskulären Entspannung wird sie aber etwas unklar. *Jacobson* (1964) meint, daß emotionale Reaktionen nicht nur von Muskelaktivität begleitet sind, sondern davon abhängen. Das ist eine Neuauflage der James-Lange-Hypothese. *Jacobson* folgert weiter, daß im Entspannungszustand die emotionalen Reaktionen durch Verminderung propriozeptiver Impulse gedämpft werden. Obwohl die Möglichkeit nicht geleugnet werden soll, daß eine Art James-Lange-Mechanismus zum Entstehen von Emotionen beitragen kann (*Gellhorn*, 1964; *Schachter*, 1966), deutet die Mehrzahl der Ergebnisse darauf hin, daß dies nicht der einzige Mechanismus ist. Es konnte bisher nicht eindeutig gezeigt werden, daß Muskelaktivität emotionales Erleben bedingt. Ein Teil der Verwirrung ist vielleicht semantisch. Man nimmt im allgemeinen an, daß ein Patient, der über Spannungsgefühle klagt, auch eine erhöhte Spannung zumindest einiger Muskeln zeigt. Das trifft aber keineswegs zu und ist gleichbedeutend mit der Annahme, daß eine verbale Reaktion auch ein paralleles physiologisches Gegenstück haben muß. Wir konnten in verschiedenen Experimenten beobachten, daß EMG-Aktivität am Unterarm eines ängstlichen Patienten gleich Null sein kann, obwohl er sich ängstlich fühlt und autonome Aktivität deutlich meßbar ist. Andererseits haben wir auch Aufzeichnungen, in denen das Unterarm-EMG nach Entspannungstraining ansteigt, obwohl der Patient eine Abnahme der subjektiven Angst angibt. Die relative Unwirksamkeit von Muskelrelaxantien wie Mephenesin zur Behandlung von Angstzuständen weist in die gleiche Richtung. Die muskuläre Entspannung braucht daher nicht notwendigerweise eine Verminderung der Angst zur Folge zu haben.

Worin auch immer der genaue Mechanismus der „Entspannung" bestehen mag, die Mehrzahl der bisherigen Erlebnisse hat gezeigt, daß beides Entspannung und stufenweise hierarchische Darbietung der Reize, für die Technik wesentlich ist (*Kondaš*, 1967; *Lang* und *Lazovik*, 1963; *Lang, Lazovik* und *Reynolds*, 1965; *Lomont* und *Edwards*, 1967; *Moore*, 1965; *Paul*, 1966; *Rachman*, 1965, 1966, 1967). In den meisten dieser Experimente wurden verschiedene Gruppen vergleichbarer phobischer Patienten mit Entspannung allein behandelt oder mit Entspannung und Desensibilisierung und eine oder mehrere Kontrollgruppen mit Psychotherapie,

Darbietung irrelevanter Stimuli oder ganz ohne Behandlung belassen. Im allgemeinen waren die Gruppen mit Desensibilisierung und Entspannung die einzigen mit signifikanten Ergebnissen. Dies steht im Einklang mit den Forderungen des Modells der reziproken Hemmung von *Wolpe*.

Ein alternatives Modell des Mechanismus der Desensibilisierung

Wenn man die oben beschriebenen Voraussetzungen berücksichtigt, nämlich einmal die Ähnlichkeit der physiologischen Komponenten der Orientierungs- und der phobischen Reaktionen und zum zweiten die Tatsache, daß Hyperaktivierung als Angst erlebt wird, so kommt man zu einem alternativen „sparsameren" Desensibilisierungsmodell. Systematische Desensibilisierung wird als Habituation bei maximaler Habituationsrate angesehen; dies ist dann der Fall, wenn das Aktivierungsniveau – bei klarem Bewußtsein – so niedrig wie möglich ist. Daher ist das Entspannungstraining nicht wegen der Muskelspannung per se notwendig, sondern die Instruktionen und die Bedingungen des Trainings führen zu einer Erniedrigung des Aktivierungsniveaus. Voruntersuchungen (unveröffentlicht) stützen die Annahme, daß erfolgreiches Entspannungstraining (im Sinne einer subjektiven Entspannung) nicht notwendig zu einer EMG-Reduktion, sondern zu einem signifikanten Abfall der Anzahl der spontanen Fluktuationen der Hautleitfähigkeit führt.

Das vorgeschlagene Modell versteht Desensibilisierung als Löschung. Der entscheidende Unterschied besteht aber darin, daß das Aktivierungsniveau gleichzeitig so niedrig wie möglich sein muß. Hier ist eine vor kurzem erschienene Arbeit über Habituation interessant, die keinen Unterschied zwischen den Basismechanismen von Löschung und Habituation annimmt (*Thompson* und *Spencer,* 1966).

In einem kürzlich erschienenen Artikel über Desensibilisierung, einer Stellungnahme zu *Lomonts* Argumenten zugunsten der Löschungshypothese, hat *Rachman* (1967) drei Arbeiten herausgestellt, die „die Schlußfolgerung rechtfertigen, daß reziproke Hemmung durch Entspannung der Löschungsmethode zur Angstverminderung überlegen ist". Diese drei Arbeiten – *Lomont* und *Edwards* (1967), *Rachman* (1965) und *Davison* (1968) – sollen hier kurz im Hinblick auf die maximale Habituationshypothese betrachtet werden. In jedem dieser drei Experimente erhielt die Kontrollgruppe Löschungsverfahren ohne reziproke Hemmung, wobei die Vorstellungsitems der Angsthierarchie alleine gegeben wurden (*Rachman,* 1965; *Davison,* 1968) oder dies wurde mit einem Kontrollverfahren kombiniert, bei dem statt der Entspannung eine ständige Muskelspannung beibehalten werden mußte (*Lomont* und *Edwards,* 1967). Offensichtlich waren also all diese Kontrollgruppen Verfahren unterworfen, die eher das allgemeine Aktivierungsniveau aufrecht erhielten oder sogar erhöhten, während die Probanden der Experimentalgruppen entspannt waren, so daß ein Test zur Hypothese der maximalen Habituation nicht möglich war.

Ein entscheidenderes Experiment, das die Wirksamkeit von Anordnungen im Sinne der reziproken Hemmung stützt, haben *Gale, Strumfels* und *Gale* (1966) durchgeführt, in dem sie drei Gruppen von Ratten untersuchten, bei denen zunächst eine konditionierte Angstreaktion auf einen akustischen Reiz ausgebildet wurde. Gruppe A erhielt danach den Ton ohne Verstärkung (Löschung), Gruppe B erhielt den Ton während der Fütterung (reziproke Hemmung) und Gruppe C erhielt keinerlei Behandlung. Die Angstreaktion verschwand in der Hemmungsgruppe schneller als in der Löschungsgruppe. Allerdings waren die Ratten alle futterdepriviert, was bekanntlich zu erhöhter Aktivierung führt. Bei den Tieren der Gruppe B nahm das Aktivationsniveau möglicherweise durch die Futtergabe ab. Daher ist auch dieses Experiment zur Stützung unserer Hypothese wenig geeignet.

Man kann einwenden, daß beide Modelle – das der reziproken Hemmung und das der maximalen Habituation – genau das gleiche Vorgehen erfordern, nämlich die Darbietung der gestuften phobischen Reize und der Entspannung. Wenn aus beiden Modellen die gleichen Vorhersagen folgen, ist hier nichts wesentlich Neues formuliert worden; das Modell der maximalen Habituation ist aber einfacher und die Schwierigkeiten des Hullschen Konzepts der konditionierten Hemmung werden vermieden. Wenn die Hypothese aber praktisch nützlich sein soll, müssen die experimentellen Ergebnisse besser erklärt werden als durch die reziproke Hemmungs-Hypothese, oder die Hypothese muß zu neuen Vorhersagen führen.

Vorhersagen aus der Hypothese der maximalen Habituation

1. Wie oben gesagt, ist zu erwarten, daß die einzelnen phobischen Gruppen auf Grund physiologischer Unterschiede unterschiedliche Prognosen bei verhaltenstherapeutischer Behandlung aufweisen werden. *Marks* und *Gelder* (1965) und *Gelder, Marks* und *Wolff* (1967) konnten dies nachweisen. Sie fanden Erfolgsraten von 80 bis 90 Prozent bei monosymptomatischen Phobien, dagegen nur etwa 60 Prozent bei Agoraphobien, trotz längerer Behandlungsdauer. Man könnte entgegnen, daß Agoraphobiker häufig unter mehreren Phobien leiden und stärkere generalisierte Angst aufweisen und deshalb die reziproke Hemmung dieser phobischen Reaktionen schwieriger ist und natürlich auch länger dauert. In der konventionellen Verhaltenstheorie gibt es aber keine Erklärung für die unterschiedliche Reaktionsrate.
2. Die Hypothese ermöglicht eine genauere Vorhersage des Behandlungserfolges als die übliche klinische Gruppeneinteilung, da die Habituationsrate auf akustische Reize mit der Habituation an die phobischen Reize in der Desensibilisierung korreliert, wie *Lader, Gelder* und *Marks* (1967) zeigen konnten. Außerdem führt ein hohes allgemeines Aktivierungsniveau – gemessen an den Fluktuationen der Hautleitfähigkeit – zu einer schlechten Prognose, es sei denn, Entspannungstraining reduziert die Aktivierung.
3. Aus dem eben Gesagten kann man schließen, daß die Wahrscheinlichkeit eines Rückfalles nach einer erfolgreichen Desensibilisierung entscheidend vom allgemeinen Aktivierungsniveau des einzelnen Patienten abhängen wird. Auch bei erfolgreich behandelten Monophobien werden Rückfälle eintreten, wenn phobische Reize in eine Periode hoher Aktivation fallen. Das Phänomen der Dishabituation ist schon von *Pawlow* (1927) beschrieben worden. *Glaser* (1966) macht zwei anekdotische Bemerkungen über menschliche Probanden, bei denen nach einer vollständigen Habituation plötzlich spontane physiologische Reaktionen unter Streß auftraten und zwar in einem Fall vor einem Publikum (S. 40) und im anderen Fall nach einem örtlichen Aufstand (S. 43).

4. Eine alternative Möglichkeit zur Aktivierungsreduktion wäre die Anwendung von Drogen; das schnellwirkende Barbiturat Methohexiton-Natrium wurde bereits mit Erfolg angewendet (*Friedman*, 1966; *Friedman* und *Silverstone* 1967). Wir nehmen an, daß eine von Drogen unterstützte Desensibilisierung schneller zum Erfolg führt. Ein solches Ergebnis würde mit der Hypothese der maximalen Habituation übereinstimmen, wäre aber mit der Erklärung *Wolpes* (1958) schwer in Einklang zu bringen. Da Methohexiton-Natrium ein Sedativum ist, müßte die konditionierte Hemmung verlangsamt ablaufen, wenn mehr als die zur Hemmung der Angst nötige Minimaldosis gegeben wird. Es ist auch nicht klar, ob man die Reaktion auf die Droge als eine mit Angst unvereinbare Reaktion, im Sinne der Hypothese der reziproken Hemmung ansehen kann.
   Man muß bei der Methohexiton-Natrium-Methode den unvermeidbaren Nachteil beachten, daß eine Verzögerung von 15 bis 20 Sekunden eintritt, ehe die Droge das Gehirn erreichen und einen pharmakodynamischen Effekt haben kann. Diese zeitliche Verzögerung muß berücksichtigt werden, wenn man das Modell der reziproken Hemmung diskutiert.
5. *Eysenck* und *Rachman* beschreiben 1965 den Mechanismus der Desensibilisierung als Aufbau einer konditionierten Hemmung durch Auslösen und darauffolgende Hemmung der Angstreaktionen. Die Hypothese der maximalen Habituation sagt voraus, daß eine Desensibilisierung mit Drogen oder mit Entspannung auch ohne jede subjektive Angst der Patienten durchgeführt werden kann, da die Auslösung ängstlicher Reaktionen kein notwendiger Bestandteil der maximalen Habituation ist. Daraus ergibt sich ein weiterer Unterschied: *Wolpe* würde vorhersagen, daß angsthemmende Reaktionen unmittelbar nach der Darbietung eines phobischen Reizes folgen müßten. Maximale Habituation dagegen müßte dann eintreten, wenn unmittelbar *vor* der Darbietung Entspannung oder Drogenrelaxation erreicht wurde, so daß Angst oder Aktivierung während der Darbietung unterbleibt.
6. *Lomont* (1965) hat in seiner Diskussion der Extinktion und der Desensibilisierung zwei Punkte betont, die für das Modell der maximalen Habituation auch zutreffen. Erstens ist das Phänomen der spontanen Erholung während der Desensibilisierung in Arbeiten über Extinktion und Habituation gut nachzuweisen (*Agras*, 1965) hat aber keinen Platz im Modell der reziproken Hemmung.
   Zweitens ist die Frage von massierter gegenüber verteilter Darbietung, die *Lomont* auch berührt, trotz der unterschiedlichen Vorhersagen aus den Hypothesen der reziproken Hemmung, bzw. der Habituation/Extinktion, noch nicht völlig geklärt. Eine Arbeit von *Ramsey, Barends, Breuker* und *Kruseman* (1966) zeigt, daß verteilte Darbietung bei Desensibilisierung der massierten Darbietung überlegen ist. Hier scheint aber Vorsicht geboten, da in dieser Arbeit die Gruppe mit verteilter Darbietung 4 Übungsperioden mit je 4 Hierarchieitems, die massierte Gruppe dagegen 2 Sitzungen mit je 8 Items erhielt und das Inter-Item Intervall in beiden Gruppen gleich war. Der Effekt der Intervalle zwischen den Versuchsdurchgängen (Inter-Trial-Intervall, ITI) auf Extinktionsvorgänge ist allerdings kaum bekannt und widersprüchlich beschrieben. *Teichner* (1952) und *Cole* und *Abraham* (1962) sind der Ansicht, daß die Löschungsrate mehr vom ITI während der Akquisitionsphase abhängt. Für die Habituationsrate scheint zu gelten, daß die

Habituation in einer Sitzung um so schneller eintritt, je kürzer das ITI ist, wobei die Reaktionsintensität exponentiell abnimmt (*Thompson* und *Spencer*, 1966). Der zeitliche Abstand zwischen den Sitzungen scheint keine entscheidende Wirkung auf die Habituationsrate zu haben (*Montagu*, 1963), obwohl die Anfangsreaktion in aufeinanderfolgenden Sitzungen immer geringer wird. Um aus der Hypothese der maximalen Habituation die Ergebnisse von *Ramsey* u. a. erklären zu können, müßten wir mehr über die Wirkung von massierter Darbietung in der Habituation, auf spontane Erholung, Generalisation, der Wechselwirkung zwischen Inter-Item-Intervall und der Zahl der Reize pro Sitzung und der Zeit zwischen den Einzelsitzungen wissen.

Es scheint durchaus möglich, daß die optimale Methode für langdauernde Habituation darin besteht, Perioden massierter Darbietung bis zur vollständigen Habituation einzusetzen, dann eine Pause einzuschalten, der weitere Perioden massierter Darbietung folgen, die spontane Erholung verhindern. Dies muß experimentell entschieden werden. Um theoretische Streitfragen zu klären und um praktische Verbesserungen der Desensibilisierungsbehandlung zu erreichen, sind weitere experimentelle Arbeiten dazu notwendig.

Schlußbemerkung

Viele der in dieser Arbeit formulierten Hypothesen müssen zur Zeit höchst spekulativ wirken. Wir hoffen aber, daß wenigstens einige der Gesichtspunkte von heuristischem Wert sind und daß das Habituationsmodell der Desensibilisierung einen praktisch-therapeutischen Nutzen haben wird.

Literatur

Agras, W. S.: An investigation of the decrement of anxiety responses during systematic desensitization therapy. Behav. Res. Ther. 2 (1965), 267–270.

Berlyne, D. E.: Conflict, Arousal and Curiosity. McGraw-Hill, New York 1960.

Burch, N. R., T. H. Greiner: A bioelectric scale of human alertness; concurrent recordings of the E. E. G. and G. S. R. Psychiat. res. Rep. Amer. Psychiat. Ass. 12 (1960), 183–193.

Cole, M., F. Abraham: Extinction and spontaneous recovery as a function of amount of training and extinction intertrial interval. J. physiol. Psychol. 55 61962), 978–982.

Davison, G.: Systematic desensitization as a counter-conditioning process. J. abnorm. Psychol. (1968) (in press).

Eysenck, H. J., S. Rachman: Causes and Cures of Neurosis. Routledge and Kenan Paul, London 1965.

Friedman, D. E. I.: A new technique for the systematic desensitization of phobic symptoms. Behav. Res. Ther. 4 (1966), 139–140.

Friedman, D. E. I., J. T. Silverstone: Treatment of phobic patients by systematic desensizitation. Lancet 1 (1967), 470–472.

Gale, D. S., G. Strumpfels, E. N. Gale: A comparision of reciprocal inhibition and experimental extinction in the psychotherapeutic process. Behav. Res. Ther. 4 (1966), 149–155.

Gelder, M. G., I. M. Marks, H. H. Wolff: Desensitization and psychotherapy in the treatment of phobic states: a controlled enquiry. Brit. J. Psychiat. 113 (1967), 53–73.

Gellhorn. E.: Motion and Emotion: the role of proprioception in the physiology and pathology of the emotions. Psychol. Rev. 71 (1964), 457–472.

Glaser, E. M.: The Physiological Basis of Habituation. Oxford University Press, London 1966.

Hoenig, J., G. F. Reed: The objective assessment of desensitization. Brit. J. Psychiat. 112 (1966), 1279–1283.

Jacobson, E.: Anxiety and Tension Control. A Physiological Approach. Lippincott. Philadelphia 1964.

Kondaš, O.: Reduction of examination anxiety and „stage-fright" by group desensitization and relaxation. Behav. Res. Ther. 5 (1967), 273–281.

Lacey, J. I., B. C. Lacey: The relationship of resting autonomic activity to motor impulsivity. Proc. Ass. Res. nerv. ment. Dis. 36 (1958), 144–209.

Lader, M. H.: Palmar conductance measures in anxiety and phobic states. J. psychosom. Res. 11 (1967), 271–281.

Lader, M. H.: Psychophysiological aspects of anxiety. In: Studies of Anxiety: A Symposium (Ed. *M. H. Lader*) Royal Medico-Psychological Association Special Monograph, London 1968.

Lader, M. H., M. G. Gelder, I. M. Marks: Palmar conductance measures as predictors of response to desensitization. J. psychosom. Res. 11 (1967), 283–293.

Lader, M. H., L. Wing: Physiological Measures, Sedative Drugs and Morbid Anxiety. Oxford Univ. Press, London 1966.

Lang, P. J., A. D. Lazovik: Experimental desensitization of a phobia. J. abnorm. soc. Psychol. 66 (1963), 519–525.

Lang, P. J., A. D. Lazovik, D. J. Reynolds: Desensitization, suggestibility, and pseudotherapy. J. abnorm. Psychol. 70 (1965), 395–402.

Lomont, J. F.: Reciprocal inhibition or extinction? Behav. Res. Ther. 3 (1965), 209–219.

Lomont, J. F., J. E. Edwards: The role or relaxation in systematic desensitization. Behav. Res. Ther. 5 (1967), 11–25.

Lynn, R.: Attention, Arousal and the Orientation Reaction. Perg. Press, Oxford 1966.

Malmo, R. B.: Anxiety and behavioral arousal. Psychol. Rev. 64 (1957), 276–287.

Marks, I. M., G. G. Gelder: A controlled retrospective study of behavior therapy in phobic patients. Brit. J. Psychiat. 111 (1965), 561–573.

Marks, I. M., M. G. Gelder: Different ages of onset in varieties of phobia. Amer. J. Psychiat. 123 (1966), 218–221.

Martin, B.: The assessment of anxiety by physiological behavioral measures. Psychol. Bull. 58 (1961), 234–255.

Martin, I.: Somatic reactivity. In Handbook of Abnormal Psychology. (Ed. *H. J. Eysenck*). Pitman, London 1960.

Montagu, J. D.: Habituation of the psychogalvanic reflex during serial tests. J. psychosom. Res. 7 (1963), 199–214.

Moore, N.: Behavior therapy in bronchial asthma: a controlled study. J. psychosom. Res. 9 (1965), 257–274.

Paul, G. L.: Insight versus Desensitization in Psychotherapy. Stanford University Press, Stanford 1966.

Pavlov, I. P.: Conditioned Reflexes, an Investigation of the Physiological Activity of the Cerebral Cortex. Oxford University Press, London 1927.

Rachman, S.: Studies in desensitization – I. The separate effects of relaxation and desensitization. Behav. Res. Ther. 3 (1965), 245–251.

Rachman, S.: Studies in desensitization – II. Flooding. Behav. Res. Ther. 4 (1966), 1–6.

Rachman, S.: Systematic desensitization. Psychol. Bull. 67 (1967), 93–103.

Ramsey, R. W., J. Barends, J. Breuker, A. Kruseman: Massed versus spaced desensitization of fear. Behav. Res. Ther. 4 (1966), 205–207.

Schachter, S.: The interaction of cognitive and physiological determinants of emotional state. In: Anxiety and Behavior. (Ed. *D. C. Spielberger*). Academic Press, New York 1966.

Schultz, D. P.: Panic Behavior. Random House Press, New York 1964.

Sherrington, C. S.: The Integrative Action of the Nervous System. University of Cambridge Press, Cambridge 1947.

Teicher, W. H.: Experimental extinction as a function of the intertrial intervals during conditioning and extinction. J. exp. Psychol. 44 (1952), 170–178.

Thompson, R. F., W. A. Spencer: Habituation: a model phenomenon for the study of neuronal substrates of behavior. Psychol. Rev. 73 (1966), 16–43.

Wolpe, J.: Psychotherapy by Reciprocal Inhibition. Stanford University Press, stanford 1958.

Vermeidungslernen: Grundlage der Beständigkeit von „Angstreaktionen"

Niels Birbaumer

Die Aussage, psychopathologische Reaktionen (Neurose, Psychose, Depression, Psychopathie) entstehen nach denselben Lernprinzipien wie „normales" (d. h. von der Sozietät akzeptiertes) Verhalten, ist ebenso allgemein wie die Behauptung, psychopathologische Reaktionen entstehen durch Es-Ich-Über-Ich Kollissionen aufgrund frühkindlicher Traumata. Der Unterschied besteht lediglich darin, daß die Lernprinzipien experimentell operationalisiert und damit systematisch replizier- und kritisierbar sind. Wie zu *Freuds* und *Pawlows* Zeiten wissen wir aber nicht, *welche* Lernparadigmen zu *welchen* Störungen führen. Der Grund für die bestehende Unklarheit ist u. a. methodischer Natur:

a) Im Tierversuch können nur Analogien menschlicher Psychopathologie experimentell erzeugt und variiert werden. Diese Versuche haben seit *Pawlow* äußerst wichtige und interessante Hypothesen erbracht, die aber nur dann auf den Menschen übertragbar sind, wenn sie am Menschen in derselben Art und Weise variierbar sind, was ethisch in den seltensten Fällen zu rechtfertigen sein wird. Die im Experiment erzeugte Verhaltensstörung („experimentelle Psychose", „experimentelle Neurose") muß keineswegs der im natürlichen Umfeld entstandenen Störung gleich sein. Erst wenn physiologische und psychologische Identität besteht, ist die Übertragung auf die Realität gerechtfertigt.
b) Neben der experimentellen Psychopathologie erwarten wir wichtige Aufschlüsse von kontrollierten Längsschnittuntersuchungen, wei wir sie im letzten Abschnitt (S. 118) am Beispiel der Schizophrenie beschrieben haben.
c) Die Untersuchung bereits als „gestört" bezeichneter Personen leidet an der Tatsache, daß der diagnostische Vorgang stets auch einen von kulturellen Normen bestimmten, mehr oder weniger willkürlichen Akt darstellt. Obwohl interkulturell bei extremen Verhaltensabweichungen häufig Übereinstimmung in der Klassifikation besteht, sind die Streubreiten sowohl innerhalb als auch zwischen Kulturen, Subkulturen, Nationen, Gruppen, usw. so groß, daß nur in den seltensten Fällen Konsens bestehen dürfte. Erst die empirische Analyse der Interaktion zwischen den Verhaltensabweichungen des Einzelnen und den sozialen Bewertungsprozessen wird mehr Klarheit in dieses Problem bringen.

Wir wollen uns in diesem Abschnitt mit den Beiträgen der experimentellen Psychopathologie (Punkt a) zur Analyse von „Angststörungen" befassen.

Wie lösen wir das „neurotische Paradoxon"? Wie können im Rahmen adaptiver Lernprozesse unangepaßte Konsequenzen entstehen? Warum bleibt ein Verhalten *persistent* bestehen, wenn es offensichtlich zu negativen Konsequenzen (sozial oder organisch) führt? Welche Lernparadigmen führen zu welchen Störungen? Oder entsteht unangepaßtes, „neurotisches" Verhalten zufällig, als eine Art Unfall der

Natur? Oder, wie *Kimmels* (1971) Experimente nahelegen, gibt es kritische Punkte (bei *Kimmel* die maximale Hautwiderstandsreaktion nach wenigen klassischen Konditionierungsdurchgängen, bei *Miller* (siehe S. 177) Annäherungs-Vermeidungskonflikte, an denen plötzlich einsetzende Vermeidungsreaktionen zu extremer Persistenz führen?

Wir müssen diese drängenden Fragen nach ihrer zeitlichen Relevanz teilen: 1. Wie entsteht das fehlangepaßte Verhalten, d. h. welche Umwelt- und Organismusbedingungen sind die notwendige Voraussetzung für die Entstehung? und 2. Wie bleibt das einmal gelernte Verhalten bestehen?

Sowohl in der klinischen Praxis als auch in der Lerntheorie geht man häufig von der unbewiesenen, aber plausiblen Annahme aus, daß phobische Reaktionen (Ängste aller Art) und stereotypes Verhalten ohne deutliche autonome Angstzeichen (Zwänge, Tics, Stottern) aktive oder passive Vermeidungsreaktionen sind. Da wir „Angst“ als Reaktion auf drei Ebenen definierten, kann auch Vermeidungsverhalten auf drei Ebenen synchron oder asynchron nur auf einer oder zwei Ebenen zur Ausbildung kommen. Verhalten bleibt im allgemeinen durch seine Konsequenzen aufrecht, die beim Menschen wiederum kognitiv-sprachlich (Vorstellungen, Verbalisationen) oder motorisch (Fluchtverhalten) sein können. Daraus ergeben sich prinzipiell *neun* Möglichkeiten der Interaktion zwischen Reaktionen und Konsequenzen, deren Zahl aber durch Kombination weiter erhöht werden kann (*Borkovec,* 1976). In Abb. 32 sind die möglichen Reiz-Reaktions-Konsequenzbeziehungen dargestellt.

Als die gemeinsame „Lerngeschichte“ von Vermeidungsverhalten wird im allgemeinen klassisches Konditionieren angesehen, vor allem dann, wenn die konditionierte Reaktion vorerst primär aus autonomen Änderungen besteht. Wichtig ist dabei zu bedenken, daß Lernvorgänge nicht direkt das Individuum betreffen müssen, sondern auch durch Beobachtung als „Modellernen“ (*Bandura,* 1969) ablaufen können.

Die Zwei-Prozeß-Theorie des Vermeidens ursprünglich von *Mowrer* (1960) formuliert, erklärt Vermeidungsverhalten aus zwei zeitlich aufeinander folgenden Lernprozessen.

1. Durch klassische Konditionierung löst ein CS als konditionierte emotionale Reaktion (CER) Furcht oder Angst aus.
2. Die Angst motiviert eine motorische Reaktion. Jede Reaktion, die den CS beendet *und* Angst (die CER) reduziert, wird durch die Angstreduktion negativ verstärkt.

Die erste Phase muß nicht in jedem Fall durch klassische Konditionierung vermittelt werden: ein *Konflikt* (Annäherungs-Vermeidungskonflikte, Vermeidungs-Vermeidungskonflikte, u. a. siehe Kapitel IV S. 177) kann auch zu Angst führen, die durch eine Fluchtreaktion beendet und verstärkt wird. *Pawlows* ursprüngliches Experiment zur Neurose bestand darin, durch zunehmend undiskriminierbar werdende Reize Annäherungs-Vermeidungskonflikte zu erzeugen, aus denen die Tiere flohen, oder – wenn keine Fluchtmöglichkeit vorhanden war – stereotype „Scheinfluchtreaktionen“ oder Hilflosigkeitsverhalten (siehe unten) aufwiesen.

Wesentlich an *Mowrers* Theorie ist die Annahme, daß die Ursache der Aufrechterhaltung einer Vermeidungsreaktion *nicht in der Antizipation des aversiven Reizes,*

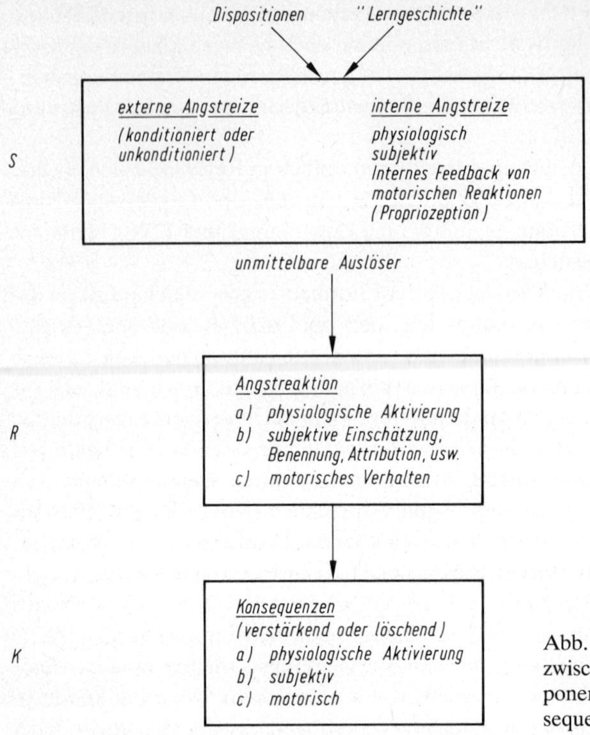

Abb. 32. Interaktionsmöglichkeiten zwischen den drei Verhaltenskomponenten bei einer Reiz-Reaktionssequenz.

sondern in der Beseitigung der konditionalen Warnreize zu suchen ist. Die Reduktion der CER verstärkt die Reaktion negativ.

Dieses Konzept wurde in den letzten beiden Jahrzehnten heftig kritisiert, wobei sich in einer Reihe von Experimenten (zusammengefaßt bei *Seligman* und *Johnston,* 1973; *Tunner,* 1975, *Schilling* 1975) zeigte, daß weder die Beendigung des CS noch die CER die Aufrechterhaltung des Verhaltens eindeutig erklären können. Tiere vermeiden auch ohne Beendigung des CS einen US oder vermeiden ohne Beseitigung des US durch Beendigung des CS allein (*Kamin,* 1956). Die *Mowrer*sche Hypothese von der Bedeutsamkeit der CS-Beendigung läßt sich nur halten, wenn wir annehmen, daß auch a) interne Rückmeldung über das Nicht-Reagieren b) das Verstreichen der Zeit seit der letzten erfolgreichen Reaktion (z. B. im *Sidman* Paradigma) und c) Rückmeldung von den Impulsen an das periphere motorische System als CS wirken. Dazu ist anzunehmen, daß alle drei Reizklassen durchaus als CS im Prinzip nachweisbar wären, die Zwei-Prozeß-Theorie damit aber erheblich erweitert werden müßte.

Sehr viel problematischer ist die Tatsache, daß Vermeiden auch bestehen bleibt, wenn keine autonomen CER mehr nachweisbar sind (am Menschen u. a. von *Tunner* und *Birbaumer,* 1974). Am Menschen wurde dabei meist der Hautwiderstand untersucht, was uns problematisch erscheint, da die HR-Änderung in Vermeidungsexperimenten sehr viel länger bestehen bleibt (*Tunner,* 1975). *Rescorla* und *Solomon*

(1967) umgehen diese Kritik mit der Annahme, daß es sich bei Furcht (CER) um einen zentralnervösen Zustand handle, der sich nicht in peripher physiologischen Maßen niederschlagen müsse. Damit weichen *Rescorla* und *Solomon* auch dem Problem aus, daß Vermeidungsreaktion praktisch ad infinitum durchgeführt werden, ohne geringste Anzeichen autonomer Erregung.

Seligman und *Johnston* (1973) schließlich formulieren eine „kognitive“ Theorie, die annimmt, daß die späten Phasen (Extinktion) des Vermeidens durch die laufende Bestätigung von zwei Erwartungen aufrecht bleiben: die Erwartung, daß kein S^- (z. B. Schock) auftritt, wenn reagiert wird und die Erwartung, daß ein S^- auftritt, wenn nicht reagiert wird. Voraussetzung für das Entstehen solcher Erwartungen ist die Annahme, daß der Organismus a priori Präferenzen aufweist (das Ausbleiben des S^- seinem Auftreten vorzieht). CERs spielen in der *Seligman*schen Formulierung keine Rolle mehr. Eine „Erwartung“ ist ein hypothetisches Konstrukt: ein Zustand des Organismus, der Information über Kontingenzen zwischen Reaktionen und Konsequenzen in einer gegebenen Situation repräsentiert (speichert). Die Erwartung wird durch ihre Bestätigung verstärkt und durch ihre Widerlegung geschwächt.

Wir teilen im wesentlichen die Auffassung *Seligman* und *Johnstons,* glauben aber, daß die Zwei-Prozeß-Theorie damit keineswegs widerlegt wird, sondern in der Nachfolge *Rescorlas* und *Solomons* als CER zentralnervöse (und kardiovaskuläre?) Prozesse anzusehen sind, deren Charakterisierung als „Erwartung“ und den Ersatz des Begriffs der negativen Verstärkung durch „Bestätigung der Erwartung“ den Fakten besser gerecht wird. Wir haben eine Reihe von Untersuchungen durchgeführt (*Tunner* und *Birbaumer,* 1974; *Tunner,* 1975; *Birbaumer* et al., 1975), die zwar keine Entscheidung über die Theorien erbrachte, aber die zentrale Rolle von „Erwartungen“ betont. Ein wesentliches Anliegen unserer Arbeit war die Untersuchung der neurophysiologischen *und* peripher-autonomen Prozesse, die eine Entscheidung über die Gültigkeit *zentraler* oder *peripherer* Theorien ermöglichen sollten.[1])

Das Design der verschiedenen Experimente war prinzipiell identisch (nur die Zeiten variierten): in 10 Durchgängen folgte einem CS (Licht) ein US (unangenehmer elektrischer Schlag; in einem z. Z. laufenden Versuch ein lauter Ton, der einer Co-Person gegeben wird, siehe den nächsten Artikel) konditioniert, danach ertönte zwischen CS und US kurz ein Ton (S^D); wenn die Vp eine Taste während der Tondarbietung betätigte (R^V), wurde der CS beendet und es erfolgte kein US (Lernphase, weitere 10 Durchgänge). Danach folgte eine „Überlernphase“, Extinktionsphasen (US kann nicht mehr auftreten, zweimal 10 Durchgänge) und forcierte Extinktion (weitere 10 Durchgänge, CS bleibt bestehen trotz „R^V“, es folgt kein US, zweimal 10 Durchgänge).

---

[1]) Diese Untersuchungen wurden durch die Unterstützung der *Stiftung Volkswagenwerk* möglich.

Die Anordnung sei hier kurz symbolisiert:

Klassische Konditionierung:

CS ↑ Licht an — CS aus, US an ↓

Vermeidung

CS ↑ Licht an — S^D (Ton) ↓ R^v CS aus — kein US ↓

Bereits die ersten Untersuchungen bestätigten einige wichtige Analogieschlüsse aus den tierexperimentellen Untersuchungen die wir hier nur kurz summieren: aktive Vermeidungsreaktionen sind außerordentlich stabil und können extrem stereotype Form annehmen. Eine unserer Vpn betätigte die Fußtaste bis zu mehr als 5000mal im Laufe eines 8-Stunden-Versuches in einem bestimmten Rhythmus, von dem sie fälschlich annahm, daß er eine Vermeidung bewirkt („abergläubisches Konditionieren“). Auch wenn der aversive Reiz nicht mehr auftreten kann, wird in den meisten Fällen die Reaktion beibehalten (extrem hohe Löschungsresistenz). Wir fragten uns, wodurch diese hohe Löschungsresistenz bewirkt wird, die wir ja auch bei Verhaltensstörungen finden. Diese Tatsache wirkt um so erstaunlicher, als die Vpn nach stabilem, fehlerfreiem Erlernen ihre peripher physiologische und subjektive Erregung schnell verlieren. (Abb. 33 sind je 10 Durchgänge in den einzelnen Phasen des Lernens und der Löschungsdurchgänge für 12 Vpn gemittelt: In den zwei Extinktionsphasen (EXT 1 und EXT 2) wäre kein Schock mehr erfolgt, wenn die Vp gelöscht hätte. Fast alle Personen „vermeiden“ weiter. Wir führten daher zweimal 10 forcierte Extinktionsdurchgänge ein (FORC EXT), in denen der CS auch dann weiter

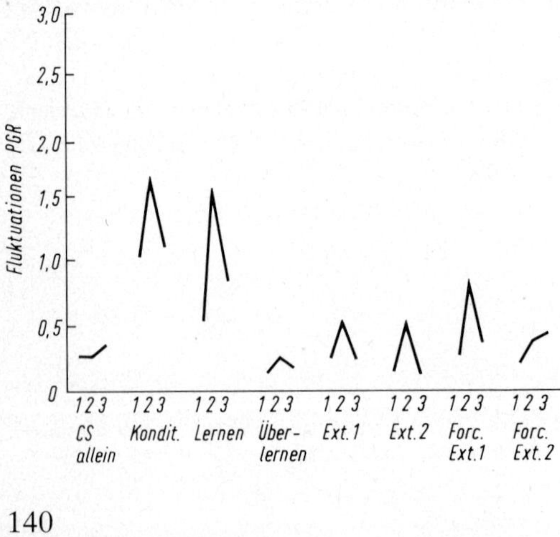

Abb. 33. Verlauf der Spontanfluktuation des Hautwiderstandes in den verschiedenen Phasen eines Vermeidungsexperimentes (s. Text) gemittelt über 12 Vpn und je 10 Durchgänge pro Phase (CS allein, Lernen usw.) Innerhalb einer Phase drei Werte: 1. Wert Pausenwert, 2. vor S^D, 3. nach S^D. (Aus *Tunner* und *Birbaumer*, 1973.)

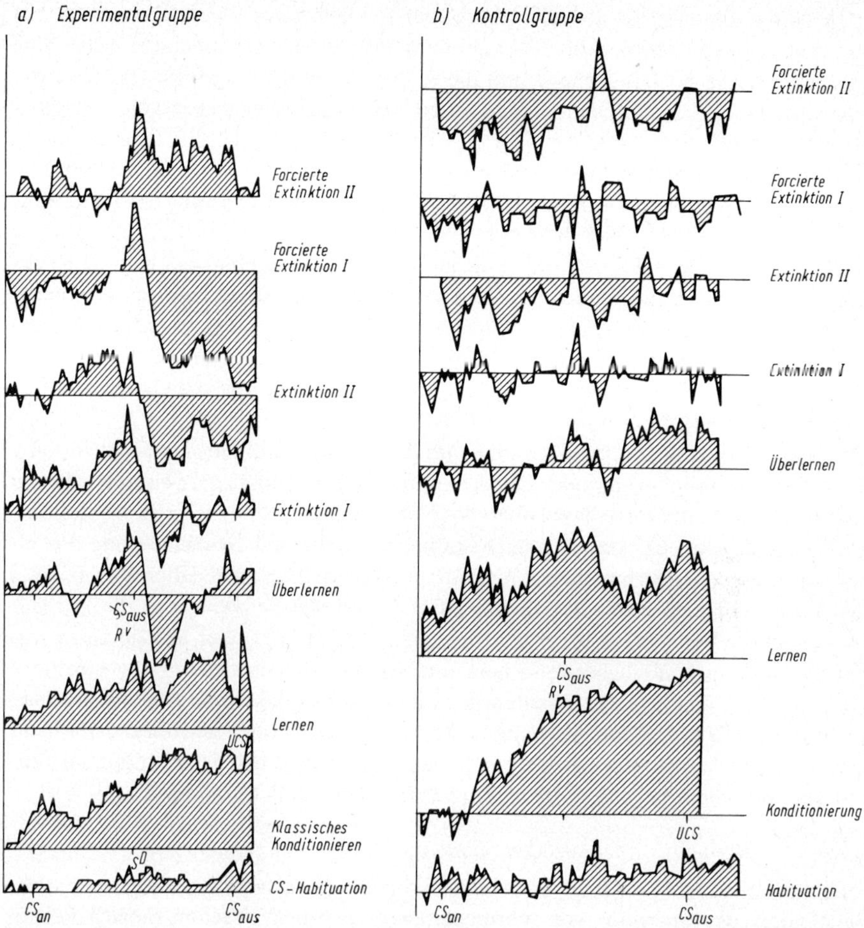

Abb. 34. Kortikale Gleichspannungsverschiebungen in den einzelnen Phasen eines Vermeidungsversuchs für eine „aktive" Versuchsgruppe und eine „passive" Versuchsgruppe. Gemittelt wurden je 10 Durchgänge (14 sec) über 10 Vpn. Siehe Text. Aus *Tunner* (1975).

bestehen blieb, wenn die Vp gedrückt hatte (es erfolgte natürlich kein aversiver Reiz mehr). Der Vp wurde sozusagen demonstriert, daß ihr Vermeiden „sinnlos" sei.

Wie aus Abb. 33 ersichtlich ist, steigt die Erregung der Vp dabei wieder stark an. Trotzdem drücken die Hälfte aller Personen bis zum Abbruch des Versuches weiter. In unserem letzten Experiment (*Birbaumer* et al., 1975) wurden die Vpn schließlich nach 20 Durchgängen aufgefordert, nicht mehr zu drücken, da kein UCS mehr zu erwarten sei: von 15 Vpn setzten 4 Vpn auch danach ihre stereotype Reaktion fort! (*Birbaumer,* 1975)

Wie in den Tierversuchen zeigte sich in unseren Experimenten ein rasches Absinken der peripheren emotionalen Erregung (gemessen mit den Spontanfluktuationen des Hautwiderstandes) in den Extinktionsphasen auf präexperimentelles Niveau. Im

Gegensatz dazu blieb in den elektrokortikalen Maßen und der Herzaktivität ein bestimmtes Muster stabil: Abb. 34 zeigt die kortikale Gleichspannungsverschiebung gemittelt über je 10 Durchgänge und die 9 Vpn der Versuchsgruppe, daneben die Kontrollgruppe, die denselben Bedingungen unterworfen war, aber keine Vermeidungsmöglichkeit hatte. Bis zu forcierten Extinktion II, in der bereits etwa die Hälfte aller Vpn gelöscht hatten, blieb die *Sequenz Negativierung vor und Positivierung nach* R^v bestehen. Kognitiv interpretiert würden wir sagen, eine Erwartung des Auftretens des S^D (oder des US?) blieb bestehen und die Bestätigung dieser Erwartung durch Entfernung des CS – elektrokortikal als Desaktivierung abgebildet – hält die Reaktion und die Erwartung aufrecht. Der Verlauf der Negativierung der kortikalen Gleichspannungsverschiebung vor dem S^D geht mit einer Verlangsamung der Herzrate nach kurzer Beschleunigung einher; diese Koinzidienz von Herzratenverlauf und CNV wurde bereits eingehend von *Lacey* und *Lacey* (1970) beschrieben und interpretiert. (Abb. 34).

Neurophysiologisch betrachtet wird daher die Diskussion um negative Verstärkung durch Furchtverminderung oder Erwartungsbestätigung möglicherweise überflüssig. Entscheidend für das Bestehenbleiben des Vermeidungsverhaltens ist die zentralnervös gegebene Sequenz Aktivierung (Negativierung) vor und Desaktivierung (Positivierung) nach dem instrumentellen Verhalten. Als Hypothese soll daher abschließend postuliert werden, daß mit Bestehen der CNV- und HR-Sequenz auch die Vermeidungsreaktion stabil bleiben wird, unabhängig von der peripher-autonomen Erregungssequenz und möglicherweise auch unabhängig von subjektiv-erlebensmäßigen Vorgängen (in unsern Experimenten kovariierte die subjektive Furchteinschätzung nur lose mit CNV, HR und Verhalten). Zentralnervöse Vorgänge hätten danach zur Erklärung und Vorhersage von Vermeidungsverhalten eine in den bisher dominierenden Theorien nicht beachtete Bedeutung. (*Birbaumer* und *Lutzenberger,* 1976).

Vermeidungslernen in einer sozialen Situation

Die oben berichteten Untersuchungen erbrachten Fortschritte im theoretischen Verständnis der Stabilität von Vermeidungsverhalten. Wir sehen danach keinen Grund, die Zwei-Prozeß-Theorie aufzugeben, wenn wir die CER auch als zentral repräsentierte Erwartungsspannung auffassen können. Wir sehen weiters keinen Grund, ein negatives Verstärkungskonzept der Vermeidungsreaktion aufzugeben: die Bestätigung der Erwartung verstärkt die Erwartung (CER). Welche der beiden Terminologien (kognitiv vs. lerntheoretisch) man verwendet, halten wir so lange für bedeutungslos, wie die determinierenden physiologischen Prozesse definiert sind. Wir verstehen die bisher berichteten Arbeiten als einen Schritt auf eine Operationalisierung der dem Vermeidungslernen zugrundeliegenden autonomen und kortikalen Prozesse.

Einige wesentliche Schwierigkeiten blieben weiterhin unbeantwortet:

a) sind die angeführten motorischen und physiologischen Prozesse für Vermeidung charakteristisch oder sind sie auf Annäherungsverhalten übertragbar? Oder ist diese Unterscheidung sinnvoll und stellt Annäherung nur Vermeidung von Frustration auf höherem Aktivierungsniveau dar?
b) sind die gelernten Reaktionen im Experiment überhaupt Vermeidungs- bzw.

Annäherungssituationen oder folgen die Vpn mehr oder wenig „automatisch" den Instruktionen des Vls?

c) sind die gelernten Reaktionen „realen" Verhaltensstörungen analog? d. h. bleiben sie auch angesichts veränderter Umweltsituationen in einem Kontext bestehen, in dem diese Reaktionen als „unangepaßt" bewertet werden müssen?

Die ersten experimentellen Versuche zur Beantwortung dieser Fragen wurden im letzten Jahr unternommen und weitere Studien sind abgeschlossen oder in Bearbeitung. Vorerst wurde – angeregt von der sozialpsychologischen Literatur – ein sozialer Kontext etabliert, in dem die Vpn für einen Partner vermeiden oder für einen Partner einen positiven Reiz erwirken soll. (siehe den Artikel von *Tunner* et al., 1977). Um die Vergleichbarkeit mit „klinischen" Störungen plausibler zu machen, wurden die Vpn Wochen nach dem Erlernen des „Vermeidungsverhaltens" in einer Streßsituation neu untersucht, in der Erwartung, daß die Vermeidungsreaktion dort wieder auftritt, *ohne daß dies den Vpn bewußt sein muß.* Als Reaktion wurde nicht mehr Hebeldruckverhalten, sondern eine leichte Anspannung des Unterarm- und Oberschenkelmuskels verwendet; der Grund dafür lag in der Tatsache, daß Reaktionen, die im Instinktrepertoire liegen (Abwehrspannungen u. ä.) sehr viel eher als „pathologische" Vermeidungsreaktionen gewählt werden und sehr viel stabiler als neutrale und „künstlich" ausgelöste Reaktionen sind.

Die bisher gefundenen Ergebnisse der Studie von *Tunner* et al. (1977) und einer hier abgedruckten ersten Replikation und nachfolgender noch bearbeiteten Replikationsstudien lassen folgende Schlüsse gerechtfertigt erscheinen:

1. Annäherungs- und Vermeidungsreaktionen der untersuchten Art zeigen auf motorischer Ebene keine unterschiedliche Extinktionsresistenz, vor allem werden sie in ähnlichen Streßsituationen wieder eingesetzt, auch wenn sie dort nicht adaptiv sind; dies muß der Person nicht bewußt sein.
2. Physiologisch ergeben sich auch bei gleichem motorischem Verhalten Unterschiede zwischen Annäherungs- und Vermeidungsverhalten: Vermeidung zeigt deutlich erhöhte und länger anhaltende Reaktionen in der HR und im Hautwiderstand. Aus einer anderen Serie von Experimenten, die hier aus Raumgründen nicht berichtet werden können (gemeinsam mit *P. J. Lang* in Tübingen und Wisconsin gleichzeitig unabhängig voneinander durchgeführt geht hervor, daß die kortikale Negativierung vor einem aversiven Reiz (lautes Geräusch) ebenfalls ausgeprägt vorhanden ist, nicht bei positiven Reizen (anregende Diapositive)! Dies geht in Richtung *Berlynes* (1969) Theorie des Zusammenhanges zwischen Aktivierung und Verstärkung (siehe Kapitel V). Die Erwartung eines negativen Reizes löst mehr „kortikale Energie und Aktivierung" aus, als die Erwartung eines positiven Reizes, könnte man spekulativ behaupten. Daraus ließe sich die Hypothese ableiten, daß *autonome Reaktionen bei Vermeidung sehr viel langsamer löschen als autonome Reaktionen bei Annäherungsverhalten unabhängig von der Persistenz der motorischen Reaktion. Borkovec* (1976) zeigte, daß autonome Reaktionen bei generalisierteren sozialen Ängsten gegenüber subjektiver und motorischer Vermeidung sehr viel langsamer löschen, was unseren Laborbefund stützt.

Die Literaturangaben befinden sich hinter dem Artikel von *Rockstroh* et al.

Vermeidungslernen in einer sozialen Situation[1])

Replikation und Erweiterung eines Experimentes von Tunner, Oelkers, Lutzenberger und Birbaumer

B. Rockstroh, W. Lutzenberger, T. Elbert, N. Birbaumer, W. Tunner

Einleitung

Die Entwicklung eines Paradigmas zur Ausbildung stabiler Vermeidungsreaktionen findet zunehmend Interesse; ein wesentliches Anliegen ist die Verifizierung tierexperimenteller Befunde zur Extinktionsresistenz von motorischen Vermeidungs- und Abwehrreaktionen und deren Wiederaufnahme unter nicht identischen Streßbedingungen im Humanexperiment (*Konorski* et al., 1936; *Fonberg* et al., 1956, zit. in *Tunner* et al., 1976); experimentelle Paradigmen aus dem Tierexperiment lassen sich nicht mit gleichen Effekten im Humanexperiment realisieren: für das Individuum unschädliche, in ihrer Aversivität vertretbare Stimuli habituieren, oder intervenierende Variablen wie Motivation oder kognitive Verarbeitung der experimentellen Manipulationen führen zu instabilen Abwehrreaktionen.

In einem ersten Erkundungsexperiment entwickelten *Tunner* et al. (1977) in Anlehnung an frühere Experimente (*Birbaumer* et al., 1975; *Tunner* und *Birbaumer*, 1974) ein Paradigma zur Untersuchung von Aufbau, Stabilität und Wiederaufnahme einer motorischen Abwehrreaktion in einer sozialen Situation. Ausgehend von dem motivierenden Aspekt des sozialen Kontextes und der Annahme, daß auch im täglichen Leben Vermeidungsreaktionen vornehmlich in sozialen Lernsituationen ausgebildet werden, erhielt die Vp die Aufgabe, einen aversiven akustischen Reiz nicht für sich selbst, sondern für einen „hilflosen" Versuchspartner abzuwehren, indem sie auf zwei verschiedene, diskriminierbare Stimuli jeweils eine von zwei motorischen Reaktionen ausführte.

Tunner et al. (1977) fanden, daß die meisten (14 von 15) Vpn die motorische Reaktion auch unter forcierten Extinktionsbedingungen beibehielten. Außerdem nahmen die Vpn in einer zweiten Experimentalphase, in denen sie nicht identischen Streßbedingungen ausgesetzt wurden, eine der motorischen Reaktionen (Muskelkontraktion im Arm) signifikant häufiger wieder auf als die Versuchspartner, die in dieser Versuchsphase als Kontrollpersonen fungierten.

Die Autoren berichten ferner über charakteristische Verläufe der gemessenen physiologischen Reaktionen: die Hautleitfähigkeit (PGR) steigt nach dem konditionalen Stimulus leicht und nach der motorischen Abwehrreaktion stark an; die Herzrate steigt nach dem konditionalen Reiz, dezeleriert vor dem diskriminativen

---

[1]) Diese Arbeit wurde von der Deutschen Forschungsgemeinschaft und der Stiftung Volkswagenwerk unterstützt.
Das Experiment verdankt seine Entstehung der Zusammenarbeit mit *W. Tunner*, dem wir an dieser Stelle für die vielfältige Anregung danken.

Stimulus und steigt nach der motorischen Abwehrreaktion wieder an. Die Reaktionsverläufe werden als Hinweis auf Erwartungserregung interpretiert.

Eine die Validität der Ergebnisse möglicherweise beeinträchtigende Einflußgröße sehen *Tunner* et al. (1977) in der Art der gewählten Reaktion: „Das signifikant häufigere Wiederauftreten der motorischen Reaktion in der Versuchsgruppe kann auf die Tatsache zurückführbar sein, daß die Vpn *diese* Reaktion in ihrem Verhaltensrepertoire hatten, während die Co-Person Reaktionen dieser Art eben nie gelernt hat, warum sollten sie daher auftreten?" (*Tunner* et al., 1977).

Zur Überprüfung der Ergebnisse dieser ersten Studie und zur Einschätzung des dort vorgestellten Paradigmas und zur Spezifizierung einzelner Wirkungsgrößen wurde ein zweites Experiment zum Vermeidungslernen in einer sozialen Situation durchgeführt, bei dem der Versuchsplan der ersten Studie mit geringen Modifikationen übernommen wurde. Diese Modifikationen wurden vorgenommen, um zwei weitere Fragen zu klären. Zum einen wurde der Experimentalgruppe, die einen aversiven Reiz für einen Versuchspartner abzuwehren lernte, eine zweite Experimentalgruppe gegenübergestellt, die durch die gleiche motorische Reaktion für sich und den Partner eine positive Konsequenz in Form eines anregenden Diapositivs bewirkte. Dadurch sollte geprüft werden, ob unter nicht identischen Streßbedingungen der zweiten Experimentalphase eine einmal gelernte ‚Vermeidungs'-Reaktion wieder aufgenommen wurde oder eine, unter ähnlichen situativen Bedingungen gelernte Reaktion bzw. irgendeine Streßreaktion ausgeführt wurde, unabhängig von der Art des Vermeidungsparadigmas.

Zum anderen sollte überprüft werden, ob unter nicht vergleichbaren Streßbedingungen nach dem Lernversuch

a) eine gelernte Reaktion wieder aufgenommen wurde
b) eine echte ‚Vermeidungsreaktion' oder eine unter ähnlichen situativen Bedingungen gelernte motorische Reaktion wiederaufgenommen wurde (s. o.)
c) ob die Wiederaufnahme mit der Intensität der aversiven Situation in Zusammenhang stand.

Zur Beantwortung dieser Fragen wurden alle Vpn in der zweiten Experimentalphase in balancierter Reihenfolge sowohl den von *Tunner* et al. (1977) konzipierten Streßbedingungen als auch weniger streßhaften Bedingungen ausgesetzt.

Methode

1. Probanden

An der Untersuchung nahmen 40 Studenten (Durchschnittsalter 21 Jahre) gegen geringes Entgelt teil. Sie wurden nach ihrem Summenwert im Fragebogen zur sozialen Angst (SAP) von *Sander* und *Lück* (1971) parallelisiert und einer der vier Versuchsgruppen (s. u.) zugeordnet.

2. Versuchsplan

Den experimentellen Bedingungen lag das zum Aufbau motorischer Vermeidungsreaktionen verwendete Paradigma zugrunde (*Tunner,* 1975): auf einen Warn- oder konditionalen Stimulus (CS) folgt ein diskriminativer Stimulus (S^D); wird auf den S^D die richtige Reaktion ausgeführt, so erhält die Versuchsperson (Vp) zum einen eine unmittelbare visuelle Rückmeldung („gut"), zum anderen verschwindet der CS und der aversive unkonditionale Stimulus (US^-) bleibt aus. Erfolgt eine falsche Reaktion oder keine Reaktion, bleibt nach der entsprechenden visuellen Rückmeldung („schlecht") der CS an und bricht erst parallel zur Darbietung des aversiven US ab.

Das folgende Schema soll dieses Paradigma veranschaulichen:

Vor Ausbildung der Vermeidungsreaktion:

CS_{an} ———————— S^D ———————— US^- ITI, var.
$R_{f/O}$ CS_{aus}
S_{fb}

CS: konditionaler Stimulus
S^D: diskriminativer Stimulus
$R_{f/0}$: falsche oder keine Reaktion
S_{fb}: Rückmeldungsstimulus
US: unkonditionaler aversiver Stimulus
ITI: in ihrer Dauer variierte Pause zwischen den Durchgängen: „inter-trial interval"

nach Ausbildung der Vermeidungsreaktion:

CS_{an} ———————— S^D ITI, var.
R_v
S_{fb}
CS_{aus}

R_v: Vermeidungsreaktion

3. *Versuchsablauf*

Experimentalphase I

Im vorliegenden Experiment erschien als CS das Bild des Versuchspartners (Pp = Parallelperson) auf dem Videoschirm vor der Vp; S^Ds waren zwei diskriminierbare Töne von ca. 1200 Hz (hoher Ton) und ca. 600 Hz (tiefer Ton); der S^D folgte 7 Sekunden nach Erscheinen des CS und dauerte 1 Sekunde. Als richtige Reaktion galten ein kurzes Anspannen des rechten Unterarmmuskels auf den hohen Ton und ein Anspannen des rechten Wadenmuskels auf den tiefen Ton in einem Zeitintervall von maximal 1 Sekunde nach Beginn des S^D. Als visuelle Rückmeldung leuchtete bei richtiger Reaktion auf einer Ampel im Blickfeld der Vp ein grünes Licht mit der Aufschrift „gut", bei falscher Reaktion oder keiner Reaktion ein rotes Licht mit der Aufschrift „schlecht" auf. Bei richtiger Reaktion verschwand zudem das Bild des Partners auf dem Monitor (CS_{aus}) und es folgte eine Pause von 7 Sekunden und dem ITI (zufällig variierte Intervalle vpn 7 bis 13 Sekunden, $\bar{x} = 11$ Sekunden) bis zum Beginn des nächsten Durchgangs. Bei falscher Reaktion blieb das Bild des Partners sichtbar und verschwand erst nach 7 Sekunden, gleichzeitig mit dem Aufleuchten eines Blitzes über dem Monitor, der der Vp signalisierte, daß der Versuchspartner den aversiven US (Ton aus einem Frequenzgemisch von 110 dB erhielt).

Die folgende schematische Darstellung dient der Veranschaulichung:

Vor Ausbildung der Vermeidungsreaktion:

CS_{an} ———— 7″ ———— $S^{D}_{1,2}$ ———— 7″ ———— CS_{aus} $\bar{x} = 11''$
$R_{f/0}$ US^{-}
^{S}„schlecht"
1″

Nach Ausbildung der Vermeidungsreaktion:

CS_{an} ———— 7″ ———— $S^{D}_{1,2}$ ———— 7″ ———— $\bar{x} = 11''$
R_{v}
^{S}„gut"
CS_{aus}

Bei der zweiten Experimentalgruppe, die eine ‚Annäherungs'-Reaktion erlernte, folgte 7 Sekunden nach der Rückmeldung einer richtigen Reaktion (wie bei der ‚Vermeidungs'-Gruppe „gut") und dem gleichzeitigen Verschwinden des Bildes vom Partner für 1 Sekunde ein Diapositiv – in zufälliger Reihenfolge Aktphotos oder Comicbilder; bei falscher Reaktion blieb das Bild des Partners weitere 7 Sekunden bis zum Beginn des ITI sichtbar.

Vor Ausbildung der Annäherungsreaktion:

CS_{an} ———— 7″ ———— $S^{D}_{1,2}$ ———— 7″ ———— CS_{aus} $\bar{x} = 11''$
$R_{f/0}$ US^{+}
^{S}„schlecht"
1″

Nach Ausbildung der Annäherungsreaktion:

CS_{an} ———— 7″ ———— $S^{D}_{1,2}$ ———— 7″ ———— $\bar{x} = 11''$
R_{a}
^{S}„gut"
CS_{aus}

Die Experimentalphase gliederte sich ähnlich wie im Experiment von *Tunner* et al. (1977) in

a) *Lernphase* von – je nach dem individuellen Lerntempo der Vp – 10 bis 40 Durchgängen; sie dauerte an, bis die Vp fünf richtige Reaktionen hintereinander ausgeführt hatte;
b) *Konsolidierungs-* oder *Überlernphase,* in der die S^{D}s über 30 Durchgänge hinweg zunehmend schwerer diskriminierbar wurden, dann für 10 Durchgänge undiskriminierbar waren und anschließend über weitere 15 Durchgänge hinweg wieder zunehmend leichter zu diskriminieren waren;
c) *Extinktionsphase,* die sich in drei Teile gliederte: 10 Durchgänge einfacher Extinktion (EXT), in denen unabhängig von der Reaktion der Vp keine visuelle Rückmeldung mehr erfolgte und der CS immer verschwand; danach 10 Durchgänge forcierter Extinktion (FE 1), während denen der Versuchspartner die Kopfhörer abnahm (Vermeidungsgruppe) oder die Augen schloß (Annäherungsgruppe), den US also nicht mehr wahrnehmen konnte; und 10 Durchgänge verstärkter forcierter Extinktion (FE 2), in denen der Versuchspartner den Raum verlassen hatte.

Vor Beginn dieser Experimentalphase unterhielten sich die jeweiligen Versuchspartner in Anwesenheit des Versuchsleiters (Vl) 10 Minuten lang, um den für die folgenden experimentellen Bedingungen notwendigen sozialen Kontakt herzustellen. Anschließend informierte sie der Vl kurz über die wesentliche Aufgabe der Vp – für den Partner durch eine motorische Reaktion einen aversiven Reiz zu verhindern bzw. einen angenehmen Reiz herbiezuführen[1]). Dann entschied das Los, wer die Rolle der Experimentalperson (Vp) und wer die Rolle des Versuchspartners (Pp) übernahm.

Anschließend an die Experimentalphase wurden allen Vpn und Ppn Fragebögen vorgelegt, die Informationen darüber erbringen sollten

a) in welchem Ausmaß die Versuchsanordnung bzw. das Vermeidungs- oder Annäherungsparadigma erkannt und interpretiert wurde,
b) welche Bedeutung der Instruktion beigemessen wurde,
c) welche Motive die Beibehaltung der Reaktion unter Extinktionsbedingungen beeinflußten (z. B. die Einstellung dem Partner gegenüber, Angst vor aversiven Konsequenzen etc.)
d) wie aversiv der Versuch erlebt wurde (als Indikatoren wurden das subjektive Zeitempfinden und das erlebte Unbehagen gewählt).

Die Fragebögen setzten sich aus offenen Fragen, Fragen mit vorgegebenen Antwortalternativen und fünfstufigen Ratingskalen zusammen.

Die gesamte Experimentalphase dauerte durchschnittlich 100 Minuten:

10 Minuten Gespräch der Versuchspartner
65 Minuten Experimentalphase: ein Versuchsdurchgang dauerte 14 Sekunden, die ITIs variierten zwischen 7 und 13 Sekunden
10–20 Minuten Ausfüllen des Fragebogens.

Untersucht wurden vier Versuchsgruppen (zur Verdeutlichung wird im folgenden der genaue Versuchsablauf für die einzelnen Versuchsgruppen noch einmal dargestellt; siehe auch Abb. 35):

1. Experimentalgruppe Vermeidung (Verm-EG)

Nach der genannten Gesprächsphase, dem Losentscheid und dem Anlegen der Elektroden (s. 4. Physiologische Messungen) erhielt die Vp über Tonband genaue Instruktionen über den Ablauf der experimentellen Bedingungen und ihre Aufgabe[1]), für den Versuchspartner, den sie zu bestimmten Zeiten auf dem Videoschirm sehen werde, einen unangenehmen Ton dadurch zu vermeiden, daß sie auf einen hohen bzw. tiefen Ton mit kurzem Anspannen des rechten Unterarm- bzw. des rechten Wadenmuskels reagiere; sie erhalte Rückmeldung darüber, ob die Reaktion richtig oder falsch war, sowie über das Eintreffen des aversiven Tones für den Partner. Anschließend an diese Instruktion übte die Vp die beiden motorischen Reaktionen in Anwesenheit des Vl, wobei sie das EMG ihrer Reaktionen auf dem Videoschirm verfolgen konnte und der Vl Rückmeldung über die notwendige An-

[1]) Die Instruktionen aller Gruppen jeweils im Wortlaut wiederzugeben, ist hier aus Raumgründen nicht möglich; wie aus der Diskussion ersichtlich wird, war die Instruktion jedoch von großer Bedeutung für die Ergebnisse. Der genaue Wortlaut kann bei den Verfassern angefordert werden.

	Verm (n = 20)		Annae (n = 20)	
	Epn (n = 10)	Ppn (n = 10)	Epn (n = 10)	Ppn (n = 10)
Streß - Nichtstreß	n = 6	n = 4	n = 4	n = 2
Nichtstreß - Streß	n = 4	n = 3	n = 5	n = 6

Abb. 35. Versuchsplan.
Verm-Epn: Experimentalperson unter Vermeidungsbedingungen
Verm-Ppn: Partner- oder Parallelpersonen der Vermeidungs-Epn
Annae-Epn: Experimentalpersonen unter Annäherungsbedingungen
Annae-Ppn: Partner der Annäherungs-Epn.
Anm: *Versuchsplan des Streßtests:* Alle Vpn wurden in balancierter Reihenfolge 5 Wochen nach Abschluß des ersten experimentellen Teils einer Streßbedingung (schwierige Rechenaufgaben unter Zeitdruck) und einer vergleichbaren, wenig aversiven Bedingung unterzogen (leichte Rechenaufgaben).

spannungskraft – definiert durch eine EMG-Amplitude von minimal 4 mV – gab.

Ein Versuchsdurchgang begann mit dem Erscheinen des Bildes vom Partner auf dem Videoschirm (CS); nach 7 Sekunden folgte der S^D – in zufälliger Reihenfolge entweder der hohe oder der tiefe Ton; reagierte die Vp im angemessenen Zeitraum (1 Sekunde) mit der richtigen Muskelreaktion, so leuchtete auf der Ampel ein grünes Licht mit der Aufschrift „gut“ auf, das Bild des Partners verschwand, was der Vp signalisierte, daß die Parallelperson den aversiven Ton nicht hören würde, und es folgte eine Pause bis zum nächsten Durchgang. Nach einer falschen Reaktion der Vp leuchtete auf der Ampel ein rotes Licht mit der Aufschrift „schlecht“ auf, das Bild des Partners blieb bestehen und verschwand erst nach 7 Sekunden zusammen mit dem Aufleuchten eines roten Blitzes über dem Monitor der Vp, was ihr signalisierte, daß die Pp nun den aversiven Reiz erhielt. Darauf folgte das ITI.

Während der ersten Extinktionsphase (EXT) erfolgte unabhängig von richtiger oder falscher Reaktion der Vp keine Rückmeldung – kein Aufleuchten der Ampel – und das Bild des Partners verschwand jedes Mal; auf die motorische Reaktion folgte in jedem Durchgang eine Pause von 7 Sekunden zuzüglich des ITIs; nach 10 Durchgängen sah die Vp auf dem Videoschirm während der ersten 7 Sekunden (CS_{an} – $S^D_{1,2}$), daß der Partner die Kopfhörer abgenommen hatte (FE 1); zu Beginn der dritten Extinktionsphase (FE 2) verließ die Pp den Raum, so daß die Vp bei Erscheinen des CS einen leeren Stuhl auf dem Videoschirm erblickte.

2. Kontrollgruppe Vermeidung (Verm-Ppn)

Nach Gesprächsphase und Losentscheid wurde der Versuchspartner (Pp) in einen anderen Raum geführt, wo ebenfalls die Vorbereitungen für die physiologischen Ableitungen getroffen wurden (s. u.). Anschließend wurde die Pp mit Tonband über den im folgenden beschriebenen Versuchsablauf instruiert.

Während der ersten 7 Sekunden leuchtete auf einer Ampel im Blickfeld der Pp ein gelbes Licht auf; dies signalisierte der Pp, daß die Vp sie während dieses Zeitraumes (CS_{an} – $S^D_{1,2}$) auf dem Videoschrim sehen konnte. Unmittelbar anschließend an die Reaktion der Vp – und parallel zu der jeweiligen visuellen Rückmeldung für die Vp – leuchtete auf der Ampel entweder ein grünes oder ein rotes Licht auf: das grüne Licht signalisierte der Pp, daß die Vp richtig reagiert hatte, daß eine Pause von 7 Sekunden (plus ITI) folgen werden und daß sie keinen unangenehmen Ton hören werde; das rote Licht zeigte an, daß die Vp nicht richtig reagiert hatte; nach weiteren 7 Sekunden wurde der Pp der aversive Ton über Kopfhörer dargeboten.

Während der ersten Extinktionsphase (EXT) leuchtete nur noch das gelbe Licht auf; die Vp erhielt keine Rückmeldung mehr über die Reaktion der Vp und erfuhr auch keinen aversiven Reiz; auf das Aufleuchten des gelben Lichtes folgte jedes Mal eine Pause von 7 Sekunden plus ITI. Nach dieser Phase bat der Vl die Pp, den Kopfhörer abzunehmen; zu Beginn der dritten Extinktionsphase (FE 2) forderte der Vl die Pp auf, aufzustehen und den Raum zu verlassen.

3. Experimentalgruppe Annäherung (Annae-EG)

Gesprächsphase, Losentscheid und Vorbereitung für die physiologischen Ableitungen waren identisch mit denen der Verm-EG. Anschließend wurde die Vp instruiert, daß sie zunächst das Bild des Partners auf dem Videoschirm sehen werde, dann einen hohen oder tiefen Ton hören werde, auf den im richtigen Zeitraum in der richtigen Art mit dem Anspannen des rechten Unterarm- bzw. Wadenmuskels zu reagieren sei, um für den Partner und sich selbst ein amüsantes Diapositiv erscheinen zu lassen.

Die experimentellen Bedingungen der Annae-EG glichen den zuvor für die Verm-EG beschriebenen weitgehend: zunächst erschien das Bild des Partners auf dem Videoschirm (CS); nach 7 Sekunden folgte der S^D; auf die richtige Reaktion der Vp folgte die visuelle Rückmeldung „gut", das Bild des Partners verschwand und beide, Vp und Pp sahen nach 7 Sekunden für eine Sekunde ein Diapositiv (Aktphoto oder Comic US^+). Reagierte die Vp nicht richtig oder zu langsam, folgte die Rückmeldung „schlecht", das CS-Bild des Partners auf dem Videoschirm – blieb weitere 7 Sekunden bis zum Beginn des ITI bestehen und der US^+ – Diapositiv – blieb aus.

Während der Extinktionsphase erfolgte unabhängig von der richtigen oder falschen Reaktion der Vp keine visuelle Rückmeldung, der CS – Bild des Partners – blieb in jedem Durchgang weitere 7 Sekunden bis zum Beginn des ITI bestehen und es erschien in keinem Durchgang ein Diapositiv. In der zweiten Extinktionsphase (FE 1) konnte die Vp von Beginn jedes Durchgangs (Erscheinen des CS) an wahrnehmen, daß die Pp die Augen geschlossen hielt, also kein Diapositiv mehr sehen konnte. Zu Beginn der dritten Extinktionsphase (FE 2) verließ die Pp den Raum, so daß die Vp jeweils nur den leeren Stuhl des Partners auf dem Videoschirm sah.

4. Kontrollgruppe Annäherung (Annae-Ppn)

Die experimentellen Bedingungen dieser Gruppe entsprachen denen der Verm-Ppn weitgehend: während der ersten 7 Sekunden jedes Durchgangs leuchtete auf der Ampel im Blickfeld der Pp ein gelbes Licht auf, was der Pp anzeigte, daß die Vp sie während dieser Zeit auf dem Videoschirm sah. Bei richtiger Reaktion der Vp leuchtete auf der Ampel ein grünes Licht auf; dann folgte nach 7 Sekunden für 1 Sekunde ein Diapositiv (US^{+}); bei falscher Reaktion der Vp leuchtete ein rotes Licht auf, das der Pp signalisierte, daß eine Pause (7 Sekunden plus ITI) bis zum Beginn des nächsten Durchgangs folgte und kein Diapositiv erschien.

Während der Extinktionsphasen leuchtete nur noch das gelbe Licht auf; die Pp erhielt keine Rückmeldung mehr über die Reaktion der Vp; jedesmal folgte eine Pause bis zum Beginn des nächsten Durchgangs; in der zweiten Extinktionsphase (FE 1) bat der Vl die Pp, ihre Augen zu schließen; zu Beginn der dritten Extinktionsphase (FE 2) wurde die Pp aufgefordert, den Raum zu verlassen.

Experimentalphase II

Alle Vpn wurden fünf Wochen nach der ersten Experimentalphase einzeln ein zweites Mal untersucht, um die Wiederaufnahme der gelernten Reaktion unter verschiedenen, den Lernbedingungen nicht identischen Streßbedingungen zu prüfen. Die 20 Parallelpersonen, die die Vermeidungs- bzw. Annäherungsreaktion nicht gelernt hatten, werden in dieser Experimentalphase als Kontrollpersonen bezeichnet. Zunächst wurden an den gleichen Stellen des Körpers wie in der ersten Experimentalphase Elektroden für die physiologischen Ableitungen angebracht. Anschließend erhielt die Vp die Instruktion (s. Fußnote 1), daß sie schwierige Rechenaufgaben in bestimmter Zeit zu lösen habe. Die Vp konnte den Vl über Monitor sehen, der ihr 20 zunehmend schwieriger zu lösende Additions- und Subtraktionsaufgaben stellte; die Rückmeldung, daß die Lösung „richtig“, „falsch“ oder „zu langsam“ sei, war zuvor so festgelegt worden, daß die Vp zunehmend mehr Aufgaben „falsch“ oder „zu langsam“ löste. Anschließend an diese Rechenaufgaben stellte der Vl der Vp fünf sehr persönliche, unangenehme Fragen. Auf diese Fragen folgte eine zweite Serie von 20 sehr leichten Rechenaufgaben, bei denen die Vp nicht unter Zeitdruck gesetzt wurde unf deren Lösung durchweg als „richtig“ bezeichnet wurde.

Alle Vpn erhielten beide Serien von Rechenaufgaben in balancierter Reihenfolge. Während der ganzen Phase beobachteten zwei Vl die Vp über Video, um motorische Reaktionen, die gleichzeitig mit beobachtbaren Bewegungen auftraten, zu kontrollieren. Als ‚Vermeidungs‘- bzw. ‚Annäherungs‘-Reaktion wurden EMG-Änderungen von max. 300 msec Dauer und min. 50μV Amplitudenhöhe verrechnet.

Diese zweite Experimentalphase dauerte durchschnittlich 10 Minuten. Anschließend füllten die Vpn einen Fragebogen aus, der Informationen darüber erbringen sollte,

a) ob Hypothesen zu dieser Experimentalphase und zum Zusammenhang der beiden Experimentalphasen gebildet wurden,

b) wie aversiv die unterschiedlichen Streßbedingungen der Experimentalphase eingestuft wurden und
c) ob der Vp bewußt geworden war, Muskelreaktionen ähnlich den in der ersten Experimentalphase gelernten ausgeführt zu haben.

4. Physiologische Messungen

Bei den Vpn der Experimentalgruppen (Verm-EG und Annae-EG) wurden abgeleitet
a) EMG an rechtem Unterarm- und rechtem Wadenmuskel: gleichgerichtetes EMG (Beckman-Koppler bzw. Lineargleichrichter); als Reaktion wurden EMG-Änderungen von mehr als 4 mV über dem Ruheniveau definiert;
b) Herzrate: Ableitung II: linker Arm – linkes Bein (Handgelenkinnenseite gegenüber einer Stelle ca 1 cm unterhalb der Kniescheibe); Zeitkonstante T = 0,03; die Abstände der R-Zacken wurden vom Computer berechnet;
c) elektrodermale Reaktionen (PGR): die Änderungen der Hautleitfähigkeit („constant voltage", T = 3 Sekunden) zwischen zwei Punkten des Daumenballens, im Abstand von ca 2 cm (Beckman-Koppler Typ 9842).

Bei den Versuchspartnern (Ppn) wurden Herzrate und Hautwiderstandsänderungen abgeleitet.

Verwendet wurden Beckman-Ag-AgCl-Elektroden; als Elektrolyt diente „Synapse"-Paste.

5. Apparate

Die Steuerung des Versuches wurde mit einem entsprechenden Programm (Autoren: *W. Lutzenberger* und *T. Elbert*) von einem Laborprozeßrechner PDB Lab 8/e vorgenommen, der gleichzeitig die physiologischen Daten analysierte, digitalisierte und auf Magnetband speicherte. Die physiologischen Daten wurden von einem 16-Kanal-Beckman-Polygraphen Typ R aufgenommen.

Ergebnisse

Insgesamt wurden die Daten von 40 Vpn in der Experimentalphase I und 33 Vpn in der Experimentalphase II ausgewertet.

1. Beibehaltung der motorischen Reaktionen unter Extinktionsbedingungen

Wie in der ersten Untersuchung von *Tunner* et al. (1977) behielten auch im vorliegenden Experiment die Mehrzahl der Vpn die „Vermeidungsreaktion"[1]) in allen Extinktionsphasen bei:
Tunner 1977:14 von insgesamt 15 Vpn
vorliegende Studie: 18 von insgesamt 20 Vpn

Auch die Vpn der Annäherungsgruppe behielten ohne Ausnahme die gelernte „Annäherungsreaktion“[1]) bei; es zeigten sich lediglich bei 2 Vpn der Annae-EG ebenso wie bei 4 Vpn der Verm-EG Tendenzen, unregelmäßiger auf den S^D zu reagieren.

Die Antworten des anschließend vorgelegten Fragebogens zeigten, daß die Vpn wie im ersten Experiment von *Tunner* et al. (1977) die Instruktion durchweg erinnerten. Alle Vpn beider Experimentalgruppen gaben ohne Ausnahme an, unterschiedliche Phasen im Ablauf des Experimentes bemerkt zu haben.

Einzelne Antworten, die als mögliche Einflußgrößen für die Beibehaltung der motorischen Reaktion in Betracht kämen wie ‚Verantwortungsgefühl‘, ‚Angst vor aversiven Konsequenzen‘, ‚Sympathiegefühle für den Partner‘ etc. korrelieren nicht signifikant mit der Anzahl der Muskelreaktionen insgesamt oder der Anzahl der EMG-Reaktionen in den Extinktionsphasen. Auch bezweifelten – ähnlich wie in der ersten Studie von *Tunner* et al. (1977) – die Mehrzahl der Vpn der Verm-EG (8 von 10) trotz maximaler Glaubwürdigkeit der Instruktion (durchschnittliche Einstufung der Glaubwürdigkeit $\bar{x} = 5$ auf einer fünfstufigen Skala), daß der Versuchspartner den averisven Ton bei jeder falschen Reaktion erhielt.

2. *Wiederaufnahme der Abwehr- bzw. Annäherungsreaktion unter nicht identischen Streßbedingungen*

Ähnlich wie in der ersten Studie von *Tunner* et al. (1977) nahmen Vpn der Verm-EG die Abwehrreaktionen im Arm unter Streßbedingungen häufiger wieder auf als die Versuchspartner:

Tunner et al. 1977:	Vpn : $\bar{x} = 4.8$ EMG-Reaktionen	Ppn : $\bar{x} = 0.9$ ($p < 0.001$)
	vorliegende Studie:	Verm-Eg
	Vpn : $\bar{x} = 5.6$ EMG-Reaktionen	Ppn : $\bar{x} = 2.8$
	Annae-EG	
	Vpn : $\bar{x} = 5.4$ EGM-Reaktionen	Ppn : $\bar{x} = 0.5$

Signifikante Differenzen ergaben sich nur für die Phase der stark aversiven Rechenaufgaben.

Bei einer Überprüfung der Frage, ob sich Vpn und Ppn der vorliegenden Untersuchung hinsichtlich ihrer EMG-Reaktionen signifikant unterscheiden, ist zu berücksichtigen, daß sie in unterschiedlicher Reihenfolge aversiven und weniger aversiven Bedingungen unterworfen wurden:

In der *Verm-EG* besteht ein signifikanter Unterschied zwischen den EMG-Reaktionen der Vpn und denen der Ppn, wenn beide zuerst aversiven und dann weniger aversiven Bedingungen unterworfen wurden ($p < 0.019$).

In der *Annae-EG* ergab sich ein signifikanter Unterschied zwischen den EMG-Reaktionen der Vpn und denen der Ppn nur unabhängig von der Abfolge der Streßbedingungen ($p < 0.001$).

---

[1]) Die Anführungszeichen sollen darauf hinweisen, daß zunächst *nur angenommen* werden kann, daß es sich um Vermeidungs- oder Annäherungsreaktionen handelt, da dies durch die Ergebnisse nicht eindeutig bewiesen erscheint.

Zwischen den Vpn der Verm-EG und den Vpn der Annae-EG besteht ein signifikanter Unterschied der EMG-Reaktionen unter den gleichen Bedingungen: während der Phase aversiver Rechenaufgaben und unabhängig von der Abfolge der Streßbedingungen ($p < 0.05$). (s. Tabelle 1 und 2)

Bezüglich der motorischen Reaktionen im Bein ergaben sich in beiden Studien keine signifikanten Differenzen.

8 von insgesamt 10 Vpn und 4 von insgesamt 7 Ppn der Verm-EG, die faktisch motorisch reagiert hatten, war nicht bewußt, daß sie reagiert hatten, wie sich aus ihren Aussagen im anschließend vorgelegten Fragebogen ergab.

Tabelle 1. Mittelwerte der motorischen Reaktionen in Arm und Bein (Werte in Klammern) in den verschiedenen Phasen der Experimentalphase II.

R: Mittelwerte der Reaktionen insgesamt, unabhängig von der Abfolge der Bedingungen

A-NA: Mittelwerte der Reaktionen, wenn zuerst aversive (A) und dann weniger aversive (NA) Bedingungen folgten

NA-A: Mittelwerte der Reaktionen, wenn zuerst weniger aversive (NA) und dann aversive (A) Bedingungen folgten.

	Verm-Vpn			Verm-Ppn			Annae-Vpn			Annae-Ppn		
	R	A-NA	NA-A	R	A-NA	NA-A	R	A-NA	NA-A	R	A-NA	NA-A
Reaktionen	6.5	8.0	4.2	4.28	2.5	6.6	5.6	8.75	3.2	0.85	1.5	0.6
insgesamt	(0.6)	(0.8)	(0.25)	(1.0)	(0.75)	(1.3)	(1.2)	(1.0)	(1.4)	(1.4)	(2.0)	(1.2)
schwere Re-	2.8	3.16	2.25	14	0.0	2.6	3.3	5.5	1.6	0.71	1.5	0.4
chenaufgaben	(0.3)	(0.3)	(0.25)	(0.4)	(0.5)	(0.3)	(0.8)	(0.7)	(0.8)	(0.43)	(0.0)	(0.6)
Leichte Re-	0.6	0.83	0.25	0.6	0.75	0.3	0.1	0.25	0.0	0.0	0.0	0.0
chenaufgaben	(0.2)	(0.3)	(0.0)	(0.0)	(0.0)	(0.0)	(0.0)	(0.0)	(0.0)	(0.1)	(0.5)	(0.0)
streßhafte	1.8	2.0	1.5	1.4	1.5	1.3	1.2	2.0	0.6	0.14	0.0	0.2
Fragen	(0.1)	(0.2)	(0.0)	(0.4)	(0.25)	(0.66)	(0.4)	(0.2)	(0.6)	(0.71)	(1.0)	(0.6)

Tabelle 2. Signifikanzprüfung der Mittelwertdifferenzen (U-Test) für die Bedingung „schwierige Rechenaufgaben".

	Verm-Vpn	Verm-Ppn	Annae-Vpn	Annae-Ppn	
Gesamt				$p < 0.05$	
A-NA		$p < 0.019$	$p < 0.129$		Verm-Vpn
NA-A		$p < 0.057$			
Gesamt			$p < 0.05$		
A-NA			$p < 0.014$		Verm-Ppn
NA-A					
Gesamt				$p < 0.001$	
A-NA			$p < 0.016$		Annae-Vpn
NA-A					
Gesamt					
A-NA					Annae-Ppn
NA-A					

3. Physiologische Reaktionsverläufe

Herzrate

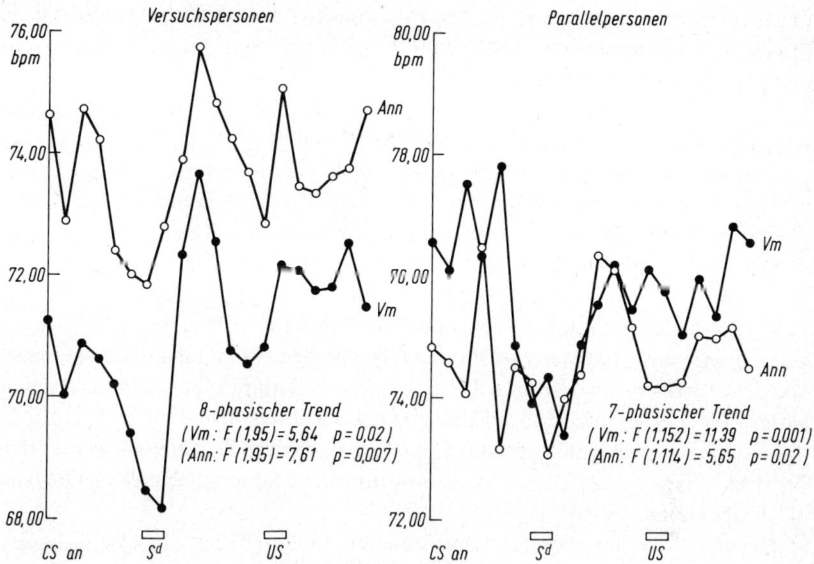

Abb. 36 a. Summierter Verlauf der Herzrate während der Lerndurchgänge.

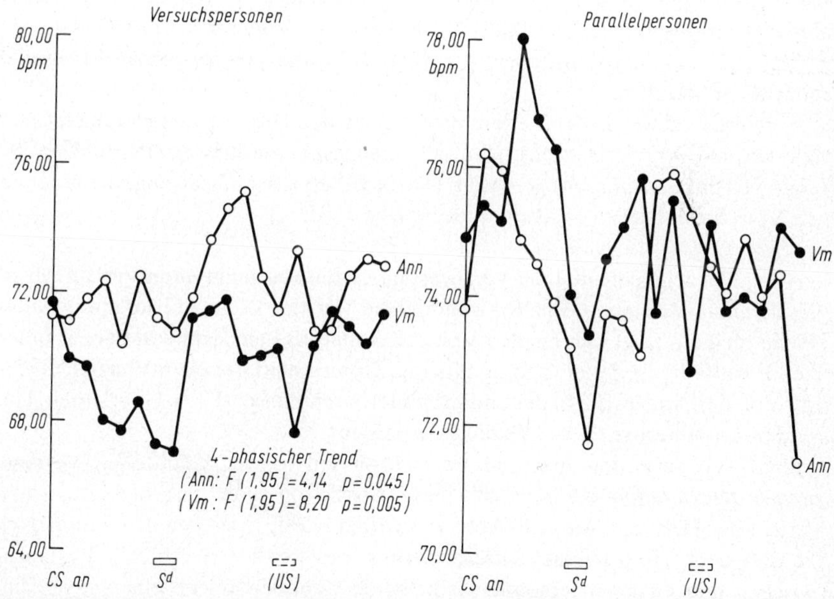

Abb. 36 b. Summierter Verlauf der Herzrate während der Extinktion.

Die Herzratenverläufe wurden intraindividuell über folgende Phasen gemittelt: Überlern- oder Konsolidierungsphase, unterteilt in zwei Abschnitte (von Durchgang 1 bis 14 und 15 bis 28), undiskriminierbare Phase (Durchgang 29 bis 42), diskriminierbare Phase (Durchgang 43 bis 55), einfache Extinktion (Durchgang 56–65), forcierte Extinktion FE 1 (Durchgang 66–75) und verstärkte forcierte Extinktion FE 2 (Durchgang 76 bis 84).

Abb. 36 zeigt den Verlauf der summierten und gemittelten Herzrate für Vpn der Verm-EG und der Annae-EG in Lern- und Extinktionsphasen. In den Lernphasen besteht für beide Gruppen ein 8phasischer signifikanter Trend, in den Extinktionsphasen für beide Gruppen ein 4phasischer signifikanter Trend.

In den Lernphasen verläuft die Herzrate für beide Gruppen gleich: nach dem Abfall in der ersten Sekunde (als Orientierungsreaktion definiert; als OR auf den CS wurde in diesen gemittelten Verläufen die Differenz vom ersten zum zweiten Wert genommen) steigt die Herzrate an und fällt von der zweiten Sekunde bis zum S^D steil ab. (Die Dezeleration vor dem S^D ergibt sich als Differenz aus dem maximalen Wert in der Zeit 2–8 Sekunden nach Einsetzen des CS und dem minimalen Wert in der Zeit 4–8 Sekunden nach Einsetzen des CS). Kurz nach dem S^D steigt sie wieder und sinkt vor dem US wieder ab. Dieser Verlauf ist für solche Situationen typisch (*Birbaumer* et al., 1975; *Obrist*, 1976).

Zwischen Vpn der Verm-EG und Vpn der Annae-EG bestehen wenig bedeutsame Unterschiede; die höhere Herzrate der Vpn der Annae-EG ist als Effekt der erhöhten Anfangswerte dieser Gruppe aufzufassen. Der identische Verlauf in den Lernphasen weist auf die Vergleichbarkeit der beiden Situationen für kardiovaskuläre Reaktionen hin. Signifikant unterschiedlich ist nur die Dezeleration *vor* dem S^D in den Extinktionsphasen ($p < 0.05$) (Abb. 36b): die Vpn der Verm-EG dezelerieren weiter, während die anfängliche OR habituiert ist; die Vpn der Annae-EG dezelerieren nicht so deutlich.

Anschließend wurde der Verlauf dieser einzelnen Herzraten-Reaktionen (Dezelerationen und Akzelerationen) *über* die Versuchsphasen hinweg (Lern-, Konsolidierungs-, Extinktionsphasen) gemittelt. (Diese Ergebnisse müssen angesichts der geringen Vpn-Anzahl sehr vorsichtig interpretiert werden.)

Abb. 37 a zeigt den über die Versuchsphasen hinweg gemittelten Verlauf der *ersten Dezeleration nach dem CS (OR)*: während die Vpn der Verm-EG auf ihrem Anfangsniveau bleiben, zeigt sich bei den Vpn der Annae-EG ein signifikant linear fallender Trend. Auffällig ist der einzige signifikante Unterschied zwischen Vpn der Verm-EG und Vpn der Annae-EG in der undikriminierbaren Phase. (Ül = Überlernen, Undisk = undiskriminierbar, E 1–3 Extinktionsphasen).

Abb. 37 b zeigt den über die Versuchsphasen hinweg gemittelten Verlauf der *zweiten Dezeleration vor dem S^D*: diese Abbildung zeigt, daß der grundsätzliche Verlauf der Herzrate, wie er in Abb. 36 sichtbar wurde, zwischen den Gruppen gleich ist, daß aber eine genaue Differenzierung des zeitlichen Ablaufs Unterschiede zwischen den Gruppen erkennen läßt: beide Gruppen zeigen einen *gegenläufigen Trend*. Die Dezeleration ist bei den Vpn der Annae-EG in den Überlernphasen

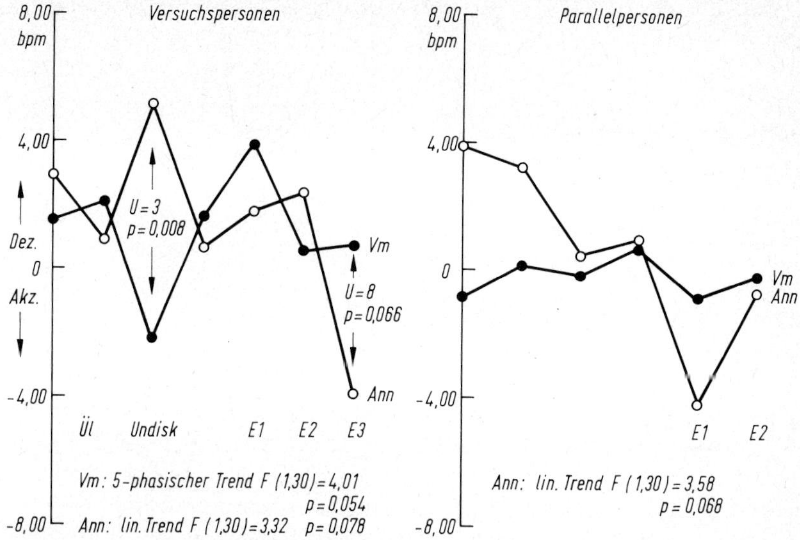

Abb. 37 a. Verlauf der Orientierungsreaktion auf den CS.

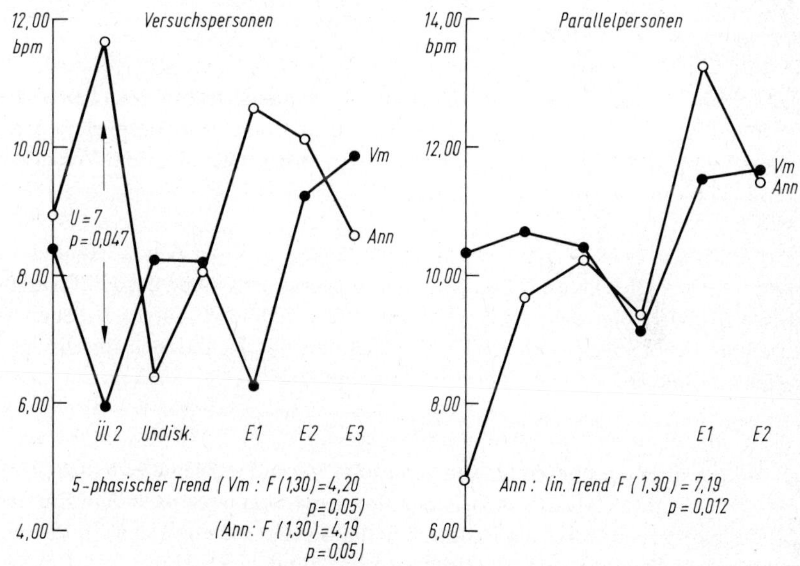

Abb. 37 b. Verlauf der Herzratendezeleration vor dem S^D.

signifikant ausgeprägter als bei den Vpn der Verm-EG, jedoch fällt die Akzeleration in der undiskriminierbaren Phase weniger ausgeprägt aus. Ebenso gegenläufig verläuft die Akzeleration beim S^D.

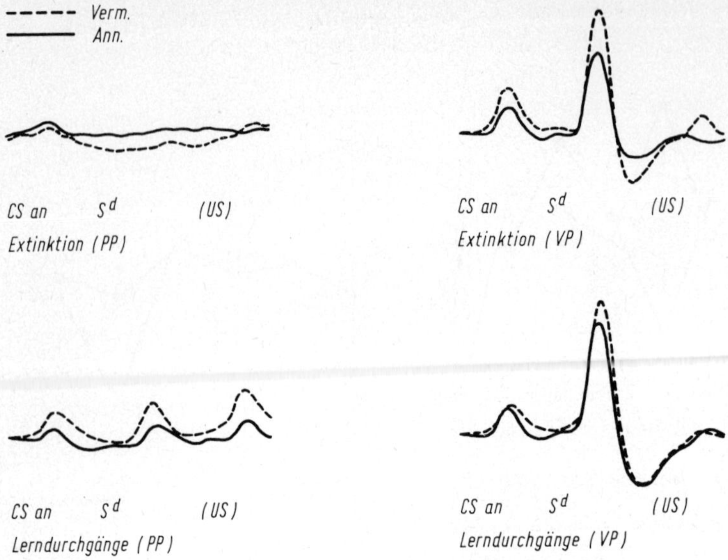

Abb. 38. Summierter Verlauf der Hautleitfähigkeitsänderung (t = 1'').

Hautleitfähigkeit

Ähnlich wie die Herzratenverläufe wurden Veränderungen der Hautleitfähigkeit intraindividuell für die Versuchsphasen – Lern- und Extinktionsphasen getrennt – gemittelt (Abb. 38) und anschließend diese Änderungen über die Versuchsphasen gemittelt (Abb. 39 a–c).

Ähnlich wie beim Verlauf der Herzrate zeigen Vpn der Verm-EG und Vpn der Annae-EG vergleichbare Verläufe: einer mittleren Erhöhung der Leitfähigkeit nach dem CS (OR) folgt eine starke Erhöhung nach dem S^D. Dieses Ergebnis ist dem Ergebnis von *Tunner* et al. (1977) vergleichbar. Die Reaktionen sind in der vorliegenden Studie bei Vpn der Verm-EG ausgeprägter als bei den Vpn der Annae-EG. (n.s.)

Wie der über die Phasen hinweg gemittelte Verlauf der Hautleitfähigkeitsreaktion *auf den CS* hin (als Maximum zwischen 0 und 6.4 Sekunden nach dem Einsetzen des CS definiert) zeigt, sinkt die Reaktion in den Lernphasen und steigt in den undiskriminierbaren Durchgängen an (triphasischer Trend, $p < 0{,}001$), ein Ergebnis, das schon in früheren Studien nachgewiesen wurde (*Tunner* und *Birbaumer*, 1974). Unter gleichbleibenden Bedingungen bleibt die PGR-Reaktion – vor allem bei den Vpn der Verm-EG stabil, um sich erst bei Änderung der Versuchsbedingungen wieder zu aktivieren. Die Reaktion der Hautleitfähigkeit auf den CS zeigt bei den Vpn der Verm-EG in der Extinktion eine nicht signifikante, aber deutlich höhere Intensität als bei den Vpn der Annae-EG.

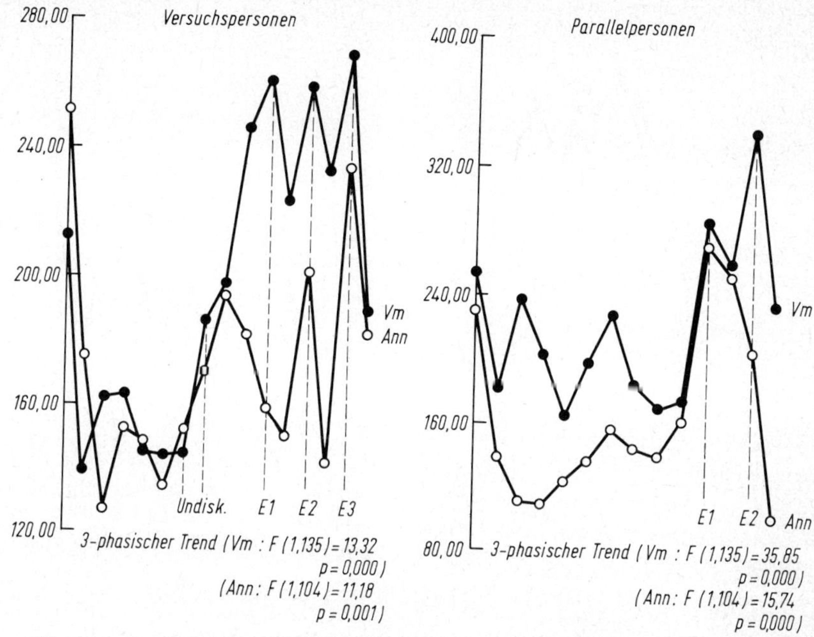

Abb. 39 a. Verlauf der Hautleitfähigkeitsänderung (CS-Reaktion).

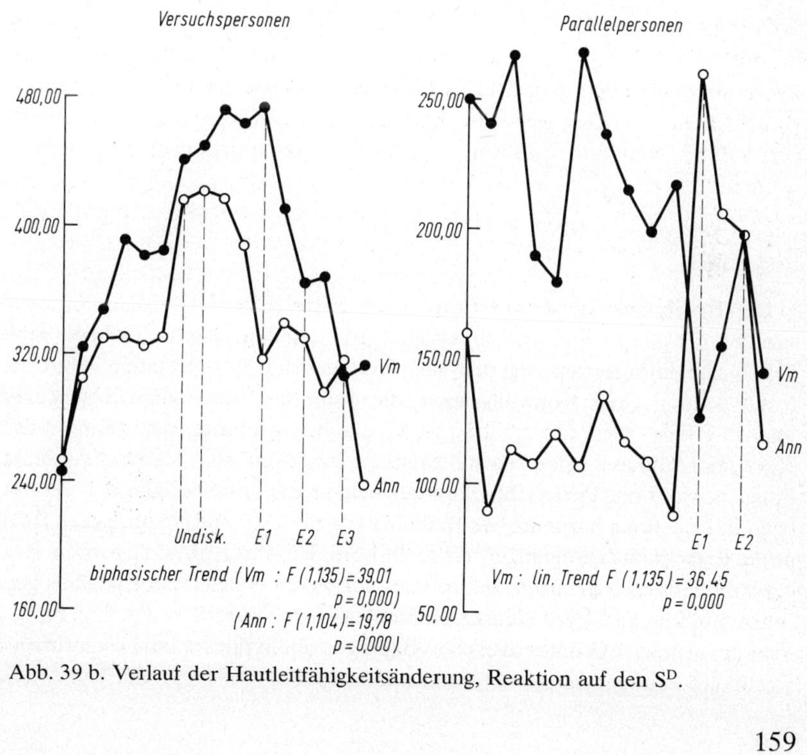

Abb. 39 b. Verlauf der Hautleitfähigkeitsänderung, Reaktion auf den S^D.

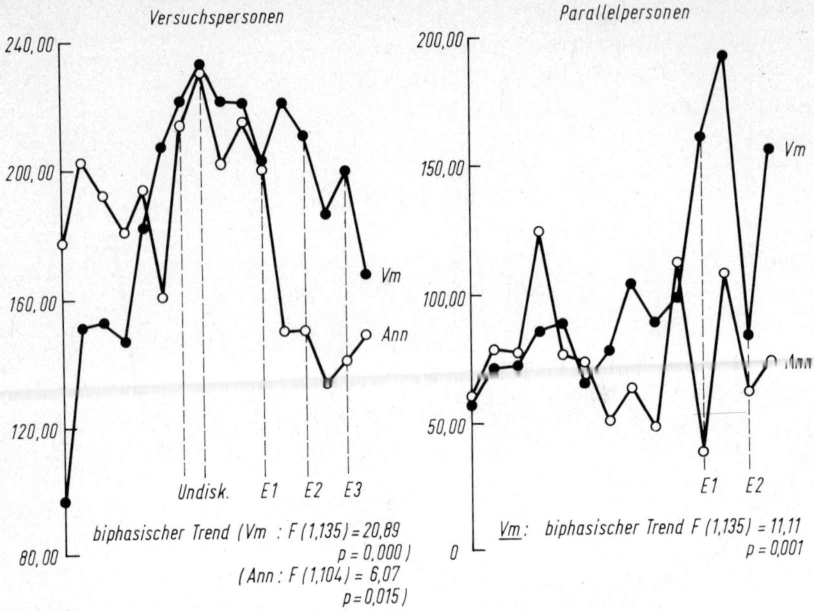

Abb. 39 c. Verlauf der Hautleitfähigkeitsänderung, „Recovery"-Flanke.

Abb. 39 b und c geben die über die Phasen gemittelten Verläufe der Hautleitfähigkeitsreaktionen *nach dem S^D* (als Maximum zwischen 6.4 und 13 Sekunden nach Einsetzen des CS definiert) bzw. nach der richtigen Reaktion (definiert als „recovery"-Zeit; Minimum zwischen 11 und 14.5 Sekunden nach Einsetzen des CS) wieder.

Diskussion

Die Ergebnisse der ersten Erkundungsstudie zum Vermeidungslernen in einer sozialen Situation von *Tunner* et al. (1977) ließen sich weitgehend replizieren. Erhebliche Differenzen ergeben sich aber bei der Interpretation der Daten. Die Untersuchung einer Kontrollgruppe, die unter fast identischen Bedingungen eine ‚Annäherungs'-Reaktion erwarb, stellt eine Interpretation der während der ersten Experimentalphase gelernten motorischen Reaktion als ‚Vermeidungsreaktion' in Frage. Sowohl die Vergleichbarkeit der beiden Experimentalgruppen der vorliegenden Untersuchung bezüglich der Beibehaltung der gelernten motorischen Reaktionen unter Extinktionsbedingungen als auch bezüglich ihrer physiologischen Reaktionsverläufe, läßt eine derartige Interpretation fraglich erscheinen. Ebenfalls gegen eine Interpretation als ‚Vermeidungsreaktion' spricht außerdem das Ergebnis, daß die Vpn der Annae-EG unter aversiven Bedingungen in der zweiten Experimentalphase signifikant häufiger den Unterarmmuskel anspannten als Vpn der Verm-EG.

Ähnlich wie in der ersten Studie fällt auch im vorliegenden Experiment eine erstaunliche Stabilität der gelernten motorischen Reaktion auf, die sich zunächst nicht eindeutig interpretieren läßt. *Tunner* et al. (1977) vermuten eine wesentliche Ursache „in der spezifischen Eigenart der Abwehrmechanismen selbst", was durch ähnliche Ergebnisse früherer Studien bekräftigt (*Tunner* und *Birbaumer*, 1974), durch die in diesem Experiment beobachtete Ähnlichkeit von Verm-EG (Abwehrreaktion) und Annae-EG (keine Abwehrreaktion) jedoch in Frage gestellt wird. Denkbar wäre auch, daß die motorische Reaktion Unsicherheit reduziert, die mit zunehmender Undurchschaubarkeit des experimentellen Paradigmas entsteht (*Tunner* et al., 1977).

Aufgrund der vorliegenden Ergebnisse erscheint eine eindeutige Definition der Determinanten für die beobachtete Extinktionsresistenz nicht möglich. Es ergaben sich aber Hinweise auf mögliche Einflußvariablen.

1. Physiologische Reaktionsverläufe

Vergleicht man die über die Phasen hinweg gemittelten *Herzratenverläufe* (Abb. 37 a und b) von Verm-EG und Annae-EG, so fällt ein Unterschied zwischen den Reaktionsverläufen beider Gruppen in den Extinktionsphasen gegenüber den Lernphasen auf: in der Verm-EG bleibt das Ausmaß der Dezeleration auf den CS hin weiter hoch, was möglicherweise als Indikator anhaltender „Erwartung" interpretiert werden kann, während diese Dezeleration in der Annae-EG löscht. Ähnliche Ergebnisse erbrachte ein kürzlich abgeschlossenes Experiment zur Fluchtkonditionierung (*Lang* und *Birbaumer*, 1977): bei allen Vpn (auch bei Vpn ohne motorische Reaktionsmöglichkeit) zeigten sich vor aversiven Reizen eine Dezeleration der Herzrate und eine Negativierung des Kortex.

Weiter könnte man das Ergebnis, daß Vpn der Verm-EG hinsichtlich der ersten Dezeleration auf den CS (OR) auf ihrem Anfangsniveau bleiben, vorsichtig dahingehend interpretieren, daß sie nicht habituieren; der CS behält seine aversive Signalbedeutung.

Schließlich könnte man die stärkere Dezeleration vor dem S^D bei Vpn der Annae-EG während der Lernphasen als Hinweis auf spätere Stabilität dieser Reaktion interpretieren. Andererseits zeigte sich bei den Vpn der Verm-EG gegenüber denen der Annae-EG eine stärkere Dezeleration vor dem S^D während der Extinktionsphasen. Fassen wir die Dezeleration vor dem S^D als Indikator „erwartender" d. h. informationsaufnehmender Aufmerksamkeitszuwendung auf, so könnte man spekulativ interpretieren, daß die Aufmerksamkeitszuwendung bei Vpn der Verm-EG in den Extinktionsphasen eher erhalten bleibt.

Die Reaktion der *Hautleitfähigkeit* auf den CS bleibt bei den Vpn der Verm-EG während der Extinktionsphasen stärker ausgeprägt, verglichen mit den Reaktionen der Annae-EG, was auf stärkere Aktivierung dieser Vpn unter Extinktionsbedingungen hinweist. Sowohl die Hautleitfähigkeitsreaktion nach dem S^D (über die Phasen gemittelt) als auch die Reaktion nach der motorischen Reaktion (über die Phasen hinweg) zeigten einen biphasischen Trend, der auf eine Zunahme der „Habitstärke" während der Lern- und Überlernphasen (einschließlich der undiskriminierbaren Phase) und einen Abfall der Reaktion unter Extinktionsbedingungen hinweist. Diese abnehmende „Fixierung“ der Reaktion ist bei Vpn der Annae-EG stärker ausgeprägt.

2. *Instruktion*

Die Mehrzahl der Vpn (7 der Verm-EG, 9 der Annae-EG) gaben bei der anschließenden Befragung an, ihr Reagieren während der Extinktionsphasen bewußt wahrgenommen zu haben, aber aufgrund der Instruktion, der Aufforderung, auf den S^D zu reagieren, auch während der Extinktionsbedingungen weiter reagiert zu haben. Natürlich kann nicht ausgeschlossen werden, daß die Vpn nachträglich, nachdem sie auf mehr oder weniger irrational erscheinendes Verhalten aufmerksam gemacht wurden, eine Begründung für ihr Verhalten suchten und die Alternative, der Instruktion gemäß reagiert zu haben, als angemessenste wählten. Doch fällt auf, daß gerade diejenigen Vpn, die die meisten Lerndurchgänge (20 bis 40 Durchgänge) benötigten, um die Vermeidungs- oder Annäherungsreaktion zu erlernen, und entsprechend auch die meisten Zusatzinstruktionen (2 bis 4) erhielten, die größte Stabilität der motorischen Reaktion aufweisen. Diese Ergebnisse weisen auf einen großen Einfluß der Variablen ‚Instruktion‘ hin; das Ausmaß ihrer Bedeutung für die Beibehaltung einer gelernten Reaktion wird in einer gezielten Studie zu überprüfen sein.

3. *Sozialer Druck*

Die Bedeutung der sozialen Komponente – Versuchspartner – für die beobachtete Stabilität der motorischen Reaktion ist anhand der vorliegenden Ergebnisse nicht eindeutig zu klären. Zum einen wurde beobachtet, daß die Versuchspartner nach anfänglichen spontanen mimischen Reaktionen (Zusammenzucken) auf den aversiven Ton bei den folgenden Durchgängen diese Reaktionen nicht mehr zeigten.

Tunner et al. (1977) interpretieren diese Veränderung als Habituation an den aversiven Ton. Möglich erscheint jedoch auch, daß die Ppn dahin tendierten, solche mimischen ‚Rückmeldungen‘ an die Vp zu unterdrücken; vielleicht zeigt sich hier eine Tendenz, im Sinne sozialer Erwünschtheit zu handeln, möglicherweise auch die Tendenz, einem Versuchspartner zu helfen, den man zuvor kennengelernt und sympathisch fand. Folge dieser Tendenzen war, daß die Vp als ‚motivierenden‘ CS immer ein unbeeindrucktes, unbewegtes Gegenüber sah und infolgedessen bezweifeln mußte, daß der Versuchspartner den aversiven Reiz gemäß der Instruktion dargeboten bekam.

Gegen eine größere Bedeutung der sozialen Komponente ‚Versuchspartner‘ spricht das Ergebnis, daß keiner der Indikatoren für subjektive Einflußvariablen – Sympathie-, Verantwortungsgefühle für den Partner etc. – mit der Beibehaltung der Reaktion unter Extinktionsbedingungen und mit der Wiederaufnahme unter nicht identischen Streßbedingungen in signifikantem Zusammenhang stand. Es erscheint auffällig, daß diese subjektiven Reaktionen eher schwach ausgeprägt sind: die Einstufungen auf einer fünfstufigen Skala bewegen sich im unteren und mittleren Bereich:

Sympathie des Partners	Verm-EG $\bar{x} = 3.5$	Annae-EG $\bar{x} = 3.3$
Verantwortungsgefühl	3.4	1.9
Angst vor aversiven Konsequenzen	1.9	nicht erhoben
Aversivität der Situation	3.4	2.0

Dieses letztere Ergebnis ließe sich vorsichtig als Tendenz, im Sinne sozialer Erwünschtheit zu antworten – die Situation wird nicht als ‚unangenehm' eingestanden, der Partner nicht als unsympathisch bezeichnet – interpretieren; möglicherweise spiegelt es auch die bei Antworten und Skalierungen allgemein beobachtete Tendenz zur ‚zentralen Tendenz'.

Wenn man sich zudem den bereits diskutierten Einfluß der Instruktion vor Augen hält, so drängt sich die Vermutung auf, daß eher die soziale Komponente ‚Versuchssituation' – wissenschaftliche Atmosphäre, VI etc. – auf die Tendenz, die einmal gelernte Reaktion unter allen Bedingungen beizubehalten, wirkte.

Zusammenfassung

Zur Replikation und Bewertung des experimentellen Paradigmas einer Studie zum Vermeidungslernen in einer sozialen Situation (*Tunner* et al., 1977) wurden Aufbau, Extinktionsresistenz und Wiederaufnahme einer motorischen Reaktion unter Streßbedingungen untersucht: 10 Vpn lernten, für einen nach einem Wert für soziale Angst (SAP) parallelisierten ‚hilflosen' Versuchspartner einen aversiven Ton dadurch zu vermeiden, daß sie auf zwei diskriminierbare Töne mit kurzem Anspannen des rechten Unterarm- bzw. Wadenmuskels reagierten; eine zweite Experimentalgruppe (n = 10) lernte unter den gleichen experimentellen Bedingungen für die Partner attraktive Diapositive zu produzieren. Alle Vpn wurden fünf Wochen nach dieser ersten Experimentalphase in balancierter Reihenfolge aversiven (schwierige Rechenaufgaben unter Zeitdruck mit manipulierter Erfolgsrückmeldung) und weniger aversiven (leichte Rechenaufgaben ohne Zeitdruck) Bedingungen ausgesetzt. Neben den motorischen Reaktionen (EMG) wurden bei allen Vpn Herzrate und Hautwiderstandsreaktionen (PGR) aufgezeichnet. Subjektive Reaktionen wurden über Fragebögen im Anschluß an die jeweilige Experimentalphase erfaßt.

Wie in der ersten Studie von *Tunner* et al. (1977) zeigten die Vpn im vorliegenden Experiment eine auffällige Stabilität der motorischen Reaktion. Ebenfalls wie im ersten Experiment kontrahierten Vpn der beiden Experimentalgruppen unter Streßbedingungen signifikant häufiger den Armmuskel als die Ppn. Diese Reaktionen wurden von den Vpn meist nicht bewußt wahrgenommen. Weder hinsichtlich der motorischen, noch hinsichtlich der physiologischen Reaktionsverläufe unterschieden sich die beiden Experimentalgruppen (Verm-EG und Annae-EG). Dies stellt die Hypothese in Frage, daß eine echte Vermeidungsreaktion erworben und unter nicht identischen Streßbedingungen wieder aufgenommen wurde.

Größere Bedeutung als der sozialen Komponente ‚Versuchspartner' für die Beibehaltung der motorischen Reaktion werden der Instruktion und der experimentellen Situation beigemessen. Die genaue Bedeutung der genannten Variablen bleibt in gezielten Studien zu überprüfen.

Literatur

Bandura, A.: Principles of Behavior Modification. Holt, New York 1969.

Birbaumer, N.: Physiologische Psychologie. Springer-Verlag, Berlin – Heidelberg – New York 1975.

Birbaumer, N., W. Lutzenberger: Neurophysiologische Grundlagen. In: *L. Pongratz* (Hrsg.): Handbuch der Psychologie. Klinische Psychologie, Bd. 1. Hogrefe, Göttingen 1976.

Birbaumer, N., W. Tunner, W. Lutzenberger, H. Bauer: Psychophysiologische Verläufe bei Vermeidungsverhalten. In: *W. Tack* (Hrsg.): Bericht über den Kongreß der Deut. Gesellschaft für Psychologie. Hogrefe, Göttingen 1975.

Borkovec, T.D.: Physiological and cognitive processes in the regulation of anxiety. In: *G. E. Schwartz, D. Shapiro* (Eds.): Consciousness and Self-Regulation. Vol. 1. Plenum Press, New York 1976.

Fonberg, E.: On the manifestation of conditioned defensive reactions in stress. Bulletin de la Société des sciences et des lettres de Lodz, Classe III; De Science Mathématiques et Naturelles. Vol. VII, 1, 1956.

Kamin, L. J.: The effects of termination of the CS and avoidance of the US on avoidance learning. J. of Comparative & Physiological Psychol. 49 (1956), 420–427.

Kimmel, H. D.: Pathological inhibition of emotional behavior. In: *H. D. Kimmel* (Ed.): Experimental Psychopathology. Academic Press, New York 1971.

Konorski, J., S. Miller: Uslovayje refeksy drigatel-nogo analizatora. Trudy fiziol. labor. in akad. I. P. Pavlov Tom VI, 1, 1963 (zit. in Fonberg, 1956).

Lacey, J. I., B. C. Lacey: Some autonomic-central nervous system interrelationships. In: *P. Black* (Ed.): Physiological Correlates of Emotion. Academic Press, New York.

Lang, P. J., N. Birbaumer: The effects of anticipated escape and aversion on cortical slow potentials, heart rate and skin conductance. (in preparation) 1977. Manuskript (preprint) bei Autoren.

Mowrer, O. H.: Learning Theory and Behavior. Wiley, New York 1960.

Obrist, P. A.: The cardiovascular-behavioral interaction – as it appears today. Psychophysiology 13 (1976), 95–107.

Rescorla, R. A., R. L. Solomon: Two-process learning theory: Relationships between Pavlovian conditioning and instrumental learning. Psychol. Rev. 74 (1967), 151–182.

Schilling, E.: Parameter der Löschung von Vermeidungsreaktionen beim Menschen. Unveröffentlichte phil. Dissertation, Psychologisches Institut München 1975.

Seligman, M. E. P., J. C. Johnston: A cognitive theory of avoidance learning. In: *F. J. McGuigan, D. B. Lumsden* (Eds.): Contemporary Approaches to Conditioning and Learning. Wiley, New York 1973.

Tunner, W.: Lernpsychologische Analyse des Vermeidens. Unveröffentlichte Habilitationsschrift, Psychologisches Institut München 1975.

Tunner, W., N. Birbaumer: Zusammenhang motorischer, autonomer und subjektiver Reaktionen beim Vermeidungslernen. In: Kongreßbericht der Deut. Gesellschaft f. Psychologie. Hogrefe, Göttingen 1974.

Tunner, W., C. Oelkers, W. Lutzenberger, N. Birbaumer: Vermeidungslernen in einer sozialen Situation. Extinktionswiderstand und Abwehrreaktionen unter Streß. Archiv f. Psychologie (im Druck) 1977.

Unkontrollierbarkeit und Unvorhersagbarkeit

Niels Birbaumer

In den letzten Jahren wurde vor allem durch die Arbeiten von *M. E. P. Seligman* die Aufmerksamkeit der Forschung auf die Entstehung von „Hilflosigkeit" gelenkt, die man als wesentliche Ursache von Depression und psychosomatischen Störungen ansicht. *Seligman* hat mit seinen originellen Experimenten und seiner Begabung lernpsychologische Konzepte so zu verallgemeinern, daß sie die Entstehung vieler (oft nur scheinbar) unterschiedlicher und komplexer Verhaltensstörungen erklären können, viel für die erneute Erforschung der *Kontingenzverhältnisse* zwischen Reiz und Reaktion und Reaktion und Konsequenz getan. Seine Generalisierungen des Hilflosigkeitskonzeptes auf Depression, Angst, Psychosomatik, Erziehung und Tod entfernen sich z. T. weit von der relativ eindeutigen lernpsychologischen Definition dieses Phänomens (*Seligman,* 1975). Seine Überlegungen haben selbst im deutschen Sprachraum, der lernpsychologische Konzepte meist als primitiv, manipulativ, unreflektiert bis asozial ablehnt, ein erstaunliches Interesse ausgelöst und die (experimental-)psychologische Erforschung und Therapie von depressiven Verhalten angeregt (siehe *Hoffmann,* 1976). Das Konzept der Hilflosigkeit hat eine lange zunächst philosophische, dann psychoanalytische und erst in den letzten Jahren experimentalpsychologische Geschichte. Hilflosigkeit spielt in der *Kierkegaard*schen Existenzphilosophie eine zentrale Rolle, die auch von der *Sartre*schen Weiterführung und Ausbau seiner Ideen übernommen wurde.

In der Experimentalpsychologie wurde das Phänomen vor *Seligman* vor allem von *Mandler* (1972) untersucht. *Mandler* versteht unter Hilflosigkeit das Nichtvorhandensein kognitiver oder verhaltensmäßiger Bewältigungsreaktionen bei Unterbrechung eines Verhaltensplans. Angst ist bei *Mandler* mit Hilflosigkeit synonym, wenngleich er andere mögliche Angstreize gelten läßt. In Abhebung zu *Seligman* entsteht nach *Mandler* Depression durch Hoffnungslosigkeit. Hoffnungslosigkeit wird durch lang anhaltende oder extrem häufige Hilflosigkeitserfahrungen ohne Möglichkeit des Erwerbs von Bewältigungsreaktionen (z. B. Vermeiden) ausgelöst. Niedrige (kognitive) Selbsteinschätzung als Konsequenz häufiger Hilflosigkeit führt zu unvollständigen oder unangepaßten Verhaltensplänen, die wiederum durch ständige Unterbrechung Hilflosigkeit auslösen usw. bis zur Hoffnungslosigkeit.

Seligman (1975) definiert Hilflosigkeit (Unkontrollierbarkeit) als Reaktion (kognitiv, behavorial, physiol.) auf die Erfahrung von Reaktions-Konsequenz-Inkontingenz (Reaktionsunabhängigkeit, Unkontrollierbarkeit): wenn die Wahrscheinlichkeit einer Konsequenz (positiv oder negativ) gleich ist, unabhängig davon ob reagiert wird oder nicht, dann ist ein Lebewesen hilflos. Abb. 40 erläutert diesen Zusammenhang.

Wenn $p\ (K/\bar{R} = p\ (K/R)$, dann besteht Hilflosigkeit. In Worten: wenn die Wahrscheinlichkeit dafür, daß auf das Unterlassen einer Reaktion ($\bar{R}$) eine positive (oder negative) Konsequenz folgt gleich der Wahrscheinlichkeit dafür ist, daß auf die

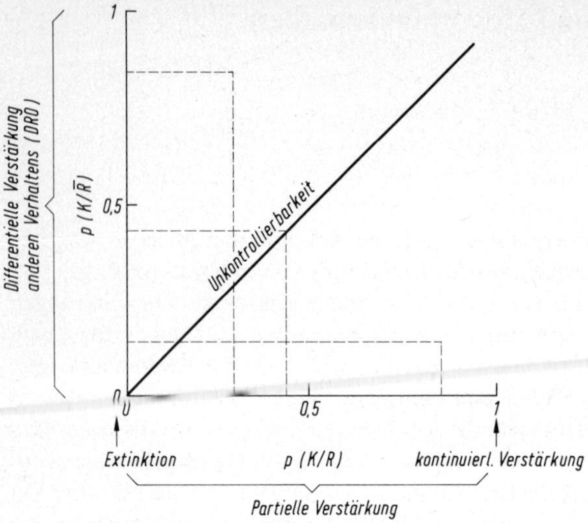

Abb. 40. Kontingenzverhältnisse bei Unkontrollierbarkeit (Diagonale).

Ausführung einer Reaktion eine positive (oder negative) Konsequenz folgt, wird Hilflosigkeit erlebt. Oder einfacher: Die Konsequenzen sind unabhängig von der Reaktion. Egal welche und wieviele Verhaltensweisen ein Organismus zeigt, die Konsequenzen kann er nicht beeinflussen.

Unvorhersagbarkeit sieht *Seligman* im klassischen Konditionierungskonzept als

$$p\ (US/CS) = p\ (US/\overline{CS}).$$

Wenn die Wahrscheinlichkeit dafür, daß auf den CS ein UCS folgt, gleich ist wie die Wahrscheinlichkeit dafür, daß ein UCS ohne CS auftritt, dann liegt Unvorhersagbarkeit vor. Abb. 41 illustriert dies.

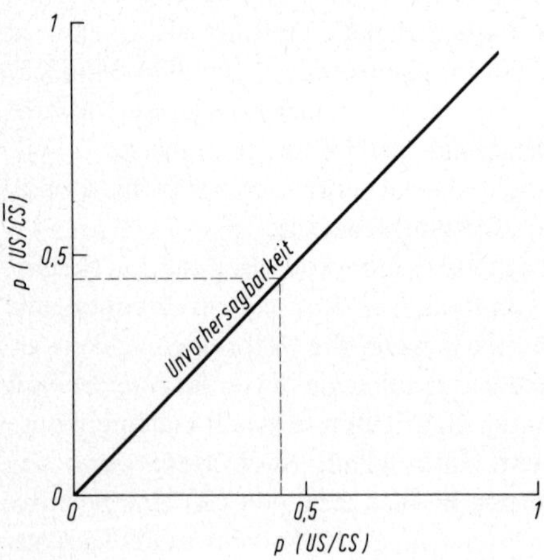

Abb. 41. Kontingenzverhältnisse bei Unvorhersagbarkeit (Diagonale).

Die beiden Abbildungen sind ineinander überführbar, wenn wir für US K und für CS R substituieren; dies ist nur möglich, wenn wir als CS auch interne Reaktionen und Feedback von Reaktionen oder von Nicht-Reagieren annehmen.

Aus den beiden Abbildungen ist leicht zu ersehen, daß Kontrollierbarkeit Vorhersagbarkeit impliziert, aber nicht umgekehrt. Man kann ein Ereignis (US) wohl voraussehen, ohne es kontrollieren zu können; wenn ich ein Ereignis aber kontrollieren kann, bedeutet dies, daß ich die Konsequenz vorhersehen kann.

Die beiden Konzepte stehen trotzdem in einem unklaren Verhältnis zueinander. *Seligman* denkt hier offensichtlich auch im Rahmen der Zwei-Prozeß-Theorie ohne dies explizit zu machen.

Furcht tritt im klassischen Konditionierungsparadigma auf, wenn der aversive US auf den CS folgt. (Vorhersagbarkeit und Bewältigungsmöglichkeit in aversiven Situationen.)

Angst tritt bei Unvorhersagbarkeit auf, wenn Bewältigungsmöglichkeiten prinzipiell bestehen, aber nicht ausführbar sind.

Depression tritt als Folge wiederholter Erfahrung von Unkontrollierbarkeit auf.

Angst geht der Depression häufig voraus und es bleibt die Frage, ob Unvorhersagbarkeit nicht eine Zusatzvoraussetzung zur Entstehung von Hilflosigkeit ist.

Auffällig ist die Ähnlichkeit dieser Hierarchie *Seligmans* mit den drei Stadien des allgemeinen Adaptationssyndroms von *H. Selye* (1956) Alarm, Widerstand und Erschöpfung. Ähnlich dürfte auch der Verlauf der Adrenalin und Noradrenalinausschüttung sein, die von Überproduktion bis zu Nachlassen der Produktion geht, letzteres ein Phänomen, das auch für Depression verantwortlich gemacht wird. Zu bedenken ist bei dieser Analogie, daß es sich im einen Fall (Streß) um eine zeitliche Dimension handelt, im anderen Fall um situative Unterschiede. Lang anhaltende aversive Stimulation wird auch bei Kontrollierbarkeit zu Störungen führen. Darauf hat insbesondere *Weiss* (1972) hingewiesen, der zeigen konnte, daß die Zunahme an Magengeschwüren bei Ratten

1. von der Häufigkeit der Bewältigungsreaktionen (Vermeidung) und
2. vom Ausmaß der Rückmeldung abhing, wobei Rückmeldung hier den „Erfolg" der Bewältigungsreaktionen meint, was nicht mit direkter positiver oder negativer Verstärkung einhergehen muß, sondern z. B. auch die Bestätigung einer Erwartung bedeuten kann.

Vorhersagbarkeit und Kontrollierbarkeit sind in den Experimenten von *Weiss* (1971) sauber voneinander getrennt: eine Gruppe konnte signalisierte Schocks flüchten, eine Gruppe zufällige Schocks und diesen beiden Gruppen wurden je zwei yoked Gruppen zugeordnet (dieselben Bedingungen ohne Fluchtmöglichkeit) und zwei Gruppen ohne Schock.

Jene Tiere, die häufig reagierten, weil der Schock nicht signalisiert war, d. h. unvorhersagbar, und keine Rückmeldung erhielten (yoked Tiere, „hilflos") wiesen die meisten Magengeschwüre auf. Die Geschwürbildung stieg weiter an, wenn die Tiere für erfolgreiches Vermeiden bestraft wurden. *Weiss* (1972) leitete aus diesen Rattenversuchen sein bekanntes Modell zur Geschwürbildung bei Ratten ab (Abb. 42).

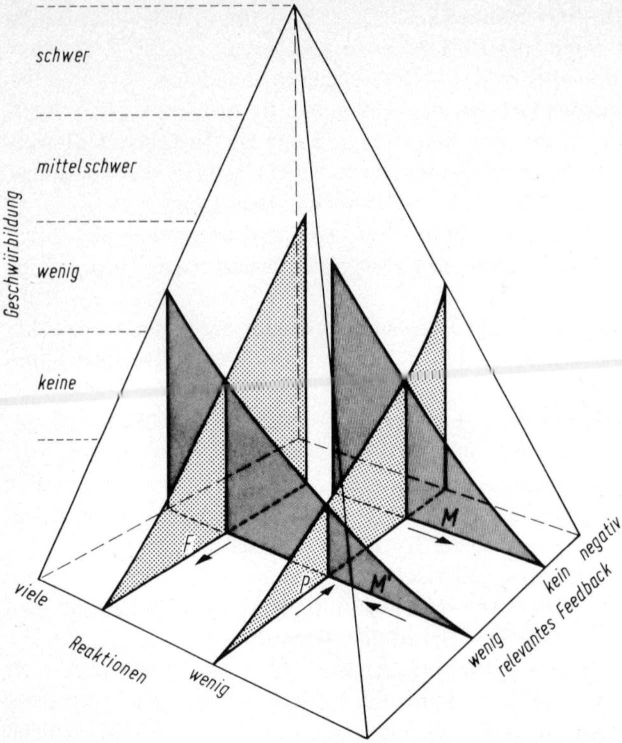

Abb. 42. Beziehungen zwischen Anzahl der Reaktionen, Rückmeldung und Magengeschwür. Starke Geschwürbildung erfolgt, wenn die Anzahl der „Bewältigungsreaktionen“ sehr hoch ist und keine oder negative Rückmeldung stattfindet. Hohe Reaktionsrate bei wenig Rückmeldung wäre Fläche M′, wenig Reaktionen und keine Rückmeldung bei Fläche M. Wenn z. B. eine bisher korrekt durchgeführte Vermeidungsreaktion (positive Rückmeldung) bestraft wird, kommt es zu einem starken Anstieg der Magengeschwüre (Fläche P), auch wenn die Reaktionsrate niedrig ist. Wenn die Rückmeldungsrate ansteigt, sollten sich auch bei hoher Reaktionsrate die Magengeschwüre reduzieren (Fläche F). (Aus *J. M. Weiss,* 1972.)

Es besteht kein Zweifel, daß Hilflosigkeit plus Unvorhersagbarkeit zu stärkeren Störungen sowohl des Verhaltens als auch der inneren Organe führt als jedes der beiden Elemente allein. Diese Feststellung bringt wenig Klarheit über die spezifischen Ursachen für spezifische Störungsformen und wirft uns fast auf das Niveau allgemeiner Aussagen wie „je stärker der Streß, um so stärker die Störung“ zurück. Das Problem ist um so schwieriger, als beim Menschen nicht nur die objektiv gegebene, sondern auch die subjektiv erlebte Hilflosigkeit das Verhalten bestimmt. Wie stark eine Person dazu neigt, ihren Einfluß auf die Umwelt einzuschätzen, hängt möglicherweise von der Häufigkeit von „Hilflosigkeits- oder/und Unvorhersagbarkeitssituationen“ in der Entwicklung vor allem des frühen Kindesalters ab. Die Experimente von *Harlow* und *Harlow* (1971) an früh isolierten und unterschiedlich „hilflosen“ Affen und die Beobachtungen von *R. Spitz* (1946) an hospitalisierten

Kindern zeigen in erschütternder Deutlichkeit die vielfältigen und z. T. irreversiblen Störungen frühkindlicher Hilflosigkeit. Autismus, Katatonie, Depression, Stereotypien, sexuelle Störungen, Störungen des Sozialverhaltens usw. wurden beobachtet. Die Zuordnung lernpsychologisch eindeutig definierter Auslösesituationen zu bestimmten Störungen ist bisher nur in Ansätzen versucht worden (z. B. von *Brady*, 1975).

Wir wollen hier *Seligmans* Vorstellungen nicht im einzelnen diskutieren. Sein interessantes Buch „Helplessness“ wird z. Z. für diese Reihe übersetzt und der Leser möge sich selbst ein Bild über dieses – wie dem Autor dieser Zeilen scheint – zu allgemeine Konzept machen.

Wir werden im abschließenden Kapitel über Psychosomatik nochmals auf das Problem der Hilflosigkeit und Vorhersagbarkeit eingehen. Depression und organische Störungen nach lang anhaltender unbewältigbarer aversiver Reizung sind in jedem Fall eng miteinander verbunden.

Literatur

Brady, J. V.: Conditioning and Emotion. In: *Levi, L.* (Ed.): Emotions. Raven Press (North Holland) Ney York (Amsterdam) 1975.

Hoffmann, N. (Ed.): Depressives Verhalten. Otto Müller Verlag, Salzburg 1976.

Harlow, H. F., u. *M. K. Harlow:* Psychopathology in Monkeys. In: *Kimmel, H. D.* (Ed.): Experimental Psychopathology. Academic Press, New York 1971.

Mandler, G.: Helplessness: Theory and research in anxiety. In: *Spielberger, Ch.* (Ed.): Anxiety. Current Trends in Theory and Research. Vol. II. Academic Press, New York 1972.

Seligman, M. E. P.: Helplessness. Freeman, San Francisco 1975.

Selye, H.: The Stress of Life. McGraw Hill, New York 1956.

Spitz, R.: Anaclitic depression. The Psychoanalytic Study of the Child, 2 (1946), 313–342.

Weiss, J. M.: Effects of coping behavior in different warning signal conditions on sterss pathology in rats. J. comp. physiol. Psychol. 77 (1971), 1–30.

Weiss, J. M.: Psychological factors on stress and disease. Scientific American Vol. 226 (1972), Nr. 6, 104–113.

IV. DIE ROLLE KOGNITIVER UND PHYSIOLOGISCHER PROZESSE BEI ANGSTENTSTEHUNG UND ANGSTBEWÄLTIGUNG

Wir denken häufig, bevor wir handeln

Angst als kognitive, physiologische und motorische Einheit

Niels Birbaumer

Sind kognitive Theorien in der Verhaltensmodifikation notwendig?

Die Lerngesetze wurden vorerst an einer Reihe infrahumaner Lebewesen, bevorzugt an der Ratte, erhoben. Die erarbeiteten Prinzipien sind im gesamten Reich des Lebendigen gültig. Extrem primitiv und einfach gebaute Tiere wie Plattwürmer, Schnecken, Quallen u. ä. sind ebenso konditionierbar wie höhere Säuger und der Mensch. Präparationen von nur wenigen Nervenzellen können sowohl klassisch als auch operant konditionierte Reaktionen zeigen (*Kandel* et al., 1970). Der universelle Gültigkeitsbereich ist die Stärke jeder Lerntheorie, bildete aber zugleich den Ansatzpunkt für harte Kritik von seiten kognitiv orientierter Theoretiker. Denkprozesse, abstrakte Vorstellungen und Gedanken kontrollierten das menschliche Verhalten zu einem weit stärkeren Ausmaß als „automatisierte" Reiz-Reaktionsverkettungen. Diese Frage des Mehr oder Weniger ist wie andere ähnlich alternativ gestellte Fragen (z. B. angeboren – erlernt) eine Scheinfrage. Man muß vielmehr im einzelnen zu klären versuchen, wo, wann und wie kognitive Prozesse bzw. deren physiologische Substrate in die Steuerung des Verhaltens eingreifen.

Das erste Problem in diesem Zusammenhang wird natürlich die Frage sein, ob beim aversiven Konditionieren die einzelnen Kontingenzen der Person bewußt werden müssen, um effektives Lernen (Vermeiden z. B.) zu ermöglichen. Wenn wir hier von Bewußtwerden sprechen, impliziert das nicht die Annahme eines „Unbewußten" oder „unbewußter psychischer" Prozesse. Das Konzept eines Unbewußten verführt zu Pseudoerklärungen, die einem rein deskriptiven Modell kausale Wirkmechanismen zuschreiben. Aus demselben Grund sprechen wir immer von Angsthemmung und nicht von „Abwehrmechanismen". Die Konditionierung inkompatibler Reaktionstendenzen als wirksamste Angsthemmung hat keine der von psychodynamischen Theorien postulierten Eigenschaften: gehemmte Reaktionstendenzen führen zu keiner dynamischen Existenz in einem „Unbewußten" und besitzen keinerlei Triebenergie, die periodisch reduziert werden muß (*Bandura*, 1969). Psychisches Geschehen ist entweder bewußt oder kein psychisches Geschehen!

Eine Reihe von Experimenten, die wir hier nicht eingehend beschreiben, zeigen, daß kognitive Prozesse keine notwendige Bedingung für Lernen darstellen. Weder die Kontingenzen noch die gelernte Reaktion muß der Vp bewußt sein (*Hefferline* and *Keenan*, 1963). Die symbolische bewußte Repräsentation der Verstärkungsbedingungen führt aber fast immer zu einer erheblichen Beschleunigung des Lernens und dauerhaften Einprägung (*Bandura*, 1969). Im lernpsychologischen Zusammenhang haben wir Angst (siehe S. 6) als Vermeidungsreaktion auf aversive Reize definiert. Diese Definition charakterisiert allerdings nicht nur Angst, sondern auch andere Emotionen: aversive Reize rufen auch Wut, Enttäuschung, Ärger und möglicherweise eine Reihe anderer gut differenzierbarer emotionaler Reaktionen hervor. Nun haben wir unsere Definition aber durch die Annahme eines extrem hohen Aktivierungsniveaus bei Angst ergänzt. Wir meinten damit, daß auf aversive Reize bzw. in Erwartung neuer Unannehmlichkeiten ein spezifisches physiologisches Muster extrem hoher kortikaler und vegetativer Erregung auftritt, das mit Vermeidungsverhalten gepaart ist. Dieses Muster sollte sich von einer Zorn- oder Ärgeraktivierung unterscheiden. Damit meinen wir nicht, daß die physiologischen Vorgänge bei Emotionen unabhängig von den sie auslösenden Umweltsituationen sind, sondern wir betonen, daß die physiologischen Verläufe in den entsprechenden Situationen für die ausgelösten Emotionen spezifisch und daher differenzierbar sind. Eine andere theoretische Position wird von *Schachter* (1966) eingenommen, der nur die kognitiven Determinanten als unterscheidbar ansieht.

Schachter geht von der James-Lange-Theorie der Emotionen (*James*, 1890) aus, die besagt, daß die physiologischen Veränderungen unmittelbar auf die auslösenden Stimuli folgen und daß die Wahrnehmung dieser Veränderungen die Emotion darstellt. *James* setzt also für verschiedene Emotionen auch unterscheidbare körperliche Zustände voraus. *Schachter* kritisiert nun diese Hypothese im Anschluß an *Cannon* (1929) und behauptet genau das Gegenteil: eine Differenzierung von Emotionen aufgrund organischer Muster ist nicht möglich, sondern kognitive Faktoren bestimmen die Qualität des aktuellen Gefühls. Im physiologischen Bereich gäbe es nur die Dimension Aktiviertheit, die vegetativen Größen zeigen nur mehr oder weniger Veränderungen auf diesem Kontinuum. Ein emotionaler Zustand wird als Funktion der unspezifischen Arousalhöhe und der vorhandenen „Kognition" gedeutet; die Kognition übt dabei eine richtungsteuernde Funktion aus. Die Kognitionen werden von der gegenwärtigen externen Situation ausgelöst, die nun im Kontext vergangener Erfahrung mit eben solchen Situationen interpretiert werden und damit „dem Gefühl einen Namen geben". *Die kognitive Interpretation der Umweltgegebenheiten bestimmt, ob der Arousalzustand als Ärger, Freude oder Angst erlebt wird.*

Für *Schachter* sprechen eine Reihe einfach zu beobachtender Phänomene: In fast allen emotionsauslösenden Situationen sind die beiden Faktoren Arousal und steuernde Kognition untrennbar miteinander verbunden; man stelle sich einen Mann vor, der allein eine dunkle Allee entlang geht und plötzlich vor sich einen Menschen mit einem Gewehr sieht. Die Wahrnehmung „Mensch mit Gewehr" löst vorerst physiologischen unspezifischen Arousal aus. Dieser Arousal wird nun aufgrund des Wissens um dunkle Alleen und Gewehre als Furcht empfunden.

Schachter stützt seine Hypothese auf eine Reihe hochinteressanter und phantasievoller Experimente und einige Angaben aus der Literatur, in denen Unabhängigkeit von Arousal und Kognition berichtet wird. In einigen älteren Studien (*Cantril* und *Hunt*, 1932; zit. nach *Schachter*, 1966) wird berichtet, daß 71% der Vpn (N = 210) keine emotionalen Färbungen ihrer Aktivation nach Adrenalininjektionen verspürten. Der Rest beschrieb seine Emotionen als dejá vu Erlebnisse, „als ob"-Gefühle. Wenn eine Vp ihren erhöhten Aktivationsgrad wahrnimmt (Schweißausbrüche, erhöhte Herzaktivität usw.), entsteht das „Bedürfnis", diese Körperänderungen zu verstehen und benennend einzuordnen. Die Gefühlscharakterisierung wird dann in Übereinstimmung mit der gegenwärtigen Situation vorgenommen.

Die *Schachter*sche Position zusammenfassend, sagt die Theorie voraus:

1. Bei einem gegebenen Arousalniveau, für das keine unmittelbare Erklärung (Attribution) vorliegt, wird eine Person diesen Zustand entsprechend der verfügbaren Kognitionen beschreiben.
2. Hat eine Person eine vollständige Erklärung für ihre physiologische Aktivation („ich fühle mich so, weil ich gerade Adrenalin erhielt"), so entsteht kein Erklärungs- und Zuordnungsbedürfnis.
3. In Situationen, in denen zwar emotionssteuernde Kognitionen vorhanden waren, aber die physiologische Aktivierung fehlt, sollte es zu keiner Emotion kommen; befindet sich eine Vp z. B. in einer gefährlichen Situation, bleibt aber ohne physiologische Erregung – etwa durch Drogen –, so wird keine Furcht entstehen.

In den Experimenten von *Schachter* und *Singer* (1962) erhielten die Versuchsgruppen alle dieselbe Menge aktivierungsinduzierendes Epinephrin und wurden dann mit unterschiedlichen sozialen Situationen konfrontiert. Eine Gruppe z. B. mit einem wütenden und empörten Ko-Versuchsleiter, eine andere mit einer lustigen und kooperativen Ko-Person. Die Vpn schätzen ihre Gefühle während des Experiments auf verschiedenen Skalen ein. In weiteren Gruppenaufteilungen wurden die Vpn unterschiedlich über die Wirkung der Injektionen informiert. Die Ergebnisse bestätigten die oben formulierten Hypothesen: Vpn, die über die Drogenwirkung schlecht oder nicht informiert worden waren, berichteten jeweils Gefühle, die dem Verhalten der Ko-Personen entsprachen, also Ärger bzw. Euphorie.

*Schachter*s Theorie wird weiter durch quantitative Beobachtungen von *Hohmann*, 1962; zit. nach *Schachter*, 1966) gestützt. *Hohmann* konnte zeigen, daß querschnittsgelähmte Personen entsprechend der Höhe der Läsion ein Absinken der Emotionalität berichten, da ihnen das Feedback von den vegetativen Veränderungen fehlt. Die Personen zeigen zwar unverändertes motorisch-sprachliches Verhalten in Emotionauslösenden Situationen, „fühlen" aber wenig dabei („eine Art kalten Ärger", „ich sage, ich fürchte mich, aber ich fürchte mich doch nicht richtig, nicht so gespannt . . ."). Abgesehen von der Kritik an dem experimentellen Aufbau und den wenigen stützenden Studien in der Literatur lassen sich im Anschluß an *Berkowitz* (1967) einige Korrekturen vornehmen.

Das Individuum reagiert auf bestimmte Reize sehr häufig, ohne zu überlegen, was es will, ohne Abschätzung der adaptiven Signifikanz seines Verhaltens. Besonders Vermeidungsverhalten und Aggression sind sehr oft von automatischen (d. h. nicht bewußten, nicht kognitiven) S-R-Verknüpfungen gesteuert, die in der Vergangenheit konditioniert wurden. *Berkowitz* kritisiert das *Schachter*sche Experiment und meint, daß die Vpn das Verhalten der Ko-Personen nur kopierten, da sie keine anderen Verhaltensmöglichkeiten hatten. Die Aufmerksamkeit der Vpn war durch das künstlich erhöhte Arousalniveau besonders auf die Ko-Person konzentriert. *Berkowitz* zitiert eine Reihe interessanter Experimente, die seine Kritik rechtfertigen, ohne deshalb die kognitive Interpretation falsifizieren zu wollen. *Berkowitz* zeigt, daß häufig erst nach den Reaktionen kognitive Prozesse einsetzen. Wie die oben zitierten Experimente *Hefferlines* zeigen die Befunde *Berkowitz'*, daß auch Angstarousal häufig ohne jede kognitive Mitbeteiligung rein assoziativ auf bestimmte S_i^- *ausgelöst werden kann. Wie bereits in Kap. III in den hirnphysiologischen Modellvorstellungen des Herausgebers (s. S. 94 ff.) ausgeführt wurde, sind Schachters* Hypothesen mit diesen Überlegungen bei Anwendung auf komplexe Reizsituationen ausgezeichnet vereinbar. Es schiene biologisch auch wenig sinnvoll, daß emotionale Reaktionen teilweise unabhängig von den sozialen bzw. kognitiven Variationen ablaufen könnten. Trotzdem muß die auf S. 172 beschriebene Gegenvorstellung aufrecht erhalten werden, ist aber dabei mit der zentralen Annahme *Schachters* durchaus kompatibel: unterschiedliche kognitive Prozesse beruhen auf isomorphen hirnphysiologischen Veränderungen, die wiederum entsprechend differenzierbare vegetative und motorische Reaktionen auslösen. Eine Person, die sich in einer aversiven Situation auf einen Fluchtweg vorbereitet, zeigt vollkommen andere physiologische Begleitreaktionen als dieselbe Person, wenn sie über eine lustige Situation herzlich lacht. Dafür sprechen nicht nur Befunde der vergleichenden Verhaltensforschung an höheren Säugern (*Eibl-Eibesfeldt*, 1967), auch bei der Untersuchung kortikal evozierter Potentiale bei affektiven Veränderungen werden solche Differenzen besonders deutlich (Zusammenfassungen bei *Donchin* und *Lindsley*, 1969, und *Birbaumer*, 1975). *Verschiedene Gefühle werden von entsprechend unterschiedlichen und differenzierbaren physiologischen, motorischen und subjektiv-bewußten Verlaufsmustern begleitet.*

Die Theorie der Berkeley-Gruppe

Die Arbeiten der Psychologengruppe um *R. S. Lazarus* an der Universität von Kalifornien sind nicht nur ein Beispiel für die Notwendigkeit psychophysiologischer Techniken in der experimentellen Psychologie und der Streßforschung, sondern auch ein Beispiel für eine komplexe und daher realitätsnahe Theorie von Emotionen bzw. deren Bewältigung. Der hier nachstehend veröffentlichte Artikel von *Lazarus, Averill* und *Opton* (1970) stellt nur eine komprimierte Zusammenfassung der mehr als zehnjährigen Forschungsarbeit dieser produktiven Gruppe dar. Da sich viele Berührungspunkte mit der Einführung zu Kapitel III und IV ergeben und unsere dort geäußerten Hypothesen durch die Experimente von *Lazarus* und Mitarbeitern gestützt werden, wollen wir hier etwas genauer auf deren Befunde eingehen. Auch sei vorweggenommen, daß die Einfachheit der experimentellen Anordnungen weit hinter der Komplexität und dem Allgemeinheitsgrad der theoretischen Vorstellungen zurückbleiben.

Lazarus (1968) sieht Emotion nicht als motivierend wirkende intervenierende Variable, sondern auch als Reaktion; adaptives Verhalten, also im Falle der Angst die Bewältigungsprozesse, ist nicht eine Konsequenz von Gefühlen, sondern integraler Bestandteil der emotionalen Reaktion selbst. Emotion ist nicht nur Reaktion auf physikalische Reize, sondern das Resultat einer Bewertung und Abschätzung der eingegangenen Information nach der Bedeutung dieser Information für das Individuum.

Das Konzept „Emotion-als-Motivation", wie es bisher in der Psychologie, besonders von den sogenannten psychodynamischen Schulen verwendet wurde, lenkt die Aufmerksamkeit vom Studium der Emotionen als „reale" Zustände und Reaktionen ab; auch die Ursachen und Auslöser von Gefühlen werden durch ein solches Konzept zu wenig beachtet. Emotion verursacht das adaptive Verhalten nicht, sondern Emotion *ist* adaptiv; Vermeidungsreaktionen z. B. sind ein fundamentaler Bestandteil der ganzen emotionalen Reaktion, genauso wie die Einschätzung der Situation und die bewußt wahrgenommenen Gefühle der Furcht und deren physiologische Korrelate. In unserem Zusammenhang der Angstbewältigung ist besonders wichtig, daß eben dieser Bewältigungsprozeß als wesentliche Determinante der Qualität der Emotion angesehen wird: wenn ein Vermeidungsimpuls in einer Gefahrensituation erfolgt, dann tritt Angst auf.

Warum sollte man eines dieser Elemente vom andern trennen, wenn sie alle organisch miteinander verbunden und Teil desselben psychologischen Ereignisses sind, das wir Emotion nennen? Was wäre Emotion ohne seine motorischen Impulse, ohne die Einschätzung und Verarbeitung der Situation, ohne physiologische Veränderungen? *Die Definition jeder Emotion benötigt simultane Beschreibung aller drei beteiligten Komponenten: des kognitiven, motorischen und physiologischen Anteils.* Es ist logisch nicht notwendig, eine Emotion zu postulieren, um das Auftreten adaptiven Verhaltens zu erklären. Man braucht nicht die vage Annahme eines Triebes, um angepaßtes Fluchtverhalten in einer gefährlichen Situation zu verstehen. Das adaptive Verhalten ist auf das Erkennen der Gefahr kontingent.

Lazarus vertritt im wesentlichen die *Schachter*sche Auffassung: ob eine emotionale Reaktion negativ (Angst) oder positiv getönt ist (Freude), hängt von der Einschätzung der subjektiven Signifikanz der Stimuluskonfiguration ab. Er lehnt aber auch (siehe ersten Abschnitt dieser Einleitung) die Unspezifität der Arousalreaktion ab: eines Tages werden spezifische physiologische, kognitive und motorische Muster für bestimmte auslösende Situationen identifiziert werden, und man wird zeigen, daß ein emotionaler Zustand vom anderen klar trennbar ist.

Schwierig scheint in diesem Modell die Definition des Adaptationsbegriffes bzw. des adaptativen Verhaltens. Adaptation wird hier allgemein als Reaktion zur Aufrechterhaltung eines organismusinternen Gleichgewichts (z. B. mittleres Aktivierungsniveau) und einer stabilen Organismus-Umwelt-Beziehung definiert. *Lazarus* umgeht das Problem, indem er sich der *Berlyne*schen Auffassung anschließt (siehe Kapitel III): die Wiederherstellung optimaler Erregungsniveaus durch Habituation, also durch Verminderung von Orientierungsreaktionen ist wesentlichstes „Ziel" allen adaptiven Verhaltens. Wir sehen, daß auch bei dieser Theorie, Habituation als zentraler Bewältigungsprozeß hervorgehoben wird. *Lazarus* betont aber im Gegensatz zu neuro-psychologischen Theoretikern (*Thompson* und *Spencer*, 1966; *Groves* und *Thompson*, 1970; *Horn*, 1965)[1]) die Bedeutung der kognitiven Prozesse im Gewöhnungsgeschehen. Er schließt sich damit eher der sowjetischen Neuropsychologie an, bei der ebenfalls kortikale und damit meist kognitive Prozesse im Zentrum der Aufmerksamkeit stehen (*Sokolov*, 1963)[1]). Durch Wiederholung der Reizdarbietung

---

[1]) Literaturangaben in Kapitel III, S. 121.

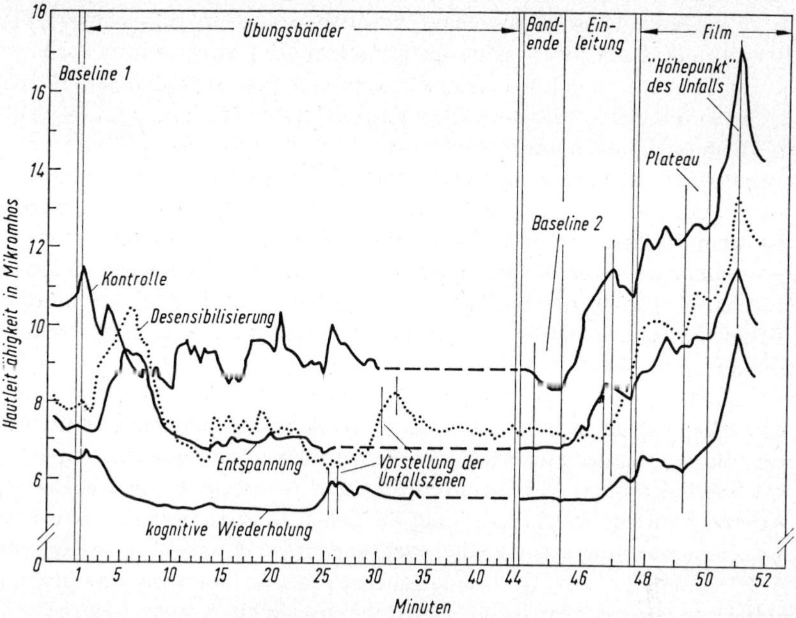

Abb. 43. Hautleitfähigkeitskurven für Unfallfilme bei 4 Behandlungsbedingungen. (Aus *Lazarus,* 1968, mit freundlicher Genehmigung von Nebraska Univ. Press).

ohne aversive Konsequenzen werden aversive Reize als weniger destruktiv eingeschätzt und verlieren allmählich die Fähigkeit, emotionale Reaktionen auszulösen. Habituation und Extinktion werden als identisch angesehen (siehe Kapitel III, S. 99 ff.). Habituation ist eine antizipatorische Reaktion, die von der Vorhersagbarkeit eines Reizes abhängt und besteht im wesentlichen aus Reduktion von Unsicherheit.

Die empirischen Befunde zu diesen theoretischen Positionen sind zwar vergleichsweise einfach, sind aber ein Beispiel für gut geplante, realitätsnahe Laboratoriumsexperimente. Den Vpn werden dabei sehr unangenehme Filme vorgeführt (meist Unfälle, Operationen u. ä.), PGR und EKG abgeleitet und subjektive Reaktionen mit Fragebögen und Beurteilungsskalen erhoben. In einem Experiment von *Folkins* (1968) (zit. nach *Lazarus*, 1968) wurden verschiedene Desensibilisierungsgruppen miteinander verglichen: neben Kontrollgruppen erhält eine Gruppe nur Relaxation vor dem Film, die zweite Relaxation und Vorstellung, die dritte nur Vorstellung der kommenden aversiven Szenen. Abb. 43 zeigt das Resultat, wobei klar hervorgeht, daß der kognitive Prozeß, repräsentiert durch wiederholte Vorstellung, der Entspannung und diese der Kontrollgruppe überlegen ist (das schlechte Abschneiden von Vorstellung + Entspannung beruht auf einem Versuchsfehler).

Sowohl von der Umwelt veranlaßte Neueinschätzungen („wenig gefahrvoll", „interessant" usw.) als auch von der Person selbst ausgelöste Bewältigungsprozesse durch kognitive Umstrukturierungen bewirken die Angstreduktion. Drei Phasen der Bewältigung lassen sich voneinander abheben:

1. Die Person erwartet das aversive Ereignis („Drohung").
2. Sie wird damit konfrontiert („Konfrontation").
3. Die Situation ist vorbei („Frustration").

Entscheidend für eine effektive Angstreduktion ist die Zeit, die die Vp vor dem Eintritt der „Katastrophe" hat (Phase 1). Auch die folgenden zwei Phasen werden von dem Resultat dieser Phase bestimmt (siehe auch den Artikel von *Epstein*). Extrem kurze Antizipationszeiten (30″ – 1′) wirken sich auf die nachfolgende Streßreaktion ebenso unvorteilhaft aus wie etwas längere Zeiten (20′). Günstig scheinen mittlere Zeitintervalle (3′ – 5′) und sehr lange (Wochen bis Jahre). Persönlichkeitsfaktoren und die Natur der Situation bestimmen zuästzlich diese Zeitabschnitte. Entscheidend ist natürlich, ob eine Vp in dieser Zeit sich selbst kognitiv desensibilisiert. Vpn, die die aversive Situation verdrängen, durch Ablenkung nicht mehrmals „überdenken", zeigen natürlich im allgemeinen wenig Angstreduktion.

Bei Wiederholung der aversiven Situation ist darauf zu achten, daß – wie bei anderen Extinktionsversuchen – auf die ersten Darbietungen meist eine Phase der Sensibilisierung folgt, also Angstanstieg, und erst im Laufe weiterer Wiederholungen Angstreduktion eintritt. Welche kognitiven Prozesse hinter diesem Effekt stehen, ist unbekannt. Aus der Praxis der Desensibilisierung kennen wir die Sensibilisierungsphase als schwierigsten Teil der Behandlung. Im Rahmen der folgenden Überlegung zum Konflikt und zum Artikel von *Epstein* wird die Basis dafür in das stärkere Ansteigen der Angsthemmungsprozesse gegenüber der Angstinduktionsfunktion verlegt.

In dem nachstehend abgedruckten Artikel (S. 182 ff.) werden die Positionen dieser Theorie weiter spezifiziert.

Konflikt, kognitive Dissonanz und Angst

Wird eine Reaktion bestraft und damit Angst vor diesem Reiz erzeugt, so geht der auf die Bestrafung folgenden Vermeidungstendenz in den meisten Fällen eine gegenteilige Tendenz, im allgemeinen eine Annäherungstendenz voraus. Besonders in der passiven Vermeidungssituation entsteht eine solche Konstellation; wird eine Vp in eine Stimulussituation gebracht, die mit inkompatiblen Reaktionen oder Reaktionstendenzen assoziiert ist, so entsteht ein Annäherungs-Vermeidungskonflikt, Vermeidungs- Vermeidungskonflikt oder Annäherungs- Annäherungskonflikt.

Miller (1959) entwickelte ein Gleichgewichtsmodell des Annäherungs-Vermeidungskonflikts, das sich auf eine Reihe empirischer Befunde stützt. In Abb. 44 A ist der wesentliche Inhalt dieser Theorie zusammengefaßt. Grundannahme des Modells ist das stärkere Ansteigen einer Vermeidungstendenz mit zunehmender Nähe zum aversiven Reiz. Faktoren, die Annäherungs- oder Vermeidungstendenz erhöhen oder reduzieren, verändern nicht den Anstieg der Gradienten, sondern nur seine absolute Höhe (s. Abb. 44 B, C). Bei Überschneiden der beiden Gradienten kommt es zum Konflikt, der mit Angst gepaart ist. Wie aus Abb. 44 B ersichtlich ist, kann dabei eine starke Annäherungstendenz zu größeren Ängsten führen als eine schwache und schwache Vermeidungstendenz stärkere Angst auslösen als starke (Abb. 44 C).

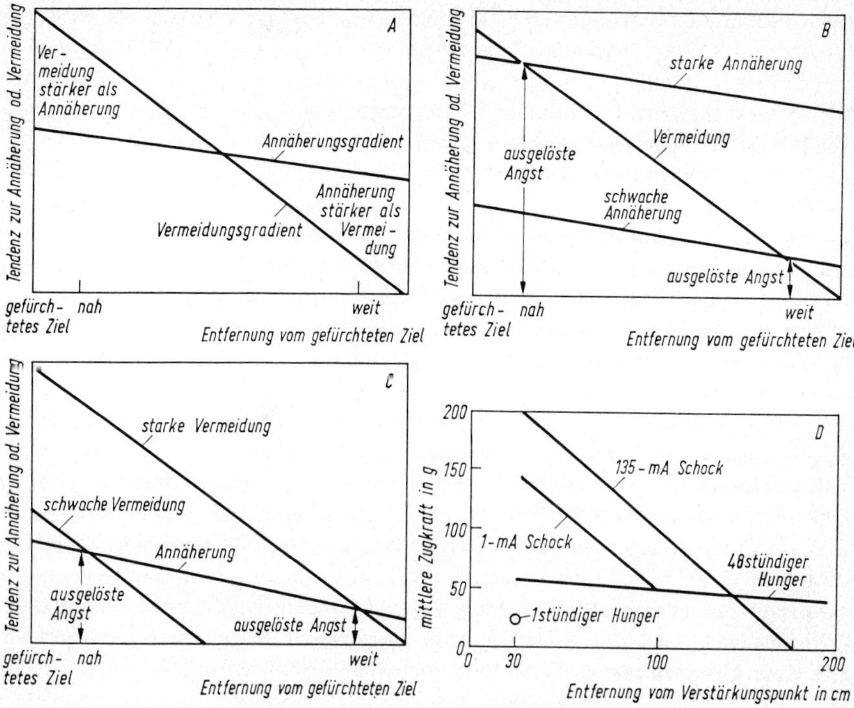

Abb. 44. *Millers* Gleichgewichtsmodell des Annäherungs-Vermeidungs-Konflikts. Die Stärke der Annäherungs- und Vermeidungstendenzen nimmt mit der Entfernung vom Ziel ab; die Vermeidungstendenz fällt jedoch schneller ab (A). Bei anderen Faktoren, die die Stärke der Annäherungstendenz erhöhen oder verringern, wird angenommen, daß sie die Höhe des Annäherungsgradienten steigern oder verringern, ohne jedoch dessen Neigung zu beeinflussen (B). Entsprechend wirken Faktoren, die die Stärke der Vermeidungstendenz erhöhen oder abschwächen, als Erhöhung oder Erniedrigung des Vermeidungsgradienten (C). In jedem Fall müßte sich das Tier dem Ziel nähern, bis sich die beiden Gradienten überschneiden, und dann sich um diesen Gleichgewichtspunkt vor- und zurückbewegen, wobei es bei einer starken Annäherungstendenz eine größere Angst erlebt als bei einer schwachen (B) oder – noch paradoxer – mehr Angst bei einer schwachen als bei einer starken Vermeidungstendenz (C). Empirisches Datenmaterial (D) von Ratten, die ein besonderes Geschirr trugen, um die Stärke der Annäherungs- und Vermeidungstendenzen messen zu können, stützt das *Miller*sche Modell; die Ratten rannten einen Laufgang entlang, an dessen Ende es entweder nur Futter (Annäherungsgradient!) oder nur einen Schock (Vermeidungsgradient!) gab. (aus *Gray,* 1971; mit freundlicher Genehmigung des Kindler Verlages).

Nicht jeder Konflikt löst zwangsweise Angst aus. Erst ab einer gewissen Intensität der beiden Tendenzen wird Angst entstehen. Der Grad der ausgelösten Unsicherheit wird auch von der Inkompatibilität und der Anzahl einander widersprechender Reaktionstendenzen abhängen.

Wir können das *Miller*sche Modell aufgrund unserer eigenen Untersuchungen (s. S. 94 ff.) und aufgrund der vorhergegangenen Überlegungen ohne Schwierigkeiten in ein physiologisches Konzept übertragen: zwei inkompatible Stimuli werden im

Kortex und im limbischen System eine Reihe von Verarbeitungs- und Bewältigungsprozessen auslösen (subjektiv als kognitive Prozesse erlebt). Je inkompatibler die dargebotenen Stimuli, um so intensiver werden subkortikale Aktivierungsstrukturen kortikofugal aktiviert. Milde Inkompatibilität wird das Aktivierungsausmaß im ersten Teil der *Berlyne*schen Kurve halten, positive Verstärkerstrukturen aktivieren und zu Annäherung führen (siehe Abb. 44 A, B, C). Ein Beispiel für einen solchen Effekt hätte man beim Aufsuchen von Gruselfilmen, Karussellen, Geisterbahnen u. ä., die zu mildem Arousal und positiven Emotionen trotz leichter Angst führen. Mit zunehmender Unvereinbarkeit und subjektiver Signifikanz der beiden Tendenzen wird die kortikoretikuläre Aktivierung stärker und die Aversion und Angst höher.

Der entscheidende und die Angstintensität determinierende Prozeß ist also der kortikale Verarbeitungsvorgang nach Darbietung der inkompatiblen Stimuli. Eine ausgezeichnete Möglichkeit, diese Prozesse im psychologischen Bereich zu beschreiben und zu quantifizieren, scheinen uns die Arbeiten zur sogenannten „kognitiven Konsistenztheorie“ zu bieten.

Die zentrale Annahme dieser Theorie ist ebenso simpel wie weittragend (*Festinger*, 1957; *Aronson*, 1968): Dissonanz ist ein „Triebzustand“, der immer dann auftritt, wenn ein Individuum simultan zwei Kognitionen erlebt, die psychologisch inkonsistent sind. Oder anders: zwei Kognitionen sind dissonant, wenn das Gegenteil der einen aus der anderen folgt. Im allgemeinen handelt es sich um einen negativen „Triebzustand“, der durch Hinzunahme konsonanter Kognitionen reduziert wird. Die Kognition „ich rauche Zigaretten“ ist psychologisch inkonsistent mit der Kognition „Rauchen von Zigaretten führt zu Krebs“.

Versuchen wir im folgenden abschließend genauer zu definieren, unter welchen Bedingungen kognitive Dissonanz zu Unbehagen oder Angst führt. *Singer* (1968) nennt einige Faktoren, die das Unbehagen bei kognitiver Dissonanz beeinflussen:

1. Ausmaß der Ausdehnung kognitiver Dissonanz in andere Bereiche. Je weiter kognitive Dissonanz auf andere Stimuli generalisiert, um so mehr „Arbeit“ muß geleistet werden, um kognitive Konsistenz herzustellen und um so unangenehmer wird das Dissonanzerleben. Daher auch größere Schwierigkeiten bei der Behandlung generalisierter Ängste.
2. Intensität: Angst wird nur dann auftreten, wenn die subjektive Intensität der inkompatiblen Reaktionstendenzen hoch ist. Je intensiver eine Person an die einander widersprechenden Kognitionen glaubt, um so stärker wird die ausgelöste Angst sein.
3. Dominanz: Je dominanter das Dissonanzerleben in bezug auf andere Erlebniskategorien ist, um so unbehaglicher wird es. Jeder kennt das Unbehagen, das eine Melodie oder eine Gedichtzeile auslöst, die nicht mehr los zu werden ist. Im Gegensatz zu Punkt 1 steht hier der Zeitfaktor mehr im Vordergrund.
4. Ich-Beteiligung: Je mehr das Selbstbild einer Person von der Inkonsistenz betroffen ist, um so aversiver erlebt sie die Dissonanz. Je stärker eine Erwartung verletzt wird, um so stärker wird die Angst. *Birbaumer* und *Tunner*, 1971, haben dies auch im physiologischen Bereich wahrscheinlich gemacht. Mit der zunehmenden subjektiven Signifikanz der Erwartungen steigt natürlich das Unbehagen. Leichte Abweichungen von Erwartungen werden eher als angenehm erlebt werden.

5. Inkompatibilität der Reaktionstendenzen. Auch hier wie oben: Leichte Inkompatibilität wird eher erfreulich wirken. Mit zunehmender Unvereinbarkeit entsteht aber Aversion.

Daraus wird klar, daß in der Desensibilisierung nicht simpel Spannung (emotionale Dissonanz) reduziert werden soll, sondern auch die diese emotionale „Dissonanz“ verursachende kognitive Inkonsistenz.

In der Desensibilisierung besteht Inkonsistenz zwischen dem Erwarten der Katastrophe und deren Nichteintreten. Dadurch wird die Vp gezwungen, Konsistenz erzeugende kognitive Elemente zu suchen und zu finden, da ja stets eine neue Konfrontation mit der aversiven Situation droht. Die einzige Bewältigung der Vp bisher war die motorische und kognitive Vermeidung. Mit der Wahl der Vermeidung hat die Vp zwar den effektivsten und energiesparendsten Weg eingeschlagen, wie *Hardyck* and *Kardush* (1968) (zit. nach *Kelman* and *Baron*, 1968) richtig vermerken, nehmen aber damit eine Reihe von Nachteilen in Kauf (*Kelman* und *Baron*, 1968). Im kognitiven Bereich wird das Vermeiden von Inkonsistenz meist durch Gedankenstoppen bzw. Leugnen, Entstellen, Rationalisieren u. a. kognitive Prozesse erreicht (Tabelle 1).

Der Nachteil von Vermeidungsreaktionen besteht darin, daß sie unter dem Druck unmittelbarer Bedrohung entstehen und daher in kurzer Zeit eine defensive Reaktion entwickelt werden muß. Diese Kurzzeitmethode der Inkonsistenzreduktion ist nicht geeignet, dauernd oder häufig über lange Zeit vorhandene Inkonsistenzen zu reduzieren. Die meisten Vermeidungsreaktionen stellen zwar kurzzeitig Konsistenz her, die Vp verbaut sich aber dadurch sozusagen selbst die Möglichkeit, für zukünftige Situationen Bewältigungsmechanismen zu entwickeln. Für die wiederholte Konfrontation mit Inkonsistenz muß die Vp Bewältigungsstrategien aufbauen, die auf „lange Sicht“ Inkonsistenzreduktion ermöglichen. Das wären z. B. Einstellungsänderungen, Wechsel des Reaktionsmodus, Änderung des Standards oder Änderung der sozialen Situation selbst! Solche Inkonsistenzreduktion sollte die Vp in der Desensibilisierung lernen (s. Tabelle 1).

Tabelle 1. Schema hypothetischer Inkonsistenzreduktionsmechanismen.

	Prozeß	
	Vermeidung von Inkonsistenz	*Konfrontation mit Inkonsistenz*
Resultat Inkonsistenzreduktion	Gedankenstoppen („Verdrängen“) Leugnen Rationalisieren Entstellen „Bagatellisieren“ *Information abwehrend*	Einstellungswechsel Änderung des Reaktionsmodus Änderung der Standards Einfluß auf bzw. Änderung der (sozialen) Situation *Information aufnehmend*

Nun, wie sieht die Praxis der Verhaltensmodifikation aus? Bewältigungsprozesse können in der Desensibilisierung und auch bei Reizüberflutung zwischen den Reizdarbietungen frei laufen; man begnügt sich im allgemeinen mit der Ermöglichung zur kognitiven Bewältigung durch Senken des Aktivierungsniveaus, Einfluß auf die Art und Richtung der kognitiven Prozesse wird meist nicht ausgeübt. Dies ist nur dann von Vorteil, wenn die Vp kognitive Elemente für Bewältigungsstrategien verfügbar hat.

Die Theorie Epsteins

Epsteins Theorie geht einerseits aus dem *Miller*schen Annäherungs- und Vermeidungsmodell hervor, andererseits aus seinen eigenen Experimenten über Angst bei erfahrenen und unerfahrenen Fallschirmspringern. Wie bei *Lazarus* beruht auch hier die hohe Aussagekraft der Experimente nicht nur auf deren sorgfältiger Planung, sondern vor allem auf ihrer Realitätsnähe. *Epsteins* Ergebnisse bestätigen viele der in diesem Buch geäußerten Hypothesen und illustrieren deren Anwendbarkeit augenfällig. Wir wollen hier nicht *Epsteins* Theorie erläutern, sondern wesentliche Gemeinsamkeiten mit dem bisher Geäußerten hervorheben. Seine Grundannahme eines steileren Hemmungsgradienten stimmt mit der *Miller*schen Hypothese überein. Für unsere Bewältigungs- und Therapieprobleme wird aber entscheidend, daß mit zunehmend erfolgreicher Bewältigung von Streßsituationen zwei Entwicklungen auf der subjektiven und physiologischen Ebene stattfinden: eine Erhöhung des Angstgradienten und die Entwicklung eines Inhibitionsgradienten, der *steiler* ansteigt als der Angstgradient (wir konnten an Einzelfallbeobachtungen bei erfahrenen Fernsehsprechern das EEG zwei Stunden vor und während einer Life-Sendung ableiten und fanden *Epsteins* Befunde auch im EEG bestätigt. Nach starker Desynchronisation zwei Stunden vor dem Termin nahm die Synchronisation einige Minuten vorher stark zu).

Die Schwierigkeit der *Epstein*schen Hypothese stellt das Zeitproblem dar. Sein Modell ist natürlich für die langen Vorbereitungszeiten seiner Fallschirmspringer gültig, es erscheint aber fraglich, ob es auf Minuten- oder Sekundenintervalle vor der Konfrontation mit dem S^- auszudehenen ist. Wir erhielten in einem anderen Zusammenhang EEG-Ergebnisse, die für eine Ausdehnung des Modells auf Minutenabstände sprechen, aber gegen sehr schnell ablaufende Bewältigungsprozesse (in Sekunden) (*Birbaumer*, 1970). Weitere Untersuchungen sind notwendig, bevor der Allgemeinheitsgrad der Theorie bestätigt werden kann.

Es ist hier nur der erste Teil des Artikels von *Epstein* wiedergegeben. Der zweite Teil befaßt sich mit den praktischen Konsequenzen des Modells. Da hier keine experimentellen Daten vorliegen, scheinen uns einige Implikationen des Autors zu tentativ, um sie hier wiederzugeben.

Literatur

Aronson, E.: Dissonance theory: progress and problems. In: *Abelson, R. P.* et al.: Theories of Cognitive Consistency. Rand McNally, Chicago 1968.

Bandura, A.: Principles of Behavior Modification. Holt, New York 1969.

Berkowitz, L.: Experiments on automatism and intent in human aggression. In: *Clemente, C. D., D. B. Lindsley:* Aggression and Defense. Neural Mechanism and Social Patterns. Univ. of California Press, Berkley 1967.

Birbaumer, N.: Präventive Alpha-Inhibition und Angst. Studia psychol. 12 (1970), 179–187.

Birbaumer, N.: Physiologische Psychologie.

Springer-Verlag, Heidelberg New York, 1975.

Birbaumer, N., W. Tunner: EEG, evozierte Potentiale und Desensibilisierung. Arch. Psychol. 123 (1971), 225–234.

Cannon, W. B.: Bodily Changes in Pain, Hunger, Fear and Rage. 2nd edition. Appleton, New York 1929.

Donchin, E., D. B. Lindsley: Average Evoked Potentials. NASA, Washington, D. C. 1969.

Eibl-Eibesfeldt, I.: Grundriß der vergleichenden Verhaltensforschung. Piper, München 1967.

Festinger, L.: A Theory of Cognitive Dissonance. Row, Peterson, Evanston, III. 1957.

Hefferline, R. F., B. Keenan: Amplitude induction gradient of a small-scale (covert) operant. J. Analys. Behav. 6 (1963), 307–315.

James, W.: The Principles of Psychology. Holt, New York 1890.

Kandel, E. R., V. Castellucci, H. Pinsker, J. Kupfermann: The role of synaptic plasticity in the short-term modification of behaviour. In: *Horn, G., R. A. Hinde:* Short-Term Changes in Neural Activity and Behaviour. Cambridge Univ. Press, Cambridge 1970.

Kelman, H. C., R. M. Baron: Determinants of modes of resolving inconsistency dilemmas: a functional analysis. In: *Abelson, R. P.,* et al.: Theories of Cognitive Consistency: A Source-book. Rand McNally, Chicago 1968.

Lazarus, R. S.: Emotions and adaptation: conceptual and empirical relations. In: *Arnold, W. J.:* Nebraska Symposium on Motivation. Univ. of Nebraska Press, Lincoln 1968.

Miller, N. E.: Liberalization of basic S-R concepts: extensions to conflict behavior, motivation and social learning. In: *Koch, S.:* Psychology: A Study of a Science. Vol. 2. McGraw Hill, New York 1959.

Schachter, S. J.: The interaction of cognitive and physiological determinants of emotional state. In: *Spielberger, Ch. D.:* Anxiety and Behavior. Acad. Press, New York 1966.

Schachter, S. J., J. E. Singer: Cognitive, social and physiological determinants of emotional state. Psychol. Rev. 69 (1962), 379–399.

Singer, J. E.: The bothersommeness of inconsistency. In: *Abelson, R. P.,* et al.: Theories of Cognitive Consistency. Rand McNally, Chicago 1968.

Ansatz zu einer kognitiven Gefühlstheorie[1][2]

Richard S. Lazarus, James R. Averill, Edward M. Opton jr.[3]

Dieser Artikel umfaßt drei voneinander abhängige Themen. Zunächst werden wir den Emotionsbegriff und seine Rolle in der Psychologie erörtern. Wir werden behaupten, daß Emotionen am besten als komplexe Reaktionssyndrome umschrieben werden können. Danach werden wir Emotionen unter drei Aspekten betrachten: dem biologischen, dem kulturellen und dem kognitiven. Wir werden die Konvergenz dieser Betrachtungsweisen festhalten und eine schematische Forschungsstrategie ausarbeiten, die zu einer kognitiven Gefühlstheorie führt. Sodann wenden wir unsere Aufmerksamkeit einigen methodischen Fragen zu, vor allem den Diskrepanzen zwischen den Indikatoren einzelner emotionaler Reaktionen. Schließlich erörtern wir die Forschungsstrategie, mit der Fortschritte bei der Untersuchung kognitiver Determinanten von Emotionen erzielt werden können. Empirische Ergebnisse aus unserem Laboratorium, die viele theoretische Postulate aus früheren Diskussionen stützen, werden im methodischen Abschnitt kurz referiert.

Der Platz der Emotion in der Psychologie

Die Frage, ob der Emotionsbegriff ein für die Psychologie nützliches Konzept darstellt, ist in den letzten Jahrzehnten ebenso häufig wie erfolglos diskutiert worden. Einerseits nehmen Emotionen einen wichtigen Platz im Alltagsleben ein, andererseits scheinen die Versuche, emotionale Phänomene in die Hauptströmungen psychologischer Theorien einzugleidern, vielen Psychologen unbefriedigend gelöst worden zu sein. Diese Versuche haben deshalb eher den Effekt, Mißtrauen gegenüber dem Emotionsbegriff zu wecken und die relevanten Phänomene unter andere Kategorien zu subsumieren, z. B. unter Motivation und Aktivierung.

Bei der Ortsbestimmung der Emotion in der Psychologie sollten zwei miteinander verquickte Fragen unterschieden werden:

1. Sind emotionale Begriffe für die Beschreibung und Klassifizierung von Verhaltensweisen wichtig?
2. Sind emotionale Begriffe für die theoretische Erklärung des Verhaltens – einschließlich des sogenannten emotionalen Verhaltens notwendig?

---

[1]) Übersetzt von *Helmut Wagner* aus *M. Arnold:* Feelings and Emotions. Acad. Press, New York 1970.

[2]) Dieser Artikel und die darin referierten Forschungsergebnisse wurden zum einen Teil durch ein Forschungsstipendium (RH-4) der Rehabilitation Services Administration ermöglicht und zum anderen Teil durch die Unterstützung (MH-2136) des National Institute of Mental Health.

[3]) University of California, Berkeley.

Gewöhnlich haben Psychologen angenommen, auf beide Fragen müßten identische Antworten erfolgen. Das bedeutet, soweit Emotionen eine reale Verhaltensklasse darstellen, daß emotionale Begriffe eine Rolle in der psychologischen Theorie spielen müssen. Wenn umgekehrt für emotionale Begriffe keine theoretische Notwendigkeit besteht, braucht emotionales Verhalten nicht gesondert von anderen Verhaltensformen untersucht zu werden. Da beide Folgerungen nicht belegt sind, hätte man die vielen unnötigen Auseinandersetzungen vermeiden können, die sich aus ihnen ergaben. Wir behaupten, daß emotionale Begriffe wichtige und reale Bereiche der Psychologie erfassen und daher für die *Beschreibung und Klassifizierung des Verhaltens* wichtig sind. Das bedeutet jedoch nicht, daß sie für die *Erklärung* von Verhalten notwendig sind (ausgenommen vielleicht auf sehr molarem Erklärungsniveau). Je nach Neigung des Theoretikers sind sie durch andere Begriffe ersetzbar. Dieser Standpunkt wird durch eine Analogie klarer, die zwischen der Rolle des Krankheitsbegriffs in Medizin und Physiologie und der Rolle emotionaler Begriffe in der Psychologie besteht. Niemand würde behaupten, der Krankheitsbegriff sei wissenschaftlich bedeutungsleer oder unwichtig. Aber weder allgemeine noch spezielle Krankheitsbegriffe finden sich als theoretische Konstrukte in der Physiologie. Ähnlich kann der Emotionsbegriff eine bedeutende Rolle in der Psychologie spielen, ohne zwangsläufig als explikatives Konstrukt in die Grundlage psychologischer Theorien einzugehen. Wenn wir diese Analogie ernst nehmen, ergeben sich zwei Probleme für den Psychologen, der sich mit Emotionen befaßt. Das erste ist die Entwicklung eines zutreffenden Klassifikationsschemas für emotionale Phänomene; das zweite ist die Entwicklung psychologischer Erklärungsprinzipien für diese Phänomene. Wir behaupten nicht, Lösungen für diese beiden Probleme gefunden zu haben, aber auf den folgenden Seiten entwerfen wir das Bild einer künftigen Lösung. Wir beginnen mit einer kritischen und knappen Rückschau auf Versuche, den Emotionsbegriff durch Subsumierung der relevanten Phänomene unter andere Kategorien, vorzugsweise die der Aktivierung aus der psychologischen Terminologie zu verbannen; danach wenden wir uns dem Problem der Klassifizierung zu.

Versuche, die Emotion als wesentlichen Forschungsgegenstand aufzugeben

Wie von *Lazarus* (1968) bereits andernorts festgehalten wurde, haben die schwierigen Probleme der Definition von Emotionen und ihrer Unterscheidung von anderen Phänomenen viele Psychologen dazu verführt, Emotionen mit unterschiedlicher Überzeugungskraft intervenierenden motivationalen Variablen zuzuordnen. Dadurch wurde es möglich, die Aufmerksamkeit vom Wesen der emotionalen Reaktion auf die mehr oder weniger adaptiven Verhaltensmuster zu verlagern, die sie hervorruft, z. B. auf defensive Modifikationen des Denkens oder des instrumentellen Verhaltens, wie es etwa beim Vermeidungslernen untersucht wird. Bei der Verwandlung der Emotion in eine intervenierende Variable gingen die emotionalen Reaktionen gleichsam in den Untergrund. Eine Emotion wie die Angst wurde als flüchtige Erscheinung angesehen, von geringerem Untersuchungswert als die adaptive Vermeidungs- oder Abwehrreaktion, die durch Angst hervorgerufen wird. Man ließ die Emotion als wesentliche Reaktionsweise fallen und handelte dafür Ersatzbegriffe ein – Trieb, Aktivierung,

Streß –, die vielen wissenschaftlicher erschienen und sie der lästigen Definitionsprobleme enthoben. Unserer Meinung nach haben diese Ersatzbegriffe jedoch, abgesehen von ihrer Nützlichkeit für bestimmte Zwecke, bedeutende Anleihen bei den grundlegenden theoretischen und empirischen Aussagen zur Emotion gemacht.

Eine moderne Illustration dafür ist die Aktivierungstheorie der Emotionen. Historisch kann die Klassifizierung der Emotion als Aktivierung auf die Behauptung von *Cannon* (1929) zurückgeführt werden, alle Emotionen, ausreichende Intensität vorausgesetzt, seien durch die Gesamtaktivität des sympathischen Nervensystems gekennzeichnet. *Duffy* (1962) argumentierte ebenfalls, die physiologischen Unterschiede zwischen Emotionen seien nicht signifikant und emotionale Phänomene sollten hinsichtlich einiger weniger zugrunde liegender Dimensionen analysiert werden; von diesen Grunddimensionen steht die Aktivierung im Mittelpunkt des Interesses. Die Umbenennung der Emotionen in Aktivierung erfuhr starken Aufschwung, als *Lindsley* (1950) in einer früheren Ausgabe dieses Symposiums das Auftreten von Emotionen an die Aktivität der retikulären Formation knüpfte, einen Teil des Hirnstamms, der erst kürzlich entdeckt worden ist.

Trotz seiner hauptsächlich physiologischen Herkunft wurde der Aktivierungsbegriff bereitwillig aufgenommen. Das verdankt er seiner leichten Assimilierbarkeit in den theoretischen Ansatz „Emotion als intervenierende Variable". Aktivierung wird hier mit dem Triebbegriff der Lerntheorie gleichgesetzt (s. *Hebb,* 1955; *Malmo*, 1959; *Berlyne*, 1960). Wie der Triebbegriff, so hat auch der Aktivierungsbegriff die Aufmerksamkeit von der Emotion als einer charakteristischen Reaktionsweise abgelenkt. An ihre Stelle wurde eine eindimensionale Intensitätsskala gesetzt. Unterschiede zwischen Emotionen wurden folgerichtig ignoriert oder man maß ihnen nur geringe Bedeutung bei.

Die Ideen von *Schachter* (1967) stellen eine interessante Neuauflage dieser These dar (ähnliche Ideen wurden früher schon von *Duffy*, 1941, und *Harlow* und *Stagner*, 1933, angeregt, jedoch ohne experimentelle Verifikationsversuche). Nach *Schachter* kann ein Individuum denselben physiologischen Aktivierungsgrad, abhängig vom situativen Kontext als Freude, als Ärger, oder als irgend einen anderen emotionalen Zustand deuten. Daher gesteht *Schachter*, wenn er auch die Möglichkeit physiologischer Unterschiede zwischen Emotionen nicht bestreitet, solchen Unterschieden wenig theoretische Bedeutung zu. Ausgenommen sind Sonderfälle, in denen die Person über den Ursprung ihrer Erregung im Unklaren ist und daher Angst etwa als Hunger mißdeutet. Aus Raumgründen unterbleibt hier eine Kritik der *Schachter*schen Formulierungen (s. dazu *Averill* und *Opton*, 1968; *Lazarus*, 1968; *Plutchik* und *Ax*, 1967). Unser eigener Standpunkt, der unten ausgeführt wird, postuliert eine engere Verbindung zwischen physiologischen Reaktionen und kognitiven Aspekten der Emotionen. Jede Emotion ist durch ein spezifisches Reaktionsmuster gekennzeichnet, in das physiologische, verhaltensmäßige und kognitive Komponenten eingehen.

Wichtig ist hier die Feststellung, daß die beiden Alternativen emotionaler Spezifität versus Unspezifität der physiologischen Reaktionen einander nicht wechselseitig ausschließen. Die meisten Regulationsprozesse haben eine spezifische und eine unspezifische Komponente und das Interesse für die eine oder die andere fluktuiert (ein Beispiel dafür ist die wechselnde Betonung der Gesamtaktivität gegenüber der Lokalisationsthese der Hirnfunktionen) in Abhängigkeit von der technischen Entwicklung und davon, was zur gegebenen Zeit als fruchtbarste Forschungstaktik angesehen wird. So lieferte *Selye* (1950) einen ersten Beitrag zur Verallgemeinerung mit dem Konzept des physiologischen Streß und dem allgemeinen Anpassungssyndrom. *Selye* bestreitet jedoch sicherlich nicht die offensichtlichen und wichtigen Unterschiede zwischen Reaktionen auf unterschiedliche Stressoren, z. B. extreme Hitze oder Kälte oder auf verschiedene Krankheitssyndrome. Ähnlich haben wir den Begriff des physiologischen Streß als allgemeine Kategorie in unserer eigenen empirischen und theoretischen Arbeit (*Lazarus*, 1966) verwendet. Aber die Verwendung eines solchen Gattungsbegriffes in einem bestimmten Zusammenhang impliziert nicht, die Bedeutung von Unterschieden zwischen vielfältigen Arten von Streß oder emotionalen Reaktionen in anderen Zusammenhängen zu leugnen.

Beim Studium der Literatur über emotionale Differenzierung gewinnt man leicht den Eindruck, es sei primär eine empirische Frage, ob verschiedene Emotionen physiologisch unterschieden werden können oder nicht. Dem ist nicht so. Der gesunde Menschenverstand kommt ebenso wie ein Großteil der empirischen Forschung (*Averill*, 1969; *Ax*, 1953; *Funkenstein* et al., 1957; *Lacey*, 1967) zu der Aussage, daß physiologische Unterschiede zwischen Emotionen bestehen. Auch *Cannon* (1927) leugnete dies nicht. Was er und andere nach ihm bestritten, ist die theoretische Bedeutung dieser Unterschiede. *Cannon* behauptete, den Ähnlichkeiten zwischen den Emotionen komme eine größere theoretische Bedeutung zu als den Unterschieden. Ein einfacher empirischer Nachweis der Unterschiede zwischen Emotionen kann die zentrale Annahme der Aktivierungstheorien nicht entkräften.

Die Kontroverse für und wider Allgemeinheit versus Spezifität bei emotionalen Reaktionen ähnelt der Auseinandersetzung zwischen den Advokaten für einen generellen Intelligenzfaktor (*Spearmans* g) und den Streitern für unabhängige Fähigkeiten (z. B. *Thurstones* Primary Mental Abilities). Es ist dies kein Scheinproblem und wird noch immer debattiert (vgl. *Guilford*, 1967; *McNemar*, 1964). Freilich ist klar, daß die Kontroverse über die Natur der Intelligenz in bedeutendem Ausmaß von der spezifischen Fragestellung abhängt, von der Art und Analyse der gemessenen Variablen und der theoretischen Vorliebe des jeweiligen Autors. Dasselbe kann von der Aktivierungstheorie gesagt werden. So hat *Berlyne* (1967) vor kurzem eine Analogie zwischen allgemeiner Aktivierung und allgemeiner Intelligenz entworfen, in der die Unterschiede zwischen den Aktivierungsmustern den Unterschieden zwischen spezifischen Fähigkeiten entsprechen.

Auf eine kurze Formel gebracht behaupten wir, daß der Emotionsbegriff empirisch und heuristisch valide in einem deskriptiven Sinn ist. Ob emotionale Begriffe in Zukunft notwendige Konstrukte in der psychologischen Theorie sein werden oder nicht, ist eine andere Frage, die zum gegenwärtigen Zeitpunkt nicht entschieden werden kann und auch nicht entschieden werden braucht.

Das Klassifikationsproblem: Emotionen als Reaktionssyndrome

Eines der größten Hindernisse für das Studium der Emotionen ist das Fehlen eines adäquaten Schemas für ihre Definition und Klassifizierung. Das Problem ist deshalb bedeutsam, weil klassifikatorische Entscheidungen, und zwar auch Entscheidungen über unausgesprochene, implizite Klassifizierungen, bedeutende – um nicht zu sagen „definitive" – Konsequenzen für die psychologische Theorienbildung und Forschung haben.

Emotionen waren immer schwer zu definieren, teilweise deshalb, weil die Theoretiker annahmen, es müsse ein einheitliches Charakteristikum für Emotionen geben, das sie von anderen psychologischen Phänomenen abhebt. Vielleicht haben wir die Grundschulregel zu gut gelernt, ein Substantiv müsse sich auf eine Person, einen Platz oder ein Ding beziehen. Der Forschung ist jedoch bis jetzt nicht gelungen, das zu enthüllen, worauf sich das Wort „Emotion" bezieht. Dies hat manche dazu verleitet, den Begriff über Bord zu werfen, andere, die Schuld bei den unzulänglichen technologischen Voraussetzungen zu suchen. Solche wissenschaftlichen Fehlschläge resultieren jedoch nicht aus mangelnder Empfindlichkeit unserer physiologischen Meßinstrumente und auch nicht aus mangelnder Schärfe der Introspektion. Sie resultieren aus dem, was *Ryle* (1949) einen kategorialen Fehler genannt hat; das bezeichnet die irrige Erwartung, Begriffe aus verschiedenen logischen Kategorien würden alle gleich funktionieren. Emotionale Begriffe beziehen sich nicht auf Gegenstände in dem Sinn, wie ein Tisch oder auch ein Atom Gegenstände sind, sondern auf Syndrome, in dem Sinn, wie etwa eine Krankheit ein Syndrom ist (vgl. *Averill*, 1968 b).

Eine Emotion ist wie eine Krankheit nicht durch ein Einzelsymptom definiert und auch nicht durch eine Menge von Symptomen. Sie hat auch kein Zentrum oder einen festen Platz (z. B. den Hypothalamus). So kann subjektive Erfahrung eine wichtige Funktion bei der Erfassung einer Emotion übernehmen, indem sie Informationslükken überbrückt (vgl. *MacLean*, 1960; *Simonov*, 1969) und diagnostische Hinweise für die Fremdeinschätzung liefert (z. B. bei Selbsteinschätzungen). Aber subjektives Erleben vermag Emotion um nichts besser zu definieren, als es etwa Krankheit zu definieren vermöchte. Kopfschmerz ist ein wichtiges diagnostisches Symptom bei Gehirntumoren, obwohl viele Gehirntumore keine Kopfschmerzen erzeugen und Kopfschmerzen ihrerseits nicht zwangsläufig einen Gehirntumor anzeigen. Eine ähnliche Betrachtungsweise muß man auf die physiologischen Veränderungen anwenden, die während emotionaler Prozesse oder bei Erkrankungen und auch bei deren Verhaltenskorrelaten ablaufen. Obwohl ein Krankheitssyndrom nicht durch ein einzelnes Symptom oder durch eine Menge von Symptomen definiert ist, bleibt es doch ein außerordentlich wichtiges Konzept. Wichtig genug immerhin, daß ein ganzer Zweig der medizinischen Wissenschaft, die Nosologie, sich ausschließlich mit der Identifizierung und Klassifizierung von Krankheitssyndromen befaßt. Eine ähnliche Nosologie für emotionale Phänomene brauchen wir in der Psychologie.

Emotionale Begriffe führen nicht nur auf Syndrome zurück, sie implizieren stets auch ein Objekt; so wie der Begriff „Antwort" eine Frage impliziert (*Tolman*, 1923; *Kenny*, 1963). Darüber hinaus beschreiben emotionale Begriffe in der Alltagssprache nicht nur Verhalten, sie erklären es auch teilweise. Sie setzen Bewertungssysteme voraus, z. B. moralischer oder ethischer Art (*Bedford*, 1957). So mag ein agressiver Akt aus Ärger, Eifersucht oder auch Furcht heraus begangen werden; und er kann irrational oder selbstgerecht begründet werden, je nach den beteiligten Umständen und sozialen Beziehungen. Solche Abstufungen in der Alltagssprache mögen als unerheblich für die wissenschaftliche Erforschung der Emotionen erscheinen, aber sie zugunsten einer überstürzten Suche nach operationalen Präzisierungen zu vernachlässigen, kann zu Trivialitäten und unnötigen Kontroversen führen – und hat auch dazu geführt (*Averill*, 1968 a). Die Alltagssprache verkörpert ein erhebliches Maß verallgemeinerter Erfahrungen. Der Gebrauch eines umgangssprachlichen Begriffs in der psychologischen Theorie muß mindestens einen Großteil des Bedeutungsfeldes abdecken, das der Alltagsgebrauch des Wortes umfaßt. Und wo umgangssprachliche und wissenschaftssprachliche Bedeutung auseinanderfallen, sollten wir uns der Unterschiede deutlich bewußt sein.

Die Objektbezogenheit emotionaler Begriffe ist von äußerster Wichtigkeit für die Entwicklung jedes Klassifikationsschemas. Um zu erläutern, weshalb das so ist, wollen wir uns wieder der Analogie zwischen Emotion und Krankheit zuwenden. Krankheitsklassifizierungen, die primär auf einer Symptomatologie basieren, z. B. Schizophrenie oder Krebs, sind stets unbefriedigend. Ohne eine bekannte Ätiologie bietet die Symtomatologie nur einen unzulänglichen Schlüssel zum Verständnis. Wir wollen nicht implizieren, ein Objekt verursache eine Emotion wie ein Virus eine Krankheit, sondern lediglich betonen, daß Versuche, zwischen Emotionen ausschließlich auf der Basis von Reaktionsmerkmalen zu differenzieren, nur beschränkten Erfolg haben werden.

Die Konzeption, daß Amotionen als *objektbezogene Reaktionssyndrome* zu betrachten sind, zeigt die Richtung auf, in der ihre Differenzierung und Klassifizierung fortschreiten wird. Unnötig, hier ins Detail zu gehen; es mag der Hinweis genügen, daß zumindest innerhalb einer vorgegebenen kulturellen Gruppe oft ein erstaunlicher Konsens bezüglich des Typus von Phänomenen besteht, der mit verschiedenen emotionalen Begriffen ihre kommunikative Funktion verlieren und aus dem täglichen Sprachgebrauch fallen. Wie in der Natur gilt in der Sprache das Evolutionsprinzip des „survial of the fittest" (Überleben des Tüchtigsten). Lebende Wörter müssen sich auf Begriffe beziehen, die den Menschen in ihren alltäglichen Interaktion nützlich erscheinen.

Natürlich müssen umgangssprachliche Emotionsbegriffe für wissenschaftliche Zwecke neu definiert und präzisiert werden, aber dies kann nur in Verbindung mit anderen technischen und theoretischen Fortschritten im selben Forschungsbereich geschehen (*Averill*, 1968a).

Zum gegenwärtigen Zeitpunkt kann ein Psychologe Schlimmeres tun als einen Kollegen von der Physiologie bei ihren Bemühungen um Erforschung und Differenzierung von Krankheitssyndromen nachzueifern. Krankheiten und Emotionen können nach Ätiologie, Symptomen und Entwicklungsverläufen klassifiziert werden. Ein einzelnes Symptom oder die bloße Gegenwart auslösender Elemente garantieren keine richtige Diagnose; vielmehr sind es Muster und die Entwicklung von Reaktionen, bezogen auf die auslösenden Bedingungen und den aktuellen Zustand des

Individuums, die den Schluß auf eine Krankheit zulassen – und den Schluß auf eine Emotion.

Noch ein abschließender Punkt. Das Verständnis eines Syndroms setzt die Analyse der beteiligten Reaktionen ebenso voraus wie ihre Synthese zu einem begrifflichen Ganzen. Das bedeutet, daß es nur eine begriffliche Übereinkunft ist, von einer Emotion zu sprechen, als handle es sich dabei um eine nicht weiter zerlegbare Erscheinung. Eine Emotion kann in viele konstituierende Reaktionen zerlegt werden, die simultan oder sukzessiv auftreten und die oft nur nieder miteinander korrelieren. Eine umfassende und präzise Konzeption der Emotionen sollte die Individual- und Situationsfaktoren spezifizieren, die den Ausprägungsgrad dieser konstituierenden Reaktionen ebenso bestimmen wie deren Integration in zusammenhängende Verhaltensabläufe. Ein solcherAnsatz muß eine Vielzahl von Aspekten in sich vereinen. Drei davon wollen wir einer näheren Betrachtung unterziehen.

Perspektiven emotionalen Geschehens

Drei Aspekte der Emotionen scheinen grundlegend zu sein: der biologische (einschließlich des physiologischen und des phylogenetischen), der kulturelle und der kognitive. Sie wurden oft als wechselseitig ausschließend betrachtet, wir versuchen dagegen zu zeigen, daß sie in Wirklichkeit komplementär sind. Und jeder der drei Aspekte führt zu ähnlichen Schlußfolgerungen.

Die biologische Perspektive

Emotionen wurden oft unter die „primitiven", „tiernahen" oder „instinktiven" psychologischen Phänomene eingereiht. Der Mensch scheint aber das emotionsreichste Lebewesen zu sein, wofür Umfang und Variabilität menschlicher Lernerfahrungen ebenso verantwortlich sind wie die herausragende intellektuelle Ausstattung unseres Spezies. Tatsächlich ist die traditionelle Unterscheidung zwischen Emotion und Ratio, die in der westlichen philosophischen Tradition tief verwurzelt ist (vgl. *Beach,* 1955), zum großen Teil willkürlich und war der theoretischen Diskusion über Emotion ebenso hinderlich wie hilfreich. Wie verbreitet und schädlich diese Unterscheidung ist, kann man an der Streubreite neurophysiologischer Terminologie zur Emotion ablesen. Lange Zeit wurden Emotionen mit Eingeweiden assoziiert, und in früheren Bänden dieser Serie wurden stets Versuche berichtet, Emotionen mit Begriffen viszeraler Aktivität zu definieren (*Dunlap,* 1928; *Wenger,* 1950). Diese peripheren Definitionen fanden keine weite Verbreitung, teilweise wegen inhärenter Unstimmigkeiten, teilweise deshalb, weil sich das Interesse eher zentralnervösen Mechanismen zuwandte. Diese Interessenverschiebung von peripheren zu zentralen Mechanismen brachte jedoch im allgemeinen durchaus keinen Bruch in der traditionellen Zuordnung der Emotionen zu eher „primitiven" Strukturen mit sich, z. B. zur retikulären Formation (*Lindsley,* 1950), zum Hypothalamus (*Bard,* 1950), und zum limbischen System, dem „viszeralen Hirn" (*Mac Lean,* 1960). Aber wie *Pribram* (1960) aufzeigte, haben auch diese phylogenetisch vermutlich alten und „primitiv" genannten Strukturen eine evolutive Verwandlung durchlaufen, die durchaus mit der

Entwicklung von kortikalen Hirnstrukturen vergleichbar ist, und auch sie erreichen ihren höchsten Komplexitätsgrad beim Menschen. Nach dem gegenwärtigen Stand der Erkenntnis scheinen kortikale Mechanismen bei kognitiven Prozessen eine ähnlich wichtige Rolle zu spielen wie bei emotionalen Vorgängen (*Pribram,* 1960; *Douglas,* 1967). So scheint es phylogenetisch und auch physiologisch wenig sinnvoll, eine scharfe Unterscheidung zwischen Emotion und Kognition zu treffen und erstere als besonders primitive Funktion abzustempeln. Zu einem ähnlichen Schluß kam auch *Leeper* (1965) auf etwas anderem Weg.

Welche Implikationen enthält diese Tatsache für die Psychologie der Emotionen? Erstens wird die Forderung hinfällig, die *Plutchik* (1962) offenbar stellt, eine primäre oder Basisemotion müsse sich in prototypischer Form auf sämtlichen phylogenetischen Stufen aufspüren lassen. Zweitens wird sich jede Analyse von Emotionen, auch wenn sie unter phylogenetischem oder physiologischem Vorzeichen unternommen wird, Begriffe einverleiben müssen, die üblicherweise eher mit der kognitiven Psychologie als mit der Affektpsychologie assoziiert werden (vgl. *Pribram,* 1967).

Das oben Gesagte sollte nicht so verstanden werden, als ob der biologische Aspekt nur wenig zum Studium der Emotionen beizutragen hätte. Ganz im Gegenteil: eine Untersuchung der evolutionären Bedeutung oder des adaptiven Werts von Verhaltensmustern, die mit emotionalen Begleiterscheinungen auftreten, ist nicht nur wünschenswert, sondern sogar notwendig. Wenn man zum Beispiel Aggression unter dem Gesichtspunkt der Anpassung betrachtet, dann zerfällt sie offensichtlich in eine Vielzahl von Reaktionsmustern. Da gibt es Aggression im Dienste des Beutefangs, Aggression als Schmerzreaktion, Aggression bei der Verteidigung der Nachkommenschaft, Aggression beim Reviererwerb und noch viele andere Arten der Aggression. Diese verschiedenen Typen der Aggression kann man nicht erschöpfend nach auslösenden Reizen differenzieren, man muß auch die Topographie der Reaktionsweisen und physiologische Mechanismen in die Betrachtung einbeziehen (*Moyer,* 1967). Was könnte die evolutive Basis der menschlichen Aggression sein? Noch bevor wir zu einer Antwort ausholen, müssen wir unsere Vorstellung von Aggression als einem einheitlichen Phänomen aufgeben. Jeder aggressive Akt kann in viele Reaktionskomponenten zerlegt werden, von denen jede wiederum durch zahlreiche biologische Faktoren, den Umständen entsprechend, beeinflußt wird. Das bedeutet, daß sämtliche Charakteristika einer aggressiven Verhaltensweise einzeln erfaßt werden müssen, bevor man auf sinnvolle Art ihre Ursprünge erforschen kann.

Noch komplizierter werden die Dinge durch die unerläßliche Forderung, daß die Charakterisierung einer aggressiven Verhaltensweise über die bloße Beschreibung der Reaktion und ihrer Folgen hinausgehen muß, gleichgültig, wie vollständig die Reaktionsbeschreibung von einem streng behavioristischen oder physiologischen Standpunkt aus sein mag. Das geht aus den Schwierigkeiten hervor, denen sich Autoren wie *Buss* (1961) und *Berkowitz* (1962) plötzlich bei dem Versuch gegenübersahen, das hartnäckige Problem der „Beschädigungsabsicht" als mögliches Kriterium für Aggression aufzulösen. Letzten Endes fanden sie keine Möglichkeit, eine solche Handlungsabsicht bei der Definition von Aggression auszuschließen. Dies nimmt der Definition ihre Eleganz, die sie bei der Reduktion der Aggression auf offenes Angriffsverhalten gewonnen hätte.

Eine weitere Komplizierung ergibt sich bei der Betrachtung des Wutverhaltens. Denn nicht jede aggressive Handlung ist von „wütenden" Emotionen begleitet. Wie schon gesagt, setzen emotionale Begriffe Bewertungssysteme voraus. Gerade im Fall des Ärgers und der Wut wurde viel über die Rolle der Berechtigung frustrierender Erfahrungen diskutiert. Es wurde behauptet, daß Frustration der Basisreiz für aggressives Verhalten sei und daß die Willkür einer Frustration nicht den Impuls oder den Auslöser für Aggression ändert, sondern lediglich erleichtert, sie zum Ausdruck zu bringen. Die systematische Untersuchung einer solchen Frage muß damit beginnen, daß sie die Unterscheidung, und zwar die begriffliche und die empirische Unterscheidung der Aggression als einer breiten Verhaltenskategorie von der Aggression als einer emotionalen Reaktion wie Wut ermöglicht.

Daraus ergibt sich natürlich die Forderung nach einer Theorie des Ärgers speziell und der Emotionen allgemein, die bis jetzt nur in rudimentärer Form existiert.

Die kulturelle Perspektive

Emotionen wurzeln im kulturellen Erbe des Menschen ebenso tief wie in seinem biologischen Erbe. Lebensfähige soziale Systeme existieren unter den verschiedensten politischen und ökonomischen Ideologien, z. B. Monarchie, Demokratie, Diktatur, Feudalismus, Kapitalismus, Kommunismus usw.; aber kein soziales System kann lange überleben, ohne für die emotionalen Bedürfnisse seiner Mitglieder zu sorgen (vgl. *Hebb* und *Thompson,* 1954) oder diese Emotionen nicht zu kontrollieren oder so zu kanalisieren, daß sie für das soziale System tolerierbar bzw. vorteilhaft werden. Die komplexen Interaktionen zwischen Emotionen und Gesellschaft wurden vor allem von Freudianern und Neo-Freudianern untersucht, tauchen überhaupt in allen Konflikttheorien der menschlichen Persönlichkeit auf (vgl. *Maddi,* 1968) und finden sich auch bei den sowjetischen Psychologen, die vom dialektischen Materialismus beeinflußt sind (vgl. *Simonov,* 1969). Verschiedene Gesellschaften haben emotionale Erfahrungen und Ausdrucksformen durch eine große Vielfalt von bestimmten Normen, die von historischen, geographischen, ökonomischen und anderen Faktoren abhängen, geformt und ritualisiert. Vier Möglichkeiten dieser Normbildung wollen wir im folgenden beschreiben.

Ein erster Weg, auf dem die Kultur Emotionen beeinflußt, führt über die Wahrnehmung oder die *Einschätzung emotionaler Reize.* Jeder kennt wohl Anekdoten darüber, wie harmlose Reize Furcht in dem einen und Ärger in einem anderen Kulturkreis auslösen, oder wie Speisen, die bei den Angehörigen einer Kultur als Delikatessen gelten, bei Menschen aus einer anderen Kultur Ekel erregen. Es gibt auch bedeutende Forschungsergebnisse über kulturelle Einflüsse auf die Differenzierung der Wahrnehmung, die hohen methodologischen Ansprüchen gerecht werden. *Segall* et al. (1966) haben interkulturelle Differenzen bei der Empfindlichkeit für optische Täuschungen nachgewiesen; *Tursky* und *Sternbach* (1967) haben ethnische Unterschiede bei psychophysiologischen Schmerzreaktionen aufgezeigt; *Schachter* (1967) schließlich lieferte starke Argumente für den Einfluß des sozialen Kontexts auf die Interpretation körperlicher Zustände bei emotionaler Erregung. Damit wollen wir nicht bestreiten, daß manche Stimuli höhere biologische Wichtigkeit für manche

Emotionen besitzen können als andere Reize, und wir wollen auch nicht behaupten, daß die Beziehung zwischen emotionalen Reizen und emotionalen Reaktionen ausschließlich von früher geformten Assoziationen determiniert sei. Gegen solche Anschauungen haben wir uns mehrmals gewandt (*Averill,* 1968 b; *Lazarus,* 1968). Die Plastizität menschlicher Wahrnehmung und menschlichen Denkens kann aber nicht geleugnet werden.

Direkte Beeinflussung des emotionalen Ausdrucksverhaltens ohne Wahrnehmungsänderungen ist eine zweite Möglichkeit, wie die Kultur auf emotionale Reaktionen einwirken kann. Wie *La Barre* (1947) nachwies, ist der äußere Ausdruck von Emotionen Gegenstand erheblicher interkultureller Variatonen, auch bei solchen Ausdrucksmustern wie z. B. Lachen und Weinen, die gemeinhin als biologisch determiniert angesehen werden. Die Kultur stellt die Konformität emotionaler Reaktionen mit bestimmten Verhaltensnormen her und beschränkt die Anzahl der Reaktionstypen oder der Ausdrucksmöglichkeiten für emotionales Geschehen, die dem Individuum zur Verfügung stehen. Sie erleichtert auch die Beurteilung der Angemessenheit oder Annehmbarkeit einer Reaktion, bezogen auf die Reizsituation.

Eine dritte Einflußmöglichkeit der Kultur auf Emotionen besteht in der *Verhaltensformung sozialer Beziehungen und Bewertungssysteme* als Voraussetzungen emotionaler Begriffe. In Japan etwa gibt es einen emotionalen Begriff – amae –, der in den europäischen Sprachen keine Entsprechung hat. Das überrascht viele Japaner, da ihnen „amae“ eine primäre Emotion zu sein scheint, die man sogar bei Tieren beobachten kann. Nach *Doi* (1962) ist es sogar ein Schlüsselbegriff zum Verständnis japanischer Mentalität und dortiger politischer Institutionen. Annäherungsweise übersetzt bedeutet „amae“ das Verlangen geliebt zu werden oder ein Bedürfnis nach Abhängigkeit. Anders als der Begriff „Abhängigkeit“ im englischen (und auch deutschen; Anm. d. Herausgebers) Sprachgebrauch, hat jedoch „amae“ im allgemeinen eine positive Tönung. „amae“ und Abhängigkeit können vielleicht beide als Aspekte einer fundamentaleren Erscheinung begriffen werden, nämlich dem Bedürfnis nach sozialer Bindung. Bindungssuchendes Verhalten und seine emotionalen Begleiterscheinungen kann man sich als Produkte des evolutiven Drucks auf das Gruppenleben vorstellen und es hat beträchtliche biologische Bedeutung bei zahlreichen niederen Arten und bei allen höheren Primaten (*Hamburg,* 1963).

Wie dieses Geselligkeitsbedürfnis beim Menschen ausgedrückt wird, hängt von der Art des kulturellen Umfelds oder der sozialen Organisation ab. Die japanische Kultur scheint dem Bedürfnis nach sozialer Bindung ein deutliches und positiv gefärbtes Etikett mit dem Begriff der „amae“ aufgeklebt zu haben. Andererseits haben die westlichen Kulturen mehr Gewicht auf das Gegenteil, die individuelle Autonomie, gelegt, die biologisch ebenso bedeutend ist. Konsequenterweise wurden die negativen Aspekte des bindungssuchenden Verhaltens betont, etwa im Begriff der Abhängigkeit, und das Bedürfnis nach Abhängigkeit wird als kindlicher als als Ich-fremder Persönlichkeitszug ausgelegt.

Das angeführte Beispiel erhellt deutlich die Komplexität der Interaktion biologischer und kultureller Determinanten bei Emotionen. Eine ähnliche Analyse könnten über den Ärger erstellt werden, einen Begriff, der aggressives Fühlen und Verhalten beschreibt, das durch bestimmte, kulturspezifisch vorgegebene Verhältnisse ausgelöst wird. Dasselbe gilt auch für andere Emotionen. Um es bildlich auszudrücken: die Phyologenese liefert zwar die Ingredienzien für den Emotionskuchen, aber die kulturelle Umwelt bestimmt, wie der Kuchen aufgeteilt wird.

Bleibt noch der vierte Weg, auf dem Kultur Emotionen beeinflußt. Es geschieht dies über *konventionalisierte Verhaltensformen,* wie man es z. B. bei Trauerzeremonien, „Balz"- und Trauritualen oder bei ritualisiertem Aggressionsverhalten im Sport und bei der Kriegsführung sieht. Solche konventionalisierten Verhaltensweisen leiten sich aus den Besonderheiten einer Sozialstruktur her und verstärken sie noch. Diese Verhaltensapsekte wurden in der Regel nicht im Zusammenhang mit Emotionen betrachtet, weil sie oft keinen spezifischen Bezug zu den emotionalen Bedürfnissen der beteiligten Individuen aufweisen und auch die grundlegenden, elementaren emotionalen Reaktionen nicht verändern. Doch die Trennlinie zwischen dem sozial Üblichen und dem individuellen Ausdruck von Emotionen ist nicht scharf. Wenn eine Witwe Schwarz trägt und sozialen Umgang meidet, wieviel ist dann Ausdruck ihrer „wahren" Gefühle und wieviel geht auf Rechnung der Sitten und Gebräuche?

Wir wollen nicht behaupten, die vier angeführten Wege, auf denen die Kultur die Emotionen beeinflussen kann, schließen sich wechselseitig aus oder füllten den Rahmen des Möglichen restlos aus. Wir wollten nur verdeutlichen, daß Emotionen in gleichzeitiger funktionaler Abhängigkeit von phylogenetischen und kulturellen Faktoren stehen. Erstere werden meist stark betont (weshalb wir sie hier nur kursorisch behandelt haben), letztere jedoch werden allzu oft außer acht gelassen. Dabei kann man die einen nicht als grundlegender bezeichnen als die anderen. Vielmehr variiert ihr relativer Bedeutungsanteil je nach dem speziellen Emotionstyp, z. B. ist ihr Mischungsverhältnis bei Furcht- und Schuldgefühlen gerade entgegengesetzt.

Wenn man irgendeine vorgegebene Emotion in ihre Bestandteile zerlegt, werden einige davon primär biologisch determiniert sein, während andere sich auf kulturelle Wurzeln zurückführen lassen.

So ist die Art des Angriffs bei Wut (d. h. physischer oder verbaler Angriff) eindeutig von kulturellen Faktoren geprägt, während die physiologische Veränderung und vielleicht auch manche der mimischen Merkmale hauptsächlich biologische Determinanten verraten. Dazu meinen *Ekman* und *Friesen* (im Druck), daß mimisches Ausdrucksverhalten im Großen und Ganzen kulturunabhängig ist, aber die mit diesen Ausdruckstypen verbundenen Affekte, die Regeln mimischer Entfaltung und die darauf folgenden Verhaltensreaktionen der Mitmenschen von einer Kultur zur anderen großen Schwankungen unterworfen sind. Dies beweist, wie notwendig es ist, komplexe emotionale Reaktionen in ihre Reaktionskomponenten zu zerlegen, bevor man ihre biologischen und kulturellen Determinanten einer näheren Betrachtung unterzieht. Mehr noch, biologische und kulturelle Einflüsse müssen durch die jeweilige individuelle Psyche mit ihrer einmaligen Vergangenheit, ihren besonderen Anpassungsmöglichkeiten und ihrer augenblicklichen Befindlichkeit gefiltert werden. Diesem Thema, unter kognitivem Aspekt betrachtet, wollen wir uns nun zuwenden.

Die kognitive Perspektive

Ein zentrales Thema dieses Artikels ist die Tatsache, daß der Mensch und auch das Tier als „wertende" und „einschätzende" Organismen verstanden werden müssen. Sie untersuchen ihre Umwelt auf Hinweisreize für ihre Bedürfnisse und Wünsche und bewerten jeden Reiz nach der Relevanz und Signifikanz, die er für das Individuum hat. Emotionen sollte man als Funktionen solcher kognitiven Aktivität auffassen, wobei vermutlich jede einzelne Emotion mit einem speziellen Bewertungsprozeß verknüpft ist. Biologische und kulturelle Determinanten der Emotionen können ebenso wie die individuelle Lerngeschichte und die psychologische Struktur nur über die unmittelbare Wahrnehmung von Objekten und deren augenblickliche Bedeutsamkeit wirksam werden.

Die kognitive Akzentuierung der Emotionen findet sich im Kern bereits in *Arnolds* (1960) Gebrauch des Begriffes „Einschätzung" („Bewertung") und in den Beziehungen, die *Lazarus* (1966, 1968) zu den Begriffen *„Einschätzung"* und *„Neueinschätzung"* herstellt. Das heißt freilich nicht, daß diese Begriffe von den beiden genannten Autoren zuerst verwendet worden wären. Denn wir finden sie im Zusammenhang mit Emotionen schon viele Jahre früher, wenn auch weniger systematisch gebraucht, zum Beispiel in der Abhandlung von *Grinker* und *Spiegel* (1945) zum Schlachtenstreß. Und auch nicht-kognitive Theoretiker wie *Duffy* (1941) haben auf die Bedeutung der individuellen Interpretation einer Reizsituation für die Determinierung emotionalen Erlebens und emotionalen Ausdrucksverhaltens hingewiesen.

Wir weiten *Magda Arnolds* Standpunkt nur ein wenig aus, wenn wir behaupten, daß das bei Emotionen auftretende Erregungsmuster aus den Handlungsimpulsen entsteht, die ihre Entstehung wiederum der individuellen Situationseinschätzung und der Beurteilung der jeweils verfügbaren Handlungsmöglichkeiten verdanken. Bei unlustgetönten Emotionen, etwa wenn die Situationsabschätzung eine Bedrohung anzeigt, treten Handlungstendenzen (wie *Arnold* sie nennt) wie Vermeidung oder Angriff auf. Die subjektiven Merkmale einer Emotion leiten sich aus der Einschätzung der aktuellen Befindlichkeit her. Dazu gehören auch Handlungsalternativen, momentan erzeugte Bewältigungsimpulse, Rückmeldung von körperlichen Reaktionen (*Hohman,* 1966) und die wahrgenommenen Handlungskonsequenzen. Der springende Punkt besteht darin, daß jede Emotion ihre eigene, unverwechselbare Einschätzung beinhaltet, ebenso ihre eigenen Handlungstendenzen und folglich auch eine spezifische Konstellation physiologischer Veränderungen, die Bestandteil der Handlungsvorbereitung sind, gleichgültig, ob diese Handlungstendenzen dann im konkreten Einzelfall verwirklicht oder unterdrückt werden.

In dieser Position sind zwei Schlüsselideen enthalten. Erstens ist jede emotionale Reaktion, ohne Rücksicht auf ihren konkreten Inhalt, eine Funktion einer bestimmten Kognition oder *Einschätzung.* Dem Ärger ist also eine bestimmte Einschätzung zugeordnet, der Furcht eine andere, Kummer und Freude wieder andere usf. Zweitens besteht die emotionale Reaktion selbst aus einem *geordneten Syndrom,* dessen Einzelkomponenten jeweils ein besonderes und wichtiges Element der Gesamtreaktion widerspiegeln. Ärger oder Wut sind in einem spezifischen physiologischen Veränderungsmuster repräsentiert, dieses ist vermutlich von dem der Furcht usf.

verschieden (obwohl, wie wir weiter oben ausgeführt haben, auch ein allgemeines Element der Aktivierung identifiziert werden kann). Ähnlich reflektiert die kognitiv-subjektive Komponente einer Emotion ein wesentliches Element der Gesamtreaktion. Das kann die Wahrnehmung von Bedrohung oder Gefahr sein, oder bei lustbetonten emotionalen Zuständen Sicherheit, Überlegenheit oder eine wünschenswerte Verbindung zwischen Individuen, die als Ergebnis der situativen Einschätzung resultieren. Und da eine Emotion auch Handlungsimpulse umfaßt, die physiologische Veränderungen auslösen, sind auch Verhaltenskomponenten festzustellen. Natürlich können diese im Interesse anderer sozialer Erfordernisse unterdrückt werden, aber die Handlungsimpulse (z. B. vermeiden oder angreifen), die verschiedene Emotionen kennzeichnen, bleiben doch emotionstypisch. Die motorischen Ausdrucksmerkmale (z. B. Mimik oder Körperhaltungen) sind in vielen Fällen artspezifisch, wenngleich sie sozialen Modifikationen ausgesetzt sind. Wie im vorigen Abschnitt schon gesagt wurde, sind alle drei Dimensionen der Reaktivität, die motorische, die physiologische und die kognitiv-subjektive, integrale Bestandteile einer emotionalen Reaktion. Von einigen Problemen abgesehen, die wir im methodischen Teil behandeln wollen, liefern die spezifischen Muster, die sie in ihrem Zusammenwirken ausbilden, einen der Identifikationsschlüssel für eine gegebene Emotion.

Vor eine weitere Betrachtung der kognitiven Determinanten von Emotionen müssen zwei Fragen gestellt werden. Erstens nach der *Art und Qualität der Kognitionen* (oder Bewertungsprozesse), die den einzelnen emotionalen Reaktionen zugrundeliegen (z. B. der Furcht, Schuldgefühlen, Kummer, Freude usw.). Zweitens nach den determinierenden *Antezedenzbedingungen dieser Kognitionen.* Es ergeben sich zwei Typen determinierender Bedingungen: *situative* (bezogen auf Umweltfaktoren) und *dispositionelle* (die psychologische Struktur des Individuums, z. B. seine Überzeugungen, Einstellungen, Persönlichkeitszüge usw.). Die Schwierigkeit besteht darin, das Interaktionsschema dieser situativen und dispositionellen Faktoren festzulegen, das eine bestimmte emotionale Reaktion zustandebringt.

Zweifellos tragen biologische und kulturelle Faktoren zur Entwicklung psychologischer Dispositionen bei. Die Phylogenese disponiert den Organismus, auf bestimmte Reiztypen in biologisch angepaßter Weise zu reagieren, d. h. auf eine Art, die zum Überlegen der eigenen Spezies (nicht notwendigerweise zum individuellen Überleben) beiträgt. Beim Menschen muß eine Reaktion nicht mehr unbedingt evolutionär angepaßt sein und sie kann weitgehend von individueller Erfahrung und sozialen Beschränkungen überformt sein; trotzdem kann die biologische Handlungsdisposition starken Einfluß behalten. Analog dazu kann eine Kultur über Sozialisation ihren Mitgliedern bestimmte Glaubenssysteme, Verhaltensnormen usw. aufprägen, die die Einschätzung emotionaler Reize (etwa indem die Gesellschaft festlegt, was als bedrohlich gilt) formen und bestimmen, welche Reaktionstypen als Ich-konform und welche als Ich-fremd anzusehen sind.

Aus der kognitiven Perspektive geht also die Annahme hervor, daß in einem Individuum bestimmte Dispositionen vorhanden sind, die es zur Auswahl von Reaktionen oder zu selektiver Aufmerksamkeit gegenüber gewissen Stimulustypen veranlassen und daß diese Dispositionen vermutlich das Produkt phylogenetischer, kultureller oder ontogenetischer Entwicklung sind, in den meisten Fällen wahrscheinlich das Produkt des Zusammenwirkens aller drei Komponenten. Auf der Basis solcher Dispositionen verarbeiten das Individuum oder eine Klasse von Individuen, bzw. eine Spezies die Reizinformation durch ein kognitives Filter. Die daraus resultierende Einschätzung bestimmt, ob die Situation als bedeutungsträchtig, bedrohlich, frustrierend, persistierend, usw. bewertet wird. Diese Einschätzung beinhaltet auch eine Überprüfung der verfügbaren Bewältigungsreaktionen und ihrer möglichen Konsequenzen. Auf diese Weise schaffen die kognitiven Prozesse emotionale Reaktionen aus der Wechselbeziehung Organismus–Umwelt und formen sie zu Ärger, Furcht, Kummer, usw.

Ein letzter Schritt fehlt noch in der Betrachtung von Aktivierung und Abklingen emotionaler Reaktionen. Emotionale Reaktionen sind einer dauernden Wandlung unterworfen. Das bedeutet, daß sie zu und abnehmen und ihre Qualität ändern, wenn entweder die äußeren Umstände eine Änderung einer früher vollzogenen Einschätzung erzwingen oder wenn abwehrende Denkprozesse zu einer Neuinterpretation der Situation führen, in dem sich das Individuum befindet. Kurz, die Rückmeldung der kontinuierlichen Wechselwirkung zwischen den emotionsauslösenden Bedingungen und den Konsequenzen der Bewältigungsbemühungen verändert die Kognitionen, aus der Emotionen entstehen.

Andernorts hat der Seniorautor (*Lazarus,* 1966; 1968) die Ansicht vertreten, daß zwei grundlegende Typen von Bewältigungsprozessen für Bedrohung oder antizipierte Gefahr existieren. Der erste besteht aus *direkten Aktionen* wie Angriff und Vermeidung, die darauf abzielen, die Organismus-Umwelt-Beziehung so zu verändern, daß die Bedrohung reduziert oder eliminiert wird (oder, im Falle lustgetönter Emotionen, die positiven Bedingungen beibehalten oder aktualisiert werden). Diese direkten Aktionen können natürlich durch interne oder externe Beschränkungen gehemmt werden, aber ihre Impulse und die damit ansteigende physiologische Aktivierung stellen einen wesentlichen Aspekt emotionalen Geschehens dar. Manchmal sind direkte Aktionen bei der Beseitigung von Bedrohungen oder bei der Aufrechterhaltung erstrebenswerter Bedingungen erfolgreich. Manchmal jedoch versagen sie oder rufen sogar zusätzliche Bedrohungen hervor, was beides zu neuen Einschätzungen führt. Deshalb besteht die Möglichkeit der Zunahme oder Abnahme emotionaler Reaktionen oder der Qualitätsänderung aus der kontinuierlichen Veränderung der Organismus-Umwelt-Beziehung, die wiederum von den Bewältigungsprozessen abhängt (direkte Aktionen), deren Auswirkungen auf die Umwelt oder das Individuum den Einschätzungsmechanismen rückgemeldet werden.

Der zweite Typ von Bewältigungsprozessen, der emotionale Reaktionen aktivieren oder reduzieren kann, ist gänzlich kognitiv. Er enthält keinerlei direkte Aktionen, sondern nur weitere Bewertungen. *Lazarus* (1966, 1968) bezeichnete diesen Vorgang als *Neueinschätzung* (reappraisal). Diese Bewältigungstechnik steht dann im Vordergrund, wenn direkte Aktionen nicht möglich sind. Neueinschätzung kann eine erfreuliche Einschätzung in eine bedrohliche verwandeln und eine anfänglich bedrohliche Einschätzung in eine erfreuliche. Man kann erst von Neueinschätzung sprechen, wenn neue Reizaspekte auftreten. Neueinschätzung impliziert entweder eine gute „Realitätstestung", sie kann sich aber auch als „defensive" Realitätsverzerrung äußern. Das mitternächtliche Klingeln des Telefons kann anfänglich als Signal eingeschätzt werden, das schlechte Nachrichten über eine geliebte Person ankündigt, aber es kann auch schnell als „falsch verbunden" neu eingeschätzt werden. Derselbe Telefonanruf, den man von einem Freund erwartet und der anfänglich als erfreulich empfunden wird, kann plötzlich betrübliche Informationen vermitteln. Am Beispiel eines uneindeutigen Reizes kann man sich unschwer verdeutlichen, wie aufgrund persönlichkeitsspezifischer Einstellungssysteme die primäre Einschätzung und eine Neueinschätzung, die sich auf der Grundlage zusätzlicher Informationen oder Bewältigung durch direkte Aktionen vollzieht, beeinflußt haben.

In jedem Fall muß der Einschätzungsprozeß als permanente Überprüfung und Bewertung von Hinweisreizen angesehen werden, mit denen ein Lebewesen konfrontiert wird. Einige Bewertungen werden verworfen, andere angenommen, je nach ihrer Vereinbarkeit mit dem ständigen Informationsfluß und den psychologischen Dispositionen, die Einfluß auf die umweltbezogenen Handlungen nehmen. Zu- und Abnahme der Emotionen ebenso wie ihre qualitativen Veränderungen spiegeln diese kontinuierliche kognitive Aktivität der Einschätzung und Neueinschätzung. Aus der klinischen Literatur wissen wir, daß defensive Neueinschätzungen oft dazu dienen, auf Bedrohung basierende emotionale Reaktionen in ihrer Intensität herabzumindern, auch wenn sich gar keine objektiven Veränderungen in der Organismus-Umwelt-Beziehung ergeben haben. Dies wird in einer Untersuchung von *Wolff* et al. (1964) erhellt, die sich mit Eltern beschäftigt, deren Kinder an Krebs im Endstadium leiden. Diejenigen Eltern, die den tatsächlichen Charakter der kindlichen Erkrankung erfolgreich zu leugnen schienen, wiesen auch einen niedrigeren Hydrokortisonpegel auf (der ein Maß für die Streßreaktion oder eine negative Emotion darstellt), als jene Eltern, deren Abwehrmechanismen nicht so gut funktionieren.

Der vorangegangene kurze Entwurf ist das Kernstück unserer kognitiven Emotionstheorie. Ohne Zweifel muß noch viel empirische und theoretische Arbeit geleistet werden. Wir brauchen eine Theorie, die mehr liefert als nur einen Bezugsrahmen; wir müssen die kognitiven Faktoren detailliert anführen, die jeweils an bestimmten Emotionen beteiligt sind. In der Literatur finden sich einige Ansätze dazu, aber bislang herrscht noch wenig Einigkeit. Ein Hindernis bestand im übergroßen Mißtrauen gegenüber phänomenologischen Ansätzen (das nur teilweise berechtigt ist), die kognitive Aktivität als wesentlichen Aspekt der Emotion auffassen. Einer objektiven Definition kognitiver Prozesse, wie sie für andere intervenierende Variablen bereits verwirklicht ist, steht nichts im Wege. Wenn ein Kybernetiker wie *MacKay* (1962) im Zusammenhang mit Automaten und Maschinen Begriffe wie „Bewertung" und „Bedeutsamkeit" verwendet (wenn sie auch etwas unpräzise sind), dann sollten doch Psychologen dazu fähig sein, diesen Begriffen am Menschen wissenschaftlich valide Bedeutungen zu verleihen. Die wichtigste theoretische und experimentelle Aufgabe bei der Erstellung einer kognitiven Theorie der Emotion besteht darin, das Wesen der relevanten kognitiven Prozesse zu identifizieren, ihre Determinanten in der jeweiligen Reizkonfiguration und in der psychologischen Struktur des Individuums zu lokalisieren und diese Determinanten mit emotionaler Aktivierung und Reduktion von Aktivierung und der Qualität von aktuellen Emotionen in Beziehung zu bringen.

Methodische Probleme der Emotionsforschung

In diesem Abschnitt werden wir einige Forschungsansätze referieren, die sich mit zwei methodischen Folgerungen aus den oben angeführten Feststellungen befassen. Die erste Frage betrifft das Problem der Reaktionsdiskrepanzen. Wenn Emotionen als Reaktionssyndrome begriffen werden, welche Schlußfolgerungen sind überhaupt möglich, wenn keine Übereinstimmung zwischen den Meßwerten (z. B. zwischen Selbstbeobachtung und physiologischen Indikatoren) ein- und derselben Emotion besteht? Das zweite Problem betrifft die Methoden, mit denen emotionale Einschätzung untersucht werden kann.

Reaktionsdiskrepanzen

Eines der schwierigsten und lästigsten Probleme der Emotionsforschung ist der häufig berichtete Mangel an Übereinstimmung zwischen den Reaktionsindikatoren. Ob man emotionale Reaktionen horizontal in physiologische, subjektive und verhaltensmäßige Dimensionen unterteilt oder vertikal in relativ diskrete Ereignismoleküle, die jeweils Anteile aus allen drei Dimensionen enthalten, meist besteht nur geringe Übereinstimmung zwischen den einzelnen Meßwerten (*Krause,* 1961; *Martin,* 1961; *King,* 1968). Zu diesem Problem gibt es zwei grundlegende Lösungsvorschläge. Der erste macht für Reaktionsdiskrepanzen methodische Unzulänglichkeiten verantwortlich, wie z. B. unkontrollierte externe Variablen, unreliable Messungen, unsaubere statistische Analysen usw. Andernorts haben wir gezeigt, daß die Korrelation zwischen zwei physiologischen Streßindikatoren (Herzfrequenz und Hautleitfähigkeit) durch verbesserte Registrierungstechniken und durch bevorzugte Verwendung intraindividueller statt interindividueller Analysen gesteigert werden kann (*Lazarus* et al., 1963; *Malmstrom* et al., 1965; *Opton* et al., 1965). *Mordkoff* (1964) hat in Arbeiten, die er in unserem Labor durchführte, nachgewiesen, daß die kontinuierliche Aufzeichnung introspektiv erfaßter Affekte und intraindividueller Analysen in kurzen Meßabständen die Beziehung zwischen introspektiv gewonnenen Daten und physiologischen Streßindikatoren beträchtlich erhöht.

Aber sogar bei technisch perfekter Aufzeichnung wäre die Beziehung zwischen verschiedenen Emotionsmaßen noch immer recht bescheiden. Das bringt uns zum zweiten Ansatz, der Reaktionsdiskrepanzen als mögliche Informationsquellen zur individuellen Umweltbewältigung ansieht. Dieser Ansatz setzt voraus, daß jede Reaktionsdimension, spezifische adaptive Funktionen erfüllt. Zum Beispiel können verbale Berichte über die subjektive Kommunikation hinaus Tatsachen unterschlagen und bewußt oder unbewußt jeden gewünschten sozialen Eindruck hervorrufen. Dasselbe kann man von motorischen Verhaltensmustern sagen, wenn auch nicht alle emotionalen Reaktionen gleichermaßen modifizierbar sind. *Ekman* und *Friesen* (1968) haben die Existenz mikroskopischer Veränderungen im mimischen Ausdruck beschrieben, die so rasch ablaufen, daß sie im Bericht des Beobachters scheinbar unerwähnt bleiben. Ohne daß sie bewußt wahrgenommen werden, signalisieren sie jedoch z. B. Zufriedenheit oder Ekel, die auf andere Art und Weise überhaupt nicht bemerkt würden. Dieses Phänomen bezeichnet *Ekman* sehr farbig als „Durchsickern" von Information.

Widersprüche gibt es in vielerlei Gestalten. So kann jemand behaupten, nicht wütend zu sein, dabei aber in seinem motorischen Ausdrucksverhalten (vielleicht in der von *Ekman* beschriebenen Form des Durchsickerns), etwa durch geballte Fäuste oder durch typische Mimik seine Wut verraten. Oder er zeigt trotz seiner Aussage die physiologischen Indikatoren für „wütendes Verhalten". Die emotionale Verfassung (im Falle der Flieger von *Grinker* und *Spiegel* (1945) Furcht) kann sich auch in psychosomatischen oder anderen neurotischen Symptomen äußern, die trotz der verbalen Leugnung auftreten. In der Realität finden sich zahlreiche Permutationen und Kombinationen solcher Widersprüche, und es liegt auf der Hand, daß einige davon häufiger und psychologisch ergiebiger sind als andere, weil sie charakteristische Bewältigungsmuster wiedergeben.

Diese Ausführungen implizieren, daß im Muster der Übereinstimmung und Nichtübereinstimmung emotionaler Indikatoren Information über die Art, wie das Individuum sich mit seinen internen Problemen und mit den vielfältigen Aspekten seiner Umwelt auseinandersetzt, enthalten ist. Die Auseinandersetzung mit der Umwelt ist unauflösbar mit der emotionalen Reaktion selbst verknüpft, ist manchmal integraler Teil der Reaktion (wie in der Mobilisierung eines Angriffs oder einer Vermeidung), manchmal ein Mittel, die Reaktion zu verbergen oder sie so zu interpretieren, daß sie eher Ich-konform als Ich-fremd erscheint. Die psychologisch bedeutungsvollen Widersprüche in den Reaktionswerten müssen sorgfältig von den meßtechnischen Artefakten unterschieden werden, die ebenfalls die Übereinstimmung zwischen den Meßwerten reduzieren.

Der methodische Kernpunkt besteht darin, daß wir Diskrepanzen zwischen den vielen emotionalen Indikatoren nicht automatisch übergehen dürfen, indem wir sie der wackeligen begrifflichen Basis der Emotion als Reaktionssyndrom oder den Mängeln in unserer Meßtechnik anlasten. Ganz im Gegenteil, wir müssen diese „Widersprüche" vor dem Hintergrund dessen, was wir über die Bewältigung interner und externer Anforderungen wissen, sogar *erwarten.* Wir wiederholen eine früher geäußerte Forderung: emotionale Reaktionen müssen in ihre Einzelreaktionen zerlegt und die biologischen, kulturellen und kognitiven Determinanten dieser Reaktionskomponenten sollen untersucht werden. Das Muster der Übereinstimmungen und Nichtübereinstimmungen zwischen diesen Komponenten wird dann nicht nur Informationen über den Typus der registrierten Emotion liefern, sondern auch über die Art, wie er in intraindividuelle und interindividuelle Beziehungen und Bedürfnisse integriert ist. Die Analyse und Beschreibung der Emotion kann nicht von anderen Bewältigungsprozessen abgehoben werden, sondern muß als Teil des gesamten Problemkomplexes gesehen werden.

Einige dieser Gesichtspunkte sind in einer kürzlich veröffentlichten Untersuchung von *Weinstein* et al. (1968) ausführlich dargelegt worden. Dort wird die Beziehung zwischen defensiven Dispositionen (in diesem Fall Sensibilisierung – Verdrängung, gemessen mit den L, K, Hy-Dn und R-S Skalen des MMPI und der Gi-Skala des CPI) und der Diskrepanz zwischen Selbstbeurteilung und autonomen Streßindikatoren untersucht. In einer neuerlichen Analyse von sechs früheren Experimenten zeigten die sogenannten „Verdränger" relativ stärkere Reaktionen im autonomen Bereich als in der Selbstbeurteilung. Die Reaktionen wurden durch einen aversiven Film mit dem

Titel „Beschneidung" hervorgerufen, der grausame Genitaloperationen zeigt, wie sie die Ureinwohner Australiens durchführen. Die Sensibilisierer ihrerseits zeigten eher das gegensätzliche Reaktionsmuster. Diese Resultate machen deutlich, wie verschiedene Maße emotionaler Reaktionen, auch wenn sie Diskrepanzen aufweisen, wichtige psychodynamische Prozesse abbilden können. Daß sie auch kulturelle Dynamik erfassen, wurde bereits nachgewiesen (*Lazarus* et al., 1966; *Averill* et al., 1969).

Die Untersuchung von Einschätzung und Neueinschätzung

Es ist unzureichend, zu betonen, daß Kognition eine zentrale Rolle bei Emotionen einnimmt. Das Problem besteht darin, die kognitiven Prozesse, also Einschätzung und Neueinschätzung, die zahlreiche emotionale Reaktionen determinieren, zu identifizieren und ihre Antezedenzbedingungen zu spezifizieren. Darüber hinaus müssen konkrete Verfahren zur Untersuchung dieser Prozesse konzipiert werden. Bisher gibt es vier grundlegende Forschungsstrategien dafür. Wir werden sie nacheinander vorstellen, jede durch einige empirische Ergebnisse verdeutlicht, die meist aus unserem Labor stammen. Übersichten über dieses Forschungsgebiet findet man auch bei *Lazarus* und *Opton* (1966) und bei *Lazarus* (1968).

Direkte Manipulation. In einer Reihe von Studien, deren Veröffentlichung im Jahre 1964 begann, wurde der Versuch unternommen, durch direkten Eingriff die Interpretation und Einschätzung von aversiven Filmen zu manipulieren. Im ersten Versuch (*Speisman* et al., 1964) erstellten wir drei verschiedene Tonspuren für den schon erwähnten Film „Beschneidung". Diese Tonspuren wurden hinsichtlich ihrer Wirkung auf Steigerung oder Senkung der autonomen und subjektiven Streßreaktionen verglichen, die die Zuschauer zeigten. Eine „traumatisierende" Tonspur steigerte die Streßwirkung des Films, während „leugnende" und „intellektualisierende" Tonspuren diese Wirkung reduzierten. Anschließend wurde der Ansatz modifiziert (*Lazarus* und *Alfert,* 1964), indem man die Tonspuren in einführende Texte verwandelte, die man den Vpn vor der Filmvorführung darbot. Im wesentlichen erhielt man die gleichen Resultate. Die Reduktion der Streßreaktionen wurde auf einen „Kurzschluß der Bedrohung" zurückgeführt. Dieses Kurzschlußprinzip wurde dann auf einen anderen Film ausgeweitet, der Unfälle in der holzverarbeitenden Industrie zum Thema hatte (*Lazarus* et al., 1965). Und in einer neueren Untersuchung (*Folkins* et al., 1968) wurde dargelegt, daß die Techniken der Desensibilisierungstherapie (Entspannung und kognitive Wiederholung) ebenfalls zur Senkung von Streßreaktionen beitragen. Besonders geeignet dazu ist die kognitive Wiederholung, die gedankliche und vorstellungsmäßige Verarbeitung eines erwarteten traumatischen Reizes verlangt.

Alle diese Untersuchungen ergaben, daß derselbe, identisch aversive Film sehr unterschiedliche Intensitäten emotionaler Störungen bei den Vpn hervorruft, abhängig davon, wie er interpretiert wird, d. h. welche Einschätzung vom Individuum erfolgt. Die Manipulation der Ich-Abwehr und kognitive Wiederholung sind jedoch nicht die einzigen Methoden, mit denen emotionale Einschätzung direkt beeinflußt werden kann. Andere, experimentell nachgewiesene Möglichkeiten schließen Veränderungen des Aufforderungscharakters der Situation ein (*Orne,* 1962) oder bestehen aus verschiedenen Interpretationsmöglichkeiten für die eigenen Reaktionen (*Schachter,* 1967) oder aus Änderungen des Adaptationsniveaus, an dem die ankommenden Reize gemessen werden (*Harvey,* 1965); oder aus der Bekanntgabe von Gruppennormen oder Lösungsmöglichkeiten (*Orne,* 1965) oder aus der Wahlmöglichkeit zwischen verschiedenen Reaktionsmodi (*Berkowitz,* 1967). Diese unterschiedlichen Möglichkeiten schließen einander nicht notwendig wechselseitig aus, oder sind voneinander unabhängig, obwohl die angewendeten Verfahren im allgemeinen ziemlich unterschiedlich waren, je nach der theoretischen Orientierung des Forschers. Trotzdem wurde hinreichend klar nachgewiesen, daß die direkte Manipulation emotionaler Einschätzung nicht nur durchführbar, sondern auch eine Forschungsstrategie mit großen Entwicklungsmöglichkeiten ist. Unglücklicherweise sind die meisten Untersuchungen, die sich dieser Methode bedient haben, nicht über das Niveau bloßer Demonstration hinausgegangen. Die schwierigere Aufgabe theoretischer Analyse und Synthese steht noch in den ersten Anfängen.

Indirekte Manipulation. Hier wird die Rolle von Einschätzung und Neueinschätzung beim Ansteigen und Abklingen von Streß oder von emotionalen Reaktionen nicht über die Manipulation kognitiver Prozesse untersucht, sondern über die Manipulation der Variablen, von denen solche Kognitionen abhängen. Antizipationszeit ist eine solche Variable, die erst kürzlich in den Brennpunkt beträchtlicher Aufmerksamkeit gerückt ist. Tatsächlich ist psychologischer Streß weitgehend von der Antizipation der aversiven Situation abhängig (*Lazarus,* 1966). Typischerweise steigen die Streßreaktionen mit zunehmender Nähe zur Konfrontation an, aber diese allgemeine Tendenz kann in Abhängigkeit von der Antizipationsdauer (*Breznitz,* 1967; *Nomikos* et al., 1968), früheren Erfahrungen in ähnlichen Situationen (*Epstein,* 1967), individuellen Unterschieden im Abwehrstil (*Goldstein* et al., 1965) und der Art der Bewältigung während der Antizipationsspanne (*Janis,* 1958) beträchtlich variieren. Daraus geht hervor, daß die der Emotion zugrundeliegenden kognitiven Prozesse über die Manipulation der Antizipation erforscht werden können. Ein solcher Ansatz wird durch eine Dissertation, die von *Folkins* in unserem Laboratorium durchgeführt wurde, gut illustriert. *Folkins* (im Druck) untersuchte Variationen der Streßreaktionen als Funktionen der Antizipationszeit. Wir wollen hier nur die Folgerungen betrachten, die primär auf den physiologischen Meßwerten basieren. Anschließend diskutieren wir Ichfunktionen, wie sie sich aus introspektiven Daten abschätzen lassen.

Folkins ließ seine Experimentalgruppen auf elektrische Schläge warten, und zwar verschieden lange: 5 Sekunden, 30 Sekunden, 1 Minute, 3 Minuten, 5 Minuten oder 20 Minuten. (Die Kontrollgruppen erwarteten das Aufleuchten eines Lichtes.) Das Verstreichen der Zeit wurde den Vpn auf einer großen, deutlich sichtbaren Uhr angezeigt. Laufende Aufzeichnungen des elektrischen Hautwiderstands, der Puls- und Atemfrequenz und des Fingerpulsvolumens erlaubten eine ungefähre Bestimmung von Anstieg und Abnahme der Streßreaktionen während der Antizipation. Außer den Unterschieden in den Verlaufsgestalten der Streßreaktionen während der Antizipation riefen die sechs Antizipationsspannen auch Amplitudenunterschiede hervor. Die physiologischen Reaktionen (Spitzenwerte wurden in den letzten zehn

Sekunden vor dem erwarteten Schock aufgezeichnet und nach ihrer Kovarianz mit den Basiswerten vor der Erwartungsspanne korrigiert) wuchsen von der 5- bis zur 30-Sekundenspanne immer mehr an und erreichten ein Maximum bei der Antizipationsdauer von einer Minute. Bei den Intervallen von 3 und 5 Minuten fielen die Reaktionen ab, stiegen aber beim 20-Minuten-Intervall wieder steil an. Diese Ergebnisse deuten auf einen komplexen Zusammenhang zwischen Antizipationsdauer und physiologischen Streßreaktionen hin. Warum verursacht die objektiv gleiche Bedrohung (elektrischer Schlag) verschiedene Reaktionsmuster und -stärken bei verschiedenen Antizipationsspannen? Vermutlich repräsentieren die physiologischen Reaktionen die kognitiven Bewältigungsversuche der Vpn, da der Versuchsaufbau keine direkten Aktionen zuließ. (Die Unterschiede zwischen aversiven und nichtaversiven Bedingungen zeigen, daß die Reaktionen nicht einfach eine Funktion des Wartens auf einen Stimulus waren.) Man kann vermuten, daß während der 5-Sekunden-Spanne nicht genug Zeit zur vollen Einschätzung der Bedrohung war und daß deshalb nur eine relativ schwache Reaktion auftrat. Bei längeren Intervallen (30 Sekunden, 1 Minute) wurde die Art der Bedrohung vollständiger realisiert, jedoch reichte die Zeit nicht zur Entwicklung adäquater Gegenmaßnahmen aus. Ausgeprägte, „panische“ Streßreaktionen waren die Folge (vgl. den Bericht von *Fritz* und *Marks,* 1954, demzufolge die Rate von Todesfällen und Verletzungen unter jenen Leuten höher war, die eine Minute vor dem Hereinbrechen eines Tornados gewarnt wurden, als bei denen, die keinerlei Warnung erhielten). Mit weiterem Anwachsen der Erwartungsperiode waren die Vpn vielleicht eher in der Lage, die Situation neu einzuschätzen und sich selbst zu versichern, daß ihnen keine große Gefahr drohte. Folglich war in diesem Fall eine Abnahme der physiologischen Streßreaktionen zu beobachten. Die zwanzigminütige Zeitspanne schien jedoch dieses Verfahren der Selbstbeschwichtigung umzustoßen. Die Gründe dafür sind nicht ganz klar. Es scheint drei Erklärungsmöglichkeiten zu geben. Erstens ist denkbar, daß die Vpn durch die lange Wartepause frustriert, unruhig und ärgerlich wurden. Zweitens könnten sich Neueinschätzungen ergeben haben, in denen die ursprünglich als ausreichend beurteilten Bewältigungsstrategien nunmehr als nutzlos bewertet wurden. Wenn genügend Zeit zur Verfügung steht, können die Abwehrkräfte eines Individuums in einem solchen Prozeß erschöpft werden. Drittens könnte die lange Wartezeit selbst zu einem Signal für Gefahr geworden sein. Denn ein Ereignis, auf das man zwanzig Minuten zu warten hat, kann doch wohl nicht unbedeutend sein. Durch solch ominöse Überlegungen kann die Angst vor dem Schock ganz beträchtlich ansteigen. Diese drei Erklärungsmöglichkeiten sind natürlich spekulativ, aber sie haben eine gewisse Grundlage in den Selbstbeobachtungen der Vpn.

Folgerungen aus den Selbstbeobachtungen. Nachdem ein Individuum einer aversiven Erfahrung ausgesetzt wurde, kann man aus den Selbstbeobachtungen nicht nur die Stärke des emotionalen Erlebens abschätzen, sondern auch die angewandten Denkstrategien. Es ist hier nicht der Ort, die vielen methodischen Probleme zu diskutieren, die mit der Verwendung von Selbstbeobachtungen auftreten oder die Vorteile aufzuzählen. Wir wollen nur ihre Anwendung mit einigen konkreten Beispielen aus unserem Labor illustrieren.

Neben den bereits beschriebenen physiologischen Maßen schätzte *Folkins* (im Druck) die psychologischen Veränderungen während der Antizipation durch die Verwendung von Affekt-Rating-Skalen, einen Wortassoziationstest und durch ein detailliertes Interview ab, das nach einer revidierten Version des Haan-Kroeberschen Modells der Ichfunktionen (vgl. *Haan,* 1969) ausgewertet wurde. Von der Experimentalgruppe wurde das Material retrospektiv gesammelt, im Anschluß an den antizipierten Schock (der nicht verabreicht wurde) retrospektiv erhoben. Um etwaige Verzerrungen abzuschätzen, unterbrach man andere Vpn noch während der Antizipationsspannen.

Die Reaktionen auf die Rating-Skalen und den Wortassoziationstest wiesen auf ein ähnliches Erregungsmuster hin, wie es in Verbindung mit den physiologischen Daten schon beschrieben wurde. Bezüglich der Ichfunktionen stellte sich außerdem heraus, daß die kognitiven Prozesse flexibler und stärker an der Realität orientiert waren während der Perioden geringster Aufregung (der 5 Sekunden und den 3 und 5 Minuten langen Antizipationsspannen). In den Perioden der größten Erregung dagegen (30 Sekunden, 1 und 20 Minuten Antizpationsdauer) kam es zu Desorganisation der kognitiven Prozesse. Die Interpretation dieser Befunde wird unglücklicherweise durch die Tatsache erschwert, daß bei keiner der Antizipationsspannen intraindividuelle Korrelationsanalysen konsistente Beziehungen zwischen Ichfunktionen und Streßreaktionen enthüllen konnten.

Ein anderes Beispiel für die Abschätzung kognitiver Prozesse mit Hilfe von Selbstbeobachtungen liefert eine unserer frühesten Untersuchungen von filminduzierten Streßreaktionen (*Lazarus* et al., 1962). In dieser Untersuchung schauten die Vpn zwei Filme an, einen harmlosen Kontrollfilm und „Beschneidung". Während der Filmvorführungen wurden autonome Reaktionen gemessen. Am Ende der Vorführung von „Beschneidung" bat man die Zuschauer, ihre Reaktionen und Bewältigungstechniken zu schildern. Dabei schälten sich drei Basismuster des Reagierens heraus. Im ersten schien es zu einer Art emotionaler Überflutung gekommen zu sein, was deutlich wird in der Bemerkung: „Es war gräßlich; ich habe Magenschmerzen davon bekommen." Die zweite Reaktionsweise bestand in intellektueller Distanzierung, illustriert durch den Kommentar: „Das war eine interessante anthropologische Untersuchung." Eine dritte Möglichkeit bestand im Leugnen. Der charakteristische Ausspruch dazu: „ Das hat mich kein bißchen aufgeregt." Zufällig war es genau das Material aus diesen Interviews, das uns zur Entwicklung der „leugnenden" und der „intellektualisierenden" Tonspur anregte, die in dem bereits beschriebenen Experiment von *Speisman* et al. (1964) verwendet wurden.

Beim Versuch, diese Selbstbeobachtungen zu physiologischen Streßindikatoren in Beziehung zu bringen, fanden wir keine Unterschiede im Grad der autonomen Erregung während des Films zwischen den Personen, die emotionale Überflutung berichteten und den Vp, die sich in Leugnen oder Intellektualisierung geflüchtet hatten. Das scheint natürlich im Widerspruch zu den Untersuchungsergebnissen zu stehen, die bei direkter Manipulation der Einschätzung gewonnen wurden. Dort wurde den Vpn z. B. Verleugnung und Intellektualisierung auf Tonspuren oder Einführungstexten suggeriert.

Der Widerspruch zwischen diesen beiden Methoden, die beide einen Ansatz zur

Untersuchung kognitiver emotionaler Erregung oder Hemmung zugrundeliegender Prozesse liefern, muß erklärt werden. Unsere theoretische Lösung ist die Feststellung, daß ein Individuum nur dann erfolgreiche Verteidigungsstrategien entwickeln kann, wenn es genügend Zeit zu kognitiver Wiederholung hat oder sich in anderer Form auf den drohenden Streß vorbereiten kann (vgl. *Folkins* et al., 1968) oder wenn man ihm eine fertige Bewältigungsstrategie anbietet (vgl. *Lazarus,* 1968). Ein ausgezeichnetes klinisches Beispiel für eine chronische Streßsituation berichten *Wolff* et al. (1964). Diese Forscher entdeckten, daß manche Eltern todkranker Kinder eine auf Leugnung basierende Abwehr entwickelt hatten und daß diese Eltern tatsächlich weniger Streß aufwiesen (gemessen am Hydrokortisonpegel) als die Eltern, die über keine solche Abwehr verfügten.

Kurz, man muß sehr vorsichtig sein, wenn man eine Untersuchungsmethode des Einschätzungsprozesses an einer anderen überprüfen will, da diese Methoden gelegentlich oft nur scheinbar widersprüchliche Ergebnisse liefern.

Selektion dispositioneller Variablen. Die letzte Untersuchungsmethode von Einschätzung und Neueinschätzung beinhaltet die Selektion von Individuen, die sich in ihren emotionalen Prädispositionen voneinander unterscheiden. Solche Unterschiede können biologische, kulturelle oder psychologische Faktoren zur Ursache haben. So können verschiedene Arten verschieden starke Tendenz zu Flucht oder Angriff aufweisen, die somit zu arttypischen Bewältigungstechniken werden. Auch innerhalb einer Spezies können erhebliche Unterschiede unter den emotionalen Dispositionen auftreten (z. B. sind Beaglehunde weniger angriffslustig als Foxterrier und weibliche Mäuse weniger angriffslustig als männliche). Zweifellos existieren solche biologischen Prädispositionen auch beim Menschen, obwohl ihr Einfluß üblicherweise von der großen Variabilität überlagert wird, die durch die kulturellen und psychologischen Faktoren entsteht. Einige Möglichkeiten, wie die Gesellschaft emotionale Dispositionen beeinflussen kann, haben wir schon besprochen. Der interkulturelle Vergleich emotionaler Reaktionen unter Laborbedingungen ist bisher noch kaum versucht worden, aber er ist möglicherweise eine sehr wichtige Methode zur Manipulation dispositioneller Variablen (*Averill* et al., 1969).

Eine dispositionelle Variable, die intra- und interkulturell schon ausgiebig untersucht wurde, ist der Abwehrstil. An ihm kann man selektive Methoden bei der Erforschung der Einschätzung eindrucksvoll demonstrieren. Bei der Untersuchung von *Speisman* et al. (1964), in der prophylaktische Tonspuren die induzierten Streßreaktionen dämpften, waren zwei Persönlichkeitstypen für den Versuch ausgewählt worden: der eine neigte zur Bewältigung durch Leugnen, der andere verwendete eher Intellektualisierung als Abwehr. Es fand sich eine Wechselbeziehung zwischen den Effekten der beiden Tonspuren und den erwähnten Verteidigungsdispositionen; die Leugner zeigten beim Abspielen der „Leugnungsspur" stärkere Streßreduktion als die Intellektualisierer und diese ihrerseits wiesen eine höhere Reduktionsrate bei dem Hören der intellektualisierenden Tonspur auf.

Nun war diese Interaktion in der Untersuchung von *Speisman* et al. (1964) nicht gerade deutlich ausgeprägt. Und obwohl die Behauptung plausibel ist und weithin akzeptiert wurde, gab es bis vor kurzem keine schlagende Bestätigung dafür, daß die

Streßreduktion von der Übereinstimmung des experimentellen Eingriffes von den kognitiven oder defensiven Dispositionen des Individuums abhängt. Eine neuere Dissertation von *Andrew* (1967) hat jedoch eindeutige Belege dafür erbracht und zeigt uns, daß das Prinzip auch im klinischen Bereich gilt.

Andrew arbeitete mit Patienten, die in ängstlicher Erwartung auf ihre Bruchoperation harrten. Vor der Operation gab *Andrew* den Patienten sachliche und instruktive Erklärungen über die Natur des Leistenbruchs und über den Ablauf der Operation, was unserer Methode ähnelt, bei filminduziertem Streß eine intellektualisierende Tonspur als Orientierungshilfe zu benutzen. Mit Verfahren zur Persönlichkeitseinschätzung, die in *Michael Goldsteins* Laboratorium an der UCLA entwickelt wurden, unterteilte *Andrew* die Patienten nach ihrem Verteidigungsstil in drei Typen: solche, die vorzugsweise durch Vermeidungsverhalten bewältigen, solche, die zu Sensibilisierung neigen und solche, die offenbar keine besonderen Vorlieben in ihrem Abwehrverhalten entwickelt haben. Sie fand, daß die Vermeider eine objektiv längere postoperative Genesungsdauer und mehr Medikamente benötigten, wenn man sie über den Operationsverlauf instruiert hatte, als solche Vermeider, die über diese Informationen nicht verfügten. Im Gegensatz dazu wurde den Patienten mit unspezifischem Abwehrverhalten die Genesung durch die sachliche Information erleichtert. Die Sensibilisierer zeigten keinen Effekt und hatten im allgemeinen die rascheste und komplikationsfreieste Genesung aufzuweisen (vgl. auch die Ergebnisse *Epsteins.* Anm. d. Herausgebers).

Abschließende Bemerkungen. Historisch wurden Emotion und Kognition als entgegengesetzte oder unvereinbare psychologische Phänomene betrachtet. Wir glauben jedoch, daß die wiederentdeckte Bedeutsamkeit der Kognition in der Psychologie – in der Mensch und Tier als informationsverarbeitende und ihre Lebensumstände bewertende Systeme begriffen werden – und auch die zunehmende Diskussion um die Rolle biologischer und kultureller Faktoren dazu beitragen, den Emotionsbegriff wieder im Zentrum psychologischer Forschung zu etablieren. Die hier vorgebrachten Erörterungen über die Stellung der Emotion in der Psychologie, über die vielfältigen Aspekte der Emotion und über die methodischen Probleme bei ihrer Erforschung, liefern einen schematischen Entwurf für eine kognitiv orientierte Theorie und Forschungsstrategie zur Emotion. Dieser Entwurf enthält bereits die Forderung, daß jene Kognitionen identifiziert werden müssen, die verschieden emotionale Reaktionen (Syndrome) determinieren. Dies wiederum führt natürlich zur Frage nach den Antezedenzbedingungen, sowohl in der Reizkonfiguration als auch in der psychologischen Struktur des Individuums, die die spezifische Ausführung der konstituierenden Einzelreaktionen lenken. Das Wort „schematisch" weist auf die Unabgeschlossenheit und den provisorischen Charakter des Entwurfs hin, der durch gehaltvolle theoretische Vorschläge zu den intervenierenden Kognitionen Ärger, Furcht, Kummer, Freude usf. und zu den Bedingungen, unter denen sie auftreten, vervollständigt werden muß. Dieser kurze Artikel, der nur den Überblick zu einem begriffsorientierten Standpunkt bieten soll, kann nicht als Synthese für theoretische Details und nicht als Pfeiler bei der Überbrückung empirischer Wissenslücken dienen. Wir wollten nur einige konvergierende Linien in der gegenwärtigen Emotionsforschung darlegen und Begriffe und Ansätze anregen, die bei der weiteren theoretischen und empirischen Forschungsarbeit von Nutzen sein könnten.

Literatur

Andrew, June M.: Coping styles, stressrelevant learning, and recovery from surgery. Unpublished doctoral dissertation. Univ. of California, Los Angeles 1967.

Arnold, Magda B.: Emotion and personality. Columbia University Press, New York 1960.

Averill, J. R.: Operationism, metaphysics, and the philosophy of ordinary language. Psychol. Rep. 22 (1968a), 861–887.

Averill, J. R.: Grief: Its nature and significance. Psychol. Bull. 70 (1968b), 721–748.

Averill, J. R.: Autonomic response patterns during sadness and mirth. Psychophysiology 5 (1969), 399–414.

Averill, J. R., Opton, E. M., jr.: Psychophysiological assessment: Rationale and problems. In: *P. McReynolds* (Ed.). Advances in psychological assessment. Vol. I. Science and Behavior Books, Palo Alto, California 1968.

Averill, J. R., E. M. Opton, jr., R. S. Lazarus: Cross-cultural studies of psychophysiological responses during stress and emotion. Intern. J. Psychol. 4 (1969), 83–102.

Ax, A. F.: The physiological differentiation between fear and anger in humans. Psychosom. Med. 15 (1953), 433–442.

Bard, P.: Central nervous mechanisms for the expression of anger in animals. In: *M. L. Reymert* (Ed.). Feelings and emotions: The Mooseheart symposium. Mc-Graw-Hill, New York 1950.

Beach, F. A.: The descent of instinct. Psychol. Rev. 62 (1955), 401–410.

Bedford, E.: Emotions. Aristotelian Soc. Proc. 57 (1957), 281–303.

Berkowitz, L.: Aggression: A social psychological analysis. McGraw-Hill, New York 1962.

Berkowitz, L.: Experiments on automation and intent in human aggression. In: *C. D. Clemente, D. B. Lindsley* (Eds.): Aggression and defense. Univ. of California Press, Berkeley 1967.

Berlyne, D. E.: Conflict, arousal and curiosity. McGraw-Hill, New York 1960.

Berlyne, D. E.: Arousal and reinforcement. In: *D. Levine* (Ed.): Nebraska symposium on motivation. Univ. of Nebraska Press, Lincoln 1967.

Breznitz, S.: Incubation of threat: Duration of anticipation and false alarm as determinants of the fear reaction to an unavoidable frightening event. J. exp. Personality Res. 2 (1967), 173–179.

Buss, A. H.: The psychology of aggression. Wiley, New York 1961.

Cannon, W. B.: Bodily changes in pain, hunger, fear, and rage. (2nd ed.). Appleton, New York 1929.

Doi, L. T.: Amae: A key concept for understanding Japanese personality structure. In: *R. J. Smith, R. K. Beardsley* (Eds.): Japanese culture: Its development and characteristics. Viking Fund Publications in Anthropology, (34) WGFAR, New York 1962.

Douglas, R. J.: The hippocampus and behavior. Psychol. Bull 67 (1967), 416–442.

Duffy, E.: An explanation of „emotional" phenomena without the use of the concept „emotion". J. genet. Psychol. 25 (1941), 283–293.

Duffy, E.: Activation and behavior. Wiley, New York 1962.

Dunlap, K.: Emotion as dynamic background In: *M. L. Reymert* (Ed.): Feelings and emotions: The Wittenberg symposium. Clark Univ. Press, Worcester, Massachusetts 1928.

Ekman, P., W. V. Friesen: Nonverbal behavoir in psychotherapy research. In: *J. Schlien* (Ed.): Research in psychotherapy. Vol. 3. Amer. Psychol. Ass., Washington, D. C. 1968.

Ekman, P., W. V. Friesen: The repertoire of nonverbal behavior categories, origins, usage and coding. Semiotica (in press).

Epstein, S.: Toward a unified theory of anxiety. In: *B. A. Maher* (Ed.): Progress in experimental personality research. Academic Press, New York 1967.

Folkins, C. H.: Temporal factors and the cognitive mediators of stress reaction. J. Personality and soc. Psychol. (in press).

Folkins, C. H., Karen D. Lawson, E. M. Opton, jr., R. S. Lazarus: Desensensitization and the experimental reduction of threat. J. abnorm. Psychol. 73 (1968), 100–113.

Fritz, C. E., E. S. Marks: The NORC studies of human behavior in disaster. J. soc. Issues 10 (1954), 26–41.

Funkenstein, D. H., S. H. King, Margaret E. Drolette: Mastery of stress. Harvard Univ. Press, Cambridge, Massachusetts 1957.

Goldstein, M. J., R. B. Jones, T. L. Clemens, G. W. Flagg, R. G. Alexander: Coping style as a factor in psychophysiological response to a tension- arousing film. J. Personality and soc. Psychol. 1 (1965) 290–302.

Grinker, R. R., J. P. Spiegel: Men under stress. McGraw-Hill, New York 1945.

Guiford, J. P.: The nature of human intelligence. McGraw-Hill, New York 1967.

Haan, Norma: A tripartite model of ego functioning: Values and clinical research applications. J. nerv. ment. Diss. 148 (1969), 14–30.

Hamburg, D. A.: Emotions in the perspective of human evolution. In: *P. H. Knapp* (Ed.): Expression of emotions in man. International Univ. Press, New York 1963.

Harlow, H. F., R. Stagner: Psychology of feelings and emotions. II. Theory of emotions. Psychol. Rev. 40 (1933), 184–195.

Harvey, O. J.: Cognitive aspects of affective arousal. In: *S. S. Tomkins, C. E. Izard* (Eds.): Affect, cognition and personality. Springer, New York 1965.

Hebb, D. O.: Drives and the C. N. S. (Conceptual nervous system). Psychol. Rev. 62 (1955), 243–254.

Hebb, D. O., W. R. Thompson: The social significance of animal studies. In: *G. Lindzey* (Ed.): Handbook of social psychology. Vol. I. Theory and method. Addison-Wesley, Cambridge, Massachusetts 1954.

Hohman, G. W.: Some effects of spinal cord lesions on experienced emotional feelings. Psychophysiology 3 (1966), 143–156.

Janis, I. L.: Psychological stress. Wiley, New York 1968.

Kenny, A.: Action, emotion and will, Routledge and Kegan Paul, London 1963.

King, D. L.: The relatedness of the emotionality variables. Psychosom. Science 10 (1968), 367–368.

Krause, M. S.: The measurement of transitory anxiety. Psychol. Rev. 68 (1961), 178–189.

La Barre, W.: The cultural basis of emotions and gestures. J. Personality 16 (1947), 49–68.

Lacey, J. I.: Somatic response patterning and stress: Some revisions of activation theory. In: *M. H. Appley, R. Trumbull* (Eds.): Psychological stress. Appleton, New York 1967.

Lazarus, R. S.: Psychological stress and the coping process. McGraw-Hill, New York 1966.

Lazarus, R. S.: Emotions and adaptation: Conceptual and empirical relations. In: *W. J. Arnold* (Ed.): Nebraska symposium on motivation. Univ. of Nebraska Press, Lincoln 1968.

Lazarus, R. S., Elizabeth Alfert: The short-circuiting of threat. J. abnorm. soc. Psychol. 69 (1964), 195–205.

Lazarus, R. S., E. M. Opton, jr.: The study of psychological stress: A summary of theoretical formulations and experimental findings. In: *C. D. Spielberger* (Ed.): Anxiety and behavior. Academic Press, New York 1966.

Lazarus, R. S., J. C. Speisman, A. M. Mordkoff, L. A. Davison: A laboratory study of psychological stress produced by a motion picture film. Psychol. Monographs 76 (1962), No. 34 (Whole No. 553).

Lazarus, R. S., J. C. Speisman, A. M. Mordkoff: The relationship between autonomic indicators of psychological stress: Heart rate and skin conductance. Psychosom. Med. 25 (1963), 19–30.

Lazarus, R. S., E. M. Opton, jr., M. S. Nomikos, N. O. Rankin: The principle of short circuiting of threat: further evidence. J. Personality 33 (1965), 622–635.

Lazarus, R. S., M. Tomita, E. Opton, jr., M. Kodama: A cross-cultural study of stress-reaction patterns in Japan. J. Personality soc. Psychol. 4 (1966), 622–633.

Leeper, R. W.: Some needed developments in the motivational theory of emotions. In: *D. Levine* (Ed.): Nebraska symposium on motivation. Univ. of Nebraska Press, Lincoln 1965.

Lindsley, D. B.: Emotions and the electroencephalogram. In: *M. R. Reymert* (Ed.): Feelings and emotions: The Mooseheart symposium. McGraw-Hill, New York 1950.

MacKay, D. M.: The use of behavioral language to refer to mechanical processes. Brit. J. Philos. Sci. 13 (1962), 89–103.

MacLean, P. D.: Psychosomatics. In: *H. W. Magoun* (Ed.): Handbook of physiology. Section 1: Neurophysiology. Vol. 3. Amer. Physiol. Soc., Washington, D. C. 1960.

McNemar, Q.: Lost: Our intelligence. Why? Amer. Psychologist 19 (1964), 871–882.

Maddi, S. R.: Personality theories: A comparative analysis. Dorsey Press, Homewood, Ill. 1968.

Malmo, R. B.: Activation. A neuropsychological dimension. Psychol. Rev. 66 (1959), 367–380.

Malmstrom, E. J., E. M. Opton, jr., R. S. Lazarus: Heart rate measurement and the correlation of indices of arousal. Psychsom. Med. 24 (1965), 546–556.

Martin, B.: The assessment of anxiety by physiological behavioral measures. Psychol. Bull. 58 (1961), 234–255.

Mordkoff, A. M.: The relationship between psychological and physiological response to stress. Psychosom. Med. 26 (1964), 135–150.

Moyer, K. E.: Kinds of aggression and their physiological basis. Carnegie-Mellon Univ. Report No. 67–12 (1967).

Nomikos, M. S., E. M. Opton, jr., J. R. Averill, R. S. Lazarus: Surprise and suspense in the production of stress reaction. J. Personality soc. Psychol. 8 (1968), 204–208.

Opton, E. M. jr., N. O. Rankin, R. S. Lazarus: A simplified method of heart rate measurement. Psychophysiology 2 (1965), 87–97.

Orne, M. T.: On the social psychology of the psychological experiment. Amer. Psychologist 17 (1962), 776–783.

Orne, M. T.: Psychological factors maximising resistance to stress: With special reference to hypnosis. In: *S. Z. Klausner* (Ed.): The quest for self-control. Free Press, New York 1965.

Plutchik, R.: The emotions. Random House, New York 1962.

Plutchik, R., A. F. Ax: A critique of Determinants of emotional state by *Schachter* and *Singer* (1962). Psychophysiology 4 (1967), 79–82.

Pribram, K. H.: A review of theory in physiological psychology. Ann. Rev. Psychol. 11 (1967), 1–40.

Pribram, K. H.: Emotion: Steps toward a neuropsychological theory. In: *D. C. Glass* (Ed.): Neurophysiology and emotion. Rokkefeller Univ. Press, New York 1967.

Ryle, G.: The concept of mind. Hutchinson, London 1949.

Schachter, S.: Cognitive effects on bodily functioning, Studies of obesity and eating. In: *D. C. Glass* (Ed.): Neurophysiology and emotion. Rockefeller Univ. Press, New York 1967.

Segall, M. H., D. T. Campbell, M. J. Herskovitz: The influence of culture on visual perception. Bobs-Merrill, Indianapolis, Indiana 1966.

Selve, H.: The physiology and pathology of exposure to stress. Acta, Montreal 1950.

Simonov, P. V.: Studies of emotional behavior of humans and animals by Soviet physiologists. Ann. N. Y. Acad. Sci. 159 (1969), 1112–1121.

Speisman, J. C., R. S. Lazarus, A. Mordkoff, L. Davison: Experimental reduction of stress based on ego-defense theory. J. abnorm. soc. Psychol. 68 (1964), 367–380.

Tolman, E. C.: A behavioristic accout to the emotions. Psychol. Rev. 30 (1923), 217–227.

Tursky, B., R. A. Sternbach: Further physiological correlates of ethnic differences in response to shock. Psychophysiology 4 (1967), 67–74.

Weinstein, J., J. R. Averill, E. M. Opton, jr., R. S. Lazarus: Defensive style and discrepancy between self-report and physiological indexes of stress. J. Personality soc. Psychol. 10 (1968), 406–413.

Wenger, M. A.: Emotions as visceral action: An extension of Lange's Theory. In: *M. L. Reymert* (Ed.): Feelings and Emotions: The Mooseheart symposium. McGraw-Hill, New York 1950.

Wolff, C. T., S. B. Friedman, M. A. Hofer, J. W. Mason: Relationship between psychological defenses and mean urinary 17-hydroxy-corticosteroid excretion rates: I. A predicitive study of parents of fatally ill children. Psychosom. Med. 26 (1964), 576–591.

Versuch einer Theorie der Angst[1])

Seymour Epstein[2])

Einleitung

Wir stimmen wohl alle überein, daß Angst das zentrale Konzept der Psychopathologie darstellt. Niemand hat jedoch bisher eine Theorie der Angst versucht, die alle bekannten Fakten berücksichtigt. *Freud* (1936) hat – wie er in seinem Buch „Das Problem der Angst" betont – sein ganzes Leben diesem Problem gewidmet, dennoch konnte er das Rätsel der Angst nicht lösen. Dieses Rätsel besteht für *Freud* aus der Frage, warum Angst und die Abwehrmechanismen weiter bestehen, nachdem sich die äußeren Umstände geändert haben und das Individuum weiß, daß der ursprüngliche Angstauslöser nicht wieder auftreten kann. Für *Hoch* (1950) liegt das zentrale Problem in dem Widerspruch, daß Angst einerseits einen adaptiven, andererseits einen destruktiven Prozeß darstellt. Als ein Signal dient Angst als Warnung vor Gefahr, aber Angst kann gefährlicher werden als die Gefahr, vor der sie warnt. So fragt *Hoch* „. . . warum sollte der Alarm bereits das Haus niederbrennen?" (Seite 108). Es besteht keine Übereinstimmung bezüglich einer Angstdefinition. Manche setzen Angst synonym zu Furcht; andere sehen Angst anhand der physiologischen Korrelate, während andere darauf bestehen, sie nur am subjektiven Erleben definieren zu können. Manche diskutieren die Konsequenzen bewußter Angst, andere sehen in dem Ausdruck „unbewußte Angst" einen Widerspruch in sich. Wenn ein Unterschied zwischen Angst und Furcht gemacht wird, besteht Uneinigkeit, ob Angst das Primäre und Furcht das Sekundäre ist oder umgekehrt.

Die hier dargestellte Theorie der Angst hat ihren Ursprung in Untersuchungen zum Fallschirmspringen, die ursprünglich zur Konfliktmessung durchgeführt wurden. Im Laufe dieser Untersuchungen beschäftigten wir uns zunehmend mit dem Phänomen der Angst und ihrer Bewältigung unter normalen Bedingungen. Unser Interesse am Phänomen der Angst wurde durch unvorhergesehene Ergebnisse verstärkt, die erstaunlich zuverlässig und allgemein waren und schwer mit westlichen Verhaltenstheorien erklärt werden konnten.

Später sahen wir, daß *Pawlow* ähnliche Phänomene bei Hunden unter Streß beobachtet hatte und seine Erklärungen mit unseren Hypothesen korrespondierten. Die hier dargestellte Angsttheorie versucht, einen Rahmen zur Integration bekannter

---

[1]) Übersetzt von *Sylvia Ceasar.*

[2]) Aus: *B. A. Maher:* Progress in Experimental Personality Research. Vol. 4. Acad. Press, New York 1967 (S. 2–65).

Die hier wiedergegebenen Untersuchungen wurden durch einen Zuschuß MH 01293 des National Institute of Mental Health unterstützt, United States Health Service. Der Autor schrieb den Bericht während einer Gastprofessur am Department of Social Relations, Harvard University.

und neuer eigener Fakten über Angst zu bilden. Eine Erweiterung der Theorie wird den Vorschlag der Existenz eines streng geordneten psychophysiologischen Systems beinhalten. Dieses System soll die Intensitätskomponente jeder Stimulation modulieren.

Diese Arbeit ist neben einer Zusammenfassung in vier Hauptabschnitte unterteilt. Ein Abschnitt berichtet die empirischen Ergebnisse der Untersuchungen zum Fallschirmspringen. Daneben bringt er einige theoretische Ansätze zur Erklärung der gewonnenen Daten. Ein zweiter Abschnitt enthält eine allgemeine Angsttheorie. Dieser Abschnitt ist eher spekulativ und enthält auch Ergebnisse und Beobachtungen aus anderen Untersuchungen. Es wird darin versucht, die Konzepte der Angst, der Furcht, der Aktivierung, die im vorangegangenen Abschnitt in unzusammenhängender Weise dargestellt wurden, genauer zu erläutern. Ein dritter Abschnitt erweitert die Theorie zur allgemeinen Frage der Bewältigung der Intensitätskomponente jeder Stimulation. Es wird die Existenz eines psychophysiologischen Systems postuliert, das die Basis des Organismus für zunehmenden Umweltkontakt bildet und einfache Lernprozesse zuläßt.

Der vierte Abschnitt beschäftigt sich mit Spekulationen über Implikationen der Theorie für weitere Problemgebiete der Psychologie. Er beinhaltet Vorschläge für weitere Untersuchungen zur Überprüfung der Theorie (dieser Anschnitt fehlt aus Raumgründen in dieser Zusammenstellung. Anm. d. Hrsg.).

Untersuchungen zur Furcht und ihrer Bewältigung beim Sport-Fallschirmspringen

Es gibt kaum eine geeignetere Situation zur Untersuchung von Konflikt und Streß als die des Fallschirmspringens bei noch unerfahrenen Personen. Die Aktivität des Fallschirmspringens sorgt nicht für extremen Streß, sondern – noch wichtiger – diese Situation ermöglicht experimentelle Kontrolle, die sonst nur in Laborsituationen vorhanden ist. Das Training der Fallschirmspringer ist relativ standardisiert und liefert dem Experimentator eine Reihe von Reizen mit gleicher Bedeutung für alle Versuchspersonen, die mit anderen Lebenserfahrungen wenig assoziiert sind. Der Vl kann die Intensität des Streß variieren, indem er seine Untersuchungen zu unterschiedlichen Zeiten vor dem Absprung durchführt. Ebenso kann er die Frequenz der Sprünge nach seinen Anforderungen regeln. Er kann Reihenfolge- und Sequenzeffekte kontrollieren, indem er einige Vpn zuerst am Sprungtag und dann am Kontrolltag oder umgekehrt prüft. Schließlich kann er Effekte des Trainings und der Bewältigung untersuchen, indem er Springer mit verschieden großer Erfahrung und/oder zu verschiedenen Zeitpunkten ihres Trainings untersucht.

Aus all dem wird deutlich, daß die Situation des Fallschirmspringers beträchtliche Vorteile gegenüber anderen realitätsnahen Streß-Situationen hat, wie z. B. Naturkatastrophen (*Grosser, Wechsler* und *Greenblatt,* 1965), dem Krieg (*Bond,* 1952; *Grinker* und *Spiegel,* 1945; *Kardiner,* 1941), chirurgischen Eingriffen (*Janis,* 1958), Verhören (*Luria,* 1932) und akademischen Examina (*Luria,* 1932).

Reaktionen auf bestimmte Dimensionen von Hinweisreizen (cues) in speziell konstruierten projektiven Tests

Das Annäherungs-Vermeidungskonflikt-Modell. Unsere frühen Untersuchungen zur Konfliktmessung wurden durch die Appetenz-Aversionsmodelle von *Lewin* (1931, 1946) und *Miller* (1948, 1959) beeinflußt. Man nimmt dabei an, daß der Annäherungs-Vermeidungs-Konflikt durch die Interaktion zweier Gradienten (Appetenz – Aversion) dargestellt werden kann. Der Vermeidungsgradient soll dabei als Funktion zielrelevanter Reize einen steileren Verlauf nehmen als der Annäherungsgradient. Ungleich *Miller* veranschaulichen unsere Gradienten „Triebe" Sie werden als gerichtete Kräfte definiert und nicht als sichtbare Reaktionen und Reaktionsdispositionen. In dieser Hinsicht gleicht unser Denken eher dem *Lewins* als dem *Millers*, obwohl es auch nicht voll mit dem *Lewin*schen Modell koinzidiert. Triebe können durch ihre zielgerichtete oder aktivierende Komponente gemessen werden. Während *Miller* in sich nun vornehmlich mit der Voraussage beschäftigte, ob ein Organismus bei verschieden großer Entfernung vom Ziel sich diesem nähert oder es vermeidet, waren wir auch daran interessiert, den inneren Zustand des Individuums zu messen, d. h. den Grad seiner Spannung. Dies wiederum wirft die Frage auf, wie man die abgeleiteten Annäherungs- und Vermeidungsgradienten zusammenfassen soll, um eine Schätzung des allgemeinen Aktivierungszustandes zu erhalten. Eine Strategie wäre, nur die Furcht oder den Vermeidungsgradienten zu berücksichtigen, unter Ausschaltung des Annäherungsgradienten. Dies wäre jedoch ungerechtfertigt, da physiologische Korrelate der Spannung und der Erregung sowohl von positiven wie negativen Motiven und „Incentives" beeinflußt werden. Wir vertraten die Annahme, daß sich die Aktivierungsgradienten additiv zusammensetzen. Damit unterscheiden wir von Anfang an zwischen der Furcht als einem Vermeidungsmotiv und dem Aktivierungskonzept als ungerichtete, alle Motive zusammenfassende Komponente. Abb. 45 stellt die hypothetischen Gradienten der Annäherung und Vermeidung für einen unerfahrenen Fallschirmspringer dar. Da der Fallschirmspringer tatsächlich springt, verläuft der Vermeidungsgradient am Zielpunkt unterhalb des Annäherungsgradienten. Auf der Abszisse können entweder Entfernungs- oder Zeiteinheiten abgetragen werden. Abb. 46 stellt die durch Subtraktion des Vermeidungs- vom Annäherungsgradienten erhaltene reine (Netto) Tendenz dar. Die Kurve verläuft umgekehrt U-förmig. Ihr Verlauf besagt, daß mit Auftreten der Aversion diese mehr und mehr der Annäherung entgegenwirkt. Abb. 47 stellt den reinen (Netto-) Aktivationsbetrag dar, der durch die Addition von Vermeidungs- und Annäherungsgradienten entsteht.

Diese Kurve ist eine monoton positiv beschleunigte Funktion. Beobachtet man das Verhalten von Fallschirmspringerneulingen, so kann man die Realitätsnähe der Abb. 46 und 47 bestätigen. Übereinstimmend mit Abb. 45 und 46 berichten die meisten Anfänger über eine große Sprungbereitschaft zu Beginn, die jedoch mit dem Betreten des Flugzeuges abnimmt. Im Flugzeug würden viele gerne ihre Zusage rückgängig machen. Abb. 47 wird durch die Beobachtung eines raschen Spannungsanstiegs bei zunehmender Desorganisation des Verhaltens mit zunehmender Nähe zum Sprung bestätigt.

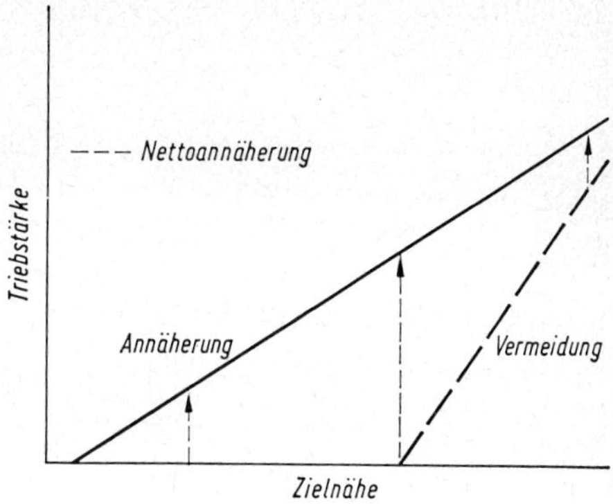

Abb. 45. Hypothetische Darstellung der Annäherungs- und Vermeidungsgradienten eines unerfahrenen Fallschirmspringers vor dem Absprung. Auf der Abszisse können sowohl Entfernung, Zeit, als auch zielrelevante Stimuli aufgetragen werden. Zur besseren Übersicht wurden die Gradienten als gerade Linien wiedergegeben (monotone Funktionen).

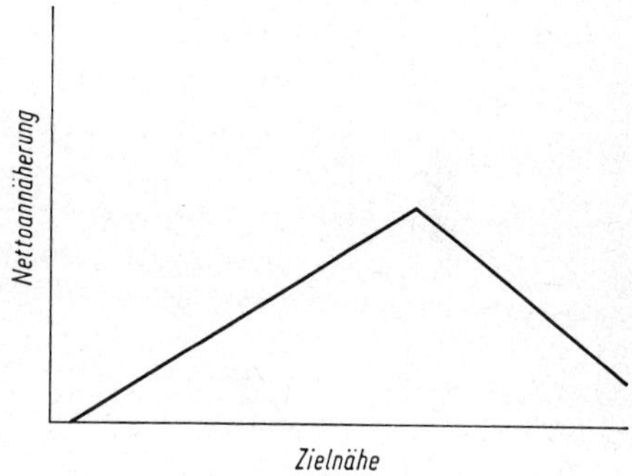

Abb. 46. Nettobetrag der Annäherung als Funktion des Konfliktes zwischen Annäherungs- und Vermeidungstendenzen beim unerfahrenen Fallschirmspringer. Man erhält diese Kurve durch die Subtraktion des Vermeidungs- vom Annäherungsgradienten in Abb. 45.

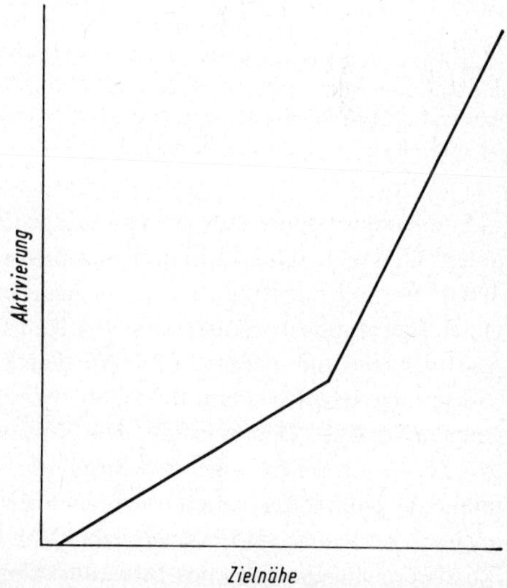

Abb. 47. Nettobetrag des Anstiegs der Aktivation als Funktion des Konfliktes zwischen Annäherungs- und Vermeidungstendenzen beim unerfahrenen Springer. Man erhält diese Kurve durch die Addition der Annäherungs- und Vermeidungsgradienten (siehe Abb. 45).

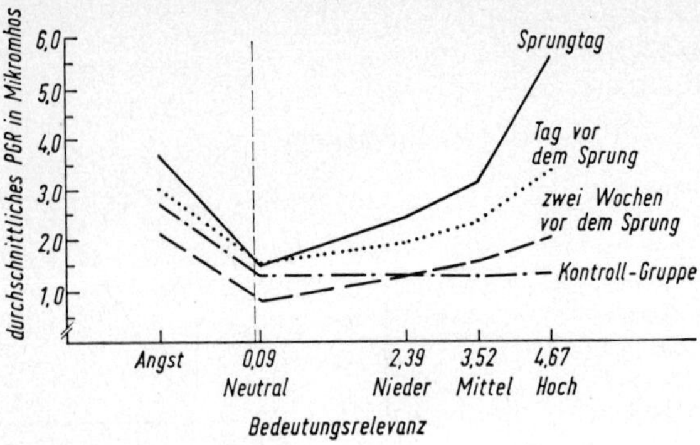

Abb. 48. Durchschnittliche PGR-Werte bei unerfahrenen Springern und Kontrollpersonen auf der Reizdimension (Bedeutungsrelevanz zum Zielobjekt) und auf Angstworte in einem Wort-Assoziationstest (links) (*Epstein* und *Fenz,* 1962).

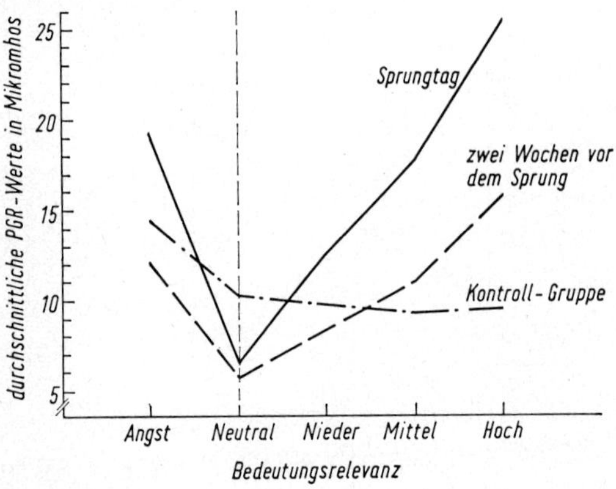

Abb. 49. Durchschnittliche PGR-Werte bei unerfahrenen Springern und Kontrollpersonen auf der Reizdimension (Bedeutungsrelevanz zum Zielobjekt) und auf Angstworte in einem Wort-Assoziationstest in gleichen Intervallen skaliert (*Fenz,* 1964).

In unserer ersten Untersuchung wurde das Konfliktmodell „Annäherung-Vermeidung“ überprüft. Unerfahrene Fallschirmspringer und Kontrollpersonen wurden mit einem speziell konstruierten Wort-Assoziationstest untersucht. Dieser enthält eine vierstufige Skala zur Beurteilung von Reizen, die für das Fallschirmspringen relevant sind (*Epstein* und *Fenz,* 1962). An den Test wurde eine Anzahl angstauslösender Worte angefügt. Resultate der beim Assoziationstest durchgeführten PGR-Messungen sind in Abb. 48 dargestellt. Die Voraussage bestätigend, erreicht die Amplitude der PGRs für die Springer am Sprungtag im Vergleich zum Kontrolltag ein Maximum. Die Kontrollpersonen zeigen in ihren PGRs keinen Anstieg mit der Stimulusrelevanz. Die Daten sind hoch reliabel. Da bei dieser Auswertung die Werte auf der Abszisse nicht über gleiches Intervallskalenniveau verfügten, war es, abgesehen von der Feststellung des jeweils monoton ansteigenden Funktionsverlaufs bedeutungslos, den genauen Verlauf der Kurven festzulegen. Eine spätere Untersuchung (*Fenz,* 1964) mit skalierten Abszisseneinheiten zeigte jedoch, wie vorhergesagt, einen positiv beschleunigten Kurvenverlauf (Abb. 49).

Während die Resultate des PGRs als Aktivationsmaß äußerst ergiebig waren, ergaben die Untersuchungen der Assoziationsinhalte wenig interpretierbare Ergebnisse. Folgende Hypothese konnte nicht verifiziert werden: mit zeitlich größerer Nähe zum Absprung verstärken sich die Annäherungstendenzen für Reize, die nicht direkt zielrelevant (Absprung) sind, sondern zeitlich nach dem Ziel liegen, während die Annäherung für zielrelevante Reize sinkt. Es wurde jedoch sowohl im Wort-Assoziationstest und im speziell konstruierten TAT (*Fenz* und *Epstein,* 1962) festgestellt, daß mit zeitlicher Nähe zum Absprung die Annäherungstendenz allgemein entlang der Zieldimension steigt. Sofern man überhaupt von einer Tendenz sprechen kann, so zeigte sich die Erhöhung der Annäherung besonders für zielrelevante Reize. Diese Ergebnisse widersprachen den Voraussagen und veranlaßten uns zur Differenzierung zwischen einem motorisch-physiologischen Annäherungs- und Vermeidungskonflikt und einem Konflikt der verbalen Reaktionen bzw. der verbalen Hemmung, d. h. einem Verdrängungskonflikt. Nur letzterer beeinflußt die Reaktionen in projektiven Verfahren. Eine gewisse Stützung dieser Ansicht werden wir später noch darstellen. Im einzelnen kann dies bei *Epstein* (1966) nachgelesen werden.

Furcht und Hemmung von Furcht bei unerfahrenen Fallschirmspringern. Bei der Untersuchung zum TAT, die im vorangegangenen Kapitel erwähnt wurde, zeigte sich ein erstaunlicher Anstieg der Angstleugnung am Tage des Absprunges bei den Geschichten zu einem Bild eines Fallschirmspringers. Ein Beispiel: „Er hat überhaupt keine Angst; er schaut so, weil ihm der Wind in das Gesicht bläst. Er wird einen ausgezeichneten Sprung haben. Es wird toll, ganz toll werden!“ Vpn, die Furcht bei relevanten Bildern (Fallschirmspringer) leugneten, zeigten jedoch einen Anstieg der Furchtreaktionen auf zielirrelevante Stimuli (Bilder von Darstellungen anderer Situationen ohne Bezug zum Fallschirmspringen). Wenn man einen Konflikt zwischen der realen Äußerung von Angst (Angstausdruck) und Angsthemmung postuliert, so verhielten sich die zitierten Personen gemäß dem Konfliktmodell, d. h. sie zeigten einen Anstieg der Furchtreaktionen auf Hinweisreize, die zeitlich weit vom Ziel entfernt sind (remote cues) und einen Anstieg der Vermeidung auf zielrelevante Stimuli. Diese Ergebnisse informieren uns nicht nur über die Art von Konflikten, wie sie projektive Verfahren messen oder nicht messen, sondern wichtiger, sie lenken unsere Aufmerksamkeit auf den Konflikt zwischen der Äußerung und Hemmung der Furcht.

Der wichtigste Kampf des unerfahrenen Fallschirmspringers – will er Fertigkeit erlangen und sich nicht ernstlich selbst gefährden – ist der Kampf gegen seine Furcht. Drei Verfahren zur Furchtkontrolle treten immer wieder auf:

1. Die Vermeidung furchtauslösender Reize in Wahrnehmung, Gedanken und Verhalten.
2. Die Generierung ablenkender Reaktionen, vor allem mit Furcht unvereinbarer Reaktionen.

3. Die Betonung der Sprungmotivation und die Konzentration auf zum Absprung notwendige Hinweisreize.

Diese Prozesse bewirken, unterschiedlich kombiniert, folgende Abwehrreaktionen:

1. Selektive Wahrnehmung und einseitige Hypothesenbildung,
2. Hemmung angstauslösender Reaktionen, so z. B. Hemmung der Kombination und des Zusammenfügens gewisser Wahrnehmungen,
3. Leugnen,
4. Ausbildung angstinkompatibler Reaktionen,
5. Reizverschiebung,
6. Triebverschiebung.

Die Ausbildung der Fallschirmspringer besteht häufig aus einem Training selektiver Wahrnehmung zur Entwicklung mit Angst unvereinbarer Verhaltensweisen. Der Fallschirmspringer wird instruiert, nach vorn und nicht hinunter zu sehen und Angst provozierende Höhenstimuli zu vermeiden. Er wird angewiesen, kurz vor dem Landen zum Horizont und nicht auf den Boden zu blicken, um einen Reflex des Hochziehens der Beine zu vermeiden und diese zum Abfedern des Aufpralles zu benützen. Außerdem soll sich der Springer auf das konzentrieren, was er tun muß, d. h. er soll „positiv" denken und damit „negatives" Denken wie Grübeln und Sorgen ausschalten. Erfahrene Springer entwickeln häufig eine ausgelassene Stimmung mit Späßen und Lästern. Für den Neuling ist die Sprungsituation jedoch zu ernst, um auch diese Stimmung zu entwickeln. Außerdem entstünde nur ein Widerspruch zu seiner wirklichen Stimmung, die dadurch nur verstärkt auftreten würde.

Die Einstellung, angstauslösende Reize zu ignorieren, kann so dominant werden, daß sogar starke und eindeutige Reize unbeachtet bleiben oder falsch wahrgenommen werden. Ein Fallschirmspringer z. B. berichtete uns sein Erstaunen über seine innere Ruhe am Tage des ersten Absprunges, bis er plötzlich seine zitternden Knie bemerkte! In der bereits erwähnten Wortassoziationsuntersuchung (*Epstein* und *Fenz,* 1962) nahmen die Fallschirmspringer mehr als 20% der gezeigten Angstreize (Worte) am Tage des Absprungs einfach nicht wahr. Sie zeigten zwar auch ein geringes Wahrnehmungsdefizit für neutrale Worte, aber keines für zielrelevante Worte (siehe Abb. 50). Wir glauben, diese Daten weisen unzweideutig auf eine Wahrnehmungsabwehr hin. Dieses Phänomen trat bei denselben Personen auf oder es verschwand wieder, je nach der zeitlichen Nähe des Tests zum Absprungtag. Wir wollen damit jedoch nicht sagen, daß ein unbewußtes Erkennen der Worte stattfindet, auf das dann eine Abwehr folgt. Dies scheint nicht der Fall zu sein, wie etwa auch die Beobachtung zeigt, daß einem falsch wahrgenommenen Angstwort (als neutrales Wort) kein besonderer PGR-Effekt der Wahrnehmung vorausging. Der PGR des Angstreizes entsprach dem PGR bei der Wahrnehmung eines neutralen Stimulus. – Worin besteht nun der Mechanismus der Wahrnehmungsabwehr? Er enthält eine aktive Einstellung zur Vermeidung von Hypothesenbildung über Angstreize. Er enthält daneben aber auch eine relative Wahrnehmungssensitivierung für zielrelevante Reize. Der Einfluß der Einstellungseffekte wird wahrscheinlich durch die allgemeine Abnahme der Wahrnehmungsschärfe auf Grund des hohen Erregungsniveaus am Sprungtag erhöht (*Fenz,* 1964). Es wurde bereits bei der Untersuchung zum TAT (*Fenz* und *Epstein,* 1962) erwähnt, daß unerfahrene Fallschirmspringer am Sprungtag

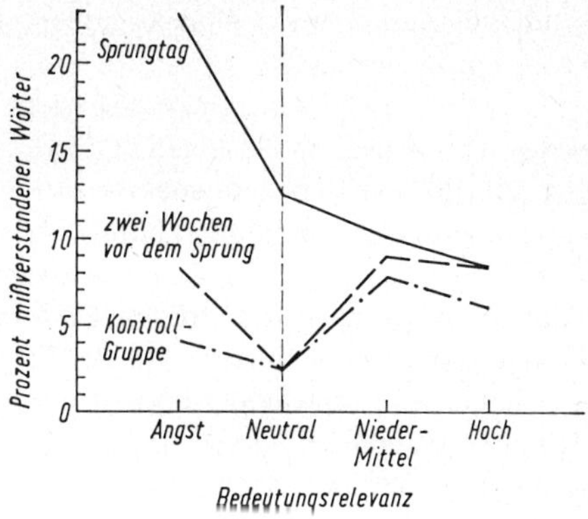

Abb. 50. Wahrnehmungsfehler bei Angstworten und bei Worten, die unterschiedlich relevant für Fallschirmspringen sind: bei unerfahrenen Springern und Kontrollpersonen (*Epstein* und *Fenz*, 1962).

die Gefahr des Springens leugnen und gleichzeitig vermehrte Furchtreaktionen auf Reize zeigen, die in keinem Bezug zum Fallschirmspringen stehen. Es ist bemerkenswert, daß nur die Ursache der Furcht, nicht die Furcht selbst geleugnet wird. Dieses „halbe" Leugnen bewirkt ausreichende Angstreduktion beim Fallschirmspringen und führt nicht zum Ignorieren unübersehbarer Reize, wie z. B. der Furcht selbst. Eine Folge der Abwehrarbeit besteht also darin, daß nach der Wahrnehmung möglicher Angst provozierender Stimuli, der Wahrnehmungs- und Interpretationsprozeß weniger zu angstauslösenden Schlußfolgerungen führt. Während das vorangegangene Beispiel auf Reizverschiebung zurückgeführt werden kann, könnte man andere Ergebnisse als Triebverschiebung bezeichnen. Eine Reihe von Vpn mit starkem Ausmaß an Furchtleugnung – gemessen an dem Inhalt ihrer TAT-Geschichten – zeigte am Sprungtag gleichzeitig einen Anstieg von Ärger- und Wutreaktionen. Im ersten Fall sieht es aus, als ob der Fallschirmspringer sagte: „Es ist nicht das Fallschirmspringen, es sind andere Dinge, die ich fürchte", im zweiten Fall: „Was ich fühle ist Ärger, nicht Angst". Dieselbe Erklärung, die für Reizverschiebung gegeben wurde, läßt sich auch für Triebverschiebung bringen. Alle Triebe haben als gemeinsames Kennzeichen die Aktivierung. Sobald die Aktivierung als Ärger oder Wut interpretiert wird, führt dies nicht nur zur Vermeidung von furchterhöhenden Reaktionen, sondern setzt auch stellvertretend eine Emotion, die die Person als Antithese zur Furcht interpretieren kann.

Die oben beschriebenen Abwehrmechanismen bewirken eine Ablenkung der Wahrnehmungs- und Interpretationsprozesse in andere angstreduzierende Kanäle und können für analytische Zwecke in zwei Prozesse unterteilt werden, obwohl sie phänomenologisch unzweifelhaft als ein Prozeß erfahren werden. Ein Prozeß beinhaltet die Hemmung von Reaktionstendenzen, eingeschlossen weiterer Interpretationen und Wahrnehmungen, die zwar im höchsten Maße realitätsnahe, aber angstauslösend wirken; der andere Prozeß beinhaltet die Entstehung von Reaktionen, die zwar weniger realitätsangepaßt, aber auch weniger angsterregend wirken. An jedem Punkt der Verhaltenskette sollte Hemmung möglich sein. Hemmung kann auch ohne weitere Ersatzreaktionen auftreten. Eine Person kann also einfach ihre angsterzeugenden Gedanken wahrnehmen und ihren Fortgang unterbinden, ohne etwas an ihre Stelle setzen zu müssen.

Die oben erwähnten Abwehrreaktionen beinhalten alle eine Hemmungskomponente, unabhängig ob diese nun auf verfälschten Wahrnehmungshypothesen oder auf Ablenkung bereits begonnener Reaktionssequenzen oder auf einfachem Beenden bereits laufender Reaktionen beruht. Unter Hemmung verstehen wir die Tatsache, daß die Ausführung einer Reaktionsdisposition durch das Auftreten einer anderen Reaktion verhindert wird, deren Entfernung wiederum das Auftreten der ersten Reaktionstendenz beinhalten würde. Es gibt eine Reihe von Hinweisen, daß Angst nicht einfach verschwindet, sondern aktiv gehemmt wird. Der Beweis dafür liegt nicht nur im Auftreten von Reiz- und Triebverschiebung, sondern, was wichtiger ist, im Weiterbestehen, im „Nachklingen" der Angst. *Basowitz, Persky* und *Korchin, Gringer* (1955) berichten, daß Mitglieder der Armee-Luftlandetruppen einige Zeit nach einer angsterregenden Trainingsperiode einen unerwarteten Angstanstieg zeigten. Wir bemerkten einen Anstieg von TAT-Angstreaktionen zwei Wochen nach dem Sprung, verglichen mit Reaktionen zwei Wochen vor dem Sprung und mit den Reaktionen am Sprungtag (*Fenz* und *Epstein*, 1962) Worin besteht nun der Hemmungsmechanismus? Wenn es sich einfach um Vermeidung von angsterregenden Wahrnehmungsinhalten und Reaktionen handelte, so entstünde keine Hemmung und es käme nicht zu Verschiebung und „Nachentladung" der Angst. Es muß ein aktiver Prozeß postuliert werden, der die Wahrnehmungshypothesen lenkt und Reaktionstendenzen verschiebt, so daß sowohl Wahrnehmungen wie Reaktionssequenzen einen anderen Verlauf nehmen. Bei Verschwinden der aktiven Hemmung können bereits begonnene, jedoch bisher unterdrückte Reaktionssequenzen und Wahrnehmungseinstellungen ihren natürlichen Weg nehmen. Sobald keine Notwendigkeit der Angstkontrolle in der Sprungsituation mehr besteht, kann der Fallschirmspringer die einseitige Ausrichtung seiner Hypothesen beenden, ablenkende, zerstreuende, leugnende, also Angst-inkompatible Reaktionen auszubilden. Eine „Nachentladung" der Angst tritt dann auf, wenn gehemmte Wahrnehmungsinhalte und Reaktionsdispositionen nun plötzlich ins Zentrum der Aufmerksamkeit fallen.

Die erfolgreiche Angstabwehr bei unerfahrenen Fallschirmspringern wird zu einer ernsthaften Bedrohung, weil es sich um extreme und unkontrollierte Abwehr handelt. Da der Neuling über wenig Erfahrung und Selbstvertrauen verfügt, kann er seine Furcht meist nur durch relativ grobe Steuerung seiner Wahrnehmung und Gedanken reduzieren. Je größer die zu kontrollierende Angst, um so extremer und zwanghafter müssen die Abwehrmaßnahmen sein. Bei Fehlschlagen solcher unkontrollierter Maßnahmen wird extreme Angst auftreten. Das zeigte sich typischerweise bei zwei jungen weiblichen Fallschirmspringern, deren Leugnen der Angst so ausgeprägt war, daß sie vollkommen unbesorgt und gelockert vor ihrem ersten Sprung erschienen – bis sie das Flugzeug bestiegen. Ihre offensichtliche Gemütsruhe wirkte auf die männlichen Springer, die mit ihrer Furcht kämpften, zermürbend. Im Flugzeug jedoch war das totale Verneinen jeglicher Angst nicht mehr möglich und die einzige vorhandene Abwehr der Mädchen brach zusammen. Eine entwickelte einen groben Tremor und die andere zeigte Brechreiz. Beide baten auszusteigen und gaben das Springen auf. Während dieses Beispiel einen Zusammenbruch der Kontrolle eines „Alles-oder-

Nichts"-Verteidungssystems zeigt, demonstriert das nächste Beispiel Probleme bei extremer Angstkontrolle. Ein Fallschirmspringer hatte den Sport begonnen, um sich selbst zu beweisen, daß er jede Herausforderung meistern könne. Er machte rasche Fortschritte. Sofern man bei ihm überhaupt von Fehlschlägen sprechen konnte, so waren diese – ungleich anderen unerfahrenen Fallschirmspringern, deren offene Furcht die Leistung minderte – durch kompensatorische Reaktionen ausgelöst. Statt z. B. beim Absprung 15 cm hochzufedern, sprang er so hoch, daß er gewarnt werden mußte, nicht ans Flugzeug anzuschlagen. Eines Tages öffnete sich der Hauptfallschirm nicht. Wir beobachteten, wie er an Höhe verlor, ohne zu versuchen, seinen Reserveschirm zu lösen – bis es fast zu spät war. Fallschirmspringer werden instruiert, 10 Sek. zu warten, bevor sie den Reserveschirm lösen, um sie vor Panikreaktionen zu bewahren, die ein zu frühes Öffnen des Reserveschirms zufolge haben (dies kann zu einer Verwicklung mit dem sich u. U. doch noch öffnenden Hauptschirm führen). Dieser Springer berichtete später selbst zu dem Vorfall, er habe, um sicher zu gehen, die 10 Sek. zu warten, langsam die Zeit so abgezählt: „Schim-pan-se-Eins, Schim-pan-se-Zwei etc.". Der Grad der übermäßigen Kontrolle zeigte sich in der Art der zeitlichen – fast fatalen – Überschätzung der 10 Sekunden.

Diese zwei Fälle illustrieren ein wichtiges Abwehrprinzip bei unerfahrenen Fallschirmspringern, nämlich die Tendenz zum „Alles-oder-Nichts"-Prinzip. Mit größer werdender Erfahrung, wie später noch gezeigt wird, wandelt sich das „Alles-oder-Nichts"-Hemmungssystem zunehmend in ein gut moduliertes Kontrollsystem.

Furcht und Hemmung von Furcht bei erfahrenen Fallschirmspringern. Anders als der unerfahrene Fallschirmspringer – angespannt und leistungsgehemmt durch hohes Angstniveau – scheint der erfahrene Fallschirmspringer das Erlebnis des Sprunges zu genießen. Er zeigt ein Ausmaß an Gewandtheit, das bei hohem Angstniveau nicht möglich wäre. Er vollzieht „verzögerten freien Fall", bei dem er frei durch den Raum schwebt und verrichtet dabei schwierige Manöver, wie z. B. das Überreichen eines Stabes oder eines Eies an seinen Mitspringer. Für den erfahrenen Springer ist der Fall nach Öffnung des Fallschirms ohne weitere Höhepunkte. Filme von Fallschirmspringern im freien Fall lassen keinen Zweifel am Genuß des Erlebnisses. Wie kommt nun diese Änderung von einem vor Schreck gelähmten Neuling zum erfahrenen Springer zustande? Ursprünglich dachten wir, daß Furcht einfach als Resultat erfolgreicher Erfahrung verschwindet, d. h. die Furcht wird zerstreut, wenn der Springer erfährt, daß sie unbegründet ist. Unsere Ergebnisse zwangen uns jedoch, diesen Standpunkt zu revidieren.

Unser interessantestes Ergebnis wurde zufällig gewonnen. Eines Tages konnte einer der unerfahrenen Springer seinen Termin nicht einhalten. Dr. *Fenz* untersuchte an seiner Stelle einen erfahrenen Springer und überraschenderweise erbrachten dessen Reaktionen an Stelle eines monoton steigenden PGRs als Funktion der Reizdimension eine umgekehrt-U-förmige Kurve. Wir untersuchten daraufhin noch zwei weitere erfahrene Fallschirmspringer und erhielten ebenfalls umgekehrt U-förmige Kurven. Wenn dieselben Vpn an einem Kontrolltag getestet wurden, zeigten alle monoton steigende Gradienten, die sich von den Unerfahrenen nicht unterschieden. Da die eben erwähnten Resultate nur für den Sprungtag typisch waren, konnten sie nicht auf Grund eines durch Testwiederholung erhöhten Bekanntheitsgrades mit den Testworten erklärt werden, sondern ließen eher die Annahme eines aktiven Adaptationsprozesses zu, der mit der Vorbereitung zum Absprung verbunden ist. Das Phänomen wurde systematischer untersucht. Tabelle 1 faßt die Kurvenformen von vier unterschiedlich erfahrenen Gruppen von Fallschirmspringern zusammen. Mit größerer Erfahrung ändern sich die Kurven von einer vorerst monotonen Steigung zu einer umgekehrt U-förmig verlaufenden, wobei deren Gipfel sich zunehmend vom zielrelevanten Ende der Reizdimension entfernt.

Tabelle 1. Forum der PGR-Kurven als Funktion der Erfahrung.

Erfahrungsausmaß	Monotoner Gradient	Umgekehrtes U Maximum 1 Abschnitt zurück	Umgekehrtes U Maximum 2 Abschnitte zurück	Gesamtzahl der Personen
Gruppe 1 (1 Sprung)	6	0	0	6
Gruppe 2 (5–8 Sprünge)	3	2	1	6
Gruppe 3 (25–50 Sprünge)	1	2	3	6
Gruppe 4 (> 100 Sprünge)	0	1	5	6

Alle Kurven entstammen Reaktionsmessungen am Morgen des Sprungtages. Wenn nach dem Sprung oder an einem Kontrolltag getestet wurde, erhielt man monoton steigende Funktionen. Eine Vp, die zu der Gruppe der erfahrenen Fallschirmspringer gehörte, deren Kurvengipfel jedoch eher dem weniger erfahrenen Springer glich, galt allgemein als emotional labil und war in psychotherapeutischer Behandlung. Der Kurvengipfel zeigt also nicht nur den Effekt der Erfahrung, sondern auch den Grad emotionaler Kontrolle, der auf Grund dieser Erfahrung erworben wird.

Diese eben beschriebenen Daten beruhen auf interindividuellen Durchschnittswerten. U. U. ist nun die Kurvenform abhängig von einem Persönlichkeitsfaktor; dieser Faktor bestimmt, wieviel Erfahrung ein Springer überhaupt erwerben kann. Der einzige Weg festzustellen, ob die Änderung des Kurvengipfels ein Entwicklungsphänomen ist, ist die Untersuchung intraindividueller Längsschnittsdaten. Die Abb. 51, 52 und 53 zeigen die Kurven dreier Vpn. Jede Vp wurde auf drei unterschiedlichen Erfahrungsniveaus untersucht. Jede Kurve wird auch anhand von Abweichungswerten standardisiert dargestellt. Dabei werden die intraindividuellen Mittelwerte auf die Mittelwerte der Reaktivität und auf neutrale Stimuli als Basislinie bezogen. Abb. 51 zeigt, daß die drei erfahrungsabhängigen Kurvenformen einer Vp, die drei oben erwähnten Kurvenformen von interindividuellen Durchschnittsdaten widerspiegeln. Abb. 52 demonstriert, daß die monotone Steigung vom ersten (vor dem 2. Sprung) zum zweiten (vor dem 7. Sprung) Test abflacht. Der Kurvengipfel verschiebt sich beim 3. Test (vor dem 28. Sprung) zwei Stufen auf der Stimulusdimensionsskala (von äußerst relevanten zu schwach relevanten Reizen) zurück. In Abb. 53 sind alle Kurven monoton steigend. Diese Vp scheint auf den ersten Blick eine Ausnahme im Vergleich zu den interindividuell gewonnen Durchschnittswerten und zu den eben erwähnten intraindividuellen Daten zu bilden. Man stellt jedoch beim näheren Hinsehen fest, daß diese Vp nur eine langsamere Entwicklung zeigt. Bei der ersten

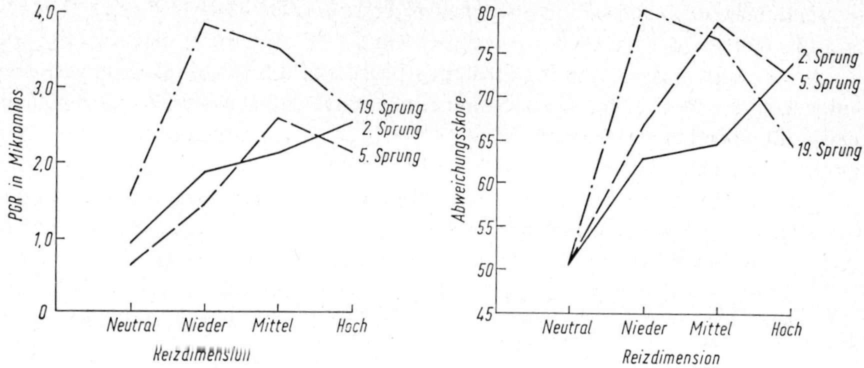

Abb. 51. PGR als Funktion der Relevanz der Reizworte für das Fallschirmspringen bei Vp 1 (*Epstein,* 1962).

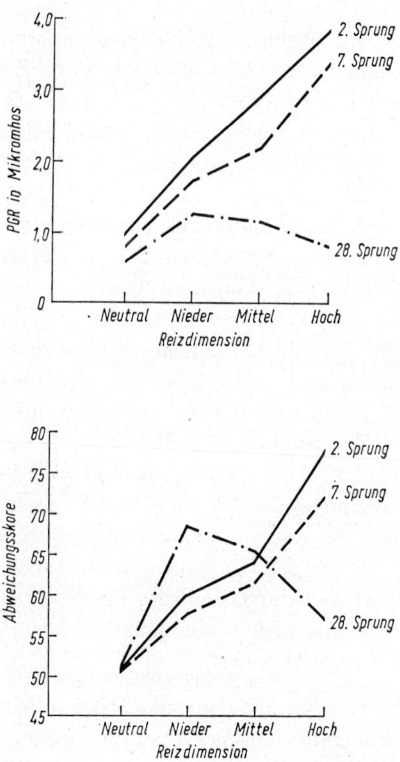

Abb. 52.

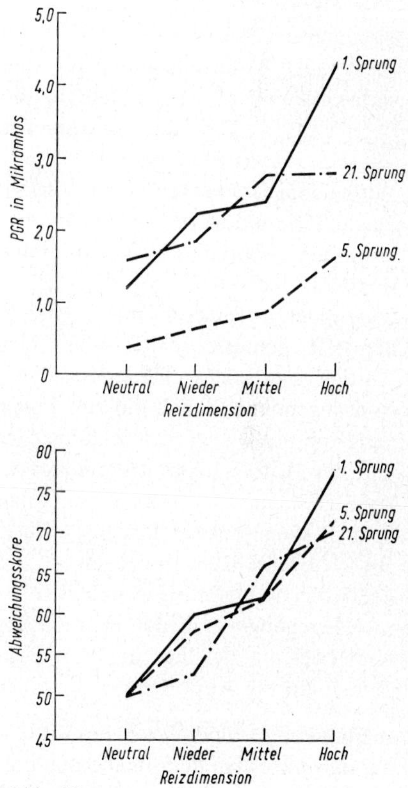

Abb. 53.

Abb. 52 und 53 wie Abb. 51 bei Vp 2 und Vp 3, siehe oben.

Testuntersuchung hat sie ihren steilsten Gradienten. Die Steigung flacht bei der zweiten Testsitzung (vor dem 5. Sprung) etwas ab, bei der dritten Sitzung (vor dem 21. Sprung) kann man eine im Entstehen begriffene umgekehrt U-förmige Kurve entdecken; die Reaktionen am höchsten Punkt der Reizdimensionsskala (Stimuli mit der größten Zielrelevanz) sind niedriger als bei den vorangegangenen Testsitzungen; die PGR-Reaktionen auf dem zweithöchsten Punkt der Dimensionsskala sind höher als bei den früheren Sitzungen. Man kann also sagen, daß das Verlaufsmuster der drei intraindividuellen Längsschnittuntersuchungen mit den Ergebnissen der interindividuellen Querschnittsdaten übereinstimmt. Der umgekehrt U-förmige Kurvenverlauf ist nicht auf Testwiederholung zurückzuführen, da bei den interindividuellen Untersuchungen alle Vpn nur einmal getestet wurden. Es zeigte sich zusätzlich keine umgekehrte U-Funktion bei wiederholten Untersuchungen der unerfahrenen Fallschirmspringer.

Wie kommt nun die unerwartete, jedoch konsistente Entwicklung einer umgekehrt U-förmigen Reaktionskurve zustande, deren Gipfel sich auf bedeutungsmäßig „entfernte" Reize (bezogen auf das Ziel, den Sprung) verschiebt? Dies kann nicht auf den zunehmenden Bekanntheitsgrad von Worten zurückzuführen sein, die im Zusammenhang mit Fallschirmspringen stehen, da diese Reaktionsform nur am Sprungtag auftritt. An Kontrolltagen zeigen sowohl erfahrene Springer wie Neulinge monton verlaufende Reaktionsgradienten, die sich kaum voneinander unterscheiden. Zu Beginn unseres Referates sprachen wir vom Annäherungs-Vermeidungs-Konflikt als Interaktion zwischen einem Annäherungsgradienten und einem steiler verlaufenden Vermeidungsgradienten. Den Verlauf der reinen (Netto-) Appetenz erhielt man durch Subtraktion des Vermeidungs- vom Annäherungsgradienten. Diese Kurve zeigte umgekehrt U-förmigen Verlauf. Die Kurve repräsentiert die Richtung einer Reaktion und scheint zur Analyse eines richtungslosen Maßes, wie z. B. des PGR ungeeignet, es sei denn, man nehme an, daß ungerichtete Aktivation (wie sie durch den PGR gemessen wird) auch einem Hemmungsmechanismus unterliegt und der Anstieg einer solchen Hemmung steiler sei als der Anstieg der Aktivation. In Abb. 54 wird angenommen, daß mit zunehmender Konfrontation und erfolgreicher Bewältigung von Streß zwei Entwicklungen stattfinden: eine Erhöhung des Angstgradienten und der Aufbau eines Hemmungsgradienten, der zunehmend steiler wird als der Angstgradient. Daraus kann man folgern, daß Angst in dem Maße gehemmt wird, in dem sie steigt, oder anders ausgedrückt, der Höhepunkt der Angst rückt zunehmend auf irrelevante Reize (bezogen auf das Ziel bzw. die gefürchtete Zielsituation) weg. Die Abszisse bildet die Ähnlichkeit der Reize mit der gefürchteten Zielsituation ab. Der Erregungs- und der Hemmungsgradient werden durch ähnliche Formeln beschrieben, die sich nur in ihren Exponenten unterschieden (wir danken *Alice H. Epstein* für die Ausarbeitung der Kurven von Abb. 54 und 63).

Ein anderes Modell, welches wir erst in Betracht zogen und dann verwarfen, nimmt an, daß wir es bei dem Phänomen um einen Gradienten der Aktivations„auflösung" zu tun haben, der zunehmend steiler als der expandierende Aktivationsgradient wird. Dieses Modell besagt, daß mit wiederholter Streßkonfrontation Angst sowohl generalisiert als auch „zerstreut" wird, wobei letzteres für zielrelevante Stimuli schneller

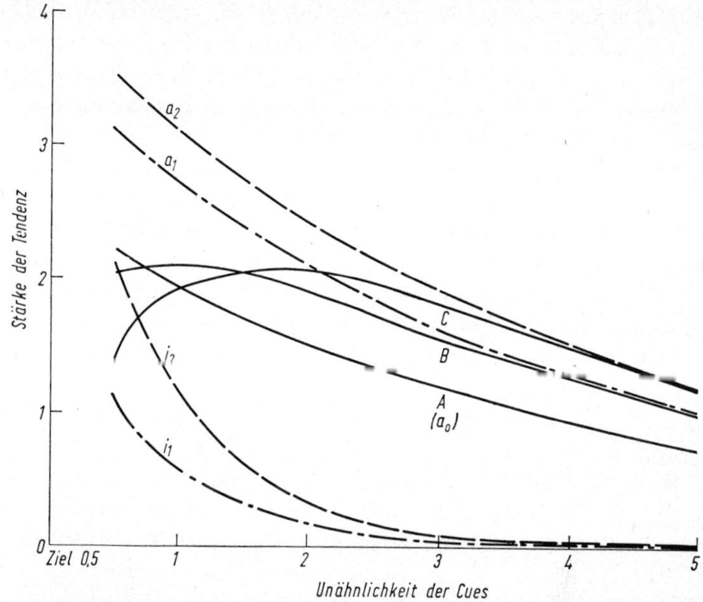

Abb. 54. Theoretische Kurven zum Aufbau umgekehrt U-förmiger Funktionen mit zunehmend frühem Gipfelpunkt bei zunehmender Erfahrung. Kurve A stellt den ursprünglichen Generalisationsgradienten der Aktivierung vor der Hemmung dar. Die oberen zwei gestrichelten Kurven a_1 und a_2 stellen den sukzessiven Aufbau konditionierter Aktivierung dar. Die unteren zwei gestrichelten Kurven, i_1 und i_2 stellen den sukzessiven Aufbau der Aktivationshemmung (oder hemmender Reaktionen) dar. Kurve B ist der Nettobetrag der Aktivierung, den man durch Subtraktion der Kurve i_1 von Kurve a_1 erhält. Kurve C beschreibt den Nettobetrag der Aktivation auf einem höheren Entwicklungsniveau, die man durch die Subtraktion der Kurve i_2 von Kurve a_2 erhält.

Die Kurven haben die Form ae^{-kx}. Die Kurven der drei konditionierten Aktivierungsebenen haben die Form $2.5e^{-,25x}$, $3.5e^{-,25x}$, $4e^{-,25x}$. Die Kurven zur Beschreibung der zwei Hemmniveaus haben die Form $2e^{-1,25x}$ und $4e^{-1,25x}$ (*Epstein,* 1962).

eintritt. Wir ziehen jedoch das Hemmungsmodell dem eben erwähnten Modell aus verschiedenen Gründen vor:

1. Es ist klar, daß unerfahrene Fallschirmspringer bewußt versuchen, ihre Angst zu hemmen und sie dies in direkter und eher globaler Art tun, während erfahrene Springer „automatischer" und effizienter hemmen.
2. Autonome Reaktionen können gehemmt werden (z. B. Brechreiz, Weinkrampf, Durchfall und Ohnmacht). So fallen Sprinter und Ruderer häufig erst nach der Ziellinie in Ohnmacht. Opfer in Konzentrationslagern zeigen weniger Ohnmachtsanfälle, wenn diese mit dem Tod bestraft werden (*Bettelheim,* 1943). Es ist nicht notwendig, eine direkte Hemmung der Angst oder anderer autonomer Reaktionen anzunehmen; gehemmt werden Angst vermittelnde Reaktionen einschließlich interner Reaktionen wie Gedanken, Vorstellungen und Wahrnehmungshypothesen.

3. Das Hemmungsmodell im Gegensatz zum „Zerstreuungsmodell" würde vorhersagen, daß ein Individuum bei wiederholtem extremem Streß eher einen Zusammenbruch erleidet, da die Hemmungskontrollen zu stark in Anspruch genommen worden sind. Dies wird durch die Beobachtung von Männern auf dem Schlachtfeld gestützt (*Bond*, 1952; *Grinker* und *Spiegel*, 1945).
4. Wir beobachteten erfahrene Fallschirmspringer, die plötzlich einen Angstanfall zeigten, als ihre Routine unterbrochen wurde, z. B. bei fehlender Möglichkeit, sich geistig auf den kommenden Sprung vorzubereiten. Ein Springer schlief z. B. während des Aufstiegs im Flugzeug ein. Er wachte noch rechtzeitig genug auf, um sich physisch, nicht aber auch psychisch auf den Sprung vorzubereiten. Er berichtete, er fühle sich seltsam ängstlich und sei nicht fertig für den Sprung, und hatte tatsächlich einen schlechten Fall, den er nicht genoß.
5. Schließlich ermöglicht das Hemmungsmodell eine einfachere Erklärung unserer Daten, einschließlich des „Nachentladungseffektes" bei erfahrenen Fallschirmspringern.

Was impliziert die Verschiebung des monoton steigenden Angstgradienten in einen umgekehrt U-förmig verlaufenden? Was bedeutet das Vorrücken des Kurvengipfels auf zunehmend irrelevante Angstreize? Wir behaupten, daß diese Funktion *Hochs* (1950) Paradoxon der Angst als Alarm, der das Haus niederbrennt, löst. Die Entwicklung eines Hemmungsgradienten sorgt für die Isolierung des Feuers, um weitere Ausbreitung zu verhindern. Als Resultat des sich ausbreitenden Angstgradienten und seiner Hemmung wird ein zunehmend früheres und wirksameres Warnsignal bei niederem Aktivierungsniveau gegeben; dies würde bis zum Verschwinden der Angst gehen, wenn der Prozeß nicht durch die Wahrnehmung der realen Gefahr stabilisiert und gesteuert würde. Gehen wir davon aus, daß es ein stetiges Bewußtsein der Gefahr gibt, so stabilisiert sich der Prozeß jedoch zu einem Zeitpunkt vor der vollständigen Angstverschiebung. An diesem Punkt angelangt, hat der Prozeß jedoch die Diskrimination relevanter Angstreize und die Hemmung von angsterregenden Verhaltensweisen ermöglicht. Damit ist ein geregeltes System der Angstkontrolle geschaffen. Wir nehmen an, daß es sich dabei um den normalen Prozeß der Angstbewältigung handelt.

Ein direkter Vergleich des Angstkontrollsystems eines unerfahrenen Fallschirmspringers mit dem eines erfahrenen Springers ist äußerst interessant. Der Anfänger benützt drastische Abwehrmaßnahmen wie Wahrnehmungsleugnen und -verzerrung, um mit der starken Angst fertig zu werden. Solche Reaktionen werden bei erfahrenen Springern nicht beobachtet. Als ein Ergebnis des zweifachen Prozesses der Ausbreitung des Angst- und Hemmungsgradienten auf Grund der Erfahrung entwickelt der erfahrene Fallschirmspringer ein Kontrollsystem, das durch frühe Warnsignale auf niedriger Angstebene charakterisiert ist. Im Gegensatz dazu erkennen Anfänger Warnsignale spät und zeigen drastische Abwehrmaßnahmen bei hohem Angstniveau. Die Abwehrmaßnahmen erfahrener Fallschirmspringer können nicht so einfach untersucht werden wie die der Anfänger, da sie sehr subtil und schwer zu objektivieren sind. Erfahrene leugnen oft das Furchtgefühl, obwohl ihre polygraphisch festgehaltenen Reaktionen auf bestimmte Angstreize dies widerlegen. Die Annahme ist nicht unbegründet, daß die Angstkontrolle der erfahrenen Springer aus habituellen und weniger drastischen Abwehrmaßnahmen bestehen wie z. B. Konzentration auf die Aufgabe, angstinkompatible Reaktionen, Hemmung nutzlosen Grübelns. Die frühen Warnsignale verhindern gemeinsam mit den Abwehrmaßnahmen gegen ein Anwachsen der Angst auch eine Gewöhnung, die zu Unterschätzung und Risikofreude führt.

Subjektive Furchtskalierung als Funktion der zeitlichen Nähe zum Absprung

Bereits oberflächliche Beobachtung unerfahrener Fallschirmspringer unterstützt die Hypothese, daß der Vermeidungsgradient steiler ist als der Annäherungsgradient; die Sprungbereitschaft des Anfängers einige Zeit vor dem festgesetzten Sprung macht zunehmend Zweifel und Furcht Platz, je näher der Zeitpunkt des Sprunges rückt. Bei erfahrenen Fallschirmspringern ist die Situation nicht so klar, da diese selten sichtbare Angstzeichen aufweisen. Um die Verteilung und den Verlauf ihres „Angstmusters" zu verdeutlichen, ist ein systematischeres Verfahren als die Gelegenheitsbeobachtung notwendig.

33 erfahrene Fallschirmspringer mit jeweils mehr als 100 Sprüngen und 33 Anfänger mit weniger als 5 Sprüngen wurden gebeten, ihre Angst und Aversionsgefühle zu 14 verschiedenen Zeitpunkten vor und nach dem Sprung zu skalieren. Die Vpn wurden instruiert, auf der vierzehn Zeitpunkte umfassenden Skala den Punkt der geringsten Angst mit 1 und den der größten mit 10 zu bezeichnen. Danach sollten alle anderen der 14 Zeitpunkte relativ zum gegenwärtigen Furchtausmaß skaliert werden. Ähnliche Einstufungen wurden für Appetenzgefühle durchgeführt. Diese Untersuchung ist im Detail bei *Epstein* und *Fenz* (1965) beschrieben. Hier sollen nur die wichtigsten Aspekte der Untersuchung referiert werden. Es ist wichtig, festzustellen, daß bei der Interpretation der Ergebnisse keine Vergleiche über das absolute Ausmaß der Furcht zwischen den beiden Gruppen angestellt werden können, da bei beiden Gruppen ein Wert 1 für die subjektiv gefühlte geringste Furcht und der von 10 für die größte Furcht gilt, ohne Berücksichtigung des absoluten Angstausmaßes. Vergleiche können nur innerhalb des zeitlichen Verlaufes des Angstmusters gemacht werden. Wenn nun der einzige Unterschied zwischen den Gruppen ihr Angstausmaß wäre, dann sollte die Angstskalierung identische Kurvenverläufe ergeben.

In Abb. 55 sieht man bei den unerfahrenen Fallschirmspringern den Höhepunkt der Vermeidungstendenz beim „Fertig"-Signal. Es ist beachtenswert, daß das Maximum der Vermeidung nicht in die Zeit des freien Fall fällt, die höchste Unsicherheit und Gefahr birgt. Der Angsthöhepunkt fällt dagegen mit der Entscheidung zum Sprung zusammen. Angst ist insofern adaptiv, als sie ihren Gipfel dann erreicht, wenn das Verhalten noch beeinflußbar ist. Sobald die Entscheidung gefällt wurde, nimmt die Furcht ab, aber sie ist auch noch im Moment des Absprunges wirksam.

Bei der Analyse der Angstverlaufskurve der erfahrenen Fallschirmspringer zeigt sich, daß die Vermeidung eine Woche vor dem Sprung (Zeitpunkt 1) bis zum Morgen des Sprunges (Zeitpunkt 3) steigt und danach die Angst bis zum Zeitpunkt des freien Falls sinkt (Zeitpunkt 12). Nach dem Landen kommt es zu einem neuen Anstieg. Für den erfahrenen Fallschirmspringer fällt am Morgen des Sprungtages die Entscheidung, ob gesprungen wird oder nicht. Oft wird die Entscheidung von der Beobach-

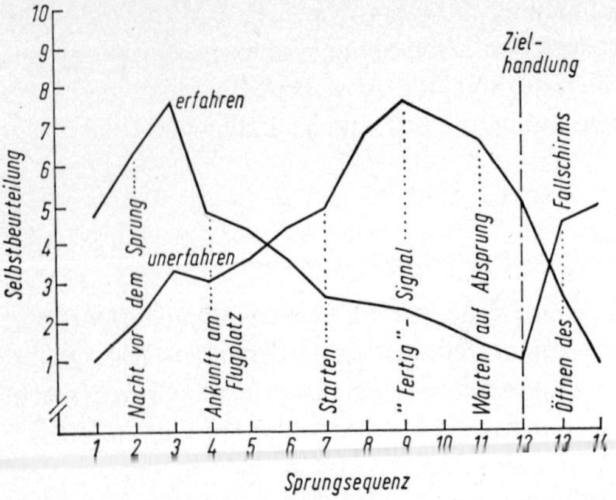

Abb. 55. Subjektive Skalierung der Furcht und Vermeidung als Funktion der Ereignisse vor und nach einem Sprung bei erfahrenen und unerfahrenen Springern (*Fenz* und *Epstein*, 1967).

tung des Wetters bestimmt. Hat sich der Springer zum Sprung entschieden, so wird er ohne weitere Überlegungen springen. Die Kurven der erfahrenen Springer und der Anfänger sind insofern ähnlich, als sie beide einen Anstieg und ein Absinken vor dem Sprung zeigen. Der Hauptunterschied zwischen beiden besteht darin, daß für erfahrene Springer der Kurvengipfel zu einem früheren Zeitpunkt erreicht wird als für die Anfänger, so daß die Periode des Angstabfalls für erfahrene Springer zeitlich ausgedehnter ist.

Der frühere Angsthöhepunkt bei erfahrenen Springern stimmt mit den Ergebnissen der PGR-Untersuchung als Funktion der Relevanz bestimmter Reize für die Zielhandlung in einem Wortassoziationstest und mit der Selbstskalierung der Furcht (die für den PGR steht) und dem Ersatz der Reizdimension durch eine Zeitdimension in einer realen Situation überein. Die Erklärung, die wir in der vorangegangenen Untersuchung angeboten haben, kann auch auf diese Daten angewendet werden: mit wachsender Erfahrung finden zwei Entwicklungen statt, das Anwachsen des Angstgradienten und die Entwicklung eines zunehmend steiler werdenden Hemmungsgradienten. Von besonderem Interesse in dieser Hinsicht ist die Beobachtung, daß ein Angstnachentladungseffekt nur bei erfahrenen Springern auftritt (siehe Abb. 55). Dies unterstützt die Annahme, daß erfahrene Springer ihre Angst über eine längere Zeitperiode hemmen. In einer Hinsicht stimmen die eben erwähnten Ergebnisse mit denen des Wortassoziationstests nicht überein: es zeigen zwar die unerfahrenen Fallschirmspringer beim Worttest monoton steigende Angstgradienten am Sprungtag, während in der oben genannten Untersuchung ein leichter Abfall in der Aversionsskalierung vor dem Sprung sichtbar wird. Dies kann daran liegen, daß der Wortassoziationstest vom Zielobjekt Absprung bedeutungsmäßig entfernt liegt, da die relevanten Reize nur symbolisch repräsentiert sind. Kein Erklärungsproblem gibt es für den Abfall der Skalierungskurve bei den Anfängern vor dem Sprung, da man annehmen kann, daß sie über einige relevante Erfahrung (bis zu 4 vorangegangene Sprünge) verfügen, um die mit der Höhe assoziierte Angst zu kontrollieren.

In der eben berichteten Studie hatten die erfahrenen Springer jeweils 100–500 Sprünge hinter sich. Die Frage bleibt also bestehen, ob mit zunehmender Erfahrung der Höhepunkt der Furcht und Vermeidung weiter verschoben würde. Wir haben Daten von Fallschirmspringern mit über 1000 Sprüngen. Es ist nicht leicht, an solche Personen heranzukommen und unsere Stichprobe ist dementsprechend klein. Zusätzlich schickten eine Reihe von Personen unser Formblatt mit der Bemerkung zurück, sie wollten wohl mit uns arbeiten, aber Springen sei dermaßen zur Routine geworden, daß sie über keine Angstgefühle berichten könnten. Einige schickten das Formblatt zurück, indem sie nur Appetenzverhalten skaliert hatten oder sie kreuzten nur die niedrigsten Aversionswerte für alle Zeitpunkte an. Wir konnten schließlich sechs Beispiele Annäherungs- und drei Aversionsskalierungen auswerten. Betrachten wir die geringe Anzahl der Fälle für die Aversionsskalierung, so kann keine allgemeine Folgerung für das Vermeidungsverhalten aufgestellt werden, es sei denn, daß Fallschirmspringer mit mehr als 1000 Sprüngen dazu tendieren, ihre Angst zu leugnen. Die Daten zur Annäherung sind ebenso begrenzt, jedoch in sich konsistent. Die gemittelten Kurven der sechs Personen bilden einen monoton steigenden Annäherungsgradienten; der Anfang liegt eine Woche vor dem Sprung, der Abfall beginnt erst beim Absprung. Wenn man versuchsweise annimmt, daß Annäherung das Gegenteil von Aversion darstellt, dann haben wir damit ein indirektes Maß der Vermeidung. Diese Annahme wird durch die Ergebnisse der vorherigen Studie gestützt, da der Verlauf der „inversen Annäherung" und der Aversionsgradient für beide Gruppen fast identisch sind. Wenn aus dem Abfall der Annäherungsreaktionen ein Anstieg des Vermeidens gefolgert werden kann, dann können wir vom Fallschirmspringer mit über 1000 Sprüngen sagen, daß er einen monoton abfallenden Vermeidungsgradienten ohne dazwischenliegende Gipfel eine Woche vor bis zum Moment des Sprunges aufweist. Die Resultate stimmen mit dem Ergebnis überein, daß mit vergrößerter Erfahrung bis zu 1000 Sprüngen die Furcht zeitlich immer weiter vorrückt. Auf Grund der kleinen Stichprobe und der indirekten Messung der Vermeidung darf dieses Resultat nur vorläufig interpretiert werden.

Physiologische Aktivierung als Funktion der zeitlichen Nähe zum Sprung

Untersuchungen zur Angst berichten häufig die Unglaubwürdigkeit subjektiver Angstaussagen und untersuchen an deren Stelle physiologische Streßindikatoren. Andere wiederum argumentieren, daß Angst notwendigerweise ein subjektiver Zustand sei und physiologische Messungen kein Ersatz für Selbstdarstellungen seien. Die klaren Ergebnisse der Furchtskalierung waren eine einmalige Gelegenheit zum Vergleich subjektiver Skalierung mit ihren vermuteten physiologischen Korrelaten. Es kam zu einer neuen Untersuchung (*Fenz* und *Epstein,* 1967), in der physiologische Reaktionen von erfahrenen Fallschirmspringern und Anfängern zu den gleichen Zeiten der oben berichteten Arbeit erhoben wurden.

Reaktionen während des Flugzeugaufstiegs und nach der Landung. Die Stichprobe bestand aus 10 unerfahrenen Fallschirmspringern mit weniger als 5 Sprüngen und 10 erfahrenen Springern mit mehr als 100 Sprüngen. Einige Springer wurden außerdem noch aus anderen Gründen, die noch gesondert berichtet werden, untersucht. Ein batteriebetriebener, transistorisierter Polygraph wurde zur fortlaufenden Registrierung des Herzschlages, der Atemfrequenz und des Hautwiderstandes benutzt; registriert wurde im Flugzeug während des Aufstiegs bis kurz vor dem Sprung, da man dann die Elektroden lösen mußte. Weiter wurde kurz nach der Landung und an einem Kontrolltag registriert. Im folgenden die Zeitpunkte, zu denen die physiologischen Messungen erhoben wurden:

1. Kontrolltag, ohne Sprung
2. Ankunft Flugplatz am Sprungtag
3. kurz vor Einstieg ins Flugzeug
4. kurz nach Einstieg ins Flugzeug
5. zu Beginn des Startens
6. nach dem Starten
7. zu Beginn des Warmlaufens der Maschinen
8. nach Warmlaufen der Maschinen
9. beim Abheben des Flugzeuges
10. in der Luft
11. über 300 Meter hoch
12. bei mittlerer Höhe
13. bei endgültiger Sprunghöhe
14. kurz nach dem Landen.

Unerfahrene Springer springen bei einer Höhe von etwa 900 Metern und erfahrene bei etwa 4500 Metern. Um den Effekt der Höhe auf physiologische Messungen zu untersuchen, sprangen einige erfahrene Fallschirmspringer auch aus der Höhe von etwa 1500 Metern, hoch genug für einen kurzen freien Fall. Die Hauptergebnisse sind in den Abb. 56, 57 und 58 dargestellt. Die Daten über den Herzschlag sind mit und ohne Höhenkorrektur wiedergegeben, da nur die Messung des Herzschlags deutliche Effekte auf Grund von Höhenunterschieden (erfahrene/unerfahrene Springer) zeigt. Die Leitfähigkeit der Haut, die Atemfrequenz und die korrigierten Daten des Herzschlags erbringen alle einen umgekehrt U-förmigen Kurvenverlauf für erfahrene Springer und einen monoton ansteigenden Gradienten für Anfänger. Bei letzteren tritt ein starker Abfall nach dem Absprung ein. Zwei der Messungen zeigen einen Nachentladungseffekt bei erfahrenen Fallschirmspringern. Die Ergebnisse der korrigierten Herzfrequenzwerte wurden durch unkorrigierte Daten erfahrener Springer, die bei niedriger Höhe sprangen, bestätigt.

Wir erinnern uns daran, daß die subjektive Angst für erfahrene Fallschirmspringer vom Morgen des Sprunges bis zum freien Fall absank. Die Kurven der physiologischen Daten müßten, um mit diesen Ergebnissen zu korrelieren, einen Abfall der physiologischen Reaktionen erfahrener Fallschirmspringer von Punkt 2 (Ankunft am Flugplatz) bis zur erreichten Endhöhe vor dem Sprung zeigen. Dies scheint offensichtlich nicht der Fall zu sein. Die physiologischen Kurven erreichen während dieses Zeitabschnitts eher einen Höhepunkt und fallen dann ab, d. h. die haben den Verlauf einer umgekehrten U-Funktion. Anscheinend tritt der *Höhepunkt der selbstbeurteilten Furcht für erfahrene Springer wesentlich früher auf als der Höhepunkt irgendeiner der gemessenen physiologischen Reaktionen* (Hervorhebung durch Hrsg.). Die physiologische Aktivität der unerfahrenen Fallschirmspringer nimmt monoton bis zum Moment der Abnahme der Elektroden zu. Ebenso wird man sich erinnern, daß die

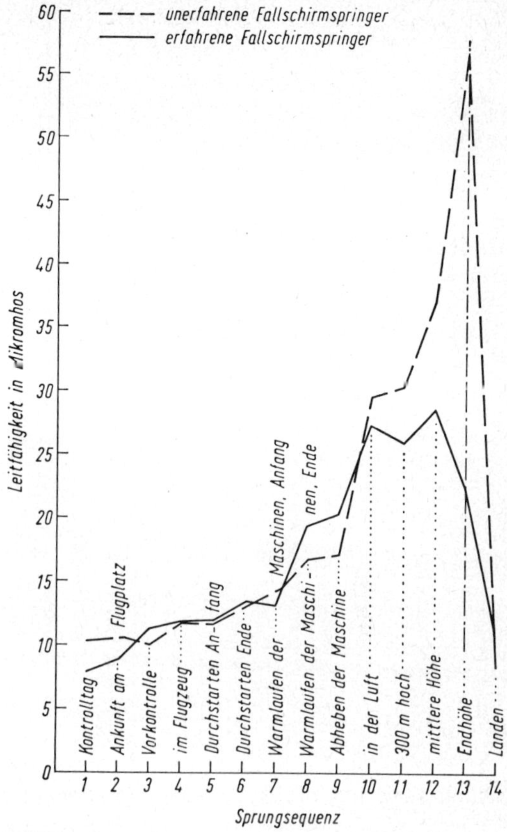

Abb. 56. Messung der Basis-Hautleitfähigkeit bei erfahrenen und unerfahrenen Springern als Funktion der Ereignisse vor und nach dem Sprung (*Fenz* und *Epstein,* 1967).

Furchtskalierung nach dem „Fertig"-Signal einen Abfall zeigte. Da keine physiologischen Messungen nach dem „Fertig"-Signal vorgenommen werden konnten, kann man nicht feststellen, ob auch die physiologische Funktion abfällt. In Anbetracht der Tatsache, daß die Furchtskalierung bei Erfahrenen wesentlich früher ihren Höhepunkt zeigte (im Vergleich zu den physiologischen Messungen), wäre nicht erstaunlich, wenn dasselbe für Anfänger gelten würde. In einem solchen Fall würden die physiologischen Maße wahrscheinlich keinen Abfall vor dem eigentlichen Sprung zeigen. Das bleibt noch zu prüfen. Unabhängig davon, welches Resultat dies erbringen würde, bleibt es doch bei der ursprünglichen Folgerung, daß für beides, Furchtskalierung und physiologische Aktivierung, der erfahrene Fallschirmspringer offensichtlich früher eine Hemmung aufbaut als der Anfänger.

Der Unterschied zwischen den Kurven der subjektiven Skalierung der Angst und den physiologischen Messungen für die erfahrenen Springer zeigt, daß es sich dabei um zwei verschiedene Variablen handelt, die aber beide von denselben Verlaufsprinzipien bestimmt werden, und zwar von einer allmählichen bis zu einem bestimmten Punkt ansteigenden Reaktionserhöhung, auf die verspätet eine Hemmung folgt.

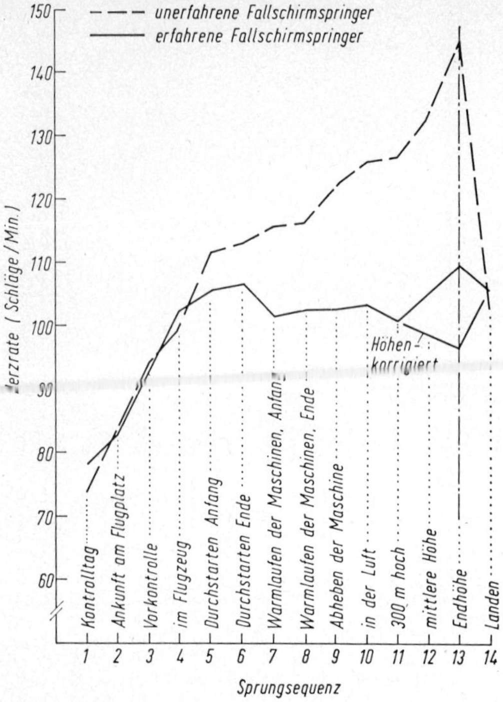

Abb. 57. Messung der Herzrate (Schläge/Minute) bei erfahrenen und unerfahrenen Springern als Funktion der Ereignisse vor und nach dem Sprung (*Fenz* und *Epstein,* 1967).

Damit stellt sich die Frage nach dem Hemmungsmechanismus. *Wilder* (1957) und *Lacey* (1956) sprechen von kompensatorischen physiologischen Mechanismen, die das Aktivierungsniveau eines bestimmten Organsystems in homöostatischen Grenzen hält. Wenn die Basisniveaus bestimmter physiologischer Reaktionen steigen, nimmt die Reaktivität, hervorgerufen durch eine Erhöhung des Streß ab und kann sogar negativ werden („Gesetz“ der Anfangswerte; Anm. d. Hrsgs.). Solch ein Prozeß kann für die umgekehrt U-förmige Kurve der vorhandenen Daten nicht verantwortlich sein, da die Anfänger und nicht die erfahrenen Springer die höchsten Basisniveaus der physiologischen Aktivität erreichen. Die umgekehrt U-förmigen Kurven der physiologischen Maße scheinen das Resultat eines psychologischen Hemmprozesses zu sein; dieser Hemmprozeß wird von dem steigenden physiologischen Arousal oder durch äußere Reize ausgelöst, die mit dem herannahenden Sprung assoziiert sind – oder durch beide Möglichkeiten. Der erfahrene Springer bemerkt u. U. die Beschleunigung seines Atems und des Herzschlages, oder er stellt einfach einen beunruhigenden Grad der Spannung fest und versucht sich daraufhin kognitiv zu entspannen. Dieser Prozeß muß nicht bewußt ablaufen.

Der Vergleich der Abb. 56, 57 und 58 ist mit der Frage verbunden, ob verschiedene physiologische Maße ein einheitliches Aktivierungssystem bzw. einheitlich dessen Hemmungen reflektieren oder ob sie voneinander unabhängig sind. Sehen wir uns zuerst die Kurven der unerfahrenen Fallschirmspringer an, so beobachten wir, daß die

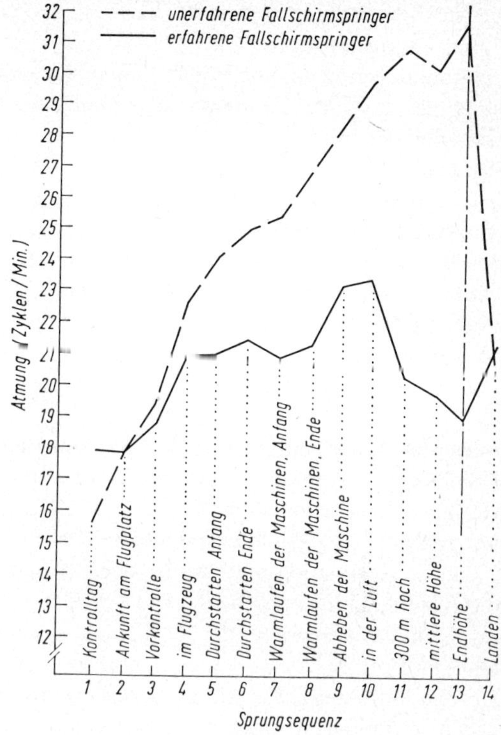

Abb. 58. Atemfrequenz (Frequenz/ Minute) bei erfahrenen und unerfahrenen Springern als Funktion der Ereignisse vor und nach dem Sprung (*Fenz* und *Epstein* 1967).

Hautleitfähigkeit deutlich positiv, die Herzschlagrate dagegen leicht negativ und die Atemfrequenz eher negativ beschleunigt sind. Ohne vergleichbare Meßeinheiten kann die Interpretation der relativen Kurvenformen nicht weiter gehen als bis zu der Feststellung, daß sie monoton verlaufen. Dies führt uns zu der Hypothese, daß die drei Maße ein einer Hierarchie der „Hemmbarkeit" angeordnet sind; sie sind unterschiedlich leicht zu inhibieren. Diese Hypothese kann durch die Inspektion der Daten erfahrener Fallschirmspringer überprüft werden und durch Untersuchung der divergierenden Kurventeile von Anfängern und erfahrenen Springern.

Wenn die Hypothese stimmt, sollten die erfahrenen Fallschirmspringer zuerst einen Höhepunkt der Atemfrequenz zeigen, dann der Herzschlagrate und zuletzt der Hautleitfähigkeit. Angenommen, der Nachentladungseffekt gibt den Grad der Hemmung wieder, so sollte die Hautleitfähigkeit den geringsten und die Atemfrequenz den größten Anstieg nach dem Sprung zeigen. Diese Hypothese wird in den meisten, jedoch nicht in allen Fällen bestätigt. Eine Verlangsamung zeigt sich für die Atmungs- und Herzschlagfrequenz relativ früh (Zeitpunkt 5) und für die Hautleitfähigkeit relativ spät (Zeitpunkt 11). Der Gipfel liegt jedoch für die Hautleitfähigkeit sehr spät (Punkt 12), der Höhepunkt der Herzrate (korrigiert nach Höhe) früher (Punkt 6) als der der Atemfrequenz (Punkt 10) und nicht umgekehrt. Atmungs- und Herzrate zeigen eine Nachentladung nach dem Landen, nicht die Hautleitfähigkeit. Das stützt unsere Hypothese.

Die Untersuchung divergierender Kurvenpunkte ist zur Überprüfung dieser Hypothese aussagekräftiger. Die Kurvenläufe der erfahrenen Springer zeigen viele Schwankungen, d. h. eine Wiederholung der Untersuchungen könnte eine Verschiebung der genauen Zeitpunkte der Spitzenwerte mit sich bringen. Andererseits verlaufen die Abweichungen der Kurven sehr einheitlich. Nach dem Schnittpunkt der Kurven zwischen erfahrenen und unerfahrenen Springern steigt auch die Schwankung und Unregelmäßigkeit der „erfahrenen" Funktion bis zur Endhöhe. Die Hypothese stützend, trennten sich die Kurven der Atemfrequenz zuerst (an Punkt 3), danach die der Herzschlagrate (an Punkt 5) und zuletzt die der Hautleitfähigkeit (an Punkt 11). Diese Ergebnisse sprechen für die Hypothese, daß die drei Maße zwar ein gemeinsames Prinzip widerspiegeln (ähnliche Reaktionsverläufe), andererseits scheinen die Maße aber auch in gewissem Grade voneinander unabhängig zu sein und in einer Hierarchie der Hemmungsempfindlichkeit geordnet zu sein.

Intraindividuelle Korrelationen der physiologischen Messungen. Die physiologischen Erhebungen von jeweils 10 erfahrenen und 10 unerfahrenen Springern wurden zu 14 verschiedenen Zeitpunkten vorgenommen. Für jede Person konnten 14 Meßwertpaare zwischen je zwei ihrer physiologischen Meßwerte korreliert werden. Tabelle 2 enthält Korrelationsmittelwerte, den Schwankungsbereich der Korrelationen und die Anzahl signifikanter Werte. Die Korrelation der erfahrenen Springer liegen höher als die der Anfänger. 19 der 30 Korrelationen der erfahrenen Springer sind signifikant, im Vergleich zu nur einer Signifikanz aus 30 Korrelationen bei Anfängern. Der Korrelationsbereich der Anfänger variiert zwischen mäßig negativ und mäßig positiven Korrelationen, während die Korrelationen der erfahrenen Springer alle positiv sind. Für beide Gruppen korrelieren Herzschlagrate und Atemfrequenz miteinander mehr als jedes Maß mit der Hautleitfähigkeit.

Tabelle 2. Intraindividuelle Korrelation zwischen der Basis-Leitfähigkeit der Haut, der Herzrate und der Atemfrequenz bei 10 erfahrenen und 10 unerfahrenen Springern während der ganzen Sprungfolge (Punkt 1–4).

	unerfahrene Fallschirmspringer			erfahrene Fallschirmspringer		
Korrelierte Variablen	Mittelwert	*N* an .01	Streubereich	Mittelwert	*N* an 0.1	Streubereich
Basisleitfähigkeit-Herzrate	+.18	0	−.46 bis +.64	+.65	6	+.19 bis +.91
Basisleitfähigkeit-Atmung	+.15	0	−.51 bis +.60	+.61	5	+.30 bis +.83
Herzrate-Atmung	+.44	1	.05 bis +.66	+.75	8	+.34 bis +.93

Was ist die Ursache für die Unterschiede der Korrelationen zwischen den erfahrenen und unerfahrenen Springern? Um festzustellen, ob die hohen Aktivierungswerte bei den Anfängern kurz vor dem Absprung für den Unterschied verantwortlich sind, wurden die Korrelationen für beide Gruppen nur über die ersten zehn Zeitpunkte berechnet, wodurch die extrem hohen Werte der Anfänger ausgesondert wurden. Aus Tabelle 3 wird ersichtlich, daß sich dabei die Ergebnisse bei Anfängern und erfahrenen Springern tatsächlich annähern.

Tabelle 3. Intraindividuelle Korrelation zwischen der Basis-Leitfähigkeit der Haut, der Herzrate und der Atemfrequenz bei 10 erfahrenen und 10 unerfahrenen Springern bis zum Abheben des Flugzeuges (Punkt 1–10).

	unerfahrene Fallschirmspringer			erfahrene Fallschirmspringer		
Korrelierte Variablen	Mittelwert	*N* an 0.1	Streubereich	Mittelwert	*N* an 0.1	Streubereich
Basisleitfähigkeit-Herzrate	+.42	4	+.13 bis +.72	+.56	5	+.50 bis +.96
Basisleitfähigkeit-Amtung	+.33	4	−.62 bis +.76	+.46	4	−.01 bis +.91
Herzrate-Atmung	+.53	5	−.09 bis +.70	+.69	6	+.11 bis +.96

Die dennoch etwas erhöhten Korrelationen der erfahrenen Springer können darauf zurückgeführt werden, daß auch nach Aussonderung der letzten vier Punkte die Anfänger im allgemeinen ein höheres Erregungsniveau aufweisen. Sowohl die Daten der Anfänger wie auch die der erfahrenen Springer zeigen eine engere Beziehung zwischen Herzschlagrate und Atemfrequenz als zwischen Hautleitfähigkeit.

Bezüglich der Frage, ob ein allgemeiner Faktor der physiologischen Aktivierung existiert, sind zwei Ergebnisse von Bedeutung:

1. Obwohl die Daten auf niedriger bis mittlerer Streßhöhe positiv korrelieren, korrelieren sie nicht auf hohem Streßniveau. Der allgemeine Aktivierungsfaktor bei niedrigen Aktivitätsniveaus deutet auf eine unabhängige Variation bei höherer Erregung.
2. Zwei der Maße sind deutlich stärker miteinander verbunden als jedes der Maße mit dem dritten Maß. Versuchsweise kann man die Existenz eines allgemeinen Aktivierungsfaktors neben Gruppenfaktoren und spezifischen Faktoren annehmen. Der Anteil jedes Faktors wird vom allgemeinen Grad der Erregung beeinflußt. Die Breite der individuellen Differenzen in den Korrelationen zeigt jedoch, daß das Bild komplizierter als angedeutet ist. Korrelationen zwischen Herzrate und Hautleitfähigkeit waren bis –.46, zwischen Atemfrequenz und Hautleitfähigkeit bis –.51. Es traten keine signifikanten negativen Korrelationen zwischen Herzrate und Atemfrequenz auf. Verschiedene physiologische Systeme reagieren ähnlich auf Streß, gehen aber bei zunehmendem Streß von einem bestimmten Grenzwert ab ihre eigenen Wege; gemeinsam mit der Tatsache starker individueller Unterschiede zwischen den physiologischen Messungen sollte dieses Ergebnis für die Beurteilung psychosomatischer Erkrankungen Folgen haben.

Persönlichkeit, physiologische Reaktivität und Leistung. Zur Untersuchung des Zusammenhangs zwischen Persönlichkeitstypus, physiologischer Aktivität und Leistung wurden drei erfahrene Fallschirmspringer mit offensichtlich stark unterschiedlicher emotionaler Kontrolle ausgewählt. Es wurden Persönlichkeits- und Leistungscharakteristiken von zwei Trainern eingestuft, die sie gut kannten und ihre Sprünge beobachtet hatten. Wir benutzten graphische Einstufungsskalen und kurze Persönlichkeitsbeschreibungen. Messungen des Basiswiderstandes, des Herzschlages und

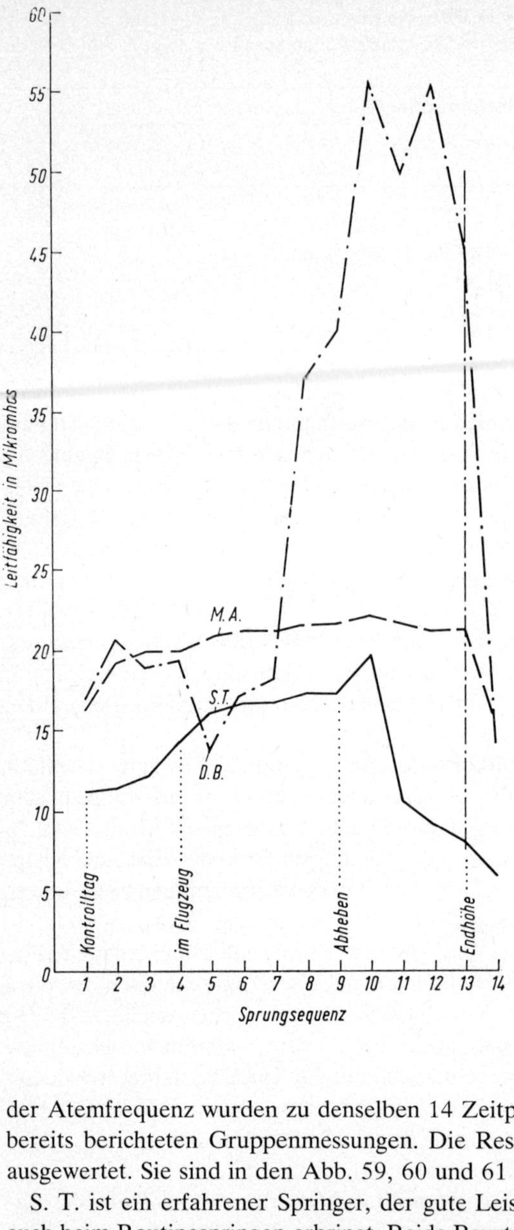

Abb. 59. Die Basis-Leitfähigkeit dreier erfahrener Fallschirmspringer als Funktion der Ereignisse vor dem Sprung und nach dem Sprung (*Fenz* und *Epstein*, 1967).

der Atemfrequenz wurden zu denselben 14 Zeitpunkten vorgenommen wie bei den bereits berichteten Gruppenmessungen. Die Resultate wurden individuell getrennt ausgewertet. Sie sind in den Abb. 59, 60 und 61 dargestellt.

S. T. ist ein erfahrener Springer, der gute Leistungen sowohl im Wettbewerb als auch beim Routinespringen erbringt. Beide Beurteiler stimmen darin überein, daß er hoch qualifiziert ist, über eine gute Sprungkontrolle verfügt und adäquat auf unerwartete Unfälle reagiert. Einzig negativ soll bei S. T. seine leichte Impulsivität als allgemeines Persönlichkeitscharakteristikum auffallen, dies jedoch nicht während des Sprunges. Der andere Beurteiler stuft ihn als emotional stabil ein. Beide Beurteiler stimmen darin überein, er sei allgemein durchschnittlich aktiv und außergewöhnlich

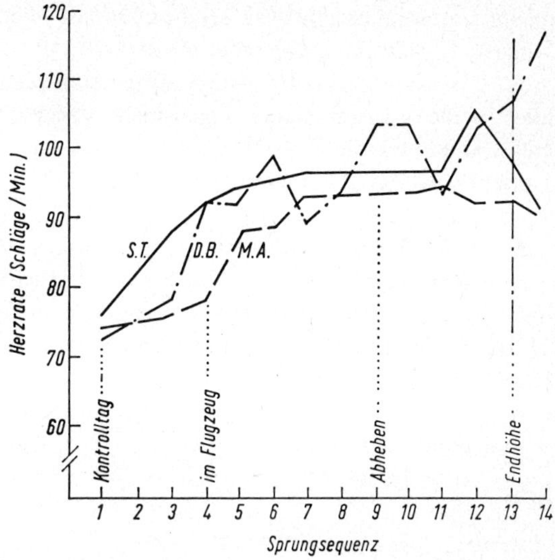

Abb. 60. Herzrate dreier erfahrener Fallschirmspringer als Funktion der Ereignisse vor dem Sprung und nach dem Sprung (*Fenz* und *Epstein,* 1967).

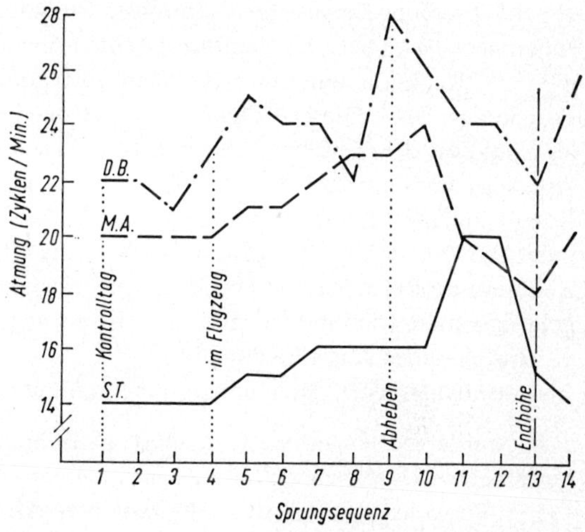

Abb. 61. Atemfrequenz dreier erfahrener Fallschirmspringer als Funktion der Ereignisse vor dem Sprung und nach dem Sprung (*Fenz* und *Epstein,* 1967).

konsistent in seiner Leistung. Sehen wir uns die Meßergebnisse an, so zeigen bei S. T. alle drei Maße umgekehrt U-förmigen Kurvenverlauf. Für die Hautleitfähigkeit ist der späte Abfall der umgekehrten U-Kurve besonders deutlich. Die Hautleitfähigkeit liegt bei erreichter Sprunghöhe tiefer als zu allen anderen Zeitpunkten. Auch die anderen beiden Maße zeigen einen relativen Tiefpunkt zum Zeitpunkt des Erreichens der Sprunghöhe.

D. B. ist weniger erfahren als S. T., hat jedoch bereits über 150 Sprünge hinter sich und kann so als relativ erfahrener Springer angesehen werden. Er wird jedoch von beiden Einstufern als sehr aktiv mit schlechter emotionaler Kontrolle und leistungsmäßig unterdurchschnittlich beschrieben. In allen drei Maßen erreicht D. B. ein höheres Niveau physiologischer Aktivierung als die anderen Springer und bei allen drei Messungen ist das Erregungsausmaß zum Zeitpunkt der erreichten Sprunghöhe hoch. Seine Kurvenverläufe zeigen mehr Variabilität als die der anderen und haben mehrere Gipfel. Sein Kontrollsystem kann als schlechter Servomechanismus beschrieben werden, der einmal über das Ziel hinausschießt und das andere Mal überkompensiert.

M. A. ist weiblich und wird als mäßig aktiv, emotional wenig reaktionsfreudig, leicht launisch und leistungsmäßig durchschnittlich bis unterdurchschnittlich beschrieben. Einer der Beurteiler meinte, ihr gelänge nicht, adäquat auf unerwartete Notfälle zu reagieren. M. A. zeigt im Vergleich zu den anderen Springern die geringste Kurvenvariabilität bei Hautleitfähigkeit und Herzschlag. Sie ist entsprechend ihrer Persönlichkeitsbeschreibung physiologisch passiv. Die einzige Ausnahme ist die Atemfrequenz. Dort zeigt sie einen deutlichen Abfall vor der erreichten Sprunghöhe.

Zusammenfassung und Schlußfolgerungen

Das interessanteste Ergebnis bei den Untersuchungen zum Fallschirmspringen war die Beschreibung umgekehrt U-förmiger Reaktionskurven als Funktion des Erfahrungsausmaßes. Diese Kurvenform erschien sowohl bei Längs- und Querschnittsstudien als Reaktion auf unterschiedlich relevante Reize in speziell konstruierten projektiven Tests. Dieser Verlauf zeigte sich auch bei sukjektiven Furchtskalierungen als Funktion der Zeitdimension und bei physiologischen Reaktionen während des Aufstiegs im Flugzeug. Die Generalität der Ergebnisse und ihr hoher Grad an Reliabilität läßt das Vorhandensein eines äußerst fundamentalen Prozesses annehmen. Die Kurvenform und die Art der Maximaverschiebung auf zunehmend weniger zielrelevante Reize wird durch eine Zwei-Faktoren-Theorie der Angst erklärt. Diese geht davon aus, daß mit zunehmender Erfahrung zwei Entwicklungen stattfinden:

1. Anstieg eines Angstgradienten;
2. Entwicklung eines Hemmungsgradienten mit steilerem Anstieg.

Es wurde die Hypothese formuliert, daß durch diese beiden Prozesse die Angst bewältigt wird und damit Warnreize bei niederem Aktivierungsniveau erfaßt werden.

Ein Vergleich der Angstabwehr zwischen erfahrenen Springern und Anfängern zeigte, daß die Anfänger drastischere Abwehrmaßnahmen benutzen und zum „Alles-oder-Nichts"-Prinzip als Kontrolle des starken Angstniveaus neigen. Die Maßnahmen erfahrener Springer dagegen sind geordneter. Es wird bereits früh bei niedriger Angst und Aktivierung gehemmt. Die Untersuchung des physiologischen Musters eines schlecht ausgebildeten Springers zeigte, daß er sich von denen der anderen erfahrenen Springer unterschied. Seine physiologischen Reaktionen während des Aufstiegs im Flugzeug waren labiler und deuteten auf ein wenig moduliertes autonomes Kontrollsystem.

Unterschiedliche funktionale Beziehungen der physiologischen Aktivierung und des subjektiven Furchterlebens verlangen zwei deutlich getrennte Konzepte. Während beide durch ähnliche Prinzipien der Generalisation und Hemmungen gesteuert werden, gehen der subjektiv empfundene Anstieg der Furcht und die Angsthemmung der physiologischen Aktivierung und Hemmungen voraus.

Der frühe Gipfel der subjektiven Furcht und der spätere der physiologischen Erregung lassen ein hierarchisch in die „Tiefe" angeordnetes Abwehrsystem vermuten. Da die Gipfel von Atemfrequenz und Herzrate vor dem der Hautleitfähigkeit liegen, ist ein Konzept hierarchisch geordneter Abwehr auch auf unterschiedliche, physiologische Systeme anwendbar. Andere Untersucher berichten (*Lacey,* 1956; *Wilder,* 1957), daß bei hohem Aktivierungsniveau homöostatische Hemmregulatoren zu paradoxen Umkehrungen des Aktivierungsniveaus führen. Allgemein gilt wohl, daß ein Komplex psychologischer und physiologischer Hemmrekationen als Abwehrsystem für die Aufrechterhaltung allgemeiner Aktivierung innerhalb homöostatischer Grenzen vorhanden ist. Innerhalb dieses Systems ermöglichen Furcht und die Hemmung von Furcht eine frühe Abwehr; die verzögerte Erhöhung physiologischer Aktivierung und ihre psychologisch vermittelte Hemmung stellen einen zweiten Abwehrmechanismus dar; reflexhafte oder physiologisch vermittelte Hemmung wirken als Abwehr in Notfällen.

Eine allgemeine Theorie der Angst

Im vorangegangenen Abschnitt brachten wir Ergebnisse aus Untersuchungen zum Fallschirmspringen. Unsere interessantesten Ergebnisse konnten mit bereits vorhandenen Theorien nicht erklärt werden. So waren wir gezwungen, eine eigene Theorie zu entwickeln, die auf die gewonnenen Ergebnisse zutrifft. In diesem Abschnitt versuchen wir, aus anderen Untersuchungen stützendes Material zu erhalten. Konzepte wie Furcht, Angst und Aktivierung – bisher recht unpräzise gehandhabt – werden definiert und in eine allgemeine Theorie der Angst und ihrer Kontrolle formuliert.

Differenzierung zwischen Furcht, Angst und Aktivierung

Ist eine Unterscheidung zwischen Angst und Furcht notwendig, oder sind beides Synonyme? Kann Angst durch physiologische Indikatoren gemessen werden oder muß man die physiologische Aktivität von subjektiver Angst abheben und differenzieren? Was ist Angst und in welchem Bezug steht sie zu Furcht und physiologischer Aktivierung? Wir unterstellen, daß die drei Termini Furcht, Angst und Aktivierung voneinander unterschieden, aber zusammenhängende Konzepte sind. Furcht ist ein Motivationskonzept, Aktivierung die richtungslose Komponente jeder Motivation und Angst liegt zwischen Furcht und Aktivierung.

Furcht als Vermeidungsmotiv. Ein Motiv weist drei Charakteristiken auf: einen Zustand erhöhter Aktivierung, eine Annäherungs- oder Vermeidungstendenz und eine definierte Klasse von Zielobjekten. Ein hungriges Tier wird durch Futter aktiviert und bevorzugt es vor anderen Objekten. Ähnlich wird ein ängstliches Tier durch bestimmte Objekte aktiviert und meidet sie. Da Vermeidungsreaktionen auf einen weiten Objektbereich konditioniert werden können, lassen sich nicht wie bei den Appetenzmotiven (Geschlechtstrieb, Hunger und Durst) einige wenige primäre Furchtmotive mit bestimmten Bezeichungen unterscheiden.

Furcht wird auf Situationen konditioniert, die einen raschen Aktivierungsanstieg auslösen, z. B. der Schmerz. In einer Situation, in der ein Tier Körperverletzung oder Schmerz wahrnimmt, führt Furcht zur adaptiven Flucht. Die Aktivierungskomponente des Motivs mobilisiert die Ressourcen des Tieres und erhöht die Stärke der Vermeidungstendenzen (*Cannon,* 1929). Sobald Furcht generalisiert und zunehmend antizipatorischen Charakter erhält, steigt die Effektivität der Abwehr in Gefahrsituationen und der Vermeidung hoher Aktivierungsniveaus. Furcht sorgt für frühe Warnsignale und bei deren Nichtbeachtung für einen allmählichen Erregungsanstieg, der den Organismus von Gefahr fern hält.

Unsere Hypothese, daß Furcht die drei Komponenten aller Motive beinhaltet, hilft uns bei der Beantwortung einer Reihe von Fragen. Betrachten wir z. B. das Problem, ob Furcht unbewußt sein kann. Soweit es sich um die Aktivierungskomponente des Motivs handelt, ist dies ein physiologischer Zustand, der entweder existiert oder nicht existiert. Aktivierung kann nicht in dem Sinn unbewußt sein, daß sie auf einer bestimmten manifesten Ebene nicht, wohl aber auf anderen (Bewußtseins-) Niveaus vorhanden ist. Aktivierung kann wohl durch vermittelnde Reaktionen beeinflußt werden, die wiederum verdrängt oder auf andere Art kontrolliert werden können; diese Reaktionen und nicht Aktivierung sind unbewußt. Die Richtung und die Zielobjekte eines Motivs können unbewußt sein. In Anbetracht des oben Berichteten genügt es für ein Individuum, daß bestimmte Annäherungs- und Vermeidungsreaktionen unbewußt bleiben. Es kann sogar ein motivationaler Zustand durch einen anderen ersetzt werden, wie z. B. die Fallschirmspringer, die am Tage des Sprunges Zorn statt Furcht empfanden. Besonders wenn die Zielobjekte eines Motivs unbewußt werden, so kommt es z. B. zu unbestimmten Furchtgefühlen unbekannten Ursprungs und Furchtverschiebung bei Phobien.

Welche Reaktionen erhöhen bzw. erniedrigen Furcht? Eßverhalten erhöht den Appetit, mutiges Verhalten den Mut, Furchtverhalten die Furcht. Die Annahme, daß bestimmte relevante Reaktionen die Motivation beeinflussen, erklärt zusätzlich den Abfall subjektiv empfundener Angst bei Fallschirmspringern nach der Entscheidung. Nach der Entscheidung zum Sprung sind Gedanken und Verhalten auf Zielannäherung gerichtet. Dies ist unvereinbar mit dem Vermeidungsmotiv Furcht. Ein zweites Beispiel gibt ein Bericht über israelische Soldaten während der Suezkrise. Dieser erschien vor einigen Jahren in der New York Times (Datum und Referenz leider dem Autor nicht mehr bekannt). In Interviews berichteten die Soldaten, daß die größte Furcht vor der schlacht bei der Einsatzbesprechung auftrat. Die Furcht nahm bei Annäherung an den Feind ab. Beobachter jedoch berichteten, daß die größte Furchtreaktion bis zu völliger Desorganisation des Verhaltens während der Schlacht gezeigt wurden. Die Beobachter folgerten, daß den Selbstberichten nicht zu trauen sei.

Die Ergebnisse an Fallschirmspringern bringen Licht in diese Diskrepanz. Die Soldaten berichteten korrekt von ihrem Furchtvermeidungsmotiv und die Beobachter berichteten korrekt vom kognitiven Zusammenbruch, hervorgerufen durch ein hohes Erregungsniveau, das wahrscheinlich aus Furcht, Kampferregung und einer extrem hohen Vigilanz zusammengesetzt war. Eine Alternativinterpretation besteht darin, daß die Aktivierungskomponente zunahm und die Richtungskomponente abnahm (nur letztere kann verdrängt werden); dies geschah wohl, da die Richtungskomponente mit Annäherungsverhalten unvereinbar ist. Wie wir später noch sehen werden, nehmen wir an, daß ein hohes Niveau ungerichteter Aktivierung aversive Qualitäten hat, die von dem gerichteten Furchtzustand abgehoben sind. Die beiden Erklärungen sind nicht unvereinbar und differieren nur in dem Ausmaß, in dem Furcht zur gesamten Aktivierung beiträgt. Wäre ein Rückzugssignal gegeben worden und die Soldaten wären geflohen, so wäre die Zeitperiode von beiden Standpunkten als größtes Furchterleben beschrieben worden, da das eigene Verhalten konsistent mit dem Vermeidungsmotiv gewesen wäre.

Aktivierung als gemeinsame Komponente jeder Motivation und Stimulation. Ein Aktivierungsanstieg, objektiv durch einen Polygraphen registriert, kann durch eine Reihe von Bedingungen hervorgerufen werden, die nichts mit Furcht oder Angst zu tun haben, wie z. B. Überraschung und erfreuliche Reizung. Herzanfälle werden durch gute wie schlechte Nachrichten ausgelöst und ernsthaft Kranke müssen vor jeder Aufregung bewahrt werden. Offensichtlich tolieriert der Organismus nur eine begrenzte Aktivierungsintensität, unabhängig von der Ursache dieser Erregung.

Aktivierung ist eine Reaktion des Organismus auf jede intensive Stimulation wie z. B. Lärm, Verletzung oder propriozeptive Stimulation durch Fallen. Aus dieser Sicht ist Aktivierung von gelernter Furcht verschieden. Dies heißt natürlich nicht, Aktivierung sei durch Lernen unbeeinflußbar. Für Erwachsene wirken offensichtlich die meisten Reize nicht auf Grund ihrer absoluten Intensität aktivierend, sondern auf Grund ihrer erworbenen Eigenschaften oder ihrer Signalfunktion. Die Reizintensität stellt die einfachste, fundamentalste Aktivierungsursache dar und ist von Lernen nicht notwendigerweise abhängig. Allgemeines diffuse Aktivierung scheint elementarer als spezifische Emotionen zu sein. Das zeigen generelle Erregungszustände bei Säuglingen lange vor dem Auftreten spezifischer Emotionen. Erwachsene, die intensiver emotionale Aktivierung ausgesetzt sind, zeigen ein Verschwimmen distinktiver Eigenschaften verschiedener Emotionen. So können extremes Glück und Unglück oft nicht mehr unterschieden werden, beide führen zu alternierendem Weinen und Lachen. Ähnliche Übergänge zwischen Emotionen werden bei starken Angstzuständen berichtet, wie folgende Beschreibung eines Soldaten in der Schlacht (*White*, 1956): „Er kann die körperlichen Zeichen der Angst nicht länger zurückhalten: Schweißausbruch, Tremor, Ruhelosigkeit, schneller Herzschlag, kurzes Atmen treten auf. Seine Gedanken und Urteilskraft sind beeinträchtigt, seine Handlungen willkürlich und schlecht kontrolliert, neue Aktionen werden vor Abschluß bereits begonnener Handlungen aufgenommen. Er nimmt kaum wahr, was er tut. In Panik rennt der Mensch wild herum, lacht, schreit und weint abwechselnd in rascher Folge. Diese Reaktionen dauern oft etliche Tage bei Soldaten, die langen Gefechten ausgesetzt waren. In einigen Fällen folgen Stupor- und Koma-ähnliche Zustände dem Höhepunkt der Panik“ (Seite 207–208).

Bei extrem hoher Aktivierung treten oft dramatische Schwankungen zwischen überstarker Erregung und Hemmung auf. *Sargant* (1957) bringt folgendes Beispiel:

„Ein Soldat lag zitternd im Graben, halb gelähmt vor Furcht, als seiner Kompanie der Befehl zur Attacke gegeben wurde. Als sein Offizier ihn mit den Worten verhöhnte: ‚Ein Mädchen würde eine bessere Show geben', wurde er wild erregt und schrie: ‚Los, Jungs!', sprang aus dem Schützengraben zur Attacke und fiel dann in Ohnmacht. Die anderen Soldaten rannten schreiend in Panik herum. Nach dieser Phase folgte eine plötzliche Ruhe. Ein Mann fiel ohne Worte wie gelähmt auf eine Dorfstraße, die bombardiert wurde. Als er jedoch von seinen Kameraden aufgehoben wurde, begann er plötzlich zu schreien und um sich zu schlagen" (Seite 27). Die Tatsache, daß extrem hohe Aktivierungsniveaus von extremen Hemmungszuständen gefolgt werden, läßt auf ein demoduliertes Notfall-Verteidigungssystem schließen.

Wir postulieren, daß das Aktivierungsniveau, wie die Blutzuckerkonzentration und die Körpertemperatur, innerhalb homöostatischer Grenzen bleiben muß, damit der Organismus überlebt. Da Aktivierung fundamentaler als Furcht und Angst ist, wundert uns nicht, daß sie „primäre Angst" empfunden wurde. So betrachtet *Freud* (1936) das „Geburtstrauma", welches außerhalb der Bewältigungsmöglichkeiten des Säuglings liegt, als den Prototyp aller späteren Angst. Unglücklicherweise gelang es ihm nicht, das Konzept weiter zu entwickeln. Er verblieb mit dem Konzept des Prototyps für alle anderen Angstformen. *Fenichel* (1945) unterscheidet ausdrücklich „Primärangst", definiert als Stimulation außerhalb der normalen Anpassungsmöglichkeiten des Organismus, von Signalangst. Während die Signalangst von größter Bedeutung für die Psychoneurose ist, scheint die primäre Angst die Wurzel der traumatischen Neurose zu sein, die von der „Bedeutung" der Reize unabhängig ist: „. . . es gibt Reize von derart überwältigender Intensität, daß sie auf jedermann traumatisch wirken" (Seite 117). Beschreibungen traumatischer Neurosen (*Bond,* 1952; *Grinker* und *Spiegel,* 1945; *Kardinger,* 1941) deuten auf einige auslösende Variablen:

1. die Intensität der Reizung;
2. die Aktivierungshöhe vor der Reizung;
3. die Reizfrequenz;
4. die Möglichkeit motorischer Aktivität;
5. Überraschung.

Die ersten zwei Variablen wirken kumulativ auf das gesamte Erregungsniveau. Motorische Abfuhr begrenzt die totale Aktivierung durch deren Verteilung. Es bleibt offen, ob die motorische Abfuhr per se hilft oder ob sie in gerichtete Aktionen kanalisiert werden muß. Wahrscheinlich trägt beides zur Aktivitätsreduktion bei. Die Reizfrequenz und Überraschung wirken nicht direkt (bei Konstanthaltung der anderen Variablen) und können nur allgemein durch einen Mechanismus der Reizintensitätsverarbeitung erklärt werden. Dieses Thema wird später noch diskutiert werden. Die Effizienz der Hemmung steigt, wenn sie allmählich in kleinen Intensitätschriften aufgebaut wird, als wenn sie sofort mit voller Intensität gereizt wird. Die Erwartung kann auch als eine Art selektiver Hemmung angesehen werden, wodurch die Intensität des erwarteten Reizes modulierbar wird und eine allgemeine Notfallsfunktion der Hemmung unnötig wird.

Pawlow (1927, 1928, 1941) kommt mit seinen Ansichten unserer Erregungstheorie wohl am nächsten. Er spricht von einer oberen Aktivierungsgrenze, darüber treten kortikale Schäden auf. Wird diese Grenze erreicht, so löst dies eine protektive oder „transmarginale" Hemmung aus. Für *Pawlow* ist die transmarginale Hemmung ein Schlüsselkonzept, das in all seine Erklärungen über fehlangepaßtes Verhalten eingeht, eingeschlossen experimentell ausgelöster Neurosen bei Tieren und psychotischer und psychoneurotischer Reaktionen beim Menschen. *Pawlows* Theorie wird wegen ihrer besonderen Bedeutung später noch ausführlich dargestellt werden.

Bisher unternahmen wir keinen Versuch, Aktivierung zu definieren. Wir vermeiden eine neurophysiologische Definition und betrachten Aktivierung als ein Verhaltenskonzept. Ein Verhaltenskonzept, das für die Erklärung der variierenden Intensitätskomponente brauchbar ist und auch das Wachheitsniveau des Organismus berücksichtigt, das zwischen entspanntem Schlaf und emotionaler Erregung variiert (*Woodworth* und *Schlosberg*, 1954).

Bisher haben wir Aktivierung als einheitliches Konzept aufgefaßt, das durch einen einzigen Indikator gemessen werden könne. Dies stellt sicherlich eine starke Vereinfachung dar. Ob wir nun psychologisch ermittelte Hemmreaktionen auf einem weniger extremen Streßniveau betrachten wie bei unseren erfahrenen Fallschirmspringern oder reflexhafte homöostatische Kontrolle extremer Erregung, so wird klar, daß verschiedene Messungen physiologischer Aktivität verschiedene Resultate erbringen. Komplizieren wir die Angelegenheit: die Beziehungen zwischen den Maßen variieren von Individuum zu Individuum und von Situation zu Situation. Betrachten wir etwa eine Situation wacher Aufmerksamkeit, so nimmt die Herzschlagrate ab, während die elektrische Leitfähigkeit der Haut zunimmt (*Lacey, Kagan, Lacey* und *Moss*, 1963). Unter anderen Streßbedingungen steigt beides an. Die sinnvolle funktionale Differenz zwischen physiologischen Maßen bestehen, ist es sinnlos, alle Maße auf einen gemeinsamen Nenner der Aktivierung mit Hilfe von Transformationen oder spezieller Auswertemethoden zu reduzieren.

Anders als die elektrische Leitfähigkeit der Haut dient die Herzaktivität vitalen Funktionen. Es darf deshalb nicht wundern, wenn die Herzrate raschen selbstregulierenden Veränderungen wie etwa Beschleunigung nach Verlangsamung und umgekehrt unterliegt. Zur Messung des Anstiegs autonomer Aktivierung innerhalb einer Vp scheint die Basisleitfähigkeit der Haut am geeignetsten; sie zeigt keine paradoxen Umkehreffekte, sondern nimmt mit zunehmendem Streß einen asymptotischen Verlauf.

Bei Betrachtung anderer Aktivierungsmaße als der des autonomen Nervensystems kompliziert sich das Bild weiter. Nach *Pawlow* kommt es nach intensiver Reizung zu einer kortikalen Enthemmung des autonomen Nervensystems. Auf Grund des EEGs würde man eine Vp in diesem Zustand als wenig aktiviert, mit autonomen Maßen als stark erregt klassifizieren. In einer Untersuchung der Effekte langer Schlafdeprivation (*Johnson, Slye* und *Dement*, 1965) wurde festgestellt, daß keine Reaktionen auf äußere Reize auftraten, die kortikale Aktivität im EEG extrem niedrig und die autonome Erregung extrem hoch war. Abhängig von dem entsprechenden Maß würde solch eine Person als stark oder schwach erregt beschrieben. In dem speziellen Fall ist von Interesse, daß die Reaktivität auf äußere Reizung niedrig und die autonome Aktivierung hoch war, obwohl unter anderen Bedingungen beide positiv korrelieren.

Trotz der erwähnten Komplikationen wäre es verfrüht, die Hypothese eines allgemeinen Aktivierungssystems zu verwerfen. Es ist wohl möglich, daß neben einzelnen Subsystemen ein integratives System vorhanden ist, das auf die gesamte afferente, für den Kortex bestimmte Erregung reagiert, wie dies für das retrikuläre Aktivationssystem postuliert wird. Auf Verhaltensniveau ist das Konzept einer totalen Reizabwehr des Organismus weiter nützlich. Ein grober Indikator dafür ist die elektrische Basisleitfähigkeit der Haut. Die hier vorgebrachten Argumente wären nicht wesentlich zu modifizieren, falls sich herausstellte, daß nur Subsysteme der Aktivierung vorhanden sind; es müssen für alle funktionell organisierte Aktivierungssysteme und die damit verbundenen Hemmungsprozesse dieselben Prinzipien gelten.

Man darf bei der Auswertung der gegenwärtigen Untersuchungsdaten nicht von einzelnen Maßen auf die gesamte „Aktivierung" generalisieren. Dies gilt besonders für den Vergleich von Untersuchungen, bei denen kortikale Aktivation, Muskelspannung, autonome Aktivierung und Indikatoren verhaltensmäßiger Erregung gleichgesetzt wurden.

Angst als ungerichtete Aktivierung bei Wahrnehmung einer Gefahr. Nachdem Furcht und Aktivierung definiert wurden, bleibt die Frage, ob das Angstkonstrukt überhaupt notwendig ist. Furcht als ein Vermeidungsmotiv definiert Aktivierung als die unspezifische Komponente jedes Motivs. Wir glauben an die Existenz eines speziellen qualitativen Zustandes, der als Angst beschrieben werden kann, weder Furcht noch Aktivierung ist, aber von beidem etwas beinhaltet. Wir definieren Angst als Zustand ungerichteter Aktivierung bei der Wahrnehmung von Gefahr. Angst unterscheidet sich von Furcht darin, daß sie nicht in ein spezifisches Vermeidungsverhalten kanalisiert wird. Sie unterscheidet sich von allgemeiner Aktivierung, da sie auf die durch die Wahrnehmung einer Gefahr ausgelöste Aktivierung beschränkt bleibt. Angst kann als „fast erreichte Furcht" oder als Furcht werdende Aktivierung bezeichnet werden. Eine Analogie kann uns vielleicht helfen, die Unterscheidung zwischen Angst, Aktivierung und Furcht zu verdeutlichen. Man stelle sich ein Auto auf einer Straße im Dschungel vor. Plötzlich sieht der Fahrer eine Elefantenherde auf sich zukommen. Er wendet das Auto, erhöht die Geschwindigkeit und flüchtet so schnell er kann. Furcht entspricht der Wahrnehmung der Gefahr, die sofort in die Entscheidung zur Flucht konvertiert wird und entspricht weiter der Motivation, durch die Flucht aufrecht erhalten wird. Betrachten wir nun die Situation, bei der der Fahrer das Stampfen der Elefanten hört, jedoch nicht ihre Richtung bestimmen kann. Er beschleunigt die Geschwindigkeit, ist jedoch unfähig, sich zu einer Richtungsänderung zu entscheiden. Die Beschleunigung des Motors ohne Richtungsänderung des Wagens stellt eine Analogie zur Angst dar. Der unentschlossene Fahrer empfindet mit klopfendem Herzen Angst. Die Aktivierung äußert sich in der Beschleunigung des Motors, die sowohl bei fahrendem wie stehendem Wagen vorgenommen werden kann. Man kann der Angst eine bestimmte aversive Qualität zusprechen, die insofern angepaßt ist, als sie nach der Wahrnehmung von Gefahr als starker Antrieb für eine entsprechende Aktion sorgt.

In dem vorangegangenen Beispiel wurde der Unterschied zwischen Entscheidung und Unentschlossenheit als der Trennpunkt zwischen Furcht und Angst gewählt.

Wenn bei dem erwähnten Wagen der Gang bereits eingelegt war, so war die Energieverteilung von Angst auf Furcht größtenteils bereits abgeschlossen, obwohl sich der Wagen bis dahin noch nicht bewegt hatte. Der Trennpunkt zwischen Entscheidung und Unentschlossenheit ist etwas willkürlich gewählt, man könnte die Trennung auch zwischen Entscheidung und Handlung setzen. Die Grenze zwischen Furcht und Angst ist keineswegs scharf zu ziehen. Klar sind nur die beiden Extreme: ungerichtete Aktivierung auf der einen und gerichtete Furcht und Flucht auf der anderen Seite. Die Qualität des Affektes nach der Wahrnehmung von Gefahr ändert sich von Angst zu Furcht auf einem Kontinuum, so daß in den mittleren Bereichen eher ein bestimmtes Angst-Furcht-Verhältnis vorhanden ist. Die Entscheidung zur Handlung bewirkt primär die Beendigung des ungerichteten Zustandes und trennt damit Furcht von Angst. Eine Entscheidung für eine bestimmte undurchführbare Aktion enthält aber noch Elemente der Angst. Das Angst-Furcht-Verhältnis wird durch den Grad der „Verpflichtung" zu einer Handlung beeinflußt. Eine Person, die keinen Zweifel am Sinn ihrer Fluchthandlung hat, wird nur Furcht empfinden. Eine flüchtende Person dagegen, die aber im Zweifel darüber ist, ob nach vorne, nach rechts oder nach links oder in ein Versteck, wird sowohl Angst wie Furcht empfinden, wobei das Verhältnis Angst – Furcht vom Ausmaß bzw. vom Verhältnis der bereits „gerichteten" zur „ungerichteten" Aktivierung bestimmt wird. Die wahrgenommene Effektivität der Handlung kann eine wichtige Variable bei der Proportionsbestimmung von Angst zu Furcht sein, da daraus die Notwendigkeit für neue Alternativen resultieren kann. Eine starke Bedrohung löst fast immer, zumindest in der Anfangsphase, die Frage nach der Richtigkeit der gewählten Aktion aus.

Die bisherige Analyse berücksichtigend, wollen wir nun die spezifischen Bedingungen untersuchen, die eher zu Angst als zu Furcht führen. Das sollten alle jene Situationen sein, die keine gerichtete Aktivität zur Bewältigung der Bedrohung zulassen. Unbewußte Drohung ist offenbar eine solche Situation, genauso wie Bedingungen, bei denen die Ursache der Gefahr nicht lokalisiert werden kann (z. B. unvorhersehbare Störangriffe des Feindes, Besuch eines unbekannten Ortes und Furcht vor dem Dunkeln). Besteht eine deutlich wahrnehmbare Ursache der Gefahr, so kann Angst durch physische Behinderung hervorgerufen werden. Ein Beispiel dafür wäre der Pilot, der gegen die Wände seines Flugzeuges gepreßt ist, das der Erde zufällt. Konflikt kann Angst erzeugen; das Wertsystem eines Individuums kann es von Vermeidungsreaktionen abhalten, die es aus der Gefahrensituation brächte. Ebenso können offensichtlich Situationen, die eine zukünftige Bedrohung einschließen, Angst auslösen, da das Individuum derzeit nichts dagegen tun kann. Aus Berichten von Kampfpiloten geht hervor, daß solch ein Angstzustand aversiver erlebt wird als die unmittelbare Furcht. So kam es zu Bruchlandungen, weil die Piloten die Angst vor den bevorstehenden Aufgaben nicht länger ertragen konnten (*Bond,* 1952).

Der postulierte Unterschied zwischen gerichteter und ungerichteter Aktivierung hat weite Implikationen. Es wurde bereits darauf hingewiesen, daß mit zunehmendem Anstieg ungerichteter Aktivierung die aversive Qualität der Aktivierung zu einem zunehmenden gerichteten Aktionsdruck führt, wenigstens bis zu dem Punkt, an dem ein extrem hohes Erregungsniveau jede Handlung lähmen könnte. Dies führt auch zur Entwicklung von Fixierungen bei Individuen, die einem unlösbaren Problem gegenüberstehen. Jede Aktion, sei sie noch so unpassend, ist besser und weniger aversiv als ein hohes ungerichtetes Aktivierungsniveau. Dies erklärt auch, warum angstmotivierte Leute leicht durch einen Führer oder eine Gruppe zu einer Aktion überredet und hingerissen werden, die sie normalerweise nicht einmal in Betracht gezogen hätten. Dies erklärt auch die Entwicklung des Aberglaubens, der Magie und des Rituals in Streßsituationen, in denen keine geeigneten Handlungsalternativen vorhanden sind. Und er erklärt die Bereitschaft von Patienten, Symptome zu entwikkeln, die unbekannte, diffuse Furcht durch vertraute und bekannte Furcht ersetzen.

Die Formulierung der drei aufeinander bezogenen Konzepte Aktivierung, Angst und Furcht, löst einige Probleme, die zu Kontroversen zwischen Verfechtern von nur zwei theoretischen Konzepten, der Furcht und der Angst, fuhrten. Einige behaupten, Furcht sei „elementarer" als Angst, andere behaupten das Gegenteil. Die erste Ansicht wird durch die Beobachtung unterstützt, daß Furcht in konkreten Situationen gelernt und erst durch Verdrängung zu Angst wird. Die zweite Hypothese wird durch das Argument unterstützt, Angst sei als undifferenzierte Reaktion bereits bei Säuglingen beobachtbar, während Furcht die Artikulation der Ursache der Bedrohung erfordere. Für diese Ansicht spricht auch die Analyse der Überraschungs-Schreckreaktion (startle reaction) bei Erwachsenen, die momentan diffus ist, sich aber später zu einer spezifischen Furchtreaktion wandelt (*May,* 1950). Von unserem Standpunkt ist die unspezifische Reaktion des Säuglings und die des überraschten Erwachsenen eine allgemeine Aktivierungsreaktion, die fundamentaler oder elementarer als Furcht und Angst ist. Angst entwickelt sich aus der Antizipation eines hohen Aktivierungsniveaus und wird sofort zu Furcht, sobald die Erregung in spezifisches, sowohl kognitives wie motorisches Vermeidungsverhalten kanalisiert wird. Angst kann im allgemeinen nicht isoliert identifiziert werden, sondern wird erst bei Blockierung von Furchtreaktionen offenbar (siehe auch die Folgen der Reaktionsbehinderung bei Zwängen. Anm. d. Hrsg.). Normalerweise geht Angst für extrem kurze Zeit der Furcht voraus und kann daher als elementarer Prozeß angesehen werden. Wenn das furchtauslösende Objekt verdrängt wird, dann kann aber nach Furcht Angst entstehen, wodurch das Bild weiter kompliziert wird. Nur unspezifische Aktivierung als Komponente sowohl von Angst als auch von Furcht ist sicher als der elementarste Prozeß anzusehen.

Die Generalisation und Hemmung von Angst: Eine Zwei-Prozeß-Theorie

Das interessanteste Ergebnis unserer Untersuchung zum Fallschirmspringen war die Feststellung umgekehrt U-förmiger Kurven mit zunehmender Erfahrung. Es wurde angenommen, daß mit erfolgreicher Erfahrung zwei Entwicklungen stattfinden, eine Erhöhung und Generalisation eines Angstgradienten und die Entwicklung eines Hemmungsgradienten, der zunehmend steiler als der Angstgradient wird. (Obwohl Angst, Furcht und Aktivierung vorher als unterschiedliche Konzepte definiert wurden, werden wir nun den Terminus Angst als Gattungsbegriff für alle drei Konzepte verwenden. Dies wird durch die Beobachtung gerechtfertigt, daß dieselben Prinzipien auf alle drei Konzepte anwendbar sind. Es ist unnötig, sich stets auf „Angst, Furcht und Aktivierung" zu beziehen, wenn ihre unterschiedlichen Charakteristiken nicht von Bedeutung sind.) Wir nehmen an, daß diese zwei Entwicklungsverläufe nicht auf das Fallschirmspringen beschränkt sind, sondern eine allgemeine Bedeutung für die Bewältigung von Angst haben. Der Anstieg und die Generalisation des Angstgradienten kann der klassischen Konditionierung durch wiederholte Konfrontation mit denselben aversiven Reizen zugeschrieben werden. Der Organismus wird dadurch „automatisch“ in Alarmbereitschaft vor Gefahr gesetzt, wodurch ein „Sicherheitsabstand“ gewahrt bleibt. Wenn aber dennoch in bestimmten Situationen eine Konfrontation erfolgt und diese Konfrontation bereits früher erfolgreich bewältigt wurde, so wird Angst nun durch Hemmungsprozesse kontrolliert. Da der Hemmungsgradient steiler als der der Angst ist, bleibt der Vorteil eines frühen Warnsignals erhalten und die Angst überschreitet bestimmte Extremwerte nicht.

Diese beiden Prozesse der generalisierenden Angst und ihrer Hemmung führen zur proaktiven Bewältigung von Streß; wie wir später noch zeigen werden, führt ein ähnlicher Prozeß zur retroaktiven Bewältigung von Streß. In beiden Fällen schreitet die Bewältigung der Angst in kleinen Schritten voran, besteht jedoch im einen Fall aus generalisierender Aufmerksamkeit für Hinweisreize, während sie im anderen Fall ein graduelles Annähern an die Reizsituation bewirkt und den Bereich aktivierender Reize reduziert. Bei der proaktiven Bewältigung richtet die Angst die Aufmerksamkeit auf signifikante Stimuli und zwingt die Person damit zur Auseinandersetzung. Der graduell generalisierende Hemmungsgradient, der den Angsthöhepunkt auf zunehmend weiter „entfernte“ Reize verschiebt, führt zur Konzentration auf bisher nicht bewältigte Reize und verhindert damit Energieverschleiß für bereits bewältigte Reize. Angst und ihre Hemmung werden mit zunehmender Aufmerksamkeits- und Kompetenzentwicklung als eng verknüpft gesehen. Diese Beobachtung wird in einem späteren Abschnitt noch ausführlicher behandelt werden.

Der Rest dieses Abschnittes soll Überlegungen zur allgemeinen Gültigkeit der Zwei-Prozeß-Theorie der Angstbewältigung dienen. Vier weit voneinander abweichende Befunde werden zur Stützung der Theorie dargestellt: proaktive Streßbewältigung im Kampfflug, *Pawlows* Konzepte der transmarginalen Hemmung und der paradoxen Phase, retroaktive Streßbewältigung im „Wiederholungszwang“ und retroaktive Streßbewältigung bei akutem Kummer.

Die proaktive Streßbewältigung im Kampfflug. *Bond* (1952), ein Psychiater bei der achten Luftflotte in England stellte während des zweiten Weltkrieges fest, daß man zwei Prozesse beachten müßte, um die Reaktionen der Flieger in der Schlacht zu verstehen. Einer ist die zunehmende Wahrnehmung der Gefahrenquellen, der andere eine steigende Fähigkeit, mit der Gefahr fertig zu werden. Sind die ursprünglich wahrgenommenen Ursachen bestimmter Gefahren bewältigt, so zwingt der sich ausbreitende Angstgradient die Aufmerksamkeit auf neue Gefahrenquellen. Schrittweise weitet sich die Kompetenz. Aber ebenso dehnt sich der Bereich angstauslösender Reize aus und die Notwendigkeit ihrer Kontrolle erhöht sich.

In der folgenden Bemerkung bezieht sich *Bond* wohl auf dieselben zwei Prozesse, die wir mit unserer Zwei-Prozeß-Theorie der Angst und ihrer Bewältigung postuliert haben: „Für praktische Zwecke kann die Gefahr niemals als eine Entität behandelt werden, sondern sie ist in Segmente geteilt, die einzeln untersucht werden müssen.

Jedes neue gefahrvolle Geschehen wird isoliert und Gegenstand von Nachdenken und wiederholtem Gespräch. Jede Möglichkeit wird erforscht, jedes mögliche Ergebnis wird in Betracht gezogen, und alle Abwehraktionen werden sorgfältig geprobt. Ist eine Situation bewältigt, so fällt sie ins Vorbewußte und die Aufmerksamkeit wird auf eine neue Situation gelenkt. Man mag die Wichtigkeit dieses Prozesses aus der Tatsache schließen, daß das Gespräch der Piloten sich im wesentlichen nur auf die Gefahren des Tages beschränkt . . .

Diese Bewältigung einer Situation durch ihre Wiederholung liegt im Zentrum eines Stabilisierungsprozesses des Ich, der vor allem während des Trainings und den frühen Stadien der Schlacht stattfindet. Der Prozeß ist niemals beendet, sondern wird mit jeder neuen Bedrohung aktiviert. Von spezieller Bedeutung für diesen Stabilisierungsprozeß ist die zeitliche Regelung eines Traumas. Zum Beispiel kann ein bestimmtes Ereignis während seines ersten Fluges einen tiefen Eindruck auf einen Kadetten ausüben. Dasselbe Ereignis mag für einen Mann in der Ausbildungsphase wenig bedeuten und von einem geübten Flieger kaum beachtet werden. Die Funktion des Stabilisierungsprozesses liegt im Zurückdrängen der Grenzen des Unbekannten, des Ersetzens der Phantasie durch Realität, so daß nicht länger jedes Ereignis eine weiße Leinwand ist, auf der sich innere Ängste widerspiegeln, sondern jedes Ereignis ruft statt dessen Gewißheiten hervor, die weitere Reflexion einschränken und für eine Abwehraktion sorgen.

In der Zeit dieses stärkenden und schützenden Prozesses ist aber noch ein Trend in umgekehrter Richtung vorhanden. Im Zuge der Wahrnehmung der Grenzen einer Gefahr und der Methoden ihrer Bekämpfung lernt der Soldat neue Gefahren und neue Warnsignale kennen. Die meisten Männer werden zuerst durch ihre Unfähigkeit, die Gefahr zu erkennen geschützt und reagieren entsprechend ohne Emotionen auf sie . . . Der Reaktionsmangel der Anfänger wird oft fälschlich als Mut ausgelegt“ (*Bond,* 1952, Seite 84–85).

Bonds Bemerkung „einmal bewältigt, verschwindet das Ereignis ins Vorbewußte und die Aufmerksamkeit wird auf neue Ereignisse gelenkt“ scheint im Einklang mit unseren Beobachtungen über die vorrückenden umgekehrt U-förmigen Kurven der Fallschirmspringer zu stehen.

Pawlow und die paradoxe Phase. Während der Leningrader Überschwemmung waren eine Anzahl der Hunde *Pawlows* in ihren Käfigen gefangen und konnten nur gerettet werden, indem man sie unter Wasser befreite. Konditionierte Reaktionen, die sie vorher mit großer Verläßlichkeit gezeigt hatten, wurden von einer Anzahl dieser Tiere nicht mehr ausgebildet und reproduziert. Sie erschienen gehemmt und passiv. *Pawlow* folgerte, daß das Trauma die Tiere an die Grenze ihrer Erregungstoleranz gebracht und eine massive Hemmreaktion ausgelöst hatte, die er als „transmarginale Hemmung“ bezeichnete. In den folgenden Wochen wurde eine seltsame und interessante, geordnete Sequenz von Veränderungen beobachtet, bevor die normalen Reaktionen wieder hergestellt waren. *Pawlow* konnte diesen Effekt später im Labor reproduzieren. Die notwendigen Bedingungen dafür sind ein Zustand extremer Erregung, intensive Reizung, schwierige Diskrimination und rascher Wechsel zwischen exzitatorischer und inhibitorischer Stimulation. Die erste Phase, die auf den allgemeinen Hemmungszustand folgt, nannte *Pawlow* „ultraparadoxe Phase“. Diese bestand aus der vollständigen Umkehrung der vorausgegangenen, ursprünglichen Tendenz. Auf Reize, die ursprünglich stets Reaktionen auslösten, wurde nicht mehr reagiert und umgekehrt. Danach folgte eine Reihe von Phasen, die *Pawlow* „paradox“ nannte, bei denen die Tiere mit maximalen Reaktionen auf mittlere Reizintensitäten reagierten, so daß der ursprünglich monoton steigende Gradient durch eine Reihe umgekehrt U-förmiger Kurven ersetzt wurde. In den folgenden Phasen rückte die Spitze der Kurve zum oberen Ende der Reizdimension (zu den intensiven Reizen). Darauf folgte eine „Ausgleichsphase“, in welcher alle Stimuli gleich starke Reaktionen hervorriefen. Danach traten weiter paradoxe Phasen auf, bis der ursprüngliche Gradient wieder hergestellt war. Jede Hauptphase dauerte ungefähr eine Woche (die paradoxen Phasen vor und nach der Ausgleichsphase getrennt betrachtet). Wiederholte Gegenüberstellung mit demselben Streß führte zu Wiederholung des Zyklus, und zwar jedesmal rascher bis zu dem Punkt, an dem der ursprüngliche Verlauf unberührt blieb.

Abb. 62 stellt Verläufe einzelner Phasen in der paradoxen Sequenz anhand der Daten eines Falles von *Pawlow* dar (1927, Seite 271–272). Die Reize sind auf der Ordinate in der Reihenfolge ihrer ursprünglichen Reaktionsintensität (definiert an der Anzahl konditionierter Reaktionen) aufgetragen: Licht (L); Ton (T); ein Metronom (M); und eine Pfeife (P). Der ursprüngliche Gradient der Reaktionsstärke ist in Abb. 62 als Kurve I wiedergegeben. *Pawlow* beschreibt das Experiment wie folgt (die Referenzen in Klammern stammen vom Autor).

„Zwischen den verschiedenen positiven Stimuli wurden die diskriminativen taktilen Reize (12 pro Minute, Dauer 30 Sek.) dargeboten und wurden dann wie üblich verstärkt. Dieser kleine Faktor erbrachte einen außergewöhnlichen Effekt. Am Tage

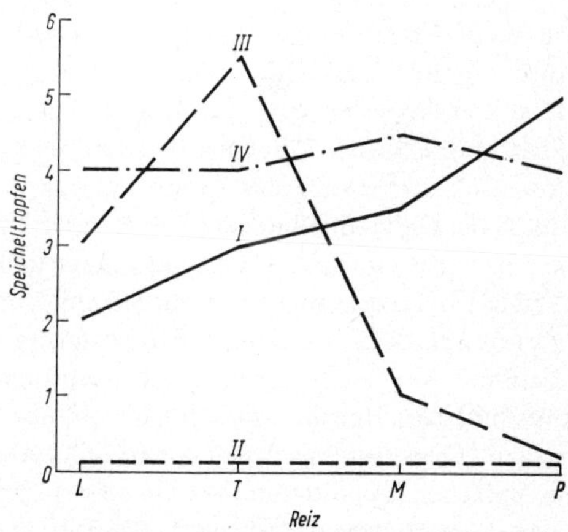

Abb. 62. Die Phasensequenz *Pawlows* – einschließlich der paradoxen Phase – die er der Löschung der transmarginalen Hemmung zuschreibt. Die Darstellung der Kurven beruht auf den Daten einer Fallstudie *Pawlows* (*Pawlow,* 1924, Seite 271). Phase I entspricht dem Ursprungsgradienten; Phase II der vollständigen Hemmung; Phase III den paradoxen Reaktionen; und Phase IV dem Ausgleich.

nach dem Experiment und an weiteren folgenden neun Tagen waren alle konditionierten Reflexe, bis auf eine gelegentlich auftretende Speichelsekretion, verschwunden (siehe Abb. 62, Phase II). . . . Die erste dieser außerordentlichen Veränderungen wird durch das nächste Experiment illustriert (siehe Abb. 62, Phase III). Das Experiment zeigt genau die Umkehrung dessen, was man während des normalen Zustandes des Tieres beobachtet. Die intensiven Reize haben entweder keinen oder nur einen geringen Effekt; die schwachen Stimuli haben einen größeren Effekt als normal. Alle positiven Reize wurden natürlich verstärkt. Diesen Zustand des Kortex nennen wir paradoxe Phase. Die paradoxe Phase dieses Hundes dauerte 14 Tage. Ihr folgte danach folgende Veränderung: (siehe Abb. 62, Phase IV). . . . Diese wurde Ausgleichsphase genannt, da alle Reize gleiche Effekte auslösten. Die Ausgleichsphase dauerte 7 Tage. Ihr folgte eine weitere Phase, während der Reize mittlerer Intensität ihre Effektivität weit vergrößerten, der Einfluß der intensiven Reize wurde leicht geschwächt und die schwachen Reize waren völlig ohne Einfluß. Nach 7 weiteren Tagen kehrten alle Reflexe zu ihrem normalen Wert zurück. In den folgenden Experimenten zum selben Problem boten wir einen der positiven Reize in verschiedenen Intensitäten dar. Die Resultate entsprachen den vorangegangenen Experimenten. Es ist klar, daß die Reaktionsdifferenzen auf die Reize in den verschiedenen Phasen von der relativen Stärke der Reize determiniert werden" (*Pawlow*, 1927, Seite 271–272).

Pawlow erklärte die paradoxe Phase mit der Aufhebung der transmarginalen Hemmung. Er nimmt an, daß bei Lösung der Hemmung zuerst selektiv die Hemmung weniger intensiver Reize und danach graduell Reize mit stärkerem Exzitationspotential aufgehoben werden. Während *Pawlow* über diese Analyse nicht hinausgeht, erklären wir den Anstieg der Reaktivität auf schwache Reize damit, daß die Reize am Ursprungsgradienten nur auf Grund ihrer Hemmung abgeschwächt waren. Sie wurden dann durch die transmarginale Hemmung enthemmt. Die Ausgleichsphase kann auch auf Disinhibition zurückgeführt werden und auf die Annahme, daß der Ursprungsgradient durch selektive Hemmung unterschiedlicher Reize, die mit derselben Reaktion assoziiert sind, verursacht wird. Auf Grund der Annahme, die paradoxe Phase werde durch Löschung der transmarginalen Hemmung ausgelöst, meint *Pawlow,* daß ein Anstieg der Hemmung den Zyklus umdrehen würde. Er konnte dies durch die Gabe „inhibitorisch" wirkender Drogen und unter Schläfrigkeitsbedingungen nachweisen. Beides führte er auf partielle kortikale Hemmung zurück.

Pawlow konnte nicht nur ausgedehnte paradoxe Phasen nach starker Erregung nachweisen, sondern ähnliche Effekte auch für kurze Intervalle mit Reizen von relativ niedriger Intensität zeigen. Das Prinzip der ansteigenden Hemmungsdominanz mit zunehmender Reizintensität gilt sowohl auf „mikrokosmischem" wie „makrokosmischem" Organisationsniveau der Exzitation und der Hemmung. Man muß daher auch in einfachen Konditionierungssituationen die durch das allgemeine Erregungsniveau ausgelöste Hemmung beachten. *Pawlow* sprach von einem direkten Zusammenhang zwischen der Intensität des konditionierten Reizes und dem Ausmaß der konditionierten Reaktion bis zu dem Punkt, an dem ein weiteres Ansteigen der Intensität des konditionierten Reizes zu Hemmungseffekten führt, die die Beziehung umkehren. Er beobachtete eine ähnliche kurvilineare Beziehung zwischen Nahrungsdeprivation und

Intensität der konditionierten Reaktion. Er stellte fest, daß die Kombination von Motivation und Stimulusintensität die Hemmung determinieren. In den folgenden Ausführungen spricht er über den kombinierten Effekt von Reizintensität und „Exzitabilität durch Futter" bzw. Hunger.

„Gehen wir von der gewöhnlich ausreichenden Fütterung des Hundes aus, während der das Gesetz über den Zusammenhang zwischen der Größe des Effekts und der Exzitationsintensität gilt; vergrößern wir die Erregbarkeit des Tieres auf Futter, sei es durch Verkleinerung der täglichen Ration oder Vergrößerung des Zeitintervalles zwischen den Fütterungen oder einfach durch Geschmacksanreicherung, so werden wir eine äußerst interessante Modifikation der Intensität der konditionierten Reflexe beobachten. Das Gesetz von der Abhängigkeit zwischen Effektausmaß und Erregungsintensität wird abrupt geändert; jetzt zeigen intensive und schwache Reize vergleichbare Reaktionen oder – was sogar noch häufiger vorkommt – intensive Reize rufen schwächere Effekte hervor als schwache Reize (Ausgleichs- und paradoxe Phasen); die intensiven Reize verlieren und die schwachen erhöhen ihre Effektivität (Ausgleichs- und paradoxe Phasen auf hohem Niveau)" (*Pawlow,* 1941, S. 54).

Die Sequenz der paradoxen Phasen auf intensive Stimulation, die *Pawlow* bei seinen Hunden nachwies, gleicht bis auf zwei Ausnahmen unseren Beobachtungen der umgekehrt U-förmigen Kurven der Fallschirmspringer. Die Fallschirmspringer zeigten keine Ausgleichsphase, zum anderen war die Richtung des Zyklus umgekehrt. Der zweite Unterschied kann der steigenden Hemmung in unseren Ergebnissen und der sinkenden Hemmung bei *Pawlow* zugeschrieben werden. Wenn *Pawlow* die Hemmung experimentell vergrößerte, so glichen seine Ergebnisse den unsrigen. Das Ausbleiben der Ausgleichsphase in unseren Ergebnissen kann auf zwei Arten erklärt werden. Bei schwacher Reliabilität der umgekehrt U-förmigen Kurven können bei nur vier Kurvenpunkten einzelne Punkte an den beiden Endpunkten der Kurve wegfallen oder wenig Variation zeigen. Zum anderen ist die Ausgleichsphase das Resultat der Aufhebung eines durch differentielle Hemmung ausgelösten Generalisationsgradienten. Diese Analyse ist auf die Situation *Pawlows* anwendbar, nicht aber auf die des Fallschirmspringens, da nur bei *Pawlow* eine Löschung der Hemmung eintrat. Die Interpretation der Resultate *Pawlows* als Folgen einer Disinhibition werden durch die Intensität der Reaktionen in der Ausgleichsphase gestützt.

Das vorrückende Kurvenmaximum erfahrener Fallschirmspringer wurde als gute Vorbereitung zur Bewältigung von zukünftigem Streß angesehen. Welche adaptive Funktion kann die posttraumatische paradoxe Phase haben? Wir glauben, daß sie der retroaktiven Streßbewältigung dient, während unsere Kurven für proaktive Bewältigung sorgen. Mit wiederholter Konfrontation desselben Stresses wird die paradoxe Phase so weit verkürzt, bis der Organismus imstande ist, den ursprünglichen Streß ohne Abweichung vom normalen Verhaltensmuster zu ertragen. Die Bewältigung von Streß, sei sie pro- oder retroaktiv, scheint eine gewisse Verharmlosung von zunehmendem Streß zu beinhalten. Dadurch kann ein größerer Bereich angsterregender Reize effektiv bewältigt werden, die Wahrnehmungsleistung und das Geschick erweitert werden, während im anderen Fall die Entwicklung in die umgekehrte Richtung verläuft und der Bereich angstauslösender Reize mit hoher Aktivierung verkleinert wird.

Die umgekehrt U-förmigen Kurven erfahrener Fallschirmspringer wurden damit erklärt, daß der Hemmungsgradient der Angst steiler als der Gradient generalisierter Angst sei. Die paradoxen Phasen von *Pawlow* werden durch dieselbe Annahme erklärt. Die Maxima der umgekehrt U-förmigen Kurven verlaufen bei *Pawlow* in entgegengesetzter Richtung. Die entgegengesetzte Richtung der Maxima wird durch Reduktion und nicht durch Anstieg der Hemmung erklärt. Dies stimmt mit *Pawlows* Annahme überein, das Phänomen sei der Löschung der transmarginalen Hemmung zuzuschreiben.

Die Gradienten von *Pawlows* paradoxer Phase gelten für kleine und große Erregungs- und Hemmungsquantitäten; die Annahme eines steileren Hemmungsgradienten wird dadurch über den Bereich der Angst hinaus erweitert; es wird dadurch ein allgemeines Gesetz der Erregungsmodulation auf vielen Organisationsstufen nahegelegt. Wir werden dies später diskutieren und uns dabei auf das *Gesetz der Erregungsmodulation* beziehen (Law of excitatory modulation, LEM).

Die verspätete Streßbewältigung: Wiederholungszwang und Trauer. *Freud* war derart beeindruckt von den wiederholten Träumen traumatisierter Soldaten, daß ihn dies zur Revision seiner Traumtheorie veranlaßte. In seiner Veröffentlichung „Jenseits des Lustprinzips" (Beyond the Pleasure Principle, 1959) räumte er ein, daß nicht alle Träume durch Wunscherfüllung motiviert werden. Er führte ein neues Prinzip ein, das des Wiederholungszwanges eines Traumas. Der Wiederholungszwang tritt bei Erwachsenen in der Sprache, in Gedanken und Vorstellungen und bei Kindern im Spiel auf. *Freud* faßte die Wiederholung als einen Versuch des Organismus zur verspäteten Bewältigung einer extremen Erfahrung auf. Nach *Fenichel* (1945) „stellt die Traumwiederholung eines traumatischen Neurotikers eine Regression auf eine primitive Bewältigungsmethode dar; durch die wiederholte Erfahrung des traumatischen Vorganges kann die Kontrolle langsam wiedergewonnen werden. Dies schafft eine verspätete Abfuhr der Spannung" (S. 120).

Die Kontrolle wird dadurch wiedergewonnen, daß die Wiederholung eher aktiv als passiv auftritt. Das Individuum bestimmt die Vorgangsweise zur Bewältigung hoher Aktivierung selbst. *Fenichel* beschreibt die zwanghafte Wiederholung bei Kindern als ein Prinzip, durch das Angst – hervorgerufen durch intensive Stimulation einer ungewohnten Umgebung – bewältigt wird: „Das normale Ich lernt, seine frühen und noch unbewältigten Ängste auf typische Art und Weise zu überwinden. Wenn der Organismus von großer Erregungsquantität ‚überflutet' wird, versucht er durch aktive Wiederholung der Situation wieder davon loszukommen. Zuerst werden die angstauslösenden passiven Erfahrungen aktiv wieder hervorgerufen, um sie verspätet zu meistern. Später dramatisiert das Kind nicht nur im Spiel die aufregenden Erfahrungen der Vergangenheit, sondern es antizipiert auch das, was seiner Ansicht nach in der Zukunft passieren wird" (S. 44–45). In einer Zusammenfassung der verschiedenen Formen zwanghafter Wiederholung meint *Fenichel:* „Diese Art der aktiven Wiederholung passiver Erfahrungen in selbstgewählter Quantität und Zeitfolge kommt am häufigsten in den Spielen der Kinder vor. Dasselbe Muster tritt in wiederholten Träumen und Symptomen traumatischer Neurotiker auf, sowie in vielen ähnlichen kleinen Aktionen normaler Erwachsener, die in Gedanken, Erzählungen oder Handlungen die unangenehmen Erfahrungen wiederholen, bis sie bewältigt sind“ (S. 542).

Daraus geht hervor, daß die Bewältigung des Traumas durch Wiederholung drei Hauptelementen zugeschrieben werden kann:

1. Entladung gestauter Spannung,
2. Substitution passiver Erfahrung durch aktive Erfahrung,
3. Neuerleben des Traumas in kleinen bewältigbaren Dosen.

Während die Änderung von passiver zu aktiver Erfahrung die Effekte von Spiel und Erzählungen erklärt, kann die passive Wiederholung von Träumen nicht darauf rückführbar sein. Wir glauben, daß der ausschlaggebende Faktor aus der Wiederholung in kleinen Dosen besteht. Die Wiederholung löst eine Desensibilisierung aus, analog der Gewöhnung an einen wiederholt dargebotenen intensiven Reiz. Die Desensibilisierung kann als Entwicklung einer selektiven Hemmung aufgefaßt werden. Ungleich *Pawlows* Konzept der transmarginalen Hemmung, die eine Notabwehr gegen überwältigende Exzitation durch eine umfassende Hemmung darstellt, die mit den normalen Funktionseigenheiten interferiert, gehen wir von der Annahme aus, daß die Hemmungsreaktionen, die sich graduell durch Wiederholung entwickeln, selektiv arbeiten und nicht mit dem allgemeinen Funktionsniveau des Organismus interferieren. Es ist durchaus möglich, daß die bei *Pawlow* beschriebene posttraumatische paradoxe Phase und die zwanghafte Wiederholung ein und dasselbe Phänomen sind. Das gemeinsame Element in beiden ist die Rückwärtsbewegung zum Ursprungstrauma, ausgehend von reduzierten Intensitätsniveaus. Obwohl das wiederholte Erleben des Traumas aversiv ist, erfolgt es doch auf einem assimilierbaren Niveau des Organismus. Der Wiederholungszwang kann als Kompromiß oder als Nettoeffekt von Erregungs- und Hemmungsgradienten angesehen werden: „Die Einstellung des Ichs gegenüber der Wiederholung ist sehr ambivalent. Sie ist einerseits erwünscht, da sie die aversive Spannung löst, andererseits ist die Wiederholung selbst aversiv, die Person schwankt zwischen Furcht und Vermeidung. Gewöhnlich wird daher ein Kompromiß gesucht: Eine Wiederholung auf einer schwächeren Ebene und unter ermutigenderen Umständen“ (*Fenichel,* 1945, S. 543).

Obwohl wir die passiven Aspekte der zwanghaften Wiederholung betont haben, wollen wir damit nicht die Bedeutung der aktiven Angstbewältigung leugnen. Die gleichen Muster, die passiv in Träumen und bei den konditionierten Reaktionen der Hunde *Pawlows* auftreten, erscheinen aktiv im Spiel der Kinder, in den Vorstellungen der Erwachsenen und in der Psychotherapie. Aktive und passive Bewältigung der Angst hängen notwendigerweise zusammen. Durch Festlegung der tolerierbaren Aktivation setzt die passive Bewältigung die Grenzen für aktives Bewältigen. Aktive Bewältigung kann passives Bewältigen beschleunigen oder verzögern. So kann das Kind in seinem Spiel und der Psychotherapeut mit seinem Klienten die Frequenz und Intensität der traumatischen Reize festsetzen. Zu rasches Tempo wird Sensibilisierung bewirken und vermehrt Defensivreaktionen auslösen. Die normale Bewältigung der Angst geht schrittweise vor sich, Angst wird in kleinen Dosen bewältigt.

Ebenso wie die zwanghafte Wiederholung nach traumatischer Reizung ist die Trauer nach einem schweren Verlust ein Beispiel für retroaktive Streßbewältigung. *Lindemann* (1944) zählt Symptome des Kummers auf: „. . . wellenartiges Wiederkehren somatischen Unbehagens über 20 Minuten bis zu einer Stunde, ein Gefühl der Enge in der Kehle, Kurzatmigkeit, Seufzen, ein leeres Gefühl im Magen, schwache Muskelkraft und ein intensives subjektives Unbehagen, das als Spannung oder mentaler Schmerz beschrieben wird. Der Patient lernt bald, daß diese Phasen des Unbehagens durch Besuche, Erwähnung eines Todesfalles und Sympathiekundgebungen ausgelöst werden können und vermeidet daher Situationen, die mit dem Syndrom in Zusammenhang stehen" (S. 141). Wie bei der traumatischen Neurose werden Reize, die mit dem Streß assoziiert sind, als aversiv empfunden und vermieden. In folgender Bemerkung wird verdeutlicht, daß das Unbehagen auf Grund persönlichen Verlustes ein hohes Aktivierungsniveau nach sich zieht: „Die Aktivität einer trauernden Person zeigt bemerkenswerte Veränderungen im Verlauf des Tages. Es zeigt sich keine Verlangsamung der Handlungen und der Sprache; im Gegenteil, die Sprache wird beschleunigt, besonders wenn vom Toten die Rede ist. Daneben zeigen sich allgemeine Ruhelosigkeit, Unfähigkeit still zu sitzen, zielloses Umherwandern, dauerndes Suchen nach Betätigung. Zur gleichen Zeit ist die Person unfähig, eine geregelte Tätigkeit zu beginnen und durchzuhalten" (*Lindemann,* 1944, S. 142).

Die angepaßte Bewältigung eines schweren Verlustes benötigt eine emotionale Reaktionsabfuhr auf Reize, die mit dem Verlust assoziiert sind. Der Prozeß sollte schrittweise voranschreiben, um nicht überwältigend zu wirken und defensive Reaktionen zu vergrößern. Abnorme Abwehr schließt eine Reihe von Reaktionen zur Vermeidung des Kummers ein: Feindseligkeiten gegenüber Personen, die Kummer auslösen oder deren Gegenwart daran erinnert, Leugnen, Zurückziehen, Vermeidung von assoziierten Reizen, Ablenkung. Durch diese Abwehrreaktionen werden Symptome wie Konversionsreaktionen, psychosomatische Störungen, agitierte Depression, manische Aktivität und ein Syndrom aus fehlender Spontaneität, emotionaler Stumpfheit und Desinteresse ausgelöst. *Lindemann* beschreibt die Erscheinung solch einer Person als „hölzern und formal mit schizophrenen Zügen in Affektivität und Verhalten" (S. 145). Zur Vermeidung des Kummers und Schmerzes und zur Kontrolle ihrer Abwehr entwickeln solche Personen eine vollständige Hemmung jeder Emotion. Dies illustriert wieder das Prinzip, daß abnorme Abwehr dem „Alles-oder-Nichts-System" unterliegt, während normale Defensivreaktionen aus modulierten Hemmreaktionen bestehen, die sich aus der schrittweisen Bewältigung des Stresses entwickeln.

Normale und abnorme Abwehr

Es zeigte sich, daß die sukzessive Hemmung der zunehmend generalisierenden Angst eine Erweiterung der individuellen Effektivität bei der Auseinandersetzung mit Bedrohung bewirkt; dies konstituiert den normalen Prozeß der Streßbewältigung. Auf ähnliche Art veranlaßt die sukzessive Hemmung der abnehmend generalisierenden Angst den Organismus, die schädigenden Folgen der vormals überwältigenden Bedrohung aufzulösen; dies konstituiert den normalen Prozeß der retroaktiven Streßbewältigung. Aus dieser Sicht sind abnorme Abwehr alle jene Reaktionen oder Reaktionsdispositionen, die mit dem normalen Prozeß der Streßbewältigung interferieren.

Man erinnert sich noch an das Abwehrsystem der erfahrenen Fallschirmspringer.

Die frühe Verteidigungsstrategie basierte dabei auf subjektiv empfundener Furcht und deren Hemmung, darauf folgte steigende physiologische Aktivierung und ihre psychologisch vermittelte Hemmung. Die dritte Verteidigungsstrategie bestand aus homöostatischen physiologischen Kontrollen des erhöhten Aktivierungsniveaus. Die letzte und kritische Abwehrstrategie gegen extreme Aktivierung wäre mit *Pawlows* Konzept der transmarginalen Hemmung zu umschreiben. In der Gegenrichtung wären die ersten Abwehrstrategien Verteidigungsreaktionen gegen Furcht und Angst bzw. primäre Aktivierung. Solche Defensivreaktionen gegenüber Furcht und Angst bestehen aus den verschiedenen Formen des Leugnens sowie den psychoanalytischen Abwehrmechanismen. Werden die frühen Abwehrmechanismen zu sehr ausgeschöpft, können sich die folgenden Abwehrstrategien nicht entwickeln. Anders ausgedruckt: man kann zwar die Realität leugnen und die Angst vermeiden; das bewirkt aber, daß die Person nicht lernt, sich mit der Realität auseinanderzusetzen. Als Resultat daraus bleibt der Organismus mit nur einer einzigen Abwehrstrategie zwischen potentiell Angst erregenden Reizen und biologischen Notwehrsystemen zurück. Das letztere haben wir als „Alles-oder-Nichts"-Defensivsystem beschrieben. Besagt das nun, daß jede Abwehr, die aus Leugnen besteht, abnorm ist? Keineswegs. Leugnen ist nicht abnorm, solange es nicht als einzige Methode zu einem „Kurzschluß" im normalen Bewältigungsprozeß führt. Der Anfänger im Fallschirmspringen, der zu Beginn die Existenz angstauslösender Reize leugnet, wurde später zum erfahrenen Springer mit effektiveren Bewältigungsmöglichkeiten. Es ist wichtig festzuhalten, daß Abwehrsysteme, die aus Leugnen bestimmter Wahrnehmungen bestehen, in kleinerem oder größerem Ausmaß benutzt werden können. Ein begrenztes Ausmaß von Leugnen oder Vermeiden mag sogar nützlich sein, indem es die Bewältigung von bestimmten Aufgabenaspekten ermöglicht, die selbst bereits ein Angstmaximum auslösen. „Abnorme" Abwehrmuster sollten nicht primär nach ihrer spezifischen Qualität beurteilt werden, sondern danach, ob sie den Bewältigungsprozeß abblocken oder ihn aufrecht erhalten helfen. Je intensiver die Abwehr, um so eher kommt es zur völligen Blockade.

Als eine Konsequenz der Bewältigungsarbeit werden selektive Hemmkontrollen entwickelt. Diese erzeugen ein streng geregeltes Kontrollsystem im Gegensatz zum „Alles-oder-Nichts"-Kontrollsystem. Da das modulierte Kontrollsystem durch die Bewältigung sukzessiven Angstanstiegs entwickelt wurde, ist es mit genauer Wahrnehmungsdiskriminierung und der Hemmung angsterregender Reaktionen verbunden. Die letztgenannte Hemmwirkung schließt auch Reaktionen auf selbsterzeugte Angstreize ein. Dabei kann die Kontrolle so früh einsetzen, daß bereits bei relativ niedriger Aktivierung die notwendige adaptive Wirkung der Angst als Warnsignal unterbleiben kann. Sollte die Abwehr an einem Punkt mißlingen, so kann sie an einem anderen eingesetzt werden. Die Nachteile eines Alles-oder-Nichts-Systems sind offensichtlich. Mit einem derartigen System ist man äußerst verletzbar; sobald die Abwehr zusammenbricht, fehlen Möglichkeiten, mit der Bedrohung fertig zu werden. Wie bereits im Abschnitt über den Kummer bemerkt wurde, ist eine Person mit einem „Alles-oder-Nichts"-Abwehrsystem gezwungen, ihre Umgebung, ihr Denken und Fühlen einzuschränken, damit nicht neue Reize und Reaktionen auftauchen, die ihre Abwehrmaßnahmen untergraben. Neben der Möglichkeit des Überwältigtwerdens stellt das Fehlen eines effektiven Warnsystems eine wachsende Gefahr dar. *Grinker* und *Spiegel* (1945) beschreiben das „Syndrom des alten Feldwebels", das Verschwinden der Angst nach langer Schlacht. Es konnte jedoch in keinem Fall eine Befragung durchgeführt werden, da solche Leute meist nicht lange leben.

Wenden wir uns der Frage zu, unter welchen Umständen sich abnorme Abwehrsysteme entwickeln; abgesehen von biologischen Unterschieden und differentieller Bekräftigung scheint ein allgemeines Prinzip dabei erwägenswert. Letztlich ist jede Abwehr gegen ein hohes Aktivierungsniveau gerichtet. Je höher das Basisniveau der Aktivierung, um so wichtiger wird die Abwehr weiteren Anstiegs. Erreicht das Erregungsniveau die individuelle obere Grenze der biologischen Toleranz, so kann der zu ihrer Bewältigung notwendige Aktivierungsanstieg nicht mehr aufgebracht werden; z. B., daß ein Erkennen oder Einordnen der Bedrohungsursache das Ausmaß der Gesamtbedrohung nur erhöht. Versuche, eine Person in diese Richtung zu motivieren, verstärken nur die Entwicklung eines „Alles-oder-Nichts"-Systems. *Eine Streßbewältigung kann erst nach Reduktion des Aktivierungsniveaus einsetzen und selbst dann soll schrittweise vorgegangen werden, da bei starkem Aktivierungsanstieg eine Umkehrung des Prozesses eintreten kann* (Hervorhebung durch Herausgeber).

Wir haben durchwegs die Bedeutung der Hemmung betont und darauf hingewiesen, daß abnorme Abwehr aus einer undifferenzierten oder diffusen Hemmkontrolle besteht und normale Abwehr über selektive und modulierte Hemmvorgänge verfügt. Wie bereits erwähnt, muß man zwischen zwei Arten psychologisch vermittelter Hemmung unterscheiden, der passiven und aktiven. Passive Hemmung ist für die Desensibilisierung verantwortlich, die als Konsequenz wiederholter Stimulation auftritt, wenn die Reizintensitäten nicht hoch sind. Diese Art der Hemmung ist für die paradoxe Phase bei *Pawlows* Hunden nach dem Trauma und für wiederholte Träume der traumatischen Neurose verantwortlich. Aktive Hemmung war bei der proaktiven Streßbewältigung beim Fallschirmspringen beteiligt. Fallschirmspringer lernten angstreduzierende Reaktionen; mit wachsender Erfahrung traten diese Reaktionen früher auf und bewirkten eine fortlaufende Verschiebung und Verkleinerung der Kurvenmaxima von Furcht und Angst. Ein ähnlicher Prozeß tritt beim Vermeidungslernen auf, das ein interessantes Paradigma für die aktive Beherrschung der Furcht darstellt, (*Solomon* und *Wynne,* 1954).

Beim Vermeidungskonditionieren wird dem Tier vor dem elektrischen Schlag ein Hinweisreiz, z. B. ein Summton, dargeboten. Das Tier kann den Schock vermeiden, wenn es eine bestimmte Reaktion lernt, z. B. in einem festgesetzten Zeitintervall vor dem Schock einen Hebel zu drücken. Die Vermeidungsreaktion ist ein experimentelles Analogon eines Abwehrmechanismus bei einem Angstsignal. Vor dem Lernen der Vermeidungsreaktion, zu Beginn des Experiments, wird die Angst in zunehmender Intensität auf den Summton konditioniert. Daraus entwickelt sich ein Angstgradient mit zunehmend steilerem Anstieg vom Beginn des Summtones bis kurz vor der Schockgabe (*Solomon* und *Wynne,* 1954). Die Existenz des Gradienten wird durch das erregte Verhalten des Tieres mit erhöhtem Urinieren und Defäkation offenbar. Die erste erfolgreiche Vermeidungsreaktion wird meist erst kurz vor dem Schock gelernt. Mit zunehmender Erfahrung tritt die Vermeidungsreaktion früher auf, bis sie schließlich sofort dem Beginn des Summtones folgt.

Je früher die Vermeidungsreaktion erfolgt, um so eher unterbricht sie die steigende Angst. Das Verhalten des Tieres stimmt mit dieser Interpretation überein, da es nach früher Vermeidungsreaktion weniger Angst zeigt als bei verzögerter Reaktion. Als Konsequenz der zeitlich früher auftretenden Vermeidungsreaktionen verschiebt sich der Angsthöhepunkt zeitlich in gleicher Art wie bei unseren erfahrenen Fallschirmspringern.

Um das Vermeidungsmodell an die Ergebnisse der Fallschirmspringer oder an ein allgemeines Modell der Hemmungskontrolle der Angst beim Menschen anzupassen, muß man annehmen, daß beim Menschen Vermeidungsreaktionen in der Vorstellung genau so ablaufen wie motorische Vermeidungsreaktionen im Tierversuch. Obwohl die konditionierten Angstreize im Vermeidungsparadigma des Tierversuches extern waren, können die angstauslösenden Reize beim Menschen sowohl extern als auch intern repräsentiert sein. So lernt der erfahrene Fallschirmspringer, daß er nur an bestimmte Dinge denken darf, um die steigende Angst zu unterbinden, die sowohl durch eigene Gedanken und Vorstellungen, wie auch durch externe Reize ausgelöst wird. Mit zunehmender Erfahrung lernt er, gleich dem Tier, seine Vermeidungsreaktionen früher und mit größerer Effizienz auszuführen. Ein bedeutender Unterschied besteht aber zwischen dem Menschen in der natürlichen Situation und dem Tier in der künstlichen Experimentiersituation. Hat das Tier die Vermeidungsreaktion ausgeführt, so sind Summer und Schock vollständig beseitigt. In der realen humanen Situation ist es aber notwendig, angstauslösende Gedanken und Vorstellungen laufend abzuwehren. Das Konzept der aktiven Hemmung ist daher nur in der menschlichen Situation bedeutungsvoll. Vermeidungsreaktionen brauchen keineswegs bewußt zu werden. Mit zunehmender Erfahrung werden sie habituiert, benötigen wenig Antrieb und verschwinden aus dem Bewußtsein.

Die Erweiterung der Theorie der Angstbewältigung zu einer allgemeinen Theorie der Intensitätsmodulation

Wir schlagen vor, die Prinzipien der Angstkontrolle auf ein breites adaptives System zur Modulation der Reizintensität auszudehnen.

In unseren vorausgegangenen Überlegungen stellten wir fest, daß die „Zwei-Prozeß-Theorie“ nicht nur auf die sehr unterschiedlichen Daten der Fallschirmspringer zutraf, sondern auch einen weiten Bereich anderer Phänomene erklärt, wie z. B. die eigenartige, doch klar geordnete Sequenz der paradoxen Phasen *Pawlows,* die Streßbewältigung im Kampfflug und das Durcharbeiten bei traumatischen Neurosen und akutem Kummer. Der weite Anwendungsbereich und die erstaunliche Reliabilität der relativ komplexen Phänomene in unseren Ergebnissen sprechen für ein gemeinsames fundamentales Grundprinzip. Die Beobachtung, daß dieselben Prinzipien auf eine Reihe von Ergebnissen anwendbar sind, die nichts mit Angst im üblichen Sinne zu tun haben, läßt ein über Angst hinausgehendes allgemeines Prinzip vermuten. In diesem Zusammenhang erinnern wir uns, daß *Pawlow* die paradoxe Phase sowohl bei relativ schwacher wie extrem intensiver Reizung beobachtete. Zusätzlich kann man zeigen, daß die Parameter traumatischer Neurosen mit denen der Schreckreaktion übereinstimmen können; momentane Desorganisation nach mittelstarker Stimulation folgt denselben Prinzipien wie dauerhafte pathologische Desorganisation nach überstarker Reizung.

Wir glauben an ein grundlegendes psychophysiologisches System, das auf die Intensitätskomponente jeder Reizung reagiert und eine rudimentäre Form des Lernens zuläßt. Dieses System ist für „Intensitätslernen" verantwortlich und ist Voraussetzung für effizienten Umweltkontakt. Es stellt mehr als nur ein beeinflussendes System dar, wird aber auch selbst durch Diskrimination und Konditionieren beeinflußt.

Die Theorie wird in Form von Postulaten dargestellt. Die einzelnen Postulate werden in einer späteren Publikation vollständig erläutert. Der Leser, der an einer genaueren Darstellung der relevanten Gesichtspunkte, sowie an einer genaueren Übersicht der entsprechenden Untersuchungen interessiert ist, möge sich an die Arbeiten von *Berlyne* (1960, *Duffy* (1962), *Diamond, Balvin* und *Diamond* (1963) und *Sokolov* (1963) wenden.

Die Postulate werden in Form gewagter Spekulationen dargestellt, um zu untersuchen, wie weit sich die in den Angstexperimenten gefundenen Prinzipien auf andere Gebiete ausdehnen lassen. Falls sie tatsächlich derart weit generalisierbar sind, wie wir hoffen, so werden einige erstaunliche integrierende Prinzipien offenbar werden. Wenn dies nicht der Fall ist, werden dadurch wenigstens einige mögliche Grundlagenexperimente angeregt.

Postulat 1: Der steigende Exzitationsgradient ist eine Funktion wachsender Reizintensität

Dieses Postulat ist möglicherweise selbstevident. Es sagt einfach, stärkere Reize übertragen mehr Energie als schwächere. Wir bevorzugen das Wort Exzitation vor anderen Alternativen, wie z. B. dem Terminus Aktivierung, da Exzitation nicht als ein Prozeß mit direktem Einfluß auf das Verhalten angesehen wird; wir vermuten, daß der Nettoeffekt der Exzitation und Hemmung erst auf einer bestimmten Organisationsstufe das Verhalten beeinflußt, einschließlich Aktivierungsindikatoren. Exzitationspostulate können nicht unabhängig von Hemmungspostulaten überprüft werden.

Zur Spezifikation des Postulats muß es nach oben und unten abgegrenzt werden. Unterhalb eines bestimmten Schwellenwertes ist weitere Reizintensitätsreduktion nicht differenzierbar und oberhalb des Punktes maximaler Aktivierung aller Rezeptoren oder über der Kanalkapazität neuronaler Übertragung ist ein Anstieg der Reizintensität irrelevant.

Postulat 2: Der abnehmende Exzitationsgradient ist eine Funktion der seit der Reizdarbietung verstrichenen Zeit

Dieses Postulat bezieht sich auf die abnehmende Effektivität eines Reizes mit Verstreichen der Zeit. Dies scheint evident und daher nicht erwähnenswert zu sein. Im Zusammenhang mit dem korrespondierenden Hemmungspostulat ist es aber keineswegs trivial. Für sehr kurze Zeiten gilt dies aber nur bedingt; ebenso für sehr lange Zeitintervalle, bei denen sich nichts mehr ändert.

Postulat 3: Der steigende Exzitationsgradient ist eine Funktion der Anzahl der Reizdarbietungen innerhalb eines definierten Zeitintervalls

Dieses Postulat geht von der Annahme aus, daß sich die Exzitationstendenzen innerhalb eines festgesetzten Zeitintervalls kumulativ summieren. Das Postulat ist nicht in dem Maße evident wie die vorangegangenen, da Kumulationseffekte leicht durch die Löschung der Exzitation im Laufe der Zeit und durch schnell steigende Hemmungseffekte bei sukzessiver Darbietung desselben Reizes verschleiert werden können.

Postulat 4: Der steigende Hemmungsgradient ist eine Funktion der wachsenden Reizintensität

Die Hemmungspostulate sind nur durch ihre Beziehung zu den Exzitationspostulaten überprüfbar. Das wiederum erfordert weitere Postulate über deren Interaktion. Die Hemmungspostulate sollen verdeutlichen, daß der Organismus nicht nur auf Stimulation zu reagieren hat, sondern sich auch vor exzessiver Reizung schützen muß.

Postulat 5: Der abnehmende Hemmungsgradient ist eine Funktion der seit der Reizdarbietung verstrichenen Zeit

Dieses Postulat meint, daß Hemmung wie Exzitation mit der Zeit abnehmen.

Postulat 6: Der steigende Hemmungsgradient ist eine Funktion der Anzahl der Reizdarbietungen innerhalb eines definierten Zeitintervalls

Dieses Postulat nimmt an, daß Hemmung wie Exzitation kumulativ verlaufen. Dies erklärt die Tatsache, daß die Kumulation schwacher wiederholter Reize keine traumatischen Aktivationshöhen auslöst.

Postulat 7: Der Hemmungsgradient als Funktion der Reizintensität ist steiler als der Exzitationsgradient

Wenn der Hemmungsgradient steiler ansteigt als der Exzitationsgradient, dann sollten die Indikatoren der Nettoerregung als Funktion der wachsenden Reizintensität vorerst steigen und dann fallen (siehe Abb. 63). Der umgekehrt U-förmige Verlauf der Nettoerregung als Funktion steigender Reizintensität wird durch mehrere Ergebnisse gestützt. Vorerst die Beobachtung *Pawlows* (1941), daß die Stärke der konditionierten Reaktion bis zu einem bestimmten Punkt der Intensität des CS proportional ist, danach jedoch kehrt sich mit wachsender Intensität die Beziehung um. Je höher das Motivationsniveau, um so früher der Umkehrpunkt. *Sokolovs* (1963) Ergebnisse zeigen, daß mit wachsender Reizintensität Orientierungsreflexe zu Abwehrreflexen werden. Diese Annahme wird auch durch Experimente zum Einfluß externer Reizung auf die Reizschwelle gestützt. Mittlere Intensität externer Reizung senkt die Schwellen, starke Stimulation erhöht sie (*Berlyne,* 1960; *Diamond* et al.,

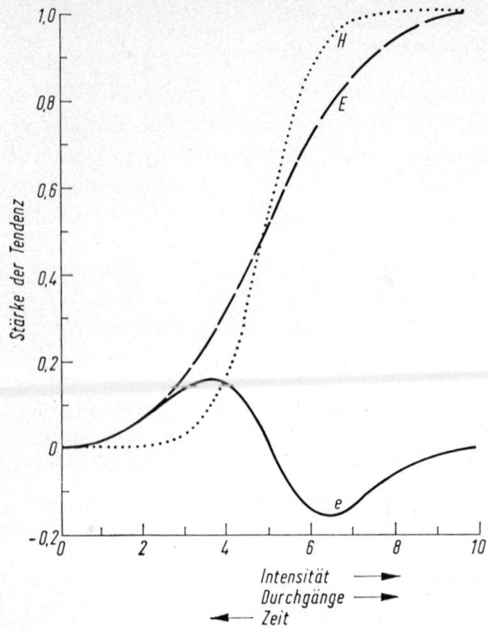

Abb. 63. Theoretische Kurven der Erregung (Exzitation) (E), Hemmung (H) und der Nettoerregung (e) als Funktion der Reizintensität. Der Verlauf der Hemmungskurve wird durch das Integral der Normalverteilung dargestellt: $H = \int \varphi(x)$
die Erregungskurve durch die Formel $E = \int \varphi(x/2)$
Für beide Kurven wurde eine Konstante 5 auf der Abszisse hinzugefügt, damit der Nullpunkt mit dem Ursprung und nicht mit dem Mittelpunkt der Intensitätsdimension übereinstimmt. Die Kurve der Nettoexzitation erhält man durch die Substraktion der Hemmung von der Erregung.

Auf Grund einiger berechtigter Annahmen erscheinen sigmoidale Kurven geeigneter als lineare Funktionen. Diese Annahmen besagen, daß die Erregungs- und Hemmungskurven durch die unteren und oberen Asymptoten beschränkt sind, wobei die ersten den Wert 0 haben und die letzteren mit dem Maximalwert übereinstimmen (Maximalwert, den das ZNS übermitteln kann). Wenn also die Hemmung schneller ansteigt als die Erregung, und die Erregung innerhalb des mittleren Bereiches überholt, und wenn beide Kurven an demselben Punkt beginnen und enden, so muß die Erregung notwendigerweise in den extremen Bereichen schneller steigen. Das Resultat daraus ist die Vollendung eines vollständigen Zyklus durch die Nettokurve der Erregung. Sie kehrt aus dem negativen (Hemmungs-) Bereich wieder zum Nullpunkt zurück. Der ganze Zyklus erfordert die vollständige Darstellung der Dimension Reizintensität innerhalb eines Subsystems von Erregung und Hemmung. Man kann annehmen, daß nur die erste Hälfte der Dimension in den meisten experimentellen Bedingungen beteiligt ist. Daher scheint eine lineare Darstellung der resultierenden Kurven meist adäquat. Unter solchen Umständen erhält man umgekehrt U-förmige Kurven der Netto-Erregung, unabhängig davon, ob man die Kurven von Erregung und Hemmung durch sigmoidale oder lineare Funktionen darstellt. Über den ganzen Dimensionsbereich ist der Nettobetrag der Erregung sowohl am unteren, wie oberen Ende gleich 0. Es wird eher ein dynamisches Gleichgewicht als ein Abflachen am oberen Ende der Dimension bei größerer Erregung und Hemmung erreicht werden. Dies wird durch die Beobachtung gestützt, daß bei hohem Streßniveau plötzliche Fluktuationen zwischen starker Erregung und Hemmung auftreten (*Sargant,* 1957). Einige interessante Folgerungen ergeben sich aus der Darstellung der Kurven als Integral der Normalverteilung. Sie stimmt mit dem Modell des Nervensystems überein, in dem normal verteilte Schwellenwerte der Neurone angenommen werden, wobei die meisten Neurone einen mittleren

1963; *Duffy,* 1962; *Sokolov,* 1963). Letztlich wird die Annahme wachsender Dominanz der Hemmung bei intensiver Stimulation durch die Kurvenform physiologischer Aktivität als Funktion steigender Reizintensität untermauert. Nach *Wilder* (1957) erhöht ein kleiner Reizzuwachs bei mittlerem physiologischen Aktivierungsniveau die physiologische Aktivität, während ein starker Anstieg das physiologische Aktivitätsniveau senkt.

Postulat 8: Der Hemmungsgradient als Funktion der seit der Reizdarbietung verstrichenen Zeit ist steiler als der Exzitationsgradient

Die Hemmung reagiert „empfindlicher" auf die vergangene Zeit, als die Exzitation. In Abb. 63 zeigt die Hemmung stärkere Variation im Laufe der Zeit als die Exzitation. Der Einfluß der Zeit auf die Gradienten entspricht dem Effekt der Reizintensität. Die Nettoexzitation bei einem starken Reiz nach einer längeren Zeit entspricht dem Effekt eines schwächeren Reizes nach kurzer Zeit. Kurz nach Darbietung eines intensiven Reizes ist die Hemmung stärker als die Erregung. Mit zunehmender Zeit steigt die Exzitation über die Hemmung; schließlich fallen beide gegen Null ab. Das Phänomen der „spontanen Erholung" entspricht der Phase, in der die Hemmung unter die Erregung fällt. Die Zeitverläufe der Dominanz der beiden Gradienten werden durch die Reizintensität beeinflußt. Wenn die Reizintensität vorerst nicht hoch genug ist, kreuzen sich die Gradienten nicht. Je höher die Stimulusintensität, um so größer sollten das Ausmaß der spontanen Erholung und die zeitliche Verzögerung bis zu ihrem Auftreten sein. Die oberen Bereiche der in Abb. 63 dargestellten Erregungs- und Hemmungskurven gelten nur für hohe Reizintensitäten.

Das Postulat wird durch die Beobachtung *Sokolovs* (1963) gestützt, daß starker Schmerz oder ein intensiver akustischer Reiz sofort einen Abwehrreflex auslösen, der nach kurzer Zeit von einem Orientierungsreflex gefolgt wird. Für die widersprüchlichen Ergebnisse verschiedener Untersuchungen über den Effekt externer Reizung auf Reizschwellen sind wahrscheinlich die Nichtbeachtung der Zeit nach der Reizdarbietung verantwortlich (*Berlyne,* 1960; *Duffy,* 1962).

Postulat 9: Der Hemmungsgradient als Funktion der Anzahl der Reizdarbietungen innerhalb eines bestimmten Zeitintervalls ist steiler als der Exzitationsgradient

Bei Kombination der Effekte von Hemmungs- und Exzitationsgradienten sagen wir voraus, daß bei wiederholter Stimulation mit gleicher Intensität die Indikatoren

Abb. 63. Fortsetzung der Legende.
Schwellenwert aufweisen, während einige wenige Neurone sehr niedere oder sehr hohe Schwellenwerte zeigen. Wenn also die Stimulusintensität ansteigt, folgt die Anzahl der Neurone, deren Schwelle überschritten wird, dem Integral der Normalverteilung. (Die Anzahl der Durchgänge und die Zeit – auf der Abszisse – dienen der späteren Diskussion der Postulate.) *Trehub* (1954) kam zu einer ähnlichen Formulierung. In einer unveröffentlichten Dissertation bemerkte er, daß die visuelle Schwelle mit der autonomen Aktivität variiert. Er nimmt an, daß eine negativ beschleunigte Aktivationsfunktion und eine ogivenförmige Hemmfunktion einander gegenseitig beeinflussen. Letztere haben ein steileres Gefälle.

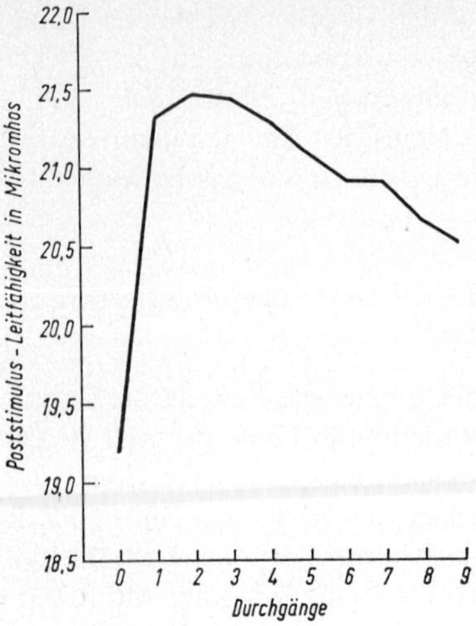

Abb. 64. Basis-Leitfähigkeit der Haut als Funktion der Darbietung eines lauten Tones in 100-Sekunden-Intervallen über 9 Durchgänge (*Epstein* und *Fenz,* 1966).

physiologischer Aktivierung zuerst wachsen und dann abnehmen sollten (sobald die Hemmung über die Erregung dominiert). Der Verlauf von Erregung und Hemmung als Funktion wiederholter Reizung entspricht dem Verlauf von Erregung und Hemmung als Funktion steigender Reizintensität. Beide werden durch dieselbe Kurve dargestellt (siehe Abb. 63). Damit soll nicht geleugnet werden, daß ein bedeutender Unterschied besteht, wenn man mit hoher Energie reizt oder diese Energie in kleinen Mengen zeitlich verteilt. Das Absinken von Erregung und Hemmung im Laufe der Zeit demonstriert bereits den Unterschied (siehe Postulat 8). Ein langer Reiz kann mehreren kurzdauernden Reizen gleichgestellt werden.

Postulat 9 wird durch die Beobachtung *Sokolovs* (1963) gestützt, daß mit wiederholter Darbietung eines mittelstarken Reizes (wie z. B. elektrischer Schlag) Orientierungsreflexe von Abwehrreflexen abgelöst werden. Je höher die Reizfrequenz, um so leichter kann durch zunehmend schwächere Reize ein Abwehrreflex ausgelöst werden. Die Zunahme bzw. Abnahme sensorischer und motorischer Reaktionen bei Orientierungs- und Abwehrreflexen kann aus Abb. 63 entnommen werden; eine Zunahme entspricht dem Kurventeil, in dem Exzitation über Hemmung dominiert, eine Abnahme entspricht der Hemmungsdominanz.

Eine direkte Bestätigung dieses Postulats erbringen die Resultate eigener Untersuchungen (*Epstein* und *Fenz,* 1966). Abb. 64 zeigt das Ergebnis von neun Darbietungen eines lauten Geräusches (Basisleitfähigkeit der Haut). Das Geräusch wurde in 10-Sekunden-Intervallen dargeboten. Übereinstimmend mit unserem Modell steigt die Leitfähigkeit vorerst und fällt dann ab.

Hemmung ist sehr wahrscheinlich eine direkte Funktion der Rate des Exzitationsanstieges. Bei schneller Frequenz eines mittelstarken Reizes muß die Hemmung schneller aufgebaut werden, um den Erregungsanstieg zu überflügeln. Bei schneller Reizdarbietung kann die Exzitation nur kurz über die Hemmung steigen (allerdings darf die Stimulation nicht exzessiv sein). Dies erklärt, daß Menschen während

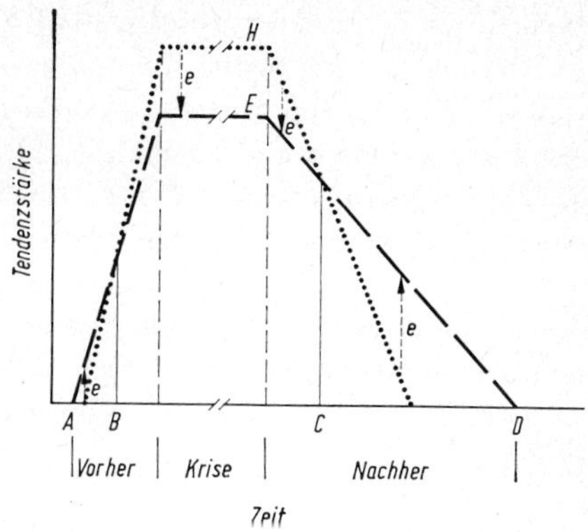

Abb. 65. Theoretische Kurven der Erregung (E), der Hemmung (H) und der Netto-Erregung (e) während und nach einer Krise. Die Phase A–B entspricht dem kurzen Zeitabschnitt, in der die Erregung bei beginnender Wahrnehmung der Krise die Hemmung übertrifft. Phase B–C entspricht dem nachfolgenden Zeitabschnitt während und kurz nach der Krise, in dem die Hemmung die Erregung übersteigt. Periode C–D entspricht einem Nachentladungseffekt der Angst, wenn die Erregung die Hemmung wieder übersteigt.

Krisensituationen oft ohne jede Angst effizient handeln, erst danach kommt es zu verlängerten „Nachentladungen“ von Angst. Wahrscheinlich ruft die anfängliche Wahrnehmung der Krisensituation einen raschen Erregungsanstieg hervor, der wiederum einen noch rascheren Anstieg der Hemmung auslöst. Diese Situation wird in Abb. 65 dargestellt, in der die Zeitperiode A–B, die sofort nach Wahrnehmung der Krise beginnt und in der die Erregung die Hemmung übertrifft, relativ kurz ist. Während der Krise bleibt stärkere Hemmung bestehen. Nach der Krise sinken sowohl Exzitation wie auch Hemmung, wobei die Hemmung schneller fällt (Postulat 8). Dadurch ist die Zeit, in der Erregung die Hemmung übersteigt, nach der Krise (C-D) länger als vor der Krise (A-B). Die differentielle Veränderungsrate der Exzitation während der zwei Perioden kann mit dem Klingeln einer Glocke verglichen werden: die Energie wird zur Gänze der Glocke übermittelt, aber sie entweicht nur graduell – erkennbar am langen Nachklingen.

Postulat 10: Exzitation aus verschiedenen Bereichen führt zur allgemeinen Erregung; der Hemmungsgradient als Funktion der Gesamterregung ist steiler als der Gradient der gesamten Exzitation

Wir nehmen an, daß sowohl externe als auch interne Reize ein allgemeines Erregungsniveau aufbauen, das der Organismus reduzieren muß. Damit soll die Existenz von Aktivierungs- und Hemmungssubsystemen nicht geleugnet werden. Das Postulat geht von der Existenz eines der transmarginalen Hemmung *Pawlows* analogen Konzeptes aus. Dies stimmt mit *Malmos* (1959) Vorschlag überein, daß man *Hulls* (1943) Konzept des generalisierten Triebes als Zustand totaler physiologischer Aktivierung des Organismus betrachten kann, der mit verschiedenen physiologischen

Indikatoren beschrieben werden kann. Schließlich stimmt das Konzept der Gesamtaktivierung mit der Beobachtung überein, daß Zentren wie das retikuläre Aktivierungssystem den Intensitätsaspekt völlig unterschiedlicher Reizung integrieren und übertragen können und zumindest teilweise als allgemeines Aktivationssystem bezeichnet werden können (*Duffy,* 1962; *Lindsley,* 1951; *Malmo,* 1959). *Pawlow* (1941) beobachtete, daß mit zunehmender Motivationshöhe zunehmend schwächere Reize Hemmungseffekte auslösen; diese Beobachtung stützt die Hypothese, daß Hemmung als Reaktion auf die gesamte externe und interne Stimulation auftritt und daß der Hemmungsgradient steiler steigt als die Exzitation. Dies wird auch durch *Pawlows* Beobachtung der paradoxen Phase nach intensiver Allgemeinstimulation gestützt.

Postulat 11: Die Hemmung ist in „Tiefe" und „Breite" organisiert

Wie *Diamond* et al. (1963) betonen, ist Hemmung nicht auf Steuerung der Spannung in antagonistischen Muskeln beschränkt, sondern Hemmung tritt auf allen funktionellen Organisationsniveaus auf, sowohl peripher als auch zentral, sensorisch und motorisch, auf mikroskopischer und makroskopischer Ebene. Die Essenz der gesamten Kontrolle liegt in der Existenz der Hemmung. Wir postulieren, daß auf allen Organisationsniveaus der Hemmungsgradient steiler ist als der der Erregung. Dadurch kommt es zu einem modulierten Kontrollsystem der Exzitation.

Die „Tiefenorganisation" der Hemmung wurde durch die Ergebnisse der erfahrenen Fallschirmspringer in unserer Untersuchung demonstriert. Furcht und die Hemmung der Furcht gingen der später ansteigenden physiologischen Erregung und ihrer psychologisch vermittelten Hemmung voraus. Bei höheren Streßniveaus wird die Aktivität einzelner Organe durch homöostatische Hemmungskontrollen geregelt und bei extrem hohem Streßniveau tritt eine allgemeine Hemmung auf, die mit *Pawlows* Konzept der transmarginalen Hemmung identisch ist. Auch die Sequenz der Reaktionen von der Wahrnehmung bis zur sichtbaren motorischen Reaktion kann man als Beispiel für „Tiefenhemmung" heranziehen. Wie bereits in der Analyse der Reaktionen der Fallschirmspringer angedeutet, sollte Hemmung an jedem Punkt dieser Sequenz auftreten können. Die „Breite" der Hemmungswirkung wird durch *Pawlows* Ergebnisse verdeutlicht; für die paradoxen Phasen nach traumatischer Stimulation gelten dieselben Hemmungsprinzipien wie für ähnliche Reaktionen bei relativ mäßigem Stimulationsniveau.

Auf der Suche nach allgemeinen Prinzipien für die verschiedenen funktionalen Organisationsebenen von Erregung und Hemmung fällt auf, daß die Parameter von traumatischen Neurosen und Schreckreaktionen (startle-reactions) identisch zu sein scheinen. Beide konstituieren einen Mikrokosmos und Makrokosmos von Reaktionen auf Exzitation und Abwehrmechanismen gegen Erregung. Wie bereits angedeutet, sind die kritischen Variablen für das Entstehen einer traumatischen Neurose:

1. Reizintensität,
2. bestehendes Aktivierungsniveau,
3. Reizfrequenz,
4. Überraschung,
5. Möglichkeit der motorischen Abfuhr.

Die ersten vier Punkte sind für eine Schreckreaktion relevant. Es bleibt die Frage, ob der fünfte Punkt auch relevant ist. Dies kann man mit Experimenten überprüfen, bei denen die Wirkung eines Schreckreizes auf die physiologische Aktivierung unter den Bedingungen freier und eingeschränkter Bewegung verglichen wird. Wie bereits erwähnt, bestimmen das bestehende Aktivierungsniveau und die Reizintensität das Ausmaß der Gesamtaktivation, während die motorische Abfuhr Aktivierung reduziert. Erwartung, das Gegenteil von Überraschung, reduziert die Wirkung des Reizes durch Hemmung. Die Hemmung durch Erwartung bewirkt, daß der Organismus einen allmählichen Anstieg der Reizaufnahme, nicht aber plötzliches Einsetzen und Ansteigen derselben „Reizmenge" tolerieren kann. Einen einfachen aber überzeugenden Test zum Dämpfungseffekt der Erwartung auf die Aktivierung stellt der Effekt eines unerwarteten „Buh"-Rufes dar. Man vergleiche dabei die polygraphischen Reaktionen auf den unerwarteten mit den Reaktionen des erwarteten „Buh"-Rufes. Der Unterschied ist konsistent und dramatisch. Die verminderte Reaktivität durch Erwartung erfordert die Annahme eines Hemmungsphänomens: der Reiz bleibt gleich und Ermüdung kann ausgeschaltet werden, da das Phänomen so lange wiederholt werden kann, so lange die wiederholte Darbietung nicht erwartet wird. Neben der Erwartung ist noch ein zweiter Faktor am unterschiedlichen Effekt von langsamer und schneller Reizfrequenz beteiligt; wahrscheinlich ist die Hemmungsqualität bei einem graduellen Exzitationsanstieg in kleinen Schritten effizienter und qualitativ anders als die Hemmung, die als Ganzes und in voller Stärke durch einen plötzlichen intensiven Reiz hervorgerufen wird. Ein allmählicher Anstieg in kleinen Schritten scheint eine Verharmlosung zu bewirken und damit Schutz vor Überwältigung durch final extrem hohe Erregungsniveaus zu ermöglichen.

Der Vergleich der Charakteristika dreier verschiedener Hemmungsniveaus bei unterschiedlichen Exzitationshöhen scheint interessant. Betrachten wir die wiederholte Darbietung eines schwachen bis mäßig starken Reizes. Bei der ersten Darbietung wird der Reiz voraussichtlich eine starke „Weckreaktion" auslösen. Bei weiterer Darbietung werden die Reaktionen schwächer und nehmen den typischen Adaptationsverlauf. Abb. 66 zeigt die PGRs eines zehnmal dargebotenen lauten Geräusches.

Der Aufbau des Experimentes ist gleich wie bei Abb. 64. Während Abb. 64 jedoch die elektrische Basisleitfähigkeit der Haut darstellt – ein relativ stabiles Maß der Spannung einer Vp – zeigt Abb. 66 die momentanen Abweichungen von der Grundlinie, den PGR. Wie kann die Habituation in Abb. 66 erklärt werden? Wie bereits vorgeschlagen wurde, kann Habituation als ein Hemmungsphänomen interpretiert werden. Habituation ist nicht ein Ermüdungseffekt des PGRs, da nach Darbietung eines unterschiedlichen externen Reizes zwischen den Habituationsdurchgängen sofort eine Disinhibition des PGRs erfolgt. Dieser Hemmungsprozeß bei Habituation hindert den Organismus, Energien auf Reize zu entladen, die keine Information mehr übertragen. Dies geschieht sehr selektiv, wie man sofort bei einer kleinen Veränderung der Situation sehen kann, die Weckreaktionen treten sofort wieder auf. Sobald die Reaktivität auf den entsprechenden Reiz reduziert ist, kann das Aufmerksamkeitssystem des Organismus auf neue Reize ansprechen. Betrachten wir nun eine eher diffuse Art der Hemmung, die den Kontakt mit der Umwelt einschränkt. Bei wiederholter Darbietung eines intensiveren Reizes werden Abwehr-

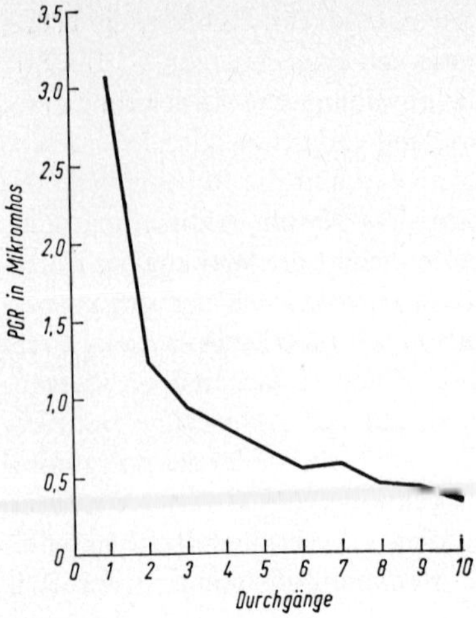

Abb. 66. Habituation des PGR als eine Funktion der Darbietung eines lauten Tones in 10-Sekunden-Intervallen über 10 Durchgänge (*Epstein* und *Fenz*, 1966).

reaktionen ausgelöst und die Reaktionsschwellen allgemein gehoben (*Sokolov*, 1963). Es scheint, als ob sich der „überreizte" Organismus verteidigen müßte, indem er jede Stimulation abwehrt. Eine ähnliche, aber zeitlich ausgedehntere Form der Hemmung wurde von *Fenz* (1964) registriert. Er untersuchte den Einfluß von Streß bei einem unerfahrenen Fallschirmspringer mit zunehmend zeitlicher Nähe zum Sprung auf die Schwelle eines einfachen Tones. Es traten nicht nur am Sprungtag ein allgemeiner Schwellenanstieg auf, sondern auch bei momentaner Reizung stieg die Schwelle etwa proportional der Reizstärke. Bei extremer Stimulation, z. B. bei der traumatischen Neurose, setzt eine diffuse „Ich-auflösende" Hemmung ein. Als allgemeines Prinzip könnte man formulieren: je größer die zu hemmende Exzitation, um so mehr verschiebt sich die Hemmung von einem genauen und sensitiv modulierten Kontrollsystem, das die Effektivität der Umweltauseinandersetzung erhöht, zu einem diffusen Abblocken jeder Erregung, wodurch der Umweltkontakt reduziert wird.

Als letztes Beispiel verschiedener Organisationsstufen der Hemmung wollen wir Abb. 64 betrachten (Beispiel für eine Hemmung in „Tiefe" und „Breite"). Wenn man die Kurve in Abb. 64 auf die Grundlinie extrapoliert, würde dies zu einem extrem hohen PGR führen. Analog dem momentanen Anstieg und Fall der Erregung des PGRs nach einem einzigen Reiz kommt es zu einem ausgedehnteren Anstieg und Abfall in dem stabileren Aktivierungssystem; dies wird durch den kumulativen Effekt wiederholter Stimulation über die Zeit bewirkt (siehe die Kurve der Basisleitfähigkeit in Abb. 64). (Das ist zugegebenermaßen sehr spekulativ, und alternative Deutungen ohne ein Hemmungskonzept können die Daten auch erklären. Weitere Untersuchungen werden die Theorie auf die korrekten Größen reduzieren. Es bleibt abzuwarten, inwieweit die Postulate standhalten. Einige der mehr spekulativen Hypothesen werden wohl fallen müssen.) Der länger dauernde Anstieg und Abfall in Abb. 64 führt zu der spekulativen Annahme, daß Hemmungssysteme für momentanen, starken Aktivierungsanstieg und Systeme für mehr graduellen Erregungsanstieg ähnlichen Gesetzen unterliegen. Diese Ergebnisse können mit der Unterteilung *Sokolovs* (1963) in „phasische" und „tonische" Reaktionen übereinstimmen, die *Stenett* (1957) mit dem Steigen und Fallen der Wellen vergleicht, die die langsamen Bewegungen der Gezeiten überlagern.

Mit der Betrachtung der verschiedenen Organisationsniveaus zur Regelung von Exzitation durch Hemmung haben wir bisher nur die Oberfläche des Problems berührt. Der Leser möge sich für einen ausführlicheren Bericht an *Diamond* et al. (1963) werden, der neurophysiologische Prozesse mit dem Hemmungskonzept verbindet.

Postulat 12: Reize mit primär niedriger Intensität können durch Lern- und Konditionierungsprozesse Reizen mit primär hoher Intensität funktional äquivalent werden

Dieses Postulat lenkt die Aufmerksamkeit auf Lern- und Konditionierungsprozesse, durch die ein schwacher Reiz stark aktivierenden Signalwert erlangen kann. Das mit mittlerer Intensität ausgesprochene Wort „Feuer" kann ein stärkerer Reiz sein als ein laut geschrieenes, aber neutrales Wort. Die Umkehr dieses Postulats ist innerhalb gewisser Grenzen möglich. Durch Habituation können starke Reize reduziert werden.

Zusammenfassung und Vorschlag eines allgemeinen Gesetzes der Erregungsmodulation

Es wurde angenommen, daß ein hochorganisiertes System auf mehreren Organisationsniveaus die Intensitätskomponente jeder Stimulation regelt und daß auf allen Niveaus der Hemmungsgradient steiler als der gehemmte Exzitationsgradient ist. Eine Reihe von Postulaten wurden vorgebracht, die Exzitation und Hemmung zur Reizintensität, zur verstrichenen Zeit seit Reizdarbietung und zur Anzahl und Frequenz der Reize in Beziehung setzten. Obwohl wir in den Postulaten beide Gradienten auf externe Dimensionen bezogen haben, könnte man als Alternative dazu nur die Exzitation auf externe Dimensionen und die Hemmung nur auf die Exzitation beziehen. Damit wird das Basispostulat der Hemmung so allgemein, daß es als Gesetz qualifiziert ist, das wir versuchsweise als Gesetz der Exzitations (= Erregungs-)modulation bezeichnen wollen (Law of excitatory modulation, LEM). Während operational kaum Unterschiede zwischen den beiden Alternativen bestehen, ist ein theoretischer Vorzug des LEM seine Einfachheit; letztlich könnten u. U. sogar operationale Unterschiede gefunden werden. Das LEM besagt in vereinfachter Form, daß der Hemmungsgradient steiler ist als der Gradient der gehemmten Erregung. Wenn also die Exzitation in irgendeinem System steigt, löst sie in Abhängigkeit von der Anstiegsrate und ihrem absoluten Niveau und den übrigen diskutierten Parametern (s. Postulate) eine Hemmreaktion aus; diese steigt schneller und ermöglicht dem Organismus ein effektives System zur Erregungsmodulation, das sowohl von einer „Überwältigung" durch extreme Stimulation schützt, als auch die Bewältigung von Reizen auf einem effizienten Intensitätsniveau erlaubt. Anhand der Kurve in Abb. 63 wird LEM in vollständigerer Form dargestellt.

Es wurde beobachtet, daß die Parameter der traumatischen Neurose den Parametern der Schreckreaktion (startle reaction) ähnlich sind. In Richtung auf die verschiedenen Organisationsniveaus der Hemmung wurde betont, daß dieselben Prinzipien der Erregungsabwehr bei hohen Intensitäten auch zu einer Effizienzerhöhung nach mäßiger Reizung führen. Im erstern Fall wirkt Hemmung diffus und reduziert jede Stimulation, während im anderen Fall die Hemmung selektiv wirkt und durch Aufmerksamkeitsreduktion auf identische Reize die Aufmerksamkeit auf andere Reize lenkt.

Anmerkung: Alle hier berichteten Untersuchungen wurden in Zusammenarbeit mit Dr. *Walter D. Fenz* durchgeführt, der Fallschirmspringer und Psychologe ist.

Literatur

Basowitz, H., H. Persky, S. J. Korchin, R. R. Grinker: Anxiety and stress. Mc Graw-Hill, New York 1955.

Bender, Lauretta: Anxiety in disturbed children. In: *P. H. Hoch, J. Zubin* (Eds.): Anxiety. Grune and Stratton, New York 1960.

Berlyne, D. E.: Conflict, arousal, and curiosity. McGraw-Hill, New York 1960.

Bettelheim, B.: Individual and mass behavior in extreme situations. J. abnorm. soc. Psychol. 38 (1943), 417–452.

Bond, D. D.: The love and fear of flying, International University Press, New York 1952.

Broen, W. E. jr., L. H. Storms: Lawful disorganization. The process underlying a schizophrenic syndrome. Psychol. Rev. 73 (1966), 265–279.

Cannon, W. B.: Bodily changes in pain, hunger, fear and rage. Harper and Row, New York 1929.

Diamond, S., R. S. Balvin, Florence R. Diamond: Inhibition and choice, a neurobehavioral approach to problems of plasticity in behavior. Harper and Row, New York 1963.

Duffy, Elizabeth: Activation and behavior. Wiley, New York 1962.

Epstein, S.: The measurement of drive and conflict in humans: Theory and experiment. In: *M. R. Jones* (Ed.): Nebraska symposium on motivation. University of Nebraska Press, Lincoln 1962, Pp. 281–321.

Epstein, S.: Some theoretical considerations on the nature of ambiguity and the use of stimulus dimensions in projective techniques. J. cons. Psychol. 30 (1966), 183–192.

Epstein, S., K. Burstein: A replication of Hovland's study of generalization to frequencies of tone. J. exp. Psychol. 72 (1966), 782–784.

Epstein, S., W. D. Fenz: Theory and experiment on the measurement of approach-avoidance conflict. J. abnorm. soc. Psychol. 64 (1962), 97–112.

Epstein, S., W. D. Fenz: Steepness of approach and avoidance gradients in humans as a function of experience: Theory and experiment. J. exp. Psychol. 70 (1965), 1–12.

Epstein, S., W. D. Fenz: Adaptation of the GSR and basal conductance as a function of manifest anxiety. Unpublished mimeographed paper. 1966.

Fenichel, O.: The psychoanalytic theory of neurosis. Norton, New York 1945.

Fenz, W. D.: Conflict and stress as related to physiological activation and sensory, perceptual and cognitive functioning. Psychol. Monograph 78 (1964), No. 8 (Whole No. 585).

Fenz, W. D., S. Epstein: Measurement of approach-avoidance conflict along a stimulus dimension by a thematic apperception test. J. Personality 30 (1962), 613–632.

Fenz, W. D., Epstein, S.: Gradients of physiological arousal of experienced and novice parachutists as a function of an approaching jump. Psychosom. Med. 29 (1967), 33–51.

Freud, S.: The problem of anxiety. Norton, New York 1936.

Freud, S.: Beyond the pleasure principle. Bantam, New York 1959.

Grinker, R. R., J. P. Spiegel: Men under stress. Mc Graw-Hill, New York 1945.

Grosser, G. H., H. Wechsler, M. Greenblatt (Eds.): The threat of impending disaster. M. I. T. Press, Cambridge, Mass. 1964.

Hoch, P. H.: Biosocial aspects of anxiety. In: *P. H. Hoch, J. Zubin* (Eds.): Anxiety. Grune and Stratton, New York 1950, Pp. 105–116.

Hull, C. L.: Principles of behavior. Appleton-Century-Corfts, New York 1943.

Hull, C. L.: A primary social science law. Sci. Mon. 71 (1950), 221–228.

Janis, I. L.: Psychological stress. Wiley, New York 1957.

Johnson, L. C., Elaine S. Slye, W. Dement: Electroencephalographic and autonomic activity during and after prolonged sleep deprivation. Psychosom. Med. 27 (1965), 415–423.

Kardiner, A.: The traumatic neuroses of war. Harper and Row (Hoeber), New York 1941.

Lacey, J. I.: The evaluation of automatic responses: toward a general solution. Ann. N. Y. Acad. Sci. 67 (1956), 125–163.

Lacey, J. I., J. Kagan, Beatrice C. Lacey, H. A. Moss: Situational determinants and behavioral correlates of autonomic response patterns. In: *P. H. Knapp* (Ed.): Expression of emotions in man. International Universities Press, New York 1963.

Lewin, K.: Environmental forces. In: *C. Murchison* (Ed.): A handbook of child psychology. (2nd ed.). Clark University Press, Worcester, Mass. 1931.

Lewin, K.: Behavior and development as a function of the total situation. In: *L. Carmichael* (Ed.): Manual of child psychology. Wiley, New York 1946.

Lindemann, E.: Symptomatology and management of acute grief. Amer. J. Psychiat. 101 (1944), 141–148.

Lindsley, D. B.: Emotion. In: *S. S. Stevens* (Ed.): Handbook of experimental psychology. Wiley, New York 1951, Pp. 473–516.

Luria, R.: The nature of human conflicts, Liveright, New York 1932.

McClelland, D. C., J. W. Atkinson, R. A. Clar, E. A. Lowell: The Achievement motive. Appleton-Century-Crofts, New York 1953.

Malmo, R. B.: Activation: A neuropsychological dimension. Psychol. Rev. 66 (1559). 367–386.

May, R.: The meaning of anxiety. Ronald Press, New York 1950.

Mednick, S. A.: A learning theory approach to research in schizophrenia. Psychol. Bull. 55 (1958), 316–327.

Meehl, P. E.: Schizotaxia, schizotypy, schizophrenia. Amer. Psychol. 17 (1962), 827–838.

Miller, N. E.: Theory and experiment relating psychoanalytic displacement to stimulus-response generalization. J. abnorm. soc. Psychol. 43 (1948), 155–178.

Miller, N. E.: Liberalization of basic S-R concepts: Extensions to conflict behavior, motivation, and social learning. In: *S. Koch* (Ed.): Psychology: A study of a science. Vol. 2 McGraw-Hill, New York 1959.

Mowrer, O. H.: Pain, punishment, guilt, and anxiety. In: *P. H. Hoch, J. Zubin* (Eds.): Anxiety. Grune and Stratton, New York 1950, Pp. 27–40.

Opler, M. K.: Schizophrenia and culture. Science 197 (1957), 103–110.

Pawlow, I. P.: Conditioned reflexes (Transl. by G. V. Anrep.) Oxford Univ. Press, London 1927.

Pawlow, I. P.: Lectures on conditioned reflexes (Transl. by *W. H. Gannt*). International Publishers, New York 1928.

Pawlow, J. P.: Conditioned reflexes and psychiatry. (Transl. by *W. H. Gantt.*) International Publishers, New York 1941.

Rado, S.: Psychoanalysis of behavior. Grune and Stratton, New York 1956.

Rado, S., G. Daniels: Changing concepts of psychoanalytic medicine. Grune and Stratton, New York 1956.

Sargant, W.: Battle for the mind. Penguin, Baltimore 1957.

Shakow, D.: Psychological deficit in schizophrenia. Behav. Sci. 8 (1963), 275–305.

Sokolov, Y. N.: Perception and the conditioned reflex. (Transl. by S. W. Waydenfeld.) Macmillan, New York 1963.

Solomon, R. L., L. C. Wynne: Traumatic avoidance learning: The principles of anxiety conservation and partial irreversibility. Psychol. Rev. 61 (1954), 353–385.

Stenett, R. G.: The relationship of alpha amplitude to the level of palmar conductance. Electoenceph, clin. Neurophysiol. 9 (1957), 131–138.

Stewart, M. A., J. A. Stern, G. Winokur, S. Fredman: An analysis of GSR conditioning. Psychol. Rev. 68 (1961), 60–67.

Trehub, A.: A theory of sensory interaction: An experimental investigation of the relationship between autonomic activity and

visual sensitivity. Unpublished doctoral dissertation. Boston University 1954.
Venables, P. H.: Input dysfunction in schizophrenia. Vol. 1. Academic Press, New York 1964, Pp. 1–47.
White, R. W.: The abnormal personality. (2nd ed.) Ronald Press, New York 1956.
Wilder, J.: The law of initial value in neurology and psychiatry. J. nerv. ment. Dis. 125 (1957), 73–86.
Wolpe, J.: Psychotherapy by reciprocal inhibition. Stanford University Press, Stanford, Cal. 1958.
Woodworth, R. S., H. Schlosberg: Experimental psychology. Holt, Rinehart and Winston, New York 1954.

V. ZUR ANWENDUNG: DIE MANIPULATION DES BIOLOGISCHEN SUBSTRATS

Biofeedback und operantes Konditionieren physiologischer Prozesse – ein Beispiel für die Gültigkeit der Lerngesetze

Niels Birbaumer

Ein Beispiel für die oft seltsamen Wege und Zeitverläufe experimentalpsychologischer Forschung ist die späte Untersuchung physiologischer Prozesse mit operanten Konditionierungsmethoden. Man ist versucht, hier eine Parallele mit der um Jahrzehnte verzögerten Anwendung der Lernpsychologie auf die Verhaltensmodifikation beim Menschen zu ziehen. Waren es im letzteren Fall die berechtigten wissenschaftstheoretischen Skrupel des Behaviorismus, so scheint beim Problem der Übertragung der Lerngesetze vom motorischen Verhalten auf physiologische Vorgänge ein altes physiologisches Vorurteil der Hemmfaktor gewesen zu sein. Reaktionen des autonomen Nervensystems wurden als unkontrollierbar und reflexhaft angesehen. Nun besteht kein Zweifel, daß vegetativ physiologische Vorgänge willentlich schwerer zu kontrollieren sind als die quergestreifte Muskulatur. Direkte kortikal gesteuerte Innervation ist bei autonomen Reaktionen nicht möglich, nur über subkortikale (hypothalamische) und limbische Verbindungen kann vom Kortex erregend oder hemmend Einfluß genommen werden. Die biologische Zweckmäßigkeit der relativen Unbeeinflußbarkeit vegetativer Vorgänge ist unmittelbar einsichtig: einfache, subkortikal „verdrahtete" Regelkreise müssen selbstätig Störungen lebenswichtiger Homöostasen kompensieren. Die Aktivität des Herzens, der Blutdruck, die Ausschüttung von Stoffwechsel regulierenden Substanzen und andere langsam arbeitende hormonelle Prozesse können spontan, ohne kortikale Umwege, auf unterschiedlichen Ebenen des ZNS ablaufen. Über eine Reihe kortikofugaler Verbindungen, besonders über die Capsula interna, Fornix und limbische Verbindungen, kann der Kortex modulierend in vegetative Vorgänge eingreifen. Die gelernte Kontrolle autonomer Reaktionen scheint von solchen kortikofugalen Einflüssen abhängig zu sein. Nach Dekortisierung ist auch bei massiver intrakranieller Belohnung kein „Erlernen" vegetativer Vorgänge mehr möglich (*DiCara* et al., 1970).

Im Laufe der vergangenen zehn Jahre wurde das Vorurteil von der autonomen Komponente des Vegetativums zunehmend abgebaut. Eine Pionierstellung nimmt dabei das Laboratorium der Rockefeller Universität mit *N. E. Miller* und seinen Mitarbeitern ein. Sowohl im Tier- als auch im Humanversuch gelang es der Gruppe um *Miller*, eine Reihe vegetativer Vorgänge nach den Prinzipien des operanten Konditionierens zu steuern. Der Versuchsaufbau zum instrumentellen Konditionieren physiologischer Abläufe ist bei den meisten Experimenten prinzipiell gleich (zusammenfassend bei *Barber* et al., 1971): Vorerst wird die Grundkurve der interessierenden physiologischen Reaktion (z. B. Herzschlagrate) über hinreichend lange Zeit registriert. Bleibt die Grundkurve stabil, wird mit der Konditionierungsprozedur begonnen. Nehmen wir an, die Ausgangsfrequenz beträgt 120 Schläge pro Minute; nun werden die Versuchsobjekte in zwei Gruppen geteilt, eine Gruppe soll z. B. Anstieg, die andere Abfall der Frequenz des Herzschlages erzielen. Dasselbe kann auch intraindividuell durchgeführt werden. Nun wird ein erstes Lernkriterium festgelegt: die Anstiegsgruppe soll 20 Schläge mehr, die Reduktionsgruppe 20 Schläge weniger pro Minute zeigen. Wenn die Frequenz z. B. für 8 Sekunden das gewünschte Kriterium erreicht, so erhält das Versuchsobjekt entweder eine Belohnung (positive Verstärkung) oder es vermeidet dadurch einen aversiven Reiz (negative Verstärkung). Ist die Kriteriumsfrequenz über längere Zeit stabil, so wird das Kriterium weiter erhöht bzw. erniedrigt, d. h. die Verstärkung erfolgt nur, wenn 25 Schläge mehr oder weniger erreicht werden usw. Man nennt diese Art der langsam zunehmenden Erhöhung des Lernkriteriums Verhaltensformung („shaping"). Die erreichten Effekte variieren stark zwischen den verwendeten Maßen und dem Konditionierungsplan. Für die Aneignung physiologischer Veränderungen gelten dieselben Lerngesetze wie für motorische und wahrscheinlich auch verbale Reaktionen.

Der Einwand, daß bei solchen Experimenten nur motorische Reaktionen konditioniert werden, die mit bestimmten physiologischen Erscheinungen korreliert sind, wurde durch Ausschaltung der gesamten Körpermuskulatur (Kurarisierung) teilweise entkräftet (*DiCara* et al., 1970).

Im Humanversuch kann die Effizienz des Konditionierungsplanes erhöht werden, indem man der Vp ihren eigenen physiologischen Prozeß kontinuierlich oder von Zeit zu Zeit rückmeldet und sie dadurch für erreichte Veränderungen positiv verstärkt. Es genügt im allgemeinen, die Vp zu instruieren, sie möge z. B. längere Zeit ihr EEG reduzieren. Es erwies sich als günstig, den entsprechenden physiologischen Prozeß als unterschiedlich lauten oder hohen Ton der Vp zu melden und sie zu instruieren, den Ton möglichst tief zu halten. Die erzielten Veränderungen sind oft erstaunlich hoch; im Spontan-EEG konnte bis zu 70% vermehrte Alpha-Tätigkeit erzielt werden (*Kamiya*, 1969), Herzfrequenz und Blutdruck konnten in einer Sitzung um 5–10% ihres Ausgangswertes erniedrigt werden (*Shapiro* et al., 1970). Eine Person kann also damit in die Lage versetzt werden, ihre physiologischen Vorgänge „willentlich" zu regulieren. Die therapeutischen Möglichkeiten solcher Biofeedback-Programme werden in dem folgenden Artikel des Herausgebers und der Arbeit von *Budzynski* und *Stoyva* erläutert.

Die Biofeedback Methode bietet erstmals die Möglichkeit, auf direktem Weg angstinkompatible physiologische Reaktionen aufzubauen. Der häufig beschwerliche und langwierige Umweg über mehr oder weniger suggestive Entspannungstechniken könnte dadurch erspart werden. Die wiederholte zeitliche Paarung angstauslösender Reize mit einem physiologischen Entspannungsmuster sollte zur konditionierten Hemmung der physiologischen Angstreaktionen führen. Die scheinbare Einfachheit dieses Ansatzes bietet aber eine Fülle von methodischen und lerntheoretischen Problemen.

Unterschiedliche Personen werden verschiedene Muster autonomer und zentraler

Angstreaktionen aufweisen. Von Angstsituation zu Angstsituation können sehr verschiedene physiologische Reaktionen auftreten, sowohl innerhalb als auch zwischen Individuen. Das bedeutet, daß nicht jedes physiologische Entspannungsmuster für eine bestimmte Situation oder Person angsthemmend wirken wird. In jedem Fall wird nicht eine physiologische Variable allein, sondern ein bestimmtes Verlaufsmuster für eine bestimmte Reaktion spezifisch sein. Es wird daher in den meisten Fällen notwendig werden, nicht eine Variable, sondern ein umschriebenes Muster unterschiedlich hoch korrelierter Variablen zu konditionieren. Dieses Vorhaben stößt auf erhebliche Schwierigkeiten, da die Kovariation verschiedener physiologischer Meßgrößen kaum erforscht ist und auch zwischen den einzelnen Mustern sehr unterschiedlich sein wird. Bevor daher an eine breite Anwendung im Rahmen der Verhaltensmodifikation gedacht werden kann, müssen diese Fragen geklärt sein.

Ein zusätzliches Problem stellt die Unspezifität der meisten physiologischen Größen dar. Spontan-EEG, PGR, EMG u. a. sind Indikatoren allgemeiner Aktivierung und Ausdruck der Aktivität unspezifischer Aktivierungsstrukturen in subkortikalen Hirnregionen. In manchen Fällen wird die Reduktion diffuser Erregungszustände ausreichen, in anderen Fällen werden sehr umschriebene kortikal-periphere Reaktionen sekundär zu Aktivierungsanstieg führen. Kollative Merkmale der Reizsituation (Neuheit, „kognitive Bedeutung“ u. ä.) werden letztlich für die Angstreaktion verantwortlich sein. Die spezifischen biologischen Substrate solcher Reiz-Reaktionselemente müßten modifiziert werden. Als physiologische Basis derart subtiler Verhaltensweisen kommen im wesentlichen nur schwache kortikale Spannungsverschiebungen in Frage, die im allgemeinen nur nach reizsynchroner Summation der EEGs sichtbar werden (sensorisch evozierte Potentiale, kontingente negative Variation, Bereitschafts- und Erwartungspotentiale). Die operante Modifikation einzelner Amplitudenkomponenten evozierter Potentiale, die für eine klar umschriebene subjektive oder motorische Reaktion verantwortlich sind, stellt wohl die faszinierendste Möglichkeit instrumenteller Veränderung des biologischen Substrates dar. Erste Versuche in dieser Richtung verliefen sehr erfolgversprechend, wenngleich die technischen Schwierigkeiten groß sind (*Rosenfeld* et al., 1969; *Rosenfeld* und *Fox*, 1971).

Neben der oben angedeuteten Frage der Generalisationsgradienten einzelner physiologischer Größen auf andere wird bei der praktischen Anwendung die schnelle Extinktion operant gelernter physiologischer Reaktionen zum Problem werden. Intermittierende Verstärkungspläne und die Bindung der gelernten Reaktion an diskriminative Reize, die auch außerhalb des Laboratoriums vorhanden sind, können die Stabilität der Veränderung erhöhen (besonders $S_S{}^D$, die vorstellungsmäßig verfügbar sind).

In der Anwendung von Biofeedback-Techniken steckt – wie auch in anderen verhaltenstherapeutischen Techniken – eine Gefahr, die hier besonders hervorgehoben werden soll: jede Angstreaktion wird von spezifischen, meist sozialen Reizen unterschiedlicher Komplexität ausgelöst (Stimuluskontrolle) und von unmittelbar folgenden Konsequenzen aufrechterhalten. Der lernpsychologisch Ungeschulte wird leicht der Versuchung erliegen, ohne entsprechende oder oberflächliche Bedingungsanalyse ein „Entspannungsmuster“ zu konditionieren. Dies wird auch unter Laborbedingungen ohne Schwierigkeiten möglich sein, der „Therapeut“ und sein „Patient“

werden aber nach Rückkehr in die kontrollierenden Reizbedingungen keinen anhaltenden Erfolg erleben. Die verhaltensmodifikatorischen Maßnahmen dürfen in jedem Fall erst nach entsprechender Verhaltensanalyse einsetzen. Der meist von inkompetenten Kritikern erhobene Vorwurf der „Symptomorientiertheit" dürfte seine Wurzel in der Nichtbeachtung der lernpsychologischen Bedingungen mancher Autoren und Praktiker haben.

(Über Verhaltensanalyse erschien in dieser Reihe ein Band von *Schulte.*)

Literatur

Barber, T. X., L. V. DiCara, J. Kamiya, N. E. Miller, D. Shapiro, J. Stoyva: Biofeedback and Self-Control. Aldine, Atherton, Chicago 1971.

DiCara, L. V., J. J. Braun, B. A. Pappas: Classical conditioning and instrumental learning of cardiac and gastrointestinal responses following removal of neocortex in the rat. J. comp. physiol. Psychol. 73 (1970), 209–216.

Kamiya, J.: Operant Control of the EEG alpha rhythm and some of its reported effects on consciousness. In: *Tart, Ch. T.:* Altered States of Consciousness. Wiley, New York 1969.

Miller, N. E., L. V. DiCara: Instrumental learning of urine formation by rats. Amer. J. Physiol. 215 (1968).

Rosenfeld, J. P., S. S. Fox: Operant control of a brain potential evoked by a behavior. Physiol. Behav. 7 (1971), 489–493.

Rosenfeld, J. P., A. P. Rudell, S. S. Fox: Operant control of neural events in humans. Science 165 (1969), 821–823.

Shapiro, D., B. Tursky, G. E. Schwartz: Control of blood pressure in man by operant conditioning. Circulat. Res. 27 (1970), 1–27.

Biofeedback[1])

Niels Birbaumer

Einleitung

Unter Biofeedback versteht man die Möglichkeit, einen physiologischen Prozeß (eine Serie physiologischer Signale) durch unmittelbare (kontingente) Rückmeldung dieses Prozesses in eine vom Individuum oder seiner Umwelt gewünschten Richtung zu modifizieren. Sowohl der physiologische Prozeß selbst als auch die Rückmeldung und die zeitliche Kontingenz müssen dem Individuum nicht bewußt sein (d. h. nicht verbal repräsentiert sein).

Drei Kategorien von physiologischen Vorgängen können rückgemeldet werden: muskuläre (z, B. EMG, Mikrovibration), zentralnervöse (z. B. EEG, evozierte Potentiale, Aktionspotentiale, biochemische Änderungen im Gehirn) und autonome Prozesse (z. B. Herzrate, GSR, hormonelle Änderungen u. a.). Die Rückmeldung kann in Form exterozeptiv wahrnehmbarer Reize (akustisch, optisch, haptisch, olfaktorisch, gustatorisch, thermal) kontinuierlich oder digital, d. h. meist in Form positiver oder negativer Verstärker gegeben werden.

Biofeedback wird heute im Rahmen eines instrumentellen Lernkonzeptes (*N. E. Miller,* 1975) oder im Rahmen kybernetischer Erklärungsansätze (*Brener,* 1974) interpretiert. Klassische Konditionierung wird aufgrund der Reiz-Reaktionssequenzen in Biofeedbackanordnungen selten als Erklärungsmodell herangezogen.

Von einigen Autoren (*Lang,* 1974) wurde experimentell gezeigt, daß unterschiedliche Reaktionen und physiologische Systeme verschiedenen Lernprinzipien folgen. *Lang* zeigte z. B., daß das Lernen von HR (Herzrate)-Anstieg mehr nach den Prinzipien der Übung motorischer Fertigkeiten erfolgt (skill learning sensu *Bilodeau* und *Bilodeau,* 1969), HR-Abfall eher operante Eigenheiten aufweist. *Birbaumer* (1976) macht kognitive Prozesse für den Erwerb von Strategien zur Änderung des kortikalen Theta-Rhythmus verantwortlich. Da wir zum heutigen Zeitpunkt die den verschiedenen Lernvorgängen zugrunde liegenden physiologischen Vorgänge nicht hinreichend kennen, müssen solche theoretischen Überlegungen den Charakter von operationalisierbaren Arbeitshypothesen behalten.

Ein bestehender Antriebszustand („Trieb", Motivationszustand) und eine positiv verstärkende Rückmeldung (oder ein Vermeidungsparadigma) müssen vorliegen, um dauerhafte Änderungen zu erzielen. Unklarheit besteht vor allem über die optimale Art der Rückmeldung. Die meist angewandte Methode optischer und akustischer Rückmeldung dürfte in den seltensten Fällen optimal sein (z. B. hört die Vp in einem EEG-Feedbackexperiment ihr EEG meist in Form eines lauter und leiser werdenden Tons, unabhängig davon, welche physiologische und psychologische Funktion der

---

[1]) Aus *L. Pongratz* (Hrsg.): Handbuch der Psychologie. Klinische Psychologie, 2. Halbband, Hogrefe, Göttingen 1977.

manipulierte Prozeß aufweist). Wahrscheinlich existieren für einen bestimmten physiologischen Vorgang einige wenige oder nur eine einzige optimale Rückmelde- und Verstärkerqualität. Bei verschiedenen Tierarten haben sich im Instinktrepertoire verankerte Reize, vor allem bestimmte Geschmacks- und Geruchsreize als ungleich wirksamer als optische und akustische Reize erwiesen.

Auch beim Menschen werden Reizqualitäten, die bestimmte phylogenetisch fest verankerte oder extrem gut gelernte und mit emotionalen Reizen fest verbundene Reaktionen auslösen, sehr viel wirkungsvoller sein (*Seligman,* 1972, „prepared stimulus"). Eine Vp mit phobischen Reaktionen auf bestimmte Tiere (z. B. Spinnen) wird eine BP (Blutdruck)-Erhöhung in einem Vermeidungsparadigma mit solchen „prepared" Reizen sehr viel schneller lernen als mit einem aversiven Ton als US (*Öhman* et al., 1976). Umgekehrt werden parasympathische und desaktivierende Reaktionen mit eindeutig positiven Reizqualitäten als Rückmeldesignal sicher schneller gelernt als mit neutralen Lichtbalken oder Farben. Bei desaktivierenden Reaktionen als Lernkriterium bestehen Schwierigkeiten, da auch positive Stimuli vorübergehenden Aktivierungsanstieg auslösen und im allgemeinen schneller habituieren.

Mit der Frage optimaler Rückmeldung hängt eng die Frage eines optimalen generellen Aktivierungsniveaus und der Bedeutung von Aufmerksamkeitsprozessen zusammen (siehe dazu *Vaitl,* 1975). *Vaitl* formulierte für die Stabilisierung der Herzfrequenz mit Biofeedback die Hypothese, daß bei einem Zustand zentral-peripherer Relaxation ein maximaler Informationsgehalt der Rückmeldung (d. h. exakte Wiedergabe des Prozesses) optimal ist. Dieser paradoxe Zustand (einerseits optimal entspannt, andererseits hohe selektive Aufmerksamkeit) wird auch in anderen Biofeedback-Verfahren (z. B. bei Rückmeldung des EEGs), und in ähnlicher Form bei verschiedenen Meditationstechniken gefordert und häufig als „passive volition" bezeichnet. In vielen Fällen wird auch hier eine umgekehrte U-Funktion zwischen Aktivierung und Leistung gültig sein, wenngleich diese Beziehungen sehr von der gewünschten Reaktionsänderung abhängig sein werden. Von einer Formulierung präziser Gesetzmäßigkeiten ist man weit entfernt.

Zum Problem der somatischen Mediation

Die Geschichte der Biofeedbackforschung ist eng mit der Diskussion somatischer Mediation (Vermittlung) verbunden. Bereits *Tarchanoff* (1885), der mehrere Vpn bat, willentlich ohne Grobmotorik- und Atmungsänderungen ihren Puls zu manipulieren, wies darauf hin, daß nicht sichtbare willentliche muskuläre Verspannungen sekundär zu den Pulsänderungen führten. Die psychophysiologische Analyse „viszeraler Athleten" (Yogis) fernöstlicher Länder (*Chaves* und *Barber,* 1974; *McClure,* 1973), die neben den amerikanischen Vertretern der Lernpsychologie als Auslöser des wachsenden Interesses an der Erforschung körperlicher Selbstkontrolle gelten, ergab, daß erstaunliche Leistungen autonomer Kontrolle einer Variable (z. B. Atmung) häufig ohne korrelative Änderungen in anderen Größen (z. B. HR) erzielt werden können.

Wie spezifisch läßt sich unser bisher als autonom „verurteiltes" vegetatives System „willentlich" ohne Zwischenschaltung des willkürmotorischen Systems beeinflussen?

Diese Frage, die sich heute als weniger bedeutsam als vor Jahren erweist, löste die Experimente *N. E. Millers* und seiner Mitarbeiter aus (*Miller* und *Dworkin,* 1974), die als wesentliche Katalysatoren des Anstiegs der Biofeedbackforschung und Anwendung in den Sechziger Jahren wirkten und sich Jahre später als schwer replizierbar erwiesen. *Miller* und *DiCara* (1967) konditionierten bei curarisierten Ratten eine Vielzahl von autonomen Größen. Als Verstärker wurde negative oder positive Hirnstimulation verwendet. Die Effekte waren erstaunlich und lang anhaltend und legten die Vermutung nahe, daß Lernen im autonomen System ohne Mediation, ohne Vermittlung der quergestreiften Muskulatur möglich ist. Man übersah dabei, daß damit nicht gezeigt war, in welchem Ausmaß zentralnervöse und spinale Impulse des motorischen Systems auch bei curarisierten Tieren autonome Zentren beeinflußt haben. Ein solcher Einfluß ist später im Tierversuch und an völlig gelähmten Personen nachgewiesen worden (*Pickering* et al., 1976).

Die ursprünglichen Arbeiten konnten nicht repliziert werden (*Miller* und *Dworkin,* 1974) und legten die Vermutung nahe, daß im allgemeinen spezifisches Lernen isolierter autonomer Parameter nicht möglich ist, sondern somatisch-autonome Integration (*Obrist,* 1976) die gleichlaufenden Änderungen in vielen Parametern bewirkt. Trotzdem zeigen Humanexperimente (*Cuthbert* und *Lang,* 1976), daß bestimmte Parameter (z. B. HR-Verlangsamung) isoliert verändert werden können, ohne muskuläre oder atmungsbedingte Vermittlung. Studien an gelähmten Personen bestätigen diese Ergebnisse. Beides ist also möglich, die physiologische und psychologische Bedeutung der jeweiligen Zielreaktion und die internen biologischen Eigenheiten des Systems bestimmen, ob eine integrierte Reaktion vieler Systeme oder eine extrem spezifische Änderung eines Teilsystems erfolgt.

Der Placeboeffekt

Biofeedback wird häufig als das best mögliche „technische Placebo“ bezeichnet. Es besteht wenig Zweifel, daß eine wissenschaftsgläubige, technisch orientierte Gesellschaft einem derartigen Ansatz positive Erwartungen entgegenbringt. Positive Erwartung, induziert durch Instruktionen oder das Ausdrucksverhalten des Versuchsleiters (Vl), Therapeuten, Verkäufers usw. führen zu den erwarteten positiven Effekten ohne jede spezifische Modifikation des Zielproblems (*Rosenthal,* 1966). Weder dem Versuchsleiter, noch Therapeuten, noch seinem Partner muß die Erwartung klar bewußt sein. Dasselbe gilt für Hypnose und Suggestion, die nur nach Induktion einer positiven Erwartungshaltung funktioniert (*Barber,* 1973). Der Begriff Erwartung ist innerhalb eines Experiments leicht zu operationalisieren, was wir aber theoretisch darunter zu verstehen haben, ist nach wie vor unklar. Es ist anzunehmen, daß klassische Konditionierung auf einzelne Cues (Hinweisreize) oder die Gesamtsituation eine bedeutsame Rolle bei der Entstehung positiver Erwartungen spielt, wie das *Barber* (1969) für hypnotische Induktion nachgewiesen hat. Der Placeboeffekt hängt also von der Interaktion zwischen Therapeut und Patient ab und kann nicht als isolierte „Suggestibilität“ des „Opfers“ angesehen werden. Bestimmte Gruppen von Personen weisen höhere Placeboempfindlichkeit auf als andere: Vpn mit hohen Neurotizismusskores in Fragebögen sind suggestiven Einflüssen eher zugänglich

(*Barber,* 1969). Im Rahmen der Behandlung von Angststörungen (Phobien und sozialen Ängsten) konnte *Borkovec* (1974) nachweisen, daß Patienten mit relativ niederen physiologischen Erregungsniveaus Placebobedingungen (Induktion positiver Erwartung) leichter zugänglich waren als Personen mit hoher autonomer Erregung, die trotz der positiven Induktion ständig interne Cues als S^Ds für Angstreaktionen auf der Verhaltenebene aufweisen. Im experimentellen Vorgehen läßt sich der Placeboeffekt nur im Doppelblindversuch kontrollieren, der in der klinisch-psychologischen Forschung nur selten angewandt werden kann. Die Aufnahme einer Kontrollgruppe, die positive Suggestionen erhält, stellt eine brauchbare Alternative dazu dar. Wichtig ist hervorzuheben, daß der *Therapieverlauf* Einfluß auf die Entstehung von Erwartungshaltungen nimmt und daher zwischen Behandlungs- und Kontrollgruppen vergleichbar sein muß. Ein für den Patienten klar erkennbarer positiver Verlauf hat entscheidenden Einfluß auf den Erfolg der Gesamtbehandlung (*Florin* und *Tunner,* 1975). Sowohl die positive Erwartung, die Biofeedback entgegengebracht wird (oft handelt es sich dabei um den „letzten" therapeutischen Versuch, was die positive Erwartung steigert), als auch die unmittelbare Rückmeldung von positiven Änderungen tragen sicher zur Wirkung bei. Nach wie vor besteht wenig Klarheit, welche Gruppen von psychosomatischen Störungen sensibel und welche weniger sensibel auf „Placebo" reagieren.

Die klinisch-psychologische Anwendung von Biofeedback[1])

Nach fast zwei Jahrzehnten experimenteller Arbeit und enthusiastischer klinischer Anwendung, die mit einer blühenden elektronischen Kleingeräteindustrie für Biofeedbackgeräte einherging, haben wir ein relativ klares Bild über die klinische Brauchbarkeit des Feedbacktrainings. Verglichen mit der enormen Verbreitung von Biofeedbackgeräten in der allgemeinen Praxis und in Institutionen ist die gesicherte Effektivität dieser Methode gering. Im Juni 1976 wurde in München eine Konferenz mit den führenden Experten in diesem Bereich organisiert, die man als eine kritische Bestandsaufnahme der Biofeedback-Forschung anzusehen hat. Reliabler Erfolg, der über längere Zeit anhält, wurde nur bei zwei Störungsformen erzielt. In beiden Fällen handelt es sich um extrem spezifische muskuläre Reaktionen, die durch den externen Feedbackkreis wieder aktiviert werden können:

a) muskuläre Reedukation mit EMG-Feedback bei neuromuskulären Störungen wie Hemiplegie, Poliomylitis und anderen neurologischen Störungen der quergestreiften Muskulatur (*Engel-Sittenfeld,* 1976)
b) EMG-Feedback (meist des Frontalis-Muskels der Stirn) bei der Behandlung von Spannungskopfschmerz (*Stoyva,* 1976).

Es soll nochmals hervorgehoben werden, daß es sich bei beiden Störungen um den Einsatz eines externen Feedbackkreises ausgehend von der elektrischen Aktivität der somatischen Muskulatur handelt, der somatischen Muskulatur, die auch ohne Feed-

---

[1]) Die in diesem und den folgenden Abschnitten berichteten Arbeiten aus dem Laboratorium des Autors wurden mit Unterstützung der Stiftung Volkswagenwerk und der Deutschen Forschungsgemeinschaft durchgeführt.

back unter willentlicher Kontrolle steht. Trotz der mehrfach replizierten Effektivität bei diesen beiden Störungen ergeben sich in beiden Anwendungsbereichen eine Reihe methodischer und theoretischer Probleme. Bei der neuromuskulären Reedukation mit Hilfe von Biofeedback existiert kein diagnostisches Instrument für die Auswahl der Patienten mit guter versus schlechter Prognose. Natürlich müssen einige motorische Einheiten intakt sein, damit überhaupt ein generalisierbarer Trainingseffekt eintreten kann. Die meisten der bisher berichteten Arbeiten zeigen aber deutlich die überlegene Wirksamkeit von Biofeedback verglichen mit den klassischen Rehabilitationsmethoden allein. Eine Kombination beider Verfahren scheint sinnvoll. (*Brudny* et al., 1976).

Auch bei der Behandlung von Spannungskopfschmerz existiert kein diagnostisches Instrumentarium und es ist nach wie vor unklar, ob EMG-Biofeedback effektiver ist, als die viel ökonomischeren Entspannungsmethoden (autogenes Training, Jacobson-Training, Meditation). Die isolierte Anwendung des EMG-Feedbacks allein wird bei vielen Fällen mit diesem Problem nicht erfolgreich sein. Bei Spannungskopfschmerz handelt es sich in den meisten Fällen um eine durch äußere oder innere Streßreize hervorgerufene Verkrampfung der Nacken- und Kopfmuskulatur; ein dauerhafter Erfolg wird daher nur jenen Behandlungsmethoden beschieden sein, welche die Ursache der chronischen Verkrampfung in die Behandlung einbeziehen. Biofeedback wird daher bei dieser Störung in den meisten Fällen als ein Teil eines größeres verhaltenstherapeutischen Behandlungsprogrammes eingesetzt werden. Trotz dieser Probleme besteht kein Zweifel, daß die Pionierarbeit von *Budzynski* et al. (1973) mehrmals repliziert wurde (siehe *Stoyva,* 1976 für eine Gesamtübersicht). Zwei der Replikationen (*Hutchings* et al., 1976) erbrachten einen überlegenen Effekt des Frontalis EMG Biofeedback-Trainings verglichen mit *Jacobson* Entspannungsverfahren allein. Das regelmäßige Training der Entspannung in der häuslichen Situation scheint eine notwendige Ergänzung des EMG-Feedbacktrainings zu sein.

Die erfolgreiche Behandlung dieser zwei Gruppen von Störungen ist das Ergebnis von hunderten von Arbeiten der letzten Jahre in denen versucht wurde, die Effektivität vor allem von EEG-Feedback für
Epilepsie,
Angststörungen,
Vigilanzabfall,
und Schmerz
zu belegen. Neben der Rückmeldung des Spontan-EEGs wurde die Rückmeldung kardiovaskulärer Parameter auf
Bluthochdruck,
Arrhythmien,
Angststörungen
geprüft. Die Ergebnisse der kontrollierten klinischen Arbeiten in diesen Anwendungsbereichen sind zum Teil wenig erfolgversprechend und scheinen die Tatsache wiederzugeben, daß auch die im Laboratorium durchgeführten ursprünglichen Konditionierungsversuche von *N. E. Miller* an curarisierten Ratten nicht repliziert werden konnten. Diese Arbeiten von *Miller* und seinen Mitarbeitern lösten zu einem großen Teil das steigende weltweite Interesse an Biofeedbackverfahren aus (*Miller* und

Dworkin, 1974). Die Schwierigkeiten, die bei der operanten Konditionierung autonomer Funktionen auftraten, scheinen die klassische Ansicht zu bestätigen, daß autonome Mechanismen relativ unabhängig von willentlicher (operanter) Kontrolle sind. Trotz der langsamen Änderung autonomer Funktionen durch instrumentelles Lernen besteht kein Zweifel, daß instrumentelles Lernen autonomer Funktionen auch ohne Mediation der Skelettmuskel möglich ist. *Pickering* et al. (1976) berichteten schwache aber signifikante Änderungen von Blutdruck und Herzrate bei Patienten mit generalisierter Lähmung des gesamten Körpers. Im intakten Organismus werden die gelernten Änderungen natürlich in den meisten Fällen durch Innervation des somatischen Nervensystems vermittelt (*Obrist,* 1976). Im folgenden sollen kurz die wesentlichen Ergebnisse der klinischen Anwendung von EEG Feedback und kardiovaskulärem Feedback berichtet werden.

EEG

Der Alpha-Kult ist vorbei. Eine Reihe gut kontrollierter Arbeiten, die in einem ausgezeichneten Artikel von *Johnson* (1976) zusammengefaßt wurden, zeigten, daß es nicht möglich ist, Alpha-Anteile zu erhöhen, wenn man mit geschlossenen Augen entspannt im Dunkeln sitzt. Die von *Brown* (1970) und *Kamiya* (1969) berichteten subjektiven Korrelate wie „Freude", „Wohlbehagen", „Entspannung" wurden in späteren sorgfältiger geplanten Experimenten von *Orne* (1975) und *Plotkin* (1976) u. a. nicht repliziert. Wenn man den Einfluß der Instruktionen des Versuchsleiters ausschaltet, so wird der Alpha-Zustand im allgemeinen als „langweilig", „nicht unterschiedlich" und nur in einigen Fällen als „entspannend" bezeichnet.

Der Einfluß von Vorerfahrungen (z. B. Lektüre populärer Literatur über Alpha-Wellen) und der Einfluß der Instruktionen des Versuchsleiters bestimmen das Erleben der Vpn. Alphatraining hat keinen therapeutischen Effekt neben der Placebowirkung; das bedeutet natürlich, daß Alphatraining einen enormen Einfluß und Effekt auf alle jene Störungen hat, die sensibel auf Änderungen der Erwartung reagieren. Besonders ängstliche und neurotische Vpn und Patienten werden solche Erwartungsänderungen aufweisen. Es ist daher kein Wunder, daß in der Literatur eine Vielzahl von Erfolgsberichten angeführt werden. Alpha-Aktivität geht im allgemeinen mit einer Entspannung und Entkrampfung des okulomotorischen Systems einher, unabhängig davon, welche Emotionen vorhanden sind. Dies wurde in einer Reihe eleganter Experimente von *Mulholland* (1973) nachgewiesen.

Biofeedback von Alpha-Aktivität kann daher eine *ausgezeichnete Methode* darstellen, mit der schwer meßbare Änderungen der visuellen Aufmerksamkeit studiert werden können. Damit in Zusammenhang kann mit dieser Methode die unterschiedliche Aktivität der beiden Hirnhemisphären bei emotionalen oder kognitiven Änderungen studiert werden, wenn solche emotionalen oder kognitiven Änderungen mit Variation selektiver Aufmerksamkeitsvorgänge einhergehen. *Davidson* und *Schwartz* (1966) zeigten, daß die Alpha-Aktivität in der rechten Hemisphäre bei Frauen während emotionalen Aufgaben im Vergleich zu Männern und kognitiven Aufgaben abnimmt; dieses Ergebnis wird aber nur erzielt, wenn die Vpn versuchten, mit Hilfe einer Biofeedbackanordnung ihre Herzrate zu kontrollieren. *Mulholland* und *Benson*

(1976) verwendeten Unterschiede, die bei dem Versuch, Alpha mit Biofeedback in den beiden Hemisphären zu kontrollieren als ein diagnostisches Instrument bei organischen Hirnläsionen.

Beatty, O'Hanlon und ihre Mitarbeiter (*O'Hanlon* et al., 1976) verwendeten instrumentelle Unterdrückung der kortikalen posterioren Theta-Aktivität zur Erhöhung der Vigilanz bei Radarbeobachtern. Ihre Ergebnisse zeigen, daß es möglich ist, die Vigilanz während und nach Theta-Biofeedback (okzipitaler und posteriorer Theta-Rhythmus) zu erhöhen, dies allerdings nur unter Laboratoriumsbedingungen und nicht in einer natürlichen Radarbeobachtungssituation mit erfahrenen Radarbeobachtern. Diese Arbeiten wurden methodisch von *Johnson* (1976) und *Birbaumer* (1976) kritisiert (in der Diskussion der oben erwähnten Konferenz wurden auch ethische Bedenken geäußert). Da posteriorer Theta ein Indikator von Schlafstadium 1 darstellt, scheint es trivial, daß sich die Leistung einer Vp verbessert, wenn man sie aufweckt. *Lawrence* und *Johnson* (1976) konnten keinen Effekt von Alpha- oder Theta-Training auf die Aufmerksamkeitsleistung nachweisen. *Lutzenberger* et al. (1975) zeigten, daß es nicht möglich ist, im Wachzustand den posterioren Theta-Rhythmus mit Hilfe von Biofeedback zu erhöhen, sie fanden dagegen einen schwachen, aber signifikanten Effekt, wenn der frontale Theta-Rhythmus verstärkt wurde (*Lutzenberger* et al., 1977).

Der wohl interessanteste Anwendungsbereich des EEG-Biofeedbacks stellt der sensomotorische Rhythmus (SMR) bei Epileptikern dar (*Sterman,* 1976). SMR ist eine niederamplitudige 12–15 Hz-Aktivität über dem motorischen Areal, die große Ähnlichkeit mit Schlafspindeln aufweist. Bei vielen Personen ist diese Aktivität im Wachzustand mit freiem Auge nicht zu erkennen, sondern kann nur mit geeigneten Filtersystemen sichtbar gemacht werden. *Sterman* (1976) behauptet, daß der SMR physiologisch den Schlafspindeln ähnlich sei und mit Bewegungshemmung durch Blockade des gammamotorischen Systems korreliert ist. Von 1972 bis 1976 wurden 30 Patienten mit unterschiedlichen epileptischen Anfallsleiden durch *Sterman* und in anderen Laboratorien (*Lubar* und *Bahler,* 1976) behandelt. Bei allen Patienten handelte es sich um Personen, die resistent gegenüber Medikation waren und deren Anfallsleiden schon lange Jahre unverändert bestand. Alle bisher publizierten Arbeiten sind Fallberichte mit unterschiedlicher methodischer Qualität. Drei dieser Einzelfallstudien hatten ein ABA-Design (Zusammenfassung aller Arbeiten siehe *Sterman,* 1976). Das Training ist außerordentlich aufwendig und dauert 3 Monate bis 1 Jahr mit mehreren Sitzungen pro Woche. 25 der 30 Patienten wiesen eine deutliche und signifikante Reduktion der Anfallsfrequenz auf, bei einigen dieser Patienten kann man von einer dramatischen Reduktion bis Beseitigung der Anfälle sprechen. Es ist aber z. Z. außerordentlich schwierig, die Bedeutung des SMR-Biofeedback-Trainings für Epilepsie abzuschätzen, da keine gut kontrollierten Studien mit entsprechenden Kontrollgruppen existieren. Die physiologische Bedeutung dieses Rhythmus ist nach wie vor unklar. Es ist nicht einmal klar, ob ein spezifischer Rhythmus dieser Frequenz über dem motorischen Areal überhaupt existiert. *Johnson* (1976) stellte die Spezifität des SMR Trainingseffektes in Frage, und behauptet, daß das Training von EEG Desynchronisation oder das Üben ablenkender kognitiver Fertigkeiten, z. B. Kopfrechnen u. ä. denselben Effekt haben könnten.

Ein völlig neuer Bereich des elektrokortikalen Biofeedbacktrainings ist die operante Kontrolle kortikal evozierter Potentiale (*Rosenfeld* et al., 1976) und die operante Konditionierung kortikaler Gleichspannungsverschiebungen, die z. Z. in unserem Laboratorium versucht wird. Ob diese außerordentlichen schwachen elektrischen Phänomene (5–20 μV) der oberen Rindenschicht irgendeine klinisch anwendbare Bedeutung haben, kann z. Z. nicht beantwortet werden.

Biofeedback bei kardiovaskulären Störungen

Erkrankungen des kardiovaskulären Systems sind die häufigste Todesursache in industrialisierten Gesellschaftssystemen. Diese Tatsache bedingt das Interesse, das der Selbstregulation kardiovaskulärer Variablen entgegengebracht wird. Aber auch in diesem Bereich existieren im Vergleich zu dem Aufwand der von medizinischer Seite zur Behandlung kardiovaskulärer Störungen eingesetzt wird, sehr wenig gut kontrollierte klinisch-psychologische Studien. Es existieren auch wenige interpretierbare Anwendungsversuche von Biofeedback bei diesen Störungen. Die Forschung hat sich hier mehr auf grundlegende Fragen der autonomen Kontrolle konzentriert, da sich die Rückmeldung der Herzrate für solche methodischen und theoretischen Fragen eignet. In diesem Bereich existieren eine Reihe ausgezeichneter Arbeiten, die unsere Kenntnisse über die Prinzipien autonomer Selbstregulation bedeutend erweitert haben (*Cuthbert* und *Lang,* (1976), *Obrist* (1976), *Shapiro* (1976), *Brener* (1976) und ihren Mitarbeitern). Die wenigen Arbeiten an Patienten wurden vor allem von *B. Engel* (1976), *Blanchard* (*Scott* et al., 1973), *Vaitl* (1975) und ihren Mitarbeitern durchgeführt.

Biofeedback scheint sich besonders für die Behandlung von Herzrhythmusstörungen zu eignen. *Vaitl* (1975) behandelte eine Patientin mit Sinustachykardie mit einem höchst interessanten Biofeedbacksystem. Da Sinustachykardie im allgemeinen eine Vielzahl von psychologisch bedingten Auslösern aufweisen, ist nicht klar, ob nicht andere psychologische Behandlungsverfahren denselben Erfolg aufweisen würden. *Engel* behandelte erfolgreich präventrikuläre Kontraktionen (PVC), eine außerordentlich gefährliche Rhythmusstörung des Herzens und es gelang ihm, die erzielte Reizkontrolle auch außerhalb des Laboratoriums aufrechtzuerhalten. Wie in vielen Bereichen klinisch-psychologischer Behandlung existieren aber auch in diesem Anwendungsfeld keine diagnostischen Richtlinien für die Auswahl von Patienten mit guter oder schlechter Prognose für Biofeedbacktraining. *Engel* (1976) ist der Auffassung, daß mit Biofeedback klinisch bedeutsame Änderungen bei Patienten mit verschiedenen kardialen Rhythmusstörungen erzielt werden können.

Benson et al. (1971) behandelten als erste Patienten mit essentieller Hypertonie und berichteten eine signifikante und anhaltende Reduktion des Blutdrucks. In späteren Arbeiten wurde diese erste Studie repliziert und längere Nachuntersuchungen bestätigten das ursprüngliche Resultat (*Engel,* 1976). Die Effekte des Biofeedbacktrainings sind aber im allgemeinen relativ schwach (ca. 8–10/3–5 mm Hg) bisher liegen keine ausreichend kontrollierten Untersuchungen vor, die Biofeedbacktraining mit klassischen Entspannungsverfahren oder anderen sehr viel ökonomischeren Behandlungsmethoden verglichen haben. Entspannungstraining ist ein effektives und billiges Verfahren zur Reduktion von hohem Blutdruck. In den letzten Jahren wurden in einigen psychophysiologischen Laboratorien (*Gribbin* et al., 1976) eine unblutige Methode zur kontinuierlichen Registrierung der Pulswellengeschwindigkeit entwikkelt, ein Maß, das hohe Korrelationen mit dem arteriell gemessenen Blutdruck aufweist. Diese neue meßtechnische Entwicklung wird in den nächsten Jahren zu einer Reihe interessanter Studien über den Einfluß von Biofeedbacktraining auf Bluthochdruck führen. Im Bereich des essentiellen Bluthochdrucks ist aber vor allem eine Intensivierung der Grundlagenforschung notwendig. Bis heute sind die physiologischen und psychologischen Determinanten dieser weit verbreiteten Störung so unklar, daß die Effektivität psychologischer Behandlungsverfahren nur sehr schwer beurteilt werden kann.

Biofeedback bei Angststörungen

Jede Verhaltensstörung, die mit tonischer oder phasischer Hyperaktivierung verbunden ist, kann durch Entspannungstraining und reziproke Hemmung der Angstreaktion behandelt werden. Im Rahmen der Verhaltensmodifikation wurden in den letzten beiden Jahrzehnten eine Vielzahl außerordentlich wirksamer kognitiver und verhaltensmäßig orientierter Verfahren entwickelt. Diese Verfahren berücksichtigen in jedem Fall die lernpsychologisch faßbaren Ursachen der jeweiligen Störung und werden flexibel entsprechend diesen Ursachen angewandt. Die unspezifische Reduktion der erhöhten Erregung mit Entspannungsverfahren ist zwar wirksam aber selten genug (wir gehen im Abschnitt C mehr auf dieses Problem ein). Die Änderung der Umweltkontingenzen und der Aufbau neuer sozialer Fertigkeiten ist eine notwendige Ergänzung bei schweren Angststörungen und auch bei den meisten psychosomatischen Störungen.

Budzynski und *Stoyva* (1973) empfahlen die Anwendung von EMG-Feedback bei der Behandlung von Angststörungen. Sie legten aber keine kontrollierten Untersuchungen dazu vor und wir wissen bis heute nicht, ob Biofeedback irgendeiner physiologischen Variable effektiver als Entspannungstechniken ist. Dasselbe ist der Fall für Herzratenfeedback (Verlangsamung), das eindeutig streßreduzierende Wirkung auch außerhalb des Laboratoriums aufweist. (*Lutzenberger* et al., 1977; *Shapiro,* 1976). Auch für die Rückmeldung des Hautwiderstands, besonders der Spontanfluktuation und für die Rückmeldung der Hauttemperatur (*Sargent* et al., 1973) liegen keine kontrollierten klinischen Untersuchungen vor. Diese Tatsache der äußerst zweifelhaften Effektivität von Biofeedback bei Angststörungen steht in krassem Gegensatz zur weiten Verbreitung dieser Methode in der klinischen Praxis.

Muster-Biofeedback[1])

Unsere eigenen Ergebnisse (*Lutzenberger* et al., 1976; *Birbaumer*, 1977), die Arbeiten *Schwartz'* (1972) und *Obrist* und seiner Mitarbeiter (1976) zeigen, daß die Kontrolle autonomer Funktionen, speziell kardiovaskulärer Mechanismen (HR, BP, periphere Vasomotorik) nur dann zu deutlichen und stabilen Änderungen führt, wenn »gleichlaufende«, konkordante Muster (autonom-somatische, oder autonom-motorische) konditioniert werden.

Bisher liegen vor allem die Arbeiten der Arbeitsgruppen um *Schwartz* vor (zusammengefaßt 1976), in denen explizit gleich- oder gegenläufige Muster rückgemeldet wurden: Vpn, die gleichzeitig HR und BP reduzieren, bzw. anregen sollten, zeigten sowohl physiologisch als auch subjektiv deutlichere Effekte als Vpn, die gleichzeitig HR-Anstieg und BP-Abfall, bzw. vice versa lernen mußten. Interessant war dabei die Tatsache, daß nur Vpn mit gleichlaufenden Änderungen (Aktivierung oder Desaktivierung) *spontan* Gefühle der Spannung versus Entspannung äußerten.

In späteren Studien (*Davidson* und *Schwartz*, 1976; *Schwartz*, 1976) lernten Vpn simultan den Alpha-Rhythmus und die HR zu kontrollieren, erhielten aber getrennt Rückmeldung über beide Funktionen. Auch hier zeigte sich, daß die gleichlaufende Kontrolle (z. B. Alpha-Anstieg und HR-Abfall oder Alpha-Blockade und HR-Anstieg) schneller, dauerhafter und bedeutsamer war. Die subjektiven Angaben der Vpn über ihre Stimmungslage folgten genau den physiologischen Mustern: Vpn mit Alpha-Anstieg und HR-Abfall berichten Gefühle der Entspannung, Vpn mit Alpha-Blockade und HR-Anstieg Erregung und Vpn mit Alpha-Anstieg und HR-Ansteig, bzw. vice versa lagen genau zwischen den beiden „Konkordanzgruppen". Diese Muster von subjektiven und autonomen Prozessen gehen mit subtilen Änderungen der Motorik (Ausdruck, Körperhaltung, Blickänderungen) einher, die *spezifisch* für die jeweils generierte Emotion sind. *Schwartz* (1976) konnte zeigen, daß die operante Konditionierung bewußt nicht wahrnehmbarer Ausdrucksänderungen (gemessen mit EMG) *post hoc* zu den „gewünschten" Emotionen führt; d. h. Vpn, die für Herabziehen der Mundwinkel und Augenbrauen belohnt wurden, gaben *nach* der Konditionierung auch ein „trauriges" Gefühl an. Die Arbeiten aus unserem Laboratorium (*Birbaumer* et al., 1976; *Lutzenberger* etal., 1976) zeigen ebenfalls, daß die simultane Reduktion von HR und Frontails-EMG zu sehr deutlichen Reduktionen beider Maße und subjektiv zu dem Eindruck besserer Kontrolle über die eigenen Reaktionen führt.

Alle oben genannten Ergebnisse können vor dem Hintergrund einer unspezifischen Aktivierungstheorie (*Lindsley*, 1960; *Duffy*, 1972) oder einer allgemeinen Theorie zentral-autonomer Integration sympathischer versus parasympathischer Muster im Sinne *Gellhorns* (1967) gesehen werden: trotz aller Kritik an eindimensionalen Aktivierungsmodellen besteht kein Zweifel, daß emotionale Reaktionen *auch* auf einem Kontinuum Aktivierung und Wachheit als integrierte physiologische Erregungs- und Hemmprozesse ablaufen. In Abhängigkeit von momentanen oder über-

---

[1]) Die hier berichteten Arbeiten aus unserem Laboratorium wurden gemeinsam mit *T. Elbert, W. Lutzenberger, B. Rockstroh, W. Tunner* und *Ch. Wildgruber* durchgeführt. Der Autor dankt Frl. A. Maier für die vielfältige Unterstützung.

dauernden Umgebungsvariationen oder kognitiven Bewertungen (im Sinne *Schachters*, 1971 oder *Lazarus*, 1968) treten zwar deutlich diskriminierbare Muster autonomer Reaktionen auf, die für die Situation *und* die Person hoch spezifisch sind (Stimulus Stereotypie und Interstressorstereotypie im Sinne *Laceys* et al., 1963), diese spezifischen emotionalen Reaktionen *überlagern* aber ein jeweils bestehendes tonisches zentralnervös-autonom-somatisches Erregungsniveau und tragen selbst wieder in Form phasischer Erregungsänderungen (über Formatio reticularis und unspezifischen Thalamus, siehe *Birbaumer* und *Lutzenberger* im 1. Halbband des Handbuchs der Psychologie, Göttingen 1976) zu dieser tonischen Hintergrundserregung bei.

Schließlich ist die Intensität der einzelnen physiologischen Systeme auf einen gegebenen Reiz und damit auch das Muster mehrerer Systeme vom Ausgangswert des einzelnen Systems und des integrierten Gesamtsystems (der „unspezifischen" Aktivierung) abhängig. Das von *Wilder* (1957) formulierte Gesetz der Anfangswerte (LIV, law of initial values) gilt zwar nicht in allen Systemen gleich präzise, bestimmt aber in jedem Fall die Intensität und Richtung einer autonomen Reaktion mit, die Höhe der Reaktion ist auch von der absoluten Streubreite (range) und dem optimalen Sollwert des jeweiligen Systems (*Lovallo*, 1975) abhängig.

Bezogen auf die Genese psychosomatischer Störungen bestimmt die gelernte und konstituionell verankerte Reaktionsstereotypie (d. h. die Tendenz eines oder weniger physiologischer Systeme bei Streß maximal zu reagieren) den *Ort* der Störung, die Voraussetzung für die Entstehung der Störung und ihr Ausmaß hängt aber von der Gegenwart eines allgemein (in vielen Systemen und zentralnervös gegebenen) erhöhten Aktivitätsniveaus ab. Sogenannte neurotische Störungen und bis zu einem gewissen Grade wahrscheinlich auch Psychosen sind durch die Höhe des Aktivierungsniveaus bestimmt und die Bedeutung stereotyper autonomer Reaktionsmuster im Sinne *Laceys* tritt in den Hintergrund. Ob eine somatische Störung eines Organsystems entsteht, hängt von der komplexen und bisher wenig erforschten *Interaktion* von *Reaktionsstereotypie, Situationsstereotypie und dem Anfangswert vieler Systeme (der unspezifischen tonischen Aktivierung)* ab. Beim Menschen ist das komplexe Zusammenspiel dieser drei Faktoren zusätzlich von bestehenden oder gelernten Möglichkeiten kognitiver Kontrolle über die autonomen Funktionen abhängig. Aber weder extreme Tendenz in einer Reaktionsstereotypie noch eine bestehende intensive „Stressituation" können sich im Sinne einer Verhaltens- oder Organstörung auswirken, wenn sich das Individuum in einem „optimalen" Balancezustand sympathisch-parasympathischer Aktivität im Sinne *Gellhorns* (1967) oder auf einem optimalen mittleren tonischen Aktivierungsniveau (sensu *Berlyne*, 1969) befindet.

In Abhängigkeit von der dominierenden Funktionsstörung muß daher *die Indikation* für Biofeedback-Therapie aussehen:

a) Handelt es sich primär um eine an eine bestimmte Situation oder Kognition gebundene Funktionsstörung (Situationsstereotypie) so wird die spezifische Reagibilität eines oder mehrerer Organsysteme nur durch Modifikation der Umgebungs- oder Denkbedingungen normalisiert werden können. Dabei kann das Individuum durchaus auch Selbstkontrollstrategien für einzelne spezifische Organsysteme mit Unterstützung von Biofeedback lernen. Die Modifikation muß aber sehr spezifisch im Kontext der auslösenden Situation erfolgen.

b) Letzteres gilt wohl auch, wenn ein stereotypes, schädigendes Reaktionsmuster (etwa BP-Anstieg) über verschiedene Situationen hinweg gehäuft auftritt, dabei soll aber die Selbstkontrolle eben dieses einen spezifischen Musters relativ unabhängig von Situationen und Kognitionen erfolgen (z. B. BP-Feedback allein oder Muster-Feedback gegensätzlich variierender Größen, z. B. HR-Anstieg und Alpha-Zunahme).

c) Besteht schließlich ein chronisch erhöhtes Erregungsniveau (z. B. multiple Ängste) oder häufige, extrem intensive phasische Änderungen mehrerer Variablen, so wird die Aktivitätsreduktion oder -induktion vieler Größen gleichzeitig in dieselbe Richtung wichtig sein.

Natürlich sind die Übergänge zwischen diesen Indikationsformen in der Praxis häufig fließend, die Notwendigkeit genauer diagnostischer Kriterien für bestimmte Indikationen läßt sich aber an diesen drei Beispielen auch für Biofeedback aufzeigen. Wie in der Verhaltensmodifikation und Psychotherapie generell besteht auch in der Biofeedbacktherapie ein völliger Mangel diskriminierender Indikationskataloge.

Diese Überlegungen und Spekulationen zum Einfluß kognitiver Prozesse bei Selbstwahrnehmung und Selbstkontrolle autonomer Funktionen („kognitive" Emotionstheorien wie die *Schachters*, 1971; *Lazarus* und *Averill*, 1972; *Epstein*, 1967), auf die ich unten kurz eingehen möchte, weisen unserer Meinung eindeutig auf die *Notwendigkeit der Selbstwahrnehmung und Selbstkontrolle* (*Kanfer*, 1976; *Meichenbaum*, 1975) von *simultan in dieselbe Richtung* (meist sympathische und kortikale Aktivierung bei Angststörungen) *variierender physiologischer Größen in mehreren Organsystemen.*

„Summenbiofeedback"

Der oben geäußerten Forderung kam man im Rahmen der Psychotherapie meist mit Entspannungstechniken (Autogenes Training, Jacobson-Training, Meditation), sportpädagogischen Maßnahmen (Turnen, Gymnastik, u. a.) oder mit Biofeedback, vor allem der Frontalismuskulatur nach. Die Frontalis-EMG-Entspannung erwies sich als globales Entspannungsverfahren ungeeignet (*Alexander* et al., 1975). Vielfach generalisiert die Entspannung nicht und hat auch kein subjektives Korrelat (dies spricht nicht gegen die Wirksamkeit dieses Verfahrens bei Spannungskopfschmerz, bei dem es sich offensichtlich um eine extreme Reaktionsstereotypie der Kopf- und Nackenmuskulatur handelt; siehe *Budzynski* et al., 1973). – Die „klassischen" Entspannungsverfahren weisen isoliert angewandt eine Reihe von Problemen auf, die bisher – angesichts ihrer unspezifischen Effektivität bei vielen „Stress-related-disorders" (Streß-verursachten Störungen) – wenig analysiert wurden. Die folgenden Kritikpunkte beziehen sich nicht nur auf Entspannungsverfahren, sondern mit unterschiedlichem Schwerpunkt auf alle bisher gebräuchlichen Angstbewältigungsmethoden (z. B. Systematische Desensibilisierung, Selbstbehauptungstraining, kognitive Selbstkontrollverfahren, rein verbale Verfahren wie Gesprächspsychotherapie und psychoanalytisch orientierte Methoden, soweit sie experimentell überhaupt untersucht wurden).

1. Das erzielte Aktivierungsniveau kann in Entspannungsverfahren für effektives motorisches oder sensorisches (Aufmerksamkeit) Agieren in der Realität zu nieder sein (*Champion*, 1969).
2. Die Generalisation vom Labor oder Heim auf reale Stressituationen ist meist ungenügend.
3. Das Üben der Selbstwahrnehmung von Erregungsänderungen bezieht sich entweder auf isoliert physiologische (Herz) oder motorische (Stirnspannung) Änderungen, die häufig für das Erlernen von autonomer Kontrolle bei spezifischen Störungen oder Individuen irrelevant sind, oder ist zu diffus und enthält keine eindeutig und rechtzeitig exterozeptiv oder interozeptiv diskriminierbaren Hinweisreize.
4. Das Lernen *autonomer, subjektiver und motorisch-verhaltensmäßiger Konkordanz* wird nicht explizit forciert; d. h. die Bewältigungsreaktion (coping response) wird nicht als *zeitliche Einheit* kovariierender subjektiver und autonomer Muster während einer motorischen Reaktion (overt oder covert) in einer gegebenen, meist sozialen Situation geübt.

4a. Mit Punkt 4 hängt eng die Tatsache zusammen, daß die „biologisch“ und sozial „sinnvollen“ motorischen Begleiterscheinungen der Bewältigungsreaktionen nicht geübt werden, vor allem Mimik, Gestik, Körperhaltung, Gang, Blickkontakt (siehe *Argyle*, 1975). Damit hängt die Bedeutung nonverbaler Kommunikation für effektives Bewältigen von Angst zusammen (siehe dazu *Goldstein*, 1973).

5. Die bewußte, rechtzeitige Selbstwahrnehmung der steigenden Erregung in Erwartungs- oder Stressituationen wird zu wenig beachtet (*Oelkers*, 1975).
6. Die präventive Anwendung der Entspannung in *Erwartung* aversiver Reize (CS-UCS Intervall) wird nicht geübt (siehe *Epstein*, 1967, 1972).
7. Es fehlen explizite Regeln für die Anwendung der Kontrolle in realen Streßsituationen (Problem der Selbstinstruktion und Selbstverstärkung) (*Kanfer*, 1976).
8. Fehlattributionen und Fehleinschätzungen von Erregungsänderungen werden nicht modifiziert. Diese Fehlattributionen können unterschiedlich komplex sein: z. B. eine Person kann ihre Störung auf ein bestimmtes Ereignis in der Vergangenheit „projizieren“ oder aber – im anderen Extrem – auf eine momentane Funktionsstörung eines Organs u. ä.
9. Das Ausmaß kognitiver Kongruenz (Konsonanz) zwischen erwartetem und realem Erleben (auf den drei Ebenen) wird nicht systematisch erhöht (z. B. durch Vorinformationen, Rolleninduktion, u. ä.) (siehe *Birbaumer*, 1973; *Johnson*, 1975).
10. Der Einsatz der oben genannten Reaktionsmuster bei der Bewältigung von Angst wird nicht *flexibel* in Abhängigkeit von unterschiedlichen sozialen und physikalischen Anforderungen geübt. D. h. die betroffenen Personen dürfen nicht stereotyp mit einer isoliert gelernten Entspannungsreaktion auf eine Streßsituation reagieren, sondern sollen selbst verschiedene Elemente der Bewältigung kombinieren. Daraus folgt, daß auch in charakteristischen sozialen Situationen geübt werden muß.

Die Rückmeldung autonomer, zentralnervöser und muskulärer Parameter schien uns besonders an den Punkten 3 und 4 sinnvoll; um den dort genannten Problemen gerecht zu werden, müssen alle für eine Person (Reaktionsstereotypie) und ihre Störung (Situationsstereotypie) charakteristischen autonomen Größen, die die Variation des allgemeinen Aktivierungsniveaus bestimmen, in einer extero- oder interozeptiv von der Person wahrnehmbaren Form rückgemeldet werden. Es muß sich dabei also um ein Muster handeln, das prinzipiell unter Instruktionskontrolle (*Brener*, 1974) zu bringen und gleichzeitig der Aufmerksamkeitskapazität angepaßt ist und als Reizgegebenheit keine Aktivierungsänderungen auslöst, die inkompatibel mit viszeraler Wahrnehmung und Kontrolle sind (*Vaitl*, 1975). Wie die Arbeit von *Levenson* (1976) z. B. zeigt, können zwei Feedbackkanäle nur unzureichend von einer Vp erfaßt werden.

Weiters muß bezüglich der Diskriminierbarkeit der internen autonomen Änderungen die *prinzipielle Wahrnehmbarkeit* der Änderung ohne externes Feedback beachtet und *gewichtet* werden. Z. B. werden PGR-Änderungen ohne Feedback besser diskriminiert, da die Rückmeldung zu exakt ist und ein Konflikt zwischen der perfekten Reliabilität der Rückmeldung und der weniger perfekten interozeptiven Wahrnehmung der Änderung entsteht (*Diekhoff*, 1976). Ähnliches gilt für kurze (keiner 1 sec) EEG-Änderungen (*Lutzenberger* et al., 1975). Die Diskriminationsfähigkeit der HR ist z. B. für das Lernen des Anstiegs wichtiger als für den Abfall (*Clemens* und *MacDonald*, 1975) und scheint grundsätzlich keine absolut notwendige Voraussetzung der Kontrolle zu sein (*Gannon*, 1975).

Die Frage, ob autonome oder zentrale Systeme, die keine Sinnesorgane für Änderungen ihrer Aktivität aufweisen (wie z. B. Hirn, Gefäßwände, u. a.) anders gewichtet werden müssen, kann wahrscheinlich nicht generell entschieden werden, sondern hängt von der Indikation der Rückmeldeprozedur ab.

Die Frage der *individuumsspezifischen Gewichtung* einzelner physiologischer Variablen und die Errechnung der Gewichtungsfaktoren stellt das schwierige Problem der unten beschriebenen Anordnung des Summenbiofeedbacks dar.

Bei der Entwicklung der Anordnung wurde auch die Tatsache berücksichtigt, daß die Selbstkontrolle einzelner autonomer Größen (z. B. HR-Anstieg), eher nach Prinzipien des Skill-Lernens („Üben“) (siehe *Bilodeau* und *Bilodeau*, 1966), andere Größen (z. B. HR-Abfall, siehe *Lang*, 1974) oder evozierte Potentiale (siehe *Rosenfeld* und *Fox*, 1971) deutlich den Regeln instrumentellen Lernens folgen und schließlich einige Größen eher nach träger verlaufenden „kognitiven“ Strategien manipuliert werden (z. B. Theta-Rhythmus, *Lutzenberger* et al., 1977 oder kortikale Gleichspannungsverschiebungen, die z. Zt. in unserem Laboratorium durch *Elbert* eingehend auf ihre „operante“ Modifizierbarkeit geprüft werden). Diese hypothetisch angenommenen differentiell geltenden Lernprinzipien wirken sich vor allem auf die Rückmeldeanordnung aus. Z. B. müssen beim Skill-Learning von Durchgang zu Durchgang summarische Leistungsübersichten gegeben werden, bei instrumentell erworbenem Verhalten dagegen mehr der Verstärkungsplan berücksichtigt werden und schließlich bei kognitiven Strategien Instruktionshilfen zur Verfügung stehen. Obwohl wir im einzelnen noch wenig über die Aneignungsmechanismen autonomer

Kontrolle wissen, soll das vorhandene Wissen in einer Summenbiofeedbackanordnung berücksichtigt werden.

Das Verfahren muß gleichzeitig so beschaffen sein, daß es innerhalb eines Therapieprogrammes einsetzbar ist, bei dem alle unter 1 bis 10 genannten Prinzipien verwirklicht werden. Es wird hier aus Gründen der thematischen Stringenz nicht auf das Therapieprogramm eingegangen, das im Rahmen unseres Laboratoiums vor allem von *Tunner, Oelkers* und *Wildgruber* als klinisch-therapeutisches Verfahren und von *Birbaumer, Lutzenberger* und *Elbert* als psychophysiologisches Programm entwickelt wurde. (Siehe dazu *Tunner* et al., 1975; *Tunner* und *Oelkers*, 1974; *Oelkers*, 1975; *Tunner* und *Wildgruber*, 1976; *Birbaumer* et al., 1976).

Kurzbeschreibung einer Anordnung zum Summenbiofeedback: Simultan werden bis zu zehn physiologische Variablen abgeleitet (Beckman Dynograph R), von einem Laborcomputer PDP 8/e verarbeitet und praktisch ohne zeitliche Verzögerung in Form eines einzigen, leicht wahrnehmbaren Signals (z. B. eine nach oben und unten variierende Linie auf einem Videobildschirm, siehe Abb. 67) rückgemeldet. Dabei kann je nach der gegebenen Fragestellung und je nach Individuum die *Dauer* des rückgemeldeten Prozesses beliebig variiert werden (z. Zt. sieht die Vp ihre summierten physiologischen Prozesse über die jeweils 90 vorausgegangenen Sekunden).

Die Summenkurve stellt die nach bestimmten Funktionen integrierte *Abweichung der Gesamtaktivität von einer vorher bestimmten Grundkurve* der Erregungen folgender Variablen dar (die Anzahl der Variablen kann beliebig variiert und bis zu zehn Variablen erhöht werden): HR (abzüglich der Arrhythmie), Fingerplethysmogramm, Atemtiefe, Atemlänge, PGR, Pulswellengeschwindigkeit (für BP) und Frontalis-EMG und nach Anordnung Spontan-EEG werden z. Zt. rückgemeldet. Die Gesamthöhe der Kurve soll ein Maß für die Stärke der „unspezifischen Aktivierung" darstellen. Der unterschiedlichen zeitlichen Trägheit der einzelnen Variablen bei phasischen Erregungsänderungen wird durch verschiedene digitale Filterfunktionen – soweit möglich – Rechnung getragen. Die Gesamtkurve selbst kann ebenfalls, wieder durch Einbau verschiedener Zeitkonstanten, unterschiedlich träge variieren. Diese Fragen der Variablen-spezifischen Trägheitsfunktionen sind empirisch noch ungeklärt und wurden bisher nur aufgrund der Literatur und den eigenen Überlegungen und Erfahrungen der Autoren gewonnen. Das on-line Programm geht grundsätzlich davon aus, daß die physiologischen Parameter einer logarithmischen Funktion subjektiver Erregung folgen, d. h. konkret, daß das Programm in den oberen Extrembereichen der Aktivierung (z. B. bei groben Bewegungen, extremen Erregungen) nicht so exakt differenziert wie in den Mittelbereichen. Eine einzige Variable kann bis zu maximal die Hälfte der zur Verfügung stehenden Intensitätsskala der Rückmeldekurve in Anspruch nehmen. Welche Variable dies ist, kann entweder individuell durch Gewichtung der Variablen oder automatisch vom Rechner nach vorher festzusetzenden allgemein geltenden Gewichtungsrelationen bestimmt werden. Wir hoffen durch diese flexible Lösung das Problem der individualspezifischen Reaktionsstereotypie (im ersten Fall durch individuelle Gewichtung) oder aber einer durch die Fragestellung bedingten Situationsstereotypie gerecht zu werden und gleichzeitig der Vp einen Überblick über ihre „generelle" Aktivierung zu geben.

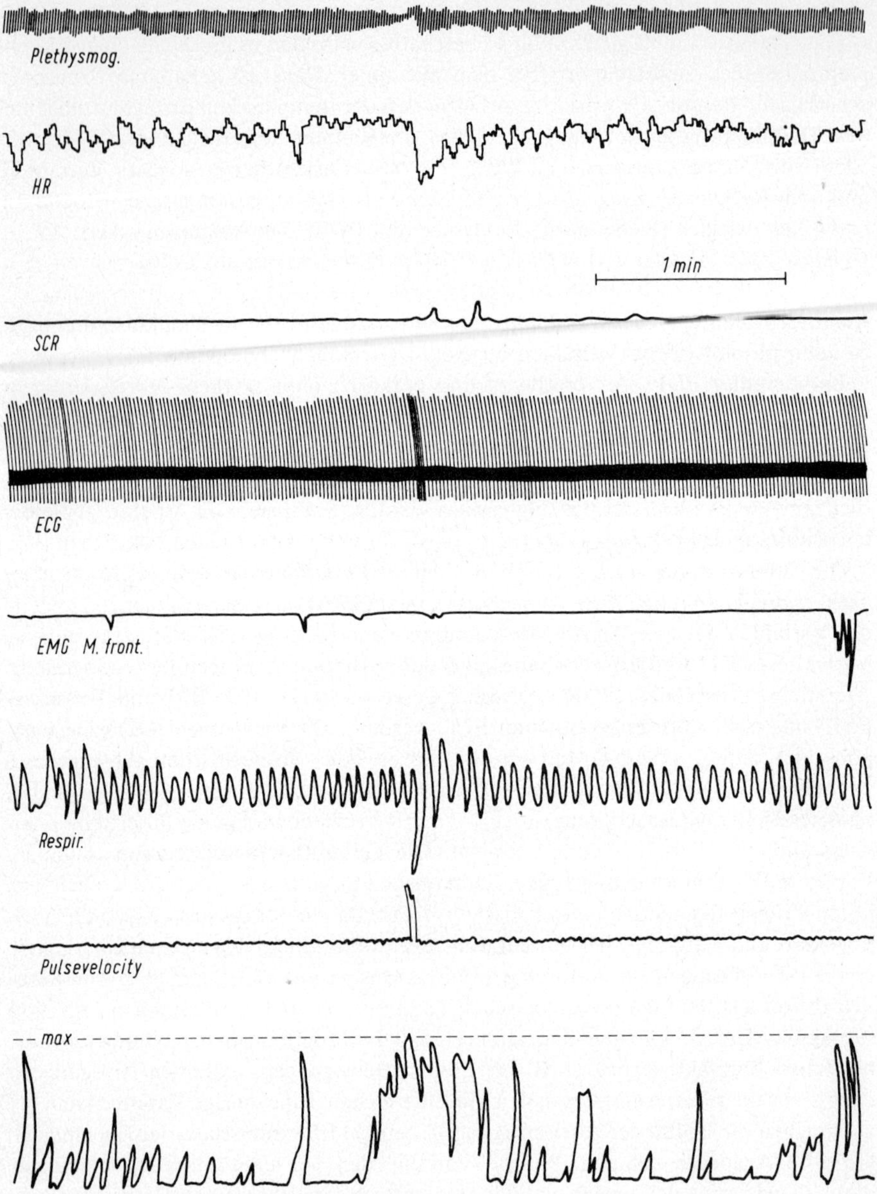

Abb. 67. Summenbiofeedback.

Aus der kurzen Beschreibung der Anordnung ist die Vielzahl der ungelösten Probleme einer musterspezifischen Rückmeldung ersichtlich. Es werden z. Zt. Parameterstudien vor allem zur subjektiven Diskriminierbarkeit („viszeralen Wahrnehmung") der Summenrückmeldung durchgeführt. Die „kognitive" Repräsentation dieses Summenprozesses scheint uns die wichtigste Voraussetzung für die Selbstkontrolle der Gesamterregung zu sein. Es bleibt darüber hinaus abzuwarten, ob diese Art der Rückmeldung nicht völlig ungeeignet (z. B. zu exakt) für eine „willentliche" Manipulation ist.

Im Rahmen eines therapeutischen Experiments (von *Wildgruber* und *Tunner* durchgeführt) an Personen mit extremen sozialen Ängsten, wurde (neben anderen Verfahren in den nachfolgenden Therapiephasen) die Wirksamkeit dieser Rückmeldeanordnung zur Angstreduktion geprüft. Gruppe 1 erhielt Summenfeedback, Gruppe 2 Angstbewältigungstraining (s. *Tunner* et al., 1975), Gruppe 3 Jacobson-Entspannungstraining und Gruppe 4 nur die Kontrollmessungen vor und nach dem Behandlungszeitraum (7 Sitzungen à 30 Minuten). Die Gruppen wurden nach einer Vielzahl von Variablen mit einem sequentiellen, durch Varianzanalysen gesteuerten Algorithmus (Programm von *Lutzenberger*) parallelisiert.

Gruppe 1 erhielt pro Sitzung 5 Durchgänge einer unspezifischen aversiven Erwartungssituation: dabei wird langsam (in 110 sec) unregelmäßig von 10 bis 0 gezählt (count down) und die Vp erwartet bei 0 einen extrem aversiven Ton (zerhackter Sinuston von 115 dB über Kopfhörer), der ihr vor dem Versuch mit abgenommenem Kopfhörer „zur Probe" dargeboten wurde. Während des Zählvorganges soll sie gleichzeitig ihre Summenkurve der Erregung am Bildschirm und ihre eigene subjektive Erregung beobachten; verspürt sie einen merkbaren Anstieg der Erregung, so preßt sie einen Mikroschalter. Der Rechner ist so programmiert (ohne Wissen der Vp), daß er den Zählvorgang bei dem Knopfdruck unterbricht, wenn die subjektive Angabe mit einem objektiven Erregungsanstieg der Summenkurve übereinstimmt („Konkordanzprinzip"). Die Vp erhält dann keinen aversiven Reiz und „soll versuchen, ihre Erregungskurve wieder zu beruhigen". Sie sieht ihre Erregungskurve auch in der anschließenden, 2,5 min Ruhephase, in der der Computer wieder neue Ausgangswerte berechnet. In jeder Trainingssitzung wird die Rückmeldung in einem Durchgang entfernt, um einen Transfer der gelernten Reaktionen zu erleichtern. Zusätzlich erhalten die Vpn Hausaufgaben, in bestimmten Realsituationen die erlernte Kontrolle zu probieren.

Gruppe 2 erhält nur den Count-down (Angstbewältigungstraining) ohne Feedback, ansonsten identische Bedingungen und Gruppe 3 Jacobson-Relaxationstraining mit denselben Zeitverhältnissen.

Die bisher vorliegenden Ergebnisse zeigen eine überlegene anhaltende Reduktion tonischer und phasischer subjektiver Erregung der Gruppe 1 während des Versuches und in den Streßkontrollmessungen. Die Gruppe zeigt weiters eine zunehmende Diskriminationsfähigkeit bereits *schwacher* autonomer Erregungen und damit bessere Selbstregulationsvoraussetzungen. Entsprechend dem Trainingsziel weist Gruppe 1 vor allem eine erhöhte *Konkordanz autonomer, subjektiver und verhaltensmäßiger Reaktionen* bei Streß auf. Besonders das letzte Ergebnis scheint uns für die Entwicklung stabiler Selbstkontrollstrategien sehr bedeutsam. Wie wir an anderer Stelle

(*Birbaumer*, 1974) ausgeführt haben, nehmen wir an, daß ein dauernhafter Trainingserfolg an die Konkordanzzunahme gebunden ist.

Viszerale Wahrnehmung und Selbstinstruktion

Wir sehen Biofeedback weniger als eine Methode zur *direkten* therapeutisch wirksamen Kontrolle einer viszeralen Reaktion, sondern als ein Verfahren zur Verbesserung der *viszeralen Wahrnehmung* für interozeptive Afferenzen, die ohne externes Feedback schlecht oder nicht wahrgenommen werden könnten. Wir nehmen an, daß die Diskrimination interner Änderungen die Voraussetzung für effektive Selbstkontrolle dieser Änderungen darstellt. Unter viszeraler Wahrnehmung (WN) verstehen wir die Tatsache, daß – identisch einem effektorisch motorischen Akt – interozeptive Afferenzen aus den viszeralen Strukturen bei einer autonomen Reaktion zentral (kortikal) als ein Reaktionsabbild (als afferentes neuronales Impulsmuster) gespeichert werden und (später) diese Reaktion wie ein gespeichertes motorisches Muster) auslösen können (*Brenner*, 1974). Dies sei an einem einfachen Schema (Abb. 68 verdeutlicht: ein zentrales autonomes Regulationssystem (AR) steuert die viszerale Reaktionssequenz in den beteiligten Nervennetzen und im Erfolgsorgan (E). Diese Reaktionssequenz kann über interne Afferenzen (IA) und/oder externe Afferenzen (EA, Biofeedback) im sensorischen Kontrollsystem (SKS) gespeichert und mit vergangenen Sequenzen verglichen werden. Dieses System wiederum kann die Reaktionssequenz im efferenten Regulationssystem (AR) entsprechend gespeicherter „Sollwerte" und der einlaufenden Afferenzen modifizieren. Sowohl viszerale WN (afferent) als auch Selbstkontrolle (efferent) muß nicht bewußt, d. h. verbal ettiketiert sein, das gespeicherte Reaktionsmuster kann auf einen externen oder internen Reiz ausgelöst werden, der nicht verbal sein muß. Beim Menschen führt die zeitliche Paarung interozeptiver Afferenzen mit verbalen Reizen häufig zur späteren verbalen Fremd- oder Selbstinstruktion. Es scheint uns sehr wahrscheinlich, daß die Möglichkeit verbaler Selbstinstruktion, das Setzen verbal repräsentierter Selbststandards und verbale Selbstverstärkung die Effektivität und Stabilität von Selbstregulation entscheidend erhöhen (s. *Kanfer*, 1976).

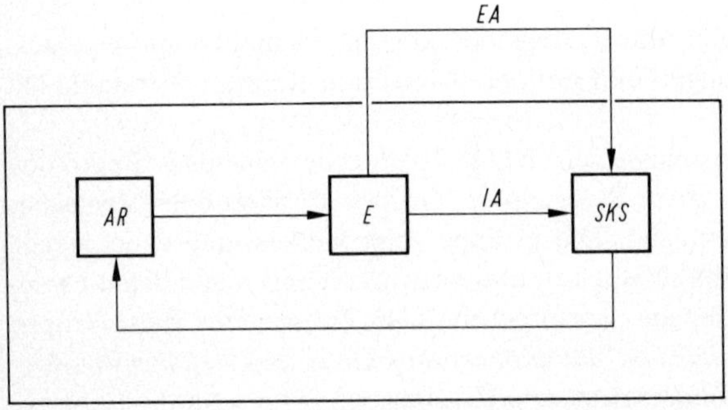

Abb. 68. Schema viszeraler Kontrolle (vereinfacht nach *Brener*, 1974). Siehe Text.

Im Konzept der viszeralen Selbstwahrnehmung sehen wir einen entscheidenden Zugang zur Theorie der Behandlung vieler psychosomatischer Störungen. Voraussetzung für den Einsatz aktivierungsdämpfender Bewältigungsreaktionen nach Streßreizen wird in vielen Fällen das *rechtzeitige* „Erkennen", das Wahrnehmen der bestehenbleibenden Erregung sein. Nehmen wir mit *Cannon* (1932) an, daß die humoralen und vegetativen Begleitreaktionen einer phylogenetisch alten Kampf/Flucht Reaktion bei Personen mit psychosomatischen Störungen nach aversiven Reizen verlängert bestehen bleiben, so kann diese bestehende Hypererregung nur durch eine kognitive oder verhaltensmäßige Bewältigungsreaktion gedämpft werden. Im allgemeinen ist aber die Ausführung solcher Bewältigungsreaktionen inkompatibel mit erhöhter Erregung (Aktivität der Retikulärformation), so daß bereits bei niederen bis mittleren Erregungshöhen, d. h. beim ersten Anzeichen steigender Erregung, die Bewältigung durch Selbstinstruktion erfolgen sollte. Voraussetzung dafür ist die rechtzeitige „viszerale Wahrnehmung" der steigenden Erregung. *Der Wahrnehmungsinhalt der internen Reaktion muß zum diskriminativen Reiz für den Einsatz einer motorischen oder kognitiven Bewältigungsreaktion werden, die unvereinbar mit erhöhter Erregung sein und positiv verstärkend wirken muß. Voraussetzung dafür ist die frühzeitige Diskrimination der steigenden Erregung.* Die „viszerale Wahrnehmung" kann sich auf einzelne Reaktionssysteme (bei Reaktionsstereotypie), aber wohl meist auf die Wahrnehmung „allgemeiner Erregung" in mehreren Systemen beziehen. Der externe Feedbackkreis wird bei schwer oder nicht wahrnehmbaren interozeptiven Reaktionen zur Notwendigkeit, um die Aufmerksamkeit der Person auf interozeptive Cues steigender Erregung zu lenken. Selektive Aufmerksamkeit emotionalen Vorgängen gegenüber setzt offenbar eine gewisse Hemmung subkortikaler Aktivierungsstrukturen (unspezifische Erregung) und Übergewicht limbischer Verstärkerstrukturen voraus (siehe dazu *Weil,* 1974; *Birbaumer* und *Lutzenberger* im 1. Halbband dieses Handbuchs). Kontrolle von viszeralen Strukturen (z. B. auch von Schmerz, siehe *Melzack,* 1970) sind an niedere („optimale") zentralnervöse Erregung gebunden, was wahrscheinlich auf noch unklar gebliebenen neurophysiologischen Schwelleneigenheiten der betroffenen Zellsysteme zurückzuführen ist. In diesem Zusammenhang mag interessant erscheinen, daß bei extremer Schmerzkontrolle von „trainierten" Yogis, aber auch bei Personen unseres Kulturkreises mit außergewöhnlicher Schmerzresistenz bei der aktuellen Reizung häufig elektrokortikale Synchronisation registriert wird (*Pelletier,* 1974), was auf zentralnervöse Desaktivation weist.

Für diese spekualtive Hypothese der viszeralen Diskrimination als Voraussetzung viszeraler Kontrolle sprechen einige empirische Untersuchungen, andere Ergebnisse lassen die Annahme eher als wenig bedeutsam für die erfolgreiche Selbstkontrolle autonomer Reaktionen erscheinen.

Die Analyse und Behandlung von Fettsucht (*Schachter,* 1971; *Jokusch,* 1975) zeigt klar, daß diese Personengruppe ihr Eßverhalten nicht nach den internen S^Ds (Hungerkontraktionen des Magens), sondern nach externen S^Ds (Angebot an Eßbarem u. a.) richten. Fettsüchtige wiesen ein deutliches Defizit der Diskrimination der körperinternen Cues auf. Im Laufe der verhaltenstherapeutischen Behandlung lernen sie, die Nahrungaufnahme kontingent auf diese internen S^Ds vorzunehmen und das Eßverhalten in entsprechenden Situationen zu kontrollieren. Ähnliches gilt bei der

Behandlung von Alkoholikern bei Diskrimination des Blutalkoholspiegels (*Brener,* 1976). Die präventive Behandlung essentieller Hypertonie müßte statt einer wenig spezifischen „Änderung der Lebensführung" solche Änderungen gezielt auf Wahrnehmung der autonomen und subjektiven Begleitreaktion von Bluthochdruck erfolgen lassen. Bei Personen mit muskulären Verkrampfungen in Streßsituationen (Stottern, Tics) ist die frühzeitige Diskrimination der Verkrampfung wesentlicher Bestandteil einer erfolgreichen Therapie (*Tunner,* 1974). Dasselbe gilt für die Behandlung sozialer Ängste (*Tunner* et al., 1975). Aus der Wirksamkeit eines Behandlungsverfahrens kann natürlich nicht auf die Richtigkeit einer grundlegenden Hypothese dieser Art geschlossen werden. Arbeiten aus unserem Laboratorium (*Lutzenberger* et al., 1977; *Birbaumer,* 1976) stützen die oben formulierte Hypothese indirekt: Personen, die lernten, ihre Herzrate mit kontingentem Feedback zu verlangsamen, skalierten subjektiv bessere Kontrolle über ihre Herzaktivität als Personen mit inkontingentem Feedback, obwohl beide Gruppen subjektiv dasselbe Erfolgserleben angaben. Dasselbe war der Fall bei Kontrolle der frontalen Theta-Aktivität innerhalb von Vpn zwischen kontingentem und inkontingentem Feedback. Da beide Gruppen dasselbe Ausmaß an Rückmeldung erhielten, kann der Effekt nur auf der mit der Kontingenz verbundenen objektiv besseren „Kontrolle" beruhen. An diesem Ergebnis sind Ursache und Wirkung schwer zu trennen: bedingte die vorausgegangene (?) verbesserte Kontrolle die korrekte subjektive Einstufung oder führte die zunehmende subjektiv gegebene Diskrimination (Anwendung einer „Strategie" durch die Vp) zu steigender Kontrolle? – Für unsere Annahme spricht auch die Tatsache, daß Vpn mit internem „Locus of Control" (gemessen mit Fragebögen nach *Rotter,* 1966) ebenfalls erhöhte autonome Kontrolle aufweisen. *Brener* (1976) berichtet, daß solche Personen interne autonome Änderungen besser diskriminieren.

Gegen die oben formulierte Hypothese sprechen einige Arbeiten zum Biofeedback von HR (*Gannon,* 1975), Frontalis EMG (*Clemens* und *MacDonald,* 1975) und GSR (*Diekhoff,* 1976), die zeigen, daß bessere Diskrimination der autonomen Änderung durch Rückmeldung entsprechender Änderungen keinen bedeutsamen Einfluß auf die Kontrolle dieser Änderung hat. Die Arbeiten sind schwer interpretierbar, da die Art der Rückmeldung einen störenden Einfluß auf die Diskrimination haben könnte. Es ist unwahrscheinlich, daß eine Vp lernen kann, z. B. jede GSR Reaktion größer 1 Kiloohm zu diskriminieren. Die Präzision der Rückmeldung kann hier einen ablenkenden Effekt haben, die korrekte Diskrimination eher hindert als fördert. *Elektronisches Feedback extrem schwacher und für die physiologische Homöostase der Funktion unbedeutsamer Änderungen stellt generell ein biologisch und psychologisch unsinniges Anliegen vieler Biofeedbackstudien dar.*

Für das Ausmaß an Kontrolle der HR erwiesen sich zwei Faktoren als bedeutsamer: die vor dem Experiment bereits bestehende „Fähigkeit" des Individuums seine HR zu beeinflussen und die Variabilität der HR in Ruhebedingungen (*Lang,* 1974; *Lutzenberger* et al., 1977). Ob dieses häufig replizierte Ergebnis auch für andere Parameter und Systeme gilt, ist z. Z. noch nicht experimentell geklärt.

Sowohl Diskriminationsfähigkeit (viszerale Wahrnehmung) als auch „a priori"-Kontrolle, als auch Variabilität des Systems sind möglicherweise korrelierende Probleme, die sich aus der Wirkung eines gemeinsamen, diese drei Ergebnisse determinierenden Prozesses ergeben.

Lang et al. (1970) zeigten bei Spinnenphobikern, daß nur jene Patienten von der systematischen Desensibilisierung profitierten, deren subjektive Aussagen mit ihrer autonomen Erregung (HR) kovariierten und deren autonome Variabilität damit einhergehend höher war als bei Vpn die keine autonome Erregung bei der Vorstellung der aversiven Situation aufwiesen, aber subjektiv Angst angaben und vice versa. Dieses bedeutsame Ergebnis wurde unseres Wissens bis heute nicht systematisch repliziert. Kognitive „willentliche" Kontrolle scheint uns eine Funktion der Enge der Kovariation zwischen subjektiver Erregung, autonomer Erregung und motorischer Reagibilität in Antizipation und während einer aversiven Situation zu sein. Personen, die hohe Erregung *bewußt* wahrnehmen (diskriminieren) besitzen die Voraussetzung zu korrekter Attribution („ich fühle mein Herz jetzt sehr schnell schlagen, weil . . .") und dies wiederum ist Voraussetzung für den Einsatz erregungsreduzierender Selbstinstruktionen und deren motorische Konsequenzen. Eine Reihe von Störungen (z. B. Herzneurose, hysteroides Verhalten, phobische Störungen, u. a.) weisen zwar hohe Kovariationen zwischen den drei Verhaltensebenen, aber inkorrekte Attribution auf. Diese Störungsformen müßten sehr viel bessere Prognosen für Selbstkontrollbehandlungen aufweisen als Personen mit mangelnder Kovariation. Dauerhafte Erregungsreduktion ist in den meisten Fällen nur durch wiederholten Einsatz von Selbstinstruktionen kontingent auf die rechtzeitige und bewußte, d. h. verbal repräsentierte Diskrimination der Erregung möglich (*Kanfer,* 1976). Biofeedback kann bei dieser Aufgabe wertvolle Dienste leisten, wenn es die Diskriminationsmöglichkeiten des Organismus nicht überfordert. Welche Bedingungen für optimale autonome Diskrimination gegeben sein sollen, muß experimentell entschieden werden.

Literatur

Alexander, B. A., C. A. French, N. J. Goodman: A comparison of auditory and visual feedback in biofeedback assisted muscular relaxation training. Psychophysiology 12 (1975), 119–123.

Argyle, M.: Bodily Communication. Methuen & Co., London 1975.

Barber, T. X.: Suggested (hypnotic) behavior. Trance paradigm versus an alternative paradigm. In: *Shapiro, D.* et al. (Eds.): Biofeedback and Self-Control 1972. Aldine, Chicago 1973.

Barber, T. X.: Hypnosis: A Scientific Approach. Van Nostrand, New York 1969.

Benson, H., D. Shapiro, B. Tursky, G. E. Schwartz: Decreased systolic pressure through operant conditioning techniques in patients with essential hypertension. Science 173 (1971), 740–742.

Berlyne, D. E.: The reward value of indifferent stimulation. In: *Tapp, I. T.* (Ed): Reinforcement and Behavior. Academic Press, New York 1969.

Bilodeau, E. A., M. I. Bilodeau: Principles of Skill Acquisition. Academic Press, New York 1969.

Birbaumer, N.: Operant control of EEG theta activity: aspiration and reality. In: *Beatty, J.* (Ed.): Biofeedback and Behavior. A Nato Symposium. Preliminary Proceedings. Max-Planck-Institut für Psychiatrie, München 1976. Erscheint 1976 bei Plenum Press New York.

Birbaumer, N.: Die Anwendung psychophysiologischer Methoden in der Verhaltenstherapie. In: *Kraiker, Ch.* (Edä): Handbuch der Verhaltenstherapie. Kindler, München 1974.

Birbaumer, N.: Überlegungen zu einer psychophysiologischen Theorie der Desensibilisierung. In: *Birbaumer, N.* (Ed.): Neuropsychologie der Angst. Urban & Schwarzenberg, München 1973.

Birbaumer, N., W. Lutzenberger, T. Elbert: Musterbiofeedback und Feedback mehrerer Variablen. Unveröff. Forschungsbericht. Psychologisches Institut der Universität Tübingen 1976.

Borkovec, T. C.: The role of expectancy and physiological feedback in fear research. In: *Miller, N. E.* et al. (Eds.): Biofeedback and Self-Control. Aldine, Chicago 1974.

Brener, S.: A general model of voluntary control. In: *Obrist, P. A.* et al. (Eds.): Cardiovascular Psychophysiology. Aldine, Chicago 1974.

Brener, J.: Visceral perception. In: *Beatty, J.* (Ed.): Biofeedback and Behavior. A Nato Symposium. Preliminary Proceedings. Max-Planck-Institut für Psychiatrie. München 1976. Erscheint 1976 bei Plenum Press New York.

Brown, B. B.: Recognition of aspects of consciousness through association with EEG alpha activity represented by a light signal. Psychophysiology 6 (1970), 442–452.

Brudny, S., J. Korein, B. B. Grynbaum, L. W. Friedman, S. Weinstein, G. Sachs-Frankel, P. V. Belandres: EMG feedback therapy. Review of treatment of 114 patients. Archives of physical Medicine and Rehabilitation 57 (1976), 55–61.

Budzynski, T. H., J. M. Stoyva, C. S. Adler, D. J. Mullaney: EMG biofeedback and tension headache: A controlled outcome study. Psychosom. Med. 35 (1973), 484–496.

Budzynski, T. H., J. M. Stoyva: Biofeedback in Verhaltenstherapie und im autogenen Training. In: *Birbaumer, N.* (Ed.): Neuropsychologie der Angst. Urban & Schwarzenberg, München 1973.

Cannon, W. D.: The Wisdom of the Body. Norton, New York 1932.

Champion, R. A.: Activation and Performance. Wiley, Sidney 1969.

Chaves, J. E., T. C. Barber: Needles and knives: behind the mystery of acupuncture and chinese meridians. In: *Miller, N. E.* et al. (Eds.): Biofeedback & Self-Control 1973. Aldine, Chicago 1974.

Clemens, W. J., D. F. MacDonald: Relationship between heart beat discrimination and heart rate control. Psychophysiology 13 (1976), 176.

Cuthbert, B. N., P. J. Lang: Biofeedback and cardiovascular self control. Scandinavian Journal of Psychology 1976 (in press).

Davidson, R. J., G. E. Schwartz: Patterns of cerebral lateralization during cardiac biofeedback versus the self regulation of emotion: sex differences. Psychophysiology 12 (1976), 62–68.

Diekhoff, G. M.: Effects of feedback in a forced-choice GSR detection task. Psychophysiology 13 (1976), 22–26.

Duffy, E.: Activation. In: *Greenfield, N. S., Sternbach, R. A.* (Eds.): Handbook of Psychophysiology. Holt, New York 1972.

Engel, B.: Biofeedback as treatment for cardiovascular disorders: a critical review. In: *Beatty, J.* (Ed.): Biofeedback and Behavior. A Nato Symposium. Preliminary Proceedings. Max-Planck-Institut für Psychiatrie, München 1976. Erscheint 1976 bei Plenum Press New York.

Engel-Sittenfeld, P.: Biofeedback in the treatment of neuromuscular disorders. In: *I. Beatty* (Ed.): Biofeedback and Behavior. Preliminary Proceedings of a Nato Conference held at Munich 27–30 July 1976. Max-Planck-Institut für Psychiatrie, München 1976. Erscheint 1976 bei Plenum Press New York.

Epstein, S.: The anture of anxiety with emphasis upon its relationship to expectancy. In: *Ch. Spielberger* (Ed.): Anxiety. Current Trends in Research and Theory. Vol. II. Academic Press, New York 1972.

Epstein, S.: Versuch einer Theorie der Angst. In: *Birbaumer, N.* (Ed.): Neuropsychologie der Angst. Urban & Schwarzenberg, München 1973.

*Florin, I., W. Tunner (*Eds.): Therapie der Angst. Urban & Schwarzenberg, München 1975.

Gellhorn, E.: Principles of Autonomic-Somatic Integrations. University of Minnesota Press, Minnesota 1967.

Gannon, L.: Internal awareness, external feedback and the voluntary control of heart rate. Unpublished Ph. Dissertation. University of Wisconsin, Psychology Department 1975.

Goldstein, A. P.: Structured Learning Therapy. Academic Press, New York 1973.

Gribbin, B., A. Steptoe, P. Sleight: Pulse wave velocity as a measure of blood pressure change. Psychophysiology 13 (1976), 86–90.

Hutchings, D. E., R. M. Reining: Tension headaches: What form of therapy is most effective? Biofeedback & Self-Regulation 2 (1976) (in press).

Johnson, L. E.: Learned control of brain wave activity. In: *Beatty, J.* (Ed.): Biofeedback and Behavior. A Nato Symposium. Preliminary Proceedings. Max-Planck-Institut für Psychiatrie, München 1976. Erscheint 1976 bei Plenum Press New York.

Johnson, J. E.: Stress reduction through sensation information. In: *Sarason, I. G., Spielberger, Ch. D.* (Eds.): Stress and Anxiety, Vol. 2. Wiley, New York 1975.

Jokusch, U.: Verlaufsanalyse von Erfolg und Mißerfolg bei einer verhaltenstherapeutisch orientierten Behandlung des Übergewichts. Unveröffentlichte Dissertation am Psychologischen Institut der Universität Tübingen, Tübingen 1975.

Kamiya, J.: Operant control of the EEG alpha rhythm and some of its reported effects on consciousness. In: *Tart, C. T.* (Ed.): Altered States of Consciousness: A Book of Readings. Wiley, New York 1969.

Kanfer, F. H.: The many faces of self-control. Paper presented at Eight International Banff Conference. March 1976.

Klinge, V.: Effects of exteroceptive feedback and instructions on control of spontaneous galvanic skin response. Psychophysiology 9 (1972), 305–317.

Lacey, J. I., S. Kagan, B. C. Lacey, H. A. Moss: The visceral level: situational determinants and behavioral correlates of autonomic responses. In: *Knapp, P. M. (Ed.):* Expressions of Emotions in Man. International University Press, New York 1963.

Lacroix, J. M., L. E. Roberts: Determinant of learned electrodermal and cardiac control. Psychophysiology 13 (1976), 175.

Lang, P. J.: Learned control of human heart rate in a computer directed environment. In: *Obrist, P. A.* et al. (Eds.): Cardiovascular Psychophysiology, Aldine, Chicago 1974.

Lang, P. J., B. G. Melamed, J. A. Hart: A psychophysiological analysis of fear modification using an automated desensitization Procedure. J. Abn. Psychol. 76 (1970), 220–234.

Lawler, J. E., P. A. Obrist: Indirect indices of contractile force. In: *Obrist, P. A.* et al. (Eds.): Cardiovascular Psychophysiology. Aldine, Chicago 1974.

Lawrence, G. H., L. C. Johnson: Biofeedback and performance. In: *Schwartz, G. E., Beatty, J.* (Eds.): Biofeedback: Theory & Research. Academic Press, New York 1976.

Lazarus, R. S.: Emotions and adaptation: conceptual and empirical relations. In: *Arnold, W. J.* (Ed.): Nebraska Symposium on Motivation. University of Nebraska Press, Lincoln 1968.

Lazarus, R. S., J. R. Averill: Emotion and cognitions: with special reference to anxiety. In: *Spielberger, Ch.* (Ed.): Anxiety. Current Trends in Theory and Research. Vol. II, Academic Press, New York 1972.

Levenson, R. W.: Feedback effects and respiratory involvement in voluntary control of heart rate. Psychophysiology 13 (1976), 108–114.

Lindsley, D. B.: Attention, consciousness, sleep and wakefulness. In: *Fields, J.* (Ed.): Handbook of Physiology, Washington D. C. 1960.

Lovallo, W.: The cold pressure test and autonomic function: A review and integration. Psychophysiology 12 (1975), 268–282.

Lubar, J. F., W. W. Bahler: Behavioral management of epileptic seizures following EEG biofeedback training of the sensorimotor rhythm. J. of Biofeedback and Self Regulation 1 (1976), 77–104.

Lutzenberger, W., N. Birbaumer, P. Steinmetz: Simultaneous biofeedback of heart rate and frontalis EMG as a pretraining for the biofeedback of EEG theta activity. Biofeedback & Self Regulation 1977 (in press).

Lutzenberger, W., N. Birbaumer, Ch. Wildgruber: An experiment on the feedback of the theta activity of the human EEG. European Journal of Behavioral Analysis & Modification 1 (1975), 119–126.

McClure, C. M.: Cardiac arrest through volition. In: *Shapiro, D.* et al. (Eds.): Biofeedback & Self-Control 1972. Aldine, Chicago 1973.

McFarland, R., C. Campell: Resting HR variability and HR control. Psychophysiology 13 (1976), 177.

Meichenbaum, D.: A self-instructional approach to stress management. In: *Spielberger, Ch., Sarason, I. G.* (Eds.): Stress and Anxiety. Vol. 1. Wiley, New York 1975.

Melzack, R.: The Puzzle of Pain. Penguin Books, London 1970.

Miller, N. E.: Applications of learning and biofeedback to psychiatry and medicine. In: *A. M. Freeman* et al. (Eds.): Comprehensive Textbook of Psychiatry/II. William & Wilkins, Baltimore 1975.

Miller, N. E., L. V. DiCara: Instrumental learning of heart rate changes in curarized rats. J. Comp. Physiolog. Psychol. 63 (1967), 12–19.

Miller, N. E., B. R. Dworkin: Visceral learning: Recent difficulties with curarized rats and significant problems for human research. In: *Obrist, P. A.* et al. (Eds.): Cardiovascular Psychophysiology. Aldine, Chicago 1974.

Mulholland, T.: Objective EEG methods for studiying covert shifts of visual attention. In: *McGuigan, F. J., Schoonover, R. A.* (Eds.): The Psychophysiology of Thinking. Academic Press, New York 1973.

Mulholland, T., F. Benson: Detection of EEG abnormalities with feedback stimulation. Biofeedback & Self-Regulation 1 (1976), 47–62.

Obrist, P. A.: The cardiovascular-behavioral interaction – as it appears today. Psychophysiology 13 (1976), 95–107.

Öhman, A.: The effect of phobic pictures as conditioned stimuli for electrodermal responses. Psychophysiology 13 (1976), 174.

Oelkers, C.: Die Behandlung von Angstreaktionen durch Selbstkontrolle physiologischer Erregungen – Eine experimentelle Studie –. Unveröffentlichte Dissertation am Psychologischen Institut der Universität München 1975.

O'Hanlon, J., J. W. Royal, J. Beatty: Theta regulation and radar vigilance performance. In: *Beatty, J.* (Ed.): Biofeedback and Behavior. A Nato Symposium, Preliminary Proceedings. Max-Planck-Institut für Psychiatrie, München 1976. Erscheint 1976 bei Plenum Press New York.

Orne, M., F. Evans, S. Wilson, D. Paskewitz: The potential effectiveness of autoregulation as a technique to increase performance under stress. Unpublished Report. Philadelphia, University of Pensylvania 1975.

Pelletier, K. R.: Neurological psychophysiological and clinical parameter of alpha, theta and the voluntary control of pain. In: Proceedings of the Biofeedback Research Society. 5th Annual Meeting, Colorado Springs 1974.

Pickering, R. G., B. Brucker, H. L. Frankel, C. S. Mathias, B. R. Dworkin, N. E. Miller: Mechanisms of learned voluntary control of blood pressure in patients with generalised bodily paralysis. In: *Beatty, J.* (Ed.): Biofeedback and Behavior. A Nato Symposium. Preliminary Proceedings. Max-Planck-Institut für Psychiatrie, München, 1976. Erscheint 1976 bei Plenum Press New York.

Plotkin, W. B.: On the social psychology of experimental states associated with EEG alpha biofeedback training. In: *Beatty, J.* (Ed.) Biofeedback and Behavior. A Nato Symposium. Preliminary Proceedings. Max-Planck-Institut für Psychiatrie, München 1976. Erscheint 1976 bei Plenum Press New York.

Rosenfeld, J. P., B. E. Hetzler, P. A. Birkel, R. A. Kovath, D. Antoinetti: Operant conditional potentials, centrally evoked at random intervals. Behavioral Biology 16 (1976), 305–317.

Rosenthal, R.: Experimenter Effects in Behavioral Research. Appleton, New York 1966.

Rotter, J. B.: Generalized expectancies for internal versus external control of reinforcement. Psychol. Monographs 80 (1966), 1–28.

Sargent, S. D., D. E. Walters, E. E. Green: Psychosomatic self regulation of migraine headaches. Seminars in Psychiatry 5 (1973), 415–428.

Schachter, St.: Emotion, Obesity and Crime. Academic Press. New York 1971.

Schwartz, G. E.: Self regulation of response patterning: Implications for psychophysiological research and therapy. Biofeedback & Self-Regulation 1 (1976), 7–30.

Schwartz, G. E.: Voluntary control of human cardiovascular integration and differentation through feedback and reward. Science 175 (1972), 90–93.

Scott, R. W., E. B. Blanchard, E. D. Edmundson, L. D. Young: A shaping procedure for heart rate control in chronic tachycardia. Perceptual and Motor Skills 37 (1973), 327–338.

Seligman, M. E. P.: Phobias and Preparedness. In: *Seligman, M. E. P., Hager, J. L.* (Eds.): Biological Boundaries of Learning, Appleton, New York 1972, S. 450–460.

Shapiro, D.: Biofeedback and the regulation of complex psychological process. In: *Beatty, J.* (Ed.): Biofeedback and Behavior.

A Nato Symposium. Preliminary Proceedings. Max-Planck-Institut für Psychiatrie, München 1976. Erscheint 1976 bei Plenum Press New York.

Sterman, M. B.: Effects of sensorimotor EEG feedback training on sleep and clinical manifestations of epilepsy. In: *Beatty, J.* (Ed.): Biofeedback and Behavior. A Nato Symposium. Preliminary Proceedings. Max-Planck-Institut für Psychiatrie, München 1976. Erscheint 1976 bei Plenum Press New York.

Stoyva, J.: Why should muscular relaxation be clinically useful? In: *Beatty, J.* (Ed.): Biofeedback and Behavior. A Nato Symposium. Preliminary Proceedings. Max-Planck-Institut für Psychiatrie, München 1976. Erscheint 1976 bei Plenum Press New York.

Tarchanoff, J. R.: Über die willkürliche Acceleration der Herzschläge beim Menschen. Pflügers Archiv 35 (1885), 109–135.

Tunner, W.: Analyse und Therapie des Stotterns. In: *Ch. Kraiker* (Ed.): Handbuch der Verhaltenstherapie. Kindler, München 1974.

Tunner, W., C. Oelkers: Das Flexibilitätstraining. Ein Programm zur Behandlung der Selbstunsicherheit. Praxis d. Psychotherapie 4 (1975), 172–180.

Tunner, W., Ch. Wildgruber: Angstbewältigungstraining und Biofeedback bei sozialen Ängsten. Unveröffentlichter Forschungsbericht. Psychologisches Institut der Universität Tübingen 1976.

Tunner, W., C. Oelkers, R. Ferstl, N. Birbaumer: Systematic desensitization and self-control training in the treatment of speech anxiety. In: *Brengelmann, J. C.* (Ed.): Progress in Behavior Therapy. Springer, Berlin 1975.

Vaitl, D.: Biofeedback-Einsatz in der Behandlung einer Patientin mit Sinustachykardie. In: *Legewie, H., Nusselt, L.* (Eds.): Biofeedback Therapie. Urban & Schwarzenberg, München 1975.

Vaitl, D.: Zur Problematik des Biofeedback, dargestellt am Beispiel der Herzfrequenzkontrolle. Psychologische Rundschau 26 (1975), 191–211.

Weil, J. L.: A Neurophysiological Model of Emotional and Intentional Behavior. Thomas, Springfield 1974.

Wilder, J.: The law of initial values in neurology and psychiatry. Journal of Nervous and Mental Disease 12 (1957), 73–86.

Zum Problem der Psychosomatik

Niels Birbaumer

Psychophysiologische Störungen

Der Terminus „Psychosomatik" wird zunehmend durch die Bezeichnung „psychophysiologische Störungen" ersetzt. Damit soll klar gestellt werden, daß sich die experimentelle Psychosomatik von den idealistisch-tiefenpsychologischen Interpretationen über die „Psychogenese" organischer Störungen abgrenzt und Lernpsychologie, Psychophysiologie und Physiologie als Grundlagen einer modernen Theorie dieser Störungen ansieht. Ein Einfluß „psychischer" Prozesse auf deren organisches Substrat ist nicht denkbar und daher keine sinnvolle wissenschaftliche Annahme (*Rohracher,* 1967). Der Begriff „Psycho-somatik" impliziert einen solchen Einfluß psychischer Prozesse und schreibt damit dem „Psychischen" Eigengesetzlichkeiten unabhängig von Umweltgrößen und unabhängig vom physiologischen Substrat zu (*Uexkuell,* 1963).

Es ist für den Verhaltenswissenschaftler immer wieder erstaunlich, wie spekulativ-psychodynamische Vorstellungen nach wie vor die Theorie und Praxis der Psychosomatik dominieren und wie resistent die – meist medizinisch geschulten – Vertreter der in der westlichen Welt herrschenden Psychosomatik gegenüber experimentell-naturwissenschaftlichem Denken und Fakten sind. Möglicherweise übt die dem common sense des Gebildeten eher entsprechende psychoanalytische Theorie auf den experimental-psychologisch Ungeschulten einen besonders starken Einfluß aus. Angesichts der Tatsache, daß in den von *Pawlows* Lehren dominierten Staaten Osteuropas eine mehr als 50jährige eindrucksvolle Tradition der psychosomatischen Forschung auf der Basis der klassischen Konditionierungsprinzipien existiert, (im Gegensatz zu einer eher unbedeutenden Praxis) die im Westen nicht ausreichend perizipiert und integriert wurde (s. das bedeutende russische Lehrbuch von *Bykow* und *Kurzin* in deutscher Übersetzung von 1966) und angesichts der beiden experimentell orientierten wichtigsten englisch-sprachigen Zeitschriften „Psychosomatic Medicine" und „Journal of Psychosomatic Research" ist die Persistenz „dynamischer" Spekulationen erstaunlich und der Entwicklung einer interdisziplinären experimentellen Forschung von Psychologen, Physiologen, Soziologen und Medizinern wenig förderlich.

Grundsätzlich gilt ja wohl die allgemeine Aussage, daß es kaum eine körperliche Erkrankung gibt, bei der nicht Änderungen der sozialen Umwelt ursächlich mitbeteiligt sind. Meist üben aber die Umweltsituationen keinen direkten Einfluß auf bestimmte pathogene Veränderungen aus, sondern fungieren nur als primäre Vorbedingung für eine sekundäre Erkrankung. Als Beispiel seien hier Krebserkrankungen genannt, die natürlich kaum direkt wie eine Verhaltensstörung nach lernpsychologischen Prinzipien entstehen können, sondern ein bestimmtes Verhalten wie z. B. Rauchen die Grundlage für die rein organische Verursachung (Änderung des Zellstoffwechsels durch toxische Substanzen) bildet. Lungenkrebs ist aber nicht nur durch

Rauchen beeinflußbar, bzw. durch die dem Rauchverhalten zugrundeliegenden Verhaltensgesetze. Natürlich muß eine ursächliche Therapie und Vorbeugung von Lungenkrebs eine individualpsychologische (z. B. Verhaltenstherapie) und soziotherapeutische Methode mit einbeziehen (zur „Psychosomatik des Krebs" s. *Kissen* und *Leshan,* 1964).

Als psychophysiologische Störung wollen wir aber hier nur jene pathologischen Organveränderungen auffassen, bei denen eine physiologische Reaktion wie eine motorische Reaktion (d. h. Verhaltensweise) auf dem Wege der bisher bekannten Lernprinzipien (d. h. durch klassisches oder operantes Konditionieren) gelernt und aufrechterhalten wird und zu einer Störung von Körperfunktionen führt. Damit wird natürlich die Mitbeteiligung genetischer Faktoren (z. B. konstitutionell hohe vegetative Labilität) nicht ausgeschlossen Die genetische Varianz kann aber am Einzelindividuum nicht bestimmt werden und Aussagen für Humanpopulationen beruhen meist auf inadäquaten Forschungsmethoden (s. dazu *Ehrman* et al., 1972). Auch sozialpsychologische und kognitive Prozesse sind in unserer Begriffsbestimmung enthalten, die ja auch auf lernpsychologische Mechanismen rückführbar sind, wenngleich dies im einzelnen bisher selten versucht wurde.

Bei unserer oben angeführten „Definition" von psychophysiologischen Störungen fehlt die oft als notwendige Vorbedingung bezeichnete unkonditionierte „Streß"abhängigkeit im Sinne *Selyes* (1956), wobei Streßreize allgemein als Reize extremer Intensität (objektiv oder subjektiv) über „längere" Dauer angesehen werden. Reizintensität allein reicht nicht aus, um Organveränderungen zu bewirken. *Allgemein gesprochen muß zur Reizintensität die Verfügbarkeit von „Bewältigungsreaktionen" und der „Erfolg und Mißerfolg" der Bewältigungsversuche hinzukommen.* Diese Hypothese wurde experimentell von *Weiss* (1971, 1972, siehe S. 167) elegant operationalisiert und im Tierversuch gestützt. Die Tatsache, daß an allen psychosomatischen Störungen als wesentliches psychologisches Element *Hilflosigkeit* (s. S. 165) beteiligt ist, erklärt nicht die Spezifität der einzelnen Störungen und erklärt nicht, warum Hilflosigkeit und Depression eng korreliert sind, aber eine psychophysiologische Störung nicht zwangsläufig mit Depression einhergeht, wenngleich dies häufig der Fall sein wird.

Trotz der theoretischen Unklarheiten über die Entstehung und Behandlung psychophysiologischer Störungen besteht international gute Übereinstimmung, welche organischen Störungen als primär psychologisch bedingt anzusehen sind und welche Erkrankungen erheblich von psychologischen Faktoren mitbedingt sind. Allgemein gilt natürlich, daß jede organische Erkrankung von psychologisch beschreibbaren Variablen beeinflußt wird. Das gilt besonders für die *Schmerzkontrolle* und die *Heilungsgeschwindigkeit* (die „moderne" medizinische Gesundheitsversorgung trägt mit Sicherheit auch zur Vermehrung und Stabilisierung ihrer Patientenzahlen durch die psychologischen Bedingungen der Krankenanstalten bei, vor allem Unkontrollierbarkeit und Unvorhersagbarkeit werden zu den wesentlichen Ursachen verzögerter Genesung gehören). Es besteht auch Übereinstimmung darüber, daß psychophysiologische Störungen in den Industriestaaten der nördlichen Hemisphäre das größte gesundheitspolitische Problem darstellen. 30–70% aller einen Arzt aufsuchenden Patienten leiden an einer organischen Erkrankung, die primär psychologisch, d. h. in

Abb. 69. „Ich finde nichts. Vielleicht sind Sie verliebt". (Saturday Review, 1. Nov. 69)

psychologischer Terminologie beschreibbar ist (s. *Legewie* und *Nusselt,* 1975). An den häufigsten Todesursachen der industrialisierten Staaten, den Koronarerkrankungen des Herzens und einigen Krebsformen (z. B. Lungenkrebs) sind psychologische Faktoren in hohem Ausmaß beteiligt.

Erstaunlich ist nur die mangelnde Bereitschaft der Organmedizin, dieses Faktum zur Kenntnis zu nehmen und therapeutisch zu berücksichtigen. Zum Teil liegt dies wohl an der Ausbildungssituation in der Medizin, die zumindest in der BRD psychologische Determinanten entweder ignoriert oder häufig unverbindlich vage (häufig psychodynamische) Spekulationen bevorzugt (s. Abb. 69).

Die gute internationale Übereinstimmung bezüglich der wichtigsten psychophysiologischen Störungen liegt möglicherweise an dem gemeinsamen psychologischen Parameter der Hilflosigkeit bei den meisten dieser Störungen. Hilflosigkeit definiert als völlige Trennung zwischen Verhalten und Kontingenz (s. S. 165). Wiederholt gelernte Hilflosigkeit führt nach Untersuchungen von *Seligman* (1975) zu Depression, wobei anzunehmen ist, daß bei *bipolarer Depression* (manisch-depressiv, zyklisch) der genetische Faktor einen großen Teil der Varianz abdeckt und Hilflosigkeitserleben nur der „letzte Auslöser" sein kann, aber nicht muß. *Monopolare und reaktive Depressionen* aber sehr viel mehr auf eine Lebensgeschichte wiederholter und profunder Hilflosigkeit zurückzuführen ist. Entscheidend für den Ausbruch der Depression sind vor allem frühkindliche Hilflosigkeit. Die Experimente *Harlow* und *Harlows* (1971), *Sidowskis* (1971) u. a. an Affen zeigen „anaklitische", extreme „Depression" nach früher Isolation von der Mutter und Gruppe. Der Effekt wird weiter vertieft, wenn die Tiere in bequemen aber völlig kahlen Käfigen mit regelmäßiger Fütterung ohne Möglichkeit operanter Betätigung gehalten werden. Je früher die Isolation oder Hilflosigkeit um so anhaltender die Depression mit z. T. völligem Erliegen von Sozial- und Sexualverhalten nach Rückkehr in die normale Umgebung, „psycho"somatischen Störungen bis zum Tod durch Herzversagen oder Magenblutungen. *Engel* und *Schmale* (1972) nennen das Verhaltensmuster mit Immobilität, Mangelreaktivität und Stille *„conservation-withdrawal":* von der Amöbe bis zum Menschen reagiert der Organismus auf extreme Umgebungsveränderungen (Temperatur – Winterschlaf, Bewegungsrestriktion, intensive, plötzliche oder monotone Reizung (Erdbeben, Katastrophen aller Art), soziale Isolation und Niederlage mit einem phylogenetisch alten Muster mit fast völligem Erliegen der Stoffwechselfunktionen und Immobilität bei erhaltener Sensorik.

Im Rahmen der Hilflosigkeitshypothese bleibt die Frage bestehen, ob und warum sich überhaupt psychosomatische Leiden *ohne* Depression entwickeln können; der umgekehrte Fall Depression ohne psychosomatische Störung ist sehr viel seltener. Oder ist Depression eine gelernte Hilflosigkeit auf subjektiver und behavioraler Ebene und viele psychosomatische Störungen gelernte Hilflosigkeit auf autonomer Ebene und hängt die »Wahl« der Ebene von konstitutionellen Faktoren (Reaktionsstereotypien) bei der Psychosomatik ab bzw. Störung des Adrenalinstoffwechsels an Synapsen limbischer Verstärkerstrukturen bei der Depression?

Handelt es sich nur um einen graduellen Unterschied an „Hilflosigkeit" mit häufiger und intensiver Hilflosigkeit bei Depression? Zum jetzigen Zeitpunkt kann diese Frage nur spekulativ untersucht werden: das Konzept der Hilflosigkeit ist auch nach seiner lernpsychologischen Operationalisierung zu generell, um das Sepzifitätsproblem zu lösen. Die „conservation-withdrawal" Reaktion und Hilflosigkeit *müssen mit häufig ausgelöster und/oder intensiver zentralnervöser und autonomer Aktivierung einzelner oder vieler Körpersysteme einhergehen, um psychophysiologische Störungen zu determinieren.* Wir wollen dies im Folgenden zu belegen versuchen, vorerst aber die wichtigsten psychophysiologischen Störungen beschreiben (s. dazu auch *Lachman,* 1972; *Graham,* 1972)

Die gefährlichsten und häufigsten psychophysiologischen Störungen betreffen das kariovaskuläre System.

Das kardiovaskuläre System

Die *essentielle Hypertonie* fungiert als entscheidender Risikofaktor für späteren Infarkt. In diesem Bereich liegen die meisten Arbeiten vor (zusammengefaßt bei *Graham,* 1972). Erhöhter Cholesterinspiegel im Blut (oft durch Überessen bedingt), Trennungsstreß (Tod oder Scheidung) und psychologisch Selbstbehauptungsmangel und gehemmter Ausdruck von Aggression scheinen die wesentlichsten Ursachen erhöhten kardialen Outputs und/oder erhöhten Widerstands der peripheren Gefäße bei jüngeren Personen zu sein.

Unabhängig davon kann die *Gerinnungsfähigkeit des Blutes* und damit das Risiko für Thromenbildung durch „psychologische" Faktoren beeinflußt werden. Ängstliche Personen weisen eine bis zu zehnfach beschleunigte Koagulationsgeschwindigkeit des Blutes auf (*Lachman,* 1972, S. 79), womit *koronare Herzerkrankungen* begünstigt werden. Übergewicht, hoher Blutdruck, hohes Cholesterinniveau, Rauchen, Bewegungsmangel und Diabetes sind die wesentlichen Risikofaktoren. Tabelle 1 zeigt das Ergebnis einer Studie an 100 Kranken und einer vergleichbaren Kontrollgruppe. Als „Streß" ist hier eine Arbeitszeit von mehr als 60 Stunden pro Woche definiert (Aus *Sarason*, 1972).

Tabelle 1.

	Erbfaktor (geschätzt)	Fette Nahrung	Streß	Fettsucht	Rauchen (mehr als 30 Zigaretten/Tag)	Bewegungsmangel
Koronare Gruppe	67%	53%	91%	26%	70%	58%
Kontrollgruppe	40%	20%	20%	20%	35%	60%

Darüber hinaus weisen Personen, die an Herzinfarkt versterben gegenüber Personen, die überleben vor dem Infarkt erhöhte Hoffnungslosigkeit und Depression in Fragebogen auf (*Sarason*, 1972, S. 329). Dasselbe gilt für Krebspatienten. *Tod als Funktion von Hilflosigkeit wird auch von Seligman (1975) auf der Grundlage der Arbeiten von Harlow und Spitz (s. unten) angenommen.*

Das *Effort-Syndrom* („Herzneurose") besteht aus plötzlich einsetzender Tachykardie und Angst. Häufig liegt der Störung ein kognitiv-autonomer *circulus vitiosus* zugrunde (s. Abb. 70). Leichte Änderungen der Herzrate werden als S^D für Gefahr (z. B. Herzinfarkt) interpretiert (bewertet) und lösen eine weitere Beschlunigung der HR aus, usw. Dauernde organische Störungen als Folge sind selten. Oft sind diese Störungen in einen instrumentellen Kontext mit sozialer Vermeidung oder Zuwendungssuche eingebettet. *„Funktionelle" Herzrhythmusstörungen* sind häufig auch in diesem lernpsychologischen Kontext zu sehen.

Angina Pectoris mit anfallsartigen Schmerzen um Brust und linke Schulter ist meist Ausdruck bereits bestehender koronarer Insuffizienzen, kann aber auch nach Sport, Koitus u. ä. auftreten. Als psychophysiologisch sind nur solche Anfälle anzusehen, die klar auf emotionale Reaktionen kontingent sind.

Migräne ist auf die Sequenz Spasmen – Dehnung und Schwellen zerebraler Arterien zurückzuführen. Die Schmerzrezeptoren der Kopfnerven werden vor allem

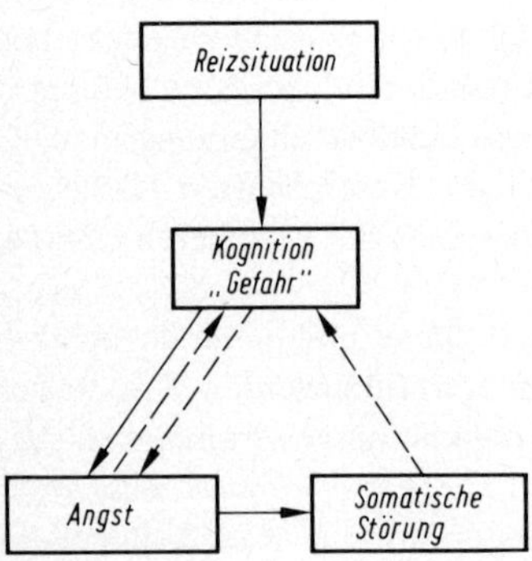

Abb. 70. Entstehung einer psychophysiologischen Störung (rechts unten) durch einen positiven Regelkreis zwischen Kognition und psychophysiologischen Angstreaktionen. (Nach *Beck*, 1972.)

in der Dehnungsphase innerviert. Neben genetischen, humoralen, visuellen Störungen sind hier Auslöser der unmittelbaren Umgebung und deren kognitive Verarbeitung entscheidend. Die stärkere Neigung von Frauen dürfte neben genetischen Faktoren auch mit deren Rolle in unserer Gesellschaft zusammenhängen. Migränepatienten zeichnen sich häufig durch eine hyperperfektionistische Einstellung der eigenen Leistung gegenüber aus. Die ständige Anspannung „perfekt" zu sein und/oder kurzzeitige Relaxation nach solchen „perfektionistischen" Phasen können wahrscheinlich die vaskulären Spasmen auslösen.

Magen-Darm-Trakt

Magengeschwüre stellen eine vor allem unter Männern extrem häufige und gefährliche Erkrankung dar. Entweder ist nur der Magen oder der Zwölffingerdarm (Duodenum) oder beide betroffen. Beim Ulkus handelt es sich um Perforation der Schleimhäute des Magens oder des Duodenums ausgelöst durch Hypersekretion (beim Duodenum) von Säuren und Pepsin. Beim Magengeschwür besteht meist keine Hypersekretion, obwohl auch hier die Säure-Pepsinogenbalance gestört ist. Die Organpathologie ist keineswegs klar und ist – wie auch die Psychopathologie – für Magen und Darm verschieden. Im Tierversuch wurde die Entstehung von Magengeschwüren von *Weiss* (1971, 1972) elegant untersucht. Sein Modell hat beschränkt wohl auch beim Menschen Gültigkeit. Konstitutionelle Reaktionsstereotypie und psychologische Bedingung sind wahrscheinlich zu gleichen Teilen für die Entstehung verantwortlich. Kognitiv dürfte die psychoanalytische Vorstellung der „Magengeschwürpersönlichkeit" als eines oral-abhängigen Menschen mit Neigung zu Ärger und Frustrationserleben häufig zutreffen. Erhöhte Vermeidungsreaktionshäufigkeit („Streß") und mangelnde Kontingenz oder Bestrafung von Vermeidung („Konflikt") sind zentrale Auslösefaktoren. *Colitis* ist eine mit Durchfällen einhergehende Dickdarmentzündung mit Geschwüren, Eiterung oder Blutungen. Neben vielen physikalischen Ursachen (Bazillen, Typhus, Syphilis u. a.) sind Verhaltensfaktoren entscheidend. Emotionale Konflikte, Aversivität und Feedback über Vermeidung, und eine Einstellung „verletzt" und „beleidigt" zu werden spielen eine schwer zu trennende Rolle.

Gastritis, chronische Verstopfung und Durchfall, Gallensteine gehören ebenfalls zu organischen Leiden mit emotional-kognitiver Beteiligung.

Atmungsorgane

Asthma stellt eine häufige (2–5% der Bevölkerung) und oft lebensbedrohliche Erkrankung dar; es besteht aus extremer Verengung der Luftwege, besonders bei der Expiration, ausgelöst durch kleine Ödeme der Atemwege, erhöhte Schleimproduktion, Spasmen der Bronchialmuskeln oder Kollaps der Trachea und Bronchien beim Ausatmen. Psychologische Faktoren sind bei 30 bis 40% der Kranken dominant, bei 30% beteiligt, bei 30% unwichtig. Allergische und infektiöse Faktoren ergänzen oder dominieren beim Rest. Je früher die Störung auftritt (oft im frühen Kindesalter) um so hartnäckiger bleibt sie bestehen. Männer sind häufiger betroffen. Viele psychologische Faktoren (starke Mutterbindung und Angst vor Mutterverlust, generell gestörte Familienbeziehung, erhöhte vegetative Labilität u. a.) spielen eine Rolle.

Die Bedeutung der Familie wird in mehreren Studien klar demonstriert: *Purcell* et al. (1969 zit. nach *Sarasan*, 1972) trennten Asthmakinder für einige Wochen von ihren leiblichen Eltern und ordneten sie „Ersatzeltern" zu mit ähnlichen äußeren, häuslichen und sozioökonomischen Bedingungen, um sie dann wieder nach Hause zurückzuführen (ABA-Design). Als zusätzliche Kontrolle fungierten Asthmakinder, bei denen psychologische Faktoren nicht wahrscheinlich waren. Die Ergebnisse zeigten eine bedeutsame Besserung der Anfälle und der Atemtätigkeit nach der Trennung und ein Wiederkehren der Störung bei Wiedervereinigung mit den Eltern.

Das *Hyperventilationssyndrom* stellt eine in seiner Häufigkeit schwer abzuschätzende Störung dar, da die Symptomatik häufig als organische Erkrankung diagnostiziert wird. Wir haben diese Problematik eingehend in einem großen städtischen Münchener Krankenhaus (gemeinsam mit *Daunderer* und *Wurtz-Hangartner*) untersucht.[1] Das Hyperventilationssyndrom besteht aus überstarkem Ein- und Ausatmen, das zu Alkalose (Vermehrung der Basen im Blute) führt; die damit einher gehende Vasokonstriktion vor allem der Hirngefäße durch CO_2-Abfuhr führt zu einer 30%igen Reduktion der zerebralen Blutzirkulation. Als Konsequenz tritt vorerst Spannung, Schwindel, Kribbeln in den Fingern und bei Weiterbestehen der Hyperventilation tetanische Krämpfe der Muskulatur mit starken Schmerzen, die häufig in den Herzbereich projiziert werden und oft zu Fehldiagnosen führen (daneben wird auch der Magen, Nieren-Beckengegend u. a. „gewählt". Wir konnten wahrscheinlich machen, daß vor allem Modellernen von einem Elternteil – „Mutter war auch herzkrank" – die Organwahl bestimmt).

Daunderer (pers. Mitteilung) hält das Hyperventilationsproblem für ein bedeutsames gesundheitspolitischen Problem: viele der Notarzteinsätze führen zu krampfenden Hyperventilationstetanikern und ein beachtlicher Teil der „unklaren" Fälle in den medizinischen Kliniken (vor allem bei jüngeren und weiblichen Patienten) stellten sich bei gezielter psychologischer und ärztlicher Untersuchung als Hyperventilationstetanie heraus. Die psychologische Genese ist nicht einheitlich, läßt sich aber auf einige wenige Ursachen rückführen. Die Störung wird meist instrumentell als Konfliktvermeidung am Arbeitsplatz oder in der Familie (häufig liegen untragbare Arbeitsbedingungen vor) eingesetzt und durch Zuwendung von Bezugspersonen und ärztlichem Personal stabilisiert. Die Mutter fungierte dabei häufig als Modell. Als unmittelbare Behandlung hatten wir durch medizinische und lernpsychologische Information bei 124 unausgelesenen Patienten annähernd 100% Reduktion aller Anfälle zu verzeichnen (ohne damit das verursachende psychologische oder soziale Problem zu lösen).

Vasomotorische Rhinitis („Heuschnupfen") tritt oft gemeinsam mit Asthma auf und die dort besprochen Probleme gelten auch hier. Allergene sind manchmal allein, aber häufig gemeinsam mit psychologischen Faktoren für den Ausbruch verantwort-

---

[1]) *B. Wurtz-Hangartner:* Psychologische Determinanten des Hyperventilationssyndroms und Versuch einer einfachen Behandlung. Unveröff. Dipl. Arbeit am Psychologischen Institut der Universität München, Abteilung für Klinische Psychologie, 1975.

lich. Bei *Bronchitis* sind natürlich meist physikalische Faktoren ursächlich beteiligt, psychologische Auslöser aber entweder manchmal indirekt verantwortlich (z. B. Rauchen) oder auch allein verantwortlich. Instrumentelles Lernen als Konfliktvermeidung- oder Fluchtstrategie wird häufig angenommen (*Lachman,* 1972, S. 113). Auch die übliche *Erkältung* wird durch psychische Belastung begünstigt oder ausgelöst. – Die sympathischen Systeme des Atmungstraktes, die bei all den oben angeführten Störungen erregt werden, reagieren auf emotionale Reize extrem sensibel. *Intensive Reaktionen auf emotionale Reize reduzieren den Infektionswiderstand, wodurch die Wahrscheinlichkeit für jeden Infekt erhöht wird!*

Haut, Nägel und Körperbehaarung

Die Genese von *Ekzemen* ist trotz intensiver psychologischer Forschung bisher relativ unklar geblieben. Dies kann auch an der Vielfalt der medizinischen Symptomatik liegen (es werden bis zu 30 Formen von Ekzemen beschrieben). Einigkeit besteht darin, daß Ekzeme primär Reaktionen auf emotionelle Reize sind und daher vor allem in einem psychologischen Kontext gesehen werden müssen. *Graham* (1972) faßt die bisher erschienenen Arbeiten zusammen. Im Rahmen seiner Interviewversuche ließen sich Ekzeme durch Induktion von „Frustrationserlebnissen bei Abhängigkeitswünschen und autoaggressiven Tendenzen" erzeugen und traten in Abhängigkeit von solchen Situationen auf, in denen eine Person z. B. die Zuwendung einer Person oder Gruppe ohne Erfolg suchte. Die Frustration führt zu Autoaggression, da die Ursache für den Mißerfolg bei sich selbst gesucht wird. Daneben treten aber vor Ausbruch von Ekzemen generell erhöhte Belastungssituationen auf.

Urtikaria und *Raynaudsche Erkrankung* stellen zwei Gegenpole von vaskulär bedingten Störungen des Hautstoffwechsels dar. Urtikaria besteht aus stark juckendem Ausschlag mit kleinen Ödemen der Hautoberfläche („Quaddeln"). Am Anfang der Störung kann eine unkonditionierte allergische Reaktion auf Speisen Getränke und andere Substanzen (Hormon, Pollen, Aspirin u. a.) stehen, die dann später klassisch konditioniert in verschiedenen Umweltsituationen auftreten können. Emotionale Reize können aber auch allein Urtikaria auslösen. Das gemeinsame Auftreten einer unkonditionierten allergischen Reaktion mit emotionalen Reizen wird wohl häufig als Ursache fungieren. *Grace* und *Graham* (1952, s. *Graham,* 1972) suggerierten gesunden Personen je eine „Urtikariaeinstellung" und eine „Raynaud-Einstellung". Die Raynaudsche Erkrankung besteht aus schmerzhaften Attacken von Kälte durch extensive periphere Vasokonstriktion bei oder nach emotionalen Konflikten. Die suggerierten Einstellungen waren bei Urtikaria Situationen, in denen die Personen schlecht behandelt wurden und nichts dagegen tun konnten (Hilflosigkeit mit Erhöhung der Hauttemperatur), bei der Raynaudschen Erkrankung eine feindselige Haltung gegen eine Person oder Gruppe ohne zu wissen wie diese Haltung in Aktion umgesetzt werden kann (Erniedrigung der Hauttemperatur). Auch bei *Akne* wurden von *Graham* eindeutig emotionale Faktoren nachgewiesen.

Urogenitalsystem

Impotenz, Ejakulatio praecox beim Mann und *Frigidität* bei der Frau sind die häufigsten Sexualstörungen, die wir aber besser als reine Verhaltensstörungen klassifizieren, da im allgemeinen kein dauerhafter organischer Schaden resultiert. Die Genese ist zwar variabel, konflikt-evozierte Angst in der Partnerbeziehung spielt die Hauptrolle. Die Modifikation und Erforschung der Ursachen wurde vor allem durch die Arbeiten von *Masters* und *Johnson* (1970) geleistet. – Als psychophysiologische Störungen treten psychogene *Blutungen* bei Frauen außerhalb der Menstruation, *Scheinschwangerschaften,* psychologisch bedingte *Unfruchtbarkeit* bei Frauen auf; auch *Ausbleiben der Menstruation* kann auf „Streßfaktoren" rückführbar sein. Daneben sind *Sekretionsstörungen* der Geschlechtsorgane und *Vaginismus* nach schmerzhaftem Koitus zu nennen.

Muskel- und Skelettsystem

Rheumatische Arthritis besteht aus Entzündungen der Muskeln, besonders an kleinen Gelenken der Finger und Zehen mit Neigung zu Versteifungen in bestimmten Stellungen, schreitet meist mit zunehmendem Alter fort und kann sehr schmerzhaft sein. Erhöhte Muskelverspannung in den verschiedensten Belastungssituationen wird als einheitliche Ursache angenommen. Besteht häufig oder chronisch eine Tendenz („ideomotorische Tendenz") zu muskulärer Aktion (nicht notwendigerweise aggressiv), ohne daß diese Tendenz realisiert werden kann, so kommt es zu tonischer Innervation antagonistischer Muskelgruppen mit damit einhergehender Versteifung, die dann sekundär zu den typischen Rheumasymptomen führen. Als Ursache für die erhöhte Muskelverspannung werden extreme Unterschiede im Sozialstatus zwischen den Eltern und auch den Töchtern von Personen mit rheumatischer Arthritis (*Sarason,* 1972) angenommen.

Endokrines System

Die hormonproduzierenden Drüsen des Körpers stellen natürlich ein besonders sensibles „Erfolgsorgan" für emotionale Reize dar. Der universelle Einfluß dieser Systeme auf den ganzen Körper bedingt wahrscheinlich eine Vielzahl von sekundären Störungen an Organsystemen, die wir heute noch als „organisch" bezeichnen, die aber als Teil eines emotional-kognitiven Reaktionsmusters anzusehen sind. Hier sollen daher nur jene Störungen genannt werden, bei denen ein direkter Einfluß des in emotionalen Reaktionen beteiligten ZNS nachzuweisen ist. An erster Stelle ist hier der *Hyperthyreoidismus* zu nehmen (Basedowsche Erkrankung); die Schilddrüse schüttet dabei erhöhte Mengen an Thyroxin in den Blutkreislauf aus, was zu erhöhtem Grundumsatz, Überaktivität, Stimmungsschwankungen und erhöhter Erregbarkeit führt. *Graham* (1972) fand als überdauernde Einstellung bei Hyperthyreoidismus Angst vor Verlust einer geliebten Person. Daneben tritt die Störung aber unspezifisch auf alle aversiven Reize auf und kann bei gegebener Reaktionsstereotypie zu erheblichen Störungen des Gesamtstoffwechsels mit entsprechenden Sekundärerscheinungen führen. Bei *Diabetes mellitus* wird häufig psychologische Beteiligung zur organisch bekannten Ursache (Insulinmangelproduktion in Pankreas mit hohem Blutzuckerniveau und erhöhter Urinsekretion). Die Insulinbehandlung lenkte von der Erforschung von möglichen emotionalen Faktoren ab. In aversiven Reizsituationen treten erhöhtes Blutzuckerniveau aufgrund vielfältiger Einflußfaktoren auf. Der Ausbruch der Erkrankung kann ebenfalls nach starker emotionaler Belastung erfolgen. Bei der *Addisonschen Erkrankung* wird häufig extreme Hilflosigkeit als ein wesentlicher Faktor genannt, auch die rein medizinischen Ursachen sind unklar: Tumor oder Infarkt der Nebenniere, Tuberkulose, Syphillis u. a. werden als organische Determinanten angeführt. Die Störung besteht aus mangelhafter oder fehlender ACTH-Produktion mit entsprechend gravierenden Folgesymptomen: Müdigkeit, Hypertonie, Anämie und Verdauungsstörungen stehen im Vordergrund.

Psychologische Faktoren werden auch bei der Entwicklung von *Krebs* (besonders Lungenkrebs) genannt. Die dafür vorliegenden Untersuchungen sind aber methodisch zum Großteil problematisch (*Kissen* und *Leshan,* 1969). Längsschnittexperimente fehlen. Ebenso unklar ist die *Anfälligkeit für Lungentuberkulose,* bei der aber auch psychologische Beteiligung in vielen Fällen wahrscheinlich ist.

Zur Entstehung psychophysiologischer Störungen

Soziokulturelle Aspekte

In den industrialisierten Nationen der nördlichen Hemisphäre kam es in den letzten 150 Jahren zu einer dramatischen Änderung der Erkrankungsmuster von ansteckenden Krankheiten zu degenerativen Krankheiten, die mit emotionalen Belastungen in ursächlicher und/oder korrelativer Beziehung stehen. Die medizinische Praxis hat dies bisher nicht ausreichend zur Kenntnis genommen und blieb weiter auf Krisenintervention ausgerichtet. Die spektakulären Fortschritte, z. B. in Chirurgie und Immunologie beruhen weiter auf der Annahme spezifischer, physikalisch faßbarer Ätiologien, die für infektiöse Erkrankungen zutreffen, bei degenerativen Erkrankungen (Krebs, Herz-Kreislauferkrankungen, alle oben angeführten Erkrankungen) aber nicht mehr sinnvoll ist. Wenn man sich nicht von diesem Modell löst, werden auch keine *dauerhaft* effektiven Therapien und vor allem keine breit angelegte Prävention möglich sein (die vielen finanziellen und psychologischen Krisen unseres gegenwärtigen Gesundheitssystems sind ein recht anschauliches Abbild dieses Entwicklungsrückstandes).

Die Frage, ob die Zunahme an degenerativen Erkrankungen in diesem Jahrhundert eine Konsequenz der überwundenen Infektionskrankheiten sind und nur durch deren dominierende Stellung nicht klar sichtbar wurden oder zusätzlich auch auf zunehmende *Unkontrollierbarkeit und Unvorhersagbarkeit* unserer Umwelt zurückzuführen ist, läßt sich retrospektiv nicht eindeutig beantworten. Die häufig angeführte Zunahme an unspezifischem „Streß" erklärt nichts, da nicht die objektive Situation, sondern die subjektiv erlebte Aversivität das Ausmaß einer Störung bestimmt. Damit sind wir auch beim zentralen Denkfehler vieler Planer, Politiker, Soziologen, Gesellschaftskritiker u. a. „sozial" tätiger Personengruppen. *Nicht die objektiv gegebene soziale Situation ist der maßgebende Krankheitsfaktor, sondern das nur psychologisch faßbare subjektive Erleben dieser sozialen Situation bestimmt die Störung.* Man muß sich daher stets fragen, welche psychologischen Konsequenzen (Konsequenzen im Verhaltensmuster einer Person) eine soziale Situation hat, bevor man diese Situation zu ändern versucht. Soziologische Daten oder objektive Daten (z. B. Wohndichte, Architektur, Arbeitsplatz, u. a.) reichen nicht aus, bzw. geben häufig falsche Handlungsanweisungen, da die Kovariation mit dem subjektiven Befinden selten eindeutig sind, sondern *nur mit psychologischen Methoden* objektivierbar sind! Zunehmende *Entfremdung* in Arbeitswelt und Familie bedingt durch sozioökonomische Ungleichheit wird häufig als wesentliche Ursache auch der Zunahme an degenerativen Erkrankungen angesehen. Bei der Annahme solcher „universeller" Ursachen ist Vorsicht am Platze, da gesellschaftliche Bedingungen in einer schwer vorhersagbaren Weise mit den psychologischen Bedingungen des Individuums interagieren und sich reziprok beeinflussen.

Intuitiv erscheint natürlich höchst wahrscheinlich, daß die zunehmende Unkontrollierbarkeit am Arbeitsplatz, Unvorhersagbarkeit im täglichen Leben, Belästigung und Bedrohung durch einen sich ständig steigernden technologischen „Fortschritts"-Unsinn, die grenzenlose Dummheit moderner Innen- und Außenarchitektur zu psychologisch beschreibbaren unerträglichen Lebensbedingungen des Einzelnen und der Familie führen müssen. Die „Unerträglichkeit" der Situation muß aber auch – wie oben angeführt – von der psychologischen Seite her definiert und gesichert werden.

Interkulturelle Beobachtungen von sogenannten „Primitivkulturen" in Neu-Guinea u. a. noch „unerforschten" Ländern weisen – wenngleich methodisch meist fragwürdig – auf geringe Häufigkeit von psychophysiologischen Störungen bei erheblicher Belastung durch Naturereignisse und auch – aus unserer Sicht – extremen sozialen Bedingungen. *Schiefenhövel* (1976) berichtet von Stämmen, die auf engem Raum in kleinen Hütten ihr gesamtes Sozial- und Familienleben abwickeln, diesen Raum aber stets zur Jagd oder einfacher Feldarbeit verlassen können. Die Unvorhersagbarkeit der äußeren Ereignisse wird durch ein hohes Maß an Kontrollierbarkeit der unmittelbaren natürlichen Umgebung und ein einfaches religiöses System (kognitive Bewertungsprozesse) kompensiert. Die Lebenserwartung war – bis zum Eintreffen der Forscher aus Europa – etwa gleich mit westeuropäischen Verhältnissen. *Die Kontingenzverhältnisse sind für jedes Mitglied durchschaubar und zeitlich unmittelbar. Erregungsanstiege sind kurzzeitig und bleiben nicht bestehen, sondern werden motorisch mit verschiedenen Verhaltensweisen bewältigt.*

Plötzliche und intensive *Änderung der sozialen Umgebung*, die keine kognitive oder motorische Bewältigung erlauben, führen zu drastischem Anstieg psychophysiologischer Erkrankungen. Die organischen Störungen können dabei mit unterschiedlicher zeitlicher Latenz auftreten: Untersuchungen an den 250 000 Überlebenden der Katastrophe von Hiroshima und Nagasaki ergaben noch nach Jahren überdurchschnittliche Auftrittswahrscheinlichkeiten von Herz-Kreislaufversagen, Krebs und frühzeitigem Altern, die nicht nur aus der atomaren Verseuchung erklärbar sind (*Hocking*, 1970). Die Verhaltensstörungen und somatischen Nachwirkungen der Nazikonzentrationslager auf deren überlebende Insassen wurden erschütternd von *Bettelheim* (1960) beschrieben. Dasselbe gilt für Naturkatastrophen und kriegerische

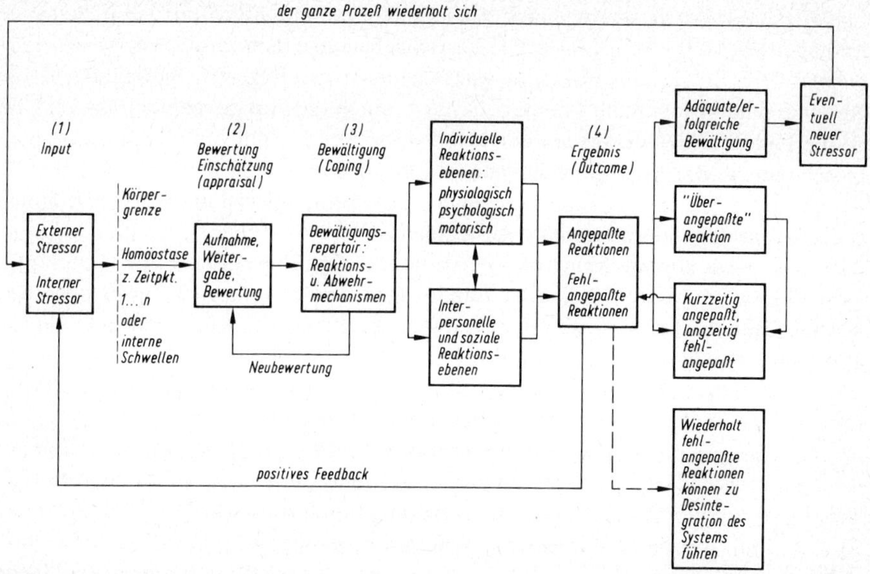

Abb. 71. Schema der Verarbeitung und Bewältigung von aversiver Reizung (nach *Lumsden,* 1975).

Auseinandersetzungen. Nach besonders gefährlichen Einsätzen steigt die Erkrankungsrate von Soldaten stark an (*Rubin* et al., 1969 zit. nach *Sarason,* 1972). Natürlich wirken solche Streßereignisse auch durch das Filter individueller Abwehr- und Bewältigungsmechanismen: die von Nordkoreanern gefangenen und in extremer Unsicherheit lebenden Besatzungsmitglieder der „Pueblo" zeigten deutliche Unterschiede im Verhalten je nach der Stärke ihres „Vertrauens auf sich" (Selbstkontrolle), „Realitätsauseinandersetzung", „Leugnen", „Rationalisieren" und „Humor" (*Ford,* 1975). Personen, die diese Abwehrstrategien nicht aufwiesen, zeigten noch Jahre nach ihrer Befreiung psychotische und neurotische Störungen, psychophysiologische Leiden und Alkoholismus. – Kultureller Streß eines ganzen Volkes oder Stammes kann aber zusätzlich zu Suizid, Aggression, Alkoholismus und Hexenglauben führen, wie dies im Falle des sogenannten Volta-Staudammbaues an den zwangsweise ausgesiedelten Stämmen auftrat. Vor allem die räumliche Enge der neuen Hütten erwies sich als entscheidende Streßvariable (*Lumsden,* 1975). *Lumsden* faßt die Wirkung dieses „Völkerstreß", in einem an *Lazarus* (s. dieses Buch Kapitel IV) angelehnten Schema zusammen, das unsere oben geäußerte Auffassung von der Notwendigkeit psychologischer Analyse auch bei größeren sozialen Zusammenhängen stützt (Abb. 71) und die Ausführungen in Kapitel IV (S. 173) nochmals zusammenfaßt.

Im Rahmen der industrialisierten Gesellschaft tragen zur extremen Belastung des „Bewältigungssystems" die zunehmende Hilflosigkeit in der *Familie und der Arbeitssituation* bei. Die ökonomische Besserung wurde durch Verschlechterung der sozialen und psychologischen Bedingungen erkauft, die wahrscheinlich auf lange Sicht die Errungenschaften der ökonomischen Fortschritte zunichte macht. Wesentliche „Eingabegrößen" in der Familie sind wahrscheinlich die folgende Bedingungen: die Kommunikation innerhalb und der „Schutz" durch die Familie nehmen laufend ab, da die Familien kleiner werden und keine ausreichende Zahl von Heranwachsenden in der Familie zur Verfügung stehen. „Overprotection" oder Vernachlässigung des Erziehungsverhaltens der Eltern dominiert. Das Auto, Television, Arbeit und Transportsysteme verhindern familiäre Gruppenaktivitäten und reduzieren die Gruppenkohäsion. Dazu kommt Abnahme überdauernder Bewältigungsstrategien durch religiöse Bande, die durch politische Bande nicht immer vollständig ersetzt werden können. Bereits das Kleinstkind wird durch die Praxis der Kinderaufzucht (Frühe Entwöhnung, möglichst unemotionale Reaktionen, räumliche und körperliche Isolation) depriviert. Gruppenaktivität mit Körperkontakt und Äußerung intensiver Emotionen (ritueller Tanz, u. ä.) verschwinden oder werden als überemotional tabuisiert. *Die Erziehung beruht auf Selbstkontrolle durch Sprache und nicht auch auf Selbstkontrolle durch motorische Aktivität.* Emotionales Ausdrucksverhalten mit seinen motorischen und autonomen Komponenten wird durch Selbstinstruktion kontrolliert und fördert damit das Bestehenbleiben autonomer Erregung.

Mindestens gleich bedrohlich entwickelt sich die Arbeitssituation mit völligem Kontrollverlust über den unmittelbaren Produktionsprozeß und Geld als einzigem generalisierten Verstärker und Abbau von sozialer Zuwendung als Verstärker. Die Architektur und räumliche Organisation von Städten, Arbeitsplatz und Heim fördert die soziale Isolation. Dasselbe gilt für die modernen Transportsysteme. Zunehmende Flucht der Arbeitssituation durch organische Störungen ist die Folge. Die Konditionierung auf Zeitsignale unabhängig von den biologischen Rhythmen fördert wie *Brady* und Mitarbeiter (1975) u. a. eindrucksvoll zeigten, die Entstehung körperlicher Störungen (z. B. Magengeschwüre).

Die *Rolle der Geschlechter* in unserer Gesellschaft trägt weiteres zur Unsicherheit und Distanz innerhalb von Familie und Arbeitsplatz bei. Die „Befreiung" der Frau von der Familie durch entfremdete Arbeit stellt keine Lösung, sondern eine Verschlechterung des alten Patriarchats dar.

Diese immer wieder geäußerten Vermutungen werden durch eine Reihe von Experimenten und empirischen Befunden gestützt und präzisiert. Wir wollen aus der Fülle der Daten nur einige wichtige Untersuchungen herausgreifen.

Liljefors und *Rahe* (1970) untersuchten 32 Paare eineiiger Zwillinge (42–67 j.) in Schweden, von denen nur je einer eine koronare Herzerkrankung entwickelt hatte, die aber gemeinsam aufgewachsen waren. In Interviews wurden die Bereiche

a) Arbeitsverhalten,
b) Freizeitverhalten,
c) häusliche Probleme,
d) allgemeine Enttäuschungen und Frustration

erfaßt.

Daraus wurden „Lebensstreßkores" errechnet und anderen Gruppen gegenübergestellt. Das folgende Beispiel illustriert die eindeutigen Differenzen zwischen kranken und gesunden Zwillingen (Tabelle 2).

Tabelle 2.

Zwilling ohne koronare Herzerkrankung	Zwilling mit koronarer Herzerkrankung
Arbeitsverhalten	
33 Jahre Automechaniker, 8 Stunden Arbeit pro Tag, nie mehr als 5 Überstunden pro Woche	Besitzer eines kleinen Geschäfts. Arbeitet in Saison bis zu 18 Stunden pro Tag, sonst im Schnitt 9 Stunden
Freizeitverhalten	
Zeitungslesen und Fernsehen einmal pro Woche. Im Sommer mietet er eine kleine Hütte am See, in der er mindestens 2mal/Woche bleibt. Im Winter Skifahren. Macht mittags 45 Min. Pause und 1mal/Tag 20 Min. Kaffeepause	Im Sommer geht er 2mal/Woche einem Hobby nach. Liest fast täglich Zeitung und sitzt vor dem Fernseher. Geht häufig auf Reisen. Mittags 30 Min. Pause.
häusliche Probleme	
Seit 27 Jahren verheiratet mit 3 Jahre jüngerer Frau. 3 Kinder. Manchmal Streit, leichte finanzielle Schwierigkeiten	Seit 33 Jahren verheiratet mit 8 Jahre jüngerer Frau. 2 Kinder. Gute häusliche Verhältnisse. Starke finanzielle Sorgen.
	allgemeine Enttäuschungen
Hatte 8 Jahre hindurch häusliche Probleme durch Alkohol. Seither trinkt er nicht mehr, da dies mit sex. Aktivität interferiert. Mit Arbeit zufrieden. Ausgeglichene Erziehung.	Ausgeglichene Erziehung. Er arbeitet ständig unter Zeitdruck. Keine Zeit für sich. Ständig Schwierigkeiten mit Krediten und Geld. Glaubt, daß er sehr viel tun mußte, um den täglichen Luxus zu erreichen.

In dieser Untersuchung fehlt ein weiterer wichtiger Faktor für die Entstehung organischer Störungen, der vor allem durch sogenannte „life-change-unit"-Forschung (Lebensänderungen) objektiviert wurde.

Es ist bereits seit langem bekannt, daß nach dem Tod des Ehepartners oder Lebensgefährten die Todesrate der Verwitweten anstieg (stärker bei Männern als bei Frauen). Tabelle 3 gibt die Häufigkeit der Todesursachen von 24bis 34jährigen Frauen und Männern nach dem Tod des Partners im Verhältnis zum Altersdurchschnitt wieder (aus *Kraus* und *Lilienfeld,* 1959, zit. nach *Miller,* 1975).

Tabelle 3.

Todesursache	Männer	Frauen
Tuberkulose	12,7	4,9
Krebs	2,3	2,5
Diabetes	3,3	2,5
Infarkt	8,1	4,2
Koronare Herzerkrankung	4,9	5,9
Bluthochdruck mit Herzerkrankung	10,8	4,7
Nierenschaden	2,6	2,8
Lungenentzündung und Grippe	7,7	5,0
Leberzirrhose	5,6	
Autounfall	4,5	3,3
Selbstmord	6,9	

Der Tod eines geliebten Menschen hinterläßt uns in völliger Hilflosigkeit. – *Rahe* und Mitarbeiter (1975) entwickelten einen Interviewbogen, aus dem sogenannte Life-change-units berechnet werden können, die angeben, wie groß das Ausmaß an Umweltveränderungen in einem bestimmten Zeitraum waren. *Rahe* zeigte, daß diese

Tabelle 4. Lebensänderungen (aus *Rahe,* 1975).

Familie	
Tod des Partners	100
Scheidung	73
Trennung	65
Tod eines engen Familienangehörigen	63
Heirat	50
Eheliche Versöhnung nach Trennung	45
Schwere Krankheit in Familie	44
Schwangerschaft	40
Neues Familienmitglied	39
Wesentliche Änderung der „Auseinandersetzung" mit Partner	35
Kind verläßt Heim	29
Juristische Schwierigkeiten	29
Ehefrau beginnt oder beendet Arbeit	26
Wesentliche Änderungen des Familienzusammenlebens	15
Persönlich	
Gefängnis	63
Schwere Verletzung oder Erkrankung	53
Sexuelle Schwierigkeiten	39
Tod eines nahestehenden Freundes	37
Erreichen eines wichtigen beruflichen Ziels	28
Beginn oder Ende der Schule	26
Wichtige Änderungen der Lebensbedingungen	25
Wichtige Revision persönlicher Gewohnheiten	24
Neue Schule	20
Wohnortwechsel	20
Wichtige Änderung in Freizeitgewohnheiten	19
Wichtige Änderung in kirchlichen Aktivitäten	19
Wichtige Änderung in Schlafgewohnheiten	16
Wichtige Änderung in Eßgewohnheiten	15
Reise	13
Weihnachten	12
Kleine Rechtsverletzungen	11
Arbeit	
Entlassung	47
Pensionierung (Rente)	45
Wichtige geschäftliche Änderung	39
Wechsel des Berufs	36
Wichtige Änderung der Verantwortung	29
Ärger mit Vorgesetzten	23
Wichtige Änderungen der Arbeitsbedingungen	20
Finanziell	
Wesentliche Änderung der Finanzmittel	38
Schulden (je nach prozentueller Höhe)	17–31

Einheit ein guter Prädiktor späterer Erkrankungen ist. Die Erkrankungsspitze liegt meist sechs Monate nach stärkeren Änderungen (z. B. Tod). Tabelle 4 gibt die „Normwerte" solcher Lebensänderungen von 40 Amerikanern wieder. Die Vpn verwendeten als Ankerreiz arbiträr „Heirat" mit einem „Lebensänderungswert" von 50. Es bestehen aber erhebliche kulturelle Differenzen, so daß die Daten erst an die Verhältnisse der jeweiligen Bevölkerung adaptiert werden müssen.

Psychophysiologische Aspekte

Die grundlegenden psychophysiologischen Konzepte zur Erklärung der Entstehung psychophysiologischer Störungen haben die Autoren der einzelnen Beiträge und der Herausgeber an mehreren Stellen dieses Buches beschrieben, so daß wir hier nur eine Zusammenfassung der wichtigsten Überlegungen geben wollen.

Bis heute haben *Cannons* (1929, 1932) Überlegungen zur Entstehung von Emotionen ihre Bedeutung behalten. *Cannon* nimmt an, daß in unserer gegenwärtigen technisch-zivilisierten Umwelt weiter häufig eine phylogenetisch alte Kampf/Fluchtreaktion durch aversive Reize ausgelöst wird. Physiologisch besteht diese Reaktion aus Aktivierung jener Hirnzentren im Hypothalamus und limbischen System, die diese Reaktionsweisen in der Peripherie (somatischen Muskulatur) und im Körperinneren vorbereiten und steuern. Dabei wird nicht nur die somatische Muskulatur tonisch aktiviert, sondern über die Ausschüttung von Hypophysen – Nebennierenrindenhormonen werden die viszeralen Strukturen zu erhöhter Aktivität angeregt. In der natürlichen Umgebung des Säugers oder des mit der Natur im „Einklang" lebenden Menschen wird und wurde die motorische Reaktion ausgeführt und die Stoffwechselenergien abgeführt und in der somatischen Muskulatur verbraucht. Dies ist uns heute nur noch selten möglich, wodurch die hormonelle und autonome Komponente der Kampf/Fluchtreaktion bestehen bleibt. Chronische Hyperaktivierung von bereits geschwächten Organstrukturen schädigt diese schließlich dauerhaft und führt zu einer Störung der Stoffwechselhomeostasen, die im „Endstadium" verhindert, daß das Organsystem auch in Relaxationsphasen in seine Ausgangsbalance zurückkehrt.

Dieses Faktum der bestehenbleibenden Erregung nach Reizung bei Personen mit chronisch erhöhtem Aktivierungsniveau (ängstlich und psychosomatisch Gestörten) ist in einer Reihe von Arbeiten nachgewiesen worden (siehe auch den Artikel von *Lader* und *Mathews* in diesem Buch, oder *Malmo* und *Shagass,* 1949). *Selye* (1956) hat die Gedanken *Cannons* weitergeführt und präzisiert und mit dem *„allgemeinen Adaptationssyndrom"* ein stereotypes hormonelles Muster identifiziert, das unabhängig von der Art der Reizung bei jeder intensiven Reizeinwirkung abläuft.

Abb. 72 symbolisiert die wichtigsten Stadien dieses Syndroms, wobei die Zeitachse sehr variabel anzunehmen ist. Auf die „Alarmreaktion" kurz nach der Reizung folgt ein „Widerstandsstadium", das vorerst zu Mobilisierung, bei weiterem Bestehen der Reizung zum Abbau des „Widerstandes" führt und mit „Erschöpfung" endet. Die Alarmreaktion wurde unter der Bezeichnung Verteidigungsreaktion („defense reaction") genau untersucht (*Sokolov,* 1963): sie besteht aus einer vermehrten Ausschüttung von Adrenalin und Noradrenalin aus dem Nebennierenmark, und u. a. steigt die

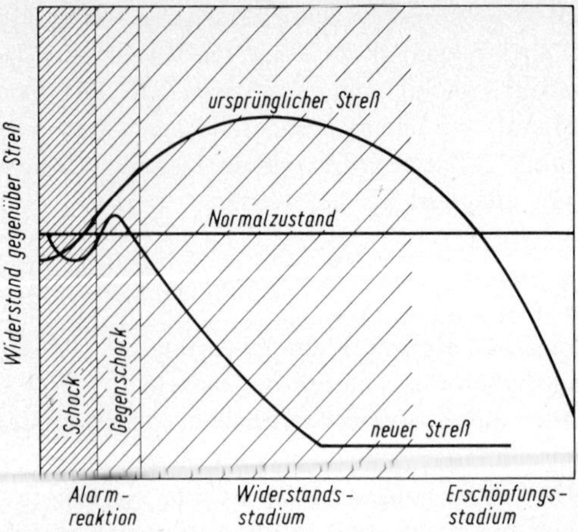

Abb. 72. *Selyes* Allgemeines Adaptationssyndrom. Auf die erste „Alarmreaktion" folgt ein „Widerstandsstadium": Der Widerstand gegenüber dem ursprünglichen, weiter fortwirkenden Streß wird erhöht, der Widerstand gegenüber anderen Streßformen dagegen herabgesetzt. Wenn der Streß lange genug andauert, wird das Widerstandsstadium von einem „Erschöpfungsstadium" abgelöst: Der Widerstand gegenüber jeglichem Streß nimmt katastrophal ab. (Aus *Gray,* 1971.)

Herzfrequenz, wodurch die Sauerstoffversorgung verbessert wird, die Blutverteilung wird geändert, mehr Blut gelangt ins Hirn und in die quergestreifte Muskulatur, Pupillen und Bronchien erweitern sich, sympathische Erregung tritt in den meisten peripher physiologischen Systemen auf, im EEG Desynchronisation (auch des Hippocampus). Für längere Streßreize werden aber die hormonellen Änderungen entscheidend: Neurohormone des Hypothalamus aktivieren das adrenocorticotrope Hormon (ACTH) des Hypophysenvorderlappens, das zu einer vermehrten Ausschüttung von Glukokortikoiden aus der Nebennierenrinde führt, die wiederum die weitere ACTH-Produktion hemmen (negatives Feedback). Die Kortikoide (besonders Hydrocortison, Corticosteron, Cortison) fördern die Zuckerumwandlung und -speicherung in der Leber, führen aber letztlich zu einer Mobilisierung zugunsten kurzdauernder Reaktionsmöglichkeiten und Herabsetzung langdauernder Widerstandsmöglichkeiten: die Wundheilung wird durch Glukokortikoide verlangsamt, die Infektionsanfälligkeit erhöht, die Bildung von Antikörpern wird gehemmt, ebenso die Ausschüttung von Schilddrüsenhormonen („Wachstumshormone") und von Sexualhormonen. Das allgemeine Adaptationssyndrom ist unabhängig von der Art der Reizung und läuft relativ stereotyp bei jeder intensiven aversiven Einwirkung auf den Organismus ab. Die Vielzahl psychophysiologischer Störungen kann damit nicht erklärt, es muß aber jede Streßreaktion vor dem Hintergrund dieser alles beeinflussenden hormonellen Änderungen gesehen werden (s. dazu *Levine,* 1972).

Weder *Cannons* noch *Selyes* Theorie kann die *Spezifität psychophysiologischer Störungen* erklären: warum ist bei Person A die Magentätigkeit bei Person B die Herzaktivität gestört, wenn beide unter denselben Streßbedingungen stehen? Und warum können unabhängig von der Person in Abhängigkeit von bestimmten Situationen spezifische Störungen bevorzugt entstehen? Wir haben also zwei Arten von Spezifität zu unterscheiden:

a) *Reaktionsstereotypie* und
b) *Situationsstereotypie*

Beide Begriffe gehen auf *Lacey* zurück (s. den Artikel von *Lang* in diesem Buch) und wurden von ihm operationalisiert. Reaktionsstereotypie bezeichnet die überdauernde Tendenz eines oder mehrerer Organsysteme auf aversive Reizung mit einem gleichbleibenden Muster von Erregungsintensität zu reagieren (z. B. Herzrate stark, Magen schwach, PGR schwach, BP stark). Situationsstereotypie ist bereits sehr viel schwieriger zu fassen und bedeutet, daß bestimmte psychologisch beschreibbare Situationen oder kognitive „sets" spezifische autonome Muster auslösen (z. B. Furcht versus Ärger) und diese Muster auch bereits Teil der Umweltbewältigung darstellen. Wichtig sind drei Tatsachen:

1. Reaktionsstereotypie und Situationsstereotypie interagieren in einer schwer vorhersagbaren Weise innerhalb des Einzelindividuums und
2. beide weisen konstitutionelle (ererbte) *und* erlernte Anteil auf, die ebenfalls im Einzelindividuum nicht zu trennen sind.
3. Voraussetzung für die Entstehung einer organischen Störung ist die Erhöhung des allgemeinen zentralnervösen Aktivierungsniveaus, wodurch auch meist viele vegetative Funktionen hyperaktiviert sind. Ursache des erhöhten Erregungsniveaus sind sowohl konstitutionell erhöhte Erregbarkeit als auch lernpsychologisch beschreibbare Konflikt- und Abwehrsituationen. In der Terminologie der Pawlowschen Theorie der kortikoviszeralen Pathologie werden Personen mit schwachem oder starkem, aber labilen Nervensystem unterschieden und als „erlernte" Ursache eine klassich konditionierte „Neurose" angenommen (*Bykow* und *Kurzin,* 1966).

Die Bemühungen der Psychophysiologie konzentrieren sich vor allem auf die erste Frage, einige Fortschritte zeichnen sich ab, wie dies in diesem Buch hoffentlich gelungen ist, glaubhaft darzustellen. Zur zweiten Frage liegen eine Reihe von Befunden vor, die zwar keine allgemein gültige Antwort zulassen, aber die hier wirkenden Prinzipien verdeutlichen. Man wird wahrscheinlich für die verschiedenen Störungsformen differente psychologische und psychophysiologische Erklärungsansätze experimentell erproben müssen, bevor spezifischere Aussagen über die Genese dieser Störungen vorliegen.

Zur ausführlichen Diskussion weiterer physiologischer Ansätze siehe *Bykow* und *Kurzin* (1966).

Psychologische Aspekte

Den Ausgangspunkt empirisch-psychologischer Erklärungsansätze zur Genese psychophysiologischer Störungen bilden im Westen die Forschungen psychoanalytisch orientierter Institute, vor allem von *Franz Alexander* und seinen Schülern (1950, *Alexander* und *Flagg,* 1965), im Osten die Arbeiten der Pawlow-Nachfolger, eindrucksvoll dokumentiert in dem Buch von *Bykow* und *Kurzin* (1966). Damit sind auch die heute noch dominierenden Theorien genannt, die *alle* z. Z. nicht imstande sind, Genese und Bestehenbleiben psychophysiologischer Störungen zu erklären. *Jede dieser psychologischen Theorien enthält wesentliche und zutreffende Ansätze, die aber erst miteinander und mit den psychophysiologischen und soziokulturellen Modellen integriert werden müssen, bevor wir präzise Vorhersagen über die Spezifität und*

Intensität psychophysiologischer Störungen machen können. Wir glauben, daß wir uns einer solchen Integration langsam nähern, aber die einzelnen Ansätze noch zu wenig formuliert und operationalisiert sind, um diese Integration zum gegenwärtigen Zeitpunkt vorzunehmen.

Zwei Denkansätze dominieren die psychologische Theorienbildung: 1. die aus der Psychoanalyse kommende kognitivistische Theorie „störungsspezifischer Einstellung", die vor allem von *Graham* (1972) vertreten und auch experimentell gestützt wurde und 2. die instrumentell-lerntheoretische Auffassung, die sich mit den psychophysiologischen Befunden und den Emotionstheorien verband und erst in letzter Zeit systematisch auf psychophysiologische Störungen angewandt wird (*Lachman,* 1972; *Weiss,* 1971, 1972; *Brady,* 1975; *Miller,* 1975). Diese Ansätze entwickelten sich aus den Schwächen einer rein Pawlowianischen Auffassung wie sie seit Ende des vorigen Jahrhunderts in Rußland extensiv erforscht werden (s. *Bykow* und *Kurzin,* 1966).

Die psychoanalytische Theorie psychophysiologischer Erkrankungen unterscheidet sich nicht grundsätzlich von den Spekulationen zu anderen Verhaltensstörungen. Die organische Störung wird als Produkt eines unbewußten emotionalen Konflikts angesehen, dessen Wurzeln in die frühe Kindheit zurückreichen.

Alexander (1950) entfernte sich von den rein konflikttheoretischen Spekulationen und bezog physiologische Ergebnisse in die Analyse ein. Im Gegensatz zu anderen prominenten Vertretern der Psychoanalyse bemühte sich *Alexander* um eine experimentelle Stützung seiner Annahmen und versuchte sie stets mit anderen Disziplinen zu integrieren. Psychosomatische Störungen werden von Konversionsneurosen durch die primäre Beteiligung des rein afferenten NSs abgegrenzt, während bei psychophysiologischen Störungen das autonome NS dominiert; Psychophysiologische Störungen sind im allgemeinen keine symbolischen Äußerungen emotionaler Konflikte. Sie sind vielmehr Ausdruck inadäquater Konfliktverarbeitung in Situationen, die Aktionen vorbereiten, bei denen wegen unreifer Konfliktlösungsmechanismen aber keine Aktion erfolgt. Für jede Störung wird eine *spezifische* Art der inadäquaten Konfliktverarbeitung angenommen. Magengeschwüre resultieren danach z. B. aus dem ungelösten unbewußten Abhängigkeitskonflikt, der sich in der oralen Phase manifestiert und fixiert hat. Wenn der ungelöste Konflikt durch externe Frustration aktiviert wird, regrediert das Individuum auf den unbewußten Wunsch, von der Mutter gefüttert zu werden. Daraus resultiert Hyperfunktion der Magentätigkeit. Bei häufiger Aktivierung und bestehender „Organminderwertigkeit" kommt es dann zur Geschwürbildung.

An diesem Beispiel erkennt man bereits die Schwächen und Stärken dieser Theorie. Ihre Stärke ist die Spezifität der Annahmen, ihre Schwäche die Attribution von unbewußten und daher unobjektivierbaren Konfliktursachen ausschließlich auf die Ebene der sexuellen Entwicklung des Kindes. Sieht man von diesen intervenierenden Spekulationen über frühkindliche Konflikte ab, so ergeben sich eine Reihe prüfbarer und z. T. zutreffender typischer Bewältigungsstrategien.

Wir enthalten uns hier einer ausführlichen Kritik der psychoanalytischen Theorie in der Psychosomatik. Vom materialistischen Standpunkt setzen sich *Bykow* und *Kurzin* (1966) ausführlich damit auseinander, S. 44–58. Die dort vorgetragene Kritik ist aber auch durch ideologisches Festhalten an der Pawlowianischen Physiologie gekennzeichnet und geht nicht auf die logische und wissenschaftstheoretische Unhaltbarkeit unbewußter psychischer Vorgänge und Instanzen einschließlich der wesentlichen Aspekte der Phasenlehre ein. Die Fragwürdigkeit der diagnostischen und theoretischen Schlüsse einer pseudodeterminischen Methodik ergibt sich aus der mangelnden Prüfbarkeit der Grundannahmen (siehe dazu *Perrez,* 1972). Daraus ergibt sich natürlich nicht zwingend, daß *alle* Schlußfolgerungen falsch sind. *Alexanders* Hypothesen sind auch an jenen Punkten eher überzeugend, an denen sie in einer an Psychophysiologie und Psychologie orientierten Sprache formuliert und daher einer Prüfung zugänglich sind.

Sowohl der Psychoanalyse als auch der Einstellungstheorie (oder „Persönlichkeitsprofiltheorie") liegt die plausible Annahme zugrunde, daß zu einem frühen Zeitpunkt der Entwicklung bestimmte informationsverarbeitende Prozesse (Angstbewältigungsstrategien) bei aversiver Reizung dauerhaft konditioniert werden, die dann später wiederum zu charakteristischen Bewertungs- und Erwartungsprozessen bei aversiver Stimulation führen und bestehende oder erlernte Reaktionssterotypien der inneren Organe nicht mehr im Rahmen der normalen Funktionsgrenzen halten können. Durch die Kontingenzbedingungen in der Kindheit und/oder der gegenwärtigen sozialen Situation werden diese kognitiv-physiologischen Muster aufrecht erhalten und verstärkt. In vielen Fällen wird sich nach einer unterschiedlich langen „labilen" Konditionierungsphase eine rein organische Störung der Homöostase eines Systems einstellen, auch ohne die Präsenz der psychologischen Faktoren. Am Ende resultiert daraus eine chronische Übererregbarkeit einzelner Organsysteme, die durch „kognitive" Bewältigungsstrategien (Selbstinstruktion, Selbstkontrolle, Abwehr- und Bewertungsprozesse, Selbst- und Fremdverstärkung, u. a.) nicht mehr bewältigt werden kann. Die Bezeichnung „kognitiv" darf uns nicht die Mühe ersparen, die Prozesse zu operationalisieren, was wir bevorzugt auf dem Hintergrund einer lernpsychologischen Terminologie tun, die – soweit möglich – die neurophysiologischen Grundlagen dieser Prozesse einbeziehen sollte.

Graham (1972) baut auf *Alexanders* Hypothesen seine Einstellungstheorie ohne die spekulativen Grundannahmen zu übernehmen. Eine Einstellung ist dabei sowohl eine emotionale Reaktion auf spezifische Reize als auch der Versuch einer motorischen oder kognitiven Bewältigung. Charakteristisch ist vor allem die Tatsache, daß alle Bewältigungsversuche durch Hilflosigkeit gekennzeichnet sind, entweder aufgrund eines Verhaltensdefizits (die Person hat keine funktionierende Bewältigungsmethode gelernt) oder aufgrund situations-inadäquater Bewältigungsstrategien. – Wir haben in der Beschreibung psychophysiologischer Störungen die störungsspezifischen Einstellungen (s. S. 298 ff.), sofern sich empirische Belege dafür auffinden ließen, skizzenhaft in Anlehnung an die Ergebnisse *Alexanders* und *Grahams* beschrieben. *Graham* verwendete als Validierungsmethode das „Streßinterview" und die Hypnose störungsspezifischer Einstellungen. Das methodisch äußerst fragwürdige Interviewverfahren wurde auch von *Alexander* (1950) und *Wolff* (1950) extensiv angewandt.

Im „experimentellen" Interview wird die autonome Reaktion des Patienten auf das Gespräch über störungsspezifische Einstellungen mit seiner Reaktion auf neutrale oder unspezifische Themen verglichen (im Artikel von *Lang* in diesem Buch werden diese Arbeiten kritisch gewürdigt). Sehr viel kontrollierter ist das Vorgehen bei der

Hypnose störungsspezifischer Einstellungen, bei der in einigen Fällen klare Situationsstereotypien nachweisbar waren (z. B. Raynaudsche Erkrankung versus Ekzem). Die Pionierarbeiten *Grahams* sind bisher nicht systematisch repliziert worden, was für die psychologische Theorie psychophysiologischer Störungen von größter Wichtigkeit wäre.

Die russische Reflexlehre sieht psychophysiologische Störungen einheitlich als Konsequenz von Störungen der Erregungs- und Hemmungsvorgänge im Großhirn *und* Subkortex nach klassisch konditionierten „Neurosen". Konstitutionelle Faktoren werden nicht ausgeschlossen, wenngleich sich die vier Typen der höheren Nerventätigkeit auch als Produkt von Umweltbedingungen ausbilden können (starker labiler Typ; stark-labil-beweglicher Typ; stark-ausgeglichen-träger Typ", schwacher Typ. „Neurosen" entstehen vor allem bei den beiden Extremtypen). Die „kortiko-viszerale" Pathologie baut völlig auf den neurophysiologischen Grundlagen der angenommenen „neurotischen Prozesse", was zum einen Teil ein enormer Vorteil und letztlich eine Notwendigkeit allen psychologischen Denkens sein sollte, aber beim jetzigen Wissensstand spekulativ und zum Teil rein semantisch bleiben muß. Die Vermeidung psychologischer Terminologie führt auch bei *Bykow* und *Kurzin* oft zu grotesken bildhaften Formulierungen der angenommenen neurophysiologischen Vorgänge.

Die Entwicklung einer Neurose beruht auf der durch einander ausschließende inkompatible oder extrem intensive Reize ausgelösten Störung der Erregungs- und Hemmungsprozesse der Großhirnrinde „als Folge einer Überbeanspruchung von Stärke und Beweglichkeit der Nervenprozesse" (*Bykow* und *Kurzin,* 1966, S. 182). Drei Hauptbedingungen können psychophysiologischen Störungen zugrunde liegen: a) Störungen exterozeptiver klassischer Konditionierung (z. B. Atemstörungen nach gleichzeitiger Darbietung von zwei konditionalen Reizen, auf die ein Abwehr- *und* Zuwendungsreflex konditioniert war) b) Störungen interozeptiver klassischer Konditionierung (z. B. wurde die Sekretion der Magenschleimhaut vorerst auf einen erregenden und hemmenden Reiz – Wasser mit 37° versus 16° C – konditioniert und dann beide CS gleichzeitig und/oder mit exterozeptiven Reizen dargeboten) c) a) und b) kombiniert. Acht Hauptfaktoren können der Genese von psychophysiologischen Störungen bei diesen drei Möglichkeiten zugrundeliegen:

„1. die Veränderung der kortiko-subkortikalen funktionellen Wechselbeziehungen;
2. die Blockierung der Impulse in den zentralen und peripheren nervalen Gebilden;
3. die Schaffung von dominanten Erregungs- und Hemmungsherden in der Rinde und in den subkortikalen Zentren;
4. die Erhöhung der Empfindlichkeit von denervierten Geweben gegenüber verschiedenen Einwirkungen;
5. die Störung der Trophik der Hirnzentren;
6. die Störung der Erregbarkeit der Interorezeptoren und des Charakters der afferenten Impulsation;
7. der Ausgangszustand der höchsten Abschnitte des Zentralnervensystems im Augenblick der Einwirkung des psychogenen Traumas;
8. die Veränderung der neuro-humoralen und der neuro-endokrinen Wechselbeziehungen." (*Bykow* und *Kurzin,* S. 250–51)

Diese acht Einflußmöglichkeiten werden in der Folge an einer Fülle von Tierexperimenten illustriert und schließlich auf verschiedene Organsysteme übertragen, die wir hier aus Raumgründen nicht wiedergeben können. Die *angesammelte Datenfülle belegt zwingend, daß dauerhafte organische Störungen auf dem Wege der klassischen Konditionierungsprinzipien entstehen können.* Die Spezifitätsfrage kann dabei ebenso wenig gelöst werden wie die Frage nach störungsspezifischen Situationen (Situationsstereotypie). Der Einbezug semantischer Reize dehnt die Gültigkeit der gefundenen Prozesse prinzipiell auch auf den Menschen und sein zweites Signalsystem aus, wenngleich hier im Experiment noch relativ elementare Situationen herangezogen werden müssen.

Es ist bedauerlich, daß die sowjetische Literatur ängstlich jeden Versuch instrumenteller Erklärungsansätze vermeidet und die angloamerikanische Literatur in vielen Fällen die nun schon ein Jahrhundert alte experimentelle Forschung Pawlowianischer Tradition ignoriert. Für den aufmerksamen Forscher in diesem Bereich besteht kein Zweifel, *daß bei der Entstehung psychophysiologischer Störungen klassische und instrumentelle Lernprinzipien eng miteinander verschränkt sind.* Bisher ist aber die Forschung dazu nicht über das Laborexperiment an gesunden Vpn hinausgekommen (*Furedy,* 1976). Wir haben in dem vorausgehenden Artikel des Herausgebers („Biofeedback") die Probleme der *instrumentellen Konditionierung* autonomer Prozessc eingehend besprochen. Wir verweisen an dieser Stelle auf die dort vorgebrachten Überlegungen. Dasselbe gilt für das Problem *viszeraler Selbstkontrolle,* dem wir einen Abschnitt (S. 288) gewidmet haben und das im Anschluß an die Erläuterung der Rolle instrumentellen Lernens gesehen werden muß.

Allgemein läßt sich dazu aber sagen, daß die gegenwärtige medizinische Gesundheitsversorgung – orientiert an somatischer Notfallsintervention – wahrscheinlich selbst zur Misere steigender psychophysiologischer Störungen beiträgt, indem sie das Lernen von Selbstkontrollmechanismen durch ihre organmedizinisch orientierte Intervention behindert. Die Situation mangelnder Kontrolle über die autonomen Konsequenzen dieser Emotionen wird im abendländischen Kulturkreis durch zwei Phänomene weiter verschärft.

a) Unser auf die quergestreifte Muskulatur, das Verhalten und kognitive Leistungen orientiertes Erziehungssystem und
b) die Übernahme körperlicher Selbstkontrolle durch die Fremdkontrolle moderner Medizin speziell der Pharmakologie.

Mühsam lernen wir im Laufe der ersten Lebensjahre unsere Ausscheidung zu kontrollieren, danach konzentriert sich die Sozialisation auf die Ausbildung korrekten Sprachverhaltens bei Ober- und Mittelschicht bzw. korrekten Arbeitsverhaltens bei der Unterschicht. Mechanismen zur Kontrolle innerer Organprozesse und des vegatativen Nervensystems spielen im Rahmen dieses Erziehungssystems eine untergeordnete Rolle und führen bestenfalls im Bereich der Sportpädagogik zu Ansätzen; das Schwergewicht abendländischer Erziehung auf der Beherrschung des somatischen NSs und der quergestreiften Muskulatur steht in deutlichem Gegensatz zu fernöstlichen Praktiken, die großen Wert auf die Kontrolle autonomer Funktionen einschließlich der Schmerzkontrolle legen.

Die Dominanz der analytisch-sprachlichen linken Hirnhemisphäre wird von einigen Forschern als Konsequenz dieses Sozialisationsvorganges angesehen. Eine Aktivierung der rechten, non-verbalen, „kontemplativ-kreativen" Hirnhemisphäre, wie sie angeblich im fernöstlichen Erziehungswesen eher möglich ist, soll die Balance unseres Großhirns wieder herstellen (*Birbaumer,* 1976).

Wir möchten hier abschließend auf einige bereits früher (*Birbaumer,* 1975, S. 236–237) besprochene Überlegungen zur Interaktion von kognitiven und autonomen Prozessen bei psychophysiologischen Störungen hinweisen.

Da Emotionen auch über Vermittlung der kognitiven Einschätzung einer Situation bei gleichzeitig bestehender Aktivierung entstehen können, werden ähnliche Vorgänge zur Erklärung psychophysiologischer Störungen herangezogen werden können, wenngleich häufig eine „rein" lerntheoretische Interpretation ausreichen wird.

Eine Reihe von psychophysiologischen Störungen werden ausschließlich oder zu einem großen Teil von der bewußten oder fehlenden extero- und interozeptiven Wahrnehmung physiologischer Veränderungen mit der damit verbundenen bzw. unmittelbar folgenden positiven oder negativen Verstärkung entstehen und aufrecht erhalten.

Tabelle 5.

	Primär interozeptiv (über vegetative Rezeptoren)	Primär exterozeptiv	Behandlungsmethode der Wahl
Bewußt wahrgenommen	z. B. „Herzneurose", u. a. Krankheitsängste, manche „hysterische" Reaktionen	z. B. Angst vor Erröten, Zittern u. ä., Schwitzen, soziale Ängste	Desensibilisierung
Nicht wahrgenommen	z. B. Fettsucht, sog. Soziopathie (sensu Schachter) Spannungskopfschmerz	z. B. manche Sprachstörungen, manche Tics	Sensibilisierung

Wir können dies in einem Vierfelderschema symbolisieren und einige Störungen als Beispiel darin eintragen (Tabelle 5). Die Zuweisung einer Störung in ein bestimmtes Feld ist keineswegs ausschließlich, die Varianzanteile der vier möglichen Determinanten werden von Person zu Person und von Störung zu Störung variieren. Einige Beispiele: Personen mit sogenannten „Herzneurosen" zeigen panische Ängste, ausgelöst durch bewußte Wahrnehmung von Veränderungen des normalen Herzrhythmus' (meist Unregelmäßigkeiten oder Beschleunigung). Vorerst lösen leichte Unregelmäßigkeiten mäßige Angst aus, durch die verstärkte Angst werden die Veränderungen nun auch deutlich wahrgenommen und als konditionaler Reiz für „Herzinfarkt" interpretiert usw. Ein circulus vitiosus, der auch bei vielen sogenannten „psychosomatischen" Leiden auftritt und zu bleibenden pathologischen Organveränderungen führen kann. – Ein analoges Beispiel für den exterozeptiven Fall wären jene häufig vorkommenden sozialen Ängste, die durch die Wahrnehmung physiologischer Veränderungen in sozialen Situationen (vorerst leichtes Zittern, Schwitzen der Hände u. ä.) zu intensiven Ängsten führen, die wiederum verstärkte physiologische Reaktionen bewirken usw. und schließlich im Extremfall Panikattacken oder totale passive Vermeidung der Situation zur Folge haben.

Ein Beispiel für die zweite Möglichkeit, daß die mangelhafte oder nicht bewußte Wahrnehmung physiologischer Veränderungen zu schweren (oft lebensbedrohenden) Störungen führen kann, wären die von *Schachter* (1971) ausführlich beschriebenen Fettsüchte und sogenannten Soziopathien.

Bei Sprachstörungen (Stottern) schließlich fehlt im allgemeinen die Wahrnehmung der Anspannung der Sprechmuskulatur in sozialen Situationen, wodurch zu spät Bewältigungsreaktionen eingeleitet werden und die Verkrampfung der Muskeln zu Stottern führt (*Tunner,* 1974). Hier überwiegt zwar meist der interozeptive Fall, aber bei vielen Sprechstörungen wird z. B. das eigene Stottern nicht mehr wahrgenommen (exterozeptiv). Eine gute Darstellung solcher positiver Regelkreise zwischen physiologischen Reaktionen und Kognitionen findet sich bei *Beck* (1972).

Wir haben in diesem Abschnitt nur einige wenige Denkansätze herausgegriffen, die eine experimentelle Analyse des „psychosomatischen" Problems versuchen. Die Entstehung, Aufrechterhaltung und Beseitigung psychophysiologischer Störungen kann nur über Heranziehen vieler Ansätze und Theorien in echter interdisziplinärer Zusammenarbeit einer Lösung näher gebracht werden.

Verhaltensmodifikation bei psychophysiologischen Störungen

Die psychologische Behandlung „psychisch" bedingter Organstörungen wird sich prinzipiell nicht von der Behandlung von Verhaltensstörungen unterscheiden. Liegt bereits eine manifeste Organpathologie vor, so muß die psychologische Behandlung mit der notwendigen medizinischen Versorgung abgestimmt werden und vice versa.

Es gibt keine einheitlich anwendbare und wirksame psychologische Behandlung für psychophysiologische Störungen. Die Behandlung sollte sich fast zwingend aus dem psychologischen Diagnoseprozeß (der Verhaltensanalyse; siehe den Band von *Schulte* in dieser Reihe) ergeben und müßte für eine bestimmte Störung und Person oder Personengruppe *spezifisch* sein. Da aber viele Störungsformen zum Teil gemeinsame Ursachen und Auslöser aufweisen und wir heute über keine gesicherten störungsspezifischen Entstehungstheorien verfügen, werden unterschiedliche Störungen oft mit sehr ähnlichen Behandlungsverfahren modifiziert werden.

Wir wollen hier nur einige Behandlungsziele psychologischer Therapie, die sich bei verschiedenen psychophysiologischen Störungen häufig ergeben, kurz besprechen, ohne dabei auf mögliche Differenzen in der Störungsgenese einzugehen. Hier sollen *nur klinisch-psychologische Behandlungsverfahren* erläutert werden. Aus der Verhaltensanalyse ergeben sich meist als Voraussetzung oder Ergänzung psychologischer Behandlung Maßnahmen durch den Sozialarbeiter und Arzt. Wie wir oben bereits ausgeführt haben, sind vor allem aversive Bedingungen am Arbeitsplatz, Berufs- und Ausbildungsprobleme u. ä. häufig Teilursachen psychophysiologischer Störungen. Eine Person, die „nur" unter unerträglichem Lärm in einer Fabrikhalle arbeitet, braucht keine psychologische Behandlung, sondern hier müssen die Arbeitsbedingungen verändert werden. Der erste Schritt jeder Behandlung sollte in gemeinsam von Patient, Arzt, Psychologe und Sozialarbeiter geplanten „Änderungen der Lebensführung" bestehen. Dazu gehören vor allem sportliche und diätätische Maßnahmen, Rhythmisierung des Tagesablaufes, der Freizeit- und Urlaubsgestaltung u. a. ökologische Maßnahmen (s. *Kaminski*, 1976). In den meisten Fällen sind sowohl sozialarbeiterische, psychologische und medizinische Maßnahmen erforderlich, die auf die Ergebnisse der Verhaltensanalyse abgestimmt sein müssen. Aber auch bei Problemen in der sozialen Umwelt des Klienten (z. B. Arbeitsplatz) kann indirekt die psychologische Behandlung zu Änderungen führen (z. B. indem der Klient lernt, seine unmittelbare soziale Umgebung gezielt und wirksam zu ändern; siehe dazu den Band „Gemeindepsychologie" von *Sommer* und *Ernst* in dieser Reihe oder auch *Goldstein*, 1973).

Ein wesentliches Element *aller* Behandlungsziele ist die Beseitigung subjektiv erlebter *Hilflosigkeit* (siehe Kapitel III, S. 165). In dieser Hinsicht ist die psychologische Behandlung psychophysiologischer Störungen der psychologischen Behandlung der Depression sehr ähnlich und viele dort mit Erfolg angewandten Verfahren werden auch bei psychophysiologischen Störungen wirksam sein (siehe *Hoffmann*, 1976). Gemeinsames Element der unten angeführten Verfahren ist die Wiederherstellung oder Herstellung der Kontingenz zwischen den eigenen Reaktionen und ihren Konsequenzen.

Die folgenden Maßnahmen stellen eine Hierarchie von Therapiezielen dar, wie sie oft bei psychophysiologischen Störungen auftreten werden. Die Hierarchie bezieht sich hier nicht auf die Wichtigkeit der Maßnahmen, sondern auf die Häufigkeit, in der diese Behandlungsziele vorkommen dürften und jeweils eine Behandlungsstufe Voraussetzung für das Gelingen der nächsten ist, wenngleich die einzelnen Verfahren oft gleichzeitig eingesetzt werden.

1. *Modifikation erhöhter autonomer Erregung.*
2. *Modifikation von Reaktionsstereotypien.*
3. *Modifikation von Selbstwahrnehmung und Selbstkontrolle.*
4. *Modifikation störungsspezifischer Einstellungen.*
5. *Modifikation der sozialen Interaktion (verbal und nonverbal).*

Modifikation erhöhter autonomer Erregung

Psychophysiologische Störungen (Bluthochdruck in der labilen Anfangsphase, Rhythmusstörungen, endokrine Störungen, Spannungs-Kopfschmerz u. a.) zeichnen sich durch erhöhtes *tonisches Erregungsniveau* oder *extreme phasische Erregungsanstiege* in mehreren autonomen Systemen aus. Für viele Störungen ist besonders die Tatsache maßgeblich, daß erhöhte phasische Änderungen nur langsam wieder auf ihr normales Ausgangsniveau zurückkehren (*Malmo* und *Shagass*, 1949). Bei tonisch erhöhter Erregung ist regelmäßiges Entspannungstraining notwendig. Bestehen zusätzlich oder ausschließlich phasische Aktivierungs„schübe", so ist das Entspannungstraining nur wirksam, wenn die Entspannungsreaktion kontingent auf die auslösenden Reize erfolgt (siehe Punkt 2 und 3). Wenn wir als eine gemeinsame Ursache psychophysiologischer Störungen das Bestehenbleiben der physiologischen Anteile der Kampf/Fluchtreaktion ansehen (siehe oben), *so kann eine Therapie nur erfolgreich sein, wenn es gelingt, den phasischen oder tonischen Erregungsanstieg rückgängig zu machen.* Alle im folgenden dargestellten Verfahren verfolgen dieses

Therapieziel, sie erreichen es nur – entsprechend den verschiedenen Auslösern der Störung – auf verschiedenem Wege.

Regelmäßig (1–2 Mal/Tag für 10 min., max. 20 min) durchgeführtes Entspannungstraining ist sowohl für Angststörungen (Phobien, soziale Ängste, Schlafstörungen, u. ä.) als auch für die meisten psychosomatischen Störungen (besonders Bluthochdruck, Erkankungen des Muskelsystems) wirksam, unabhängig davon, ob es als autogenes Training, Jacobson-Training, Meditation, Yoga, bestimmte gymnastische und sportliche Trainingsmethoden u. a. angewandt wird. Vergleichsuntersuchungen zwischen den einzelnen Verfahren sind selten, die wenigen experimentellen Untersuchungen bisher, vor allem zwischen Jacobson und autogenem Training, ergeben kaum Unterschiede (*Benson*, 1975). Die Wirksamkeit des autogenen Trainings bei psychophysiologischen Störungen wird von *Luthe* (1969) eindrucksvoll belegt.

Das entscheidende Problem aller Entspannungstrainingsmethoden ist die *Motivation des Klienten*, es regelmäßig durchzuführen. Ein Großteil der Personen bricht das Training mehr oder weniger bald wieder ab. Meditation u. a. fernöstliche Verfahren steigern die Motivation durch ihren religiösen und methaphysischen „Überbau", Gruppendruck, finanziellen Aufwand u. ä. Diese Methoden werden daher häufig wirksamer sein als unregelmäßig durchgeführtes Jacobson oder autogenes Training. Unterschichtklienten werden aufgrund mangelnder örtlicher und zeitlicher Gelegenheiten Entspannungstraining selten fortsetzen. Die Abbruchquote wird hier deutlich höher sein als bei Mittel- und Oberschicht (s. *Goldstein*, 1973).

Wichtig an allen Verfahren ist die Reduktion der Erregung auf *allen drei* Ebenen (motorisch, kognitiv, physiologisch). Autogenes Training betont mehr die viszerale Seite, Jacobson die muskuläre und Meditation die kognitive Ebene. Glücklicherweise geht mit der Reduktion einer Ebene häufig auch eine Beruhigung der anderen einher. Dies ist aber nicht die Regel wie wir in diesem Buch an vielen Stellen deutlich machten. In unserem Laboratorium wird eine Kombination der drei oben genannten Verfahren angewandt, das innerhalb einer 20 min. Sitzung gelernt wird und nach zwei bis drei Sitzungen von der Person selbst durchgeführt werden kann.

Die Effektivität von Biofeedback zur Reduktion allgemeiner Erregung ist nicht belegt. Selbst wenn Biofeedback effektiv sein sollte, sind die bekannten Entspannungsverfahren ökonomischer. In unserem Laboratorium wurde zu experimentellen Zwecken ein aufwendiges Biofeedbacksystem vieler (bis zu 10) physiologischer Signale entwickelt, das die Nachteile von Entspannungsverfahren und von Biofeedback einzelner Variablen nicht aufweisen soll (siehe S. 285). Biofeedback einzelner Muskelgruppen oder bestimmter Organsysteme kann bei Schwierigkeiten der Entspannung in diesen Systemen sinnvoll angewandt werden (s. den Artikel von *Budzynski* und *Stoyva* in diesem Buch). Dasselbe gilt für Hypnose, die nur mehr selten in psychologischer Behandlung verwendet wird, a) weil die meisten damit erzielten Effekte wahrscheinlich auch ohne Hypnose erzielbar sind (*Barber*, 1969), b) die Fremdkontrolle durch den Therapeuten überwiegt, c) die erzielte Entspannung oft zu tief und unvereinbar mit effektivem sozialen Agieren ist, d) viele Personen nicht hypnotisierbar sind. Die Bedeutung der Hypnose zur Schmerzkontrolle bleibt davon unberührt (*Hilgard*, 1976).

Modifikation von Reaktionsstereotypen

Entspannungstraining, Änderung der Lebensführung, usw. werden bei jenen psychophysiologischen Störungen nicht ausreichen, die bereits eine organische Schädigung (z. B. Verdickung der peripheren Gefäße bei Bluthochdruck, manche Formen von Spannungskopfschmerz, hartnäckige Störungen des Atmungstraktes, Magengeschwüre, u. a.) aufweisen oder extreme Reaktionsstereotypien Teil des Copingmechanismus auf Streß darstellen. Für solche Störungsformen ist die Modifikation der spezifischen Reagibilität eben dieses Systems notwendig, sofern nicht bereits unspezifische Maßnahmen (Entspannung, Sport, Diät, usw.) auch eine Änderung des bevorzugten Reaktionssystems erzielt haben. Biofeedback spezifischer einzelner Biosignale ist hier wohl die Methode der Wahl. Die bisher wenig erfolgversprechenden Ergebnisse sprechen nicht gegen diese Feststellung. Wie wir in unserem Bericht auf S. 271 bereits ausführlich begründet haben, ist

a) die Rückmeldung häufig zu präzise oder unserer Aufmerksamkeitskapazität nicht angepaßt, um zu effektiver Selbstkontrolle zu führen,
b) die rückgemeldete Variable aus physiologischen Gründen unkontrollierbar oder eine falsche „Mediatorvariable" (z. B. Muskelspannungsfeedback für Magen-Darmstörungen) gewählt worden,
c) die Generalisation aus dem Labor in die „Realität" unvollständig und wird meist nicht explizit trainiert,
d) der Motivationsabfall des Klienten nach wenigen Sitzungen erheblich;
e) das verwendete Trainingsprogramm stimmt nicht mit den „Lernprinzipien" des trainierten autonomen Systems überein (z. B. wird Herzratenanstieg über digitales Feedback schlechter gelernt als wenn man nach Prinzipien des Skill-Lernens vorgeht; siehe den Artikel auf S. 271).

Hypnose wird in vielen Fällen nützlich sein, es gelten die oben angeführten Nachteile auch bei der Modifikation von Reaktionsstereotypien.

Klassische Konditionierungsprozeduren werden in der westlichen Hemisphäre selten therapeutisch eingesetzt. Es existieren aber eindrucksvolle Belege aus der Sowjetunion (*Razran*, 1971; *Bykow* und *Kurzin*, 1966) über die Effektivität von Pawlowianischen Paradigmen zur dauernhaften Modifikation viszeraler Prozesse. Organsysteme mit schlechten „operanten" Modifikationsresultaten (z. B. Herzratenverlangsamung) werden mit klassischen Anordnungen eher modifizierbar sein. Die semantische Konditionierung mit verbalen Inhalten kann dabei auch zu verbaler Selbstregulation durch die Person führen. Die methodischen Schwierigkeiten sind aber auch hier zum Teil enorm (*Furedy*, 1976).

In der Verhaltensanalyse sollte klar werden, ob die vorhandene Reaktionsstereotypie nicht auf vorhandene *Umweltkontingenzen* rückführbar sind. Z. B. wird Kopfschmerz häufig durch Zuwendung der Familie oder Vermeidung von aversiven sozialen Situationen aufrecht erhalten. Dasselbe gilt in hohem Maße z. B. für Hyperventilationstetanie u. a. Störungen des Atmungstraktes (mit Ausnahme von Asthma). Magen-Darm-Störungen in den Anfangsphasen können ebenfalls ihre Ursache in familiären oder beruflichen Kontingenzen haben. Die instrumentelle Konditionierbarkeit dieser Strukturen (meist über somatische Mediation) ist eindrucksvoll von

Miller und Mitarbeitern belegt worden (siehe unseren Artikel auf S. 271). In diesen Fällen ist eine Änderung des Kontingenzverhältnisses natürlich die Voraussetzung jedes erfolgreichen Programmes.

Modifikation von Selbstwahrnehmung und Selbstkontrolle

Psychophysiologische Störungen sind *häufig* durch mangelnde *Selbstwahrnehmung* (Bluthochdruck, Fettsucht und deren Folgeerscheinungen, Hyperventilationstetanie, in den labilen Anfangsphasen fast alle mit Angst verbundenen Störungen) oder seltener durch hypersensible Selbstwahrnehmung („Herzneurose“, manche Asthmaformen u. a.) der steigenden Erregung in einem bestimmten Organsystem oder unspezifisch steigender Erregung ausgezeichnet. Sie weisen in *jedem Fall* mangelhafte *Selbstkontrolle* auf, wobei dies mit der gestörten Selbstwahrnehmung zusammenhängen kann (siehe unsere Ausführungen auf S. 313 ff.). Psychophysiologische Störungen sind wie „neurotische“ Störungen auch durch „circulus vitiosus“-Verhalten zwischen Organstörung und der subjektiven Bewertung dieser Organstörung ausgezeichnet (s. dazu *Melvin,* 1971). Unterbrechung dieser positiven Feedbackschleifen sind meist nur nach Modifikation der Selbstwahrnehmung möglich. *Auf die rechtzeitige und adäquate Selbstwahrnehmung steigender Erregung (S^D) muß eine motorische oder kognitive Bewältigungsreaktion folgen, die unvereinbar mit steigender Erregung ist und von positiver oder negativer Verstärkung gefolgt wird.*

Für das Training rechtzeitiger Selbstwahrnehmung wird in den Anfangsphasen der Therapie Biofeedback eine notwendige und nützliche Hilfe darstellen (siehe S. 333 ff.). In unserem Laboratorium wurde in den letzten Jahren ein effizientes Verfahren zum Training dieser Fertigkeiten entwickelt (*Tunner* et al., 1975), dessen Anwendbarkeit auf bestimmte psychophysiologische Störungen aber noch zu prüfen ist (ABT, Angstbewältigungstraining). Das ABT stellt eine Erweiterung der *systematischen Desensibilisierung* dar, dessen Wirksamkeit für einige Gruppen von psychophysiologischen Störungen nachgewiesen ist (ausführlich dargestellt bei *Florin* und *Tunner,* 1975 in dieser Reihe). Da dieses Verfahren bereits in Kapitel III besprochen wurde, wollen wir es hier nicht mehr behandeln.

In den letzten Jahren wurde die Selbstkontrollforschung erheblich intensiviert und es stehen heute eine Reihe von Verfahren zur Verfügung, die auch auf psychophysiologische Störungen anwendbar sind, wenngleich sie bei diesen Störungen bis heute nicht erprobt wurden. Die Literatur zur Selbstkontrolle nahm in den letzten Jahren unübersehbare Ausmaße an (s. *Hartig,* 1975; *Kanfer,* 1976; *Goldfried* und *Davison,* 1976; *Meichenbaum,* 1975, 1976). Bevor wir auf diese Verfahren kurz eingehen, soll ein den Enthusiasmus vieler Kollegen dämpfender Einwand gegen die Wirksamkeit von Selbstkontrolle bei psychophysiologischen Störungen und bei Klienten der Unterschicht, die den größten Prozentsatz psychisch und organisch Gestörter ausmachen, vorgebracht werden. Wie wir aus eigenen Arbeiten und Arbeiten von *Borkovec* (1976) wissen, sind autonome Vorgänge im allgemeinen verbaler Beeinflussung schwerer zugänglich als motorische Reaktionen. Es sind daher sehr viel mehr Schwierigkeiten bei deren Anwendung auf psycho-physiologische Störungen zu erwarten als bei Verhaltensstörungen auf motorischer oder subjektiver Ebene.

Meichenbaums (1975) Verfahren arbeitet vor allem mit Selbstinstruktionen, die vom Therapeuten modellhaft vorgesprochen werden und von Klienten vorerst laut und dann subvokal in vier Phasen der Streßbewältigung angewendet werden:
a) Erwartung einer Streßsituation,
b) Konfrontation mit der Stressituation,
c) Bewältigung des Gefühls, die Situation nicht zu bewältigen,
d) Selbstverstärkung.

Diese Übungen werden in unspezifischen Streßsituationen (wie bei ABT Erwartung eines elektrischen Reizes oder Filmes) und relevanten realitätsnahen Situationen durchgeführt, sowohl in Einzelbehandlung als auch in Gruppen. Je realitätsnaher die Übungssituation umso besser die Generalisation auf die „Wirklichkeit". Wie in der Desensibilisierung steigt die Schwierigkeit der Übungssituationen langsam an.

Kanfer (1976) weist auf die theoretischen und praktischen Probleme von Selbstkontrollbehandlungen eindringlich hin. Wir haben auf S. 283 ebenfalls betont, daß verbale Selbstinstruktionen völlig wirkungslos für Verhalten und Organsysteme sein können, wenn die *Kovariation zwischen den Ebenen nicht explizit Teil des Trainingsprogrammes ist. Die subjektive Ebene folgt zwar auch instrumentellen und klassischen Lerngesetzen, die Zeitverläufe der Lernprozesse zwischen den Ebenen sind aber unterschiedlich und deren Interaktion kaum vorhersagbar.* Selbstverstärkung setzt kontinuierliche Selbstüberprüfung, korrekte Selbsteinschätzung aufgrund selbst oder fremd gesetzter Standards voraus. Diese Vorgänge wiederum werden von Attributionsvorgängen beeinflußt. Z. B. wird Attribution der eigenen Leistung auf die eigenen „Fähigkeiten" eine wesentliche Voraussetzung der Stabilität solcher Selbsteinschätzungsvorgänge sein. Das Verhalten so zu regulieren, daß die selbstgesetzten Kriterien erfüllt werden (positive Verstärkung) und vor allem das Einführen dieser Kriterien setzen hohe Motivationslage und realistische soziale Vergleichsprozesse voraus.

Selbstkontrolle impliziert das Hinausschieben oder Aufgeben momentan gegebener Verstärker zugunsten langfristiger Gratifikationen. Es ist z. Zt. nicht klar, welche Vorgänge diesen Akt des Hinausschiebens (protracted self-control) oder die Entscheidung zu momentan weniger attraktiven Verstärkern zugunsten später antizipierten bedeutsameren Verstärkern (decisional self-control) determinieren. Für die Toleranz von aversiven Reizen und das Hinausschieben positiver Verstärker sind offensichtlich verschiedene Selbstkontrollvorgänge notwendig. Selbst-herausfordernde Statements und Vermeidung von Selbstkritik sind für das Ertragen aversiver Reizung wirksamer als für den „Widerstand gegenüber Versuchung".

Die Vorstellung positiver oder ablenkender Reize hat sich ebenfalls bewährt *(covert desensitization)*; Langzeitwirkung haben aber nur angsthemmende Selbstinstruktionen mit hoher positiver Verstärkerwirkung. Das Schließen von *Selbst- oder Fremdkontrakten* ist nur wirksam, wenn die Verstärker nicht „allzu lange" auf sich warten lassen (*Kanfer*, 1976). Die nächsten Jahre werden zeigen, welche psychophysiologischen Störungen und Personengruppen Selbstkontrollverfahren zugänglich sind.

Modifikation störungsspezifischer Einstellungen

Auch wenn Reaktionsstereotypien z. T. auf konstitutionelle Faktoren zurückgehen, besteht kein Zweifel, daß ein beachtlicher Teil der Varianz der Entstehung psychophysiologischer Störungen auf Situationsstereotypien zurückzuführen sind: diese können sowohl extern aus bestimmten Lernparadigmen als auch intern aus Einstellungen und relativ festen Kommunikations- und Interaktionsstilen bestehen. Die Arbeiten von *Alexander* (1950) in der psychoanalytischen Tradition und von *Graham* (1972) belegen empirisch die Bedeutung von Einstellungen für die Spezifität der psychophysiologischen Störung. Einstellungen sind Bewertungen von konkreten Objekten, von Verhaltensweisen, von organischen Vorgängen usw. (*Herkner*, 1976). Bewertungen unterliegen den Lernprinzipien (Deprivation, Verstärkung, Bestrafung) wie anderes Verhalten auch, sie sind nur extern nicht beobachtbar. Die Zusammenhänge von Einstellungen mit Verhalten und autonomen Änderungen sind in wenigen Fällen klar sichtbar. In der experimentellen Sozialpsychologie (*Herkner*, 1976) liegt ein großer Bestand gesicherten Wissens vor, der bisher von der Verhaltensmodifikation kaum genutzt wurde. Änderung von Einstellungen wurden vor allem von kognitiven Therapieansätzen versucht, die aber sozialpsychologische Ergebnisse kaum berücksichtigen (*Beck*, 1970; *Ellis*, 1971; *Goldfried* und *Davison*, 1976; *Kanfer* und *Goldstein*, 1975).

Wenn z. B. Personen mit ulzerativer Kolitis mit der Einstellung leben, daß sie verletzt und degradiert wurden und die möglichen sozialen Auslöser beseitigen möchten, so wird man in der Behandlung diese Attribution der Verletzung an bestimmte Bedingungen ändern und durch realistische Bewertung des Objekts ersetzen müssen. Wenn Migränepatienten in der Einstellung leben, ständig perfekt etwas erreichen zu müssen, dann muß deren Anspruchsniveau verändert werden. Wenn Personen mit Hyperthyreoidismus in der Angst leben, eine geliebte Person zu verlieren und den Verlust verhindern wollen, so müssen sie zu einer realistischen Einschätzung der Situation gebracht werden, usw.

Wir haben es hier also mit einem Bewertungsproblem (Appraisal) im Sinne von *Lazarus* (siehe den Artikel in diesem Buch) bestimmter sozialer Situationen zu tun, bzw. der Zuschreibung (Attribution) von Eigenschaften an solche soziale Situationen. Trotz der oft einleuchtenden Zusammenhänge zwischen Attributionen und organischer Störung oder zwischen Attributionen und Verhaltensstörung muß auch hier skeptisch bemerkt werden: eine Änderung des Attributionsprozesses einer Person wird dann keinen Einfluß auf motorisches Verhalten oder autonome Vorgänge haben, wenn Umweltkontingenzen, autonom-subjektives vitiosus-circle-Verhalten oder rein physiologisch bedingte Auslöser (erhöhte Aktivierung) dominieren. Besonders bei psychosomatischen Störungen werden rigide und fest etablierte Kontingenzen häufig eine sehr viel bedeutsamere Rolle spielen als kognitive Bewertungsprozesse! Die Überprüfung der Zusammenhänge zwischen den drei Ebenen stellt auch bei diesen Verfahren ein wesentliches Kontrollinstrument dar, das von vielen Theoretikern und Praktikern im ersten Enthusiasmus eines „komplexen Ansatzes" oft vergessen wird.

Unter *Attributionstherapie* oder *kognitive Therapien* werden eine Reihe sehr heterogener Ansätze zusammengefaßt, die meist auf *Schachters* Emotionstheorie oder *Ellis' rationale Restrukturierung* zurückgehen. *Schachters* Schüler und Mitarbeiter betonten stets, daß ein weiter Weg bis zur kontrollierten Anwendung ihrer Experimente führt. Attributionstherapien stehen tatsächlich erst auf einem bescheidenen Anfangsniveau. *Ellis* Konzept wurde vorerst weniger experimentell fundiert, erwies sich aber als klinisch fruchtbar und wird nach der „Übersetzung" in Verhaltensterminologie (*Goldfried* und *Davison*, 1976) intensiv experimentell untersucht. *Becks* kognitive Therapie ist primär zur Modifikation depressiver Kognitionen gedacht, wird aber auch bei psychophysiologischen Störungen gemeinsam mit den anderen besprochenen Verfahren anwendbar sein.

Der erste Versuch einer Anwendung attributionstheoretischer Überlegungen war *Valins'* und *Rays* (1967) Versuch mit *falschem Feedback* bei Schlangenphobikern. Die Vpn der Versuchsgruppe hörten simultan mit einem Schlangenbild ihre Herzaktivität als Ton; der Ton änderte nie seine Frequenz beim Schlangendia, sondern nur bei einem Bild mit dem Wort „Schock". Die Kontrollgruppe hörte denselben Feedbackton, der aber nicht als HR-Feedback angekündigt wurde. Die Versuchsgruppe reduzierte signifikant ihr Vermeidungsverhalten. *Valins* und *Ray* nahmen an, daß die Vpn die kognitive Einschätzung des Furchtobjekts geändert hatten („die Schlange beeinflußt meine innere Erregung nicht mehr") und daß diese Einstellungsänderung auch das Verhalten geändert habe. *Borkovec* (1976) zeigte, daß dieses Verfahren *nur bei schwachen Ängsten (niedere autonome Aktivierung) wirksam* ist und wenn Dias der Reize *verwendet* wurden. Bei in-vivo Darbietung stieg die Angst sogar, da die Vpn unschwer ihre erhöhte Erregung wahrnehmen konnten. Es ist nicht geklärt, inwieweit andere kognitive Ansätze auch nur bei schwacher autonomer Erregung wirksam sind, was ihre Anwendbarkeit als einziges Behandlungsverfahren erheblich einschränken dürfte. Wir teilen *Borkovecs* Skeptizismus.

Ellis' (1962) rationale Restrukturierung geht davon aus, daß emotionale Reaktionen mehr von der subjektiven Einschätzung der auslösenden Situation als von den objektiven Situationsgegebenheiten abhängig ist. Ein Standpunkt, der von kognitiven Lerntheoretikern geteilt, von psychophysiologischen Theoretikern in der Nachfolge *James* (1890), z. B. *Mandler* (1975) nicht akzeptiert wird. Wir haben in der Diskussion der *Schachter*schen Theorie auf S. 171 unsere kritische Haltung ebenfalls deutlich gemacht. Nach *Ellis* sind positive und negative Emotionen häufig das Resultat internalisierte Sätze, das Resultat mehr oder weniger deutlich verbalisierter Selbststatements („Das ist gut für mich", „das ist schlecht für mich" und Variationen dieser einfachen Sätze). Unangepaßte emotionale Reaktionen sind nach *Ellis* auf schlecht diskriminierte und irrationale Bewertungen realer Situationen zurückzuführen. Eine Person ist ängstlich, weil sie irrtümlich eine Situation als gefährlich einstuft. *Ellis* (1962, S. 61–87) nennt einige wichtige irrationale Einstellungen, die sehr häufig zu emotionalen Störungen führen. Auffällig ist die Ähnlichkeit seiner „Selbststatements" mit den störungsspezifischen Einstellungen von psychophysiologisch Gestörten, wie sie *Graham* (1972) in der Nachfolge *Alexanders* (1950) postuliert. Einige Beispiele, von denen die ersten beiden in der Tat besonders häufig in der klinischen Praxis angetroffen werden:

a) die Einstellung, daß es für einen erwachsenen Menschen unbedingt notwendig ist, von jeder wichtigen Person einer Gemeinschaft geschätzt und anerkannt zu werden,
b) die Einstellung, daß man „nur dann was wert ist", wenn man kompetent, leistungsorientiert und „adäquat" ist,
c) die Einstellung, daß viele Leute schlecht und böse sind und dafür bestraft gehören,
d) die Einstellung, daß die Dinge den gewünschten Weg gehen müssen,
e) die Einstellung, daß menschliches Unglück immer extern verursacht wird und man Sorgen und Störungen nicht kontrollieren kann,
f) die Einstellung, daß Gefahr und Angstsituationen ständig beachtet und erwartet werden müssen,
g) die Einstellung, daß es leichter ist, Schwierigkeiten des Lebens und Selbstverantwortung zu meiden als sich diesen Schwierigkeiten zu stellen,
h) die Einstellung, daß man von anderen abhängig sein muß und immer jemand „Stärkeren" braucht, auf den man sich verlassen kann,
i) die Einstellung, daß die eigene Vergangenheit das eigene, gegenwärtige Verhalten determiniert und daß Ereignisse, die früher von großem Einfluß waren auch weiter das eigene Leben bestimmen,
j) die Einstellung, daß man sich über die Probleme und Störungen anderer Leute immer „aufregen" muß,
k) die Einstellung, daß es immer eine korrekte, präzise und perfekte Lösung für die menschlichen Probleme gäbe und daß diese Lösung gefunden werden muß.

Es gibt einige experimentelle Hinweise dafür, daß solche „irrationalen" Selbststatements das Verhalten beeinflussen (s. *Meichenbaum*, 1975; *Goldfried* und *Davison*, 1976). In der Behandlung lernt der Klient, Umgebungsreize rationaler wahrzunehmen und von wirklichen Gefahren genau zu diskriminieren.

Goldfried und *Davison* geben dabei in mehreren Stufen vor, die sie anhand von Gesprächsbeispielen illustrieren. Das Vorgehen beruht zum Großteil auf der verbalen Interaktion zwischen Klient und Therapeut.

1. Erläuterung des Prinzips. Übereinstimmung darüber anhand konkreter Probleme des Klienten.
2. Überblick über die irrationalen Einstellungen des Klienten oder der Gruppe.
3. Neuanalyse der irrationalen Einstellungen in rationaler Terminologie.
4. Training der Selbst-Modifikation der internen Sätze. Es wird dabei ähnlich wie in der systematischen Desensibilisierung und im ABT vorgegangen: Der Klient stellt sich eine aversive Situation vor; wenn er eine Erregung bemerkt, stoppt er seine Gedanken und Vorstellungen und fragt sich vorerst laut, dann subvokal z. B. „was sage ich mir hier Irrationales"? Nachdem er den Inhalt seiner irrationalen Einstellung erkannt hat, soll er ihre rationale Bedeutung sagen. Der Therapeut fungiert dabei anfänglich als Modell und verstärkt gelungene Restrukturierung.
5. In-vivo-Training (meist gemeinsam mit Entspannung): Der Klient trainiert mit oder ohne Therapeut in den realen Lebenssituationen.

Das Prinzip des Vorgehens entspricht in vielen Punkten dem oben beschriebenen Selbstkontrolltraining *Meichenbaums* und dem in unserem Laboratorium entwickelten Angstbewältigungstraining. Die Anforderungen an Verbalisierungs- und Denkfähigkeiten der Person sind dabei zweifellos hoch; wir vermuten aus diesem Grund – wie schon beim Selbstkontrolltraining –, daß sozioökonomisch „schwache" Personengruppen mit unzureichender verbaler Sozialisation von diesen Methoden weniger profitieren werden. Diese Vermutung erwartet aber experimentelle Belege. Für Personengruppen aus der „Unterschicht" mit schlechter verbaler Sozialisation, aber auch für alle anderen Gruppen werden die im Folgenden skizzierten Verfahren anwendbar sein.

Modifikation der sozialen Interaktion

Wie wir im theoretischen Abschnitt über die Entstehung psychophysiologischer Störungen ausgeführt haben, sprechen vor allem die in der Nachfolge *Cannons* und *Selyes* durchgeführten Untersuchungen für das verlängerte Bestehenbleiben der hormonellen und autonomen Komponenten einer phylogenetisch alten Kampf/Fluchtreaktion. Die Impulse der zentralnervösen Regulationszentren (vor allem Hypothalamus und Hypophyse nach kortikaler Triggerung) mobilisieren Muskulatur und Viszera für schnelles und energieverbrauchendes Kampf/Fluchtverhalten; diese Energieressourcen werden in unserem Kulturkreis nicht mehr in motorische Energie umgesetzt. Sie bleiben daher verlängert bestehen und schädigen die Körperstruktur und dabei besonders jene, die aufgrund konstitutioneller Reaktionsstereotypien anfällig sind. Dieses Konzept weist gewisse oberflächliche Ähnlichkeiten mit dem psychoanalytischen Katharsiskonzept („Abreaktion") auf, mit dem es aber nicht verwechselt werden soll; dort geht es um nicht näher definierte „psychische" Energien, die sich durch Verdrängung „stauen", u. ä. Hier geht es um identifizierbare muskuläre und autonome Prozesse im Anschluß an externe oder interne Streßreize.

Ausgehend von dieser physiologischen Annahme besteht das Behandlungsziel in einer „Entladung" der vorhandenen Energiereserven möglichst in Einklang mit der gegebenen sozialen Situation und nach Möglichkeit auch in Einklang mit den phylogenetisch alten Reaktionsmustern („prepared responses"): ein Kompromiß mit den sozialen Einschränkungen und den physiologischen und motorischen Mustern des Kampf/Fluchtverhaltens. Mit diesem Behandlungsziel wird gleichzeitig auch das Problem der Hilflosigkeit berührt, denn das adäquate motorische Reagieren in sozialen Situationen muß mit Zunahme an Kontrolle über diese Situationen einhergehen. Zusätzlich scheinen viele Einstellungen, die für psychophysiologische Störungen spezifisch sind, mit gehemmten Energieressourcen psychologisch zu korrelieren, was man unschwer aus *Grahams* (1972) Zusammenstellung erkennen kann. Trainingsverfahren, die diesen Therapiezielen gerecht werden, sind aus verschiedenen theoretischen und praktischen Ansprüchen entstanden und werden unter dem Begriff „Sozialtraining" („social skill training") zusammengefaßt. Selbstbehauptungstraining und dessen Varianten, Kommunikationstraining, Strukturierte Lerntherapie (*Goldstein,* 1973), Flexibilitätstraining (*Tunner* und *Oelkers,* 1975) Ausdruckstraining (*Argyle,* 1975), verhaltenstherapeutische Gruppentherapie, systematische Desensibilisierung, Rollenspiel u. a. Verfahren gingen in die komplexe Form des Sozialtrainings ein; *Goldsteins* strukturierte Lerntherapie enthält viele der oben genannten

Komponenten und erwies sich besonders bei „Unterschicht"-angehörigen (Schizophrenen, Alkoholikern) als wirksam.

Die wesentlichen Prinzipien eines Sozialtrainings (sowohl bei sozialem Defizit als auch sozialer Angst) sind:

1. Modellernen
2. Emotionen adäquat ausdrücken
3. Rollenspiel
4. Behavior Rehearsal (Verhaltenswiederholung)
5. Soziale Verstärkung erfolgreicher Reaktionen
6. Training nonverbaler Kommunikation (Ausdruckstraining)
7. Interpersonelles Beziehungstraining (soziale Interaktion und soziale Kompetenz und Unabhängigkeit).

Die einzelnen Prinzipien überlappen sich z. T. erheblich. Das Training wird meist in der Gruppe durchgeführt und macht von der filmischen Rückmeldung des Verhaltens mit *Video-Recorder* extensiv Gebrauch. *Goldstein* ergänzt seine Trainingsprogramme durch gezielten Einsatz von Konformitätsdruck auf den Klienten, Rolleninduktion (Manipulation der Rolle von Klient und Therapeut) und gesprächspsychotherapeutische Kategorien wie Selbstexploration, „Offenheit" und „Wärme". Die letztgenannten Prinzipien erwiesen sich wenig bedeutsam, wenn nicht unfreundliche Therapeuten die Behandlung durchführten. Offenheit und freundliches Verhalten dem Klienten gegenüber sind entweder Selbstverständlichkeiten oder gezielte Maßnahmen, die im Sinne sozialer Verstärkung oder Bestrafung eingesetzt werden müssen. In den einzelnen Trainingssitzungen werden von möglichst einfachen und elementaren sozialen Situationen ausgehend, das verbale und nonverbale Verhalten in solchen Situationen im Rollenspiel (wenn möglich danach auch in-vivo) vor dem Video-Recorder explizit unter Anleitung eines wirksamen Modells trainiert. (Der Therapeut, meist verbal gewandt und „Mittelschichtangehöriger", ist dabei nicht immer ein geeignetes Modell!) Wichtig ist, daß die einzelnen Szenen anfänglich kurz und übersichtlich sein müssen (Begrüßung, Frage, kurzes Ansehen, *Lob annehmen* und *Lob geben*). Die Szenen werden gefilmt und unmittelbar nach dem Rollenspiel mit dem Klienten gemeinsam beobachtet, dabei wird selektiv sozial verstärkt. *Häufige Wiederholung* identischer Szenen ist ein entscheidendes Element des Trainings.

Gemeinsam mit diesen einfachen Szenen oder anfänglich getrennt davon wird adäquates *Ausdrucksverhalten* und „Äußern" von Emotionen ebenfalls mit Video-Kontrolle geübt. Die wesentliche Bedeutung dieser Variable in der sozialen Interaktion wird von *Argyle* (1975) eindrucksvoll belegt. Folgende Ausdruckselemente müssen *explizit* trainiert werden.

1. Blickkontakt
2. Körperhaltung (zugewandt, abgewandt)
3. Lächeln
4. Körperkontakt und -nähe
5. übrige Mimik, besonders Augenbrauen
6. Gestik
7. Schritt
8. Stimmstärke und -modulation.

Der Klient muß lernen, seinen momentanen Gefühlen adäquat Ausdruck zu verleihen, wobei der Therapeut dabei sicher stellen muß, daß der Klient in der sozialen Realität dafür nicht bestraft, sondern belohnt wird! (siehe dazu *Tunner* und *Oelkers,* 1975).

Der Komplexitätsgrad der einzelnen Szene wird zunehmend gesteigert bis zum Training sozialer Unabhängigkeit (Beispiele bei *Goldstein,* 1973, S. 144–156).

Die Effektivität dieser Verfahren ist in kontrollierten Untersuchungen der letzten 20 Jahre für eine Vielzahl von Störungen belegt worden. Die Wirksamkeit wird weiter erhöht, wenn *Familien- oder Bezugspersonenmodifikation* damit einhergeht, wie dies z. B. von *Lewinsohn* (1975) bei Depressiven durchgeführt wird.

Wir haben dieses Training gemeinsam mit oben angeführten Verfahren auch bei einigen psychophysiologischen Störungsformen klinisch (d. h. nur im Einzelfall empirisch dokumentiert) erfolgreich angewandt. Bei Migräne, Spannungskopfschmerz und Magengeschwüren erzielten wir – gemeinsam mit der medizinischen Betreuung – befriedigende Resultate. Die experimentelle Prüfung des hier beschriebenen Sozialtrainings bei psychophysiologischen Störungen steht allerdings noch aus.

Literatur

Alexander, F.: Psychosomatic Medicine: Its Principles and Applications. Norton, New York 1950.

Alexander, F., G. W. Flagg: The psychosomatic approach. In: Handbook of Clinical Psychology, ed. by *B. B. Wolman.* McGraw Hill, New York 1965.

Barber, T. X.: Hypnosis. A Scientific Approach. Van Nostrand, New York 1969.

Beck, A. T.: Cognitive therapy; nature and relation to behavior therapy. Behav. Therapy 1 (1970), 184–200.

Beck, A. T.: Cognition, anxiety, and psychophysiological disorders. In: Axiety, Current Trends in Theory and Research, Vol. II, ed. by *Ch. D. Spielberger.* Academic Press, New York 1972.

Benson, H.: The Relaxation Response. Holt, New York 1974.

Bettelheim, B.: The Informed Heart. Free Press, New York 1960.

Birbaumer, N.: Physiologische Psychologie. Springer, Berlin–Heidelberg–New York 1975.

Birbaumer, N.: Selbstkontrolle von Körperfunktionen: Probleme der Forschung und Anwendung in der Klinischen Psychologie. Antrittsvorlesung an der Universität Tübingen 1976 (Manuskript beim Autor anzufordern).

Borcovec, T. D.: Physiological and cognitive processes in the regulation of anxiety. In: *Schwartz, G. E., Shapiro, D.* (Eds.): Consciousness and Self-Regulation, Vol. 1. Plenum Press, New York 1976.

Brady, J. V.: Conditioning and Emotion. In: *Levi* (Ed.): Emotion. Raven Press, New York 1975.

Bykow, K. M., I. T. Kurzin: Kortiko-viszerale Pathologie. VEB Verlag Volk und Gesundheit, Berlin 1966.

Cannon, W. B.: Bodily Changes in Pain, Hunger, Fear and Rage. Appleton, New York 1929.

Cannon, W. B.: The Wisdom of the Body. Norton, New York 1932.

Ehrman, L., G. S. Omen, E. Caspari: Genetics, Environment and Behavior. Academic Press, New York 1972.

Ellis, A.: Reason and Emotion in Psychotherapy. Lyle Stuart, New York 1962.

Ellis, A.: Growth through Reason. Wilshire, Hollywood 1971.

Engel, G. L., A. H. Schmale: Conservation-withdrawal as a primary regulatory process for organismic homeostasis. In: Physiology, Emotion & Psychosomatic Illness. Elsevier, Amsterdam 1972.

Ford, C. V.: The Pueblo incident: psychological response to severe stress. In: *I. G. Sarason, Ch. D. Spielberger* (Eds.): Stress and Anxiety, Vol. 2. Wiley, New York 1975.

Furedy, J. J.: Pavlovian and operant procedures combined produce large-magnitude conditional heart-rate decelerations. In: *J. Beatty* (Ed.): Biofeedback and Behavior. A Nato Symposium. Preliminary Proceedings. Max-Planck-Institut für Psychiatrie. München 1976. Erscheint 1976 bei Plenum Press New York.

Goldfried, M. R., G. C. Davison: Clinical Behavior Therapy. Holt, New York 1976.

Goldstein, A. P.: Structured Learning Therapy. Academic Press, New York 1973.

Graham, D. T.: Psychosomatic medicine. In: *N. S. Greenfield, R. A. Sternbach* (Eds.): Handbook of Psychophysiology. Holt, New York 1972.

Harlow, H. F., M. K. Harlow: Psychopathology in Monkeys. In: *H. D. Kimmel* (Ed.): Experimental Psychopathology. Academic Press, New York 1971.

Hartig, M.: Selbstkontrolle. 2. Auflage. Urban & Schwarzenberg, München–Berlin–Wien 1975.

Herkner, W.: Einführung in die Sozialpsychologie. Huber, Bern 1976.

Hilgard, E. R.: Neodissociation theory of multiple cognitive control systems. In: *G. E. Schwartz, D. Shapiro* (Eds.): Consciousness and Self-Regulation, Vol. 1. Plenum Press, New York 1976.

Hocking, F.: Extreme environmental stress and its significance for psychopathology. American Journal of Psychotherapy 24 (1970), 4–26.

Hoffmann, N.: Depressives Verhalten. Otto Müller, Salzburg 1976.

Kaminski, G. (Ed.): Umweltpsychologie. Klett Verlag, München 1976.

Kanfer, F. H.: The many faces of self-control. Paper presented at Eight International Banff Conference. March 1976.

Kanfer, F. H., A. P. Goldstein: Helping People Change. Pergamon, London 1975.

Kissen, D. M., L. L. Leshan: Psychosomatic Aspects of Neoplastic Disease. Pitman Med. Publ., London: 1964.

Lachman, S. S.: Psychosomatic Disorders. A Behavioristic Interpretation. Wiley, New York 1972.

Legewie, H., L. Nusselt: Biofeedback-Therapie. Urban & Schwarzenberg, München–Berlin–Wien 1975.

Levine, S.: (Ed.) Hormones and Behavior. Academic Press, New York 1972.

Lewinsohn, P. M.: The behavioral study and treatment of depression. In: *M. Hersen* et al (Eds.): Progress in Behavior Modification, Vol. I. Academic Press, New York 1975.

Liljefors, I., R. H. Rahe: An identical twin study of psychological factors in coronary heart disease in Sweden. Psychosom. Med. 32 (1970), 523–543.

Lumsden, D.: Towards a system model of stress: feedback from an anthropological study of the impact of Ghana's Volta river project. In: *I. G. Sarason, Ch. D. Spielberger* (Eds.): Stress and Anxiety, Vol. 2. Wiley, New York 1975.

Luthe, W. (Ed.): Autogenic Therapy. Grune & Stratton, New York 1969.

Malmo, R. B., C. Shagass: Physiologic study of symptom mechanisms in psychiatric patients under stress. Psychosomatic Med. 11 (1949), 25–29.

Mandler, G.: The search for emotion. In: *L. Levi* (Ed.): Emotions. Raven Press, North Holland, Amsterdam 1975.

Masters, W. M., V. E. Johnson: Human Sexual Inadequacy. Little Brown, Boston 1970.

Meichenbaum, D.: Toward a cognitive theory of self-control. In: *G. E. Schwartz, D. Shapiro* (Eds.): Consciousness & Self-Regulation, Vol. 1. Plenum Press, New York 1976.

Meichenbaum, D.: A self-instructional approach to stress management: a proposal for stress inoculation training. In: *Ch. D. Spielberger, I. G. Sarason* (Eds.): Stress and Anxiety, Vol. I und II. Wiley, New York 1975.

Melvin, K. B.: Vitious circle behavior. In: *H. D. Kimmell* (Ed.): Experimental Psychopathology. Academic Press, New York 1971.

Miller, N. E.: Applications of learning and biofeedback to Psychiatry and Medicine. In: *Freeman, A. M.* et al. (Eds.): Comprehensive Textbook of Psychiatry/II. William & Wilkins, Baltimore 1975.

Perrez, M.: Ist die Psychoanalyse eine Wissenschaft? Huber, Bern 1972.

Rahe, R. H.: Life changes and near-future illness reports. In: *L. Levi* (Ed.): Emotions. Raven Press, New York 1975.

Razran, G.: Mind in Evolution. Houghton Mifflin, Boston 1971.

Rohracher, H.: Die Arbeitsweise des Gehirns und die psychischen Vorgänge. Barth, München 1967.

Rubin, R. T., E. K. E. Gunderson, R. E. Doll: Life stress and Illness patterns in the U.S. Navy III. Archives of Environmental Health 19 (1969), 753–757.

Sarason, I. G.: Abnormal Psychology, Appleton, New York 1972.

Schachter, St.: Emotion, Obesity and Crime. Academic Press, New York 1971.

Schiefenhövel, R.: Bericht über das Auftreten psychosomatischer Erkrankungen bei sogenannten „Primitivvölkern". Vortrag gehalten auf der 5. Arbeitssitzung des Deutschen Kolloquiums für Psychosomatische Medizin (DKPM), Heidelberg 1976.

Selye, H.: The Stress of Life. McGraw Hill, New York 1956.

Sidowski, J. B.: Psychopathological consequences of induced social helplessness during infancy. In: *H. D. Kimmel* (Ed.): Experimental Psychopathology. Academic Press, New York 1971.

Sokolov, E. N.: Perception and the Conditioned Reflex. Pergamon Press and Macmillan, New York 1963.

Tunner, W.: Analyse und Therapie des Stotterns. In: Handbuch der Verhaltenstherapie, hrsg. *Ch. Kraiker. Kindler,* München 1974.

Tunner, W., C. Oelkers, R. Ferstl, N. Birbaumer: Systematic desensitization and self-control training in the treatment of speech anxiety. In: *Brengelmann, J. C.* (Ed.): Progress in Behaviour Therapy. Springer, Berlin 1975.

Uexküll, T.: Grundfragen der psychosomatischen Medizin, rowohlts deutsche enzyklopädie 179/80, 1963.

Weiss, J. M.: Effects of coping behavior in different warning signal conditions on stress pathology in rats. J. comp. Physiol. Psychol. 77, (1971), 1–20.

Weiss, J. M.: Psychological factors on stress and disease. Scientific American, Vol. 226, 1972, Nr. 6 104–112.

Wolff, H. G.: Life Stress and Bodily Desease – a Formulation. Proceedings of the Association for Research in Nervous and Mental Disease. 29 (1950), 1059–1094.

Biofeedbacktechniken in Verhaltenstherapie und im autogenen Training[1])

Thomas Budzynski, Johann Stoyva[2])

Eine der ermutigendsten Neuerungen in der gegenwärtigen Psychotherapie ist die Entwicklung der systematischen Desensibilisierung durch *Wolpe* (1958) gewesen. Im wesentlichen besteht diese Technik darin, Angstreaktionen durch muskuläre Entspannung zu ersetzen. Nach Abschluß der Desenbilisierung ist der Patient in der Lage, entspannt Dinge zu denken und zu tun, die ihn früher in einen extremen Zustand der Angst versetzt haben.

In dieser neuen und ingeniösen Technik von *Wolpe* ist der Kern einer weitreichenden Idee enthalten, nämlich der Gedanke, daß der Mensch in der Lage sei, willentliche Kontrolle über eine Vielzahl von physiologischen Funktionen zu erwerben und damit seine psychologischen Probleme zu reduzieren. Dieser Gedanke ist nicht neu, wenn wir an Disziplinen wie Yoga und Zen denken. Auch in der westlichen Welt wurden Techniken wie das autogene Training und progressive Relaxation von *Jacobson* (1938) seit dem zweiten Viertel dieses Jahrhunderts vielfach angewendet. Heute jedoch versprechen zwei Entwicklungen eine weite Verbreitung und Vertiefung dieses Ansatzes:

a) Ein Hauptfaktor ist die schnelle Entwicklung elektronischer Geräte. Die Forscher sind heute in der Lage, physiologische Ereignisse am intakten Menschen zu messen, was früher schwer oder unmöglich war.
b) Eine damit eng verbundene Entwicklung ist die Verwendung der psychophysiologischen Feedback-Schleife. Durch präzise Bestimmung der physiologischen Ereignisse und der Umwandlung der resultierenden elektronischen Signale in akustisches oder visuelles Feedback wird der Person sofort und kontinuierlich das Ausmaß ihrer physiologischen Erregung bewußt gemacht. Dies ist der Grundgedanke der Biofeedbacktechnik. Ein solcher Zugang verspricht, die Fähigkeiten des Menschen, willentlich Kontrolle über eine Vielzahl physiologischer Funktionen zu erwerben, enorm auszuweiten.

Die These dieser Arbeit ist die Feststellung, daß Biofeedbacktechniken eine erhebliche klinische Bedeutung haben können. Die Bedeutung liegt besonders in der Integration von Biofeedbacktechniken in verschiedene Verfahren der Verhaltenstherapie und in das autogene Training. Einen weiteren klinisch bedeutsamen Ansatz stellen neuere Experimente zur direkten Modifikation von autonomen Reaktionen dar. Diese Arbeiten beruhen auf instrumentellem Konditionieren und können mit Biofeedbacktechniken kombiniert werden.

---

[1]) Übersetzung Dr. *R. Knebusch* (unveröffentlichtes Manuskript).
[2]) Department of Psychiatry, University of Colorado, Medical Center, Denver, Colorado.

Unsere Diskussion wird sich hauptsächlich auf elektromyographisches (EMG) Feedback und seine klinischen Anwendungen beschränken. Ein Hauptgrund zur Auswahl des EMG-Feedback für unsere Arbeit im Colorado Laboratorium war die therapeutische Nützlichkeit tiefer Muskelentspannung, die uns in der Arbeit mit progressiver Relaxation, autogenem Training und Verhaltenstherapie evident wurde. Die Betonung des EMGs soll jedoch nicht bedeuten, daß die Erforschung weiterer Feedbackparameter ausgeschlossen wird. Ein attraktives Merkmal der Biofeedbacktechniken ist ihre potentielle Anwendung auf eine Vielzahl physiologischer Reaktionen.

Traditionelle Entspannungstechniken

Obwohl die Verhaltenstherapie neueren Datums ist, gibt es zwei ältere Techniken, autogenes Training und progressive Relaxation, die ausgedehnten klinischen Gebrauch vom Training der Muskelentspannung gemacht haben. Alle drei Techniken sollen zuerst kurz beschrieben werden, um Verständnis dafür zu schaffen, was mit der Kombination von Muskelentspannungstechniken mit den sich entwickelnden Biofeedbackverfahren erreicht werden kann.

Progressive Muskelentspannung

Diese Trainingsmethode wurde in den Vereinigten Staaten von *Jacobson* (1938, 1970) entwickelt und besteht aus einer Serie von sechs Übungen:

a) Entspannung der Arme,
b) Entspannung der Füße,
c) einer Atemübung, in welcher dem Patienten die wechselnde Spannung und Entspannung der Brustmuskulatur beim Ein- und Ausatmen bewußt gemacht wird,
d) Entspannung der Stirn,
e) Entspannung der Augenpartie,
f) Entspannung der Sprechorgane.

Unter die Störungen, auf die progressive Entspannung angewendet wurde, gehört eine Vielzahl von streßabhängigen Störungen, insbesondere Einschlafstörungen, neurotische Ängste, spastischer Ösophagus, Tics, Phobien, Ulzera, Angina pectoris u. v. a.

Autogenes Training

Diese Technik ähnelt der progressiven Muskelentspannung und wurde hauptsächlich in Deutschland entwickelt. Obwohl sie bis vor kurzem in Nordamerika unbekannt war, gibt es eine umfangreiche Literatur über dieses Gebiet in fast allen Kontinentalsprachen. Zum Beispiel führt *Luthe* (1969) in seiner sechsbändigen systematischen Abhandlung fast 2500 Referenzen auf. *Luthes* Arbeiten stellen eine ausgezeichnete Quelle für alle dar, die mehr über das autogene Training erfahren möchten.

Wie die Psychoanalyse entstand das autogene Training teilweise aus der Arbeit mit Hypnose. Aber anders als in der Psychoanalyse liegt der Schwerpunkt auf dem psycho-physiologischen Aspekt. *Schultz* (siehe *Schultz* und *Luthe*, 1959), der Begründer des autogenen Trainings, begann in den Zwanzigerjahren hypnotische und autohypnotische Techniken bei einer Vielzahl von neurotischen Patienten anzuwenden. Er wurde bald mit der Hypnose unzufrieden, da sie oft zu einer äußerst starken Abhängigkeit vom Hypnotherapeuten führte und viele Patienten unfähig waren, in einen hypnotischen Zustand zu gelangen. *Schultz* hatte jedoch bemerkt, daß seine Patienten unter Hypnose häufig über Gefühle der Schwere und Wärme berichteten. Er vermutete, daß viele der klinisch wertvollen Eigenschaften der Hypnose wie Wärme- und Schweregefühl auch durch andere Techniken als Hypnose erreicht werden könnten. Zu diesem Zweck entwickelte er eine Reihe von Übungen, die beides, Entspannung und autosuggestive Techniken verbanden. In *Schultz*' System gibt es sechs Grundschritte, die die Standardübungen darstellen:

Übung I. Der Patient nimmt eine bequeme Lage auf der Couch ein, liegt auf dem Rücken, mit den Händen zur Seite und den Beinen etwas gespreizt. Der Patient versucht dann den dominanten Arm genügend zu entspannen, um Schweregefühl in ihm hervorzurufen. Bei Erfolg der Übung entsteht ein Gefühl der Schwere zuerst in dem rechten Arm und wird sich im Verlauf der Übung auf die anderen Glieder ausbreiten.

Übung II. Die zweite Standardübung soll zur Erzeugung von Wärmegefühlen dienen, ein Resultat der Dilatation peripherer Blutgefäße. Der Patient beginnt, indem er sich ständig wiederholt: „Mein rechter Arm ist warm". Nach ein oder zwei Wochen täglicher Übung kann er in der Regel Wärmegefühle in allen vier Gliedern hervorrufen.

Übung III. Diese Übung zielt darauf ab, die Herzfrequenz zu vermindern. Der Patient suggeriert sich selbst wiederholt: „Mein Herz schlägt ruhig".

Übung IV. Der Patient konzentriert sich auf die Entwicklung eines ruhigen und regelmäßigen Atemmusters.

Übung V. Die fünfte Übung zielt auf die Beeinflussung der inneren Organe. Der Patient konzentriert sich auf die Region des Plexus solaris und versucht Empfindungen der Wärme in seinem Magen hervorzurufen, indem er ständig die Formel wiederholt: „Mein Magen ist warm".

Übung VI. In der letzten Übung wiederholt der Patient mehrmals: „Meine Stirn ist kühl". Diese Autosuggestion soll zu einer Vasokonstruktion insbesondere im Bereich des Gesichtes führen.

Das Erlernen dieser Grundübungen benötigt zwei bis drei Monate und ist von vier bis sechs Monaten ständiger Übung gefolgt, um die Fähigkeit des Patienten, einen tiefen Entspannungszustand selbst herbeizuführen, zu verbessern.

Das autogene Training ist auf eine wahrhaft erstaunliche Vielzahl von Störungen angewandt worden. Hauptanwendungsgebiet waren Störungen wie Bronchialasthma, Einschlafstörungen, Migräne-Kopfschmerz, Angina pectoris, Magengeschwüre und eine Vielzahl von angstabhängigen Störungen. Die Breite dieser Anwendungen wird jedoch plausibler, wenn man bedenkt, daß fast alle Störungen streßbezogen sind. Im weiten Sinne kann das autogene Training als eine Methode der Modifikation von Streßbeantwortung verstanden werden und spezifischer als eine Technik, die sympathische Reaktionen mit hohem Arousal durch parasympathische Reaktionen mit niedrigem Arousal ersetzt. Diese Konzeption wird von *Luthe* (1969) vertreten, der das Werk von *Hess* über ergotrope und trophotrope Antwortsysteme als Grundlage anführt. *Hess* (1954) behauptet, daß somatische und autonome Reaktionen stets gekoppelt sind, so daß hohe Muskelaktivität und hohe sympathische Aktivität gemeinsam auftreten, wie z. B. in der „Kampf-Flucht"-Reaktion; in der Entspannung dagegen sind niedrige Aktivität der quergestreiften Muskulatur und Aktivität des parasympathischen Nervensystems miteinander verbunden.

Ein bemerkenswerter Mangel auf dem Gebiet der Erforschung des autogenen Trainings ist jedoch die geringe Zahl kontrollierter Studien. Da viele der Störungen, die mit autogenem Training behandelt werden, eine hohe spontane Remissionsrate und eine starke suggestive Placebo-Reaktion zeigen (wie z. B. Asthma, Migräne-Kopfschmerz, Schlaflosigkeit) sind sorgfältig kontrollierte Arbeiten nötig, um die Wirksamkeit des autogenen Trainings für spezifische Störungen abzuschätzen.

Verhaltenstherapie

Hier spielt die Muskelentspannung häufig eine zentrale Rolle, besonders bei der systematischen Desensibilisierung, der am meisten gebrauchten Verhaltenstherapietechnik. Der Patient, der sich einer Desensibilisierung unterzeiht, wird vorerst mit der tiefen Muskelentspannung nach der verkürzten Technik von *Jacobson* vertraut gemacht (gewöhnlich zwei bis sechs Trainingssitzungen). Dann wird er mit einer abgestuften Serie von phobischen Stimuli konfrontiert, beginnend mit der am wenigsten angstauslösenden Situation. Die Aufgabe des Patienten besteht darin, einen Zustand der Entspannung aufrechtzuerhalten, während er sich gleichzeitig den phobischen Reiz vorstellt. Nachdem er eine gegebene Szene gemeistert hat, geht der Patient zu einer schwierigeren über, bis er schließlich in der Lage ist, auch bei der Vorstellung einer Szene, die ihm früher die größte Angst eingeflößt hat, ruhig zu bleiben. *Wolpe* (1958) berichtet, daß eine vollständige Generalisation von der therapeutischen Situation auf die Lebenssituation stattfindet, und bei Fällen spezifischer Ängste, besonders bei Phobien, berichten *Wolpe* und *Lazarus* (1966) eine eindrucksvolle Erfolgsrate von 80 bis 90%.

An der Notwendigkeit der Muskelentspannung für die systematische Desensibilisierung kamen einige Zweifel auf (*Rachman*, 1968; *Bandura*, 1969). Z. B. behauptet *Rachman* (1968), wenn ein Patient in der Lage ist, ein Gefühl der Ruhe zu erreichen, dies wahrscheinlich für Desensibilisierung ausreicht, unabhängig vom Zustand der Muskulatur. Alle Richtungen von *Rachmans* Argumentation zu verfolgen, liegt jenseits des Themas dieser Arbeit. Es kann aber betont werden: wenn auch Muskelentspannung nicht das einzige Mittel des Erfolges der systematischen Desensibilisierung ist, dies doch die einzige gut dokumentierte Technik ist. Mehrere Studien haben gezeigt, daß muskuläre Entspannung plus systematische Desensibilisierung eine effektive Behandlung phobischer Störungen darstellen und gegenüber verschiedenen Kontrollbedingungen klar überlegen ist (*Lang*, 1969; *Paul*, 1966).

Die Vorschläge von *Rachman* und *Bandura*, die mehr Gewicht auf den kognitiven Aspekt in der Verhaltenstherapie legen, ziehen jedoch ein ernsthaftes Problem nach sich. Kognitive Variablen sind generell schwieriger zu operationalisieren als physiologische Reaktionen wie Muskelrelaxation, und ein weitgehender Gebrauch kognitiver Terminologie kann die Verhaltenstherapie auf eine „schlüpfrige" Basis stellen. Eine Technik, die den kombinierten Gebrauch von verbalen Berichten über kognitive Ereignisse wie „Ruhe" mit physiologischen Messungen der Relaxation verbindet, könnte wahrscheinlich ein nützlicher Zugang sein. (Einen entsprechenden Vorschlag siehe: *Stoyva* und *Kamiya*, 1968, und *Stoyva*, 1970. In diesen Arbeiten wird argumentiert, daß verbale Berichte über Träume und die neu entdeckten physiologischen Indikatoren des Traumzustands unvollkommene, aber konvergierende Indikatoren des hypothetischen Konstrukts „Traum als psychologische Erfahrung" darstellen. Der verbale Bericht und die physiologischen Messungen werden zur gegenseitigen Validierung gebraucht.)

Schwierigkeiten bei der Muskelentspannung

Trotz ihrer Nützlichkeit weisen die traditionellen Entspannungstechniken, die soeben beschrieben wurden, bestimmte Schwierigkeiten auf, je nachdem, ob sie allein oder in Kombination mit systematischer Desensibilisierung gebraucht werden. Ein Hauptproblem besteht darin, daß der gespannte Patient oft das Erlernen der tiefen Muskelentspannung für ein unerreichbares Ziel hält, indem er sich bemüht, zu entspannen, erreicht er meist genau das Gegenteil! Häufig hat er keine klare Vorstellung, wie man sich in einem tiefen Zustand der Entspannung fühlt, weil die inneren Hinweisreize schwer zu diskriminieren sind. Daher kann das Erlernen der tiefen Muskelentspannung ein zeitraubender Prozeß sein und den entmutigten Patienten veranlassen, die Behandlung aufzugeben, wenn Monate für eine kleine Besserung seiner Symptome notwendig sind. Schwierig für den Therapeuten ist die Feststellung, ob der Patient tatsächlich muskulär entspannt ist, auch wenn der Patient dies behauptet. Die therapeutische Situation hat für den Patienten einen bestimmten Aufforderungscharakter, er fühlt sich verpflichtet, Entspannung zu berichten, unabhängig davon, ob er sich entspannt fühlt oder nicht.

Wir vermuteten, daß diese Schwierigkeiten durch EMG-Feedback zu überwinden sind. Die Technik würde darin bestehen, das Spannungsniveau in einem Muskel exakt zu messen und dann dem Patienten ein auditives Feedback-Signal rückzumelden, das in seiner Frequenz proportional der Muskelentspannung wäre.

Eine Schlüsselbehauptung bestand darin, daß das Feedback dem Patienten ermöglichen würde, eine raschere und tiefere Muskelentspannung zu erreichen als mit den traditionellen Entspannungstechniken. Wenn elektronisch durchführbar, würde dieses System nicht nur nützlich im Hinblick auf das Erlernen von Entspannung sein, sondern auch die kontinuierliche Überwachung des EMG-Niveaus ermöglichen, sowie seine Quantifizierung von Durchgang zu Durchgang erlauben. Die kontinuierliche Überwachung des EMG-Niveaus stellt eine Hilfe für den Therapeuten bei der Desensibilisierung dar, z. B. um die Vorgabe der Szenen der Angsthierarchie zeitlich zu steuern. Messung des EMG-Niveaus von Durchgang zu Durchgang kann ein wertvolles Forschungsinstrument sein. Sowohl Geschwindigkeit und Tiefe der Muskelentspannung, als auch die Beziehung des EMG-Niveaus zu anderen physiologischen Größen und Verhaltensvariablen könnten untersucht werden.

Untersuchungen zum EMG-Feedback

In mehreren bedeutenden frühen Untersuchungen wurde vorgeschlagen, Feedback der EMG Aktivität als brauchbare praktische Technik zu verwenden. Z. B. waren *Hefferline, Keenan* und *Harford* (1959) in der Lage, eine kleine, einzelne EMG-Antwort operant zu konditionieren. Probanden wurden trainiert, eine kleine, nicht sichtbare und nicht bewußte Daumenzuckung zu produzieren, um ein aversives Geräusch zu beenden. Unter Verwendung von auditivem und visuellem Feedback, erreichte *Basmajian* (1963) eine extrem schnelle Konditionierung von isolierten Kontraktionen einzelner motorischer Einheiten im Abductor pollicis brevis (einem Daumenmuskel). Die Vpn erreichten einen hohen Grad von Kontrolle, und waren danach in der Lage, Crescondos, Trommelwirbel, Doubletts, Galopps und so weiter auszulösen! Die Übertragung dieses hohen Grades von Kontrolle auf untrainierte motorische Einheiten konnte innerhalb von Minuten erreicht werden. *Hardyck, Petrinovich* und *Ellsworth* (1966) berichteten über eine klinische Anwendung des Muskel-Feedback. Ihre Patienten, Personen, die sich durch Subvokalisation am stillen Lesen hindern, wurden beim stillen Lesen mit dem Feedback verstärkter laryngealer EMG-Signale über Kopfhörer versorgt. Die Instruktion lautete, das Geräusch auf ein Minimum zu reduzieren. Das Lernen verlief erstaunlich rasch; in eineinhalb Stunden hatten alle 17 Patienten ihr EMG-Signal auf ein Entspannungsniveau reduziert. Kontrollen drei Monate später ergaben keinen Hinweis auf Wiederauftreten des subvokalen Sprechens. Diese frühe Arbeit war jedoch nicht systematisch mit Muskelentspannungstherapien verbunden.

Instrumentation und Validierungsstudien

Unser erstes Ziel war vorerst, ein leistungsfähiges EMG-Feedback-System zu entwickeln. Elektronisch gesehen, war diese Aufgabe viel anspruchsvoller als die Konstruktion einer Feedback-Einheit für EEG-Alpha-Wellen. Dieser Rhythmus war das am meisten in der Feedback-Forschung mit menschlichen Probanden verwendete bioelektrische Signal (siehe *Kamiya*, 1968). Ein Hauptgrund für die größere Schwierigkeit beim Gebrauch der EMG-Aktivität besteht darin, daß die integrierten EMG-Signale, die vom *entspannten* Muskel produziert werden, äußerst klein sind, in der Regel nur ein Bruchteil des EEG-Alpha-Rhythmus (1–4 μV für EMG versus 40–80 μV für Alpha). Deshalb ist das Signal-Rausch-Verhältnis des Vorverstärkers be-

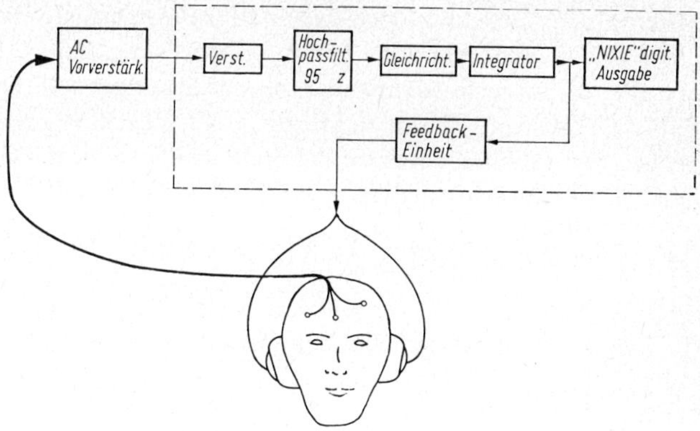

Abb. 73. Diagramm der EMG-Feedback-Einheit.

trächtlich höher im EMG als beim Alpha-Training. Ebenso erschwert der erheblich größere Frequenzbereich des Muskelgewebes (10–1000 Hz für EMG im Gegensatz zu 8–12 Hz für Alpha-Aktivität) die Aufgabe einer genauen Messung und Verarbeitung des Signals.

Diese zwei Hauptschwierigkeiten wurden schließlich mit der Entwicklung einer Einheit überwunden, die den Probanden mit einem klaren und empfindlichen Feedback seiner eigenen Muskelaktivität, gemessen mit Oberflächenelektroden, versorgt (Abb. 73).

Die Hauptfunktion der EMG-Feedback-Einheit besteht darin, dem Probanden einen Ton zu bieten, dessen Frequenz proportional der EMG-Aktivität in einer bestimmten Muskelgruppe ist. Ist die EMG-Aktivität hoch, so ist auch die Frequenz des Tones hoch. Bei abnehmender EMG-Aktivität nimmt gleichzeitig die Frequenz des Tones ab. Der Feedback-Ton spiegelt auch die schwankende EMG-Aktivität des Muskels wider. Der Patient hat EMG-Elektroden auf der Hautoberfläche über bestimmten Muskelgruppen (z. B. Frontalis oder Vorderarmextensor) und hört den Ton durch Kopfhörer. Seine Aufgabe ist es, den Ton durch Muskelentspannung auf einem niedrigen Niveau zu halten.

Sobald der Patient Fortschritte in der Entspannung macht, wird die Aufgabe für ihn schrittweise schwieriger gemacht (Shaping). Der Shaping-Effekt wird dadurch erreicht, daß der Patient den Muskel noch tiefer entspannen muß, um den gewünschten Ton niedriger Frequenz zu erreichen. Die Schierigkeit der Aufgaben kann so auf eine Serie fein abgestufter Schritte abgestimmt werden. Jede Stufe soll dazu führen, eine schrittweise Verbesserung der Leistung des Patienten zu erzielen.

Ein besonders nützlicher Aspekt dieser EMG-Feedback-Einheit für die Forschung ist die Quantifizierung der EMG-Aktivität mit Hilfe der Integrationstechnik (siehe *Shaw*, 1967). Am Ende eines jeden Durchganges ist das Ergebnis dem Experimentator über die Ausgabeeinheit (Four-Digit-NIXIE-Tube) zugänglich. Der Integrationsprozeß ist so gestaltet, daß das endgültige Bild, das auf dem Ausgabe-Schirm erscheint (und für 20 Sekunden stehen bleibt), das Niveau der EMG-Aktivität in

Mikrovolt für jeden einzelnen einminütigen Durchgang repräsentiert. So kann z. B. das EMG-Niveau einer Serie von Einminutenversuchen 5.12, 4.32, 3.17, 2.68, 2.72 und 1.87 μV für sechs aufeinanderfolgende Sitzungen sein. Die resultierenden Daten, EMG-Niveaus von Minute zu Minute, können leicht in graphischer Form dargestellt werden und sind besonders für das Studium der zeitlichen Dynamik eines Menschen im Feedback-System nützlich.

Im nächsten Schritt war zu bestimmen, ob EMG-Feedback der tiefen Entspannung ohne EMG-Feedback überlegen sei. In unserem ersten Validierungsversuch (*Budzynski* und *Stoyva* 1969) verwendeten wir den Frontalismuskel der Stirn, ein Muskel, der häufig bei Angst und hoher Aktivierung extrem angespannt wird (siehe *Sainsbury* und *Gibson* 1954; *Shagass* und *Malmo*, 1954). Wenn die Probanden lernen, einen hohen Grad von Kontrolle über diesen schwer zu entspannenden Muskel zu erreichen, dann sollten Feedback-Techniken leicht auf andere, weniger „schwierige" Muskelgruppen übertragbar sein.

Drei Patientengruppen wurden hinsichtlich des Entspannungsgrades miteinander verglichen. Die Experimentalgruppe erhielt exaktes Feedback des EMG-Niveaus des Frontalismuskels (einen Ton wechselnder Frequenz verbunden mit Shaping-Prozedur).

Eine der zwei Kontrollgruppen erhielt irrelevantes Feedback (einen ständig niedrigen Ton), die andere Gruppe erhielt überhaupt kein Feedback (tonlose Bedingung). Die Ergebnisse zeigten klar die Überlegenheit des Feedback-Ansatzes. Nach drei Trainingssitzungen hatten die Feedback-Patienten ihr EMG-Frontalis-Niveau um 50% gesenkt. Die Gruppe mit tonloser Bedingung hatte eine Reduktion von 24% und die Gruppe mit irrelevantem Feedback einen Anstieg von ungefähr 28% erreicht. Das Ziel unserer zweiten Validierungsstudie bestand darin, zu beobachten, ob die Vorzüge der Feedbacktechnik auch im Laufe einer einzelnen Trainingssitzung sichtbar würden. 80 Probanden wurden angewiesen, den Massetermuskel so tief wie möglich zu entspannen. Die Experimentalgruppe I bestand aus 20 Vpn, die genaues auditives Feedback (einen Ton variierender Höhe) erhielten. Experimentalgruppe II bestand aus 20 Personen, die ein visuelles Signal als Feedback erhielten (ein kleines rotes Lichtsignal, das an- oder ausging in Abhängigkeit vom EMG-Niveau). Zwei Kontrollgruppen: 20 Personen erhielten irrelevantes Feedback (einen ständig niedrigen Ton) und 20 Personen erhielten überhaupt kein Feedback. Wieder sprachen die Ergebnisse klar zugunsten des Feedback-Ansatzes. Das mittlere EMG-Niveau der konstant niedrigen Tongruppe lag 70% über dem der zwei Experimentalgruppen. Und das mittlere EMG-Niveau für die „tonlose" Kontrollgruppe lag 100% höher als das der zwei Experimentalgruppen.

Eine dritte Studie (*Budzynski,* 1969) zeigt, daß die Folgen tiefer Muskelentspannung nicht auf einen bestimmten Muskel beschränkt sind, sondern sich auch in ZNS-Veränderungen manifestieren. Dieses Experiment geht von den Arbeiten von *Venables* und *Wing* (1962), *Maley* (1967) und *Rose* (1966) aus, die zeigten, daß die Fusionsschwelle der Flimmerverschmelzungsfrequenz zur Bestimmung des kortikalen Aktivierungsniveaus verwendet werden kann. Im allgemeinen diskriminieren ängstliche oder hyperaktivierte Personen die Unterschiede in den Zeitintervallen zwischen sukzessiven Lichtblitzen schlechter als Individuen mit normalem Aktivationsniveau, d. h. ängstliche Personen haben niedrigere Schwellen.

In *Budzynskis* Experiment (1969) wurde die Schwelle der Flimmerverschmelzungsfrequenz verwendet, um die zentralnervösen Effekte tiefer Muskelentspannung zu messen. Zwölf normale Probanden wurden trainiert (Feedback-Training am Frontalis und Vorderarmmuskel), tiefe Muskelentspannung mit Hilfe von EMG-Feedbacktechniken zu erreichen. Jeder der zwölf Probanden zeigte im Zustand tiefer Entspannung eine erhöhte Verschmelzungsschwelle. Jeder Proband wies ebenfalls eine erniedrigte Pulsfrequenz und in der Regel eine erniedrigte Atemfrequenz während der tiefen Entspannung auf. Es werden bei erniedrigter EMG-Aktivität also auch andere Indikatoren des Aktivationsniveaus wie Pulsrate und Verschmelzungsschwelle in Richtung auf erniedrigte Aktivierung verschoben.

Auch verbale Berichte von Probanden sind ein Hinweis dafür, daß die Effekte tiefer Muskelentspannung nicht auf den einzelnen Muskel beschränkt bleiben. In einer neuen, noch nicht publizierten Untersuchung, die in unserem Labor durchgeführt wurde, erhielten Patienten mit Spannungskopfschmerzen EMG-Feedback-Training über eine Periode von acht Wochen. Adjektivfragebögen, die nach jeder der 16 Trainingssitzungen ausgefüllt wurden – zweimal die Woche über acht Wochen – zeigten, daß Empfindungen der Schwere und des Kribbelns in den Gliedern häufig waren, ebenso gewisse Veränderungen im Körperschema, wie Gefühle des Fließens, der Leichtigkeit oder des Drehens. Ebenso häufig waren Empfindungen, die mit autonomen Veränderungen gekoppelt sind – Gefühle der Wärme und erhöhter Speichelfluß. Es wurde über Schläfrigkeit und hypnagoge (Einschlaf-) Vorstellungen berichtet, wie auch über Rückkehr vergessener Erinnerungen. Die Personen empfanden in der Regel die Entspannung als leicht angenehm, ähnlich wie das Aufwachen nach einem erfrischenden Schlaf. Diese Beschreibungen stehen in enger Übereinstimmung mit jenen, die in der Literatur über autogenes Training berichtet werden (siehe *Luthe,* 1969). Obwohl nicht die gleichen Empfindungsmuster von jedem Individuum berichtet werden, treten die oben erwähnten Kategorien überzufällig häufig auf.

Anwendung des EMG-Feedback in der Psychosomatik

Die klinische Literatur (*Ostfeld,* 1962; *Wolff,* 1963) zeigt, daß die unmittelbare Ursache des Spannungskopfschmerzes eine langandauernde Kontraktion der Kopf- und Nackenmuskulatur ist. Da Spannungskopfschmerz eine weit verbreitete Störung ist, kann es als sinnvoll angesehen werden, die klinische Anwendung der Feedback-induzierten Entspannung dabei zu erforschen.

Die ersten Patienten unserer Vorstudie (*Budzynski, Stoyva* und *Adler,* 1970), waren fünf Patienten mit Spannungskopfschmerzen. Jeder Patient litt an häufigen Kopfschmerzen seit wenigstens zwei Jahren, zwei davon seit über zehn Jahren. Während der Untersuchung füllte jeder Patient täglich eine Kopfschmerzkarte aus (zwei Wochen Baseline-Periode, acht Wochen Trainingsperiode und drei Monate Kontrollperiode). Das Trainingsprogramm umfaßte zwei Laborsitzungen pro Woche über eine Periode von acht Wochen. Es wurde wieder das Feedback des Frontalismuskels zur Übung verwandt, da uns auffiel, daß bei tiefer Entspannung dieses

Muskels die gesamte Muskulatur der oberen Körperhälfte ebenfalls entspannt war. Jeder Patient wurde zusätzlich angewiesen, die Entspannung wenigstens zweimal am Tag zu Hause durchzuführen und wenn möglich auch bei der Arbeit. Wie in der Literatur über das autogene Training betont wird (*Schultz* und *Luther* 1959), ist ein solches Heimtraining von entscheidender Bedeutung, da es die Generalisation der Entspannungsreaktion auf Alltagssituationen sichert und damit den Folgen der Streßbedingungen entgegenwirkt.

Jeder der fünf Patienten zeigte eine beträchtliche Besserung gegenüber seiner Baselineperiode; je schwerer der Kopfschmerz in der Baselineperiode war, desto höher war der Grad der Besserung. Typischerweise begann die Verminderung der Intensität und Häufigkeit der Kopfschmerzen nach drei bis vier Wochen Übung. Bei jedem der fünf Patienten hielt die verminderte Kopfschmerzaktivität über die zwölf Wochen der Nachkontrolle an.

Einige Beobachtungen, die im Laufe dieser Untersuchung gemacht wurden, sind von besonderem Interesse:

a) Die Übung zu Hause war sehr wichtig; einige der Patienten waren auch in der Lage, sich während der Arbeit im Sitzen von Zeit zu Zeit tief zu entspannen, und dies machte sie weniger anfällig gegen Kopfschmerz.
b) Zwei Patienten berichteten, daß sie besser schliefen, insbesondere hatten sie weniger Schwierigkeiten beim Einschlafen.
c) Die Patienten wurden gegenüber inneren Reizen sensibilisiert, die den Spannungskopfschmerzen vorangingen, und vielfach waren sie in der Lage, durch Entspannung dem drohenden Kopfschmerz vorzubeugen.

Für mindestens zwei Patienten war dies die erste Zeit seit vielen Jahren, in der sie für länger als einen oder zwei Tage ohne Kopfschmerz waren.

Ein Patient, ein stark beanspruchter Geschäftsmann im mittleren Lebensalter, zeigte eine dramatische Besserung der Kopfschmerzen nach Beginn der Übung, während der Entspannungsübung konnte er in der Regel seinen Kopfschmerz niedrig halten. Nach einem Monat ohne Übung kamen seine Kopfschmerzen jedoch wieder. Nach Rückkehr des Patienten in sein Büro hatte er so viel zu tun gehabt, daß er seine täglichen Übungen vernachlässigt hatte, um unter starker Anspannung „die Dinge in Ordnung zu bringen“. Nach einigen zusätzlichen Übungsperioden im Labor führte er eine tägliche Übungsstunde bei der Arbeit ein (20 Minuten). In der Folge davon sank seine Kopfschmerzaktivität wieder auf ein niedriges Niveau.

Inzwischen steht eine kontrollierte Studie über Spannungskopfschmerz in unserem Labor vor dem Abschluß. Patienten in der Experimentalgruppe erhielten 16 Trainingsperioden von Feedback über acht Wochen. Patienten in einer Kontrollgruppe erhielten die gleiche Menge an Laborsitzungen mit irrelevantem Feedback und wurden gleichzeitig angewiesen, sich so tief wie möglich zu entspannen. In der zweiten Kontrollgruppe erhielten die Patienten überhaupt keine Behandlung, sondern füllten nur ihre Kopfschmerzkarten täglich aus. Die Personen der Experimentalgruppe zeigten eine signifikante Verminderung der Kopfschmerzaktivität, verglichen mit beiden Kontrollgruppen. Die Abnahme der Kopfschmerzaktivität hielt sowohl in der achtwöchigen Übungsperiode als auch in der zwölfwöchigen Nachkontrollperiode an (unpublizierte Untersuchung).

Bioelektrisches Feedback in der Verhaltenstherapie

Eine zentrale Annahme in *Wolpes* Technik der Desensibilisierung ist die tiefe Muskelentspannung als eine Bedingung, die mit Angst unvereinbar ist. *Wolpe* (1958, S. 72) meint: „Bei der Auswahl der Reaktionen, die der Angst entgegenwirken, wurde ich von der Annahme geleitet, daß wahrscheinlich eine parasympathische Aktivität des autonomen Nervensystems unvereinbar mit der vorherrschenden sympathischen Angstreaktion sei."

Zu *Wolpes* Konzept gehört explizit, daß Museklentspannung einen weitgehenden Effekt auf das autonome Nervensystem hat. Im allgemeinen ist Muskelentspannung mit parasympathischer Aktivität verbunden, während Muskelspannung mit sympathischer Aktivierung einher geht. Es gibt viele Hinweise, die diese Position stützen, insbesondere *Germanas* (1969) ausgezeichneten Übersichtsartikel über autonom-somatische Integration. Evidenz für die Zusammenarbeit des autonomen und somatischen Systems ergibt sich aus den Experimenten von *Hess* (1954), der das früher erwähnte ergotrope und trophotrope System konzipierte. *Hess* entdeckte, daß bei Stimulation bestimmter dienzephaler Gebiete gleichzeitig im Verhalten Arousal und physiologisch sympathische Aktivität, eine ergotrope Reaktion auftraten. Stimulation anderer dienzephaler Gebiete produzierte parasympathische Aktivität und ein ruhiges Tier, eine trophotrope Antwort.

Die grundsätzliche Gültigkeit der Unterscheidung „ergotrop-trophotrop" wurde von *Gellhorn* demonstriert (1964, 1967). Nach *Gellhorn* steuert das ergotrope Syndrom sympathisch-adrenale Vorgänge: erhöhte Pulsrate und Blutdruckerhöhung, adrenomedullärer Sekretion, Schweißsekretion, Pupillendilatation, EEG-Desynchronisation und vermehrte somato-motorische Aktivität. Die trophotropen Antworten sind im allgemeinen gegensätzlicher Natur.

Gellhorn behauptet ebenfalls, daß die Antwort des Organismus abgestuft verläuft, in Abhängigkeit von Art und Intensität der Reizung. Zum Beispiel wird nur die sympathische neurogene Antwort erscheinen, wenn das Tier mittelstarken Stimuli ausgesetzt wird; die adrenomedulläre Komponenten fehlt dagegen. Bei stärkerer Stimulation erscheinen jedoch beide Reaktionen, sympathische und adrenomedulläre Antwort zusammen.

Gellhorn (1967, S. 34–35) zeigt, daß die Aktivität des Gamma-efferenten Systems, das als ein grundlegender Verstärker der somato-motorischen Aktivität wirkt, ebenfalls durch das autonome Nervensystem beeinflußt wird und umgekehrt. Er behauptet, „. . . die enge Verbindung zwischen Aktivität des ergotropen Systems und die Häufigkeit der Gamma-Impulse (und die Beziehung zwischen trophotropen Entladungen und Hemmung des Gamma-Systems) trägt entscheidend zur Aufrechterhaltung der gegenseitigen Hemmung zwischen den beiden Systemen bei."

Selbst wenn eine Vielzahl von Befunden die Ansicht stützt, daß die somatische Muskulatur Einflüsse auf das autonome Nervensystem hat, so gibt es doch einige Probleme bei der Muskelentspannung, wie sie üblicherweise in der Verhaltenstherapie angewandt wird:

a) der angespannte ängstliche Patient hat bei der Entspannung Schwierigkeiten. Bei dem Bemühen um Entspannung wird er möglicherweise noch gespannter.

b) die abgekürzte Übung der progressiven Entspannung (2 bis 6 Übungssitzungen), wie sie allgemein von Verhaltenstherapeuten gebraucht wird, wird häufig nicht zu tiefer Muskelentspannung führen. *Jacobson* (1938) und *Schultz* und *Luthe* (1959) betonen, daß mehrere Monate der Übung notwendig sind.
c) die Maßnahmen in der Desensibilisierung können auf den Patienten einen Druck ausüben, Entspannung anzugeben, auch wenn er nicht entspannt ist.

Im Licht dieser Schwierigkeiten glauben wir, daß die Technik der physiologischen Steuerung von Entspannung auch von besonderem Nutzen für die Verhaltenstherapie sein wird.

Wie viele Forscher auf dem Gebiet des Biofeedback lenkten wir unsere Aufmerksamkeit zuerst auf die Selbst-Regulation des EEG-Alpha-Rhythmus. In Übereinstimmung mit *Kamiya* (1968) und *Stoyva* und *Kamiya* (1968) fanden wir, daß Vpn, die mit einem Feedbackton, je nach An- oder Abwesenheit des Alpha-Rhythmus versorgt wurden, in der Lage waren, ihre Alpha-Niveaus zu erhöhen. Wie schon *Kamiya* demonstrierte, berichten die Vpn, daß die Alpha-Bedingung mit Gefühlen der Ruhe und Entspannung verbunden sei. Sie berichteten ebenfalls, daß die Produktion von Alpha durch Unterdrückung visueller Vorstellungen gefördert wurde, daß aber jedes Gefühl der Angst sofort den Alpha-Rhythmus blockieren würde.

Desensibilisierung mit Alpha-Feedback

Wir beschlossen, den Alpha-Zustand bei der Desensibilisierung eines Patienten zu verwenden, da Alpha mit Entspannung verbunden zu sein scheint. Es handelte sich um einen Architekten, der an ungewöhnlich starker Angst in Zusammenhang mit einer Vielzahl von Themen, die den Tod betrafen, litt. Seine Angst vor Begräbnisstätten, Friedhöfen, Särgen und Leichen war auf die Furcht vor dem Dunkeln generalisiert, so daß er z. B. das dunkle Kellergeschoß seines eigenen Hauses nicht betreten konnte. Er wurde von panischen Schrecken überfallen, wenn er in der Dunkelheit heimfuhr und sich vorstellte, es könnte ein Toter auf dem Rücksitz seines Autos liegen.

Der Patient (J. L.) lernte zuerst, Alpha-Aktivität zu produzieren, in zwei Sitzungen erreichte er eine Zunahme des Alpha-Niveaus von 20% auf 80%. Er stellte danach eine Hierarchie von vier todesbezogenen Items und einer neutralen Szene auf (siehe Abb. 74 für die Hierarchie der Items).

Die Aufgabe des Patienten bestand darin, sich sukzessive die Items der Hierarchie vorzustellen und zur selben Zeit entspannt zu bleiben. Das Erfolgskriterium wurde auf 20 Sekunden Visualisierung ohne Angst fstgesetzt. Die Gegenwart von Angst wurde in üblicher Weise durch ein Fingerzeichen angezeigt.

Unglücklicherweise verschwand der Alpha-Rhythmus, sobald der Patient begann, sich eine Szene vorzustellen, unabhängig davon, ob diese ängstlicher oder angenehmer Natur war. Deswegen war es nicht möglich, Alpha-Abwesenheit als Indikator von Angst während der Visualisierung von Szenen zu gebrauchen, da jede Art von Vorstellung, egal ob ängstlich oder neutral, den Alpha-Rhythmus zum Verschwinden bringen würde. Jedoch erwies sich Alpha-Feedback zwischen den Vorstellungen als nützlich. Der Patient berichtete, daß ihm das Feedback helfe, angsterregende Szenen

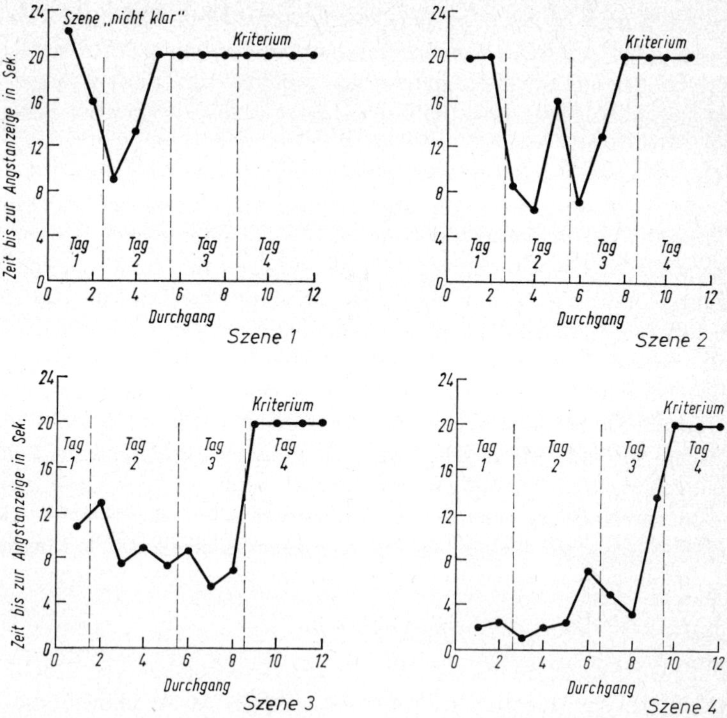

Abb. 74. Desensibilisierung mit Alpha-EEG.
Das Kriterium für die erfolgreiche Desensibilisierung einer Szene war eine Periode von 20 Sekunden ohne Angstanzeige. Szene 1: Schlafen im Dachgeschoß, Szene 2: Kalumet Friedhof, Szene 3: Sarg im Zug, Szene 4: Körper im Sarg, Alpha-Feedback wurde zwischen den Durchgängen während dem 3. und 4. Tag eingeführt, um die Entspannung zu erleichtern.

sehr schnell abzuwehren und einen Zustand tiefer Entspannung wieder zu gewinnen.

Einige Reaktionen des Patienten auf die Hierarchie der todesbezogenen Szenen sind bemerkenswert. J. L. berichtete, daß seine erste Vorstellung der Szene 2 (Tag 1) „Schlaf im Dachgeschoß" nicht sehr klar sei – obwohl er, wie Abb. 74 zeigt, das Zwanzigsekundenkriterium erreichte. Während seiner zweiten Vorstellung der gleichen Szene (ebenfalls Tag 1) war seine Vorstellung klarer und er war dabei zunehmend ängstlich und erreichte das Kriterium nicht. Man beachte, daß die Ordinate in Abb. 74 nicht den Alpha-Betrag repräsentiert, sondern die Zeit, die bis zum Angstsignal des Patienten verging.

Die Reaktion des Patienten auf Szene 3 „Calumet Friedhof" war ebenfalls interessant. Einige Stunden nach seiner ersten Desensibilisierungssitzung erinnerte er sich, daß seine Großmutter auf diesem Friedhof begraben worden war. Die Erinnerung schien die Angst, die mit dieser Szene verbunden war, zu vergrößern, und J. L. fand, daß sie vom zweiten auf den dritten Platz der Hierarchie verschoben werden sollte.

Wie Abb. 74 zeigt, wurde J. L. am Tag 4 erfolgreich auf alle Szenen desensibilisiert.

Sechs Monate später ergab eine Nachuntersuchung, daß die Phobie nicht wieder aufgetreten war. Der Patient war nun in der Lage, Orte wie Kellergeschosse, Dachböden und Friedhöfe zu besuchen, wohin er sich früher nicht gewagt hatte. Das wichtigste Ergebnis dieser Fallstudie besteht darin, daß gewisse Schwierigkeiten bei der Anwendung von Alpha-Feedback in der Desensibilisierung aufgezeigt wurden. Eine dieser Schwierigkeiten ist schon beschrieben worden. Es sei erinnert, daß J. L. Ruhe-Alpha über weite Strecken zeigte, aber sowohl bei angenehmen als auch neutralen Vorstellungen Alpha-Aktivität völlig unterdrückte. Bei solchen Individuen kann die Alpha-Abwesenheit nicht als Indikator für Angst während der Visualisierung gebraucht werden. Ein anderes Problem ist die Tatsache, daß einige Patienten die meiste Zeit eine hohe Alpha-Aktivität zeigen – es ergibt sich dann eine geringe prozentuale Veränderung der Alpha-Aktivität, wenn der Patient von angenehmen Vorstellungen auf angstauslösende überwechselt oder auf einen Zustand fehlender Vorstellung. Schließlich gibt es einige Patienten, die wenig oder überhaupt keine Alpha-Aktivität zeigen, selbst wenn sie entspannt sind, so daß ein Shaping-Prozeß entweder extrem schwierig oder unmöglich wird.

In der Hoffnung, einige der Unzulänglichkeiten, die sich mit Alpha-Feedback ergeben, zu lösen, lenkten wir unsere Aufmerksamkeit auf die Muskelaktivität.

EMG-Feedback in der Verhaltenstherapie

Obwohl verschiedene Hinweise für die Brauchbarkeit von EMG Feedback sprechen, war der Hauptgrund für die Auswahl der Muskelaktivität die Literatur über autogenes Training, progressive Entspannung und Verhaltenstherapie, in der die klinische Anwendbarkeit der tiefen Muskelentspannung demonstriert wird.

Wir verwendeten EMG-Feedback sowohl für Entspannungstraining als auch für Desensibilisierung innerhalb der Verhaltenstherapie. Wenn Biofeedbacktechniken in der Verhaltenstherapie angewendet werden, sind sie nicht nur zur Erhöhung der Entspannung wertvoll, sondern auch als Mittel der kontinuierlichen Überwachung des Arousal-Niveaus während der Visualisierung angstbesetzter Sezenen und als Methode, quantitative Daten über den Desensibilisierungsprozeß zu gewinnen. Gewöhnlich übt der Patient zuerst die Entspannung des Frontalis-Muskels. Eine wertvolle Eigenschaft dieses Muskels ist die gute Generalisation der Entspannung auf den Oberkörper bei den meisten Patienten. Sollte der Patient aber Schwierigkeiten bei dem Entspannungstraining des Frontalis-Muskels haben, kann das Feedback-Training entweder auf den Kaumuskel oder die Vorderarmmuskulatur verschoben werden. Selbst der gespannteste Patient ist in der Lage, einigen Erfolg mit dem Kau- oder Vorderarmmuskel zu erzielen.

Ein unerwarteter Vorteil der Feedbacktechnik in der Verhaltenstherapie ist die Aufteilung des Entspannungstrainings in kleine Schritte, so daß die Patienten sicher mit wenigstens kleinen Erfolgen rechnen können. Schon ein mäßiges Erfolgserlebnis am Beginn der Therapie – demonstriert durch sinkende EMG-Werte des Patienten – kann die Motivation entscheidend erhöhen.

Nachdem der Patient die Entspannung gelernt hat, gemessen am niedrigen EMG-Niveau des Frontalis, Gefühle der Schwere, Wärme in den Gliedern und ein Gefühl der Schläfrigkeit –, kann die Desensibilisierung beginnen. Der Patient fängt mit einer zehnminütigen Entspannungsperiode an, während der ihm Feedback zu einem niedrigen EMG-Niveau verhilft. Nachdem er ein geeignetes EMG-Niveau erreicht hat – vergleichbar dem der Übungsperioden –, gibt der Therapeut dem Patienten die Anweisung, sich eine angenehme Szene vorzustellen. Im allgemeinen liegt das EMG-Niveau für die angenehmen Szenen um 10 bis 15% höher als das der Entspannungsperiode.

Dieses EMG-Niveau wird dann als Kriterium für erfolgreiche Entspannung während der Vorstellung von angsterregenden Szenen verwendet. Ein optischer Signalgeber wird als Spannungsindikator so eingestellt, daß der Therapeut ein grünes Licht sieht, wann immer der Patient ein EMG-Niveau unterhalb des Kriteriums hält.

Falls der Patient sich etwas anspannt, sieht der Therapeut ein graugelbes Licht auf der Anzeigetafel. Wenn der Patient sich weiter stärker anspannt, wird auf der Anzeigetafel das Licht rot und die Szene wird beendet. Nach der Vorstellung der angenehmen Szene, die zur Bestimmung des EMG-Kriteriums verwandt wird, wird der Patient gebeten, sich das erste Item der Angsthierarchie vorzustellen. An dieser Stelle ergeben sich drei Möglichkeiten:

a) Der Patient hält erfolgreich sein niedriges EMG-Niveau für 30 Sekunden aufrecht. In diesem Fall wird der Feedbackton wieder für ungefähr eine halbe Minute am Ende jeder Periode einer erfolgreichen Visualisierung eingeschaltet, und der Patient geht kurz darauf zur nächsten Szene über (zur erfolgreichen Desensibilisierung eines einzelnen Items sind in der Regel zwei bis acht Versuche notwendig).
b) Der Patient zeigt einen Anstieg der EMG-Aktivität – angezeigt durch den Lichtwechsel von grün über gelbgrau nach rot, wenn das EMG-Niveau über den Wert des Kriteriums steigt. In diesem Fall beendet der Therapeut die Szene und schaltet wieder den Feedbackton ein.
c) Der Patient signalisiert mittels Fingerdruck auf einem Schalter, daß er sich ängstlich fühlt. Wieder schaltet der Therapeut den Feedbackton ein – dies weist den Patienten an, seine Vorstellung zu beenden und sich wieder auf die Entspannung zu konzentrieren. Die letzte Möglichkeit tritt jedoch unter EMG-kontrollierter Entspannung sehr selten auf. Im allgemeinen ist der EMG-Anstieg ungefähr 5 bis 15 Sekunden vor dem angstanzeigenden Fingersignal klar erkennbar (siehe den folgenden Abschnitt „Empfindlichkeit des EMG-Indikators"). Der Therapeut ist daher in der Lage, die Szene zu beenden, *bevor* die Angst auf ein auch nur mäßiges Niveau steigt.

Die EMG-kontrollierte Desensibilisierung scheint einige Vorteile zu haben, obwohl der Beweis dafür durch kontrollierte Studien bis jetzt aussteht. Erstens kann der EMG-Indikator auf eine so hohe Empfindlichkeit eingestellt werden, daß die meisten Szenen beendet werden können, bevor sich der Patient wachsender Angst bewußt wird. Zweitens hilft der Gebrauch von EMG-Feedback, zwischen den Szenen rasch einen Zustand der Entspannung wiederzugewinnen. Dieser zweite Aspekt kann von besonders großem Wert bei stark ängstlichen Personen sein; es scheint, daß diese Personen dazu neigen, erregt zu bleiben, wenn sie einmal erregt sind.

Malmo (1966) ist der Meinung, daß ängstliche Patienten an einem fehlerhaften internen Feedbackmechanismus leiden, der verhindert, daß ihre Körpersysteme vollständig zu einem Gleichgewichtszustand zurückkehren. Vielleicht könnten Feedbacktechniken beim Training dieser Leute nützlich sein.

Drittens sollte sich EMG-Feedback bei der Untersuchung und Quantifizierung von einigen determinierenden Variablen der Desensibilisierungstechnik brauchbar erweisen.

Einige Fallschilderungen sind an dieser Stelle von Interesse. Keiner der zwei folgenden Patienten machte wegen einer ausgeprägten Unfähigkeit sich zu entspannen, mit konventioneller Therapie Fortschritte. Jeder erlernte jedoch mit der Hilfe von Feedbacktraining die Entspannung.

Fall 1: Die 45 Jahre alte Patientin wurde uns überwiesen, weil eine ausgeprägte Unfähigkeit, die Muskelentspannung zu lernen, sie daran hinderte, in der Desensibilisierung Fortschritte zu machen. Sie litt an einer extremen Angst vor sozialem Kontakt; dabei zeigte sie einen funktionell bedingten Tremor der rechten Hand, der so ausgeprägt war, daß sie nicht in der Lage war, jemandem die Hand zu geben oder gar ein Glas zu halten. Das Feedbacktraining begann mit dem Frontalismuskel, erwies sich aber als erfolglos, so daß es auf die leichter zu kontrollierende Vorderarmmuskulatur verschoben wurde, womit sie gute Fortschritte machte. Später wurde das Training auf den Kaumuskel und schließlich auf den Frontalismuskel verlagert. Nachdem sie gelernt hatte, sich gut zu entspannen, wurde sie von ihrem Therapeuten in bezug auf ihre soziale Angst desensibilisiert (ohne jeden Feedbackeinsatz). Sie nahm nach der Therapie an gesellschaftlichen Veranstaltungen teil, ohne weiter an dem Tremor zu leiden.

Fall 2: Dieser Patient, ein 42 Jahre alter Managementberater hatte eine ausgeprägte Angst vor öffentlichem Sprechen entwickelt. Seine Angst war im Laufe der Zeit zunehmend stärker geworden und hatte ihn dazu gezwungen, einige wichtige Redeverpflichtungen abzulehnen. In den ersten Wochen machte er mit Feedbackentspannungstraining nur wenig Fortschritte. Das EMG-Niveau des rechten Vorderarms z. B. blieb auf einem hohen Niveau. Wir entschlossen uns daher, unser Verfahren zu ändern. Wir gingen von der Überlegung aus, daß bei ihm als Rechtshänder der rechte Arm wahrscheinlich stärker in angst- und streßabhängige Reaktionen verwickelt sei als der nichtdominante Arm, und verlagerten die Übung deswegen auf den linken Vorderarm. Diesen Muskel konnte die Vp entspannen und die Entspannung auf andere Muskeln ausdehnen. Der Patient gab uns auch den nützlichen Hinweis, daß die Entspannungsübung durch Festhalten an einer falschen Strategie behindert werden kann: er glaubte, daß er auf dem Wege extrem tiefer Atmung völlige Entspannung erreichen könnte und hielt an dieser Methode fest, ohne die Rückmeldung des Feedbacktones zu beachten, bis der Versuchsleiter ihn darauf hinwies, daß eine flache Atmung mehr Erfolg haben könne. Man wies ihn auch an, mehr auf den Feedbackton zu achten. Anschließend wurde der Patient desensibilisiert und überwand seine Phobie vor öffentlichem Sprechen bis zum Zeitpunkt dieser Niederschrift, obwohl er sich an eine große und diskutierende Versammlung zu wenden hat.

Die emotionalen Reaktionen von gespannten Patienten auf Entspannung sind ebenfalls erwähnenswert. Normale Personen finden in der Regel tiefe Entspannung zumindest mäßig angenehm. Dies gilt auch für die Mehrzahl der gespannten Patienten. Ein Fünftel jedoch wird durch die Empfindungen, die tiefe Entspannung begleiten, erschreckt. Gewisse Körpersensationen wie Wärme, Schwere, Benommenheit, Gefühle des Fließens oder Schwindels können bedrohlich wirken. Vorstellungen angstauslösender Natur können auftreten. Der Patient kann sich ungeschützt fühlen, Angst vor der Beobachtung entwickeln oder den Feedbackton als eine Art feindliche Kritik auffassen. In solchen Fällen sollten verschiedene Maßnahmen getroffen werden. Die Entspannungssitzungen können in kürzere Perioden aufgeteilt werden, und der Patient kann, sobald er sich unwohl fühlt, seine Muskel wieder anspannen, einige Atemzüge machen und auf diese Weise in einen normalen Zustand wacher Bewußtheit zurückkehren (*Schultz* und *Luthe*, 1959). Der Therapeut kann auch gegenüber dem Patienten betonen, daß die Entspannung unter seiner eigenen Kontrolle steht und daß er sie jederzeit beenden kann. Auf diese Weise wird der Patient zunehmend mit der Erfahrung tiefer Entspannung vertraut und imstande sein, immer längere Zeitperioden in diesem Zustand zu verbringen. Sollten die ungebetenen angstauslösenden Vorstellungen andauern, kann der Patient auch auf diese Vorstellungen desensibilisiert werden.

Empfindlichkeit des EMG-Indikators

Unsere Konzentration auf die EMG-Aktivität während der Entspannung wird durch zwei zusätzliche Beobachtungen gerechtfertigt; beide unterstreichen die Behauptung, daß EMG-Messung ein extrem empfindlicher Indikator von Entspannung bzw. Angst ist.

Die erste Beobachtung zeigt, daß Patienten, die mit Desensibilisierungsversuchen beginnen, einen anfänglichen Anstieg der Muskelspannung aufweisen. Bei jedem der sechs Patienten mit Phobien, bei denen das Frontalis- oder Masseter-EMG während der Desensibilisierung überwacht wurde, ist überraschend deutlich, daß das Frontalis-EMG-Niveau in der Anfangsphase anstieg, bei der die Patienten sich entspannen sollten. Diese Beobachtung wäre bei einer Desensibilisierung, die in der üblichen Weise durchgeführt worden wäre, nicht gemacht worden, sie ist ein deutlicher Hinweis darauf, daß die Desensibilisierung wahrscheinlich oft begonnen wird, obwohl auf seiten des Patienten die Muskelentspannung fehlt.

Eine zweite Beobachtung betrifft die EMG-Aktivität während der Vorstellung angstauslösender Szenen. Bei jedem der sechs Patienten, der mit Hilfe von EMG-Feedback desensibilisiert wurde, baute sich rasch eine Muskelspannung auf, wenn der Patient begann, sich während der Vorstellung einer Szene ängstlich zu fühlen. Ein Beispiel eines solchen raschen Aufbaus der EMG-Aktivität zeigt die Aufzeichnung eines Patienten mit schwerer diffus-chronischer Angst (Abb. 75). Dieser Mann, der ebenfalls an Tortikollis litt, war unfähig, seine Verwaltungsaufgaben auszuführen.

Nachdem der Patient in einigen Sitzungen tiefe Muskelentspannung gelernt hatte, wurde er in der sechsten Sitzung in unserem Labor gebeten, sich etwas vorzustellen, was ihn besonders ängstlich mache. Er wählte die Szene „Rückkehr zur Arbeit“, eine Hauptquelle der Angst für diesen Patienten. Das Nacken-EMG, das mit eher niedrigen Werten begann, stieg auf ein sehr hohes Niveau im Verlaufe von 30 bis 40 Sekunden an. Der Patient wurde dann angewiesen, die Vorstellung abzubrechen.

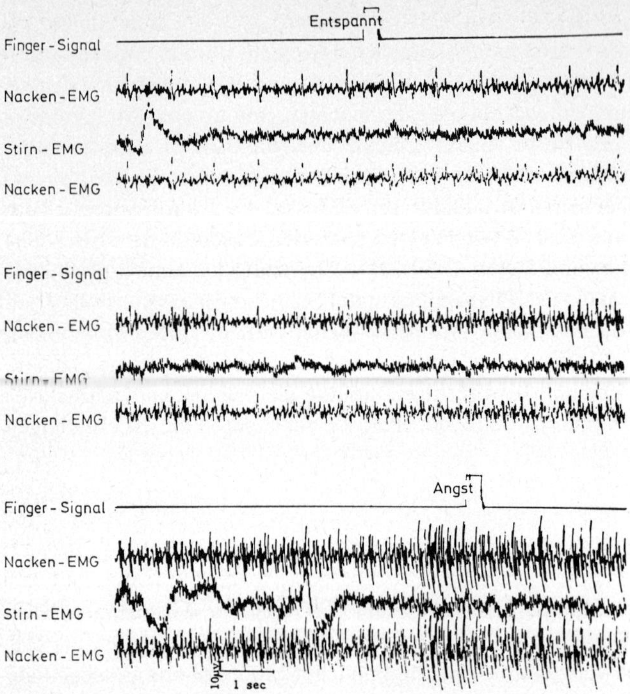

Abb. 75. Stirn- und Nacken-EMG während der Vorstellung der angsterregenden Szene „Beobachtet werden"; Zeit bis zur Angstanzeige. Kontinuierliche Aufzeichnung über 30 Sekunden. Beide Nackenableitungen stammen von derselben Elektrode, haben aber verschiedene Bandpaßbreiten.

Nach Wiederaufnahme des akustischen Feedbacks erreichte er innerhalb weniger Minuten wieder ein entsprechendes Entspannungsniveau.

Eine überraschende Beobachtung ist das Ergebnis, daß bei den meisten Patienten der Anstieg der EMG-Aktivität ungefähr 5 bis 15 Sekunden vor dem verbalen Bericht der Angst auftritt. Ein Beispiel: dem oben beschriebenen Patienten wurde in der nächsten Laborsitzung ein Druckschalter gegeben. Nachdem er ein entsprechendes Entspannungsniveau mittels Feedback erreicht hatte, wurde er angewiesen, sich eine Szene vorzustellen und den Druckschalter zu benutzen, um seine Entspannung bzw. Angst anzuzeigen. Das Verfahren für diesen Patienten war folgendes:

a) den Schalter als Zeichen der Entspannung zu betätigen,
b) die Visualisierung der Szene zu beginnen,
c) den Schalter erneut zu drücken, sobald er die ersten Anzeichen von Angst verspürte.

Unmittelbar nach dem Angstsignal wurde der Patient gebeten, die Vorstellung der Szene abzubrechen. Während dieses Durchganges wurde dem Patienten kein EMG-Feedback gegeben.

Die faszinierende Beobachtung dabei war die Tatsache, daß der EMG-Angstindikator erheblich empfindlicher war als der verbale Bericht des Patienten, das Fingersignal des Patienten tritt 8 bis 10 Sekunden hinter dem EMG-Indikator der Angst auf (siehe Abb. 75).

Bis jetzt haben wir sechs Patienten, die tiefe Entspannung mit Feedback geübt hatten, gebeten, so rasch wie möglich anzuzeigen, wann sie sich während der Visualisierung einer bestimmten Szene ängstlich fühlten. Für jeden dieser Patienten war die EMG-Antwort empfindlicher als der subjektive Bericht; selbst der „beste" Patient war nur in der Lage, erst ungefähr 5 Sekunden nach dem ersten erkennbaren EMG-Anstieg das Zeichen zu geben. Man könnte einwenden, daß der spezielle Aufforderungscharakter dieser experimentellen Anordnung den Patienten veranlassen könnte, das Angstsignal hinauszuzögern. Es mag einiges für diesen Einwand sprechen, aber wir betonen gleichzeitig, daß die Situation in der typischen Desensibilisierung sehr ähnlich diesem Experiment ist.

Bei der Erforschung der Frage, ob der EMG-Indikator tatsächlich der bewußten Erfahrung vorangeht, gibt es zwei mögliche Wege: ein Weg ist die Nachahmung der üblichen Desensibilisierungssituation mit dem Zusatz der EMG-Überwachung. Es müßte mit mehr Patienten in der oben beschriebenen Weise verfahren werden. Ein zweiter Weg könnte darin bestehen, eine Methode zu ersinnen, die den Patienten ermutigt, seine Angst so rasch wie möglich zu erkennen und anzuzeigen, vielleicht mit Hilfe eines Belohnungssystems.

Diese Beobachtungen lassen außerdem einigen Zweifel hinsichtlich der Desensibilisierungstechnik aufkommen, wie sie üblicherweise in der Verhaltenstherapie angewendet wird. In der Desensibilisierung war die Entspannung der Patienten ungenügend abgesichert. Wenn *Wolpes* Grundannahmen über die Inkompatibilität von Angst und tiefer Muskelentspannung richtig sind, dann sollte das Vorhandensein von Muskelspannung den Prozeß der Desensibilisierung stören.

Unsere Beobachtungen legen nahe, daß *ein Grund* für die häufige Erfolglosigkeit der Densibilisierungsmaßnahmen darin liegt, daß diese Patienten nicht genügend tiefe Entspannung gelernt haben. Darüber hinaus werden unsere Patienten häufig Leute sein, bei denen die Angstreaktion ziemlich widerstandsfähig gegenüber normalen Entspannungsverfahren ist. Wenn einmal eine Angstantwort ausgelöst ist, bleiben die Spannungsniveaus hoch. Mit Biofeedback kann der zeitliche Verlauf der Desensibilisierung auf diese Schwierigkeiten abgestimmt werden.

Ausblick in die Zukunft

Die Biofeedbacktechniken werden wahrscheinlich eine Quelle von Neuerungen in der Therapie sein können – besonders wenn sie in die Verhaltenstherapie oder in das autogene Training eingebaut werden, die selbst ein Gebiet lebendiger und fruchtbarer Ideen sind. Ein Beispiel für eine solche Neuentwicklung in unserem Labor kann in der „pervasiven Angsttechnik" gesehen werden. Diese Technik beruht grundsätzlich auf dem halbautomatischen EMG-Feedbackverfahren als eine Art Selbstdesensibilisierung bei diffuser, frei flottierender Angst, einer Störung, die sich ziemlich resistent gegenüber den üblichen therapeutischen Techniken erwies, weil der Patient meist nicht imstande war, die aversiven Reize näher zu bestimmen. Aus diesem Grund wurde es fast unmöglich, Hierarchien für die Desensibilisierung zu konstruieren.

Statt des Versuches Hierarchien zu konstruieren, besteht unser Verfahren darin, den Patienten vorerst mit Hilfe von Feedback in tiefe Entspannung zu bringen. Danach folgen eine Anzahl von Sitzungen mit Selbstdesensibilisierung, unterstützt von EMG-Feedback. Der Patient braucht anfänglich 10 bis 15 Minuten, um tief entspannt zu werden (die Tonhöhe des Feedbacktones zeigt dabei an, ob ein tiefes EMG-Niveau besteht). Der Patient beginnt an all die Dinge zu denken, die ihn während des Tages beunruhigt haben. Jedes Mal, wenn die ansteigende Höhe des Feedbacktones eine Zunahme der Spannung anzeigt, hört der Patient auf, an die angstauslösende Situation zu denken und konzentriert sich auf das Feedback, um sein Spannungsniveau zu vermindern. Sobald er sich wieder auf niedrigem Niveau befindet, beginnt er, sich erneut die beunruhigende Situation vorzustellen. Dieser Zyklus wiederholt sich, bis die Sitzung beendet ist. Schrittweise entwickelt der Patient (bzw. einige der Patienten!) die Fähigkeit, auch bei Vorstellungen, die früher starke Angst ausgelöst hatten, ruhig zu bleiben.

Eine andere Möglichkeit für die Verhaltenstherapie besteht in der Registrierung mehrer physiologischer Parameter während der Desensibilisierung. Das Tempo der Desensibilisierung könnte auf eine größere Zahl physiologischer Meßwerte des Patienten abgestimmt werden, nicht nur über das EMG-Niveau. In einigen Fällen könnte ein Computer nützlich sein. Die Reaktionen einer Vielzahl von physiologischen Ableitungen und vielleicht auch die verbalen Reaktionen könnten bei einem Patienten während der Desensibilisierung durch ein On-line-Programm verarbeitet werden. Der gleiche Computer könnte den Patienten mit verschiedenen Arten von visuellem und auditivem Feedback versorgen. Eine einfallsreiche Arbeit über dieses Gebiet, das sich besonders mit dem Einsatz von Computern bei der Erforschung der systematischen Desensibilisierung beschäftigt, wurde kürzlich von *Lang* (1969) veröffentlicht.

Ein attraktiver praktischer Aspekt der Feedbacktechnik besteht darin, daß sie eine Arbeitsteilung im therapeutischen Prozeß erlaubt. Feedback-unterstütztes Entspannungstraining z. B. könnte vollständig von einer technischen Hilfskraft ausgeführt werden, statt von dem stets überlasteten Therapeuten. Zudem könnte eine Anzahl von Patienten die Entspannungstechnik gleichzeitig lernen. Eine solche Entwicklung hat im autogenen Training schon stattgefunden (*Stokvis* und *Wiesenhütter,* 1963).

Feedbacktechniken könnten leicht auf das autogene Training übertragen werden. Statt sich in erster Linie auf den verbalen Bericht des Patienten über seinen Erfolg zu verlassen, könnten Feedbackmethoden sowohl zur Übungshilfe als auch zur Quantifizierung der sich entwickelnden Fähigkeiten des Patienten, seine physiologischen Reaktionen zu kontrollieren, gebraucht werden.

Die Anwendbarkeit von Feedbackmethoden ist in einigen Übungen besonders wichtig, z. B. bei der ersten Standardübung, in der der Patient sich bemüht, eine tiefe Muskelentspannung zu erreichen, um Gefühle der Schwere in den Gliedern zu erzeugen. Dazu wäre EMG-Feedback äußerst vorteilhaft. Bei der zweiten Übung, die Empfindungen die Körperwärme erzeugen soll, wären Überwachung der Oberflächentemperatur und ein Feedback der Temperatur wahrscheinlich sehr wertvoll.

Green, Green und *Walters* (1970) haben festgestellt, daß Patienten mit Feedback in der Lage sind, die Fingertemperatur um umgefähr 3° F. nach drei oder vier Überperioden zu erhöhen. Feedback der Pulsrate mag sich ebenfalls in der dritten Standardübung nützlich erweisen, bei der die Pulsrate vermindert werden soll. Feedback der respiratorischen Aktivität sollte in der vierten Standardübung sehr hilfreich sein, bei der sich der Patient bemüht, ruhig und regelmäßig zu atmen (*Green* et al., 1970).

Das Feedbacktraining bestimmter Frequenzen der Hirnaktivität könnte ebenfalls mit Gewinn sowohl in die Verhaltenstherapie als auch in das autogene Training eingebaut werden. *Wolpe* und *Lazarus* (1966) haben z. T. die Technik des Gedankenstoppens in Fällen von Zwangsideen verwendet. Der Patient bekommt die Instruktion, die Zwangsvorstellung durch laute oder vorgestellte „Stop"-Rufe zu beenden. Solchen Patienten könnte eine Übung der Feedbackkontrolle von Alpha-Wellen, ein Rhythmus, der mit einer entspannten Einstellung und einem Gefühl des Gehenlassens und verminderter visueller Vorstellung verbunden ist (*Nowlis* und *Kamiya,* 1970), sehr nützlich sein. Um die zwanghaften Gedankenwiederholungen zu beenden, müßte der Patient auf Alpha zurückgehen. In ähnlicher Weise könnte das Feedbacktraining von Theta-Rhythmus (4–7 Hz), der mit Schläfrigkeit korreliert ist, bei der Linderung von Einschlafschwierigkeiten nützlich sein, eine Störung, auf die Entspannungs- und Wärmeübungen des autogenen Trainings häufig angewandt wurden (*Luthe,* 1969). Mit dem Training der Theta-Kontrolle ist in verschiedenen Laboratorien begonnen worden (*Green, Green* und *Walters* (1970), *Brown* (1970) und in unserem Labor).

Eine andere vielversprechende Quelle klinischer Neuerungen sind die Arbeiten über autonomes Konditionieren. *Miller* (1969), *DiCara* (1970) und ihre Mitarbeiter haben gezeigt, daß die Zahl autonomer Reaktionen, die instrumentell konditioniert werden können, erstaunlich groß ist. Mit intrakranieller Reizung als positivem Verstärker haben diese Forscher in einer großen Serie von Experimenten Anstieg und Abfall der Pulsrate, Anstieg und Abfall des Blutdruckes, Magenkontraktionen, intestinale Motilität, Rate der Urinbildung in der Niere und regionalen Blutfluß instrumentell konditioniert. In einem Experiment waren Ratten in der Lage, zu lernen, den Blutfluß in einem Ohr zu vergrößern oder zu vermindern, eine bemerkenswert spezifische Reaktion.

Erstaunlicherweise wurde bei kurarisierten Tieren ein höherer Grad der autonomen Konditionierung erreicht als bei nichtkurarisierten Tieren. Daraus ergibt sich die Frage, ob die dramatische autonome Konditionierung, die beim kurarisierten Tier erreicht werden kann, auch beim intakten nichtkurarisierten Menschen zu erreichen ist. Mehrere Laboratorien sind auf diesem Gebiet aktiv; z. B. *Shapiro, Tursky, Gershorn* und *Stern* (1969), *Engel* und *Hansen* (1966).

In den nächsten Jahren wird eine Kombination von Techniken zur Behandlung psychosomatischer und streßabhängiger Störungen entwickelt werden. Eine solche Kombination von Techniken könnte z. B. bei essentieller Hypertension angewandt werden, besonders wenn diese Krankheit noch in einem frühen Stadium ist, bevor permanente renale und vaskuläre Schäden aufgetreten sind. Zuerst könnte ein systematisches Training der allgemeinen Muskelentspannung verwendet werden, um das Arousal-Niveau dieser Patienten zu vermindern. Aus der Literatur über autogenes Training (siehe *Luthe,* 1969, Band II) geht hervor, daß Entspannungstraining häufig eine Verminderung des Blutdruckes verursacht (siehe auch *Jacobson,* 1938, Seite 423). Patienten könnten zweitens mit einem spezifischen Feedback des Blutdruckes auf Verminderung des Blutdruckes trainiert werden (*Shapiro* et al., 1969). Wenn die Patienten an verschiedenen Ängsten leiden, könnte die systematische Desensibilisierung zur Reduktion dieser Ängste eingesetzt werden. Ein derart kombiniertes Verfahren dieser Art ist von *Ax* an der Lafayette Klinik in Detroit (persönliche Mitteilung) durchgeführt worden.

Sollten die Biofeedbacktechniken ihren Wert bei angst- und streßabhängigen Störungen beweisen, dann hätte dies beträchtliche praktische Konsequenzen. Vielleicht wird Biofeedback auch bei der Modifikation der „Alarmreaktion" in Streßsituationen nützlich sein. Dies intensive sympathiko-adrenale Reaktion scheint in einem hohen Grade bei einer Vielzahl von Streßstörungen beteiligt zu sein. Obwohl sie unter „primitiven" Umweltbedingungen, bei denen ein erheblicher energetischer Aufwand zum Überleben notwendig ist, von adaptiven Wert ist, kann die häufige Auslösung der „Alarmreaktion" unter den Bedingungen der „zivilisierten" Umwelt wahrscheinlich zu streßabhängigen Störungen führen, eine Idee, die von *Charvat, Dell* und *Folkow* (1964), *Simeon* (1962) und *Wolff* (1968) stammt. Die Modifikationsmethoden der Streßrektion durch Biofeedbacktechniken könnten bei psychosomatischen Störungen eine weit verbreitete Anwendung finden.

Literatur

Bandura, A.: Principles of behavior modification. Holt, Rinehart & Winston, New York 1969.

Brown, B. B.: Recognition of aspects of consciousness through association with EEG alpha activity represented by a light signal. Psychophysiology 6 (1970), 442–425.

Budzynski, T. H.: Feedback-induced muscle relaxation and activation level. Unpublished doctoral dissertation, University of Colorado, 1969.

Budzynski, T. H., J. M. Stoyva: An instrument for producing deep muscle relaxation by means of analog information feedback. J. Appl. Behav. Analys. 2 (1969), 231–237.

Budzynski, T. H., J. M. Stoyva, C. S. Adler: Feedback-induced muscle relaxation: Application to tension headache. Behav. Ther. Exp. Psych. 1 (1970), 205–211.

Charvat, J., P. Dell, B. Folkow: Mental factors and cardiovascular disorders. Cardiologia 44 (1964), 124–141.

DiCara, L.: Learning in the autonomic nervous system. Scientific American 222 (1970), 30–39.

Engel, B. T., S. P. Hansen: Operant conditioning of heart rate slowing. Psychophysiology 3 (1966), 176–187.

Gellhorn, E.: Autonomic-somatic integrations. University of Minnesota Press, Minneapolis 1967.

Gellhorn, E.: Motion and emotion. Psychol. Rev. 71 (1964), 457–472.

Germana, J.: Central efferent processes and autonomic-behavioral integration. Psychophysiology 6 (1969), 78–90.

Green, E., A. Green, D. Walters: Voluntary control of internal states: Psychological and physiological. Journal of Transpersonal Psychology 1 (1970), 1–26.

Hefferline, R. F., B. Keenan, R. A. Harford: Escape and avoidance conditioning in human subjects without their observation of the response. Science 130 (1959), 1338–1339.

Hess, W. R.: Diencephalon: Autonomic and extrapyramidal functions. Grune & Stratton, New York 1954.

Jacobson, E.: Progressive Relaxation. (2nd ed.) University of Chicago Press, Chicago 1938.

Jacobson, E.: Modern treatment of tense patients. Charles C. Thomas, Springfield/Ill. 1970.

Kamiya, J.: Conscious control of brain waves. Psychology Today 1 (1968), 57–60.

Lang, P. J.: The on-line computer in behavior therapy research. Amer. Psychologist 24 (1969), 236–239.

Lang, P. J.: The mechanics of desensitization and the laboratory study of human fear. In: *C. M. Franks* (Ed.): Behavior therapy. McGraw-Hill, New York 1969.

Luthe, W. (Ed.): Autogenic therapy. Grune and Stratton, New York 1969, Vol. I–V.

Maley, M. J.: Two-flash thresold, skin conductance and skin potential. Psychonomic Science 9 (1967), 361–362.

Malmo, R. B.: Studies of anxiety: Some clinical origins of the activation concept. In: *C. D. Spielberger* (Ed.): Anxiety and behavior. Academic Press, New York 1966. Pp. 157–177.

Miller, NE.: Learning of visceral and glandular responses. Science 163 (1969), 434–445.

Nowlis, D. P., J. Kamiya: The control of electroencephalographic alpha rhythms through auditory feedback and the associated mental activity. Psychophysiology 6 (1970), 476–484.

Ostfeld, A. M.: The common headache syndromes: Biochemistry, pathophysiology, therapy. Thomas, Springfield, Ill. 1962.

Paul, G. L.: Insight versus desensitization in psychotherapy: An experiment in anxiety reduction. Stanford University Press, Stanford 1966.

Rachman, S.: The role of muscular relaxation in desensitization therapy. Behav. Res. Ther. 6 (1968), 159–166.

Rose, R. J.: Anxiety and arousal: A study of two-flash fusion and skin conductance. Psychonomic Science 6 (1966), 81–82.

Sainsbury, P., J. F. Gibson: Symptoms of anxiety and tension and the accompanying physiological changes in the muscular system. Neurol. Neurosurg. Psychiat. 17 (1954), 216–224.

Schultz, J. H., W. Luthe: Autogenic training: A psychophysiological approach in psychotherapy. Grune and Stratton, New York 1959.

Shagass, C., R. B. Malmo: Psychodynamic themes and localized muscular tension during psychotherapy. Psychosom. Med. 16 (1954), 295–313.

Shapiro, D., B. Turksky, E. Gershon, M. Stern: Effects of feedback and reinforcement on the control of human systolic blood pressure. Science 163 (1969), 588 –590.

Shaw, J. C.: Integration technique. In: *P. H. Venables, I. Martin* (Eds.): Manual of Psychophysiological Methods. John Wiley and Sons, New York 1967. Pp. 403–465.

Simeon, A. T. W.: Man's presumptuous brain: An evolutionary interpretation of psychosomatic disease. *E. P. Dutton & Co.,* New York 1962.

Stokvis, B., F. Wiesenhütter: Der Mensch in der Entspannung, 2. (Aufl.). Hippokrates Verlag, Stuttgart 1963.

Stoyva, J. M.: The public (scientific) study of private events. In: *E. Hartmann* (Ed.): Sleep and dreaming. Little, Brown, Boston 1970. Pp. 353–368. (Republished in: *N. E. Miller, D. Shapiro, J. Kamiya, J. M. Stoyva, L. V. DiCara, T. X. Barber* (Eds.): Biofeedback Annual: 1970 Papers. Aldine Publishing Co., Chicago 1971.

Stoyva, J. M., J. Kamiya: Electrophysiological studies of dreaming as the prototype of a new strategy in the study of consciousness. Psychol. Rev. 75 (1968), 192–205. (Republished in: *C. L. Sheridan* (Ed.): Readings in experimental psychology. Holt, Rinehart & Winston, New York 1970). (Also republished in: *N. E. Miller, D. Shapiro, J. Kamiya, J. M. Stoyva, L. V. DiCara, T. X. Barber* (Eds.): Biofeedback and self-control of bodily processes and consciousness. Aldine Publishing Co., Chicago 1971).

Venables, P. H., J. K. Wing: Level of arousal and the subclassification of schizophrenia. Arch. Gen. Psychiat. 7 (1962), 114–119.

Wolff, H. G.: In *S. Wolf* (Ed.), Harold G. Wolff's ‚Stress and disease'. (2nd Ed.) Springfield, Ill.: Charles C. Thomas 1968.

Wolff, H. G.: Headache and other head pain. Oxford University Press, New York 1963.

Wolpe, J.: Psychotherapy by reciprocal inhibition. Stanford University Press, Stanford 1958.

Wolpe, J., A. A. Lazarus: Behavior therapy techniques. Pergamon Press, New York 1966.

Sachverzeichnis

Autorenverzeichnis